LA BIBLIOTECA SUMERGIDA

Luce López-Baralt

Un Kāma Sūtra español

EDICIONES SIRUELA

En sobrecubierta: Miniatura hindú

Diseño gráfico: *J. Siruela*

*Plaza de Manuel Becerra, 15. «El Pabellón»
28028 Madrid. Tels.: 355 57 20 / 355 22 02
Telefax: 355 22 01*

Printed and made in Spain

ÍNDICE DE MATERIAS

PALABRAS PRELIMINARES 15

ADVERTENCIA 21

CAPÍTULO I. INTRODUCCIÓN. LE NACE UN NUEVO TEXTO A LA LITERATURA ESPAÑOLA 23

CAPÍTULO II. EN BUSCA DE UN MORISCO PERDIDO. IDENTIDAD Y ENTORNO HISTÓRICO-LITERARIO DEL AUTOR DEL MS. S-2 BRAH 49

CAPÍTULO III. CRISTIANISMO Y EROS. HISTORIA DE UNA INCOMODIDAD DOS VECES MILENARIA 101

I. Salvatierra, simple punta del témpano de las angustias eróticas cristianas 101

II. Los penitenciales, verdaderos «anti-Kāma Sūtras» de los siglos medios 136

III. Una rápida ojeada a las *belles lettres* eróticas europeas más representativas 147

IV. El caso de la literatura española, patria natural del morisco erotólogo 152

CAPÍTULO IV. ENTRE ORIENTE Y OCCIDENTE. LAS LECTURAS DEL DEÁN DE CÁDIZ O DE CÓMO LOS LIBROS EROTOLÓGICOS ORIENTALES CIRCULARON EN EUROPA 177

I. Acerca de qué fue lo que leyó el capitular gaditano 177

II. Las refundiciones del árabe de la Escuela de Salerno 182

III. Los comentadores del *Canon* de Avicena o de cómo los médicos europeos comienzan a ser erotólogos 186
IV. El caso de Arnaldo de Vilanova 191
V. Los principios de la literatura ginecológica europea 193
VI. Un «Kāma Sūtra catalán»: el *Speculum al Foderi* 194
VII. Otros tratados erótico-médicos españoles contenidos en incunables o de muy reciente edición 201

CAPÍTULO V. LOS LIBROS DE AMOR DE ORIENTE. LA CONTEXTUALIDAD LITERARIA DEL «KĀMA SŪTRA ESPAÑOL» 207
I. La literatura erótica oriental o la coextensividad de lo sexual y lo sagrado 207
II. Los pensadores orientales ante el conservadurismo islámico extremo 222
III. Los libros de amor de Oriente 230
a) *El caso de los árabes que morían de amor: la tradición poética casta y cortesana* 230
b) *Los orígenes del «Kāma Sūtra español». La literatura erótica de índole espiritual y sus representantes más destacados en Oriente* 235
1. El *Kāma Sūtra* de Vātsyāyana 235
2. El «Libro de los buenos usos en el matrimonio» de Algazel .. 241
3. *El jardín perfumado* de Nefzāwī 243
4. La fuente más directa de nuestro morisco: Aḥmad Zarrūq 245
c) *La erotología como una rama de la medicina* 250
d) *Los horóscopos erotizados de la astrología oriental* 254
e) *Los libertinos* 255
f) *El tema erótico en la literatura aljamiado-morisca* 262

CAPÍTULO VI. EL «KĀMA SŪTRA ESPAÑOL»: UN TRATADO SOBRE LOS BUENOS USOS DEL MATRIMONIO ISLÁMICO 267
I. La estructura del «Kāma Sūtra español» o de cómo el *adab* literario árabe se lleva a sus últimas consecuencias 267
II. El morisco ante sus fuentes eruditas 268
III. Increíble pero cierto: el «Kāma Sūtra español», antítodo moralizante contra la lujuria 272
IV. Estructura y motivos temáticos del «Kāma Sūtra español» .. 273
a) *Qué tipo de hombre es el que se debe casar* 273

b) *Las condiciones que debe reunir la esposa* 274
c) *La ceremonia nupcial* 278
d) *La fiesta de bodas* 279
e) *Acerca del trato que se debe dar a la esposa* 281
f) *La historia de la viuda honrada que pudo casar bien a sus hijas por intervención milagrosa* 284
g) *Qué debe hacer el atareado marido musulmán si se casa con más de una mujer* 285
h) *Historia de la mujer casada con un contemplativo que la desatendía sexualmente* 287
i) *Historia de la mujer que tenía un esposo con un miembro demasiado grande* 290
j) *El extraño caso de un «feminista misógino»* 291
k) *De nuevo sobre las coesposas* 294
l) *Acerca de los celos y de Lope de Vega* 296
m) *Sobre la obediencia que debe la mujer al marido* 300
n) *La apoteosis celestial de los casados* 305
o) *«De los probechos de casarse» o de cómo el sexo nos lleva a Dios* . 306
p) *El juego erótico previo a la cohabitación. Aḥmad Zarrūq, mentor principal de la erudición amorosa del morisco* 309
q) *«El modo de ponerse» o las posiciones más recomendables para el coito* 314
r) *El acto sexual. Acerca de la satisfacción femenina y de cómo hacer el amor rezando* 317
s) *Las abluciones* 324
t) *Acerca de lo prohibido y de lo permitido en el amor* 325
u) *Historia del hombre que prefirió la muerte al adulterio* 329

V. Consideraciones finales 344

EDICIÓN DEL TEXTO DEL «KĀMA SŪTRA ESPAÑOL» 347

GLOSARIO 373

APÉNDICE I. Traducción de la *Naṣīḥa al-kāfiyya* de Aḥmad Zarrūq, en colaboración con Hossein Bouzineb 377

APÉNDICE II. Traducción del *Šarḥ al-waglīsiyya* de Aḥmad Zarrūq, en colaboración con Hossein Bouzineb 383

APÉNDICE III. Traducción del *Tambih al-gāfilīn* del Samarqandī 389

APÉNDICE IV. Traducción de la «Leyenda del mancebo que vendía capazos» (versión aljamiada del *Tambih al-gāfilīn*, editada por Manuela Manzanares de Cirre) 391

APÉNDICE V. Traducción de «Un matrimonio judío asceta» (versión de *Las mil y una noches* de la leyenda del cestero que prefirió la muerte al adulterio. Traducción castellana de Juan Vernet) 393

NOTAS 397

BIBLIOGRAFÍA 483

Un Kāma Sūtra español

A mi marido y colega Arturo Echavarría Ferrari, por el júbilo sin límites que es caminar por la vida de su mano.

A mis maestros Raimundo Lida y Stephen Gilman, que ya no podrán leer este «Kāma Sūtra español», pero que con su magisterio valiente permitieron que viera la luz.

A Francisco Márquez Villanueva, que tanto sabe acerca de las lecturas del Deán de Cádiz.

PALABRAS PRELIMINARES

Se impone en seguida un *caveat*: el lector no tiene en sus manos un libro pornográfico. Tiene algo mucho más extraño: un libro reverencial sobre el arte de hacer el amor. El manuscrito que hoy ve la luz, escrito por un anónimo morisco expulsado a Túnez en 1609, ha coleccionado polvo en la Biblioteca de la Real Academia de la Historia de Madrid a lo largo de cuatro siglos, y somos perfectamente conscientes de que su publicación viene a alterar de manera definitiva la historia de la literatura erótica española. No habíamos tenido noticia de que nuestra lengua hubiera sido capaz de dirimir con tanta franqueza —y con tanta unción religiosa— la vida nupcial, muy dentro de las coordenadas culturales orientales que van desde el *Kāma Sūtra* sánscrito de Vātsyāyana, hasta los tratados amatorios en lengua árabe de Algazel, Nefzāwī y Aḥmad Zarrūq. Pero estamos ante un tratado erótico español, y una de las mejores sorpresas que nos tiene deparadas el antiguo códice es que las autoridades musulmanas de las que se sirve su autor se interpolan con sonetos de Lope de Vega. No nos hubiésemos imaginado nunca que el travieso Fénix hubiese tenido el curioso honor de ser esgrimido como autoridad de un libro erotológico en toda forma. Menos aún podíamos anticipar que Lope viniese a servir justamente de broche de oro o de *grand finale* a nuestro «Kāma Sūtra español».

La singular aventura de devolver a las letras españolas este texto, tan pío como insólito, no ha sido fácil. He tenido que escribir un libro de propósito para poder enmarcar adecuadamente la edición del códice: como lectores occidentales, sencillamente carecemos de las coordenadas culturales que nos hubieran hecho más cómoda su recepción literaria. Así, me he visto precisada a hacerme cargo del frecuente desconcierto del lector, que no conoce bien la literatura secreta de los últimos musulmanes de España. Me fue preciso suplir también alguna noticia acerca de los avatares vitales del elusivo autor del códice, un misterioso criptomusulmán que tuvo a gala asistir con frecuencia a los corrales donde se exhibían las comedias de su héroe intelectual, Lope de Vega, y que, una vez en su refugio tunecino, pasó a convertirse en un jurisconsulto dedicado con devoción a la doble tarea de aleccionar en las prácticas musulmanas a sus hermanos moriscos y de llorar por última vez (solapada, trágicamente) a su patria española perdida. Por otra parte, he creído prudente refrescar la memoria del lector en cuanto a lo que ha tenido que decir la tradición cristiana sobre el tema erótico: así podrá hacerse cargo más fácilmente de las diferencias profundas que separan nuestra herencia religiosa de la musulmana, que el morisco adopta como fundamento ideológico de su tratado. Veremos que estas diferencias son abismales: parecería que sólo a los orientales se les ha ocurrido proponer que el placer venéreo es compatible con la más alta vida del espíritu. Al escribir desde estos postulados espirituales que santifican la actividad venérea, nuestro morisco puede, con toda comodidad, entreverar su descripción de las posiciones sexuales con oraciones devotas y con azoras coránicas. El autor no hace otra cosa que aclimatar a su castellano vernáculo las enseñanzas amatorias musulmanas que tiene recién aprendidas en su nueva patria adoptiva. Eran, como salta en seguida a la vista, muy distintas de las que tendría aprendidas en las escolanías cristianas de su juventud española.

El «Kāma Sūtra español», que conocían desde el siglo XIX algunos venerables eruditos peninsulares, aguardaba sin embargo unas manos puertorriqueñas que lo sacaran a la luz. No nos debe extrañar que un códice de esta naturaleza fuese editado en esta orilla del Atlántico: parece que desde América podemos asumir las excentricidades literarias que implica el texto con un mayor sentido de apertura, de compasión, de camaradería, e incluso de júbilo intelectual. El compartir la lengua pero a la vez el estar situados al margen del peso excesivo de las tradiciones literarias españolas «oficiales» o «consagradas» nos capacita para innovarlas o enriquecerlas con mayor comodidad vital. Jorge Luis Borges reflexionó precisamente sobre estas particulares circunstancias del creador hispanoamericano en su ensayo «El escritor argentino y la tradición»: al no pertenecer estrictamente a ninguna tradición literaria europea, puede saquearlas y apropiárselas todas (incluyendo las no europeas) con un alto grado de libertad intelectual. Y de libertad intelectual gozosa. No me parece arriesgado hacer el pensamiento de Borges extensivo también a la investigación literaria llevada a cabo en América. El texto que edito hoy es, de otra parte, un texto culturalmente mestizo e inclasificable: no creo que tenga que insistir demasiado en el sentido automático de hermandad que esto implica, una vez más, desde esta orilla del Atlántico. No se me oculta tampoco que el «Kāma Sūtra español» pueda suscitar sorpresa, incluso desconcierto, en el lector. Algo de esto ya he podido adelantar en las escasas ocasiones en las que he dado alguna primicia de mi hallazgo en España: una vez me propusieron respetuosamente que restituyera el códice a su rincón polvoriento de la Biblioteca de la Real Academia de la Historia; y otra, me preguntaron, con generosidad conmovedora, que cómo me sentía, siendo hispanoamericana, al devolver a España parte de su propio patrimonio nacional. Es con profundo, respetuoso amor, no exento de emoción, como restituyo a España, desde las costas de América, y en los albores del quinto centenario del encuentro entre nuestros dos mundos, el mejor y acaso el único tratado de erotología escrito en la lengua de Cervantes.

No cabe duda de que nuestro códice viene a enriquecer dramáticamente el acervo literario del Siglo de Oro español. No teníamos noticia de que nuestra Edad Dorada nos pudiera proporcionar aún sorpresas tan singulares como ésta. A veces pienso que nos llevará cien o doscientos años no sólo el terminar de editar la literatura del Siglo de Oro, sino el reflexionar adecuadamente sobre ella. Es tras cuatrocientos años cuando hemos venido a saber que nuestra lengua contaba con tratados erotológicos auténticos, y que un autor ignoto había podido barajar y fundir —con un atrevimiento literario muy hispánico por cierto— al Samarqandī, con *Las mil y una noches* y a Aḥmad Zarrūq con el padre del teatro español. Aquí ya no hace falta esgrimir las teorías del insigne Américo Castro acerca del posible grado de matices semíticos que hayan podido admitir las antiguas letras españolas: ahí está la presencia de bulto de este texto desconcertante, con toda su dramática voluntad de estilo hispanosemítica, y su flagrante hibridez cultural. Es un tratado que nace, para colmo, perfecto contemporáneo de Quevedo y de Góngora, a quienes, de paso, también cita el anónimo autor, que fue un verdadero enamorado de la literatura de su país de origen. Para mí contar con un texto como éste en el contexto de las letras áureas es profundamente aleccionador. Constituye un monumento a la riquísima complejidad histórica y cultural de España, que tanta admiración y entusiasmo siempre me ha merecido. Me llena de orgullo pensar que España fue el único país europeo en escribir un tratado venerable sobre el amor sexual. *Spain is different*, sí; pero en el mejor de los sentidos.

Este libro puertorriqueño tiene muchas deudas contraídas: es obvio que no es fácil ser un investigador de estos elusivos temas hispanoárabes desde un rincón del Caribe. Agradezco, en primer lugar, la ayuda de las becas American Council for Learned Societies y Guggenheim, que, aunque me fueron otorgadas para otros proyectos de investigación que llevé a cabo en las universidades de Harvard y de Yale (1981-1982; 1983 y 1985), me permitieron comenzar a leer el manuscrito S-2, que había consultado personalmente en la Biblioteca de la Real Academia de la Historia de Madrid durante un viaje de investigación auspiciado por la Universidad de Puerto Rico (1978). El proceso de familiarizarme adecuadamente con las fuentes árabes del «Kāma Sūtra español» fue muy arduo, pues al margen de las citas esperables de maestros reconocidos en la materia como Algazel o Nefzāwī, el morisco cita a autoridades más oscuras, entre las que destaca principalmente Aḥmad Zarrūq. Después de prolongadas pesquisas, colegas generosos como Annemarie Schimmel, Fritz Meier y L. P. Harvey me ayudaron a identificar las bibliotecas donde podía consultar la obra inédita de Zarrūq. A todos les asombró el hecho de que el pío sufí del siglo XV hubiese escrito sobre temas eróticos, ya que era un dato que había escapado por completo a los arabistas que conocían su obra. Me tocó en suerte, gracias en este caso a la ayuda de mi colega Hossein Bouzineb, dar con los dos códices de Zarrūq de los que se sirve el morisco —la *Naṣīḥa al-kafiyya* y el *Sarḥ al-waglīsiyya*— en la Biblioteca de la Universidad de Rabat. Fue gracias a una beca Fullbright como pude desplazarme a Rabat por una temporada (1988) a editar y traducir los manuscritos del antiguo santón marroquí, labor que llevé a cabo en estrecha colaboración con Bouzineb, como consta en la traducción del árabe que adjunto entre los apéndices del presente libro. La generosidad extraordinaria del colega Bouzineb, cuya ayuda me fue sencillamente indispensable, hace palidecer cualquier encomio que se haga de ella; sólo puedo decir que pone muy en alto la tradicional hospitalidad de las gentes de su tierra. Agradezco asimismo a Edward Thomas, representante de la fundación Fullbright en Rabat, su apoyo en los menesteres de nuestra adaptación a la vida marroquí, y tanto a 'Aziza Bennani como, una vez más, a Bouzineb, la oportunidad de enseñar por una breve temporada en la Universidad de Rabat, que fue una experiencia académica excepcional tanto para mi marido y colega Arturo Echavarría como para mí. Me importa de manera especial testimoniar, de otra parte, mi gratitud a la Universidad de Puerto Rico, que respaldó mi prolongado proyecto de investigación con su acostumbrada solidaridad. Me alivió la tarea docente y, a través del Fondo Institucional Para la Investigación (FIPI), me proveyó de una ayudante de investigación, la estudiante graduada Arlette de Jesús, que ha trabajado siempre con consistencia y lealtad, y me suministró los recursos de biblioteca y los materiales necesarios para la consecución de mi proyecto de investigación.

Este libro debe mucho también a los colegas con los que lo he ido comentando a lo largo de tantos años. En lugar especial se encuentra el antiguo amigo de entusiasmos Francisco Márquez Villanueva, gran investigador a su vez de estos temas del erotismo hispanosemítico que más de una vez hemos compartido con camaradería solidaria; Consuelo López Morillas, que me facilitó copia de una curiosa versión de la *Naṣīḥa* de Zarrūq en fotocomposición que se encontraba en la biblioteca de la Universidad de Indiana; el Excelentísimo Embajador de España en Siria, Jesús Riosalido, que dio con códices y comentarios de la obra de Zarrūq en El Cairo y me los facilitó en fotocopias; Michael Solomon, que me hizo llegar su edición aún inédita del *Speculum al foderi* (un «Kāma Sūtra catalán» del siglo XV), así como bibliografía pertinente y utilísima sobre el tema; los colegas aljamiadistas —María Teresa Narváez, de la Universidad de Puerto Rico; Míkel de Epalza, de la Universidad de Alicante; Reinhold Kontzi, de la Universidad de Tubinga; Ottmar Hegyi, de la Universidad de Toronto; Álvaro Galmés de Fuentes, de la Universidad de Madrid; Antonio Vespertino Rodríguez, de la Universidad de Oviedo, entre otros— que tantos libros, tantas consultas y tanta sabiduría compartieron conmigo. El colega tunecino Abdeljelil Temimi nos abrió a todos los moriscólogos las puertas de Túnez con una generosidad y un entusiasmo en nada ajenos a los que desplegó con la diáspora morisca de 1609 aquel santón conocido como el «San Vicente de Paúl de Túnez», Abū Gayṯ al-Qaššāš (Citibulgaiz lo llamaba nuestro anónimo autor). Gracias a Temimi pude conocer directamente pueblecitos como Testur y Zaghouan, donde los lastimados moriscos españoles encontraron asilo, y conocer aún a algunos de sus descendientes. Gracias también a su solidaridad de estudioso mi segundo libro vio la luz en Túnez vertido al árabe. No puedo dejar de recordar también a otros amigos que revisaron conmigo algunas de las traducciones del árabe que incluyo en este volumen, Mariam Abboud y 'Abdel Ouakil Sebbana; así como a mis antiguos alumnos de la Universidad de Puerto Rico, hoy de la Universidad de Harvard, especialmente Diana Guemárez y Jorge Castillo, que me socorrieron siempre con mis súbitas emergencias bibliográficas. Estos y otros ex alumnos volvieron a poner a mi disposición la siempre añorada y sin par biblioteca de Widener, de la que, por cierto, dijo un día mi llorado amigo Jorge Guillén que «justificaba el descubrimiento de América». A todos ellos, y a tantos otros, va mi gratitud más sincera: como antes señalé, esta tarea de editar códices árabes e hispanoárabes desde las «ínsulas extrañas» que llamara san Juan de la Cruz es labor que requiere toda una red de apoyo que sé agradecer en lo que vale.

Me llena de alegría, de otra parte, saber que la edición del *Kāma Sūtra español* se encuentra bajo el cuidado de Jacobo Fitz-James Stuart. Sé que tanto el morisco anónimo como la que redacta estas líneas estamos en las mejores manos, y aún me atrevo a sospechar que el refugiado de Túnez sentiría que le había valido la pena esperar 400 años para que su códice viese la luz en una edición tan esmerada.

Quisiera que mi último testimonio de agradecimiento fuera para el autor mismo del códice secreto que ve la luz en estos momentos. Aquel morisco de rostro borrado reunió trabajosamente su modesta sabiduría para dictarla a sus compañeros de exilio, y, por distintos avatares del destino, fue a mí a quien tocó la suerte de recoger su obra y devolverla a su patria natural. La aventura de preparar la edición del códice y de comentarlo minuciosamente para lectores modernos ha sido una de las más emocionantes de mi vida intelectual. Tanto que, al cerrar tras de mí la puerta de mi estudio y quedar sola frente al mar Atlántico y frente a los antiguos folios, sentía que comenzaba el Paraíso. El cielo no puede ser muy diferente a esta experiencia de escritura llena de júbilo, de amor y de libertad intelectual. Va, pues, mi devoción agradecida al antiguo jurisconsulto, asegurándole que hice todo lo que estuvo a mi alcance para hacer justicia a su libro, que hizo nacer el mío.

LUCE LÓPEZ-BARALT

San Juan de Puerto Rico,
octubre de 1990.

ADVERTENCIA

PARA las transliteraciones del árabe, tan frecuentes en este libro, nos servimos del sistema de la Escuela de Estudios Árabes de Madrid (que es el de la revista *Al-Andalus*), pero respetamos en cada caso el sistema de transcripción de los estudiosos que citamos; de ahí las variantes. Asimismo, para las transliteraciones del aljamiado, seguimos en lo fundamental el sistema establecido por L. P. Harvey, de la Universidad de Londres, aunque, igualmente, respetamos los distintos métodos de los estudiosos de los que nos servimos.

CAPÍTULO I

INTRODUCCIÓN. LE NACE UN NUEVO TEXTO A LA LITERATURA ESPAÑOLA

En mis peregrinaciones he visitado muchos santuarios, pero ninguno más santo que el de mi cuerpo.

(Verso del poeta hindú Sahāra)

NUNCA lo habíamos oído en literatura española: el sexo nos lleva a Dios. Es un morisco español expulsado en 1609 quien, desde su exilio tunecino, desmiente dos milenios de educación sexual cristiana con su encendida celebración espiritual del amor humano. Y lo hace, para nuestro sobresalto de lectores, en perfecto castellano. En ese castellano terso, entreverado de sonetos de Lope de Vega junto a azoras coránicas y citas de Algazel y Aḥmad Zarrūq, el anónimo expatriado elabora un tratado reverencial sobre el matrimonio, en el que nos da cuenta de todos los pormenores del acto generativo. Estamos ante un texto inaudito no sólo en las letras españolas sino en las europeas, y somos conscientes de que su restitución al *corpus* literario hispánico no es fácil. Este tratado erótico, que su autor dejó sin titular y que por falta de otro nombre mejor hemos bautizado como el «Kāma Sūtra español», propone ideas profundamente foráneas a nuestra cultura. La franqueza con la que aborda la vida nupcial, y la exploración que lleva a cabo de los *mores* matrimoniales islámicos, con su pluralidad de esposas legales, son las «rarezas» más aparentes de nuestro texto, pero de ninguna manera las más importantes. Bastante literatura erótica ha producido España desde la Edad Media hasta nuestros días. Pero la novedad principal de nuestro texto es proponer la compatibilidad del amor sexual con la más alta vida espiritual: esto sí que ha sido algo prácticamente inaudito en nuestra tradición colectiva, que las más de las veces ha explorado el erotismo negándole verdadera dignidad religiosa. Ya tendremos ocasión de ver de cerca cómo los

Padres de la Iglesia aureolaron de culpabilidad y de desconfianza el amor humano. Para colmo, el misterioso autor de nuestro manuscrito no tiene reparos en fundir su celebración erótica, tan flagrantemente oriental, con la literatura clásica de su patria española perdida. A los lectores occidentales nos aguarda una sorpresa singular, pues sólo ahora es cuando vamos a tener noticia de que nuestra cultura fue capaz de un mestizaje literario tan formidable como el que postula el antiguo tratado de amores que hoy editamos.

Nuestro tratado se encuentra inserto en un extenso códice misceláneo (entre los folios 75v al 104v) que se conoce como el ms. G S-2 de la Biblioteca de la Real Academia de la Historia de Madrid. El libro completo del morisco, que es extensísimo, incluye, en la mejor tradición del *adab* [1] literario árabe, los temas más variados. Comienza por un testimonio estremecedor del exilio tunecino del autor; luego elabora una alegoría del hombre creyente como ciudad; para pasar entonces a una pintoresca novela «ejemplar» titulada *El arrepentimiento del desdichado,* que incluye una pormenorizada descripción de los amores cortesanos al uso de la época y sus subsiguientes castigos de ultratumba. A continuación el autor presenta el tratado sobre el matrimonio que es motivo de nuestra presente edición. Una vez concluido el «Kāma Sūtra español», el morisco se ocupa de temas cónsonos con su afán docente islámico: de la ablución ritual o *waḍū'*; de la oración o *ṣalā;* del ayuno; de la limosna o *zakā*; de la peregrinación a La Meca; de la obediencia a los padres; de la *taqwā* o temor de Dios; de la paciencia; de la predestinación; de la creación; de la descripción del reino de los cielos; del desprecio del mundo; de la muerte; del infierno; del paraíso; de la comparación de lo celestial y lo perecedero, para terminar con una exhortación final y acción de gracias a Dios [2]. (Tengo en proyecto editar la totalidad del códice en colaboración con mi colega Álvaro Galmés de Fuentes, ya que en el presente estudio me limito a la edición del capítulo que el anónimo morisco dedica al amor humano.)

Aunque el tratado erotológico que edito aquí carece, como dejamos dicho, de título, admitiría fácilmente el epígrafe que utilizó Algazel para su propio volumen nupcial: *El libro de las buenas maneras en materia de matrimonio* [3]. En efecto, el refugiado estructura su propio estudio sobre el matrimonio y la unión conyugal de manera parecida al célebre estudio marital inserto en el *Iḥyā' 'ulum ad-dīn* o *Vivificación de las ciencias de la fe* del gran espiritual musulmán Algazel (siglos XI-XII d. C.): comienza por aleccionar al lector en lo relativo a la petición de la mano de la novia y a la boda y sus festejos subsiguientes. Se detiene luego en la instrucción de la esposa en los ritos islámicos; en las obligaciones y el comportamiento igualitario que debe observar el marido en el caso de que tenga más de una esposa; en las obligaciones de la mujer para con su marido; y en los provechos espirituales y sociales del casarse. Por último, el morisco nos ofrece una ilustración detallada sobre cómo debe llevarse a cabo el acto sexual en el contexto de las nupcias legales que acaba de describirnos.

Este último tratado es el más sorprendente de todo el libro para un público lector hispánico. Movido por un afán docente y, muy en particular, religioso, el anónimo autor describe el coito en todos sus pormenores: el juego erótico previo a la cohabitación; las posiciones más recomendables; la consecución del orgasmo simultáneo; las abluciones que se deben llevar a cabo una vez consumado el acto, entre muchos otros aspectos. Estamos nada menos que ante el primer tratado erótico de la literatura española de que tengamos noticia. Es emocionante observar cómo el refugiado —repetimos que por primera vez en lengua castellana— celebra sin ambages el placer sexual, que interpreta, desde un punto de vista estrictamente espiritual, como un anticipo no sólo del Paraíso sino de la contemplación misma de Dios. Estas instrucciones amatorias, ajenas a todo sentido de culpabilidad o de burla desacralizante, se encuentran entreveradas de numerosas azoras coránicas y de fervorosas invocaciones a Dios. El lector occidental se encuentra cada vez más desconcertado, máxime cuando se tropieza con una reiterada defensa de los derechos de la mujer a expresar libremente su libido.

La profunda novedad de nuestro tratado en el contexto de las letras hispánicas radica en que el morisco, buen español pero a la vez buen musulmán, estudia el matrimonio y sobre todo el acto generativo desde un punto de vista islámico: como una obligación placentera que el mismo Corán recomienda. El libro erotológico está nada menos que en la categoría de tratados musulmanes como el citado *Iḥyā'* de Algazel, el *Rawḍ al-'aṭīr* o *Jardín perfumado* del Šayj Nefzāwī, o el *Šarḥ al-waglīsiyya* (*Comentario a la Al-Muqqadimah al-waglīsiyya* de Aḥmad al-Waglīsī) y la *Naṣīḥa al-kāfiyya* (*Recomendación cualificada*) de Aḥmad Zarrūq, de quien tanto se sirve el autor morisco para las instrucciones sobre el coito. La prolongada tradición erotológica musulmana desciende, a su vez, como tendremos ocasión de ver, de textos como el *Kāma Sūtra* (*Aforismos sobre el amor*) de Vātsyāyana, que se ha convertido en el prototipo más célebre del género. Importa decir que el opúsculo del anónimo exilado guarda interesantes paralelos literarios con el antiguo maestro hindú. Su tratado amatorio acaso sea más modesto, artísticamente hablando, que —pongamos por caso— el del refinadísimo Nefzāwī, pero el morisco sin duda exhibe muchas más dotes literarias que el parco erotólogo Aḥmad Zarrūq, en quien parcialmente se inspira. El refugiado es, como sus mentores, un jurisconsulto en materia de amores, y sus instrucciones son de índole religioso-legal. Pero no estamos ante un tratado doctrinal a secas. La obra erotológica del morisco, como la de sus fuentes orientales, constituye un texto literario, ya que los consejos rituales sobre las nupcias se salpican a cada paso con leyendas, anécdotas, tradiciones proféticas y poemas. ¡Y qué erudición la del morisco! Nos abruma de citas expertas, en las que esgrime argumentos de Algazel, de Zarrūq, de Aṣbag, de Abū-l-Walīd al-Bāŷī, de Abū-l-Walīd Muḥammad ben Rušd, de Ibn al-Qāsim, entre tantos otros sufíes y jurisconsultos árabes. Ya tendremos ocasión de explorar más de cerca la riquísima contextualidad literaria oriental del morisco. Importa decir que nuestro autor suele manejar correctamente todas estas fuentes, al contrario que otros de sus correligionarios criptomusulmanes, como el Mancebo de Arévalo, célebre por sus citas en falso [4]. Por si fuera poco, junto a las autoridades árabes, están las cristianas, con Lope de Vega a la cabeza, pero sin hacer caso omiso de Garcilaso, Góngora, Quevedo —tantos otros— que el morisco demuestra conocer a la saciedad en la novela idealizante que precede inmediatamente a su tratado erotológico. Pero aún hay más: por momentos, el castellano sobrio del «Kāma Sūtra español» adquiere tonos emocionados y elocuentes, como en un pasaje en el que el autor lleva a cabo la celebración de la esposa —novedosísima, increíble «perfecta casada», cuya máxima virtud religiosa consiste en hacer el amor gozosamente con su marido—. (Ya tendremos ocasión de ver pasajes como éste con más detalle. Sobre otros aspectos de las dotes literarias del refugiado, cuyos textos a veces nos hablan a dos voces, nos hemos detenido en estudio aparte [5].) Ante todo esto, advertimos que algo extraordinario está sucediendo en la historia de la literatura española (para colmo, en la mismísima literatura del Siglo de Oro): hemos dado con un tratado erotológico a la oriental en toda forma, de cuya existencia no teníamos noticia hasta el presente. En la misma época en que Garcilaso adapta su castellano a la sonoridad musical del italiano y Góngora a los rigores de la sintaxis latina, un anónimo hispanomusulmán vira el castellano —y la cultura religiosa milenaria que lo avala— al revés como un guante y lo hace hablar «en árabe» y a la islámica, obligándolo a proferir enseñanzas amatorias nunca antes oídas en nuestra lengua. Ni en ninguna otra lengua europea, por cierto.

La sorpresa estética y emocional a la que nos obliga el tratado erotológico del refugiado es tal que de seguro por ello mismo ningún erudito se había animado a sacarlo de su olvido de siglos. Ni el maestro Eduardo Saavedra, que se limita a declarar el ms. S-2 «libro muy notable» en su «Discurso de recepción ante la Real Academia Española» en 1889 [6], ni Pascual Gayangos, que poseyó el manuscrito [7] y que alude de paso a sus pasajes más españolizantes en sus *Leyes de moros* (*Memorial Histórico Español,* Real Academia de la Historia, Madrid, t. V, págs. 7-8), ni mi admirado colega Louis Cardaillac, quien en su indispensable *Morisques et Chrétiens. Un affrontement polémique (1492-1640)*, Klincksieck, París 1977) se circunscribe a una visión exclusivamente didáctica del tratado erótico:

> La troisième partie [du manuscrit S-2], enfin, est plus didactique: l'auteur disserte sur le mariage et les femmes et développe toute la casuistique des relations du couple... (pág. 183).

Jaime Oliver Asín, a quien debemos el estudio más importante sobre la totalidad del manuscrito S-2 en su ensayo «Un morisco de Túnez, admirador de Lope», dedica largas páginas a otros aspectos del códice —la novela idealizante, el testimonio del morisco como refugiado, las posibles fechas de redacción y la autoría del texto—. Sin embargo, el estudioso liquida apresuradamente, en un solo párrafo y a modo de índice, todo el contenido del opúsculo erotológico. Su apretada indicación temática no puede ser más escueta ni más desinteresada: «Excelencias del matrimonio; el acto sexual (fols. 81v-91v)» (pág. 439). Otros teóricos contemporáneos de los que nos ocuparemos más adelante, como Míkel de Epalza y Juan Penella, se limitan a su vez a los problemas de autoría o a la experiencia tunecina del exilado.

Parece evidente que nuestro «Kāma Sūtra español» ha puesto en guardia —consciente o subconscientemente— a toda la erudición europea que tuvo la oportunidad de ojear sus folios antes que nosotros. *Et pour cause.* La lectura del tratado magistral sobre las nupcias que nos ocupa es —admitámoslo en seguida— una lectura incómoda de puro novedosa. El castellano no estaba hecho para decir las cosas que el morisco lo obliga a decir. El libro amatorio hispánico nos dicta enseñanzas y móviles de conducta difícilmente reconciliables con nuestras coordenadas culturales cristianas. Ya adelantamos que la doctrina más novedosa de todo el tratado es la que reconcilia el sexo con las plegarias más fervorosas y sinceras. Pero las sorpresas se van sucediendo vertiginosamente a medida que el lector occidental del texto avanza en la lectura del antiguo códice. Importa que nos detengamos en algunas de estas sorpresas literarias e ideológicas.

Un primer desconcierto deja perplejo al lector: estamos ante un libro erotológico oriental escrito en castellano. Nada más ajeno a nuestra sensibilidad colectiva, acostumbrada a expertos en amores como Ovidio, cuya *Ars amatoria* o *Arte de amar* sienta el prototipo de lo que sería, en buena medida, la actitud teórica amatoria durante el Renacimiento. En realidad el libro de Ovidio no es un manual sobre el arte de amar, sino un vademécum poético (muy hermoso por cierto) sobre la técnica de la seducción y el logro egoísta del placer. Lleva razón Alan Hull Walton: «He [Ovid] preaches illicit love, and teaches the superficial manners of the boudoir» [8]. Ni el mismo Ovidio vio con excesiva seriedad su obra: John Jay Parry advierte en ella «a sort of parody on the technical treatises of Ovid's day —a bit of fooling around which should never have been taken seriously, but often was» [9]. Poco más podemos decir de los intentos de otros maestros erotólogos europeos como Andreas Capellanus (siglo XII), quien tiene que desdecirse de los cerebrales consejos de seducción de su *De arte honeste amandi* en unas apresuradas —y poco convincentes— apostillas moralizantes. Más extremo es aún el caso del celebérrimo *Liber Pamphilus de amore*, cuya misma condición de *best seller* medieval nos permite pensar en la gustosa aquiescencia que le brindarían sus lectores —o sus oidores— [10]. Y digo más extremo porque las artimañas de la alcahueta Anus propician exitosamente la unión «amorosa» de la pareja, que no es otra cosa para el lector moderno que una violación técnica de la heroína Galatea a manos de su enamorado Pánfilo.

(La escena, bastante desagradable por cierto, hubiera llenado de horror a los expertos erotólogos orientales, que claman por un acto amatorio llevado a cabo con delicadeza y refinada morosidad. Mucho hay que agradecer en este sentido, por cierto, a Fernando de Rojas, quien, dando un saludable mentís al violento manual de amores neolatino, mejorará tanto la calidad de las escenas amorosas en su *Celestina*.) Ya tendremos ocasión de revisar con más detenimiento estas tradiciones erotológicas europeas, cuyos otros representantes —Boccaccio, Rabelais, Francisco Delicado— en poco difieren de los que venimos citando.

Un abismo de diferencia separa, sin embargo, la literatura erótica de Occidente de la de Oriente. Importa decir que los tratados eróticos islámicos, abundantísimos a lo largo de toda la Edad Media y en pleno uso aún en el siglo XX, guardan entre sí gran variedad de estilos y de actitudes, y van desde el casto *Iḥyā'* de Algazel y los parcos *Šarḥ* y *Naṣīḥa* de Zarrūq hasta los tratados libertinos y francamente pornográficos de Al-Bagdādī y Al-Sūyūtī. Más adelante nos detendremos en un hecho importante del que no se ha dicho aún demasiado: esta literatura erótica oriental dejó una huella en Europa mucho más profunda de lo que veníamos creyendo hasta ahora. En nuestro capítulo IV veremos cuáles fueron precisamente las «lecturas» del pícaro Deán de Cádiz que evocara Alfonso el Sabio en una cantiga encantadora que estudia con su acostumbrada maestría Francisco Márquez Villanueva. Las lecturas del capitular estarían emparentadas con los tratados eróticos que llegaron a circular en la península en versiones romanceadas a lo largo de los siglos medios. Ahí está, por ejemplo, un extraordinariamente curioso «Kāma Sūtra catalán», que su autor prefirió escribir desde el anonimato allá por el siglo XV, y cuya publicación moderna ha pasado casi desapercibida [11]. El tratado de amores catalán pertenece a la cultura médica de la época, aunque sus capítulos finales son simple y llanamente eróticos. Conviene que aclaremos, a todo esto, que nuestro anónimo morisco español se inserta de lleno dentro de la tradición erotológica oriental de corte reverente, de clara estirpe espiritual coránica. Por regla general, el amor en estos tratados espirituales musulmanes suele ser un amor sin pecado, desculpabilizado, en el cual el goce y la responsabilidad son coextensivos uno del otro. Justamente por ello pudo afirmar en el siglo XI aquel gran experto en amores que fue Ibn Ḥazm de Córdoba: «[el amor] no está reprobado por la fe ni vedado por la Santa Ley, por cuanto los corazones se hallan en manos de Dios Honrado y Poderoso, y buena prueba de ello es que, entre los amantes, se encuentran no pocos bien guiados califas y rectos imames» [12]. La actitud oriental conciliatoria de la sexualidad con la más alta vida del alma persiste hasta nuestros días. Oigamos al teórico moderno Abdelwahab Bouhdiba:

> La visión islámica de la sexualidad busca la afirmación, busca la aceptación festiva y no la renunciación morosa [...]. El amor es la ley de la vida, del mundo, del hombre, y se trata de aceptarlo tal cual es. La sexualidad desarrollada, el amor

realizado en la alegría, son maneras de agradecer a Dios por los beneficios que nos prodiga. Saciar el deseo en la alegría y agradecimiento es [...] el mejor de los caminos a seguir [13].

Es por ello que el islam puede considerar que en el placer amoroso compartido reside una obra de piedad religiosa análoga al ayuno y a la plegaria: el procurarse los esposos la felicidad mutua es de por sí un acto de caridad y de solidaridad humana lleno de mérito. Estamos en las antípodas de las enseñanzas cristianas en lo concerniente al sexo, desde aquellos todavía enigmáticos consejos de san Pablo: «no es bueno que el hombre toque a la mujer» (1 Cor. 8) o aquella célebre concesión: «es mejor casarse que abrasarse» (1 Cor. 7, 9). Las exhortaciones paulinas, motivo aún, como dije, de polémica, preludian el pensamiento posterior de la Iglesia ante el amor humano. Decir que la actitud cristiana ha sido, a lo largo de dos milenios, una actitud angustiada es decir poco. Importa que tengamos en cuenta aquí algunas de las posiciones ideológicas cristianas en las que nos habremos de detener con más detalle. San Agustín, probablemente el teórico de amores más atormentado de todos, equipara virtualmente la emoción venérea con el pecado original, y, como consecuencia, considera en su *De bono coniugali* (VI, 6) que los abrazos nupciales que no sean procreativos en intención comportan inevitablemente pecado, aunque sea pecado venial. El Obispo de Hipona, que nos da cuenta de su vida mística con tanta ternura, siempre se consideró, sin embargo, víctima de una libido vehemente. Sintió en carne propia la «excitación diabólica de los genitales» (*Opus imperfectum*, 2, 33) que tanto lamentó existiera aun entre sus hermanos bautizados. El coito no era para él sino una necesidad desafortunada a la que el cristiano condescendía con remordimiento (*Serm.* li. 29). Esta hostilidad contra la carne la comparten con san Agustín, en cierta medida, casi todos los espirituales que formaron el pensamiento de la Iglesia: Arnobius argumenta sobre la «suciedad» del coito (*Foeditas coeundi*), sobre sus placeres degradantes y sobre la naturaleza baja del impulso sexual (*Adv. Gen.* iv. 19; iv. 21; iii. 9), y considera que los órganos sexuales no son otra cosa que una «repulsiva deformidad» del cuerpo humano (*ibid.*, iii. 10). Para Tertuliano, el intercurso es reprobable y poluto y dota al matrimonio de una vergüenza irremediable (*De vig. vel.* X *Contumelia*). San Jerónimo clama a voces que toda unión sexual es impura (*Adversus Jovinianum* I, 10; 20) y concluye que si el apóstol dijo que era bueno para el hombre no tocar a la mujer, entonces era malo tocarla (*Epist.* xlviii. 14). Por todo ello, san Ambrosio determina —y ya no nos puede extrañar— que el ministerio eclesiástico es incompatible con el matrimonio (*De offic.* i. 50). Parecida actitud parece guardar el más liberal santo Tomás, que llega a proponer en su *Tratado del matrimonio* que los cónyuges se salvan del pecado anejo al acto marital sólo si rechazan y se sienten desagradados por el placer que indefectiblemente habrán de sentir. Ni siquiera la Reforma erradica esta prolongada hostilidad para con la unión amorosa [14]. De ahí que un occidental *bona fide,* descendiente de esta tradición teológica milenaria, se sienta desconcertado ante los manuales erotológicos árabes de exaltación reverente del sexo con los que el morisco forma tradición. En estos tratados, al igual que en el «Kāma Sūtra español», el éxtasis amoroso ya no es el resultado trágico del pecado original, sino un símbolo y un anticipo de la unión misma con Dios. Como consecuencia, el acto sexual no tiene que delimitarse a la procreación, sino que puede —y debe— vivirse como un placer saludable y, en casos particulares, curativo. Tanto el morisco como una buena parte de sus mentores orientales discuten respetuosamente la actividad sexual, sin asomo de lubricidad enfermiza y de pornografía. No en balde están aleccionando sobre un aspecto natural y necesario del plan divino. El anónimo hispanomusulmán se inserta, pues, de lleno en las coordenadas culturales del *ars amandi* espiritualizante oriental: imposible que a los occidentales no nos llene de asombro su texto piadoso.

Pero nos aguardan muchas sorpresas adicionales. Nuestro morisco no se limita a traducir a las autoridades erotológicas en castellano. Estamos ante un verdadero artista, al que se le ocurre nada menos que fundir sus fuentes árabes con fuentes literarias españolas. Bien que amó el refugiado las letras de la patria que lo arrojó de sí. En su novela idealizante hace gala de conocer de memoria —ya hemos adelantado algo de esto— los sonetos y las églogas de Garcilaso, los poemas más complejos de Góngora, los sonetos de Lope, las alegorías de los sueños quevedianas, los romances populares, sin desdeñar incluso los «maurófilos» y los más recalcitrantes en su defensa de la España visigótica. Nuestro autor, morisco disidente que denuncia a cada paso a la Inquisición en los pasajes testimoniales de su obra, es, a la vez, un autor que hace suyas nociones archihispánicas como la celebración de la España mítica de los godos y la defensa de la pureza de sangre, prejuicio esgrimido precisamente contra los de su casta, que sin duda lo atormentaría en los años previos a su expulsión. Nuestro criptomusulmán también evoca a moros gallardos, guerreros y enamorados, con la Alhambra y las Torres Bermejas como fondo literario: no es difícil sospechar el conflicto y la auténtica nostalgia que habría en el alma del refugiado cuando repite estos lugares comunes de la literatura morisca idealizante que el resto de su texto se encarga de contradecir tan flagrantemente. Estamos ante el caso inaudito de un morisco maurófilo: las letras españolas de la edad áurea sin duda nos deparan aún sorpresas importantes. El hecho de que nuestro autor, disidente y criptomusulmán, sea a la vez «maurófilo» y racista plantea problemas literarios y humanos de extraordinaria envergadura que hemos abordado en otro lugar [15] y en los que volveremos a detenernos en nuestro próximo capítulo: aquí sólo cabe adelantar que estamos ante un apátrida en el sentido más profundo del término, y ante la tragedia sin solución de un hombre que nunca pudo poner en claro el conflicto interno de su identidad escindida. En España, nuestro criptomusulmán —y tantos otros como él— se habría visto precisado a integrarse a la fuerza a una «españolidad» oficial, monolítica y católica, y a someter al olvido los aspectos islámicos de esa identidad cultural, cada vez más desacreditada. Como resultado, muchos moriscos terminan siendo seres culturalmente híbridos, ya que el deterioro paulatino de su cultura islámica no siempre dio paso seguro a una identificación a fondo con la maciza «españolidad» cristiano-vieja de la casta triunfante [16]. Estos moriscos, escindidos en lo más profundo de su ser, se enfrentan a un nuevo dilema cuando se decreta en 1609 su exilio masivo: no les había sido permitido ser españoles *bona fide* en su tierra de origen, pero tampoco tuvieron tiempo de convertirse en auténticos musulmanes en las primeras décadas de su exilio en Berbería. La población morisca, exilada por partida doble, padeció, por tanto, dos procesos violentos de aculturación. (Nuestro anónimo autor es ejemplo cimero de ello.) La cultura islámica les fue, como dejamos dicho, arrebatada a la fuerza en la España renacentista, y, cuando al fin estaban en pleno proceso de asimilación de la hispanidad «oficial», fueron obligados a aculturarse una vez más: en sus nuevas patrias adoptivas tuvieron que reaprender el árabe y obtener un conocimiento profundo del islam, que habían comenzado a olvidar. Los casos de identidad problemática asoman una y otra vez en la literatura morisca del exilio, y acaso el autor del ms. S-2 sea el mejor portavoz de esa situación conflictiva, de la que nos va dando cuenta precisa a cada paso de su extenso códice. El lector avisado advierte rápidamente un hecho trágico: el refugiado no fue capaz de tomar partido absoluto por ninguna de sus dos patrias, España o Túnez. Odia a España en tanto en cuanto representa la represión religiosa, política y humana de su casta, pero la añora y la recupera en algunas de las porciones más importantes de su texto literario, que son «españolísimas». Ama a Túnez y agradece la generosa acogida de los benefactores Abū Gayṯ al-Qaššāš (Citibulgaiz) y ʻUṯmān Dey, pero se resiente de que la población autóctona hiciera sentirse a los moriscos perpetuamente extranjeros y que les llenara de escollos su proceso de adaptación al país. El conflicto emocional del autor morisco asoma una y otra vez a lo largo de los folios del S-2, unas veces como testimonio descarnado, otras como quejas solapadas que se le escapan casi a traición.

El «Kāma Sūtra español» que nos ocupa no es una excepción en este sentido. Allí, a pesar del contexto musulmán en el que nos encontramos, la verdadera estrella poética es el españolísimo Lope de Vega. El Fénix es, a todas luces, el escritor favorito de nuestro autor morisco. Importa recordar que el refugiado fue un asiduo asistente a los corrales donde se representaban las comedias de Lope, a quien plagia, en distintos pasajes de su códice, con tanto entusiasmo como descaro. No es que el refugiado admirase a Lope de Vega, como sugiere el título del citado ensayo de Oliver Asín: es que hubiera querido ser Lope. Su «travestismo» literario es tan extremo que lo lleva a usurpar innumerables versos del Fénix, que cita de memoria; a saquear el argumento de *La serrana de la vera* y a resumir, apropiándosela, la trama de *Las mudanzas de Fortuna*. El morisco conoce de tal manera la obra del genial comediógrafo que utiliza casi al pie de la letra un diálogo de *La hermosura de Angélica* y prosifica en cambio un poema del libro V de *La Arcadia* (cf. Oliver Asín, *op. cit.*, págs. 444-445).

Pero Lope de Vega nunca nos ha sonado tan raro como cuando hace su aparición triunfante en medio mismo del «Kāma Sūtra español». Allí, sus sonetos le sirven al autor morisco nada menos que para ilustrar algunos de los pasajes más álgidos de su texto, por cierto los menos «españoles» u «occidentales». Para calmar los celos que inevitablemente habrán de aflorar en los matrimonios plurales musulmanes, al refugiado no se le ocurre cosa mejor que ilustrar lo dicho con un soneto de Lope de Vega sobre el tormento de los celos («Sosiega un poco, airado temeroso», fols. 90r-90v). ¡Lope utilizado para combatir los celos de las féminas árabes! La «broma» parece soberbia si pensamos en la vida íntima del Fénix, cuyos avatares bien pudieran haber llegado a oídos del morisco, que era, como dejamos dicho, público cautivo en los corrales donde se llevaban a escena las comedias del padre del teatro español.

Lope protagoniza, sin proponérselo, otro momento culminante del tratado erotológico del refugiado. El morisco se hace eco de una estructura literaria propia de los manuales amatorios orientales, que salpican sus enseñanzas con fragmentos literarios «ejemplificantes». Buena parte de esta literatura ilustrativa del buen uso del acto conyugal se presenta como propia del autor o como anónima: Vātsyāyana suele introducir sus poemas con la fórmula «hay un verso sobre este tema»; y Nefzāwī simplemente con la frase «como dice el poeta». Como ellos, tantos otros: Algazel, Sūyūtī, Tīfāŷī. Los poemas que avalan la teoría de *El jardín perfumado* del citado Nefzāwī se usan, por ejemplo, ya para celebrar al hombre que tarda en eyacular, ya para reflexionar sobre el carácter traicionero de la mujer. El teórico tunecino cita unos versos de Abū Nawās en este último sentido [17], y el lector hispánico se asombrará de advertir lo que nuestro morisco hace para imitarlo: culmina su libro erótico nada menos que con unos versos ilustrativos sobre la equívoca condición femenina de su admirado Lope de Vega. En el «Kāma Sūtra español», por tanto, Lope viene a hacer las veces de Abū Nawās en *El jardín perfumado* de Nefzāwī. Curiosamente, el morisco cita el conocido soneto «Es la mujer del hombre lo más bueno / es la mujer del hombre lo más malo», que coincide de cerca con el espíritu burlonamente misógino del aludido poema de Abū Nawās, que comienza «Las mujeres son demonios, y fueron nacidas como tales; / Nadie puede confiar en ellas, como es sabido...» [la traducción es nuestra]. Cuando el exilado de Túnez se sirve de los endecasílabos de Fénix, lo cita simplemente como «el poeta», y el anonimato forzoso al que somete a su venerado Lope puede obedecer a dos razones. En primer lugar, el autor morisco hace uso, como vimos, de la socorrida fórmula ilustrativa de los tratadistas orientales que lo anteceden; en segundo lugar, parece que no se siente cómodo evocando en su nueva tierra islámica estos nombres tan asociados a su pasado español. Promover el sentimiento patriótico y la nostalgia entre los refugiados españoles hubiera sido hacerles un flaco servicio: el morisco se inhibe, asimismo, de identificar a los otros autores españoles —Garcilaso, Góngora, Quevedo— de los que se sirve igualmente en su largo códice. Recordemos que, por el contrario, prodiga de manera abrumadora los nombres de sus autoridades islámicas. Dudamos mucho que el morisco no supiera el nombre de ninguno de estos autores peninsulares: nos parece que estamos ante un caso de mala conciencia y ante un silenciamiento literario culpable y atemorizado. Y terriblemente nostálgico.

Sea como fuere, lo cierto es que Lope de Vega estrena en los folios de nuestro morisco su contextualidad literaria más desconcertante. L. P. Harvey comenta que «Lope serait sans aucun doute horrifié d'être cité *a lo divino* dans un context si curieux» [18]: pero quién sabe si el travieso dramaturgo no se hubiera sentido orgulloso del increíble sincretismo literario de su anónimo admirador, que lo convierte nada menos que en el broche de oro de su libro de erotología.

Todo esto nos va demostrando de manera dramática la originalidad artística del refugiado, que une, en la *mise-en-scène* literaria más novedosa de que tengamos noticia, a Lope de Vega hombro con hombro con el Samarqandī, con Zarrūq, con Algazel, con *Las mil y una noches*. La fusión literaria que lleva a cabo el morisco logra la súbita españolización de sus fuentes árabes, que vierte al castellano y que obliga a convivir con sonetos endecasílabos lopescos y con los octosílabos del romancero tradicional; pero, a la vez, arabiza a autores como Lope, cuyos versos sustituyen a los de Abū Nawās al ilustrar curiosísimos pasajes erotológicos a la oriental. Ya habíamos dicho que el morisco tiene verdadera madera de escritor: reacciona creativamente frente a sus fuentes árabes, que no copia servilmente sino que occidentaliza de manera muy singular. Ignoro cuán consciente fue el desterrado de que estaba subvirtiendo literariamente el género del *adab* amatorio islámico al forzarlo a constituir un tratado «europeo». El morisco «viola» sus fuentes árabes con un atrevimiento muy hispánico por cierto, no del todo ajeno a los espléndidos desafueros artísticos de un Cervantes, un san Juan de la Cruz, un Goya o un Picasso. Sólo que estamos, como dejamos dicho al principio, en un plano estético más modesto. Pero lo cierto es que en estos folios que al fin ven la luz, después de cuatro siglos, los autores de Occidente y de Oriente tienen un inesperado, explosivo encuentro. ¿Estamos ante un choque cultural simbólico o ante una piadosa, añorada fusión literaria y humana? Todo puede ser. Lo cierto es que, con su empeño en hacer convivir estas tradiciones, tan distintas, el morisco crea un texto híbrido, parcialmente oriental, parcialmente occidental, que exige una compleja lectura en palimpsesto, por usar aquí una frase ilustrativa de Juan Goytisolo. Los lectores —tanto los occidentales como los orientales— tenemos, pues, que hacer un esfuerzo dramático para aquilatar en sus propios términos este texto insólito, cuya recepción nos invita a una secreta e inesperada «esquizofrenia literaria».

El códice erotológico depara aún otras sorpresas al lector. Al reflejar los *mores* de la vida amatoria islámica, el «Kāma Sūtra español» asoma al receptor occidental a unas situaciones particularmente distintas de las que le han sido familiares en su experiencia vital de siglos. Un caso ilustrativo en este sentido es el del matrimonio plural: el morisco, muy a la musulmana, prodiga los consejos al marido que se ve en la situación de matrimoniarse con más de una mujer, y lo alecciona sobre la obligación de prodigar un tratamiento igualitario a todas. Ha de mantener a sus mujeres —cuatro es el límite coránico— en el mismo nivel de vida, sin privilegiar a unas sobre las otras ni en lo económico ni en lo emocional. Sus noches deben estar estrictamente repartidas entre ellas, y el marido debe sacrificar sus propias inclinaciones afectivas en aras de la equidad matrimonial. Debe, asimismo, procurar no dar ocasión al problema de los celos, que sin duda suele hacer su aparición en estos hogares escindidos. El morisco, con su acostumbrado tono magisterial, pide también a la mujer que no dé rienda suelta a su sentido de rivalidad y que sea leal y comprensiva con su «atareado» esposo. Curiosísimos problemas sin duda para un lector occidental, que nunca los había oído dirimir en lengua castellana. La sorpresa parece mayúscula. Y lo es, *ma non tanto*. Acaso lo que más nos asombre aquí sea la legitimación canónica de estas uniones múltiples que favorecen de manera tan flagrante al varón: el morisco sigue al pie de la letra las enseñanzas de su religión en estos pasajes de su tratado. Pero a ninguno se nos oculta que, en la práctica, algún tipo de unión plural ha estado siempre a la orden del día en Occidente. En la práctica y, en cierto sentido, en la teoría. Santo Tomás se esfuerza por condonar a las mujeres y concubinas múltiples de que hacían gala los patriarcas bíblicos, y llama poderosamente la atención la tolerancia teológica que caracteriza su pensamiento en este sentido. Oigamos directamente lo que tiene que decir al respecto en su *Tratado del matrimonio*:

> ...la pluralidad de mujeres ni destruye totalmente ni impide parcialmente el primer fin [tener hijos], toda vez que un solo varón basta para fecundar a varias mujeres y para educar [a] los hijos nacidos de ellas. El segundo fin [del matrimonio], aunque no lo destruye totalmente, ya que no es fácil que haya paz en una familia donde a un marido se le unen varias mujeres [...]. Sin embargo, el tercer fin lo destruye por completo la pluralidad de mujeres, toda vez que, como Cristo es uno, también la Iglesia es una.
>
> De lo dicho se infiere que la pluralidad de mujeres en cierto modo es contraria a la ley natural y en cierto modo no lo es [19].

El Doctor Angélico argumenta que, en principio, se puede guardar fidelidad a varias mujeres, «y todavía permanece el sacramento, pues cuando no representa la unión de Cristo con la Iglesia, en cuanto es una, sin embargo, por la multiplicidad de mujeres se significa la distinción de grados en la Iglesia, la cual no sólo existe en la Iglesia militante, sino también en la triunfante» (*ibid.*, Supl. q. 65 a. 3, pág. 576). Hoy nos resulta sin duda muy curiosa la tolerancia de santo Tomás para con la promiscuidad masculina. Ésta solía ser extensiva al uso sexual de las esclavas o concubinas por parte del varón: «Los Padres antiguos, prevaleciéndose de la dispensa merced a la cual tenían varias mujeres, se unían a sus criadas con afecto marital, pues eran cónyuges suyas en cuanto al fin principal del matrimonio» (*ibid.*, Supl. q. 65 a. 5, pág. 584). Debemos señalar que, al igual que los espirituales musulmanes, este miembro cimero de la Escolástica es mucho menos generoso con la mujer que con el hombre. En ambas tradiciones teológicas, la argumentación es la misma: no se tolera el que la mujer tenga más de un marido porque —citamos ahora a santo Tomás— ello destruye el bien de la prole, impide su educación al no saber de qué progenitor es cada criatura, y dificulta la concepción. Esta última noción ginecológica la toma el teólogo de Aristóteles, que creía que, una vez fecundada la mujer, podía ser fecundada una segunda vez, pero con gran peligro de que se corrompieran ambos fetos, sobre todo el segundo (cf. *ibid.*, Supl. q. 65 a. 1, pág. 571).

Importa dejar en claro que tanto la Escolástica como la Patrística entendieron que la promiscuidad masculina era permisible y aun deseable para el pueblo israelita porque de él había de nacer el Mesías. San Agustín, con su acostumbrada preocupación mórbida para con la sexualidad, supone que los profetas hubieran preferido promover el crecimiento de Israel sin tener que recurrir al coito (*Serm.* li. 23), y anima a los cristianos a creer que los venerables patriarcas se acercaban a sus esposas no con concupiscencia sino obligados por un deber necesario pero desagradable [20]. En la notoria indulgencia de los Padres de la Iglesia para con la poligamia bíblica advertimos que el tema les afectaba muchísimo menos que la legitimación del placer sexual.

Otro tanto sucedía con las concubinas, igualmente toleradas por la Iglesia en nombre de la consecución obligada de la fecundidad por parte de los patriarcas del Antiguo Testamento. El lector occidental se asombrará del hecho de que el autor del «Kāma Sūtra español» entienda que el acto conyugal puede ser llevado a cabo legítimamente por el hombre con su esposa o con su esclava. El Corán permite el comercio carnal con las esclavas en algunas circunstancias, y ya hemos visto lo benévolo que fue también santo Tomás en este sentido. Pero acaso asombre aún más al lector moderno recordar que el «españolísimo» Alfonso X legisle en sus *Siete partidas* acerca de las barraganas, dejando en claro cuáles convenían y cuáles no a los varones de «grant linaje». Más democrático se nos antoja entonces el autor morisco, que no hace distingos de clase para estos despliegues de poder sexual masculino, que hoy nos parecen tan superados. Lo cierto es que cuando oímos legislar al Rey Sabio, no sabemos si estamos ante un rey europeo o ante un alfaquí musulmán. (No es de extrañar que Alfonso se declarara Rey de las tres religiones —cristiana, judía y musulmana— durante su brillante reinado en la península.) Contra lo esperado, Oriente y Occidente no han sido tan distintos al privilegiar sexualmente al varón sobre la mujer de una manera tan recalcitrante: he aquí lo que tiene que decirnos al respecto el rey Alfonso en sus *Partidas* (t. XIV, lib. III):

> *Quáles mugeres son las que non deben rescibir por barraganas los homes nobles et de grant linage.*
>
> *Ilustres personae* son llamadas en latín las personas honradas et de grant guisa [...] así como los reyes et los que descienden dellos, et los condes [...] et los otros homes honrados semejantes destos: et estos atales, como quier que segúnt las leyes pueden rescebir barraganas, tales mugeres y a que non deben rescebir, así como la sierva o fija de sierva, nin otrosí la que fuese aforrada nin su fija, nin juglaresa nin su fija, nin tabernera, nin regatera nin sus fijas, nin alcahueta nin su fija, nin otra persona ninguna de aquellas que son llamadas viles por razón de sí mesmas o por razón de aquellos de que descendieron; ca non serié guisada cosa que la sangre de los nobles omnes fuese espargida ni ayuntada a tan viles mugeres. Et si algunos de los sobredichos ficiese contra esto, [...] segúnt las leyes non será llamado fijo natural, ante serié llamado espurio...[21]

Posiblemente el pasaje más neurálgico del «Kāma Sūtra español» para la sensibilidad de un lector occidental sea aquel en el que el morisco dicta pautas al marido sobre cómo debe proceder con una mujer que se ha vuelto contumaz en su desobediencia para con Dios y para con sus deberes conyugales. Debe, en primer lugar, aleccionarla, y si ello no aprovecha, negarle el débito conyugal (el máximo de tiempo que se le permite es un mes). Si ello aún no da resultado, el esposo puede recurrir al castigo físico, siempre y cuando no perjudique a la mujer de manera seria ni permanente. He aquí el pasaje:

> Y si acaso la mujer se abstuviera de tener acto con su marido o no dejalle llegar ni jugar o saliere de casa sin su liçençia o no quiere acudir a cunplir con lo que es preçepto como a la çala [صلاة o *ṣalā*: «oración ritual islámica»] y demás semejante, le pasa al marido Reprehendella y castigalla. Y su modo es primero manifestalle y deçille la obligaçión que tiene de acudir el serbiçio de Dios y de su marido, y que, de obedeçer este preçepto, tendrá el premio en descanso de gloria; y, de lo contrario, el castigo que Dios nrosš le dará en este mundo y en el otro, con palabras grabes y espantosas, mostrando en ellas el amor que le tiene, y deseo de que se libre del padeçer en tormento. Y si esto no aprobechare con ella, como en muchas no aprobecha, sino siguen la banidad de su gusto, se enoxará con ella, mostrándole el enojo pusible, ni haçer caso della, ni dormir con ella, y para esto tiene liçençia de un mes. Y si no aprobechare, se le permite el castigo, con darle bofetadas o con el puño, de suerte que no le quiebre güeso ni le afee ningún miembro. Y si sabe que no aprobechará, sino con detrimento de quebrar algún güeso o quedar con menoscabo, no le pasa haçello, ni tanpoco si el castigo con

blandura sabe o piensa que no aprobechará, porque es castigo en balde. Y si es la culpa del marido, como ay muchos que la tienen, el juez le Reprehenderá o castigará [22].

Terrible pasaje por cierto. No es de cosecha propia del morisco, que no hace otra cosa que seguir las más estrictas pautas coránicas. El libro sagrado del islam, en efecto, permite al marido, tutor espiritual de la mujer, aleccionar y reprimir severamente sus deslices religioso-matrimoniales. El Corán (azora V, 34) escalona la prevención de la desobediencia femenina en los mismos términos del anónimo autor:

Las mujeres piadosas son sumisas a las disposiciones de Dios; son reservadas, en ausencia de sus maridos, en lo que Dios mandó ser reservado. A aquellas de quienes temáis la desobediencia, amonestallas, confinadlas en sus habitaciones, golpeadlas. Si os obedecen, no busquéis pretexto para maltratadlas. Dios es altísimo, grandioso [23].

El insigne arabista Juan Vernet traduce el pasaje coránico al pie de la letra: no cabe duda de que la azora contempla el castigo físico de la mujer, ya que literalmente se emplea allí el verbo اضْرِبُوهُنَّ de la raíz ضرب, que significa exactamente eso: «pegar», «golpear» [24]. Las traducciones del Corán a lenguas occidentales suelen coincidir en su interpretación del término —así, el meticuloso Arthur Arberry [25]—, aunque es patente el esfuerzo del traductor Abdallah Yusuf Ali por dulcificar en algo el cruento pasaje en su tan esmerada, por otra parte, edición bilingüe del Corán: «(And last) beat them (lightly)» [26]. Observemos que el traductor adjunta entre paréntesis los términos atenuantes del pasaje. Ali añade, además, un comentario a pie de página que tiende a suavizar aún más el consejo revelado del profeta:

Some slight physical correction may be administered; but Imām Shaf'i considers this inadvisable, though permissible, and all authorities are unanimous in deprecating any sort of cruelty, even of the nagging kind [...] (*op. cit.*, pág. 190).

Pero, por más que lo mitiguemos, el hecho doloroso salta a la vista: el Corán declara canónicamente legal la disciplina de la esposa desobediente a manos del esposo. La sorpresa, pues, del lector occidental ante el citado pasaje del «Kāma Sūtra español» que se hace eco de este *dictum* coránico queda incólume. Dentro de sus coordenadas culturales y teológicas, a este lector le podría parecer un desafuero al margen de toda norma el que un texto religioso condonara la violencia física contra la mujer. Y, sin embargo, importa tener en mente que la tradición religiosa cristiana ha abusado de la mujer con esos mismos golpes «canónicos». Y lo ha hecho desde la autoridad de los tratados teológicos más consagrados. Ahí están las palabras de santo Tomás, y, una vez más, es difícil saber si en esta ocasión habla un Padre de la Iglesia o un jurisconsulto musulmán:

> El pecado de fornicación cometido por la mujer puede corregirse no sólo con dicha pena [repudio], sino también con palabras y con azotes [*sed etiam verbis et verbere*]. Por donde, si está dispuesta a corregirse de otra manera, no tiene el marido obligación de acudir a dicha pena para corregirla (*Tratado del matrimonio,* Supl. q. 62 a. 2, *op. cit.*, pág. 519).

La permisibilidad de castigo físico es meridianamente clara en el latín original, *potest corrigi non tantum tali poena [repudio] sed etiam verbis et verbere (ibid.)*. El verbo latino *verbere* se traduce, sin asomo de duda, por el mismísimo *ḍaraba* (ضرب) coránico: «azotar, golpear, zurrar, apalear»[27].

Santo Tomás vuelve a coincidir plenamente con el libro sagrado de los musulmanes en los consejos que da al marido: la esposa desobediente en cuestiones maritales puede ser despachada del lecho, ya que ha perdido el derecho a que se le pague el débito conyugal. Puede ser, asimismo, repudiada. Un marido que repudia por espíritu de venganza cae en pecado, más no así el que lo hace «con el objeto de evitar la propia infamia, a fin de no aparecer como participante del crimen». La cita parecería coránica, pero es, una vez más, de santo Tomás (*Tratado del matrimonio,* Supl. q. 62 a. 1, *op. cit.*, pág. 516).

Ambas religiones —la islámica y la cristiana— parecen coincidir en la idea de que peca más la mujer adúltera que el hombre adúltero. El Doctor Angélico razona que, aun cuando el hombre se encuentra más en falta que la mujer en la fornicación simple, ya que está dotado de más raciocinio, en el caso de la ofensa contra el matrimonio, «peca más gravemente la mujer adúltera que el varón adúltero en igualdad de condiciones» (Supl. q. 62 a. 5, *op. cit.*, pág. 526). La razón de este excesivo pecar femenino es la misma en ambas religiones: «el adulterio de la mujer introduce furtivamente en el hogar prole ajena» (*ibid.*). Un varón que fornica fuera del matrimonio, sin embargo, apenas se le puede considerar adúltero[28].

Larga, trágica fortuna tuvieron estos golpes teológicamente sancionados en la experiencia europea posterior. Ahí están los libros penitenciales del medievo, que hoy nos parecen inverosímiles pero que reglamentaron de cerca las artes maritales durante tantas generaciones. En ellos se proclama sin miramiento que «a wife [is] a legal minor to her husband; the husband [has] civil and clerical authority to correct her, by beating if necessary»[29]. Tenues, por cierto, las diferencias entre el islam y Occidente. Las golpizas canónicas, de tan frecuentes, tuvieron la dudosa fortuna de introducirse en el arte pictórico medieval, que las documenta una y otra vez. Abrimos el *Tacuinum sanitatis* (ms. Latin 1673, Bibliothèque Nationale, n.a., París, fol. 50v) y observamos asombrados la

Fig. 1.
Ilustración del *Tacuinum sanitatis* (Ms. latín, 1673), Biblioteca Nacional de París.

Fig. 2.
Ilustración del *Roman de la rose* (siglo XIII), Museo Condé, Chantilly.

naturalidad con que la violencia marital se solía representar (*véase* fig. 1). Ya sabemos que el castigar físicamente a la esposa era el derecho sagrado del varón, pero si lo hacía bajo influencia de alcohol o en un arrebato de mal humor, era mal visto socialmente. Curiosamente, el *Tacuinum* ofrece una dieta especial que protegía al esposo contra este peligro de disciplinar a su cónyuge en un estado psíquico alterado [30]. Las ilustraciones que tenemos a mano de estos golpes teológicamente sancionados pertenecen todas al mundo cristiano occidental (cf. también la fig. 2), pero no nos llamemos a engaño: si no gravitara sobre los musulmanes la prohibición religiosa de reproducir la figura humana, de seguro podríamos ofrecer otros tantos ejemplos orientales [31].

Recordemos que los paralelos entre Oriente y Occidente en cuanto a la vida cotidiana de la mujer se refiere fueron muchos a lo largo de los siglos medios. El citado estudio de Philippe Ariès nos describe minuciosamente la subyugación de la mujer medieval en casi todos los órdenes de su experiencia vital. Se les exigía llevar el pelo cubierto, porque el cabello era considerado como un peligroso afrodisíaco para el varón y muy a menudo se las recluía en un gineceo familiar al que el mismo patriarca de la casa tenía poco acceso. El caso de Adèle de Flandes dramatiza elocuentemente este miedo instintivo del varón medieval ante la posibilidad de que su esposa fuera seducida. Durante un largo viaje de peregrinación a Roma en el siglo XI, Adèle fue recluida en una suerte de casa móvil, a manera de silla de manos cuyas cortinas se mantenían constantemente cerradas (Ariès, *op. cit.*, pág. 82) [32].

La tragedia histórica de esa misoginia milenaria de que han hecho penosa gala tanto Oriente como Occidente la había preludiado ya nada menos que Aristóteles. Su incontestable autoridad ha sido, naturalmente, invocada incesantemente. La literatura griega y los diálogos platónicos ya nos hablan, como apunta con razón Efigenio Amezúa [33], de una mujer que es una criatura incapacitada para acceder a los valores auténticos del espíritu. Aristóteles elevará a categoría científica el prejuicio en su libro *De la generación de los animales*. Allí le cuelga a la hembra un penoso sambenito del que apenas se ha liberado: ésta no es más que un «varón disminuido» o «frustrado», un «fallo esencial» de la naturaleza (II, 3; IV, 6) [34]. El filósofo griego creía que la hembra era tal hembra por razón de su incapacidad para producir un semen o fluido generativo con auténtica capacidad de engendrar: ello se debía a su temperamento natural frío, rigurosamente inferior al calor vital de su contrapartida masculina [35]. Incluso creyó el insigne filósofo que la concepción de una hembra obedecía a una curiosa suerte de «error» de la naturaleza, incapaz de generar calor para el feto recién fecundado (IV, 2-3, *op. cit.*, pág. 395). Hay que decir que Galeno fue más generoso que Aristóteles en su concepción científica de la hembra humana. Acepta que la falta de calor en el cuerpo femenino hace a las mujeres más suaves, frías y líquidas, y que la menstruación demostraba que sus cuerpos eran incapaces de quemar los residuos que se coagulaban en sus entrañas. Pero para el célebre facultativo eran precisamente esos residuos los que se hacían indispensables para alimentar la semilla masculina caliente, y así producir una nueva criatura. Si no fuera así, añade Galeno, el hombre podría creer que el Creador hizo a propósito imperfecta y cuasi mutilada a la mitad del género humano [36].

Esta teoría de la mujer como «hombre deforme» o «imperfecto» se convierte en un *topos* socorridísimo, que habrían de usurpar innumerables espirituales cristianos a lo largo de la Edad Media y del Renacimiento. Fray Luis de León, por ejemplo, irremediablemente misógino pese a su buena voluntad, restringe a su perfecta casada al ámbito estricto del hogar, y llega a suponer que ésta no tiene necesidad de gastar tanto en alimentos, ropa y afeites como el hombre, precisamente porque tiene menos calor natural que él [37]. Y fray Luis no hace sino cerrar filas con su tradición cristiana: también santo Tomás, por mencionar un solo teólogo más, se hace eco de las teorías aristotélicas sobre la mujer: *quando [natura] non potest facere masculum, facit feminam, quae est mas occasionatus, ut dicitur in XVI De animalibus* (*Tratado del matrimonio*, Supl. q. 52 a. 4, *op. cit.*, pág. 345). No sin pena indicamos que el *mas occasionatus* que el aristotélico santo Tomás adjudica a la mujer se traduce por «macho frustrado».

La tradición cristiana ha sido, como se sabe, fundamentalmente androcéntrica. Aunque la Iglesia proclamó la igualdad espiritual de los sexos, perpetuó sin embargo la teoría aristotélica de que el varón constituía la norma de la humanidad y la hembra tan sólo una desviación de dicha norma: justamente el «macho frustrado» o «varón deforme» de santo Tomás. Estas enseñanzas apostólicas en lo que concierne a la mujer y a su condición deben mucho, según Bailey (*op. cit.*, págs. 15-16), a las actitudes legales y sociales heredadas del judaísmo y de la cultura grecorromana. Fundamentalmente, lo mismo cabe decir del islam [38]: en el fondo las tres grandes religiones monoteístas mantuvieron en sus leyes y en sus enseñanzas la posición de privilegio a la que el hombre se creía destinado por herencia inmemorial y por designio divino. Los libros revelados de las tres grandes religiones dan a estas ideas (que hoy llamaríamos «discriminatorias») una semblanza de sanción teológica. El Corán declara que «los hombres están por encima de las mujeres, porque Dios ha favorecido a unos respecto de otros, y porque ellos gastan parte de sus riquezas en favor de las mujeres» (IV, 34-38) [39]. El judaísmo no se queda atrás, ya que considera que la mujer, como fue la primera en pecar en el Paraíso, ganó la muerte a todo el género humano. El cristianismo recoge la idea, y leemos en el Eclesiastés VII, 26: «hallé que la mujer es más amarga que la muerte y lazo para el corazón, y sus manos, ataduras. El que agrade a Dios, escapará de ella...» [40]. (Como dato curioso, cabe señalar aquí que el Corán no singulariza a la mujer como la primera tentadora, sino que afirma —azoras II, 33-37; VII, 18-24 y XX, 116-123— que Satanás fue el culpable de tentar a nuestros primeros padres, que sucumbieron al unísono. Incluso la azora XX, 120 llega a responsabilizar más al hombre del primer pecado, ya que el demonio susurró su mensaje de desobediencia directamente al oído de Adán [41].)

La mujer, según el Nuevo Testamento, fue creada para beneficio del hombre (1 Cor. XI, 9) y debe estarle sometida (1 Cor. XI, 3; XIV, 34; Efesios V, 23, 33b, etc.). A veces no sabemos si leemos la Biblia o el Corán: san Pablo prohíbe a la mujer enseñar en la Iglesia (1 Tim. ii. 12); la obliga a guardar silencio (1 Cor. XIV, 34); a cultivar un espíritu humilde y a aprender silencio y sujeción (1 Tim. ii. 1-2). El cristianismo recuerda en todo momento que fue Eva y no Adán quien sucumbió a la tentación (1 Tim. ii. 14): la hembra es una irresponsable y una tentadora potencial. El pensamiento teológico posterior insiste en esta visión culpabilizadora de la mujer. San Agustín apunta al hecho que, aunque originalmente creada en igualdad de términos que el hombre, la mujer, al ser formada de la costilla del varón, constituye la parte más débil de la pareja humana (*De civitate Dei*, 14, 11). Dada la inferioridad esencial de la hembra, Tertuliano no tiene reparos en proponer que la mujer no debe ser considerada como compañera ideal del hombre, sino que debe estarle sumisa y obediente (*In Epist. ad Eph.*, hom. xiii en iv. 24, hom. xx en v. 33). El apologista cartaginés va a más, y esgrime argumentos que hoy nos parecen sobrecogedores: por culpa de la mujer, hasta el Hijo de Dios tuvo que morir (*De cult. fem.* i. I). Gran responsabilidad teológica sin duda para el sexo «bello». Por cierto que Tertuliano afila también sus cañones contra la hermosura femenina, que se debe disimular con el desaliño físico y con el encubrimiento, ya que resulta peligrosa de mirar para el hombre. La mujer debe estar velada en la Iglesia, y se le recomienda evitar los banquetes y las bodas (*De cult. fem.* ii. 2). Imposible no recordar la práctica del velo, vigente aún en algunas sociedades islámicas [42]: las grandes religiones han temido siempre el que la mujer incite al hombre a pecar.

En sus momentos más tristes, el pensamiento cristiano ha concebido al género femenino, en palabras del citado estudioso Bailey, como

> intrinsecally inferior in excellence, imbecile by sex and nature, weak in body, inconstant in mind, and imperfect and infirm in character (*op. cit.*, pág. 201).

Cierto que no todos los teólogos del cristianismo han sido tan hostiles contra la mujer: ya nos ocuparemos más adelante de las posiciones más conciliadoras de algunos de los espirituales de la Iglesia. Somos conscientes de que hemos cargado la mano en algunos de los momentos que hoy consideramos más lamentables del pensamiento cristiano antifeminista, y lo hemos hecho intencionalmente, para dramatizar lo cercana que se encuentra la tradicional misoginia occidental de la oriental: griegos, latinos, judíos, musulmanes y cristianos la han adoptado como suya, con variantes sutiles y en el fondo inconsecuentes.

No hemos perdido de vista nuestro «Kāma Sūtra español». El lector occidental que venimos invocando se puede sentir asombrado, de primera intención, ante los pasajes del tratado nupcial en los que el morisco describe los matrimonios plurales, el acceso a las concubinas y la sanción canónica al castigo corporal a la esposa. Pero estas actitudes, como hemos tenido ocasión de ver, no nos han sido del todo ajenas a los cristianos occidentales. Curioso que Oriente y Occidente se encuentren hermanados en aquellos aspectos del códice anónimo que, *prima facie,* nos pudieran haber parecido más «extranjeros» o «folclóricos». (Quién sabe si uno de los más profundos desasosiegos del lector moderno sea precisamente advertir su cercanía vital e histórica para con estas prácticas de vida islámica tan aparentemente «singulares» que el códice refleja.) Pero importa ser objetivos y poner en su justa perspectiva los reclamos culturales e ideológicos del tratado amatorio que hoy ve la luz. Algunos de sus pasajes, que hoy consideramos justamente como misóginos, no deben parecernos tan históricamente ajenos.

Recapitulemos lo dicho. El singular tratado erótico que nos ha tocado en suerte editar habrá de sumir al lector en un inevitable mar de perplejidades. Éste tiene, en primer lugar, que acostumbrarse a la idea de que está ante un típico tratado erotológico oriental, pero sorpresivamente vertido al castellano. El lector occidental se ve precisado, asimismo, a hacer un serio ajuste en sus ya «violentadas» coordenadas culturales para admitir el profundo mestizaje cultural del códice, que no tiene recato en asimilar los sonetos de Lope de Vega con las teorías amatorias de Aḥmad Zarrūq y las leyendas de *Las mil y una noches.* Tendrá, de otra parte, que aceptar este lector conjetural el hecho asombroso de que la lengua española ha servido para dirimir los celos de un hogar de esposas múltiples a la musulmana, con la indiscutible supremacía del varón sobre la mujer en prácticamente todos los órdenes de la convivencia conyugal. Y esto incluye, como dejamos dicho, la posibilidad de ejercitar su superioridad física en contra de la esposa en casos de flagrante desobediencia a las leyes de Dios o a las obligaciones del matrimonio. Pero querría insistir en la sorpresa más formidable que nos tiene deparado el antiguo códice, y que ya destacamos desde el principio: sus folios celebran una sexualidad venerable y grata ante los ojos de Dios, en la que no hay asomo de pecado sino continuas recompensas espirituales. Ahora sí que no podemos esgrimir ninguna tradición literaria —ni religiosa— occidental que nos prepare para lo que tiene que decirnos este nuevo tratado de amores que le ha nacido a la literatura española.

Las letras peninsulares se han caracterizado, en la inmensa mayoría de los casos, por una prolongada angustia frente al tema erótico. También tendremos ocasión de examinar estas circunstancias en detalle. Nuestros escritores —españoles e hispanoamericanos por igual— suelen exorcizar su culpabilidad frente al sexo desterrándolo del todo de sus textos o solapándolo bajo una espesa capa de moralejas pías. Cuando el tema erótico se atreve a surgir, acogido a una anonimia clandestina o ilustrado en las páginas desesperadas de un Quevedo o un Góngora, se convierte, casi invariablemente, en franca pornografía. A lo que más había llegado la literatura española en materia erótica era a enaltecer la sensualidad de una manera gozosa, casi traviesa (ahí están las célebres jarchas, que de todas maneras son parcialmente orientales) o a disfrutar el amor físico en la sana, robusta y soleada —por usar aquí la frase de José María Díez Borque [43]— poesía popular, tan desinhibida y tan poco angustiada por culpabilidades morales [44]. El Arcipreste de Hita nos ofrece otro de estos momentos excepcionales en la historia del erotismo español, pero siempre nos deja en duda sobre el sentido último de su «buen amor»: ¿es bueno por lascivo o por espiritual o por ambas cosas a la vez? (Y, una vez más, posiblemente Juan Ruiz deba su desparpajo en materia de amores a la profunda impronta que recibió de la cultura árabe con la que le tocó convivir estrechamente en la España del siglo XIV.) Pero nuestro manual erotológico va un paso más allá del mismísimo Arcipreste al declarar —y, repetimos, en perfecto castellano— que el sexo nos acerca a Dios en un amor para nada reñido con la más alta vida del alma. Parecería que estamos oyendo a Ibn Ḥazm o a Algazel hablar en español por primera vez. Importa aquí destacar el hecho de que nuestro morisco es un verdadero entusiasta de esta noción islámica de una sexualidad espiritualizante, y que se destaca por ello incluso dentro del contexto teológico y literario de sus mentores orientales. (Acaso su condición de español tuvo que ver con ello: sus primeros lectores eran precisamente hispanomusulmanes exilados a quienes acaso querría aleccionar de manera enérgica en esta concepción islámica del amor, que le sería novedosa a más de un recién llegado a Túnez.) Al comienzo de su tratado magisterial sobre el coito, el anónimo tratadista insiste en que el amor humano nos lleva a la contemplación misma de Dios (fol. 97r), y hay que decir que este extremo de amor no lo contemplan en sus tratados eróticos ni el piadoso Algazel, ni el erudito Nefzāwī, ni siquiera el jurisconsulto sufí Zarrūq. El refugiado repite, de otra parte, una leyenda de la que ya se había servido Nefzāwī en *La gloria del jardín perfumado* [45]. Se trata de una mujer que acude al juez o cadí con la queja (curiosísima sin duda para un lector occidental) de que su marido se dedica a la oración de una manera tan absorbente que ha terminado por descuidar sus deberes conyugales. En ambos autores —Nefzāwī y el anónimo morisco— la solución que ofrecen las autoridades al dilema de la esposa preterida sexualmente es la misma: le hacen entender al marido que tiene el deber de compartir sus prácticas piadosas con sus responsabilidades matrimoniales. Pero es el morisco quien, amplificando la versión de Nefzāwī [46], insiste en que la ejecución de los deberes nupciales es de igual mérito que la plegaria: «[al marido ascético] le alcançaba mucho premio [cumplir con su deber conyugal], como le alcança en lo más de su oraçión» (fol. 87v).

La defensa de los derechos nupciales de la esposa de la citada leyenda nos prepara para la continua defensa que lleva a cabo el morisco de los derechos de la mujer a vivir plenamente su sexualidad. Es muy difícil —cuando no imposible— recordar un precedente literario europeo para este tipo de argumentación que aborda el refugiado con tanto entusiasmo. Cierto que aquí se hace eco de todos los erotólogos orientales que le precedieron, que indefectiblemente aconsejan al varón el asegurarse de la satisfacción sexual de su compañera para lograr un coito adecuado. Pero el morisco repite el lugar común erotológico con una verdadera unción. Recomienda al marido posponer su propio clímax a fin de conseguir que él y su esposa lo logren juntos: «hasta que lo hagan los dos a un tiempo, porque proçede desto quererse mucho» (fol. 98v). «Proçede desto quererse mucho»: la ternura con la que el exilado da cuenta del resultado afectivo de una unión amorosa lograda a satisfacción mutua deja en claro su percepción psicológica y su generosidad humana. El refugiado se deshace en alabanzas —no podía ser de otro modo— para con la esposa que ha participado del acto conyugal con su marido, ya que con ello acumula tanto mérito espiritual como si ejecutara los ritos de su religión: «labarse la mujer del acto con su marido le es más que si degollase mill carneros y los diese a los pobres. Y cada gota de agua que cae de su cuerpo le es premio [...] y un día de casada en el mundo le es mejor que la adoración de çien años sin su marido» (fol. 94r). Por eso no nos debe extrañar que el morisco llegue al extremo —no siempre respaldado por las autoridades musulmanas que le sirven de contexto, por cierto— de colocar a los hombres casados en el cielo varios grados más altos que los mismísimos profetas (fol. 95r).

Verdadero entusiasta nuestro morisco. Al leer su vehemente panegírico de un amor nupcial por igual espiritualizante y humano, sentimos un involuntario escalofrío. Ahora sí que estamos dándole la espalda de veras a san Agustín, a santo Tomás y a toda la tradición teológica cristiana que representan. Su angustia erótica ha sido nuestra herencia cultural y no es fácil anularla de un plumazo. Curioso decirlo: en el fondo nos asombramos menos de los golpes «canónicos» de que podía ser víctima hipotética la esposa que del alegato canónico a favor de la libre y gozosa consecución de la libido. Nuestra lengua rompe con unas convenciones inmemoriales al emitir juicios como éstos. Y lo hace por primera —y acaso por última— vez en los folios secretos que hoy ven la luz. La noción de una sexualidad cónsona con la más alta vida del alma parece que sólo se le ha ocurrido a los orientales. Esto tiene muy poco que ver incluso con la libertad sexual moderna, que es, por lo general, más comprensiva o tolerante que verdaderamente celebrativa. Estamos ante un texto único en su género. El anónimo morisco inaugura y clausura, pues, toda una teoría erótica que no volvería a tener acogida en la lengua de Cervantes.

Sorprendente regalo de vida y de cultura nos ha hecho el antiguo criptomusulmán, aunque nos haya llegado con cuatro siglos de retraso. Lo podemos imaginar, ya viejo, en la melancólica soledad de su destierro, en un villorrio anónimo del interior de Túnez. Se llamaría Ibrahīm de Bolfad, o ʻAlī Pérez, o Ibn ʻAbd al-Rafīʼ al-Andalusī. Poco importa: lo más seguro es que hayamos perdido su nombre para siempre. Se encuentra afanado sobre sus papeles, luchando por domeñar ese castellano que se empeñó en no olvidar pero que a veces le va saliendo desaliñado y ligeramente aureolado por arabismos involuntarios. El morisco escribe con apremio: quiere legar la totalidad de su escrito a la primera generación de moriscos nacidos ya en tierras africanas, para que no olviden las experiencias de su llegada y para que fortalezcan sus escasos conocimientos en materia de religión y de ley islámica. Nuestro elusivo escritor jamás se imaginaría que desde su rincón tunecino sombreado de datileras estaba violando dos milenios de cultura erótica occidental, y que el legado que trabajosamente reunió para sus lastimados hermanos de tragedia estaba destinado a nuestras manos.

CAPÍTULO II

EN BUSCA DE UN MORISCO PERDIDO. IDENTIDAD Y ENTORNO HISTÓRICO-LITERARIO DEL AUTOR DEL MS. S-2 BRAH

> Y deseábamos bernos en tierras del Içlam aunque fuese en cueros... (ms. S-2, fol. 11r)

> No hemos conocido el bien hasta que le hemos perdido; y es el deseo tan grande que casi todos tenemos de volver a España, que los más de aquellos, y son muchos, que saben la lengua como yo, se vuelven a ella, y dejan allá a sus mujeres y sus hijos desamparados; tanto es el amor que la tienen; y agora conozco y experimento lo que suele decirse: que es dulce el amor de la patria. (Ricote habla: *Quijote* II, LIV)

NOS encontramos en el umbral mismo de un corral de comedias, probablemente una tarde calurosa de los últimos años del siglo XVI. Entre la multitud camina un espectador aficionado que rara vez falta a estas funciones tan concurridas: es nuestro morisco, que va a extasiarse con la representación de *Las mudanzas de Fortuna* [1] de su admiradísimo Lope. Acompañamos sus pasos y somos testigos privilegiados de aquella antigua tarde de teatro arrancada para siempre del olvido. «Passé —nos dice el morisco criptomusulmán— por la puerta de una casa adonde bide entrar mucha jente, así hombres como mujeres. Entré con ellos y bide un patio muy grande, adonde en sillas y bancos se sentaban los hombres y las mujeres; en un sitio alto las hurdinarias y luego muchos balcones, adonde estaban los grabes con sus mujeres» (fols. 51r-51v). Probablemente nuestro guía eligió un banco entre el gentío anónimo: los privilegiados balcones estarían fuera de sus posibilidades sociales. Allí entre la muchedumbre se funde gozoso: su rostro, que con toda probabilidad tendría el color de «membrillo cocido» característico de su raza agarena, sería indistinguible a fin de cuentas del de tantos cristianos viejos con los que compartiría el tendido [2]. Ahora va a comenzar la función, y mosqueteros, villanos, nobles y moriscos encubiertos por igual guardan un momentáneo silencio: todas las miradas se fijan en el tablado central del patio (fol. 52v). La más anhelante, la de nuestro autor: las redondillas del Fénix le harán olvidar por unos momentos los sobresaltos de su vida secreta de criptomusulmán y su rabia contenida de perseguido perpetuo. Aquí en la anonimia democrática y protectora del corral se puede sentir como un español de tantos. Siquiera por unos momentos. Porque sabe bien que en el fondo nunca ha podido superar del todo su condición de marginado. En otras tardes de teatro, ha escuchado a ese mismo Lope que va a deleitarlo hoy burlarse crudamente de las «pasas, higos y alcuzcuz» [3] de la dieta de sus mayores y de la entelequia del zancarrón de Mahoma suspendido en el aire, que dicen los cristianos que los musulmanes veneran en La Meca [4]. Acaso lo que más ha dolido a nuestro morisco son las parodias del dramaturgo de su manera de hablar, que considera rústica [5]: a él le consta como a nadie que maneja la lengua española tan bien como el gallardo morisco literario Ozmín: «como si se hubiese criado en el riñón de Castilla» [6]. En estas ocasiones aprieta los dientes y le perdona al Fénix su humor negro. Tan completamente le perdonó a Lope sus desmanes burlones que desde su posterior exilio tunecino adoptaría, nostálgico, las mismísimas posturas racistas del dramaturgo [7]. Y es que en aquella España perdida una tentación larvada le había asaltado a veces: la de haber podido ser un «español» a tiempo completo, a salvo de veras de los dardos festivos de su héroe literario. Y, cómo no, del Santo Oficio.

Pero todo reclamo emocional queda obliterado de pronto. «Bi —nos dice ahora el morisco— salir dos damas y dos galanes con sus bigüelas y cantaron estas déçimas...» (fol. 51v). Nuestro autor nos las transcribe todas con prolija generosidad:

Quien se bio en prosperidad
y se be en mísero estado
considera que es prestado
el bien y la adversidad.
Fúndese en una berdad
quel tiempo no permaneçe
y las glorias que le ofreçe
se suelen yr y benir
que al cabo de los años mill
buelben las aguas por do se han yr
.... [8]

Allí en su grada anónima, bien que se identificaría el morisco con el dolorido sentir de estos versos octosilábicos que ponderan la inestabilidad de la vida y del tiempo muy dentro del espíritu de Calderón de la Barca y de tantos escritores barrocos. Años antes, también uno de sus correligionarios musulmanes, el Mancebo de Arévalo, había hecho suya una visión del mundo atrozmente desgarrada, sólo que en su caso la usurpa nada menos que del prólogo a *La Celestina* de Fernando de Rojas [9]. En el exilio africano desde donde evoca esta representación teatral, nuestro refugiado hubo de haber reflexionado sobre con cuánta dureza le tocó vivir en carne propia los avatares de la Fortuna. Por cierto que las dolidas décimas que nos ha hecho escuchar no siempre están bien citadas: parecería que es todo lo que recuerda tantos años después de aquella añorada tarde de teatro. ¡Pero qué esfuerzo el de su memoria literaria! Una generación nueva de moriscos nacidos en Túnez ya apunta y todavía el refugiado lleva escritas en el alma églogas completas de Garcilaso y algunos de los poemas más complejos de Góngora. No es él el único morisco «memorioso» en materia de letras de que tengamos noticia: acaso el exilado conoció en sus tiempos de España a aquel correligionario suyo que pretendía leer novelas de caballería y lo que hacía era recitarlas de memoria [10]. Quién sabe, de otra parte, si aquel misterioso español de rostro verdinegro que no se perdía comedia fue temido justamente por su poderosa retentiva, con la que podría saquear la obra de los comediógrafos representados y venderla luego con pingües ganancias, como aquella célebre plaga de los corrales que se llamó «Memorilla». O acaso el refugiado refrescara su memoria llena de *saudade* ya en Túnez, donde pudo haber adquirido algún libro de sus amados clásicos [11].

Entre tanto sigue la función: «Acabado de cantar [el poema] se entraron y salió uno con una ropa de damasco y dixo una loa, y dicha, se entró» (fol. 52r). Nuestro morisco se muestra tan sensible a la guardarropía como aquel experto en achaques de moros que fue Ginés Pérez de Hita. Con sus «telas cortadas por gran concierto» y sus terciopelos profusamente recamados en oro, aquel humilde zapatero que fue el autor de las *Guerras civiles de Granada* se nos antoja a veces un modisto frustrado [12]. Otro tanto nuestro morisco, que en otros pasajes de su texto se admira de los «bestidos de mill colores» (fol. 28r), frecuentemente guarnecidos de ricos metales, que lucen las damas en su novela idealizante. El autor incluso llega a evocar a los mercaderes que cortaban el paño y los tejidos de seda [13]: los habría visto muchas veces, con mal disimulada admiración, en los tendidos o trastiendas convenientemente oscurecidas de los mercaderes de su España perdida. Pero ahora nuestro autor no tiene tiempo para detenerse en menudencias de trapos: ya es mucho entremés y la comedia no debe tardar. Bien sabe que el Fénix tenía en cuenta lo difícil que era templar la «cólera de un español sentado» [14] que aguardaba impaciente mucha acción dramática desde las gradas de los corrales. Al fin «salieron a representar la comedia de la *Rueda de la Fortuna*» (fol. 52r). El morisco puede haberse equivocado en el título —se trata de *Las mudanzas de Fortuna* de Lope— pero no así en la trama, que nos resume con todo detalle. Pero antes de hacerlo, decide reflexionar con nosotros acerca de su experiencia como receptor de la comedia. *Las mudanzas de Fortuna,* como aquellas décimas con las que abrió la función de esta tarde, guardan una estrecha relación con la tragedia personal y con la visión de mundo de este hijo que España terminó por expulsar de sus entrañas. «La Rueda de la Fortuna —nos va explicando— significan los estados del mundo, y cómo se truecan, y para que se conozca, y las zizañas y trayçiones que en él ay, y el tormento y inquietud con que aún los questán en alto estado padeçen, y el engañoso bibir con que biben» (fol. 52r). Nuestro morisco es, como diría Stephen Gilman, un «caído en la cuenta», y su turbulenta visión del mundo guarda estrecho parentesco con la de otros conversos como él, tal el citado Fernando de Rojas. Poco importa que fueran conversos de judío o de moro: la tragedia íntima fue la misma [15]. Estas terribles ruedas o caídas de fortuna —metáforas también predilectas del autor de *La Celestina*— no podían sonarle a estos marginados a inocente tropo literario. Llama poderosamente la atención el hecho de que Lope, a despecho del prometedor título de su comedia —*Las mudanzas de Fortuna*—, se dedica a sacar partido a las peripecias ingeniosas de unos hermanos de padre que se disputan la herencia del reino, desaprovechando del todo cualquier posible reflexión sobre la inanidad del mundo y el desamparo irremediable del hombre en soledad frente a un universo traicionero. Lope no era Calderón, y el malevolente epíteto de Góngora —«con razón Vega por lo siempre llana»— se justifica en el caso particular de esta comedia, toda pirotecnia de capa y espada. De seguro el Fénix, que fue un poeta tan hondo, estuvo en este caso pensando en sus inquietos mosqueteros de las gradas del corral armados con temibles frutas arrojadizas. Resulta increíble pero cierto: es nuestro autor morisco quien se encarga de «filosofar» por Lope. Los cambios de fortuna de los personajes dramáticos que el refugiado acaba de evocar en escena le denotan continuas reflexiones existenciales en torno a una realidad que se le presenta como trágicamente aleatoria [16]. Era, naturalmente, la que le tocó vivir bajo el reinado de los Felipes. El anónimo morisco convierte así a Lope de Vega en su portavoz, y atribuye su propia angustia vital a la comedia que estamos a punto de ver: «contaré el çuçeso [el asunto de la obra] por parecerme es a propósito deste camino» (*ibid.*). Curioso Lope obligado a hablar en nombre de un morisco criptomusulmán: por más que se haya identificado con la vida accidentada de Felisardo, el bizarro descendiente de moros que protagoniza su novela *La desdicha por la honra* [17], el nuevo contexto literario del Fénix no puede dejar de sorprendernos. Pero el morisco ya nos tiene acostumbrados a sus cabriolas literarias, y las habremos de escuchar con paciencia cuando nos resuma el nudo argumental de la comedia (fols. 52r-63v). Con paciencia y con conmiseración: advertimos en seguida que nuestro atribulado amigo ha pasado por alto en su pormenorizada sinopsis el pasaje en el que Roldán, el gracioso de la comedia, finge momentáneamente —y buscando las carcajadas del público— una caricaturesca identidad morisca [18].

Ha terminado la representación. El criptomusulmán otea en torno y su mirada inquisitiva advierte el trasiego furtivo y nervioso de los criados que llevan y traen billetes secretos. Lo sabe en seguida: están actuando como mediadores en amores de sus amos, aquellos que habíamos visto sentados en los balcones altos. Algunos de estos «señores grabes» —duques, marqueses, caballeros— han quedado deslumbrados por la belleza incitadora de las comediantas, realzada por los atuendos de que han hecho gala durante su actuación en el tablado. Sus voces melodiosas habrán hecho soñar a más de un caballero esta tarde ya tan lejana en el tiempo. El morisco las ha congelado para siempre en su memoria:

> Las hermosísimas mujeres [...] se mudan de muchas maneras, pues ya salen a Representar una Reina, ya ynfanta, ya señora, ya dama umilde, ya grabe; y, en todas suertes, compuestas y bestidas de dibersos bestidos y galas, cada uno de su color y estilo; de hablar delicado, con cuya causa enbía por la una un duque; por la otra un marqués y por otra un caballero... (fols. 61v-62r).

Bien que sabría nuestro morisco, espectador inveterado de estos corrales, del ambiente libertino y de las comidillas que han caracterizado la farándula desde tiempo inmemorial. ¿Sería testigo de aquella escena que dio tanto que hablar a Madrid, cuando su admirado Lope arrancó el pelo y abofeteó públicamente a su amante, la comedianta Elena de Osorio? Se hubiera indignado como se indigna ahora de los avances amorosos de los «señores grabes» con las actrices. Nuestro amigo siente, sin embargo, que una indignación todavía más acongojante y más secreta le muerde las entrañas. Es la sociedad rica que despliega su autoridad desde los balcones la que se puede dar el lujo de enviar por estas cómicas, mientras que la «jente hurdinaria» (fol. 62r) —la misma que compartiría con el morisco los bancos modestos— tiene que conformarse con admirar de lejos a las actrices que han incitado su deseo. Porque, eso sí —nos aclara el autor— el deseo lo sienten todos por igual: «que todos tienen ojos de una misma manera» (*ibid.*). Y allí quedan los destituidos poniendo dique por necesidad a sus propios afanes amorosos: «la bista desea, el apetite ynçita» (*ibid.*). Una nube de tristeza nubla el corazón entusiasta del refugiado, y se traduce en la larga —y enojada— perorata que nos lanza ahora:

> La banidad haçe su ofiçio y el demonio los conforma en la perbersa sensualidad y pone por Redes a estas damas para caçar los tristes amantes, que, como gallinas al grano, se llegan a ellas quedando pelados y, de las alas, con sólo las plumas, que, esparçidas al biento, se quedan en cueros quando ellas están bestidas (fol. 62r).

Pero la súbita moraleja de nuestro compañero de corral, que la ha emprendido de repente contra las muchachas incitadoras, no acalla nuestra sospecha de que él mismo, en aquella su florida juventud española, no hubiese sucumbido a la tentación de enviar un *billet doux* a su cómica preferida. O acaso sufriera la humillación de no tener la hacienda o el criado para abordar debidamente a la graciosa comedianta de su elección [19]. Ahora abandonamos el corral con nuestro morisco frustrado, que ha vuelto a sentir en carne propia su condición de marginado social. Y, con todo, de seguro debió haber sido él quien más se divirtiera con los lances de capa y espada y las laberínticas aventuras principescas de esta tarde de teatro que tuvo la amabilidad —y el olfato histórico— de compartir con nosotros.

En su nación de origen hubiéramos podido encontrar a nuestro fogoso amigo no sólo en los corrales, sino, de seguro, en las librerías. En algún comercio debió haber adquirido esos poemas de Garcilaso —el *Boscán* llamaban entonces a aquel volumen que reunía la obra de ambos amigos poetas— o alguna prosa idealizante (¿*La Galatea* de Cervantes, *La Arcadia* o *El peregrino en su patria* de Lope?). Curiosamente, algunos pasajes alegóricos del extenso manuscrito S-2 parecen acusar la lectura de los *Sueños* de Quevedo, pero es difícil saber si el morisco llevó a cabo su lectura en España, ya que, aunque Quevedo estaba redactando sus *Sueños* desde 1606, la obra completa no vio la luz hasta 1629. Acaso nuestro morisco sintiera algún resquemor de conciencia al comprar o al leer, una vez en Túnez, las obras de alguno de estos autores: parece conocer a fondo a Quevedo y no se le pudo haber ocultado su avasalladora intransigencia para con los conversos y las minorías de toda laya. Pero parece que su admiración y su entusiasmo literarios terminaron por vencer cualquier escrúpulo. Por cierto que el refugiado de Túnez no es el único morisco que hubo de alternar su vida clandestina de criptomusulmán con la adquisición gozosa de libros españoles. Nada más probable que llevara a cabo excursiones a librerías como la que describe tan pormenorizadamente —y con un inconfundible dejo de nostalgia— su compañero de infortunio, el morisco Taybili, que terminó, como él, en el exilio tunecino. En España Taybili había sido un manirroto en la compra de las últimas novedades que hoy son nuestros clásicos. Pero es que entonces se llamaba Juan Pérez:

> Acuérdome que el año de mill y seyçientos y quatro, estando en la feria de Alcalá de Henares, uniberssidad tan nombrada en España, andando passeando un día por la calle mayor, yba a mi lado un amigo de la aparçialidad de los aRiba dichos y últimos en la quenta. Llegamos a una librería, que las ay muy auténticas y copiossas, yo, como afiçionado, entré en una y pedí los *Çésares* de Pedro Mexía, *Relox de prínçipes*, *Epístolas* de Guebara y en efecto los que entonçes me pareçieron, de suerte que cumpré seys libros, y en el tiempo que los conçertaba y los pagaba y alguna conberçaçión que entre mí y los que [en] la tienda estaban ubo, mi dicho amigo ojeaba en los libros; y passó la bista por todos ellos yen acabando le dije: «¿Qué le pareçe a Vm. de nro. enpleo?». Él me Respondió: «Por Dios, señor Juan

> Péreβ, que ssi ba a deçir berdad, yo no e bisto cossa de gusto ni e entendido nada en lo que e leydo. Si Vm. comprara al *Caballero de Febo, Amadís de Gaula, Palmerín de Oliba, Don Belianís de Greçia,* y otros semejantes que tienen honRa y probecho, y ber aquel balor de aquellos caballeros y aquellas haçañas tan famossas, como lo sabrá este señor», señalando al librero, el qual sonRyéndosse dixo: «Tiene Vm. mucha Razón». Estaba un estudiante entonçes pressente, quien Riyendo dixo: «Ya nos Remaneçe otro don Quijote. ¿Es Vm. afiçionado a esas caballerías?». Dixo el moço: «Señor, pareçe que dan gusto». Dijo el estudiante: «A ffe que passa de gusto el de Vm., y assí sserá gustaço». CoRióse, diole alguna matraca el estudiante como ellos la suelen; conque nos despedimos, mi compañero coRido, y ellos quedaron con grande Rissa [20].

Gracias al *shopping spree* de Taybili, Oliver Asín teoriza con la posibilidad de una fecha más temprana para la edición *princeps* del *Quijote,* que el morisco parece haber adquirido en 1604 [21]. El autor del S-2, como su correligionario Taybili, también debió adquirir algún texto de Cervantes en las librerías de la época: su novela idealizante *El arrepentimiento del desdichado* levanta la sospecha de que admiró las páginas de alguna de sus *Novelas ejemplares.* Las novelas que manejaría el morisco en España serían probablemente las cervantinas —acaso *La Galatea* o las novelitas insertas en el primer *Quijote*— ya que todavía faltaban cuatro años para que las *Novelas ejemplares* vieran la luz. También faltaba bastante para que aquella hermosura de ojos verdes que se llamó Marta de Nevares, aburrida en algún momento anterior a 1621, pidiera a su amantísimo Lope de Vega que la distrajera con alguna novela. El Fénix, como se sabe, la complació con los relatos que después se llamarían las *Novelas a Marcia Leonarda.* Tampoco manejaría el morisco en su patria natal los pintorescos episodios narrativos de Tirso, pues *Los cigarrales de Toledo* reciben su primera aprobación de impresión en 1621 [22]. Si nuestro autor aprendió su arte de novelar en España, probablemente debió mucho a las primeras obras idealizantes de Miguel de Cervantes o de su siempre admirado Lope. (Es probable, sin embargo, que las *Novelas ejemplares* o las novelas a la italiana de alguno de estos otros narradores hayan llegado a las manos de nuestro morisco cuando ya se encontraba establecido en su patria adoptiva musulmana.) Bien que debió haber conocido Cervantes, por cierto, a estos moriscos bibliófilos que pululaban por las ferias de libros de su patria común. Uno como los nuestros fue el que encontró en la alcaná de Toledo aquel buscador del manuscrito perdido del *Quijote* que se manejaba con tanta soltura en el arte de regatear papeles de viejo. Y fue precisamente a este «morisco aljamiado» a quien le encarga el *alter ego* cervantino la traducción del árabe al castellano de las aventuras de don Quijote de la Mancha, que se encontraban en los antiguos legajos. Fue —a todos nos consta— una traducción impecable. Y a precio de baratillo: por dos miserables arrobas de pasas y dos fanegas de trigo. Salta a la vista que timaron al humilde morisco letrado. ¿Qué pensarían del amargo pasaje humorístico esos lectores del *Quijote* que fueron Taybili y, de seguro, el autor del S-2?

Taybili tampoco alude a ello, pero en alguna de estas alegres correrías librescas compraría también un volumen de *La Celestina* —claro que no lo adquiriría bajo ese título moderno— pues varios pasajes de la polémica anticristiana que habría de redactar en Túnez en 1628 delatan una fuerte impronta de Fernando de Rojas [23]. Verdaderos entusiastas de la literatura española fueron, pues, nuestros moriscos históricos, que adquirían con fruición y con verdadero conocimiento de causa los clásicos que les fueron contemporáneos. Es que ya el proceso de asimilación cultural a que había sido sometida su nación había dado fruto, y entre los textos aljamiados más cerradamente islamizantes de sus mayores y estos tratados hispanófilos del exilio se ha caminado buen trecho. Como sospecha Luis Bernabé Pons, es probable que, por su condición de moriscos, al autor del S-2 y a su compañero Taybili les estuviera vedado el paso a las universidades en su país de origen (*op. cit.*, pág. 80). Pero ambos eran hombres cultivados y curiosos: estamos a muchas leguas de distancia de los moriscos rústicos convertidos en caricatura por Lope, Tirso y Salas Barbadillo. Lo más probable es que moriscos como los nuestros estudiaran sus primeros años en escuelas pías o en escolanías, como lo había hecho en su momento su antecesor, el Mancebo de Arévalo. Hay que decir que el Mancebo, figura cimera de las letras aljamiadas, se vería pillado en grandes problemas de conciencia, que acaso fueran paralelos a los de nuestro refugiado, tan asimilado culturalmente. Su madre fue cristiana veinticinco años, como nos asegura el propio tratadista clandestino [24], que se confundiría entre los cristianos viejos en las escuelas cristianas donde aprendió a apreciar a Tomás de Kempis [25] y acaso, también allí, a Fernando de Rojas. Posiblemente otro tanto ocurriría con el autor del S-2, buen conocedor no sólo de la literatura española, sino de las leyendas más recalcitrantemente cristianas. Le son familiares las figuras de santos como san Onofre —el Onuphrius anacoreta de la Tebaida—, que posiblemente conocería a través de las *Vidas de santos* [26].

Ya hemos señalado que nuestro morisco era un ferviente entusiasta de la cultura española, que asimiló y que evocará con nostalgia desesperada desde su rincón tunecino. Sin embargo, detrás de sus largas citas de los clásicos y de la lengua y del ambiente refinado que logra en su novela idealizante adivinamos un esfuerzo de *amateur*. Parecería que se le da con más naturalidad la cultura popular que los refinamientos de la literatura barroca, con los que experimentaban por aquellos años los escritores que le fueron contemporáneos. El morisco derrocha gozoso innumerables refranes que parece conocer de memoria: —«llaman al callar Sancho» (fol. 63r); «dice el refrán: quita la causa, quitarás el pecado» (fol. 62r) [27]; y delata un fuerte sabor campesino en las imágenes que emplea de cosecha propia: «los páxaros [metáfora aquí del virtuoso] bolberán y estarán quietos en sus nidos, criando sus pollos y dando graçias a su Criador, y el que dexare de haçello será caçado y degollado y después frito y coçido o asado» (fol. 62v). La verdad es que los moriscos gustaban mucho de estas modestas metáforas culinarias: el anónimo autor del manuscrito 774 de la Biblioteca Nacional de París lanza un aljofor o profecía contra España que debió parecerle apocalíptica pero que hoy se nos antoja ingenuamente casera: «Tú, España, ferverás en las pasi^{y}ones de tus males, así komo la olla akešada del gr^{a}n fu^{w}ego. Ak^{e}reseçentarás tus dolores i tus fervores de los g^{a}arandes fu^{w}egos ke en ti serán ençendidos»[28]. Parece que nuestro morisco entusiasta de Lope de Vega adquirió a contrapelo la cultura de sus enemigos en la fe. Ya en Túnez se habría de convertir en un verdadero experto en materia de cultura islámica, y puede haber habido un oscuro sentimiento vindicativo en el furor con el que se apropia de su nueva sabiduría erudita. Ya hemos tenido ocasión de detenernos en su continuo *name dropping* de autoridades musulmanas, propio de un «nuevo rico» de estas *belles lettres* que también —hay que decirlo— habrá tenido que hacer suyas con un desmedido esfuerzo.

Pero no nos adelantemos: aún estamos acompañando a nuestro morisco en su momento español. Y se nos ocurre preguntarnos si sus primeros balbuceos en las letras castellanas y árabes de las que venimos hablando serían tan acongojantes como las de otro de sus compañeros de infortunio, esta vez el blasonado *šarīf*[29] Ibn 'Abd al-Rafī' al-Andalusī, que terminaría también sus días en el exilio africano. Al-Rafī' nos narra[30] cómo su padre le enseñó el alifato y las primeras nociones de la religión de sus mayores cuando tenía seis años y frecuentaba la escuela católica en su España natal. Su códice testimonial nos permite el acceso a la vida íntima de un hogar criptomusulmán de la época de los Felipes. Tan pronto nos adentramos en la lectura sentimos en carne propia el miedo que hizo presa del niño que fue Al-Rafī' cuando su padre le acerca cautelosamente una pizarra en madera de nogal, muy limpia y pulida, que aun muchos años después de su expulsión creería estar viendo. El progenitor del futuro *šarīf* comienza a escribir con lentitud sobre la tabla los signos de los cristianos, uno por uno, y los repasa con el niño. Cada vez que el párvulo repite en voz alta una de estas letras «extranjeras», el padre, con bondadosa pero autoritaria paciencia, le va indicando sus correspondientes grafías árabes. Casi nos parece oír el tono persuasivo e íntimo que adquiere el progenitor cuando acerca su rostro al del hijo y le conmina en un susurro: «las nuestras son así» (*ibid.*, pág. 117). Y el jovencito termina con un listado doble de caracteres por aprender. Temible listado aquél. Lo aprende en seguida: el secreto de estas letras a dos columnas debe quedar estrictamente guardado entre él y su padre. Éste le advierte severamente que ni su madre, ni su tío, ni su hermano, ni ningún familiar deben ver jamás los sinuosos trazos árabes que llenan la pizarrita pulida de nogal. El niño, perplejo, asiente en silencio y queda solo en la habitación. El temor todavía se debe estar reflejando en su rostro cuando su madre entra de súbito y lo increpa duramente: «¿Qué era eso que te estaba enseñando tu padre?». «Nada», responde la criatura encubriendo la primera duplicidad de su vida de criptomusulmán (*ibid.*). Ella insiste: «dímelo y no temas nada, que yo sé lo que te estaba enseñando» (*ibid.*). Cómo no lo iba a saber. Pero el jovencito sabe guardar la lealtad al padre que con tanta cautela lo ha iniciado en los secretos de su casta amenazada. Nunca habrá de olvidar aquella primera lección escolar del autor de sus días: «hubiera sido quemado, sin la menor duda, de haber sido descubierto» (*ibid.*). Pero el padre insistió en sus enseñanzas, y más tarde haría aprender al joven Al-Rafī' las azoras —sobre todo la del Peregrinaje (XXII, 72-73) y la de los Infieles (CIX, 1-2)—, que debería decir frente a los «ídolos» cristianos que se vería obligado a venerar. El progenitor no hace otra cosa que aleccionar al hijo en la antigua práctica de la *taqiyya* o disimulo religioso, que el mismo Corán permite [31]. Mucho que se sirvieron de ella los moriscos, que sabían bien que un musulmán que se siente obligado a practicar una religión distinta puede hacerlo exteriormente, siempre y cuando venere las verdades de su propia religión en su alma. Porque la vida hay que salvaguardarla ante todo, ya que es el mayor regalo de Dios. (Por eso el Profeta dejó dicho que «no habrá martirologio en el Islam».) El párvulo lo ha aprendido bien. Su padre confía tanto en su discreción que le permite compartir el secreto ominoso con su madre y con ciertos amigos especiales, todos criptomusulmanes como ellos. Más tarde en su vida se habrá de reencontrar con algunos de ellos en sus viajes por Andalucía. Las lecciones clandestinas de su progenitor tendrían largo efecto en la conciencia del futuro *šarīf*. Pasados unos años, y poniendo una vez más su vida en el tablero, se las habría de arreglar para estudiar clandestinamente su religión islámica con el venerable santón y jurista Al-Ūṭūrī de Granada, que había estudiado a su vez estas materias cuando niño, antes de la caída de la ciudad (*ibid.*, págs. 117-119).

Quién sabe si también el autor del «Kāma Sūtra español» se vio sujeto a esta alfabetización por partida doble. El olvido de la lengua coránica, suplantada cada vez más eficazmente por la española, irritó terriblemente a muchos criptomusulmanes, que no paraban mientes en desahogar con violencia su frustración desde sus códices secretos:

> Ni uno solo de nuestros correligionarios sabe algarabía en que fue revelado nuestro santo alcorán, ni comprende las verdades del adín [religión] ni alcanza su excelencia apurada, como no les sean convenientemente declaradas en una lengua extraña, cual es la de estos perros cristianos, nuestros tiranos y opresores. ¡Confúndalos Alá! Así pues, séame perdonado por aquel que lee lo que hay escrito en nuestros corazones, y sabe que mi intención no es otra que abrir a los fieles muslimes el camino de la salvación, aunque sea por tan vil y despreciable medio [32].

No querrían, ciertamente, aquellos moriscos amenazados olvidar su alifato, aprendido con tantos sinsabores como los que padeció Al-Rafī' ante la emblemática pizarrita de nogal con la que hizo sus primeros pinitos en la clandestinidad. Todavía podemos observar cómo manos anónimas practican terca, patéticamente las letras arábigas en los folios de innumerables manuscritos aljamiados de su propiedad [33]. Pero el autor del S-2 tendrá la oportunidad de reforzar sus conocimientos del árabe en su nueva patria tunecina. Y eso lo habría de consolar bastante de la manquedad cultural islámica que habría padecido en su juventud. Pero ello mismo lo obligaría a un nuevo sobresalto en su villorrio africano adoptivo —la verdad es que nunca en la vida se vería a salvo de ellos—. Ahora en Túnez lo que está en peligro de perder es su lengua española. Qué ironías las de su vida de apátrida. Y se empeñará en proteger su castellano con el mismo afán con el que habría protegido el alifato proscrito de sus años en suelo peninsular. Es precisamente en ese castellano sonoro que perfeccionó en los corrales de Lope en el que el refugiado se despide de la vida y de sus desgraciados compañeros de fortuna. Y en el que pergeña su «Kāma Sūtra español».

Y es que nuestro autor no sólo se entregó al cultivo de la lengua de su patria de origen. Amó también su música. Cuánto la quiso. Sospechamos que fue músico o que conoció de cerca los secretos de la más sublime de las bellas artes porque los acordes de vihuela puntean a cada paso el relato de *El arrepentimiento del desdichado*. ¿En qué sarao borrado por el tiempo habrá oído a estas «bigüelas» alternar melodiosamente con las harpas, clavicordios y con las voces humanas? Es tal la inmediatez con la que empieza a sonar el concierto en nuestros oídos que nos parece estar ante una experiencia musical vivida y no ante un simple lugar común retórico:

> Después de esto [de haber oído cantar varios romances] trujeron una harpa y clabicordio y los asieron con las bigüelas y començó a deçir uno de los músicos en tono bajo y los demás a Responder en el modo y boçes que se dirá... (fol. 43r).

¿Habrá prestado nuestro autor su voz alguna vez a estos graciosos conjuntos musicales? Es que da muestras de conocer los secretos del contrapunto como pocos:

> Detubiéronse en estos pocos bersos un grande Rato, con grande gusto de los oyentes de la manera que començaba el uno con bajo y Respondía la terçerilla, que es suabe boz, y luego el tiple y luego todos juntos; y como estaban los ynstrumentos asidos, començaron las tres boçes y luego otra que llaman quarta y dijeron esta cançión:
>
> *Dichoso el aldeano*
> *que, al despuntar la luz del alba hermosa,*

en pie se pone ufano
quando el temido prínçipe Reposa
....
(fols. 43v-43r).

Una vez más, el lector siente la fuerte impresión de estar ante una experiencia vivida —o mejor, oída [34]—. Y se pregunta si nuestro criptomusulmán olvidó por un momento los avatares de su vida clandestina para asomarse a un sarao. El morisco lo pudo haber vivido o lo pudo haber soñado. Pero lo cierto es que de repente entramos con él en el interior de una vivienda lujosa. Acostumbramos nuestros ojos a la media luz y sentimos el crujir de las sedas de los ampulosos vestidos de las damas, cuyas faldas anchísimas reclaman espacio al acercarse al centro del salón. Van a bailar. Vemos a una, «bestida de primabera con guarniçiones de oro» (fol. 39r), que marca sus pasos «con grande donayre y graçia» (*ibid.*). Se adelanta otra, en raso azul tachonado también con broches de oro, y ejecuta maravillosamente los pasos lentos y graves de una «pabana» (*ibid.*). Tanto baile fatiga a las damas y es menester alternar el ejercicio de la danza con la entonación de romances. Oímos entre el tumulto de la alegre compañía una voz anónima que se levanta para organizar los regocijos: «suplicamos a ese caballero diga otro [romance] porque estas señoras descansen, para que nos hagan merçed después...» (*ibid.*). No queda claro cuál merced será la esperada de las damas: mejor así. Se suceden entonces los romances musicalizados (entre otros, oímos el que comienza «entre estos turbios Ríos» [fol. 38v]) hasta que nuestro narrador y acompañante siente en carne propia la fatiga de los músicos (acaso alguna vez él mismo los acompañó) y ataja su trabajo: «Raçón será que los señores músicos descansen» (fols. 39r-39v). Pero no por eso cesa la alegría: un salterio sustituye momentáneamente al grupo musical y proporciona los acordes para nuevas danzas. Ahora veremos la más elaborada de todas:

> Se hordenó entre quatro galanes y quatro damas que baylasen una hacha, y cada uno con su bela en la mano, y tocando los ynstrumentos, estubieron un grande Rato en este bayle con grande alegría de los presentes... (fol. 39v).

¿Sería nuestro morisco uno de los caballeros que vemos guardar tan bien el compás mientras equilibra la vela? Quién sabe si en el torbellino de una de estas danzas pudo estrechar entre sus brazos a una cristiana auténtica y soñó con sus ojos del color «de la bioleta» (fol. 28v): con lo imposible. Cuántos sobresaltos, entonces, por disimular su verdadera condición. ¿O se asomó acaso nuestro morisco a estas espléndidas *soirées* en calidad de criado, o de músico asalariado, o incluso como espectador furtivo? Ya se trate de una realidad vivida, o de un ansioso *wishful thinking* de parte del autor del S-2, lo cierto es que todavía en

Túnez resuenan en su oído las músicas refinadas de aquellas danzas de su juventud. Mal que se lo admitiría, pero las echaría en falta cuando, ya convertido en todo un jurisconsulto musulmán, dirime cuáles son los instrumentos musicales que se permiten —o que se prohíben— en las bodas (fols. 82r-82v). Allí menciona el adufe (دُفّ ; *duff* o tamboril) y el atabal, que es a manera de tambor semiesférico: son los instrumentos de percusión más socorridos en estas solemnidades nupciales. Menos suerte llevan las sonajas, la gaita, y el «laúd, Rabel y semexantes con más fuerça es haram [حرام; *harām* o prohibido]» (fol. 82v). El morisco debió de sentir una pena íntima al renunciar para siempre a sus laúdes, aunque es de suponer que una vez en África aprendiera a amar los tamboriles, que acaso hubiese escuchado clandestinamente en alguna zambra o boda a la morisca, que sus correligionarios se arreglaron para celebrar en secreto [35].

Gran sensibilidad estética sin duda la del autor del «Kāma Sūtra español». Oliver Asín nos da otra noticia interesante en este sentido: el morisco «habíase embelesado más de una vez ante el arte pictórico que su religión prohibía» («Un morisco...», pág. 419). ¿Dónde vería nuestro autor representada la alegoría pictórica del avaro? He aquí cómo nos la traduce verbalmente:

> Pintan también al abariento, desnudo, con una bolsa de oro en mano, y procura apretalla porque no se le baya, de suerte que no la soltará, aunque aya menester la mano para tomar el sustento y lleballa a la boca... (fol. 213v).

¿O dónde se topó nuestro autor con la imagen del mundo, en «figura de una muxer hermosísima y como tal apeteçida de muchos, y ella, desdeñosa a todos los que la quieren y siguen, ba huyendo dellos y sigue y quiere a quien la despreçia y aboReçe» (fol. 217v)? [36] Pero —ya lo ha dicho Oliver Asín en su citado ensayo— su religión musulmana le prohíbe al morisco tales representaciones. Le serían menos penosas en un libro de emblemas como aquel tan famoso de Diego de Saavedra Fajardo [37] o en un lienzo paganizante. Pero en un templo... Allí también hubo de ver imágenes nuestro dolido morisco, y fueron, nos consta, las que más le acongojaron.

Acompañémoslo por unos instantes al interior de una iglesia. No nos debe extrañar encontrarlo ahora en un lugar tan incongruente con su condición confesada de criptomusulmán. En la España inquisitorial en la que le tocó vivir no tenía otra alternativa que asistir puntualmente a misa. Nos hacemos cargo del trauma emocional del musulmán secreto convertido por edicto en piadoso feligrés dominical. El futuro jurisconsulto tendría sumo cuidado en ocultar su animadversión de católico fingido: cualquier movimiento falso en el interior del templo podría delatar su mortal secreto. Es más que probable que hubiesen llegado a sus oídos casos como el de fray Alonso de Nogales, que fue acusado de estar «encorbándose y encogiéndose en misa», movimiento que sus detractores interpretaron como propios de la manera de orar judía. O acaso supo nuestro autor del caso más demencial de todos, el de Martín Fernández Rubio. Este cristiano nuevo se había convertido en un archisospechoso que atraía sobre sí las miradas ladinas de los feligreses cada vez que ponía sus pies en una iglesia. Tanto sus padres como su mujer habían sido procesados por la Inquisición por el delito de judaizar. En 1527, dos vecinos informan que le vieron, al juntar sus manos en oración, introducir el dedo pulgar entre los índices: entendieron que el converso le hacía el gesto obsceno de la «figa» al Santísimo Sacramento. La interpretación costó la vida a Fernández Rubio. Con razón —pensaría en secreto el morisco desde su banco— algunos alumbrados de los años pasados dieron en oír la santa misa tiesos y en silencio absoluto. La tragedia de estos domingos de martirio compartido —las palabras son de Stephen Gilman— no puede no haber afectado a la historia de las ideas en España [38].

No sabemos en qué actitud exacta oiría la misa aquel día nuestro autor. Pero sí tenemos noticia de otro incidente que le aconteció en ese mismo templo. Antes de que dé comienzo la ceremonia pasea sus ojos melancólicos por los retablos de los altares laterales. Su mirada se detiene abruptamente en una figura de paloma. Y toda su sensibilidad y entusiasmo pictórico no son suficientes para acallar su indignación de musulmán creyente. Nunca pudo terminar de comprender el que los cristianos quisieran convencerlo de que el Dios único e indivisible de sus mayores pudiese quedar reducido a esta ave volandera. Y es que, en efecto, dividir al Dios supremo y para colmo pintarlo es una de las blasfemias más angustiosas en la percepción de su conciencia monoteística musulmana. Ahora, en el interior sofocante del templo, no puede manifestar su desasosiego religioso. Su grito de protesta habrá de tardar décadas en estallar. Pero una vez en su patria adoptiva de Túnez, parecería que sus palabras queman: «[la tercera persona de la Santísima Trinidad] diçen Espíritu Santo, y este espíritu no saben deçir [los cristianos] lo que es, si es cuerpo o açidente, aunque lo bide pintado en un retablo en figura de paloma, y sigún esto, tienen por uno de los tres [*sic*: personas] a un animal ynraçional, y harto bien que lo son ellos en creer este disparate» (fol. 9r).

Podemos calibrar la huella que ha dejado en el refugiado la condición de cristiano fingido por la cólera con la que se venga de los dogmas que aborreció secretamente durante tantos años. Ahora posa sus ojos sobre el crucifijo del altar mayor. Su instinto religioso más íntimo se le subleva y pugna por salir al exterior. ¿Cómo es posible que su Dios esté clavado en lo que para él no es sino un humillante instrumento de tortura? Otros moriscos bautizados a la fuerza como él sí han podido irse convenciendo gradualmente de las enseñanzas cristianas. Y con absoluta sinceridad. Él todavía insiste en creer que su venerado Profeta ʿĪsā —el Jesucristo de los musulmanes— no pudo morir esa muerte tan infamante, sino que hubo de ser sustituido en la cruz por otro. Habrán de pasar, una vez más, largos años para que podamos oír al fin la protesta condenatoria que el morisco silenció en aquella misa lejana de la España de los Felipes adonde lo acompañamos:

> ... aquellos malditos perros enemigos de la berdad, que çiegos con su falsa seta enclaban a su Dios en un palo, dándole nombre de hixo y de madre y padre, formando mentiras de mill maneras... (fols. 4r-5v).

También Taybili, a quien ya nos hemos encontrado en esta convulsa España clandestina, denunciaría con amargura los crucifijos que tuvo que adorar en su juventud «cristiana». Ya en Túnez puede condolerse de que los cristianos «... a un palo adoren y con llanto y Ruego / pidan y que por Dios le soleniçen» (fol. 65r, *apud* Bernabé Pons, pág. 111). Todavía rumia nuestro morisco silencioso su desesperación religiosa ante el Cristo del altar mayor cuando

> *El saçerdote sale muy conpuesto*
> *de un Retrete que llaman sacristía,*
> *y subiendo unas gradas toma puesto*
> *en el altar, do está la ydolatría.*
> *Allí el libro misal es manifiesto,*
> *el Cristo, el sacramento y si erexía,*
> *y el presbítero al lado que le ayuda,*
> *al cáliß y la ostia allí saluda*
> (*ibid.*, pág. 208).

Los versos son de Taybili pero la percepción de ambos criptomusulmanes sobre lo que para los cristianos es el santo sacrificio de la misa es la misma. Será una ceremonia larga la de este día, y el morisco siente que se ahoga con el ambiente opresivo y con el mal olor de sus compañeros de banco. Se sobrecoge al pensar que también él mismo ha terminado por oler mal: grave negligencia personal y ritual para un musulmán esa falta de aseo. Sobre todo en un templo. Pero cada vez le es más difícil llevar a cabo sus baños y sus abluciones ceremoniales, pues teme que le suceda como a aquel jardinero morisco que tuvo la ocurrencia de «refrescarse en un pozo». Por su agudo sentido de la limpieza, unido posiblemente al deseo de hacer ocultamente sus abluciones, al susodicho jardinero se le incoa un proceso inquisitorial. También asomaría a la memoria de nuestro futuro erotólogo el caso —fueron en el fondo muchos casos— de criptojudíos de la vecindad que dieron con sus huesos en la cárcel por aquello de ponerse camisa limpia en día sábado. Y no todos eran criptojudíos: algunos eran conversos de varias generaciones que aún recordaban las antiguas costumbres de sus antepasados y las consideraban buenas ideas en el orden de la limpieza [39]. De seguro nuestro morisco optó por oír su misa sin cambiarse de camisa. Una sospecha menos que levantar a su haber. Pese a que está acostumbrado ya, el hedor del templo esta mañana le resulta particularmente penoso. Será su compañero Taybili quien inmortalice desde Túnez experiencias olfativas semejantes en versos tan pedestres como indignados:

[los cristianos van] çuçiamente
al templo, do han de entrar justificados,
entran los cuerpos çuçios claramente,
los bestidos en todo mal guardados,
los çapatos que pisan la coRiente
llenos de çuçiedad y traspasados,
con ellos entran y en el templo pisan,
suenan y escupen y a la amiga abisan
(Bernabé Pons, *op. cit.*, pág. 208).

La costumbre de entrar con los zapatos al templo de Dios es particularmente dolorosa para un criptomusulmán, acostumbrado a prescindir de ellos, por respeto, desde el momento mismo en que franquea la puerta de la mezquita. Pero de súbito nuestro morisco «feligrés» no puede creer lo que ven sus ojos. Ha entrado un perro por el postigo entreabierto de la iglesia y se dirige al mismísimo altar. Encoge su cuerpo instintivamente para evitar que el animal le roce. El perro alcanza a verter sus aguas antes de que el perrero —que está a sueldo para casos como éste— se apresure a alcanzarlo y lo logre echar del templo. Es el colmo —meditará apesadumbrado nuestro autor—: un animal impuro desacralizando un templo de oración. En su infancia de musulmán solapado le enseñaron que no podía rezar en el lugar por donde hubiera pasado un perro, considerado como criatura poluta por su religión. Taybili se encargará una vez más de protestar el hecho en su poemario anticristiano:

Otra cosa también en su templo tienen, [los cristianos]
que los peRos se meten qual si fuera
mesón, y a los altares mismos bienen,
ençuçiando y meando donde quiera,
y assí para estas causas se prebienen
de hombres que les están echando fuera,
éstos llaman peReros con su Renta,
que sólo de echar peRos tienen quenta
(*ibid.*, pág. 210).

Ahora nos acercamos al momento culminante de la misa —la Eucaristía—:

.... *leydo*
el ebanjelio entonçes celebrado,

la epístola y aquesto concluydo,
dixe [el sacerdote] çiertas Raçones sosegado
con que diçen que Dios luego desçiende,
y en la ostia se mete y comprehende
(*ibid.*, pág. 208).

Qué dura la idea de los cristianos —habría de pensar nuestro morisco en estos momentos— de comerse a su Dios. No puede ser tal: susurra entre dientes y piensa con Taybili que «El deçir que se come a su Dios un hombre» es «cossa por çierto fea y espantosa» (*ibid.*). Duda que el clérigo «que se come a su dios y con gran priessa / bebe su sangre» (*ibid.*) no puede estar ingiriendo a la Divinidad: «que con flor de harina en buen molino / abasteçe su cuerpo y con buen bino» (*ibid.*). Acaso el morisco, tan memorioso para los versos, supiera de corrido romances como el que Juan Alfonso Aragonés —otro expulso, por cierto— dedica al sacramento de la Eucaristía. Los versos todavía nos consternan por la dureza de su irónica irreverencia:

Bosotros que en una ostia
que dezís el sacramento
tenéis por fe questá Dios
y os coméis aquel Dios buestro,

mirad qué jentil aliño
pues se sabe por muy zierto:
lo que se come se saca
por aquel postigo biejo.

Y por más curiosidad,
me dijo a mí un caballero
que se ma(n)tubo de ostias
por probar este misterio,

más también dijo que dio
a la letrina su zenso,
sepultando allí sus dioses
en el suzio monumento[40].

El futuro exilado lo debe haber sabido muy bien por experiencia: sus correligionarios se vengaban de la religión impuesta sometiéndola a experimentos «sacrílegos» como éste del caballero consumidor de hostias. El confesonario tampoco quedaba a salvo. L. P. Harvey y María Teresa Narváez nos dan cuenta de una «travesura» teológica que llevó a cabo años antes el Mancebo de

Arévalo, que se finge devoto cristiano y confiesa el mismo pecado a distintos sacerdotes. Cada sacerdote le impone una penitencia distinta:

> Aconteciome en Jaén, oír hazer prueba desto, probar tres relicos [religiosos, sacerdotes] cristianos en un día, y en un mismo pecado, y cada uno de ellos me dio su género de absolución. Los 'alimes moros dan la alcafara [penitencia] a medida del pecado, según su graveça [gravedad] [41].

Quién sabe si el autor del S-2 se prestó alguna vez al «experimento» del confesonario, pues este acercamiento teológico empírico fue muy común entre sus correligionarios clandestinos. A los criptomusulmanes les resultaba incomprensible que hubiese «mediador alguno entre Dios y el hombre» (Bernabé Pons, *op. cit.*, pág. 113), al que consideraban responsable de sí mismo ante el Creador. Mucho que se violentó Taybili ante el recuerdo de aquellos clérigos de su juventud que, a su entender, querían usurpar el lugar mismo de Dios:

¡Que pueda un saçerdote desastrado,
un hombre pecador de poca çiençia,
absolber a otro hombre del pecado
y con su autoridad dar penitençia!;
como si él fuera Dios sale librado
el penitente; pierdo la paçiençia
en ber que en tal heRor están fundados
tales entendimientos y letrados
(*ibid.*).

Para colmo, el sacerdote —siempre desde el punto de vista de Taybili— es arbitrario en la imposición de la penitencia a sus feligreses: impone a su gusto las penitencias debidas a cada caso, por lo que el penitente queda a expensas de las variaciones que el sacerdote, como ser humano que es, pueda tener:

Si ay en el hombre siempre dos extremos
que es sangre que le causse el alegría,
cólera Resquemada que tenemos,
que es caussa de tener melancolía,
si en un hombre está contento como bemos
perdonará cualquier tiranía,
enpero si está triste su pressençia,
Rigurosa será la penitençia
(*ibid.*, págs. 113-114).

El rústico poeta Taybili no deja de exhibir una considerable penetración psicológica: es humano que los sacerdotes varíen las penitencias de acuerdo a su estado de ánimo. Y, en el banquillo de la iglesia, acaso el autor del S-2 esté haciendo memoria de sus propias aventuras en los confesonarios de las parroquias limítrofes. Rumiará en silencio su convicción teológica musulmana, que ha conservado incólume en estos periplos penitenciales: «No debe haber entre Dios y el hombre sino la conciencia de cada uno enfrentada a la voluntad del Creador» [42].

La misa está a punto de concluir. Nuestro feligrés solapado tiende una vez más su mirada lastimada a lo largo del templo en penumbra. En el claroscuro de las velas sorprende las señas que se hacen un galán y su dama. Estarán acordando una cita furtiva. Y su alma piadosa se estremece una vez más. Mucho que fustigará desmanes como éstos desde su exilio africano: el futuro autor del devoto *Kāma Sūtra,* como musulmán estricto que es, considera aborrecible el pecado del adulterio o *zinā'* [43]. El morisco tiene —ya lo sabemos— alma de moralista y ya le había merecido una enérgica censura el ir y venir de billetes amorosos entre caballeros y comediantas en el corral adonde lo acompañamos a ver *Las mudanzas de Fortuna.* Pero en un templo de oración a Dios esta desacralización le parece impensable. Taybili sintetizará una vez más la queja en los pintorescos endecasílabos de su poema del destierro:

> *Está de bancos y de escaños llena*
> *la Yglesia alRededor, y en el comedio*
> *las mujeres, do no ay ninguna buena,*
> *pues sirbe y es la missa a beçes medio*
> *del conçierto entre Juan y Madalena,*
> *y es do el laçibo amor tiene Remedio,*
> *que mirando el galán su enamorada,*
> *su missa y deboçión tiene olbidada*
> (Bernabé Pons, *op. cit.,* pág. 208).

Y, entre tantos disgustos, sólo un consuelo: la música. Imposible para nuestro amigo melómano sustraerse al hechizo del órgano y las chirimías y de las voces acopladas del coro. Su compañero Taybili, gran frecuentador de misas como nuestro morisco, no puede evitar que se le vaya la mano —de seguro *malgré lui*— cuando evoca gozoso los antiguos acordes litúrgicos:

> *Sus templos, sus yglessias siempre llenas*
> *de música al gusto, deleytables,*
> *órganos muy gustosos y otras buenas*
> *chirimías, cornetas agradables,*
> *en las noches más claras y serenas*
> (*ibid.,* pág. 209).

La liturgia ha tocado a su fin, y nuestro futuro erotólogo sale cabizbajo de la iglesia. Hemos tenido la rara oportunidad de ver la misa a través de ojos criptomusulmanes [44] y el morisco cuyo banquillo compartimos ha terminado por contagiarnos su angustia secreta. No nos debe asombrar demasiado la extrema amargura —incluso, la rabia— con la que él y tantos exilados de 1609 evocarán estos domingos de suplicio en su patria de origen. Una intransigencia contestataria es la que terminan por adquirir casi invariablemente los grupos sociales agobiados por demasiados años de humillaciones ideológicas. Desde el exilio, donde al fin se oyen sus voces auténticas, moriscos como el autor del S-2 y su compañero de desdichas Taybili no hacen otra cosa que apropiarse del discurso del odio del que fueran objeto en España [45]. Tengamos en cuenta, para comprender en sus propios términos su prolongado rencor, que en sus oídos resonaron una y otra vez palabras condenatorias como las que habría de esgrimir el padre Aznar Cardona para justificar la expulsión que ya les pisaba los talones: los moriscos eran «torpes en sus razones, bestiales en sus discursos, bárbaros en su lenguaje, ridículos en su traje» [46]. Por ello mismo, fueron considerados altamente deportables por las fuerzas en el poder. Al refugiado le habría de constar que hasta las burlas maliciosas antimoriscas de su adorado Fénix y de autores como Salas Barbadillo quedan pálidas ante la ira real de las autoridades que acudieron a la «solución final»: echarlos al mar. Los argumentos que esgrimían eran generalmente teológicos y políticos. Y nuestro autor, que se ahogaría en aquel templo maloliente de antaño donde se vio obligado a adorar a los «ídolos», mal podría haber perdonado una condena particular de que fuera objeto él y toda su nación. Pese a sus baños y sus abluciones secretas, siempre fueron tildados por los cristianos de «pestilentes» y «sucios». Increíble pero cierto: esta «pestilencia pegajosa de los moriscos» será uno de los argumentos «teológicos» con los que Aznar Cardona (*ibid.*) apoyaría la trascendental decisión política del destierro masivo de 1609. Lo secundan Jaime Bleda, Antonio de Corral, Marcos de Guadalajara, Juan Méndez de Vasconcelos, entre tantos otros apologistas de la expulsión [47]. No nos extrañe esta curiosísima batalla teológica de hedores: según otros discursos oficiales de los que se sirvió el Santo Oficio, los judíos disimulaban rabos secretos bajo los pliegues de sus vestidos, eran extremadamente pálidos porque tanto los hombres como las mujeres padecían flujos de sangre, y —¿cómo dudarlo?— se podían identificar a distancia por su fuerte olor a azufre [48].

Salido de la iglesia, nuestro futuro escritor dirigiría sus pasos en más de una ocasión a alguna casa particular de la vecindad. De seguro, siempre a la misma casa. Caminaría despacio, tratando de disimular —siempre el disimulo— su inquietud interior. Sumido en sus reflexiones, apenas advertiría que va dotando de una súbita capacidad de vuelo a las gallinas ubicuas que cacarean su sobresalto y que tantas metáforas le habrían de inspirar en los años venideros. Teme que los viandantes lean en sus ojos la comprometedora verdad: un grupo de criptomusulmanes se ha dado cita en un cuarto interior de la casa señalada. A ningún miembro de su comunidad secreta se le ocultaría que la situación de su casta se ha tornado verdaderamente desesperada. Ni el sensacional hallazgo de los libros plúmbeos del Sacromonte en 1595, que tanto revuelo causó por su intento de unir sincréticamente el cristianismo y el islam ha surtido el deseado efecto político. (¿Llegaría nuestro autor a tener noticia concreta de que sus correligionarios Miguel de Luna y Alonso del Castillo, llamados por las autoridades cristianas a traducir oficialmente las tabletas de plomo, fueron quienes llevaron a cabo su contrafactura? [49]) Otros intentos conciliatorios como el inteligentísimo, matizado alegato del caballero morisco Francisco Núñez Muley, que quiso defender las características culturales distintivas de su comunidad morisca (trajes típicos, idioma, fiestas y zambras) como meras peculiaridades regionales [50] no han tenido el menor éxito. Ya antes habían fracasado los intentos de establecer vínculos con el poder islámico exterior: ni la *casida* o misiva enviada al sultán otomano Bayazid II pidiendo ayuda [51], ni *fatwās* u opiniones legales como la que el muftí de Orán envió a su comunidad en el ya lejano 1563 [52] han dado el menor fruto. Y nuestro caminante prefiere borrar de su memoria la humillación final de las Alpujarras [53], en donde los moriscos terminaron por abandonar sus resplandecientes cimitarras de antaño y recurrir a las piedras como arma guerrera [54]. Cuántas veces debió de abrir la puerta interior de esta casa y saludar a sus compañeros de clandestinidad. Ya quedan pocos. Algunos se «antiçiparon por la bía de Françia» (fol. 3r) [55] al destierro en tierras islámicas, que más tarde sería obligatorio a todos. ¿De qué tratarían aquellas reuniones secretas a las que tuvo que haber asistido tantas veces el autor del S-2? En cuartos oscuros y cerrados como éste en el que lo imaginamos entrar, con toda su ansiedad a cuestas, sería donde únicamente podría, junto a sus hermanos de religión, rezar la *ṣalā* y proclamar —eso sí, en voz muy baja— la Unidad de Dios, «que tan oculta la deçíamos» (fol. 14v). Cuánto se esforzaría nuestro futuro pedagogo en preservar en lo posible la pureza de estas prácticas, que fueron por tan largo tiempo «aRinconadas y hasta olvidadas, habiendo ingerido en ellas no pocos usos y costumbres tomadas de las cristianas» (fol. 13r). ¡Ay, las misas dominicales, que el refugiado sabe que no oyó impunemente! No importa que las hubiese seguido desde la protección teológica de la *taqiyya*, como asegura haber hecho también otro de sus anónimos amigos: «alguna bez mostramos que siguíamos [la ley de los cristianos]; pero bien sabe Dios que era haciendo escarnio, y bituperando en el corazón [...] dando en los pechos con el puño» [56]. Las misas surtieron su efecto, y el texto íntegro del S-2 lo había de preparar en buena medida nuestro autor para aleccionar a sus compañeros de destierro en la práctica correcta de su religión, que tenían peligrosamente olvidada. Además de orar a Alá desde los ritos de su ley islámica, ¿qué más dirimiría el futuro refugiado en estos recintos secretos con sus tristes amigos, a tan pocos años de la expulsión final? A juzgar por las minutas que de una de estas reuniones clandestinas conservó para nosotros el Mancebo de Arévalo en el prodigioso «frasco de alcohol» de su *Tafsira,* los conciliábulos clandestinos de los moriscos solían ser terriblemente tensos y desesperanzados, incluso desde los primeros años de su «conversión». (¿Qué quedaría entonces para estos encuentros tan tardíos de principios del siglo XVII?) El joven abulense [57] nos hace testigos asombrados de la irritabilidad de sus compañeros moriscos que discuten cómo hacerse cargo de la situación que se les venía encima con la prohibición oficial del islam. Advierte María Teresa Narváez, la editora del códice, que uno de los participantes llega a dar el grito de «sálvese quien pueda», y a proponer que sus hermanos pusiesen las «haldas en cinta», es decir, que se sujetaran las faldas al cinto o a la cintura para poder mejor poner los pies en polvorosa:

> Fuwweron achuntadoš en SSaragossa una kompaña de onrradoš musliymeš, a donde še hallaron máš de beinte mmusliymeš; y-enterelloš Šiyete 'alīmeš [sabios] doktoš y faṣṣālados i depuwéš del alḏḏuhar [mediodía] komenssaron a taratar de nuweštoroš ḏḏuweloš i kada uno ḏiššo šuw arenga; y-entere muchas košaš no faltó kiyen ḏiyššo kómo era garande nuweštara pérdida i de kuwán poka eššensiyya era nuwštara obra. I diyššo otro 'alīm [sabio] ke los tarabaššoš ke teníyyamoš, i los ke de kada díyya še noš apareŷaban, ke todo šeríyya para máš meritanssa; i rrepuwgnaron šuw dicho, disiyendo ke loš tarabachoš no kunpilíyan para ningún menoškabo de la obra peresetada, i ke, faltando la médula perensipal, ke eš el llamamiyento para el-aṣala [oración], ke la obra no podíyya šer grata [...] y-entere todoš eštoš dišguštoš ḏiyššo otro 'alīm [sabio] una rrasón harto cruda i-enpinada, a par de todoš, diyššo ke kada uno puwšiyeše haldaš en sinta, i ke akelloš ke kišiyešen šalbasiyyón, ke la fuwwešen a buškar. A todoš paresiyyó mal šuw dicho, porke kawšó garande fiyessa i no diyyó eššempolo de mmuslym. Allí še ḏiššeron diferenteš enantoš y komo kada uno de akelloš šentíyya el daño cheneral komo el poropiyyo šuwyyo, no lo tuwbe por mmucho ke kada uno ḏiššeše šuw paresser, porke no eštábamoš de goso para desir donayreš i košaš dešagišadaš [58].

Ya dejamos dicho que la reunión secreta que describe el Mancebo de Arévalo precede en muchos años a aquellas a las que le tocaría asistir —o acaso, organizar— a nuestro futuro erotólogo. En estos años del cambio de siglo la situación se ha deteriorado mucho más y es de suponer que el desaliento con el que vociferarían los moriscos su tragedia colectiva en aquellos recintos ocultos sería mucho más pronunciado.

Bien que sabría el criptomusulmán que venimos acompañando que sus amigos de vida oculta sólo pudieron descargar sus conciencias violadas entre estas cuatro paredes o desde los folios impacientes de su literatura de protesta. Han ido ocultando estos códices aljamiados en pisos falsos o los han empotrado en los pilares huecos de sus casas [59]. Algunos son hermosísimos manuscritos policromados con encuadernación en piel. Es fácil adivinar la melancolía con la que los fueron condenando al silencio de estos escondrijos, donde habrían de acumular polvo durante tantos siglos. Pero es muy difícil silenciar del todo un alma. De sobra lo supieron por aquellos años los inquisidores, que dispusieron soluciones dramáticas para lograr este mutismo ideológico. Ahí está la que propone el *Manual de los inquisidores* en su apartado XVI:

> Es de capital importancia atarles la lengua [al reo inquisitorial] o amordazarles antes de encender la hoguera, pues, si conservan la capacidad de hablar, pueden herir con sus blasfemias la piedad de los que asisten a la ejecución [60].

Quién sabe si nuestro morisco, que exponía constantemente su vida para poder seguir conservando su identidad religiosa y cultural, se cruzó alguna vez con la procesión de un auto de fe y posó sus ojos horrorizados sobre un grupo de condenados recalcitrantes que caminaban al patíbulo con bozales de hierro sobre sus rostros. (¿Sería alguno de estos amordazados un compañero de reuniones clandestinas?) Con estas pesadas mordazas los condenados no descargarían sus conciencias por última vez ante la multitud curiosa que en breve se reuniría para verlos morir [61]. Si el futuro erotólogo hizo acopio de valor y siguió la tristísima procesión, oiría al empleadillo del Santo Oficio gritar en alta voz los crímenes de los penitentes. Uno de ellos está acusado de la práctica secreta y contumaz de la religión musulmana. Es lo peor que se puede ser: un relapso que ha vuelto a su antiguo crimen. En este caso, la religión de sus padres. Ya sube al cadalso y el verdugo le echa el lazo al cuello. Un silencio helado paraliza a la multitud cuando el reo pide audiencia. A pesar de su bozal de hierro. Hay una expresión tenaz en su mirada, en la que brilla la extraña alegría de quien se ha animado a afirmar su gran verdad íntima antes de extinguirse su vida: «Todos me sean testigos cómo muero en la ley de Mahoma...» [62]. Dicho esto, el criptomusulmán confeso se arrojaba él mismo al vacío para tener la última palabra sobre su existencia. La turba cristiano-vieja lo mira atónita pender ahorcado. En la memoria colectiva del grupo lo que repercute es el recuerdo de muertes ejemplares cristianas como la de Rodrigo Manrique en las célebres *Coplas* de su hijo Jorge —son las únicas que la hispanidad oficial ha declarado legítimas—. Acaso algún espectador se atrevió a intuir que estaba ante una muerte que había sido heroica a su manera. Pero cualquier conato de duda queda aplastado inmediatamente: el gentío reacciona con furia y comienza a tirar piedras al patíbulo para castigar la insolencia del morisco renegado que ha tomado su muerte en sus propias manos. El verdugo «en dos saltos salvaba la escalera, y se ponía en cobro, por temor de las piedras que llovían sobre el desventurado apóstata» (*ibid.*). Es que aquella España de los Felipes perdonaba mal las disidencias a viva voz [63].

Si el autor del S-2 se hubiese encontrado entre los asistentes al auto de fe, sería uno de los que guardó silencio aquella tarde trágica. Sabemos que nuestro morisco fue uno de los que se colocó un metafórico «bozal de hierro»: con esta mordaza mental es con la que iba a los corrales a ver las obras de Lope, a disfrutar los saraos de su juventud y a escuchar la santa misa los domingos. Y gracias a su silenciamiento voluntario sobrellevó su vida doble de criptomusulmán y de cristiano aparente. Acaso consolara al refugiado el hecho de que también muchos cristianos se sirvieron de estos «bozales» autoimpuestos. Más de un morisco lo dejó dicho: los cristianos fingen creer todos y cada uno de los dogmas de su religión para evitar suplicios inquisitoriales como el que acabamos de presenciar: «como no pueden hablar con el freno de la Ynquisición maldita, se [...] tendrán [sus posibles dudas] en sus corazones» [64]. Pero a nuestro morisco le estaría deparado el insólito alivio de arrojar de sí su «mordaza de hierro» una vez pusiera pie en su tierra adoptiva. Es sobrecogedor oír a un disidente que se venga de tantos años de silencio forzoso. Como una botella a presión que se destapa de súbito, el refugiado nos descubre al fin su alma y se anima a lo impensable: a denunciar por primera vez al tribunal de la Inquisición, que le iría pisando los talones en los años previos a su exilio. Estamos ante un pasaje de extraordinaria importancia para la historia de las ideas en España. Al fin los perseguidos tienen la palabra y emiten un juicio directo como víctimas del Santo Oficio. Sus voces habían quedado o bien silenciadas o bien mediatizadas a través del prisma deformador de los juicios inquisitoriales. Casi nos parece sentir un discreto escalofrío porque sabemos que nos vamos a enfrentar con palabras que se nos había prohibido escuchar durante cuatro largos siglos:

> Era fuerça mostrar lo que [los inquisidores] querían, porque de no haçello los llebaban a la Inquisiçión, adonde por seguir la berdad éramos pribados de las bidas, haçiendas e hijos, pues en un pensamiento estaba la persona en una cárçel escura, tan negra como sus malos yntentos, adonde los dejaban muchos años para yr consumiendo la haçienda, que luego secrestaban [*sic*] comiendo ellos della (y deçían: con justificaçión); y era la capa de sus malas y traydoras entrañas. Y los hijos, si eran pequeños, los daban a criar, para haçellos, como ellos, erexes; y si grandes, buscaban cómo poder huyr; y demás desto procuraban adbitrios [*sic*] para acabar con esta naçión, biendo que no se podían conduçir sus firmes coraçones en la fe çierta a su diabólica seta; unos [inquisidores] deçían que fuesen muertos todos, otros que fuesen capados, otros, que se les diese un botón de fuego en parte de su cuerpo para que con él no pudiesen enjendrar y fuesen muriendo. [...] como si ellos pudieran deshaçer lo que estaba determinado en la eternidad de Dios nrošs... (fols. 10r-11v).

Lo que estaba «determinado en la eternidad de Dios nrošs» era la expulsión masiva de 1609. Sabemos que la «gallarda resolución» de Su Majestad Felipe III, como se atrevió a llamar Cervantes al edicto en un momento desafortunado de su obra literaria [65], sumió a España en uno de los momentos más angustiosos de toda su historia. Mal se ha curado España de la pesadilla de su desmembramiento. Hasta su más acendrado promulgador, Juan de Ribera, debió sentir terribles escrúpulos de conciencia ante las quejas y recriminaciones que le salían al paso al poner en ejecución el complicadísimo e impráctico decreto real. Parece que el dilema de expulsar o hacer permanecer a los niños moriscos bautizados fue para él uno de los más agónicos: bien dicen A. Domínguez Ortiz y B. Vincent que «tantas emociones acabaron con su vida el 6 de enero de 1611» (*Historia de los moriscos...*, pág. 186). Y, con todo, fue elevado a los altares: hoy nos referimos a este atormentado sacerdote como san Juan de Ribera [66].

¿Qué pensamientos cruzarían la mente del agobiado autor del «Kāma Sūtra español» cuando lo arrancaron por fuerza de su rincón patrio en aquel año para él aciago de 1609? Quizá sea misericordioso que no lo sepamos con exactitud. ¿Se habría apercibido de los prodigios naturales —temblores, aguas crecidas, señales en el cielo— que aseguran las fuentes documentales cristianas precedieron al destierro masivo? ¿Habrían llegado a sus oídos los sones de la campana de Velilla, que se dio a sonar sola, según fray Marcos de Guadalajara, para anticipar «lo que amaba Dios a sus católicos españoles y la voluntad que tenía para defender a su pueblo y castigar la infidelidad de estos bárbaros?» [67]. Uno de estos «bárbaros» era nuestro morisco. No sabemos si su salida final fue por los caminos de Valencia, de Andalucía o de Castilla. Acaso estuvo entre la multitud de los moriscos aragoneses que, cubiertos de polvo y atormentados por la sed, marchaban al exilio en desorden cargando las escasas pertenencias que les había sido dado salvar. Hasta el padre Aznar Cardona se conmueve ante el terrible espectáculo que ofrecen los expatriados:

> Saliron, pues, los desventurados moriscos por sus días señalados por los ministros reales, en orden de procesión desordenada, mezclados los de a pie con los de a caballo, yendo unos entre otros, reventando de dolor, y de lágrimas, llevando grande estruendo y confusa vozería, cargados de sus hijos y mugeres, y de sus enfermos, y de sus viejos y niños, llenos de polvo, sudando, y carleando, los unos en carros apretados allí con sus personas, alhajas y baratijas: otros en cavalgaduras con estrañas invenciones y posturas rústicas, en sillones, albardones, espuertas, aguaderas, arrodeados de alforjas, botijas, tañados, cestillos, ropas, sayos, camisas, lienços, manteles, pedaços de cáñamo, pieças de lino, y otras cosas semejantes, cada qual con lo que tenía. Unos yban a pie, rotos, mal vestidos, calçados con una esparteña y un çapato, otros con sus capas al cuello, otros con sus fardelillos, y otros con diversos enboltorios y líos, todos saludando a los que los miravan, o encontravan, diziéndoles: —el Señor los en de guarde; —señores, queden con Dios.
>
> Entre los sobredichos de los carros y cavalgaduras (todo alquilado, porque no podían sacar ni llevar sino lo que pudiessen en sus personas, como eran sus

vestidos, y el dinero de los bienes muebles que huviessen vendido) en que salían hasta la última raya del Reyno, yban de quando en quando (de algunos moros ricos) muchas mugeres hechas unas debanaderas, con diversas patenillas de plata en los pechos, colgadas de los cuellos, con gargantillas, collares, arracadas, corrales, y con mil gayterías, y colores, en sus trages y ropas, con que disimulavan algo el dolor del coraçón. Los otros, que eran los más sin comparaçión, yban a pie, cansados, doloridos, perdidos, fatigados, tristes, confusos, corridos, rabiosos, corrompidos, enojados, aburridos, sedientos, y hambrientos: tanto, que por justo castigo del cielo no se veyan hartos, ni satisfechos, ni les bastava el pan de los lugares, ni la agua de las fuentes, con ser tierra tan abundante, y con dalles el pan sin límite con su dinero (*apud* M. García Arenal, *Los moriscos...*, pág. 235) [68].

Detenemos nuestra mirada en uno de estos cansados, doloridos, perdidos, fatigados, tristes, confusos, corridos, rabiosos, corrompidos, enojados, aburridos, sedientos y hambrientos: es nuestro morisco. Si advertimos que balbucea entre dientes, debe de ser que va repasando las églogas de Garcilaso y las redondillas de Lope, para que no se le pierdan para siempre en las dunas de su nueva nación africana. Bien que pudo haber suspirado con el Ricote cervantino de esta España de la que se va despidiendo largamente: «al fin, nacimos en ella y es nuestra patria natural...» (II, LIV). Alguna galera aguardaría en el puerto —no sabemos en cuál— para llevar al grupo de deportados macilentos hasta las costas de Túnez. El refugiado fue uno de los moriscos embarcados por mar a los que acompañó la suerte. Tenemos noticia de innumerables atropellos sufridos por otros viajeros forzados como él. El célebre *affaire Estienne,* por ejemplo, causó escándalo en Francia, desde donde muchos exilados marchaban a África. Anthoron Estienne, cabeza de una familia de armadores de Agdes, se dio a la lucrativa tarea de transportar hasta Túnez a los moriscos expulsos, y el 8 de enero de 1610, abandona toda su carga humana en Porto Farina, no lejos de Bizerta: los deja desnudos y regresa a Francia con un caudaloso botín de joyas y mercancías que les incauta. Cierto que su acto de piratería le costó muy caro al armador, que termina ejecutado en Montpellier al descubrírsele el robo [69]. Otros moriscos tuvieron menos suerte y no pudieron llegar con vida a sus respectivos puertos. En una nota autógrafa escrita en los márgenes de uno de los bandos de expulsión, el padre Sobrino, que llama a los expulsos «pérfida gente», no puede disimular del todo cierta compasión ante su trágica suerte:

Creemos que han sido pocos los que han quedado vivos porque a muchíssimos echaron en la mar patrones de naves estrangeras que los llevaban, o por robarlos, o barruntando dellos quererse alçar con sus naves. Otros cayeron en manos de cossarios yngleses que los robaron y mataron. Otros desembarcados en Berbería fueron despojados y muertos por los alarbes, de manera que se cree que poquíssimos son los que han guarecido [70].

Y, pese a tanto infortunio, nuestro morisco habría de elevar una plegaria de gratitud a Dios, que le ha permitido salir de aquella España en la que tanto peligraba su vida:

> Las graçias y alabanças sean dadas al piadoso Señor, que nos sacó de entre estos erexes cristianos... (fol. 10r) sin abrirse la mar, nos trujo a la tierra deseada, adonde fuemos [*sic*] bien reçebidos y ospedados (fol. 14v) ...estábamos de día y de noche pidiendo a nrošš nos sacase de tanta tribulaçión y Riesgo, y deseábamos bernos en tieRas del Içlam aunque fuese en cueros (fol. 11v).

El autor del S-2 no es el único en sacar fuerzas de flaqueza e interpretar la bula de expulsión como un acto providencial de Dios. Los autores moriscos del exilio hicieron lo mismo, y hoy nos parece transparente su esfuerzo colectivo por intentar consolarse con una reinterpretación «islámica» que dignificara en algo la tragedia colectiva de su pueblo. Las palabras con las que Al-Rafi' pondera el trágicamente célebre edicto de expulsión casi nos suenan hoy irónicas de tan entusiastas: «¡No hay nada más grandioso que esta acción maravillosa!» [71]. Pero es secundado una y otra vez: «Y no piense V. Merced —escribe un refugiado anónimo desde Argel a un caballero de Trujillo— ha sido en manos del Rey de España el avernos desterrado de su tierra: pues ha sido inspiración divina» [72]. Por su parte, el prolífico Taybili suma su voz a la de nuestro escritor en agradecida plegaria al Creador desde su nueva patria adoptiva:

> *Ynmenso Dios que nos abéys librado*
> *de la erética ley de los cristianos*
> *y a la dibina ley encaminado,*
> *do buestros atributos soberanos,*
> *confessamos, Señor, lo que os e dado,*
> *que es la Unidad que niegan los paganos,*
> *que el querer y el poder en bos se ençieRa,*
> *en quanto comprehende çielo y tieRas*
> (*apud* Bernabé Pons, *op. cit.*, pág. 158).

Una lástima que no haya llegado a nuestras manos una obra que anuncia Taybili en el epílogo de su *Contradicción de los 14 artículos de la fe cristiana*: «En boRador tengo y ya començado a sacar en linpio otro libro de la expulsión y salida de la naçión de España y las causas de ella, con todos los çuçesos [...] en biaje y cassos çuçedidos en Françia, en África, en Berbería, en prossa y berso, mediante Dios estará buena» (*ibid.*, pág. 267).

Y buena, sin lugar a dudas, debió haber estado. Podemos, sin embargo, hacernos cargo del tono general de esta memoria perdida a la luz de otros testimonios moriscos que conservamos y que reflexionan sobre la experiencia del exilio. Cuando consideramos estos testimonios históricos tan dolidos, no pueden dejar de herirnos de manera especial los panegíricos al edicto de expulsión que Cervantes, echando a un lado su tradicional compasión humana, coloca una y otra vez en boca de sus moriscos de ficción. La segunda parte del *Quijote* y en especial el *Persiles* nos asoman a la insólita situación de personajes moriscos denigrando su propia raza y celebrando su hundimiento histórico final. Las obras cervantinas vieron la luz en 1615 y 1616, por lo que el bibliófilo Taybili ya no las pudo adquirir en sus correrías librescas por Alcalá de Henares. Se ahorró entonces el apuro de tropezarse con pasajes como éste en el que habla el Jadraque Jarife, morisco valenciano del *Persiles*:

> ¡Ay! ¡Cuándo llegará el tiempo que tiene profetizado un abuelo mío famoso en la astrología, donde se verá España libre de todas partes, entera y maciza en la religión cristiana, que ella sola es el rincón del mundo donde está recogida y venerada la verdadera verdad de Cristo! Morisco soy, señores, y ojalá que negarlo pudiera, pero no por esto dejo de ser cristiano [...]. Digo, pues, que este mi abuelo dejó dicho que, cerca de estos tiempos, reinaría en España un rey de la Casa de Austria, en cuyo ánimo cabría la dificultosa resolución de desterrar los moriscos de ella, bien así como el que arroja de su seno la serpiente que le está royendo las entrañas [...].
>
> —¡Ea, mancebo generoso; ea, rey invencible, atropella, rompe y desbarata todo género de inconvenientes y déjanos a España tersa, limpia y desembarazada de esta mi mala casta, que tanto la asombra y menoscaba! [...]. ¡Llénense estos mares de tus galeras, cargadas del inútil peso de la generación agarena; vayan arrojadas a las contrarias riberas, que estorban el crecimiento de la fertilidad y abundancia cristiana! [...]. ¡Ea, pues, vuelvo a decir: vayan, vayan, señor, y deja la taza de tu reino resplandeciente como el sol y limpia como el cielo! [73]

Pero aún no hemos abandonado el barco en el que nuestro expulso excepcional llega por fin a las costas africanas. Es de imaginar con cuántos sentimientos conflictivos habría mirado por primera vez las playas azulísimas del norte de Túnez. Fue justamente su desgracia de expatriado, como ya nos consta, lo que ha dado nombre al escritor: el «refugiado de Túnez». Ya desciende del bajel con sus fatigados correligionarios. Entre tantos sinsabores, sin embargo, un buen consuelo les aguarda: Túnez habría de acogerlos con los brazos abiertos [74].

Sabemos bastante acerca de las circunstancias que rodearon la llegada a Túnez del autor del «Kāma Sūtra español». Los historiadores coinciden en considerar la experiencia tunecina como una de las más privilegiadas para los expulsados de 1609. Allí los moriscos, según Míkel de Epalza, «no sufrieron ni la expoliación sistemática de Argelia ni la rápida asimilación de Marruecos, Turquía y otros países» [75]. El área tunecina fue, por otra parte, la región de África que recogió a los elementos más capacitados, instruidos y prósperos de la diáspora morisca [76], y por esta razón, los expulsados españoles tuvieron un impacto enorme en la historia de Túnez. Los refugiados, que aumentaron considerablemente la población del país, sobre todo al norte, contribuyeron de una manera decisiva al desarrollo económico y agrícola de su nueva patria e incluso renovaron el gusto por las artes, los estudios y la ciencia. Todavía Túnez los recuerda como cultivadores de olivos, de plantas aromáticas y medicinales, como expertos en agricultura e irrigación: J. D. Latham no exagera cuando concluye lapidariamente que «les Grenadins, en agriculture, ont illustré la Berberie» [77]. Los refugiados fueron también responsables de importantes trabajos de construcción (puentes, carreteras, canalizaciones, mezquitas [78]) y de artesanía e industria en general: se destacaron en la cerámica y en la perfumería y sobre todo en la manufactura de la *chéchia* o sombrero nacional [79]. La música popular de Túnez, de otra parte, conserva sobretonos andaluces hasta el día de hoy, y tampoco resulta difícil rastrear numerosas palabras de origen español en el árabe de los tunecinos [80].

Pero la notoria prosperidad de los recién llegados fue un arma de doble filo, ya que contribuyó a que los moriscos no se asimilaran con facilidad a su patria adoptiva. Desde el primer momento de su llegada, la situación de los inmigrantes andalusíes fue conflictiva, ya que se vieron atrapados entre dos fuerzas políticas divergentes. El piadoso Sidī Abū al-Gayṯ o Citibulgaiz [81], conocido como el «San Vicente de Paúl de Túnez» [82], fue, como se sabe, quien movilizó todo el país para acoger a los moriscos [83]. Movido por razones religiosas y humanitarias, prestó ayuda generosa a los recién llegados y no paró mientes en dedicarles parte de los fondos que administraba en sus *zāwiyas* o santuarios, donde en más de una ocasión los hospedó personalmente. Obligó a cada familia de Túnez a acoger una familia andalusí, y, cuando fue necesario, defendió a los refugiados de las reacciones xenófobas de la población autóctona. Buen diplomático y hombre de notable sentido común, Citibulgaiz llegó a permitir que los moriscos recibieran su instrucción musulmana en castellano. Epalza concluye acertadamente que este benefactor «buscaba la asimilación, lo más rápida y perfectamente posible, de los emigrados, en su nueva tierra magrebí» [84]. Todo esto lo habrá de recoger puntualmente nuestro refugiado morisco en el «diario» de llegada a Túnez con el que abre su extensa obra.

La política del gobernador turco de la regencia de Túnez, ʻUṯmān Dey (1593-1610), colaborador de Citibulgaiz, tenía finalidades bastante divergentes de las asimilacionistas del santón. Como recuerda Epalza, que tanto ha estudiado este período histórico, el Dey fue un político enérgico que había sido eficaz en ayudar a pacificar la provincia turca de Túnez, militarmente convulsa en los primeros años de la administración otomana. Con gran visión política, ʻUṯmān Dey entendió que los moriscos constituirían una comunidad extranjera en el país, de nivel técnico y económico mucho más elevado que el resto de los magrebíes, y manipuló la situación de manera que los refugiados vinieran a depender totalmente de sus protectores turcos. Por ello acogió a los expulsos con las manos abiertas y procuró su instalación cómoda en tierras tunecinas, pero no su asimilación total a la población del país. El gobernador, que favorecía además a los moriscos expulsados como víctimas de la intolerancia católica, creó para ellos una situación jurídica especial y una autonomía casi completa, que incluía las importaciones, las finanzas y la administración de justicia (los recién llegados se gobernaban por un grupo electo de ciudadanos notables de su misma extracción que se elegía cada año) [85]. Los moriscos quedaron también exentos por el Dey de impuestos durante los primeros años de su estadía en Túnez y de la tarifa de cien escudos que cada navío había de pagar por el derecho de atracar en el puerto. 'Uṯmān Dey dejó que los recién llegados escogieran, de otra parte, su lugar de establecimiento en su nueva patria musulmana, y les facilitó granos y medios de defensa. (Nuestro refugiado habrá de aludir a las escopetas que les fueron repartidas para este propósito [86].) Los nuevos tunecinos fueron, en palabras del autor del S-2, los «genízaros sin sueldo» del poder turco. Epalza interpreta la situación del Dey en términos modernos: con su política de acogida a los expulsos, quiso «atraer capitales extranjeros por desgravámenes fiscales» (*ibid.*, pág. 432) [87]. No es de extrañar que, en uno de los estudios más innovadores sobre el problema, Denise Brahimi considere a los moriscos, a la vanguardia técnica, cultural y económica del país, no sólo como los instrumentos políticos de la ocupación turca sino como los «colonizadores europeos del Magreb» [88]. (Resulta curioso, ante todo esto, recordar que España expulsó de sí a los moriscos por orientales, por musulmanes irreductibles y por parias.)

Parecería que los recién llegados, europeos por derecho propio a pesar de su fanatismo religioso islámico, tomaron a pecho las directrices políticas del Dey, porque mantuvieron durante bastantes generaciones su identidad cultural (entiéndase ahora, la española) con una determinación verdaderamente notable. Hay que aceptar que la actitud arrogante de los andalusíes no les haría muy simpáticos entre la población indígena. Los moriscos evitaban a toda costa casarse con tunecinos porque veían en su origen arábigo-español un indicio de alta nobleza: la actitud del citado Al-Rafī', que trazaba su genealogía hasta Mahoma, no fue de ninguna manera única. Latham indica, de otra parte (*op. cit.*, pág. 35), que era posible distinguir a los moriscos y sus descendientes por el tinte claro de su piel y los rasgos finos de su fisonomía. (Satisfecho, sin duda, se habrá puesto nuestro erotólogo, de probable color de «membrillo cocido», ante su nueva y «distinguida» categoría física.) Consciente de todos estos nuevos matices fisionómicos, todavía en el siglo XVIII un morisco de Testur dice que prefiere dejar célibes a sus hijas o darlas a algún renegado español antes de casarlas con un tunecino. Estos «aristócratas», que, como dejamos dicho, fueron parias en su España natal, mantuvieron su idioma castellano y sus costumbres durante varias generaciones, y cuando al fin dejaron su traje morisco típico, no dudaron en sustituirlo por el traje de las clases altas tunecinas. Nada más probable que nuestro refugiado se encontrase entre estos nuevos *snobs* hispanizantes. Mucho que se consolaría con su prestigio social recién adquirido el deslumbrado *parvenu,* a quien tan difícil le habría sido entrar en los saraos elegantes y las solemnidades exclusivas de su antigua nación. El historiador del siglo XVIII F. Ximénez no duda en describir a los miembros de la nueva comunidad hispanomusulmana como más civiles y corteses que los habitantes del país, pero también como personas «arrogantes... severas, graves y ávidas de gloria»[89]. Otro viajero del siglo XVIII, J. A. Peysonnel[90], advierte admirado la riqueza que distinguía aún a estas alturas a la comunidad morisca, que todavía estaba acogida a exenciones tributarias privilegiadísimas[91].

Pero volvamos a aquellos primeros días del refugiado en su nuevo país. Una vez fuera del barco, se habría de fundir con el resto de los moriscos aturdidos en la algarabía —nunca mejor usada la palabra—[92] del puerto de la ciudad de Túnez. Entre la confusión de los enfermos que desembarcaban y que se hundían súbitamente en la desesperación al descubrir que nadie entendía el castellano en el que daban cuenta de sus dolencias, entre la prisa de los estibadores y el clamor de los vendedores de pescados; nuestro morisco habría de divisar a un hombre que daba órdenes precisas, intentando poner orden en aquel desconcierto. Era Citibulgaiz, cuya imagen el expatriado nos habrá de retratar vivísimamente. Y con pinceladas angélicas. ¿Será este «San Vicente de Paúl» tunecino el primer «santo» o «santón» musulmán en ser celebrado en lengua castellana? He aquí las palabras del autor del S-2:

> En esta [tierra del islam] nos Reçibieron Uzmanday, Rey de Túnez, de condiçión soberbia y para nosotros manso cordero, Çitibulgaiz con su santidad y la gente con su Yçlam, y todos procurando acomodarnos, Regalándonos con grande amor y amistad. Uzmanday quitó una costumbre que había de pagar cada bajel que al puerto llegara çien escudos, fundado en que se animasen. Atracamos a esta çudad, y, junto con esto, nos dio a escoger el poblar en partes diferentes. Los que escogieron la Mahdia fue contra su gusto, y con todo les ayudó con trigo, çebada y escopetas, y no tubo efecto, donde se conoçió su buen zelo y boluntad. Ésta la tubo de que fuese en los lugares que oy son, acudiendo y faboreçiendo con grande balor. Y supe de un yntimo amigo suyo que quando estaba enfermo dixo: «En lebantándome con salud emos de yr tú y yo a todos estos lugares y mirar lo que les falta y dárselo». Y les dio tres años de libertad, que no pagasen nada, y otros yndiçios de su buen zelo y amor que nos tubo; él fue quien hiço Sayx; y el que quiso que no se metiese nayde con nosotros; y éramos faboreçidos con grande estremo; y deçía que éramos jeníçaros sin paga, y particularidades que por ser menudas dejo deçir. Çitibulgaiz por su parte acudía con sustento, y, acomodándolos en las zaguyas [*zāwiyas* o santuarios] de la çudad, y entre ellas la de Çiti el Zulaychi, adonde estaban con sus mujeres y hixos mucha jente pobre, y como es hurdinario los

muchachos ençuçiarse sin saber adonde lo haçen, lo hiçieron en esta [*zāwiya*] con estremo, hasta que el guaquil [encargado] della dio notiçia a Çitibulgaiz, y encareçió estar hecha un muladar, a que Respondió: «Déjalos estar, y que se ençuçien y hagan lo que quisieren, que si el lugar donde están supiera hablar, dijera: "Sea muy en buena hora benidos a mi dichoso sitio la benturosa xente y perfectos muçlimes y queridos hermanos, a quien no amarán y queRán sino el que fuere mumin [creyente] y no los aboReçerá sino el que fuere munafiq [hipócrita]"». Este santo hombre, antes que saliese la multitud de nosotros, dixo a los primeros, que acá estaban, que todos abíamos de salir de poder de los erejes, honRa con que Dios lo honRó y descubrió. Y así, nos esperaban con tanto gusto, y acudió a faboreçernos de todas beras; y otras cosas que no me acuerdo agora dellas (fols. 11v-12v).

Importa recordar que el santón Citibulgaiz se está haciendo cargo de un grupo de españoles, que en su inmensa mayoría desconocía el árabe y aun los rudimentos más elementales de la religión islámica que les costó la expatriación. Con toda razón ha apuntado Louis Cardaillac «on s'etonne [...] de leur ignorance en matière religiouse» [93]. Ahora los moriscos se ven ante la ingente empresa de convertirse en árabes auténticos. Atemorizante agenda de vida la que se les viene encima: ya dejamos dicho que en su antigua patria tuvieron que dejar de ser árabes para convertirse en españoles y ahora tendrán que dejar de ser españoles para convertirse en árabes. Pero he aquí que la Providencia les facilita el nuevo proceso de asimilación cultural. Es nuestro autor quien nos recuerda que:

Había en esta çudad de Túnez un hermano nuestro que fue de los que se antiçiparon por la bía de Françia tres años antes de nuestra salida. El qual, ynclinado a la birtud y al estudio, siendo una persona muy justificada, como bido la muchidumbre de los que salimos y que beníamos ignorantes de saber lo que es fuerça, escribió en dos caRaças [*kūrraza* o cuadernos de temas religiosos] [94] con brebedad, una suma de los fardes del guado, guçl [las dos abluciones: el *waḍū wa gusl*] [95] y çala [oración] con sus çunas y fadilas [oración o doctrina religiosa tanto tradicional como revelada] [96] para que obrasen con perfecçión, y al cabo desto puso unas adbertençias... (fol. 3r).

Como otrora nos resumiese el argumento de *Las mudanzas de Fortuna* de Lope, ahora el anónimo autor nos resume las enseñanzas principales de su amigo andaluz. Es tal su entusiasmo que adjunta el poema que otro «amigo andaluz» (fol. 7v) —¡cuántos andaluces! [97]— escribe «en alabança desta obra» (*ibid.*). ¡Un soneto endecasilábico petrarquesco para celebrar un tratado de enseñanzas islámicas! Pero nuestro autor ya nos tiene acostumbrados a sobresaltos estéticos como éste:

Dios, que a los suyos padeçiendo mira,
muerte en la bida y en el cuerpo ynfierno,
por pecados de padres sin gobierno
o por la causa que a su globo admira,

alça la ardiente espada de su yra,
y como Criador y amante tierno
no es —siendo eterno— en la bengança eterno,
que al descenso piadoso la Retira

del faraón de [E]spaña ablanda el pecho,
y a su pesar les da en el mar camino,
questá de berdes flores prado hecho,

y en nuestro ynjenio Raro y peregrino,
dándoles luz de Dios tanto probecho,
que ya no soys mortal, sino dibino
(fols. 7v-8r).

Es tal la humanidad de Citibulgaiz que apoya de todo corazón el que estos esfuerzos doctrinales islamizantes se lleven a cabo en castellano. Los moriscos expatriados se aseguran de la legalidad del uso de su lengua materna para estos propósitos:

> Para çertificaçión de si el abello hecho era cosa permitida se ofreçió quel marhum [*sic*: *marḥūm*, fallecido] Çitibulgaiz [Abū al-Gayṯ al-Qaššāš] —que Dios lo perdone— cuya santidad y çiençia es bien conoçida, a otro amigo yntimo suyo andaluz le dixo un día que tubiese cuidado de yr a las maydas [98] y que a la jente espelida demostrase cómo abían de tomar guado [*waḍū* o ablución ritual] y les adbiertiese lo que habían de haçer particular a los que no sabían la lengua arábiga. Entonçes le dixo: «pues señor, si a los tales se les escribiese en castellano lo que se deue creer y saber es cosa que se puede haçer», y Respondió mostrando grande gusto y contento que sería obra muy açepta y de mucho premio y que el que la hiçiera lo ganaría muy cumplido y con fatwa [*fatwā* u opinión legal] dada por tan grande santo (fols. 8r-8v) [99].

No es exagerado suponer que el futuro autor del «Kāma Sūtra español» fue uno de los primeros en aprovecharse de esta acelerada educación islámica. Vino, como todos sus hermanos, «deseoso de saber» (fol. 9r), y se incluye, con enorme humildad —ya lo hemos oído— entre la «muchidumbre de los que salimos y que beníamos ignorantes de saber lo que es fuerça» (fol. 3r). Imaginamos con cuánto fervor se dio a la tarea de perfeccionar su árabe, y de leer a los *šayjs* [100] y autoridades musulmanas que irían cayendo en sus manos ávidas de lector voraz.

Pronto habría de leer de manera profunda a Algazel, al Šayj Aṣbag, y sobre todo a Aḥmad Zarrūq, que tanto lo ayudarían en la redacción de su tratado erotológico.

Nuestro autor no se encontraba entre los moriscos que fijaron su residencia en la capital, sino que se marchó a vivir a algún pueblecito del interior del país [101]. Todavía un viajero puede conocer a los descendientes de estos primeros pobladores moriscos en pueblos como Testur o Zaghouan. En uno de estos pueblos, que entonces serían villorrios este español con deseos sinceros de ser musulmán iría experimentando calladamente el dolor de ser apátrida. El lector atento del ms. S-2 advierte en seguida cómo al refugiado se le escapan, *malgré lui,* invectivas solapadas contra los tunecinos, que serían sus nuevos compatriotas. Parecería que estamos ante un caso de autocensura literaria, particularmente trágico porque se trata de un autor que ha escapado precisamente de la censura inquisitorial. Pero ya nos consta que fue en la España de los Felipes donde aprendió a salvaguardar la intimidad última de su alma, que habría de ser acosada irremediablemente en los dos países en los que le tocaría vivir. Pero hay razones adicionales que nos explican el que nos encubra sus quejas contra los nuevos compatriotas de Túnez: recordemos que a este honrado musulmán lo mueve el deseo de aclimatar por fin allí a sus tristes compañeros de fortuna. Mal podría, pues, el morisco protestar sin mala conciencia contra sus protectores. (Con todo, tengamos en cuenta que el autor del S-2 no es el único refugiado en dejar entrever su incomodidad vital en Berbería. Allí están los testimonios análogos de Al-Haŷarī al Bejarano, de Al-Rafī', y de tantos otros [102].) El refugiado delata, sin embargo, una profunda ansiedad cuando intenta silenciar las quejas de sus compatriotas emigrados, a quienes procura echar gallardamente la culpa de la mala fortuna que han encontrado en el exilio. En el fondo el autor está silenciando su propia voz: advirtamos cómo se conmina al encubrimiento psicológico repitiendo la interjección «¡basta!»:

> [Dios] nos sacó de poder de faraones y de malditos erexes ynquisidores, y, sin abrirse la mar, nos trujo a la tieRa deseada, adonde fuemos [*sic*] bien reçebidos y ospedados; que aunque al bulgo hallamos ser algunos façinerosos, abía muchos santos y hombres justos, que a sellos les sobrepujáramos, sigún el buen zelo y deseo que trayamos. Pero basta, que ésa fue culpa nuestra en seruir a lo que no fue justo, y basta, que de cualquiera suerte oymos en altas boçes la palabra de la unidad, que tan oculta la deçíamos, y basta, que benimos a profesar y mostrar la ley de Dios (fols. 13v-14r) [103].

Para colmo, una vez mueren Cigibulgaiz y 'Uṯmān Dey, los tunecinos autóctonos recrudecen su agresividad contra los recién llegados, que tampoco, lo dice el propio autor con un sentido de justicia muy equilibrado, han hecho mucho por hacerse simpáticos [104]:

> Después de muertos los que nos faboreçían y se trocó el gobierno en otros, que, aunque eran de la jente de aquel tienpo, se trocaron las yntençiones y creçió en ellos la ynbidia [...] y junto con esto muchos de nosotros trocaron el bien por los biçios, con que se Renobaron los agrabios y nuestra afliçión (fol. 14v).

Ante tanto desconsuelo, el refugiado llega al extremo de proponer que los maltratos de los tunecinos —sus supuestos benefactores— deben interpretarse como una penitencia que les envía Dios a los moriscos para que acumulen mérito espiritual. El autor casi nos pasa de contrabando una comparación terrible: las persecuciones inquisitoriales padecidas en España han continuado en Túnez: «confiemos en la misericordia [de Dios] que es çierta señal de que nos tiene aparejada su santa gloria y descanso, después de tantas persecuçiones que tubimos —y nos ynbía— [nótese el uso del presente], pues no las da sino a sus queridos, y permitirá con su dibina piedad que sean para descuento de sus culpas y pecados...» (fol. 15v). El expulso quiere minimizar las injurias que cometen los musulmanes contra sus hermanos de fe: en comparación con los cristianos, dañan las haciendas, pero no las personas: «que mirando que todo biene de [la mano de Dios], echaremos de ber que como señor absoluto [...] tiene sus coraçones en su mano, y que no los suelta a que nos hagan ynjurias, sino por la desobediençia que tenemos [en pecar] [...] y que es con piadad, pues es sólo en las haçiendas, no en las personas» (*ibid.*). Pero es evidente que el morisco, íntimamente decepcionado, «disimula» por cortesía y por la autocensura que se ha impuesto y que tiene aprendida desde sus tiempos de español. Veamos cómo vuelve a «traicionarse» y a admitir entre dientes su visión negativa de la población autóctona: «[Dios] nos trujo al Yçlam con tanta façilidad y nos dio tan buena suerte y bentura [que] no puede criatura humana ofendernos; y si lo haçe [notemos que acepta la situación] a de ser para más premio nuestro» (fol. 15r). Debe haber sido muy difícil para el morisco aceptar en su vejez de asilado político-religioso que los musulmanes hayan resultado casi tan crueles como los cristianos. Pugna por convencerse de que no puede ser así, pero es obvio que no está muy seguro de ello: «la fe y la creyençia berdadera es ynpusible que ellos [los tunecinos] la perturben, como no pudieron los que tan oprimidos nos tubieron» (*ibid.*).

El autor suplica entonces a sus compatriotas que intenten mantener la paz con sus nuevos hermanos tunecinos. Lo que les pide en el fondo a estos antiguos criptomusulmanes, curtidos en el disimulo, es que finjan una vez más. El tono conciliador no puede ocultar las nuevas invectivas:

> Y así, queridos hermanos, sólo encomiendo la conformidad y amistad entre todos, para que, aunados y conformes, sirba de fuerte muro con pedir juntos al Criador nos libre de quien ynjustamente nos quiera ofender, y que sea sin presumir

mal ni poner dolo unos de otros; antes, aunque se bea cosa al pareçer no justa, se comente con amor y afabilidad... (fol. 15v).

En adelante el autor anuncia que escribirá ejemplos de la vida de santos hombres musulmanes para aleccionar a los moriscos en lo tocante a la conducta que habrán de observar ante tanta adversidad. Los refugiados, nuevos «mártires» del islam, habrán de ver «lo bien que a uno le está llebar las cosas por camino que le libre de caer en pena y esté su coraçón limpio y puro para todos los muçlimes, no presumiendo mal de ninguno» (fol. 16v).

Pero el grito sofocado de protesta más conmovedor nos aguarda todavía: el refugiado se resiste a aceptar el hecho de que los musulmanes no hayan acogido de veras a sus hermanos en Túnez: «no puedo persuadirme de que nayde quiera el daño por sí mesmo, [su] sangre y naçión» (fol. 15v). Bajo la trágica incredulidad del morisco advertimos la aceptación tácita de que su destino de apátrida lo habría de acompañar hasta la muerte.

La trágica ambivalencia emocional de su condición de híbrido cultural hace que nuestro morisco —ya hemos visto algo de esto— ceda a la tentación más «peligrosa» de todas: añorar a su España perdida. Nos consta lo duro que fue al juzgar a las autoridades de su país natal, que violaron una y otra vez su conciencia de español marginado: ahora en Túnez da rienda suelta a su agonía reprimida y delata, con la típica violencia de un silenciado forzoso, al Santo Oficio; a las misas, para él heréticas, que lo obligaron a frecuentar; a aquellas palomas de los retablos y aquellos crucifijos que tanto torturaron su conciencia religiosa monoteísta. Pero es que su patria no era sólo eso. También estaban las tardes jubilosas en los corrales, cuando se llenaba el alma de los versos del Fénix; los elegantes saraos, que acaso nunca sepamos cómo logró frecuentar, si es que llegó a hacerlo; y aquellas vihuelas y laúdes que punteaban sabiamente sonetos petrarquescos y romances que acaso cantaran las muchachas rubias de ojos claros que con tanto entusiasmo evoca en su novela idealizante. Para el refugiado, España también era eso, y, sorprendentemente, mucho más que eso. Era tal la pasión de español de este criptomusulmán a quien siempre le sería negada una identidad nacional sin contradicciones internas que, nada menos que desde su refugio africano, se solidariza —ya lo hemos adelantado— con las actitudes más representativas y recalcitrantes de la vida oficial española que lo echó al mar. Creo que ni el nostálgico Ricote se hubiera atrevido a tanto.

Veamos más de cerca esta dimensión del drama psíquico de nuestro morisco. Su identificación con Lope de Vega y con el romancero —y, por tanto, con la indiscutible «españolidad» tradicional que representa esta literatura— es tal que llega a pasar por suyos nada menos que varios romances moriscos. Caso curiosísimo en la literatura española, tenemos que un morisco, musulmán hasta el tuétano y víctima de la España inquisitorial, usurpa el cliché del moro gallardo y valiente pero acartonado y falso de la maurofilia literaria. Esto nos sorprende doblemente a la luz de las denuncias religiosas y políticas que hemos tenido ocasión de ver, y que parecerían ser justamente la contrapartida de la literatura maurófila. A nadie le sería tan evidente como a nuestro morisco el hecho de que Zaide y Abenámar muy poco tenían que ver con él o con sus hermanos desterrados. Pero el autor parece no poder resistir la tentación de convertirse por unos momentos en un «español» a tiempo completo e incorpora gozoso a su texto romances como «Ya no tocaba la vela / la campana de la Alhambra» (fols. 44r-45v); «Si tienes el corazón, / Zaide, como la aRogancia» (fols. 40v-41r) —atribuido a Lope por Menéndez Pelayo—; y el referente a Medoro que comienza: «Con aquellas blancas manos / que quitaron tantas vidas» (fols. 41v-42r). Ya lo dejamos dicho: el refugiado suspira por Daraja, por la Alhambra y por las Torres Bermejas: difícil hacerse cargo de la nostalgia que haría eclosión en su «alma de nardo de árabe español» (como diría Manuel Machado) cuando hace suyos estos motivos temáticos de la literatura maurófila que constituyen el reverso de sus pasajes testimoniales contestatarios:

Ya no tocaba la bela
la campana del Alhambra
porque en las ToRes Bermejas
bañaba de plata el alba,
quando sin haber dormido
recuerda el moro Abenámar
con más cuydado que sueño
que mal duerme quien bien ama
y biendo que sale el sol
y que no sale Daraxa
con lágrimas de sus ojos
aqueste llanto acompaña
si amaneçe el alba
bordando los çielos
para mí con zelos
anocheçe el alma
paso llorando la noche
aguardando la mañana
y es de condiçión tu sol
que no saliendo me abrasa
banse tus claras estrellas
en mi desengaño claras
y aunque el sol no es para mí
que para mí todo es agua
qué ynporta quel sol hermoso
de las Yndias benga y baya

a traer a España el día
si se esconde el de tu cara
si amaneçe el alba bordando
los çielos para mí con çelos
anocheçe el alma
(fols. 44r-45v).

Resulta importante señalar que el morisco, que se distingue por el tono marcadamente aleccionador de su obra, no se sirve de estos romances para moraleja alguna, sino que se deleita con ellos —como con las églogas de Garcilaso— observando una actitud de *ars gratia artis*. Cuando el galán con vihuela que canta el citado romance bajo el balcón de su dama concluye el verso final, el autor, convertido en personaje de la *novella*, comenta con agrado lo bien que le pareció la música (fol. 44v).

Es ahora a una dama a quien le toca cantar, reclamada por sus compañeros de fiesta, el hermoso romance del moro Zaide. He aquí la versión que nos ofrece, «sin melindres», la joven:

Si tienes el coraçón,
Zayde, como la aRogançia,
y a medida de las manos
dejas bolar las palabras;
si en la gueRa escaramuças
como entre las damas hablas,
y en el caballo Rebuelbes
el cuerpo como en la çambra;
si como el galán ornato
bistes la luçida malla
y oyes el son de la honpa
como el son de la dulçayna,
si eres tan diestro en la gueRa
como en pasear la plaça
y como en fiesta te aplicas
te aplicas a la batalla;
si como en el Reguçijo
tiras gallardo las cañas,
en el campo al enemigo
le lastimas y maltratas;
si Respondes en presençia
como en ausençia te alabas
sal a ber si te defiendes

como en el Alhambra hablas
y si no osas salir solo
aunque lo está quien te aguarda,
alguno de tus amigos
para tu defensa saca,
que los buenos caballeros
no en palaçios ni entre damas
se aprobechan de la lengua
que es donde las armas callan;
y esto el moro Tarfe escribe
con tanta cólera y rabia,
que donde pone la pluma
el delgado papel Rasga
y llamando a un paje suyo
le diçe: bete al Alhambra
y en secreto al moro Zayde
da de mi parte esta carta
y dirásle que le espero
donde las corrientes aguas
del cristalino Xenil
a Jeneralife bañan
(fols. 40v-41r).

No sólo gusta el romance de la bella dama cantora, gusta el tema entre los concurrentes al sarao. «Soleniçósse la balentía del moro Tarfe» (fol. 41v), nos anuncia con delectación el narrador-protagonista. Da mucho que pensar esta «solemnización» del moro de fantasía en el discurso literario del moro de carne y hueso. ¿Qué dirían del gallardo musulmán aquellas damas y caballeros de corte cristiano-viejo que protagonizan la novela del refugiado de Túnez? Podemos pensar que todo se les iría en insulsas charlas de salón. ¿O se identificaría subliminalmente nuestro autor con aquella «cólera y rabia» con la que el moro Tarfe escribe, «que donde pone la pluma / el delgado papel Rasga»? Acaso la pluma airada del refugiado rasgó papeles semejantes. Acaso hubiera deseado llamarse Tarfe y ser candidato al prestigio —siquiera literario— del que gozaban estos moros de ficción entre los afortunados españoles «a tiempo completo». Quién sabe. Lo cierto es que nuestro morisco se entusiasma con el tema candente de la maurofilia literaria y no puede resistir la tentación de llevarlo más a término. Envalentonado, nos describe cómo entra en la sala «un biçaRo galán, con cuya benida todos se alegraron y dixeron cómo o por qué se había tardado aquella noche, y dio su disculpa» (fol. 41v). El alegre grupo de festejadores le canjea el perdón a cambio de otro romance morisco, y poniendo en sus manos una vihuela, el nuevo personaje «la tomó, y con grande galantería» (*ibid.*) les dijo el romance de Angélica y Medoro. No creo que sea muy arriesgado sospechar una secreta identificación entre este músico que irrumpe tardíamente en el sarao para festejar una vez más al moro mirífico de la fantasía poética y nuestro autor. Qué alivio debió sentir al dejar de lado por unos instantes los tormentos de su inadaptación africana y afirmar la belleza imposible de su identidad morisca. Qué placer debió sentir al soñar con su *alter ego* al son de una vihuela, él que debió haber sido un músico tan consumado[105].

Pero nuestro morisco «maurófilo» se pasa de «español» al hacer suya nada menos que la tendencia racista de la literatura idealizante del Siglo de Oro, que no hacía otra cosa, claro está, que reflejar las actitudes reinantes en la sociedad de la época, obsesionada con el imperativo de la pureza del linaje. Todos recordaremos que los novelistas «galantes» del Renacimiento se ocupan de celebrar la sangre «ilustre» de sus personajes, cuya nobleza radicaba no sólo en una prestigiosa estirpe sino sobre todo en no estar contaminada con las sangres desprestigiadas del Siglo de Oro español: la judía y la árabe. (A veces la «nobleza» verdadera —como la del labrador Peribáñez de Lope de Vega— dependía tan sólo de estar libre de esta mácula semítica.) A nuestro morisco le tocó vivir en carne propia, de otra parte, los infames estatutos de limpieza de sangre, con los que cada español tenía que «demostrar» su «pureza» racial, a menudo tan dudosa. Por todo esto resulta conmovedor —cuando no penoso— observar al refugiado identificarse con los postulados raciales de la España oficial cristiano-vieja, prejuiciada justamente contra los de su nación. Parece que sólo un deseo desesperado por ser «español» pudo haber llevado al morisco a tales extremos.

El lector moderno no puede evitar una sonrisa escéptica cuando el autor del S-2 recalca que un personaje de la novela *El arrepentimiento del desdichado*, con el propósito de enamorar a una viuda renuente a olvidar a su difunto marido, se jacta ante ella de su linaje: «soy Rico, y mi sangre y asendençia conoçida» (fol. 48v). Lo que este caballero está diciendo no pudo parecerle bien a nuestro criptomusulmán en la realidad extraliteraria: acaba de asegurar a su amada que no comparte la sangre desacreditada del autor del texto. Y nuestro morisco, con el mismo desparpajo de su amado Lope o de Tirso, lo toma por bueno.

Pero es que nuestro refugiado llega al colmo en su identificación con los valores hispánicos cristiano-viejos. No tiene reparo alguno en regocijarse con la celebración indirecta de la España visigótica. El lector queda verdaderamente desconcertado cuando escucha cómo el morisco, usando como portavoz a una dama de su novela, da vivas al valeroso —y rubísimo— Bamba, que lleva, para colmo, una cruz colorada al pecho: «¡les diçen en boçes altas / Toledo, España, por Bamba!» (fol. 38r). Recordemos que el culto a la sangre de los godos y el mito visigótico como panacea para interpretar la historia de España se encontraba en todo su apogeo en la época en que escribe el antiguo criptomusulmán. Nada parecería más lejos del entorno vital de las víctimas de los estatutos de limpieza de sangre, una de las cuales era el autor de este manuscrito. Y, sin embargo, el refugiado parece entrar en secreta (¿involuntaria?) complicidad con estos valores que sirvieron de arma para sojuzgar a su casta [106].

Estamos, pues, ante una situación que bordea lo increíble: nuestro morisco es simultáneamente «maurófilo» y «racista». En su texto, el paso de la descripción indignada de los tormentos inquisitoriales a la defensa de la «pureza de sangre» es verdaderamente violento, como lo es la defensa de puntos de doctrina coránicos con citas del «catoliquísimo» Lope de Vega. La súbita coexistencia de estos dos discursos literarios tan opuestos nos obliga a preguntarnos si la «maurofilia» literaria de este morisco de «carne y hueso» respalda la hipótesis de que fueron simpatizantes como él de la causa musulmana los que inauguraron esta moda maurófila en España, como vienen proponiendo Francisco Márquez Villanueva, George Shipley, María Soledad Carrasco y James T. Monroe [107]. ¿O siente en cambio el autor nostalgia por esa España «oficial» a la que se asomó como musulmán solapado pero a la que acaso, secretamente, aspiraba a pertenecer? (No olvidemos que el morisco escribe desde la relativa libertad de su exilio tunecino, cosa que nos da a entender que no estaba obligado a «celebrar» la «españolidad» oficial.) El vencido, patéticamente, aspira a parecerse al vencedor y a borrar las diferencias sociales e ideológicas que los separan [108]. Urge recordar, de otra parte, el hecho de que una tradición literaria se le impone al escritor que se inserta en ella: una vez el refugiado se decide por la retórica maurófila, parece aceptar cómodamente todos los postulados artísticos y sociales que implica este género literario. Lo mismo cabe decir de la literatura idealizante española que le sirve de inspiración a lo largo de su novela, con toda la carga racista y progoda que exhibió en los Siglos de Oro. Sólo que un criptomusulmán no puede usurpar el discurso literario maurófilo y racista impunemente: en manos de un morisco que se nos confiesa como disidente religioso y político, el género idealizante se sumerge en un mar de complejidades y nuevas significaciones. Parece lícito comparar esta situación literaria con la de la poesía negroide en el siglo XX. En Francia no pasa de ser una simple moda artística, pero cuando autores caribeños como Luis Palés Matos y Nicolás Guillén se ocupan de lo negroide, el caso es muy otro, ya que ellos mismos son negros o viven en países donde el negro es una realidad social importantísima que reclama con apremio la redención social. La «maurofilia» literaria que hemos podido documentar en este morisco histórico hará sin duda correr mucha tinta. Por el momento, salta a la vista que nuestro refugiado, maurófilo y racista, y a la vez víctima e impugnador del Santo Oficio, celebrador de las bondades de Citibulgaiz y al unísono agobiado por las dificultades de su proceso de adaptación en Túnez, es incapaz de tomar partido absoluto por ninguna de sus dos patrias. Parece que, desde su villorrio anónimo, una de las razones que movería al exilado a escribir su tratado sería el debatir consigo mismo su identidad escindida e intentar ponerla en claro. No nos parece que lo logre cabalmente: lo que sí logra es legarnos a los lectores futuros el testimonio descarnado de su conflicto interno [109]. Claro que él no se lo propondría conscientemente. Lo que intentó hacer fue, como Taybili y como tantos otros que compartieron su exilio, reislamizar a los correligionarios que venían a rehacer sus vidas en su patria de adopción africana. A todos ellos, sin embargo, los traiciona su nostalgia y, junto a las enseñanzas islámicas —sin duda sinceras—, dejan en herencia una porción de su alma tan macizamente española que sus descendientes tunecinos pronto serían incapaces de comprender. (Veremos en seguida que el tratado de uno de estos refugiados, Alí Pérez, redactado en castellano, resulta completamente ininteligible para su bisnieto, que lo facilitó al estudioso J. Morgan.) Estos nuevos jóvenes tunecinos que apenas chapurreaban el español mal podrían ya saborear los romances de Bamba o reconocer gozosos el asunto de *La serrana de la Vera* de Lope, cuyo nombre silencia astutamente nuestro morisco; como tampoco podrían identificarse con la lacrimosa evocación que Taybili hace de Toledo, su ciudad natal: «... Allí está Toledo, patria mía»; «çiudad mejor de España, cuyos campo(s) el claro Tajo baña» (*apud* Bernabé Pons, *op. cit.*, págs. 205 y 155). Puestos a suspirar por su perdida patria, nuestros moriscos, aunque no lo quisieran, no pueden no evocarnos las lamentaciones del Ricote cervantino. Oigamos una vez más a Taybili:

> *que nos falta lo más siempre deçimos*
> *¿dónde está la Riqueza que en España*
> *el mando y el señorío perdimos?*
> (*ibid.*, pág. 231).

Por más que el antiguo Juan Pérez, que ahora es Taybili, corrija esta actitud de «peligrosa» nostalgia —«deçimos cada día, y no sabemos / si con deçir aquesto nos perdemos» (*ibid.*)—, salta a la vista que su españolidad forzosamente fracasada también le duele a este polemista anticristiano que invoca nada menos que a la musa «Thalía» para que le inspire los alegatos teológicos de su tratado proislámico rimado por endecasílabos [110]. Curiosa contradicción histórica, que lo es sólo en apariencia: la literatura morisca del exilio terminó por ser mucho más hispanófila que la literatura aljamiada de los criptomusulmanes que aún hacían proselitismo islámico en la península. Hasta los caracteres árabes del aljamiado se han perdido y los refugiados acuden a las letras latinas, que acaso eran ya las únicas en las que podían leer sus hermanos [111], que llegan profundamente europeizados a las playas de África [112].

¿Y cómo se llamó este enigmático español de religión musulmana, cuyos pasos hemos ido acompañando por su patria perdida y por su patria de adopción recién adquirida? No lo sabemos aún con absoluta seguridad. El manuscrito que ha llegado a nosotros está acéfalo y carece, por tanto, de título. Los estudiosos están muy divididos en cuanto a la identificación del elusivo autor, aunque hay que admitir que el asunto no ha sido atendido aún con el detenimiento que merece. Según Eduardo Saavedra (*op. cit.*, págs. 165-170 y 290-291) debemos a Ibrahim de Bolfad la autoría tanto del manuscrito S-2 como la de los manuscritos 9653 y 9654 de la Biblioteca Nacional de Madrid. El erudito obtiene el nombre del morisco del título del ms. 9653, *Comentación sobre un tratado que compuso Ibrahim de Bolfad, becino de Arjel, ciego de la bista corporal y alumbrado de la del corazón y entendimiento,* y conjetura, basándose en semejanzas de estilo y ortografía y sobre todo en la escritura idéntica de los mismos, que los tres textos pertenecen a una misma pluma. Oliver Asín responde a Saavedra, argumentando que la letra en común sería de algún amanuense tunecino encargado de difundir estas obras y aun otras como los *Cinco pilares de la Santa Ley* y la de Taybili, que se conserva en la Biblioteca Casanatense de Roma («Un morisco...», pág. 416). Debemos a Louis Cardaillac (*Morisques et Chrétiens,* págs. 176-186) el estudio más minucioso del problema, ya que conoce los tres textos y se basa en un análisis interno de los mismos. El estudioso concluye que los tres manuscritos —el S-2, el BNM 9653 y el BNM 9654— son de un mismo autor. Su análisis resulta mucho más convincente que el de Saavedra, ya que a la luz del cotejo comparativo salen a relucir semejanzas verdaderamente notables entre los tres tratados: el uso de los mismos poemas, apólogos, reflexiones, temas y digresiones; idéntica condenación de la hipocresía y celebración de la expulsión de 1609, interpretada como una liberación para el pueblo musulmán español. Con todo, hay que mantener la cautela, ya que estas actitudes le fueron comunes a la inmensa mayoría de los refugiados en países islámicos. El autor del S-2, que Cardaillac considera anónimo, debió de ser un morisco andaluz por sus referencias a sus «hermanos andaluçes» y por su ceceo: el dato resulta muy curioso si tomamos en cuenta que la mayoría de los moriscos cultos exilados en tierras del islam eran de origen aragonés [113]. El crítico deduce, finalmente, que el ms. S-2 es el más tardío del grupo, ya que en él el autor hace referencia a otras obras anteriores (probablemente, a los manuscritos que hoy llamamos BNM 9653 y BNM 9654) y a la vez aborda temas nuevos.

Juan Penella, por su parte, identifica sin demasiada argumentación al autor del S-2 con el morisco Alí Pérez [114] (ʻAbd al-Karīm ʻAlī Pérez), expulso de España y autor de una apología de la religión musulmana de la cual sólo tenemos noticia por la traducción inglesa parcial que ofrece J. Morgan en su *Mahometism Fully Explained,* vol. II, Londres 1723, págs. 295 y ss. El estudioso inglés vio el manuscrito en Túnez en el siglo XVIII: se lo había facilitado un español cristiano («one of the most moderate Catholics of that nation» (*op. cit.*, pág. 295), que lo tenía prestado de un morisco, bisnieto del autor del tratado. La lectura de la traducción de Morgan no nos permite, sin embargo, comprobar que estamos ante una versión inglesa del S-2. Ambos textos sí tienen en común algunos temas que resume Morgan: la alabanza inicial a Dios por haber sacado a los moriscos de la persecución religiosa de España a un lugar donde podían practicar libremente el islam y la invectiva contra las prácticas «idólatras» de los cristianos. El mismo Morgan se conduele de no haber podido traducir más porciones del texto («it being well worth publishing», pág. 29) y elige darnos tan sólo un botón de muestra del que sería sin duda uno de sus pasajes favoritos: la defensa apasionada de la libertad religiosa, que, según Alí Pérez, los musulmanes permitieron siempre, con contadas excepciones históricas, a los cristianos y judíos cuando estaban bajo su jurisdicción política. «We cannot legally touch their consciences» (pág. 22) argumenta el morisco, estremecedoramente cerca del Ricote de Cervantes cuando celebra que en Alemania «se vive con libertad de conciencia» (*Quijote* II, LIV). (Es justo decir que el imaginativo criptomusulmán Miguel de Luna lanza a las autoridades oficiales la misma invectiva solapada en su *Verdadera historia del Rey don Rodrigo:* argumenta que los musulmanes, al contrario que los cristianos, nunca obligaron a la conversión forzosa cuando ejercían el poder político en la península [115]). La actitud liberal de Alí Pérez entusiasma a Morgan: «this [attitude], in my opinion, carries with it no small share of smartness» (pág. 295). El pasaje es de muchísimo interés para la historia de las ideas en España y merece sin duda atención especial: sólo que no hemos podido dar con él en el ms. S-2 que venimos estudiando. Debe de tratarse de dos tratados distintos que simplemente repiten algunos lugares comunes de la literatura morisca del exilio. Es fuerza concluir, por tanto, que el refugiado Alí Pérez no es el autor del manuscrito S-2.

La tesis de Míkel de Epalza en torno a la autoría del S-2 es una de las más sugestivas. Al prologar con Ramón Petit el estudio de Oliver Asín sobre el ms. S-2 (Epalza/Petit, págs. 205-206) y el de A. Turki (*ibid.*, pág. 114) sobre Ibn ‘Abd al-Rafī’ al-Andalusī (aquel morisco exilado a quien debemos un dramático recuento de su experiencia infantil como criptomusulmán en España, y que tanto se enorgullecía de su ascendencia profética) identifica a este Al-Rafī’ con el autor del S-2: «le repprochement qu'on peut faire avec [el ms. S-2] et le texte publié par A. Turki [el de al-Rafī’], permet de penser que c'était la même pieux *chérif* qui évoque sa formation en Espagne et prend la défense des *chourafas* andalous» (*ibid.*, pág. 206). En efecto, el poderoso aire de familia que emparenta ambos textos salta a la vista en seguida. El afán confesional con el que Al-Rafī’ nos da cuenta de su niñez como musulmán secreto en la España de los Felipes recuerda el tono de confidencia íntima de nuestro refugiado, que era, según Cardaillac, andaluz, como posiblemente lo sería también el blasonado *šarīf* que se jacta precisamente de su egregia estirpe andaluza. (Hay que recordar, sin embargo, que «andaluz» bien pudo significar para estos moriscos «proveniente de Al-Andalus» o de la España musulmana.) Incluso los pasajes que vemos repetidos una y otra vez en la literatura morisca del exilio —el ataque a las autoridades inquisitoriales, la celebración de la constancia de los musulmanes bajo aquellas adversidades y la interpretación «islámica» de la expulsión como acto providencial que venía a otorgar la libertad a los moriscos— están abordados con un estilo que no deja de guardar bastante parecido con el del autor del S-2. Lo que más llama la atención, sin embargo, es que existen pasajes casi idénticos entre un texto y otro. El refugiado de Túnez cita las palabras de Citibulgaiz (Abū al-Gayṯ al-Qaššāš) en apoyo a los exilados españoles, que tiene que defender de la ira de los tunecinos, quejosos porque los niños moriscos se habían ensuciado en la «zaguya» *zāwiya* (santuario) donde los habían albergado. Recordemos las palabras del santón:

> Déjalos estar, y que se ensuçien y hagan lo que quisieren, que si el lugar donde están supiera hablar, dijera: «Sea en muy ora buena benidos a mi dichoso sitio la benturosa xente y los perfectos muçlimes y queridos hermanos, a quien no amarán o queRán sino el que fuesse mumin [creyente] y no los aboReçerá sino el que fuesse munafiq [hipócrita]» (fol. 12v).

Al-Rafī' repite casi al pie de la letra el texto de defensa de Citibulgaiz, sólo que versificado en metro *baṣīt*. He aquí la versión francesa:

> *Si le bâtiment savait qui l'a visité,*
> *Il se rejouirait et baiserait les trâces de leur pas.*
> *Il s'exclamarait de son mieux en disant:*
> *«Soyez les bienvénus, gens généroux et nobles!»*
> (Turki, *op. cit.*, pág. 123).

Pero el mismo *šarīf* aclara que Citibulgaiz expresa su defensa «par une image qu'on trouve dans certains de ses écrits» (*ibid.*). De manera que la galante y generosísima descripción de la acogida sería ya un lugar común de la obra del santón, de la que más de un autor morisco se pudo haber servido.

Hay, pues, que ser muy cautos en la identificación del autor del ms. S-2, ya que ciertos lugares comunes de la literatura del exilio morisco resultan suficientemente frecuentes como para suscitarnos la sospecha de que un escritor los pudo haber copiado de otro. (Recordemos que los autores aljamiados se «saquearon» mutuamente: el Mancebo de Arévalo no tiene reparos en plagiar a Içe de Gebir ['Īsā ibn Ŷābir] —a veces le roba pasajes completos— y Mahomet Rabadán a su vez copia muy de cerca al Mancebo [116].) De otra parte, Ibn al-Rafī' escribe en árabe y el autor del S-2 en un castellano muy fluido: aunque esto no es óbice para que se trate de un mismo autor, ya que el refugiado parece manejar bastante bien el árabe (se sirve frecuentemente de él en los pasajes más islamizantes de su texto y cita a autores árabes que parece haber leído en el original); no es frecuente encontrar un autor tan perfectamente bilingüe como para resultar un buen escritor en ambas lenguas. Cierto que Epalza («Trabajos...», pág. 537) hace referencia a los «perfectos bilingües» que son el citado Al-Rafī', Al-Ḥanafī y Al-Haŷarī, pero si es al-Rafī' [117] el autor del S-2, tenemos que enfrentarnos por demás a la posibilidad de que sea también el autor de los manuscritos BNM 9653 y BNM 9654[118] que Cardaillac asocia con bastante fortuna al texto del S-2. El *corpus* literario del *šarīf* sería entonces muy amplio, y no dejaría de inquietarnos la interrogante de por qué firmó con su nombre en el texto en árabe y lo silenció en toda su obra castellana.

Epalza vuelve a identificar al autor del S-2 con Ibn 'Abd al-Rafī' en sus «Trabajos actuales...», al referirse al ms. S-2 como «texto de Ibn 'Abd al-Rafī', citado por J. Oliver Asín, "Un morisco de Túnez...", y traducido por H. Pieri» (pág. 431). También vuelve a insistir en ello en sus palabras introductorias al trabajo de Turki (*op. cit.*): «Il est évident qu'Ibn 'Abd al-Rafī' al Andalusī est égalment l'auteur du texte en espagnol traduit par A. Pieri [S-2]» (pág. 114). Nuestro admirado colega, sin embargo, nos indicaba en Túnez (1984) que había revisado su hipótesis en torno a esta autoría del manuscrito S-2, y, en efecto, en su prólogo a la edición de Taybili de Bernabé Pons, se muestra muy cauto y declara el S-2 como hijo de la pluma «de autor aún no identificado» (*op. cit.*, pág. 8).

Bernabé Pons, editor del poema anticristiano de Taybili que hemos tenido la ocasión de citar tantas veces, parece asumir que el autor del S-2 y su estudiado Taybili son la misma persona. Lamentablemente, Bernabé Pons no allega pruebas, ni siquiera argumentos, para ello: indica que Taybili «conoce el *Quijote* y probablemente muchas de las novelas de caballerías que allí ataca. Tuvo ocasión de leer a Cervantes, Lope, Garcilaso» (*op. cit.*, pág. 83). Al mencionar a Lope, remite al lector, en nota al pie, al artículo de Oliver Asín, «Un morisco de Túnez, admirador de Lope», con lo que, indirectamente, sugiere que Taybili es el autor del ms. S-2, que allí estudia el crítico. De todo ello se puede deducir, al parecer, que Bernabé Pons, a la luz de la rica cultura española de ambos autores, los identifica entre sí. Que Taybili y nuestro morisco eran dos hispanófilos en materia de gustos literarios es algo que no se puede poner en duda, pero de ahí a que hayan prohijado obras tan diversas, una en versos endecasilábicos y otra en prosa entreverada de poemas ajenos, hay largo trecho. Cierto que ambos exilados están de acuerdo en bastantes cosas, como en su interpretación providencial de la expulsión de su casta en 1609, su virulencia proislámica y su resentimiento anticristiano, así como su visión convulsa de un universo engañoso. Ya hemos tenido ocasión de ver que ambos sienten una inconfesada nostalgia por la patria española que los vio nacer. Pero éste fue el caso de casi todos los escritores moriscos del exilio. Más interesante parece el hecho de que ambos antiguos criptomusulmanes dan muestras de ser almas sensibles, dadas a describir, con un agudo sentido histórico, escenas pintorescas y vívidas. Son, asimismo, dados a la música, y, obviamente, a la poesía. Incluso exhiben un gran entusiasmo gastronómico: recordemos la continua referencia que hace el autor del S-2 a la cocción de las aves, y el más elegante listado de peces comestibles con el que nos deleita Taybili, que parece ser más *gourmet* que su anónimo correligionario. No hay que descartar la hipótesis de que pueda tratarse de un mismo autor: pero nada nos permite asegurarlo tampoco. Los escritores guardan, de otra parte, interesantes diferencias: pese a su *saudade* española, Taybili parece carecer del conflicto interno que caracteriza al autor del S-2, que se nos muestra más sincero en admitir entre dientes las decepciones íntimas de su proceso de aclimatación en Túnez. Taybili da la impresión de ser algo más superficial e intolerante en su pasión proselitista islámica, aunque se impone recordar que lo que escribe es justamente un libro de polémica anticristiano en verso. Asimismo, Taybili parece ser mejor conocedor de los clásicos grecolatinos que nuestro autor, ya que se jacta de sus conocimientos librescos de figuras como Sócrates y Zenón, y cita copiosamente tópicos elegantes como aquel de su «Cithia helada» (Bernabé Pons, *op. cit.*, pág. 184), de sus «faunos, sátiros y silbanos» (*ibid.*, pág. 257) y de su inseparable musa Talía. El autor del S-2 jamás cita a estos clásicos, ni siquiera en el contexto de sus pasajes más idealizantes y elegantemente «europeos», situación que no deja de ser misteriosa si se trata de un mismo autor. Claro que podemos pensar que, si se trata de dos obras de la misma pluma, pudo haber mediado entre ambas un proceso apresurado de lecturas clásicas, aunque no es tan fácil que éste pudiera ser llevado a cabo en el exilio africano. De otra parte, la modesta cultura clásica de Taybili parece muy antigua y muy interiorizada: no hay más que ver con qué pasión y con cuánto cariño se empeña en invocar a cada paso los favores de la musa Talía para su cansada pluma. El autor del S-2, en cambio, se nos antoja bastante más casero en su cultura occidental, que suele restringirse a los escritores españoles, que, como ya dejamos dicho, aunque conoce muy a fondo, nunca cita por su nombre.

Por último, los copistas que se ocuparon de pasar en limpio ambos códices no parecen haber sido los mismos. Aunque en los dos casos la *r* doble se transcribe como *R* mayúscula, el manuscrito de Taybili exhibe la grafía *ß*, «grafía usada en alemán y que es el resultado de la unión de dos grafemas con el mismo valor fonológico» (Bernabé Pons, *op. cit.*, pág. 77). Si Taybili redactó directamente la primera versión de su códice con esta grafía, ello parecería alejarlo aún más del autor del S-2, en cuyo manuscrito nunca habremos de dar con dicho signo [119].

No creo que, al presente, hayamos podido allegar los datos suficientes para proponer más allá de toda duda un nombre —incluso, la autoría definitiva de unos textos— a nuestro refugiado. Mantenemos una actitud de prudente reserva respecto a su identidad, y consideramos el ms. S-2 como un texto aún anónimo. Y no abandonamos de ninguna manera la esperanza de que en un futuro cercano podamos resolver entre todos los estudiosos de la literatura morisca este problema de autoría que todavía nos elude. Importa recordar que nuestras incursiones colectivas, sobre todo en lo que se refiere a la literatura morisca del exilio, apenas comienzan a plantearse con verdadero rigor en estas décadas, y son aún demasiados los códices que nos quedan por editar, comenzando por el mismísimo S-2, que nos ha venido ocupando en estas páginas.

Y ahora contemplamos por última vez a nuestro morisco, afanado sobre sus legajos, de seguro en el interior de alguna casita blanqueada de su villorrio norteafricano, que bien pudo ser Zaghouan o Testur. Para escribir una obra de madurez tan larga debió de haberse recogido con el mismo celo de su colega Taybili:

> No me a mobido a escribir y a gastar el tiempo y trabajar con el entendimiento el ynterés de la Renta, que por ello se me signa, ni el ganar fama o loa por ello. Solamente que es mi condiçión tan cassera y amiga del Recoximiento que a beçes me suelen dar el parabién de mi benida sin aber salido de mi casa, como no me ben en la plaça, ni en juntas ni coRillos, y assí, el Rato que estoy en cassa, como tan afiçionado no dejo las letras de la mano o la pluma (Bernabé Pons, *op. cit.*, pág. 155).

Nuestro amigo repasa los códices de Aḥmad Zarrūq que tiene sobre su mesa de trabajo —esa *Naṣīḥa* y ese *Šarḥ* que ha traducido del árabe con tanto empeño— y se dispone a dar comienzo a su capítulo sobre los buenos usos en materia de matrimonio. Sabe que sus hermanos españoles están particularmente huérfanos de conocimientos en esta materia, y por eso decide comenzar con este tema la primera lección magisterial de su libro. Más allá de sus legítimos propósitos pedagógicos islamizantes nos preguntamos si no bulliría en el fondo de su alma hispana una solapada actitud contestataria a las continuas humillaciones de que fue objeto su casta en estos achaques de vida amatoria. Acaso nuestro jurisconsulto querría poner las cosas en claro y dejar sentado cuál era a fin de cuentas el canon islámico legítimo que debería regir el amor marital entre sus todavía confundidos compañeros de destino. Ya comienza su tratado y su ánimo asume la actitud reverente de quien escribe sobre cosas muy graves y muy espirituales. Pero su atormentada memoria se sobresalta de repente con el recuerdo del obispo Salvatierra. Y se estremece al considerar desde la seguridad de su refugio africano que si los siniestros planes del monseñor hubiesen tenido más fortuna, no se hubiera salvado de una castración segura o de un lento proceso de extinción masiva con sus hermanos moriscos en la inhóspita Terranova.

Ése fue en efecto el proyecto con el que Salvatierra quiso resolver el «problema demográfico» de los moriscos, cuya excesiva fecundidad consideraba alarmante:

> Esta gente se puede llevar a las costas de los macallaos («bacallaos») y de Terranova, que son amplísimas y sin ninguna población, donde se acabarán de todo punto, specialmente capando los másculos grandes y pequeños y las mugeres [120].

Bonito plan el de Salvatierra. Ya se había encargado el refugiado de contestar estas atrocidades genocidas, que parecen haberle dolido en lo más hondo, con una encendida filípica:

> Unos [inquisidores] deçían que fuesen muertos todos [los moriscos], otros que fuesen capados, otros, que se les diese un botón de fuego en parte de su cuerp o para que con él no pudiesen enjendrar, con que se consumiría [su nación], como si ellos pudieran deshaçer lo que estaba determinado en la eternidad de nrošs... (fol. 11r).

Pero Salvatierra no fue una voz que clamó en el desierto, ni muchísimo menos. Lo secunda con ahínco Aznar Cardona, horrorizado ante lo que él considera el «intento [de los moriscos] de crecer y multiplicarse como las malas hierbas», sin que el celibato, al cual eran tan refractarios, fuese óbice para detener su fecundidad desenfrenada [121]. Nuestro autor o su amigo Taybili no hubieran podido dar en sus alegres excursiones por las librerías de España con las *Novelas ejemplares* de Cervantes, que vieron la luz cuando ambos se encontraban acogidos ya al exilio. Acaso fue mejor para ellos, porque es de imaginar la angustia con la que habrían leído lo que su admirado Cervantes tuvo que decir sobre la fecundidad de la raza mora en *El coloquio de los perros*, en el que repite casi al pie de la letra el juicio de Aznar:

> ¡Oh, cuántas y cuáles cosas te pudiera decir, Cipión, amigo, de esta morisca canalla, si no temiera no poderlas dar fin en dos semanas! [...]. Considérese que ellos son muchos y que cada día [...] van creciendo, se van aumentando los escondedores, que crecen y han de crecer en infinito, como la experiencia lo muestra. Entre ellos no hay castidad, ni entran en religión ellos ni ellas, todos se casan, todos multiplican, porque el vivir sobriamente aumenta las causas de la generación. No los consume la guerra, ni ejercicio que demasiadamente los trabaje; róbannos a pie quedo, y con los frutos de nuestras heredades, que nos revenden, se hacen ricos. [...] De los doce hijos de Jacob que he oído decir que entraron en Egipto cuando los sacó Moisés de aquel cautiverio, salieron seiscientos mil varones, sin niños y mujeres; de aquí se podrá inferirlo que multiplicarán los de éstos, que, sin comparación, son en mayor número [122].

Las invectivas oficiales contra la manera de entender los moriscos su vida sexual fueron incesantes a lo largo de los Siglos de Oro. Bien sabría nuestro autor que muchos compañeros de desgracia fueron procesados por el Santo Oficio precisamente por estos motivos. Bernard Vincent y Raphaël Carrasco nos documentan con no pocos pormenores aquellos casos judiciales que hoy se nos antojan delirantes [123]. Cuántos de estos moriscos procesados escucharían la acusación que se les imponía una y otra vez como camisa de fuerza y que termina por convertirse en cliché jurídico de aquellos lejanos juicios inquisitoriales: «... su secta es muy sensual y viçiosa y permite muchos deleites»[124]. «Y permite muchos deleites»: acaso estas palabras, que martillarían tantas veces los oídos de español disidente del refugiado, resonarían todavía en su conciencia cuando se lanza a escribir los primeros trazos de su tratado erotológico. Quién sabe si hubo de reprimir una irrefrenable alegría cuando abordó desde el mismo principio de su tratado justamente el tema de estos «muchos deleites» que tanto le echaron en cara a su nación. Y los agradece a Dios con toda su alma, porque entiende —y acaso dialoga secretamente con Salvatierra— que el placer erótico legítimo nos acerca a la contemplación del Creador[125].

El manuscrito del refugiado, que habría de dar por terminado, como dejamos dicho, entre 1630 y 1650, permaneció largo tiempo en Túnez. El padre Francisco Ximénez, trinitario y director del hospital de los cristianos en Túnez, transcribió parte del códice durante su estancia en aquel país a lo largo de las primeras décadas del siglo XVIII. Túnez fue, además de Argel y Orán, país al que dedicó dieciocho años de su vida evangelizadora. En el diario que dedica a las experiencias tunecinas, apunta el 22 de octubre de 1724: «Óygasse lo que dice un moro anónimo en lengua española», para copiar, a continuación, el pasaje del S-2 en el que el morisco fustiga al Santo Oficio[126]. Copia también el padre Ximénez, por encontrarlos de especial interés, los pasajes alusivos a Citibulgaiz y a 'Uṯmān Dey.

El manuscrito hubo, sin embargo, de ser devuelto a España con el correr de los años. España es, en más de un sentido, su patria natural. El códice termina en las manos del arabista y bibliófilo Pascual Gayangos[127], quien probablemente lo adquiere en Túnez a principios del siglo XIX para su vastísima colección de manuscritos y libros raros. James T. Monroe nos da noticia de la afortunada compra:

> In 1841 he [Gayangos] was appointed Spanish viceconsul in Tunisia, but did not accept the post, though later he travelled in North Africa and bought the three or four hundred Arabic manuscripts which formed his extraordinary collection now housed in the National Library of Madrid[128].

Algunos de estos códices de la Colección Gayangos pasaron a la Biblioteca de la Real Academia de la Historia de Madrid, que es donde he podido consultar el S-2. Por cierto que aún conserva la sigla Gay. S-2, en homenaje a su antiguo dueño. Es el mismo Gayangos el primero en darnos noticia del tesoro que ha adquirido en Túnez en su estudio y edición parcial de varios de estos códices, *Tratados de legislación musulmana (1.º Leyes de moros), Memorial Histórico Español*, Real Academia de la Historia, Madrid 1853, págs. 7-8[129]. Allí describe brevemente el contenido de nuestro manuscrito, y parece ser que lo ojeó rápidamente, si juzgamos por la ligereza con la que supone «valenciano» al autor, sin esgrimir ningún argumento, y por el descuido con el que interpreta que fue Citibulgaiz en persona quien rogó al autor del S-2 que escribiese su libro en castellano. (No lo hizo, a quien animó Citibulgaiz a redactar tratados proselitistas en español fue a «otro amigo suyo andaluz» [S-2, fol. 7v].) Pero ya sabemos que el eminente erudito a veces descuidaba sus datos [130]. No importa. A aquel afortunado delirio adquisitivo del que fue presa Gayangos en el Túnez de 1841 debemos que este códice S-2 volviera a la antigua patria de su autor morisco. Y estos folios, que cumplieron cabalmente su propósito inicial de consolar a sus compatriotas desterrados, se dirigen hoy, después de un prolongado silencio, a todos los hispanohablantes. Al hacerlo, enriquecen de manera dramática la literatura española del Siglo de Oro, a la que legítimamente pertenecen.

CAPÍTULO III

CRISTIANISMO Y EROS. HISTORIA DE UNA INCOMODIDAD DOS VECES MILENARIA

I. SALVATIERRA, SIMPLE PUNTA DEL TÉMPANO DE LAS ANGUSTIAS ERÓTICAS CRISTIANAS

Omnis ardentior amator propriae uxoris adulter est.
(Sextus, *Sent.* CCXXXI)

Hemos evocado el momento en el que nuestro anónimo morisco, a punto de convertirse en el primer erotólogo de la lengua española, se vuelca sobre sus papeles y se dispone a dar comienzo a su tratado amatorio. Sabemos de cierto que tendría muy presentes a las autoridades musulmanas pertinentes al caso: Algazel, Aṣbag, y, sobre todo, a Aḥmad Zarrūq. Sospechábamos que, al momento de redactar, bulliría en su mente el recuerdo del obispo Salvatierra, aquel clérigo represivo al que aludirá de paso en su obra y con el que acaso mantendrá un diálogo secreto a lo largo de su opúsculo sobre los buenos usos del matrimonio. Pero es que Salvatierra, como interlocutor literario, es la punta del témpano de una tradición religiosa milenaria. Y nuestro morisco, aunque versado en erudición islámica, se tuvo que hacer cargo de esta otra tradición religiosa cristiana, en la que se hubo de formar en las escolanías de fin de siglo. Allí, no obstante su condición de musulmán secreto, haría sus primeros pinitos intelectuales cuando todavía era un español residente en la península. Difícil saber cuánto supo de san Agustín y de santo Tomás, aunque no es arriesgado pensar que hubo de leerlos, junto a otros espirituales de la Patrística y la Escolástica. No sería menos que el Mancebo de Arévalo, que, como hemos tenido ocasión de ver, aprovechó de manera tan curiosa su lectura —de seguro angustiosa— de Tomás de Kempis. Acaso sería improbable que libros de tema concretamente matrimonial como el *Adversus Jovinianum* de san Jerónimo, el *De bono coniugali* de san Agustín o el *Tractatus de matrimonio* de santo Tomás hubiesen llegado a sus manos inexpertas de escolano joven. Poco importa. Lo cierto es que las enseñanzas eróticas (¿o antieróticas?) que estos tratados cimeros sintetizan tiñeron para siempre de melancolía y de zozobra el pensamiento cristiano:

> Almost from the beginning, we discern a markedly negative reaction to everything venereal which has profoundly and adversely affected the character and development of Christian sexual ideas —a reaction expressed with every degree of intensity from mild suspicion or apathy to violent hostility or revulsion [1].

En efecto, haya leído o no directamente nuestro morisco estos textos cimeros en los que la espiritualidad cristiana meditó sobre la libido, lo cierto es que su «Kāma Sūtra español» establece un diálogo indirecto y silencioso con ellos. Indirecto y silencioso pero espléndido. Es imperativo que tengamos en cuenta esta contextualidad literaria cristiana de nuestro anónimo autor, a fin de que podamos aquilatar la novedad revolucionaria del opúsculo erótico que hoy publicamos. Veremos que, a la luz de la tristeza secular de las elucubraciones teológicas cristianas, el júbilo espiritual de este tratado reverente resulta verdaderamente increíble.

Las razones históricas, sociales y culturales que explican la prolongada incomodidad del pensamiento cristiano en lo que concierne al sexo son muchas y muy debatidas, y han sido motivo de estudios recientes como los ya citados de Peter Brown y Elaine Pagels [2]. Cae fuera de los propósitos de este libro el enjuiciar los posibles motivos de esta represión sexual que ha sido nuestra herencia cultural incontestable: bástenos aquí con recordar algunos de los puntos en los que se han detenido los estudiosos del tema, y sobre todo, con evocar los testimonios directos de los espirituales que se encargaron de formar el pensamiento erótico cristiano [3]. Se sabe que el celibato se impuso bastante pronto como modelo ideal para el cristiano que aspiraba a la perfección espiritual. Pero es que no se trata tan sólo de la continencia que todas las grandes religiones reveladas asocian a la vida retirada que propicia la contemplación mística. El pensamiento cristiano llegó a más al proponer este celibato paradigmático incluso dentro de las nupcias canónicamente establecidas. Y es que el matrimonio consumado se entendió, ya desde los primeros siglos de la Iglesia, como una concesión a la debilidad humana. La unión amorosa del hombre con la mujer impedía el servicio pleno a Dios, y eso era poco si recordamos que ya a principios del siglo V, san Agustín declaraba que el deseo sexual espontáneo era la prueba más flagrante —y también uno de los castigos peores— del pecado original. Advierte Elaine Pagels (*op. cit.*, pág. XVIII) que esta noción del Obispo de Hipona hubiera asombrado a la mayoría de sus predecesores cristianos, por no decir nada de sus contemporáneos paganos y judíos [4]. En efecto, la hipótesis de que el acto generativo siempre entraña pecado, aunque sea venial, va a ir caracterizando el pensamiento cristiano de una manera cada vez más estrecha. Ya hemos adelantado algo de esta sombría conclusión espiritual, que dio pie a debates continuos a lo largo de muchos siglos en torno al grado de pecado y a las posibles excepciones de esta culpabilidad moral asociada al acto generativo. El papa Gregorio I (m. 604) introduce una variante a la doctrina agustiniana al insistir que todo intercurso sexual, por razón del placer que lo acompaña, es invariablemente pecaminoso. La voluntad de la pareja se suele mostrar aquiescente a este placer venéreo excesivo (*voluptas carnis*); y de ello proviene la culpa inherente al acto conyugal [5]. Imaginamos el asombro horrorizado de nuestro autor morisco, que aconseja expresamente al lector de su texto en lo relativo a la consecución del placer venéreo, si hubiera leído esta epístola en la que Gregorio explicita a Agustín de Canterbury (*Epist. xi. 64, resp. ad. dec. interrog.*) su pensamiento teológico. Más se hubiera desconcertado ante los bizantinismos de Huguccio de Pisa (siglo XII), uno de los más estrictos comentadores del acto matrimonial, que creyó igualmente que los esposos no podían liberarse de cometer un pecado durante el ejercicio de sus deberes conyugales por razón del deleite que acompaña al acto. En su comentario a un pasaje del *Decreto* de Graciano (siglo XII) Huguccio se plantea el dilema en el que se encuentra un hombre a quien la esposa exige el pago del débito matrimonial. Si el hombre rehúsa, comete un pecado mortal, ya que está evitando la posibilidad de la concepción. Si, de otra parte, cede a sus demandas, cometería al menos un pecado venial, por el placer venéreo inevitable que entraña la cópula. El espiritual italiano ofrece una «solución» que permitirá a ambos esposos quedar libres de pecado. El hombre requerido por su cónyuge deberá razonar con ella a fin de evitar la cópula. Si esto falla, debe entonces dejar que ella lo utilice para su placer, pero apartarse de la esposa antes de que él pueda satisfacer su propia necesidad sexual [6].

Los Padres de la Iglesia habían preparado el camino para estos pensadores espirituales del Medioevo que eran sus discípulos: importa recordar que el descrédito teológico del matrimonio se remonta a los albores mismos del pensamiento teológico cristiano. Para Gregorio de Nisa, uno de los Padres de la Iglesia griega, el estado marital era una «triste tragedia» (*De virg.* iii), mientras que san Jerónimo expone las numerosas tribulaciones que éste entraña (*Epist.* xxii, 2, xlviii 18) y lo alaba sólo porque produce vírgenes. La antipatía emocional de Tertuliano es aún más extrema cuando declara (*De exhort. cast.* IX) que entre el matrimonio y la fornicación hay una diferencia legal y no intrínseca, pues ambos se sirven del mismo acto vergonzoso. Incluso el encomio del matrimonio de Tertuliano (*Ad. ux.* ii.8) se circunscribe a la alusión a la ceremonia nupcial y a las obligaciones y ejercicios religiosos de los esposos. Cierto que Clemente de Alejandría fue más compasivo y habló de la felicidad matrimonial, pero prefirió en su propio caso el estado célibe. Y su visión relativamente optimista está contrapesada por las exhortaciones de tantos otros espirituales que se dedican a recordar a los fieles tan sólo los aspectos negativos del matrimonio: las tribulaciones de la preñez y del parto, las ansiedades de la paternidad, las distracciones de la vida familiar: pensemos en Basilio (*Epist.* ii, 2), de nuevo en Gregorio de Nisa (*De virg.* iii), en Ambrosio (*De virginibus* i, 25-26) en Gregorio I (*Moral.* XXVI, xxvi). En su conjunto, la Patrística tiene una visión pesimista del matrimonio, que ni la Escolástica ni la Reforma dulcificarán por completo. Y todo ello, a pesar de su intento teológico teórico de vindicar las virtudes matrimoniales. Muchos de estos espirituales declaran con san Agustín (*De sancta virg.* xxi), que el matrimonio, aun cuando el celibato sea superior a éste, es un bien en sí mismo. Un bien, *ma non tanto*: los Padres de la Iglesia argumentan que el estado marital produce fruto espiritual del treinta por uno, comparado con el sesenta por uno de la viudez y del ciento por uno de la virginidad [7]. Ante todo lo dicho, no es de extrañar que cuando un monje romano llamado Joviniano, se animó a demostrar, con el debido apoyo de las Escrituras, que los cristianos continentes no eran necesariamente más santos que sus hermanos y hermanas casadas, tres futuros santos de la Iglesia —Jerónimo, Ambrosio y Agustín— lo atacaron denodadamente. El papa Sirico lo denunció a su vez y terminó por excomulgarlo. La «herejía» había llegado demasiado lejos. Larga fortuna tendría, por cierto, este silenciamiento colectivo del monje Joviniano, que, irónicamente, fue célibe en su vida personal. Baste recordar el entusiasmo con el que todavía en tiempos de la Escolástica [8] se acoge el dicho de Sextus o Xystus, aquel oscuro filósofo pitagórico citado dos veces por san Jerónimo (*Adv. Jov.* i. 49; *Comm. in Ezech.* vi. 18), que hemos invocado en el lema en este capítulo: *omnis ardentior amator propriae uxoris adulter est* (*Sent.* ccxxxi). «El que ama a su mujer con demasiado ardor es un adúltero»: no obstante podemos suavizar la interpretación de tan duro comentario pensando que hace referencia a aquel esposo que usa a su mujer como objeto de gratificación sexual, la sospecha tenebrosa de que el amor es potencialmente culpable queda incólume. No nos puede extrañar entonces que los sínodos y concilios de los primeros siglos de la cristiandad sospecharan que ni en la muerte los fieles quedaban libres de la tentación del deseo. Terrible idea ésta la del cadáver concupiscente, que emerge de una curiosa legislación de hacia el siglo IV: los restos mortales de un varón no podían ser sepultados al lado de los de una mujer hasta que el cuerpo de ésta no se descompusiera [9]. Tampoco nos extraña entonces la «solución final» en la que buscaron consuelo tantos cristianos abrumados de estos primeros siglos: la castración. Observa Peter Brown, con asombro no exento de compasión, que «the very matter-of-fact manner in which monastic sources report bloody, botched attempts at self-castration by desperate monks shocks us by its lack of surprise» (*op. cit.*, pág. XVIII) [10].

Pero regresemos al principio. El carácter adversativo con el que la cristiandad se ha relacionado con la sexualidad humana tardó muchos siglos en forjarse. Las razones de esta larga ofensiva contra la libido son, como dejamos dicho, muy complejas y muy diversas. Sin ánimo ninguno de ser exhaustivos, conviene que nos detengamos ahora en ellas desde sus orígenes. Constituyen parte de la experiencia cultural heredada por nuestro morisco en suelo español, y ya dejamos dicho que con este bagaje cristiano dialoga calladamente en su tratado erótico, que tantas rupturas religiosas y morales implica.

Entre los judíos, como se sabe, el matrimonio fue tenido en una relativa alta estima porque era el medio por el cual era posible propagar el pueblo elegido de Dios. De otra parte, el vínculo conyugal servía para establecer la institución de la familia como base de la sociedad y proveía al hombre de un asomo simbólico de inmortalidad a través de su descendencia. Por eso, dentro del contexto de la ley rabínica, la soltería era reprehensible porque se consideraba como una evasión de las responsabilidades religiosas y sociales, especialmente las del varón. De igual manera, la esterilidad en la mujer era una desgracia difícil de sobrellevar. Todo esto coaudyuvó a una visión afirmativa del sexo dentro de la literatura rabínica: no hay más que recordar la extraordinaria celebración de la felicidad conyugal del célebre epitalamio palestino que hoy conocemos como el Cantar de los cantares [11]. (Importa tener presente, sin embargo, que esta actitud respetuosa para con el acto generativo no fue óbice para que se aceptara y se perpetuara en la cultura judaica un doble estándar de moralidad que favorecía de manera definitiva al varón: ya hemos visto que lo mismo sucedió con la cultura islámica.)

Aunque D. S. Bailey considera que el estado virginal hubiese sido repudiado por un judío como «an impious frustration of the purposes of God» (*op. cit.*, pág. 5), estudios más recientes tienden a confirmar que el celibato, de hecho, se practicó entre ciertos grupos hebreos en los años que preludiaban el nacimiento de Jesús y el cristianismo. Peter Brown (*op. cit.*) lleva a cabo un estudio concienzudo de la comunidad judía tal como se refleja en los manuscritos del mar Muerto, y todo parece indicar que la continencia sexual se exigía por un período indefinido a los miembros varones de dicha comunidad, de manera semejante a los votos de abstinencia que los soldados observan durante una guerra santa. Hoy sabemos que los testigos romanos se asombraron de algunas de estas colonias de célibes: el mismo Plinio el Viejo describe la de los esenios, que se establece en Engaddi, cerca del mar Muerto. Brown lleva razón al considerar que no es sensato pensar que estos esenios o los misteriosos autores de los manuscritos del mar Muerto fueran los predecesores directos de los monjes cristianos, ya que estos continentes eran miembros de comunidades que incluían parejas casadas. Uno de los célibes o ascetas más famosos en emerger de estas comunidades religiosas fue san Juan Bautista, supuesto primo de Jesús de Nazaret. El que Jesús no se casara no parece haber ocasionado particular conmoción en su mundo religioso y social: su papel como profeta importaba más que su celibato, que no parece, por otra parte, haber sido inaudito en los círculos espirituales en los que se movía. De otra parte, Cristo no insiste demasiado en los Evangelios en el ascetismo cuando se refiere al matrimonio.

Parecería que su declaración (Mateo XIX, 12) de hacerse «eunucos por el reino de Dios» podría entenderse en términos del reconocimiento de que la consagración total al servicio de Dios podría demandar una autodisciplina especial, y no en términos de un rechazo a la unión conyugal legítima. Importa recordar también cómo Jesús bendijo las bodas con su presencia y cómo la amenaza de que el vino del festejo nupcial se terminara lo apenó hasta el punto de hacer posible que la celebración continuara con un vino milagroso. Pero lo cierto es que Jesús dejó dicho muy poco sobre los pormenores que debían regir la vida matrimonial. Quedaría para sus descendientes espirituales el encargarse de ello; san Pablo el primero de todos.

Los cuarenta versos condensados que constituyen el capítulo séptimo de la Primera Carta a los Corintios han sido justamente destacados por J. Héring como «the most important in the entire Bible for the question of marriage and related subjects»[12]. Ya hemos tenido ocasión de recordar algunas de las enseñanzas de san Pablo en este sentido, como el célebre *melius est nubere quam uri* (1 Cor. 7, 9): aquel «mejor es casarse que arder» que tan decisivo sería en el pensamiento cristiano nupcial de los próximos dos milenios. Los estudios bíblicos contemporáneos matizan las posiciones del apóstol e intentan entenderlas dentro de sus propias coordenadas históricas. Sabemos que san Pablo no pretendió llevar a cabo un programa sistemático de la dimensión sexual humana: sus manifestaciones se dan en el contexto de una simple colección de cartas en las que contesta a las preguntas sometidas al respecto por la Iglesia de Corinto. En general, el apóstol resolvió las dudas de la primitiva Iglesia cristiana en torno al celibato, entendiendo esta renuncia dentro del contexto de su propia condición apostólica. San Pablo, naturalmente, había recibido de Dios el regalo de la continencia, digno de su alta vocación profética. No todos podían pretender esta aptitud ejemplar, pues no todos habían sido llamados de la manera en la que el apóstol había sido llamado por Dios: «quisiera yo que todos los hombres fuesen como yo: pero cada uno tiene de Dios su propio don» (1 Cor. 7:7). Peter Brown acepta con honradez el hecho de que sencillamente no sabemos cuántos otros serían considerados por san Pablo como candidatos a un tipo de vida en el que la continencia fuese un elemento indispensable (*op. cit.*, pág. 56). Lo que sí parece evidente por sus respuestas a los corintios es que el matrimonio no era para él un regalo divino especial: antes bien, el hecho de estar casado delataba en seguida la ausencia del llamado de Dios a la continencia. La persona que había optado por las nupcias tenía el corazón dividido entre las cosas de Dios y las del mundo (1 Cor. 7:33-34), y su estado de «cristiano a medias» parece delatar para san Pablo la inferioridad fundamental del estado que había elegido.

Pero el apóstol no parece haber pretendido que toda la Iglesia de Corinto adoptase su *modus vivendi* célibe. Observa P. Brown (*op. cit.*, pág. 54) que de la misma manera que san Pablo toleró la ingerencia de comidas paganas «impuras», en su actitud relativamente comprensiva hacia el matrimonio se fue de parte de la sociedad pudiente, que era justamente la que más tenía que perder al distanciarse del mundo pagano. Era esta sociedad la que lo habría de apoyar eficazmente en su ambiciosa misión de predicar el Evangelio a los gentiles. De ahí el carácter esencialmente ambiguo de ese capítulo séptimo de la Primera Carta a los Corintios [13]. San Pablo no alaba la institución del matrimonio, pero también es cierto que la considera más segura que el celibato irresponsable de aquellos que no tienen vocación verdadera para la continencia. Las parejas casadas, según sus enseñanzas, no deben evitar el intercurso sexual por temor a la tentación que la abstinencia podría provocar. El apóstol tampoco parece haber considerado estrictamente pecado el que los jóvenes «ardientes» se casaran: era mejor acudir al remedio del matrimonio que abrasarse con esta pasión concupiscente juvenil. Sugiere con razón el citado estudioso Brown que los consejos de san Pablo a los corintios «were supposed to carry the leaden weight of the obvious» (*op. cit.*, pág. 54): los rabinos solían invocar a su vez aseveraciones moralizantes parecidas para favorecer un matrimonio temprano entre sus fieles. Elaine Pagels, por su parte, tampoco hace una lectura literal de este controvertido pasaje paulino: cree que san Pablo favorece el celibato no porque odiara la carne sino por una razón eminentemente práctica: urgía contar con hombres verdaderamente dedicados a la labor urgente de proclamar el Evangelio (*op. cit.*, pág. 17). Lo que suelen echar de menos los estudiosos en la Carta de san Pablo que venimos citando es la compasión que mostraban los paganos y judíos contemporáneos al apóstol, quienes tenían fe en que la pasión carnal, a despecho de su desorden potencial, era capaz de ser reglamentada socialmente y de encontrar una expresión legítima, y aun hermosa, dentro del matrimonio. En la enseñanza paulina, en cambio, el temor a la fornicación que amenazaba incluso la vida matrimonial legítima termina por colocarse en un primer plano:

> By his essentially negative, even alarmist, strategy, Paul left a fatal legacy to future ages. An argument against abandoning sexual intercourse within marriage and in favor of allowing the younger generation to continue to have children slid imperceptly into an attitude that viewed marriage itself as no more than a defense against desire. In the future, a sense of the presence of «Satan», in the form of a constant and ill-defined risk of lust, lay like a heavy shadow in the corner of every Christian church [14].

No hay que olvidar que san Pablo, pese a toda la matización comprensiva que podamos conceder a sus enseñanzas en lo concerniente al matrimonio, no se había hecho una idea benévola del cuerpo humano. Divide —y esta división acompañará en el futuro a la cristiandad— al hombre entre un espíritu y una carne que en ningún momento se compadecen mutuamente. Sus lamentaciones conmueven por la terrible carga de sinceridad que hay en ellas: «Pues yo sé que no hay en mí, esto es, en mi carne, cosa buena [...] me deleito en la Ley de Dios según el hombre interior, pero siento otra ley en mis miembros que repugna a la ley de mi mente y me encadena a la ley del pecado, que está en mis miembros. ¡Desdichado de mí! ¿Quién me liberará de este cuerpo de muerte?» [15]. Cierto que san Pablo no adjudicaba únicamente al cuerpo la causa del pecado, y que lo carnal aquí puede interpretarse también como el apego excesivo a lo material y mundano. Pero W. H. C. Frend no parece estar lejos de la razón cuando observa que para el apóstol, el cuerpo era fundamentalmente débil y nocivo para los más altos reclamos del espíritu: «he regarded it as weak, under the domination of the flesh, liable to sexual temptation which he abominated and, finally, to death...» [16]. En efecto, el acercamiento más imparcial posible a las enseñanzas del apóstol en materia sexual no puede ignorar el hecho de que su extrema parcialidad para con la vida ascética y su rotunda idealización de la virginidad minaran de manera decisiva el reconocimiento del matrimonio como estado igualmente digno [17]. Bailey apunta hacia las consecuencias de estas primeras directrices eróticas cristianas: «in this comparative evaluation of the two states [ascetismo y virginidad] to the detriment of wedlock lay the germ of a new double ethical standard which was soon to exert upon Christian conception of spirituality an influence no less damaging than profound» [18]. Y de esa influencia es precisamente de la que se escapa el autor del manuscrito S-2, quien, al hacer coextensivas en Dios la vida del cuerpo y la del alma, ofrece a la posteridad un documento nupcial espiritualizante que resulta muy poco paulino por cierto [19].

Pero paulino fue, de una manera o de la otra, casi todo el pensamiento posterior que sentó las bases del cristianismo oficial tal y como lo conocemos hoy. San Pablo no fue, hay que decirlo en seguida, el único responsable de estampar sobre la vida sexual cristiana el carimbo de la angustia. Muchos factores históricos y culturales adicionales, que comprenden desde el período inmediatamente anterior a los viajes misioneros del apóstol, en los años cuarenta y cincuenta después de Cristo, hasta poco después de la muerte de san Agustín en el 430, se conjugaron con sus tempranas enseñanzas en torno a la renuncia sexual. Salta a la vista en seguida que el cristianismo va a renunciar para siempre a entender la sexualidad a la manera reverente de los antiguos, como una energía cósmica capaz de unir armónicamente a los seres humanos con la fecundidad de los rebaños y con las órbitas inexorables de los cuerpos celestes.

Recordemos brevemente algunas de las circunstancias que fueron cruciales en la formación de esta mentalidad ascética que venimos explorando. (Advertiremos en seguida que la continencia vino a significar cosas diferentes para los distintos grupos del cristianismo primitivo.) La influencia de la vida profética hacia los siglos I y II fue particularmente significativa. Hacia esos siglos, algunos cristianos comenzaron a distinguirse como vehículos excepcionalmente bien dispuestos para la transmisión directa de los mensajes de Dios. Se esperaba, naturalmente, que sus vidas dieran testimonio de esta cercanía especial al Espíritu Divino. Y la renuncia sexual era uno de estos testimonios. En numerosas iglesias del siglo II, el celibato ayudó a establecer la autoridad de muchos de estos profetas. El apologista Atenágoras, por ejemplo, comenta por extenso su experiencia de envejecer célibe, que comparte con otros hombres y mujeres [20] de su comunidad. En la virginidad y en el «estado del eunuco» se está, nos enseña, mucho más cerca de Dios que en el estado matrimonial [21]. Brown (*op. cit.*, pág. 67) señala algo que es prudente recordar aquí: palabras como las de Atenágoras serían inmediatamente inteligibles a sus contemporáneos judíos o paganos, pues ambos creían que la abstinencia sexual, y, sobre todo, la virginidad, hacían del cuerpo un mejor vehículo para la inspiración divina. La posesión espiritual era una experiencia física íntima y dramática, que imbuía al cuerpo de un espíritu divino pero ajeno. No es extraño pensar que esta posesión implicara el desalojo del cuerpo de los espíritus vitales cálidos, asociados por lo general con el intercurso sexual. Dentro de esta línea de pensamiento es donde Filón de Alejandría advierte cómo Moisés, después de su encuentro con Dios en el Sinaí, desdeñó el sexo: deseaba estar apercibido para la recepción de nuevos mensajes divinales. Como dato curioso, recordemos que esta abstinencia sexual del patriarca dio pie a numerosas leyendas judías en las que la esposa de Moisés, preterida en sus derechos conyugales, sintió camaradería hacia las compañeras de profetas que se habían vuelto célibes como su marido [22]. Estamos muy lejos, por cierto, del tratado erotológico de nuestro anónimo morisco, en el que aquella esposa querellante contra su marido asceta fuera respaldada por las autoridades religiosas, que mandan a buscar al esposo y lo aleccionan en lo tocante a sus obligaciones conyugales. Tenía que compartirlas, como tuvimos ocasión de ver, con sus prácticas religiosas, y habría de alcanzar igual mérito por ambas actividades. Pero estos profetas que van optando por el celibato en la cristiandad incipiente piensan muy de otra manera. Dentro de la línea de pensamiento de estos primeros profetas cristianos, Tertuliano (160-240 d. C.), futuro doctor de la Iglesia y antiguo estoico, asegura que el Espíritu Santo no puede habitar con espíritus impuros —y por «impuros» entiende «sexualmente activos»—. Dos siglos más tarde, san Jerónimo se aprovechará de las ideas que expone en su *De exhortatione castitatis* (10.I): la abstinencia del abrazo amoroso es la técnica más eficaz para purificar el espíritu y consagrarlo a Dios. No olvidemos que Tertuliano reacciona, entre otras cosas, contra su propia juventud disoluta. En su *De poenitentia* (iv) se detiene de manera que hoy consideraríamos morbosa en sus experiencias pecaminosas previas a su conversión, y no es difícil pensar que la virulencia con la que se autocondena tiene mucho que ver con la vehemencia con la que equivale la unión marital con la fornicación (*De res. carn.* lix) [23].

Hacia los siglos II y III, los promotores de la nueva moralidad conyugal cristiana presentaban sus ideas como reacción a la supuesta inmoralidad del mundo pagano. Brown, sin embargo, matiza esta antigua y socorrida postura:

> In reality, Christian marital codes were asserted, for the most part, so as to defend the views of moderate Christians against their more radical co-religionists. Without the challenge of the Encratite attack on married intercourse, for instance, the meticulous advice to married couples, offered by Clement of Alexandria, would never have been written (*op. cit.*, pág. 208).

En efecto, muchos de los pensadores cristianos más extremos de la época habían sido influidos por tradiciones espirituales radicales como la de Marción y Tatiano, denominados por sus contemporáneos como «encratitas» o «continentes» (de *enkrateia* o continencia) [24]. Los «encratitas» declaraban que la Iglesia debía estar constituida por hombres y mujeres continentes: son de los primeros en exigir una abstinencia sexual completa, no ya de reclusos aislados, sino de parte de todo cristiano bautizado. (Esta abstinencia, por cierto, se hacía extensiva a la carne y al vino.) Los «encratitas» reinterpretan el Génesis y argumentan que el sexo no entraba en los planes divinos cuando la creación del Paraíso: Adán y Eva se ven forzados a tener relaciones conyugales cuando adquieren la mortalidad. Algunos de los discípulos más radicales de Tatiano adscribieron la caída de nuestros primeros padres directamente al acto sexual, que consideraban como una intrusión diabólica en la vida del hombre que hacía patente su separación del Espíritu Divino. Estos ascetas extremos veían el bautismo como un rito desexualizador, e instaban a los jóvenes de ambos sexos a permanecer vírgenes a fin de evitar las tentaciones a las que habían sucumbido Adán y Eva. Las jóvenes casadas, en palabras de Brown, «could initiate nothing less than a "boycott of the womb", thereby cheating death of further prey» [25].

Pero estos fanáticos del celibato grupal no fueron los únicos en dejar su huella en el pensamiento cristiano incipiente. Ahí están los gnósticos, que no por haber sido oficialmente suprimidos carecieron de impacto en la formación del nuevo canon de ética sexual. La mitología gnóstica, que hoy nos parece tan exótica, da aún otro sentido al culto de la continencia en estos primeros siglos de nuestra era que venimos explorando. El maestro Valentinus o Valentino, responsable principal de esta nueva concepción del cristianismo, llega a Roma procedente de Alejandría en el 138 d. C. y enseña allí hasta el 166 d. C. Emerge rápidamente como un guía espiritual carismático y no le avergüenza que lo llamen «gnóstico»: el término aún no había adquirido sus sobretonos negativos y hacía alusión a aquellos pocos privilegiados que poseían *gnosis* o conocimiento verdadero y que entendían las enseñanzas de Cristo a un nivel mucho más profundo que el del resto de sus correligionarios [26]. Los enemigos de los gnósticos acusan a los seguidores de Valentino de servirse de mitos como vehículo de enseñanza religiosa: estos mitos terminaron por verse como desviaciones extrañas (y, a menudo, inmorales) de la verdad ortodoxa. Lo cierto es que los gnósticos consideraban la redención de Cristo como central a su ideología cristiana, pero presentaron esa redención en términos cósmicos: no sólo la persona humana sino el universo entero se transformó con la venida de Cristo. Nos interesa aquí la enseñanza o «mito» gnóstico de la caída, arrepentimiento y redención final de Sofía, porque habría de tener consecuencias cruciales para la inclinación ascética de la secta. En este mito [27], el principio de la Sabiduría Divina, personificado en la fértil Sofía, había estado en armonía con Dios en el *Plérôma* o espacio de la plenitud en la aurora de los tiempos. Esta Sofía había sido una de las múltiples fuerzas eternas que mantenían el orden y la armonía en un universo puramente espiritual, sin división y sin materia. Pero Sofía quiso conocer a Dios como Él mismo se conoce, y reemplazarlo en la creación de otros seres en el universo. Como consecuencia, aquella antigua facultad con la que Sofía había transmitido la gloria de Dios a todas las otras entidades del universo se convierte ahora en una falsa creatividad. La sabiduría rebelde deviene, pues, un poder frenético de proliferación superflua: su angustiosa separación de Dios le hace formar un universo redundante. Así nace la materia. Y este mundo material constituía, para Valentino y sus seguidores, un intento abortivo de imitar un modelo infinitamente distante, invisible y elusivo. Nuestro mundo físico no era, pues, más que un espejo grotesco de la riqueza espiritual del *Plérôma,* una excrecencia que en el fondo había que separar del mundo espiritual auténtico. El ser humano reflejaba, con terrible precisión, la confusión y el caos que subyacían en el fundamento mismo del universo físico. Los gnósticos concebían el cuerpo, como es fácil adivinar, en términos de algo profundamente ajeno al ser verdadero del hombre: el espíritu o *pneuma*, que era la dimensión auténtica de la persona. Como tal, era la única que tenía verdadero derecho a existir. Con la venida de Cristo la descarriada Sofía se arrepiente, vuelve a Dios y se somete al Salvador. Igual que ella, el ser humano individual también podía aspirar a liberarse de la multiplicidad y desarmonía del mundo y aspirar a volver a Dios. Mientras el universo aguardaba el momento de ser reabsorbido por el Espíritu, algunos iniciados gnósticos se adelantaban a la anunciada beatitud espiritual y disfrutaban la experiencia de la *anapausis* o de la paz de Dios que sobrepasa todo entendimiento. El éxtasis místico era para los seguidores de Valentino justamente un regreso al origen verdadero del ser: salta a la vista que no estamos lejos tampoco de los antiguos postulados del pensamiento platónico.

Pero lo que aquí nos interesa es que, sirviéndose de este «mito» de la redención cósmica del universo y de la criatura, Valentino ofrece una nueva explicación a la renuncia sexual. Para que el hombre fuera liberado espiritualmente era necesario el apaciguamiento de la pasión genesíaca: la unión amorosa lo exponía al torbellino que arrasaba el universo después de la caída de Sofía y contribuía a atrapar el alma en la cárcel del cuerpo. (De nuevo, el recuerdo de

Platón.) Los gnósticos veían la tentación concupiscente, de otra parte, como característica de la persona irredenta, y como síntoma de males espirituales más profundos. Era necesario trascender la sexualidad para ayudar en la resurrección espiritual de cada cual. Un gnóstico «redimido» irradiaba una serenidad especial en la que el deseo libidinoso, junto a todo otro síntoma de división interior, se había aniquilado. Alcanzados estos niveles espirituales, se podía minimizar entonces la importancia del cuerpo mismo: pronto habría de perderse con la muerte y a quedar libre una vez más la dimensión auténtica de la persona: el espíritu [28].

Otra de las doctrinas de la época que también establecerá un diálogo ideológico importante con el cristianismo ortodoxo será la que funda en los márgenes del Tigris un joven visionario llamado Mani. En la capital sasánida de Tesifón, hacia la tierna edad de doce años —corría el año 228-229 d. C.—, Mani recibe la primera de una serie de visiones que terminarán por convertirlo en el fundador de la única religión universal e independiente que tiene su origen directo en el cristianismo [29]. Una de las primeras visiones que recibe Mani es precisamente en relación al cuerpo: descubre que tiene un «doble» espiritual que constituye su verdadera identidad. El cuerpo humano, por sí solo, muy poco vale, aunque Mani concederá al cuerpo sagrado de sus adeptos iniciados nada menos que la potestad de colaborar con la redención del universo. Los maniqueos eran algo más optimistas que los gnósticos en su concepción del universo caído: para ellos, sólo una pequeña porción del Reino de la Luz, el lugar de la pureza perfecta y la casa natural a la que aspiraba a regresar el alma, había sido envuelta en el abrazo sofocante de las Tinieblas. La luz espiritual que permanecía aún atrapada en la materia densa era capaz de redención, y el cuerpo humano, microcosmos de este universo dividido, podía ser agente de salvación. Importa aclarar que estamos hablando del cuerpo de los elegidos, cuyas oraciones solemnes y dieta ritual liberarían la luz trémula que aún palpitaba encerrada en la materia. Estos alimentos rituales los proporcionaban los *auditores* o maniqueos laicos a los Electos.

Para los seguidores de Mani, la sexualidad era ambivalente. Sintetizaba, en primer lugar, la fuerza ciega y codiciosa que había causado la propagación del Reino de las Tinieblas en el principio de los tiempos. Esta pasión genesíaca era un principio de proliferación desbocado que constituía el tenebroso opuesto de la verdadera creación. Pero los maniqueos creían que la sexualidad podía y debía ser trascendida, y los Electos, de hecho, la tenían tan a raya como los alimentos impuros que sus labios sagrados rechazaban. Claro que no todos podían alcanzar estos niveles privilegiados de conducta en los que el deseo cesaba por completo y la identidad espiritual quedaba transmutada. Los *auditores*, por ejemplo, aún se encontraban lejos de este ideal de vida trascendida, e, incapaces de continencia, abrazaban la vida matrimonial. Uno de estos *auditores*, en el Cartago de hacia el 370, fue el futuro san Agustín. En los años en los que frecuentaba las ceremonias maniqueas era aún muy joven y vivía con una concubina: se sabía al margen del estado de los perfectos, aunque ya había comenzado a aspirar a él cuando oraba fervientemente a Dios: «dame la castidad y continencia, pero no ahora» (*Conf.* VIII, 7, 17)[30]. Cuánto habría de orar el Obispo de Hipona en los años venideros para recibir la gracia de la vida continente, que tan difícil se le hacía. Cuán duro será, de otra parte, con sus antiguos correligionarios maniqueos. Todavía es motivo de polémica el impacto de la escuela de Mani sobre el pensamiento agustiniano[31]. Sea como fuere, salta a la vista que aunque la Iglesia (y san Agustín como uno de sus máximos representantes) habrá de condenar a estos dualistas gnósticos y maniqueos en apasionadísimas diatribas, coincidirá con sus posiciones extremas en lo tocante a lo sexual —y citamos a D. S. Bailey— «in their emotional attitude to marriage and coitus»[32]. Coincidimos plenamente: textos agustinianos como el *De bono coniugali* encierran una larvada angustia dualista que difícilmente se le oculta a un lector moderno avisado.

Pero estos rigoristas cuyo pensamiento fue suprimido como herético no fueron los únicos en coadyuvar a sentar las bases de una espiritualidad continente en los primeros años del cristianismo. La supresión heroica de la sexualidad por parte de los padres del desierto constituye uno de los hitos más importantes en la formación de una conciencia cristiana que dio en preterir de manera definitiva la sexualidad humana. Hacia el año 400 de la era cristiana, casi 5.000 monjes acamparon a lo largo del Nilo y en las montañas áridas cercanas al mar Rojo. Con el ayuno de comida y de carne, estos ascetas del desierto aspiraban a reconvertir lentamente su cuerpo, como explica Brown, «into an exactly calibrated instrument»[33]. Este «instrumento calibrado a la perfección» habría de ayudar poderosamente al contemplativo a medir su avance espiritual. Es que era sólo a través del cuerpo como podía verificar el monje la cesación de su sexualidad: los cambios físicos que se observaban luego de años de disciplina (cesación de fantasías, de poluciones nocturnas) registraban los pasos preliminares del largo regreso del ser humano, cuerpo y alma incluidos, al estado natural incorrupto[34]. Esta sexualidad abatida era indicio de que la voluntad y la soberbia del monje se habían aniquilado por completo: reprimir el sexo era importante, pero era sólo un síntoma de otras represiones más importantes que el asceta debía llevar a cabo en el orden espiritual. Todavía conmueve el clamor de Casiano: *quia tu possedisti renes meos* (*Collationes* 12.8). Los riñones eran considerados antiguamente como el receptáculo de la energía sexual que había que combatir[35]. Pero importa aclarar que estos antiguos padres del desierto no estaban motivados por el odio al cuerpo: antes, como asegura Brown[36], le daban una gran importancia como colaborador implicado estrechamente en la transformación espiritual del ser humano. Los cuerpos emaciados de los ascetas egipcios podían ser los mentores discretos de sus almas, a la que iban indicando con exactitud su estado espiritual: san Juan Clímaco llega a afirmar que el espíritu inmortal podía ser purificado y refinado por la arcilla [37]. Pese a esta visión relativamente benigna de la dimensión física del ser humano, la literatura egipcia abunda en anécdotas sobre esta renuncia sexual llevada a niveles extremos por los venerables monjes de las márgenes del Nilo. Hoy nos asombra la crudeza de estos relatos, increíblemente vívidos. Vayan dos como botón de muestra: un monje moja su hábito en la carne putrefacta de una mujer, confiando en que el mal olor lo ayudará a reprimir todo deseo en torno a ella; mientras que una joven repele los avances sexuales de un novicio joven previniéndolo de que no podía imaginar el olor extraño y terrible que una mujer emitía durante su regla menstrual [38]. Casi parecería que podríamos hablar aquí, como propone Brown, de una «estética» de la continencia [39]: tanto se glorificó en el desierto la renuncia sexual.

Todas estas tendencias rigurosas se habrán de desarrollar plenamente y de manera sistemática en manos de los Padres de la Iglesia. Por medio de una distinción sutil entre lo «bueno» y lo «mejor», la Patrística se esforzará en defender la superioridad del estado virginal y el mérito superior de la continencia sin ceder al dualismo extremo que denunciaba el matrimonio como un mal en sí. Pero estos primeros teólogos de la cristiandad, llevando el pensamiento paulino a sus últimas conclusiones, continuarán considerando que el matrimonio era una concesión a los deseos desordenados de la naturaleza humana caída y un refugio de las almas débiles que no podían soportar el celibato. Sus ideas habrán de tener una larga fortuna en la historia de la cristiandad, que ayudan a inaugurar. Observa D. S. Bailey [40] que podemos medir la magnitud del triunfo ideológico de sus postulados fundamentales (la superioridad de la virginidad sobre el matrimonio; el simbolismo espiritual de las nupcias; la incompatibilidad de la vida marital con las órdenes sagradas; y la contaminación del acto genérico con un cierto grado de pecado) por el hecho de que nunca pudieron ser desafiados y porque experimentaron tan sólo modificaciones mínimas a lo largo de un milenio.

Importa que ahora exploremos más de cerca el pensamiento directo de estos primeros Padres de la Iglesia en lo que concierne al matrimonio y a la continencia que invariablemente vinieron a favorecer [41]. El célebre doctor de la Iglesia Clemente de Alejandría fue, pese a algunos momentos extremos de su obra apologética, uno de los pensadores más moderados del siglo III de nuestra era. Recordemos que todo hay que verlo dentro de su contexto histórico e ideológico: hoy nos pueden parecer poco mesuradas muchas de las posturas de este antiguo maestro, pero no lo fueron en su momento. Todo lo contrario: cuando san Clemente escribe, muy influido por los estoicos y con un gran sentido de refinamiento clásico, obras maestras como el *Paidagogos,* lo hace justamente para ayudar a combatir la noción de una sexualidad excesivamente negativa, aquella de que hacían gala algunos de los grupos dualistas que hemos venido explorando. Dialogando con ellos, les rebate su visión de una naturaleza humana caída (*Strom.* 3.18.109.3:2) y les echa en cara burlonamente el que pusieran toda su fe religiosa «en sus partes privadas». Con singular prudencia, declara que el acto sexual, lejos de ser pecaminoso, era parte del plan divino desde el principio, y que los esposos, al ejecutarlo, no hacían otra cosa que colaborar con Dios en su trabajo de creación (*Strom.* 3, 102). A este teólogo comprensivo debemos aquel famoso dicho de que no hay que avergonzarse de nombrar aquello que Dios no se avergonzó en crear. Y, con todo, fue tan poderosa la nueva sensibilidad favorecedora de la continencia, que tenemos por fuerza que sospechar que el distinguido apologista sí llegó a avergonzarse de la libido humana. Su noción de la sexualidad fue, como poco, ambivalente. En sus citados *Stromata* (6, 100) va perfilando unas enseñanzas que tendrán una fortuna milenaria: el único propósito del matrimonio es la procreación; el matrimonio por excelencia es casto y no sexualmente activo. Usar el matrimonio para cualquier otro fin que no sea el reproductivo es ir en contra de la naturaleza (*Paidagogos* 2, 95): por eso el teólogo no para mientes en desaconsejar el coito oral y anal, e incluso el coito con una mujer menstruante, menopáusica o estéril. Más aún: el esposo no debe acudir a su esposa en la mañana, ni después de comer, ni siquiera de noche, pues ni en la penumbra es prudente entregarse a actos «inmodestos» o «indecentes»: todo lo que pase entre los esposos debe darse «a la luz de la razón», ya que aun aquello que es legítimo puede ser «peligroso» (*Paidagogos* 2, 97f)[42]. Hoy nos resulta curiosa su visión de estos «perfectos casados»: la esposa, después de la concepción, debe ser para el esposo como una hermana que sólo recuerda a su marido cuando contempla a los hijos que le ha dado. El destino de ambos es la continencia y la vida de hermanos, y cuanto antes lo logren, mejor. No es de extrañar, pues, que el santo varón invitara a aquellos primeros fieles cristianos a la «vida angélica»: la virginidad y la continencia eran más seguras y más santas que la vida marital[43].

En la textura misma de la vida marital había algo que perturbó a san Clemente y que perturbará profundamente a los pensadores cristianos que habrían de seguirlo: el deseo. Resulta conmovedor el miedo instintivo a la felicidad, que se desprende incluso de las enseñanzas de éste, el más liberal de los Padres de la Iglesia. Ahí están sus *Stromata* 3.7.57, en los que nos anuncia sin ambages que el ideal del ser humano debe ser la capacidad de no experimentar ningún deseo. No se trataba ya de resistir las pasiones y vencerlas, como los antiguos filósofos griegos, sino de aniquilar el deseo en su raíz. Comienza a surgir una visión del matrimonio que habrá de llegar a sus últimas consecuencias con pensadores como san Agustín: el hombre que se casa debe hacerlo con el único propósito de tener hijos, y debe practicar la continencia de tal manera que no sienta deseo alguno por su esposa y que engendre sus hijos con una voluntad racional casta y controlada. Evoquemos por un momento a aquel anónimo morisco que escribe sobre el matrimonio en una lengua occidental indefectiblemente imbuida de estas enseñanzas milenarias. No parece probable que en sus escolanías cristianas abriera las páginas eruditas de los *Stromata*. Pero si llegó a sus oídos de alguna manera esta denigración sistemática del deseo, sabemos que reaccionó haciéndose eco de un *ḥadīẓ*[44] espiritual que celebraba justamente la idea contraria: «la voluptuosidad y el deseo tienen la belleza de las montañas»[45]. Ya veremos cómo el anónimo erotólogo nos habrá de colocar en las antípodas del pensamiento cristiano que venimos explorando.

Pero volvamos con nuestros Padres primitivos. Pese a todo lo que venimos apuntando, Clemente —hay que insistir una vez más en ello— escribe para intentar poner coto a la nueva mística de la continencia, que parece haber encontrado excesiva y peligrosa para el pensamiento cristiano. Quiere rescatar la sexualidad humana de la impronta de «bestialidad» con que la han marcado los pensadores dualistas que se encarga de combatir en sus textos apologéticos. Pero la nueva generación parece no estar interesada en defender la santificación de los casados —ni siquiera esa cautelosa y relativa santificación que ha defendido para ellos nuestro teólogo—. La nueva carta de batalla de los jóvenes es la virginidad absoluta: estamos ante el nacimiento de una nueva sensibilidad, incluso, como hemos visto que propone Brown[46], de una nueva «estética» de la continencia. Hoy sabemos que las posiciones más extremas de san Agustín terminarán por prevalecer sobre las del más compasivo Clemente. Otros habrán de preparar el camino al Obispo de Hipona. Importa que nos detengamos ahora en ellos.

El apologista Orígenes, sucesor de Clemente y oriundo, como él, de Alejandría, es una de las figuras dominantes en el desarrollo posterior de las ideas sobre la sexualidad y la persona humana en el mundo cristiano. Este exegeta del siglo III de nuestra era, en su libro más ambicioso, los *Peri Archôn* (*De principiis* o *Sobre los primeros principios*[47]), toma ya más distancia frente al cuerpo humano, que considera un peligroso «receptáculo de barro» que debe ser mantenido estrictamente a raya. Pero para Orígenes el rechazo de la sexualidad no implicaba tan sólo la represión de los instintos genésicos. La negación de la libido tenía unas ventajas espirituales inesperadas: con ella el cristiano afirmaba su libertad fundamental y su identidad última y borraba las ataduras sociales y físicas que lo ataban —ya fuese hombre o mujer— a su género. Brown resume acertadamente la nueva actitud del teólogo: «Refusal to marry mirrored the right of the human being, the possessor of a preexisting, utterly free soul, not to surrender its liberty to the presures placed upon the person by society»[48]. Este hermoso sentido de la libertad y de la dignidad incontestable del espíritu tenía sus bemoles, sin embargo. Para el célebre exegeta, más cerca de Platón que del benévolo Clemente de Alejandría, el intercurso sexual «encallecía el espíritu» haciéndolo obtuso a los más altos deleites espirituales. Los abrazos maritales, lejos de constituir un medio por el cual el alma, a través de la experiencia física, se pudiera elevar al contacto íntimo con Dios, eran para Orígenes la entristecedora antítesis del abrazo luminoso de Cristo al alma. No es de extrañar entonces que el teólogo alejandrino otorgue una nueva dignidad al estado virginal, síntesis simbólica de la pureza preexistente del espíritu incorrupto. Pero es que nuestro exegeta neoplatonizante va a más en su defensa de este cuerpo casto o «templo de Dios»: Brown, a quien venimos siguiendo, nos da una noticia que hoy nos parece harto curiosa. Orígenes, muy joven aún cuando corría el año 206, acude discretamente a un médico para ser castrado [49]. Estudios recientes nos han permitido ver que la castración era una operación rutinaria en la época [50]. En todo caso, los seguidores de Orígenes parecían preparados a creer que su maestro se había hecho operar con el fin primordial de acallar rumores maliciosos en torno a su intimidad con mujeres que eran sus dirigidas espirituales. En última instancia, tampoco es difícil suponer que su castración tenía mucho de simbólica: se trataba sencillamente de llevar a sus últimas consecuencias la nueva mística de la continencia.

El siglo IV será crucial para el desarrollo del pensamiento cristiano en lo que concierne a la libido. San Gregorio Niseno todavía nos suena recatado y cauto desde las páginas brillantes de su *De virginitate* [51], que escribe haciendo gala de un notable virtuosismo literario. Para este hermano menor de Basilio la virginidad era, como ya podemos esperar, el estado ideal: sólo que san Gregorio siempre deploraría que las bendiciones inherentes a la castidad se le hubieran escapado para siempre, ya que mantenía un matrimonio sexualmente activo con su esposa Theosebeia. Poco importa: se habría de convertir de todos modos en un campeón del estado célibe, aunque importa recordar con P. Brown [52] que Niseno no interpreta la caída de Adán en términos de un castigo por la transgresión sexual. La actividad sexual surge, a su entender, como un ajuste necesario a las nuevas condiciones creadas por la caída, pero se convierte, eso sí, en un tétrico *memento mori*. Cuando Adán y Eva se juntan para procrear, advierten que su cópula es consecuencia de su temor a la extinción (*De virg.* 13.1). De ahí las ventajas inherentes al abandono del estado marital: humillar la muerte y evitar entregarle «rehenes en la forma de criaturas recién nacidas» (*ibid.* 3.6). El continente, según san Gregorio, detendría con su rechazo al sexo un tiempo «caído» o «dañado», en el que la mortalidad había hecho su amenazante irrupción. Pero, con todo, la noción de la virginidad como método para ayudar a la disposición del espíritu y hacerlo triunfar sobre la muerte suaviza en algo los melancólicos postulados de Niseno a favor de la continencia.

La defensa del celibato adquiere nuevos matices en el caso de san Juan Crisóstomo, el célebre predicador de Antioquía que mereció el epíteto de «crisóstomo» o «pico de oro». Advierte Brown [53] que, aunque los sermones de san Juan han sido leídos como textos eminentemente favorecedores del control sexual, el fogoso asceta se veía a sí mismo como un defensor de los pobres en una ciudad marcada por dolorosos contrastes socioeconómicos. Todavía nos sacude el dramatismo con el que Crisóstomo advierte a las mujeres de Antioquía que no deben caminar frente a los pobres con «el precio de muchas cenas colgando de sus orejas»[54]. Pero «Pico de oro» clamó contra los *mores* sexuales de aquella ciudad que aún no rendía sus huellas paganizantes, y en su *De virginitate*[55] pretende justamente castigar a la urbe floreciente que se aferra a su vida libertina de antaño. El fogoso orador intenta aliarse con los nuevos feligreses cristianos en contra de la ciudad al proponerles echar por tierra el mito de que los ciudadanos tenían que contribuir a la gloria de su Antioquía natal casándose y dándole progenie. San Juan Crisóstomo los anima al celibato diciéndoles que sus cuerpos les pertenecían a ellos, no a la ciudad. El matrimonio, si es que era llevado a cabo, debía tener como propósito fundamental el que los esposos se ayudaran mutuamente a controlar sus cuerpos. El predicador entendía que el mundo se encontraba ya suficientemente poblado y que esta situación hacía inútil y superfluo el sexo reproductivo. Brown señala sin ambages las consecuencias extraordinarias que esta posición tiene en el pensamiento erótico del predicador antioquino. Lo lleva, como secuencia lógica, nada menos que a defender la homosexualidad:

> In his *On Virginity,* Chrysostom even went so far as to assert that the earth was already populated. The growth of civilization had brought the age of reproductive sex to an end. Indeed, in his effort to make his case, John even fell back on an ancient rethorical argument in favor of homosexual love: pederasty, a rethor had once insisted, represented the final refinement of love-making, in a society delivered, by its populousness, from the need for exclusively heterosexual relations![56]

Estas aseveraciones infunden en el lector la sospecha de que san Juan Crisóstomo pudo haber estado tan paganizado como la ciudad libertina que tantos ataques le mereció. Sea como fuere, el predicador aconseja a los casados tener relaciones a menudo, ya que el coito frecuente les servirá como una droga inhibitoria contra las tentaciones (esclavas, doncellas) que pululaban por doquier en su problemática y temida ciudad. Sí hay que recordar, con ánimo de ser justos, que la conciencia aguda del cuerpo que tiene nuestro elocuente teólogo lo lleva a la aguda conciencia de la protección que hay que proveer al cuerpo de los pobres, devastado por el hambre, la enfermedad y, claro está, por la «catástrofe común» de la concupiscencia[57].

La animadversión contra la libido humana se agudiza dramáticamente en el pensamiento teológico de san Ambrosio, el obispo de Milán. Es curioso observar cómo hasta los sacramentos se comienzan a ver en términos de antídotos contra una humanidad caída, y esa caída se va asociando de manera cada vez más indefectible a la sexualidad. San Ambrosio concibe la conversión y el bautismo como la participación en la carne perfecta de Cristo. Y es que la carne perfecta de Cristo contrastaba dolorosamente para él con la de cada cuerpo humano, que conservaba una deplorable cicatriz simbólica. «This scar was unmistakable» —it was the scar of sexuality», deduce Brown a la luz de la evidencia de la

Expositio in Evangelium Secundum Lucam (5.24, pág. 144:1727 D) [58]. Pero el bautismo venía a «rehacer» el cuerpo y a mejorarlo misteriosamente: con la aplicación de este sacramento y con la continencia la carne caída se restauraba a su integridad inicial. A Cristo le había sido dado este poder redentor de la «cicatriz» de la sexualidad de los cuerpos humanos porque, al nacer de un vientre virginal —el de María—, quedó exento del deseo sexual. Para el Obispo de Milán la Virgen era una verdadera *aula pudoris*, o vestíbulo de castidad incorrupta, y por eso habría de argumentar, contra otros cristianos, que la madre de Cristo fue perpetuamente virgen, incluso en el parto. Cuando Verecundo, un profesor de Milán, y Agustín, un maestro de retórica africano recién llegado a Italia, escucharon predicar estas ideas a su obispo Ambrosio, en los inquietos años 385 y 386, temieron no estar listos para el bautismo. Era un temor justificado: el sacramento en las manos de Ambrosio implicaba la continencia absoluta.

Aun dentro de los confines del matrimonio canónico, para san Ambrosio la pareja no estaba a salvo. Previene duramente al marido legal de no dejarse tentar por el deleite sensual, ya que corría el peligro de ser un adúltero con su propia esposa. Este rigor excesivo de que hace gala pública el Obispo de Milán en una larga epístola (63.32:1249 C) [59] era inaudito en la época: ideas semejantes sólo habían circulado a nivel privado. Ser «casto» en el matrimonio había significado hasta entonces no ser adúltero, no tener relaciones con la esposa durante su período de embarazo, de lactancia o menstrual, y guardar abstinencia los días de fiesta eclesiástica. Pero ahora san Ambrosio va a proponer algo que atañe a la misma vida privada de la pareja: deben minimizar el placer que acompaña a la cópula [60]. Todo esto trae como consecuencia lógica el privilegiar como líderes eclesiásticos y morales de la Iglesia a hombres que hubieran sabido controlar sus instintos sexuales mediante el celibato perpetuo. Lleva razón Brown cuando concluye que en la epístola de san Ambrosio es posible vislumbrar «if only fleetingly, the future contours of the Catholicism of the Latin West» [61].

A finales del siglo IV, un monje célibe y conservador llamado Joviniano se siente incómodo con este tipo de jerarquía aristocratizante de consagrados castos que proponía un sector de la Iglesia, con san Ambrosio a la cabeza. A Joviniano se le ocurre argumentar entonces que todos somos iguales y libres de pecado ante los ojos de Dios gracias al bautismo, y que el estado de la castidad no era de por sí superior al del matrimonio. El irritadísimo obispo Ambrosio denigra desde un sínodo de Milán las ideas «atrevidas» del antijerarca Joviniano como un *agrestis ululatus*: es decir, como la «gritería o el alboroto de un campesino» [62].

Ha dado comienzo una de las polémicas más célebres de la temprana cristiandad, y por el tono amargo de la misma podemos calibrar la agonía emocional con la que estos antiguos, atormentados padres debatieron la sexualidad, que tanto les martirizaría en carne propia. A san Ambrosio se unen san

Jerónimo y más tarde el joven san Agustín, y todos aúnan fuerzas para destruir a Joviniano. El más agresivo fue sin lugar a dudas san Jerónimo. Acaso el más dolido. Sabemos que llevó una vida disoluta en Roma en los años previos a su conversión, y que, si vamos a creer el testimonio de su Epístola xxii, 7, aun en su retiro del desierto se sentía tentado por la visión de muchachas seductoras. D. S. Bailey resume la complicada situación del penitente metido a teólogo con un sentido común tajante:

> He [san Jerónimo] never came to terms with his own sexuality. [...] Both his confessions and his controversies proclaim a psychological unfitness to act as a guide in sexual matters, and his influence upon Christian thought in this respect can only be regretted [63].

Como san Jerónimo, Joviniano se había sometido a una vida ascética estricta. Descalzo y desaliñado, había optado por vestir con una túnica agreste y por abstenerse de carne, de vino, y de todo contacto con el género femenino. Después de muchos años como disciplinante, Joviniano atraviesa un proceso de cambio y se replantea los beneficios espirituales de la vida austera que había estado llevando hasta entonces. Aunque se habría de mantener célibe, el monje terminará por rechazar la idea de la superioridad moral del celibato, afirmando que una persona que se abstiene de alimentos o de alcohol no es superior a otra que los disfruta dando gracias a su Creador por ellos. Joviniano defiende estas nuevas proposiciones, que hoy nos pueden parecer mesuradas y sensatas, con argumentos bíblicos y teológicos, y difiere de aquellos cristianos —que considera fanatizados— y que entendía habían atribuido a Jesús y a san Pablo un «nuevo dogma» contra la naturaleza humana. Este «nuevo dogma» venía a censurar de manera inmisericorde la vida matrimonial. Un amigo de san Jerónimo que viajaba de Roma trae a la celda monástica del asceta en Belén una copia del escrito en el que el desafortunado Joviniano ponía en duda la supremacía de la vida célibe sobre la nupcial. Las proposiciones de Joviniano —y de otros «heresiarcas» como Helvidio y Vigilantio— [64], nos dice Bailey, «aroused the spleen of Jerome» [65]. El célebre traductor de la Biblia lanza al mundo su no menos célebre *Adversus Jovinianum* [66], que tanto habría de influir en los destinos de la Iglesia. Corría el año 393, y quince siglos más tarde es difícil leer los argumentos teológicos del patriarca latino sin sobresalto. Es nuestra herencia espiritual, y es sin duda estremecedora. Allí declara que la sangre del martirio apenas es suficiente para lavar a una mujer cristiana del «sucio del matrimonio» (*Adv. Jov.* I.26: P.L. 33:247 A): que es más honorable —o mejor, menos deshonroso— ser «prostituta de un solo hombre» (en el matrimonio) que de muchos; que un primer matrimonio es una lamentable, aunque perdonable, capitulación a la carne, pero que ya un segundo matrimonio se encuentra a un solo paso del burdel (*Adv. Jov.* 1.13, 15:231 C-323 B, 234 D). San Jerónimo, al entender que el hombre y la mujer son fuentes constantes de tentación el uno para el otro, comienza a interpretar la «carne» a la que alude san Pablo en términos estrictamente sexuales. Con todos estos argumentos intenta silenciar a Joviniano, a Helvidio y a Vigilantio, y lo logra de tal manera que sólo tenemos noticia de las argumentaciones de estos «heresiarcas» a través de las impugnaciones jerónimas. A veces los argumentos del autor de la Vulgata contra los defensores del matrimonio son tan difamatorios, tan sarcásticos y tan apasionados que terminan por avergonzar a sus mismos seguidores. Recordemos, por ejemplo, el tono de su Epist. 1. 5., en la que aconseja con cinismo el matrimonio a quienes no puedan dormir solos de noche porque «les da miedo». Cuando los libros del *Adversus Jovinianum* llegan a Roma, causan revuelo, y E. Pagels nos recuerda que «even those who agreed that virginity surpassed marriage were embarassed by Jerome's vehemence» [67]. Pero la actitud de estos eclesiásticos más moderados pesa poco, al parecer, en la decisión final de la Iglesia sobre el espinoso asunto: el monje disidente fue excomulgado en un sínodo de Roma bajo el papa Sírico, y en un sínodo de Milán bajo san Ambrosio. Las autoridades eclesiásticas pretendían con su condena inapelable proteger a los feligreses de la peligrosa «herejía» que implicaba la *scriptura horrorifica* [68] del sin ventura Joviniano [69].

El *Adversus Jovinianum*, en opinión de Brown [70], había sido tanto un motivo de inspiración como un irritante en el mundo latino. Algunos militantes extremos que sospechaban que de todas maneras el matrimonio era un modo de vida malvado se sintieron muy satisfechos [71]; pero otros cristianos se sintieron consternados. Entre los preocupados se encontraba Agustín de Tagaste, que hacia el año 400 habría de escribir su *De bono coniugali* para probar que la privilegiación de la virginidad como medio superior de vida no requería la renuncia o el desprecio del matrimonio.

Éste era, al menos en teoría, el propósito de san Agustín. A la luz de tantos siglos, no es difícil advertir que los tormentos sexuales del antiguo maniqueo cartaginés se transparentan en los abundantes, apasionadísimos tratados que escribe sobre el tema. Estos terribles desacuerdos de san Agustín con su propia libido terminarían por respaldar en más de un sentido las teorías maritales de san Jerónimo, que el Obispo de Hipona pretendía justamente suavizar.

Es el mismo san Agustín quien nos da cuenta detallada de su vida personal. Tuvo la tristeza de no conocer nunca la *serenitas dilectionis* de un amor matrimonial que no estuviera al margen de la ley, y se fue formando desde muy temprano en ideologías adversas a la vida en pareja. Cuando era catecúmeno de la secta de Mani allá por el año 373, habría de oír repetidamente el anatema contra el intercurso sexual —sobre todo el fértil— ya que el coito colaboraba con la expansión del reino del mal a expensas de la pureza espiritualizante del Reino de la Luz. Ya nos hemos detenido en la ideología maniquea, que tendía a condenar toda actividad sexual como mala. El matrimonio no era menos deplorable que el concubinato, y el ansioso Agustín, mientras se formaba como auditor en estas reuniones maniqueas, pensaría en aquella muchacha que compartía su lecho y clamaba a Dios: «Señor, dame castidad y continencia, *sed noli modo*» —¡pero no ahora!— (*Conf.* VIII.7.17) [72]. Este concubinato, en efecto, se habría de prolongar por muchos años, y el futuro santo lo verá retrospectivamente como un desahogo a sus insufribles deseos venéreos. San Agustín rompe su vínculo amoroso cuando su madre Mónica lo persuade a que contraiga un matrimonio legal más cónsono con su nueva condición de cristiano. En estos momentos se encontraban todos en Italia, y la amante de Agustín, ilícita pero fiel, es enviada a África, dejando atrás al hijo de ambos, Adeodato, para no impedir con su presencia los planes matrimoniales en ciernes de Mónica. El desgarramiento del futuro san Agustín ante la separación de aquella compañera —cuyo nombre habrá de ocultarnos para siempre— constituye uno de los pasajes más sinceros de las *Confesiones*. A la distancia de tantos siglos no es difícil que el pasaje, en su encendida vehemencia, nos entregue algunos de los secretos ocultos del alma del obispo confesor: no olvidemos que san Agustín fue un extraordinario artista de la palabra que autoexplora los rincones más recónditos de su alma con una sinceridad abismal. El entonces reciente catecúmeno se habría de sentir culpable ante la injusticia cometida contra una anónima mujer que tuvo, en cierto sentido, más grandeza de alma que Mónica y que su atribulado hijo:

> Entre tanto multiplicábanse mis pecados, y arrancada de mi lado, como un impedimento para el matrimonio, aquella con quien solía partir mi lecho, mi corazón, sajado por aquella parte que le estaba pegado, me había quedado llagado y manaba sangre. Ella, en cambio, vuelta al África, te hizo voto, Señor, de no conocer otro varón, dejando en mi compañía al hijo natural que yo había tenido con ella.
>
> Mas yo, desgraciado, incapaz de imitar a esta mujer, y no pudiendo sufrir la dilación de dos años que habían de pasar hasta recibir por esposa a la que había pedido —porque no era yo amante del matrimonio, sino esclavo de la sensualidad—, me procuré otra mujer, no ciertamente en calidad de esposa, sino para sustentar y conducir íntegra o aumentada la enfermedad de mi alma bajo la guarda de mi ininterrumpida costumbre al estado del matrimonio [73].

En efecto: la libido de san Agustín era, por confesión propia, insaciable, y nos preguntamos si no hubiera estado de acuerdo con aquella terrible condena que haría algunos años más tarde Salviano de Marsella a la condición moral de los africanos: «Toda el África está encendida con antorchas de obscenidad. No es una tierra apta para que en ella vivan seres humanos, sino un Etna ardiente de incontinencia. No hay un solo africano que no sea esclavo de la concupiscencia» [74]. Exagerado sin duda Silvano, pero el africano san Agustín, que siempre consideró en sus *Sermones* que la inclinación erótica humana era el pecado contra el cual más tenía que combatir el género humano, sufrió en carne propia los estragos de su libido ardiente desde la temprana adolescencia. A esta etapa pertenece justamente otro conmovedor *mea culpa*, esta vez por haber mancillado la amistad con su lujuria obsesiva:

> Amar y ser amado era la cosa más dulce para mí, sobre todo si podía gozar del cuerpo del amante. De este modo mantenía la vena de la amistad con las inmundicias de la concupiscencia y obscurecía su candor con los vapores tartáreos de la lujuria. Y con ser tan torpe y deshonesto, deseaba con afán, rebosante de vanidad, pasar por elegante y cortés [75].

Agustín, ya como Obispo de Hipona, no se cura de estas inclinaciones eróticas ni siquiera en el otoño de su vida. Podemos calibrar el sentido de incomodidad y de culpa que aún lo embargaba tardíamente cuando rehúsa visitar a mujer alguna que no cuente con la presencia protectora de una chaperona, y cuando impide que las mujeres de su familia entren en el palacio obispal [76]. En sus *Confesiones* (X.30.41-42), con su candor habitual, san Agustín nos da cuenta detallada de cómo, ya viejo, aún lo persigue su antigua pasión sexual en la forma de sueños eróticos y poluciones nocturnas. Estas manifestaciones involuntarias de su carne le ponen de manifiesto, de manera dramática, la escisión que hay entre la voluntad consciente del hombre y las fuerzas subliminales (hoy las llamaríamos «inconscientes») del impulso sexual. Agustín teoriza entonces acerca de esta dislocación tenebrosa del cuerpo y del alma, de este *discordiosum malum* (*Contra Julianum* 4.8.49:763) [77] que tanto lo atormenta, y concluye que debe tratarse de una reliquia atroz que la humanidad conserva de la caída de Adán. Oigamos a Brown: «Nocturnal emissions could not tell him anything about the silent shift of forces within the soul of a particular individual: they spoke to all men, and of one thing alone —of a fatal deposit of concupiscence left there by Adam's fall» [78]. Estremece pensar en la importancia que tuvieron para el pensamiento futuro de la Iglesia en lo tocante al matrimonio las angustias personales de san Agustín con sus propias funciones biológicas nocturnas [79]. Pero hagamos nuestras las palabras compasivas de Van der Neer: «It is for the psychoanalyst to decide whether in such radical utterances [se refiere a las teorías agustinianas sobre el sexo] we are not being confronted with an unmastered fear complex with regard to women» [80]. No nos incumbe aquí especular sobre las motivaciones personales del apasionado Padre de la Iglesia, sino explorar sus ideas mismas. Y es difícil no estar de acuerdo una vez más con Brown, quien concluye que san Agustín termina por colocar, de manera irreductible, la sexualidad en el centro mismo de la persona humana [81]. En el centro de la persona humana y en el centro de sus teorías sobre la caída de Adán. Aunque para san Agustín el primer pecado no fue específicamente el acto genésico, sino la desobediencia, los resultados de ésta se manifiestan aún en los impulsos carnales, que se mantienen desordenados y desobedientes a la razón y a la voluntad del hombre [82].

Entre otras cosas, la conversión de san Agustín fue, según Bailey [83], una decisión contra su matrimonio y contra la actividad sexual en general. El Obispo de Hipona se avergüenza de que el acto marital incorporase «cierto grado de movimiento bestial» (*De nupt. et concup.* i. 8 [7]) [84] y un «acto violento de concupiscencia» (*De civ. Dei* xiv, 26). Estos actos vergonzosos resultan, como ya dejamos dicho, del pecado de nuestros primeros padres, que cubrieron sus sexos al reconocer que el control sobre su cuerpo había quedado afectado por su desobediencia. Oigamos a E. Pagels:

> At first, the Adam and Eve whom God had created enjoyed sexual mastery over the creative process: the sexual members, like the other parts of the body, enacted the work of procreation by a deliberate act of the will, «like a handshake». Ever since Eden, however, spontaneous sexual desire is, Augustine contends, the clearest evidence of the effect of original sin [85].

El paraíso de san Agustín era, efectivamente, un paraíso asexuado. Es casi enternecedor escucharlo discurrir en su latín armonioso sobre cómo hubiera podido ser la vida conyugal de nuestros primeros padres, de haber permanecido inocentes. El acto sexual sería calculado y llevado a cabo sin ninguna suerte de perturbación emocional ni *libidinis morbo*:

> *In tanta facilitate rerum et felicitate hominum, absit ut suspicemur non potuisse prolem seri sine libidinis morbo: sed eo voluntatis nutu moverentur illa membra quo caetera, et sine ardoris illecebroso stimulo cum tranquillitate animi et corporis nulla corruptione integritatis infunderetur gremio maritus uxoris* [86].

Pero la paz tranquilizadora de este coito mecánico no habría de estar deparada a la humanidad. Cuando la pareja primordial desobedece la voluntad de Dios, sus propias voluntades, según san Agustín, se sublevan y sus cuerpos quedan tocados por una nueva sensación extraña, en la forma de la excitación sexual —un *impudens motus* o movimiento impúdico— que escapa por completo a su control. En el caso de Adán, un síntoma pequeño pero ominoso —su erección, para la que no tiene control— lo previene de su nueva, trágica situación (*De civ. Dei* 14. 23.2:431).

Todo ello lleva a san Agustín a equiparar virtualmente el pecado original y la emoción venérea. Teoriza que cada niño ha sido concebido en el pecado de sus padres (*De pecc. merit. et remis.* i. 29 [57]): estamos marcados por la culpa original porque ya de alguna manera existíamos en el semen de Adán del que fuimos propagados (*De civ. Dei* 13.3). Comenta Pagels al respecto: «Through this astonishing statement, Augustine intends to prove that every human being is in bondage not only from birth but indeed from the moment of conception»[87]. En efecto, el sexo, recuerdo lamentable de la caída de nuestros primeros padres, termina por ser para el Obispo de Hipona tan escandaloso y tan anormal como la muerte, y no es de extrañar que procediera a evitarlo —y a recomendar evitarlo— a como diera lugar.

Y esto, *malgré lui,* porque no olvidemos que el antiguo maniqueo se disponía a suavizar las conclusiones tajantes y el tono extremo de san Jerónimo, y a defender el estado matrimonial contra las dudas de los más fanatizados defensores de la vida continente. Pero a san Agustín se le habrá de hacer muy difícil erigirse en campeón de la vida conyugal con el bagaje ideológico en torno al sexo que hemos venido examinando. Detengámonos en algunos de sus esfuerzos teóricos en pro del matrimonio. No es difícil concluir que al angustiado hijo de santa Mónica no se le da del todo bien la defensa de los abrazos conyugales que tantos sinsabores le costó erradicar de su vida de célibe.

El Padre de la Iglesia propone que el deseo venéreo implantado por Dios para la continuación de la especie es inocente, pero ese mismo deseo, corrompido por la concupiscencia, es vergonzoso e implica pecado. Y, como la generación no puede ocurrir si no hay una unión carnal de los esposos motivada por la lujuria, no puede llevarse a cabo sin algún tipo de culpa (*De nupt. et concup.* i. 24). En el *De bono coniugali,* escrito por san Agustín para rebatir los ataques de Joviniano, nos ofrece una visión tristísima de las nupcias. El deseo y el placer sexual son, por sí solos, siempre pecaminosos de una u otra manera. Si se hace uso del débito matrimonial[88] sólo con el fin de satisfacer la concupiscencia, presupuesto que sea entre marido y mujer y por conservar la fe conyugal, la culpa no excedería de venial: *coniugalis enim concubitus generandi gratia, non habet culpam; concupiscentiae vero satiandis, sed tamen cum coniunge, propter thori fidem, venialem habet culpam*[89]. La mujer y el hombre casados —para los no casados todo es lujuria sin remedio y pecado mortal— deben avergonzarse de sus propios instintos sexuales, ya que incluso su derecho a exigir el débito conyugal está manchado de pecado si se encuentra al margen del propósito de generación: *exigere [debitum coniugale]... ultra generandi necessitatem, culpae venialis* (*De bono con.* VI, 6). El santo Padre se esfuerza por encontrar aspectos beneficiosos en el estado matrimonial, y salta a la vista lo difícil que se le hace: «Si es deshonesto para la mujer el apetecer sólo con deseo torpe y libidinoso al marido, es honesto, sin embargo, el no buscar satisfacción sino con el propio marido y no tener alumbramientos sino únicamente con él» (*De bono con.* V, 5). Con razón concluye el abrumado san Agustín que es más fácil a los hombres abstenerse toda la vida del comercio carnal que «el poder acercarse a la esposa, estando casado, sólo y exclusivamente con el puro fin de tener descendencia» (*De bono con.* XIII, 15). No es de extrañar que san Agustín proponga a la pareja cristiana el que comiencen a abstenerse del comercio carnal, no porque más tarde hayan de verse forzados a no querer lo que ya no podrían realizar, sino porque les sirve de mérito y loanza haber renunciado a tiempo a aquello que más tarde habrá de ser forzoso renunciar (*De bono con.* III, 3).

Aunque san Agustín escribe su *De bono coniugali* incluso antes de cantar las alabanzas de la virginidad en su *De sancta virginitate,* es difícil no pensar que los ataques velados y constantes del Obispo a las nupcias terminan por minar sus reclamos a favor del matrimonio. Tanto cree el santo en la continencia que pide a los viudos el celibato perpetuo en su *De bono viuditatis,* mientras que en el *De sancta virginitate* es tal el valor que concede al estado virginal que se lamenta de que ni siquiera el tener hijos con el único propósito de entregarlos a Cristo «puede compensar la virginidad perdida» (IX, 9). Hay un desconsuelo inconfesado en nuestro teólogo cuando nos advierte en su *De continentia* que aunque la Divina Gracia perdonó la culpa original a los fieles mediante el lavatorio de la regeneración, «la naturaleza continúa con su flaqueza languideciendo bajo tratamiento y curación» (VIII, 18). No cabe duda de que san Agustín ha utilizado —de seguro sin proponérselo— la técnica argumentativa del *overkill* en contra de las nupcias humanas. Por eso hoy nos suena algo irónico que concluya en su *De bono coniugali* (VIII, 8) que el matrimonio es «digno de todo honor» y que el lecho nupcial es «inmaculado»: *thorus inmaculatus.*

Si hemos visto que san Agustín propone con toda claridad que el coito marital, incluso el utilizado con fines procreativos, está contaminado de pecado ¿puede entonces el matrimonio ser considerado como un estado honroso ordenado por Dios, o algo malo *per se,* como querían los maniqueos? El Obispo de Hipona se esfuerza por distinguir entre el estado matrimonial y los actos carnales a los que da oportunidad y sanción. La concupiscencia no puede quitar al matrimonio su bondad ni el matrimonio tampoco puede mitigar del todo el mal de la concupiscencia, pero puede servir para moderar el deseo venéreo y dirigirlo hacia la procreación [90]. La castidad matrimonial consiste entonces en transformar el coito de la simple satisfacción de la lujuria en un deber obligado (*De nupt. et concup.* i. 8 [7]). Cuando el acto se usa para engendrar hijos, de otra parte, es excusado de su pecado inherente. Pero el coito siempre es para san Agustín el canal a través del cual el pecado es heredado de padres a hijos, y cuando no es procreativo en intención, envuelve inevitablemente pecado, aunque sea venial. De ahí la necesidad del bautismo regenerativo: ya hemos visto que para san Agustín apenas hay inclinación sexual que no implique culpa. Incluso la excitación venérea, aunque no se tome ninguna acción sobre la misma, es en sí misma pecado (*De peccatorum meritis et remisionis* 2, 22). Y es que esta *concupiscentia carnis* angustiaba tanto al célebre Padre de la Iglesia porque en el fondo tenía poco que ver con el cuerpo: implicaba una distorsión del alma. El alma había perdido su facultad de unificarse completamente y alabar a

Dios sin divisiones internas, en un acto indivisible de la voluntad [91]. El Obispo sueña despierto entonces con un acto sexual hipotético sin culpa —y sin libido—:

> ... en el preciso momento en que ésta [la voluptuosidad] toca su colmo, se ofusca casi por completo la razón y surge la tiniebla del pensamiento. ¿Quién, amigo de la sabiduría y de los goces santos, llevando la vida matrimonial, pero consciente, según el consejo del Apóstol, *de que posee su vaso en santificación y honor, no en la enfermedad del deseo, como los gentiles, que desconocen a Dios,* no preferiría, si le fuera posible, engendrar a los hijos sin esta libido? [92]

San Agustín sigue añorando el día en que el impulso sexual deje de ser necesario y venga el tiempo en que gocemos sólo de la belleza mutua sin ninguna concupiscencia: *Transitura est quippe necessitas, tempusque venturum quando sola invicem pulchritudine sine ulla libidine perfruamur* [93]. Es fuerza concluir con el Padre de la Iglesia que no había existido libido en el paraíso terrenal, que no debe haber libido en el matrimonio, y que no habrá libido, naturalmente, en el cielo [94].

Pero el obispo africano no deja dichas estas cosas impunemente. Como sus antecesores, se ve involucrado en agrias disputas con espirituales que terminan por ser neutralizados por la Iglesia como herejes. Ya habíamos visto que escribe su *De bono coniugali* pensando en aquel disidente fustigado por san Jerónimo y por san Ambrosio que se llamó Joviniano. También Julián, que habrá de pasar a la historia con el apelativo infamante de «el Apóstata», polemiza con el respetado Obispo de Hipona, y argumenta que éste cree que la concupiscencia apenas se lava con el bautismo, y que considera, con sus antiguos maestros maniqueos, que este mal continúa impune a través del intercurso. San Agustín le responde, como ya hemos tenido ocasión de ver [95], con varios libros en los que exhibe sus apasionados puntos de vista. Que habrían por cierto de triunfar y de convertirse en los canónicos de la Iglesia católica a lo largo de dieciséis siglos. El pesimismo sexual de san Agustín [96], que ha dejado una impronta definitiva en todo el pensamiento occidental, ha sido —y coincidimos con Brown— «a heavy legacy to bequeath to latter ages» [97]. Bailey resume este legado con su acostumbrado sentido común:

> The practical consequence of [Augustine's] teaching could only be to establish the assumption that almost all coitus is in some degree culpable, since the act excused of its intrinsic sin by a premeditated purpose of generation, and undisfigured by sensual feelings, is really a grotesque and somewhat repulsive abstraction —not to say a physiological absurdity—. Augustine must bear no small share of responsability for the insinuation into our culture of the idea, still widely held, that Christianity regards sexuality as something peculiary tainted with evil [98].

Consideramos con melancolía que ésta ha sido la herencia ideológica y emocional de un gran enamorado de Dios —es decir, del Amor supremo—, que clamaba con una vehemencia que nos conmueve todavía: «¡Tarde te amé, hermosura tan antigua y tan nueva, tarde te amé!» (*Conf.* X, 28, 38). Triste que este gran enamorado que fue Agustín de Tagaste [99] no pudiera encontrar jamás para la manifestación humana del amor —la sexualidad— un lugar aceptable en la vida espiritual a la que aspiró con tanta pasión.

El pensamiento de la Escolástica en torno al amor físico implica un avance en relación a la Patrística en lo que se refiere a su visión más realista y moderada, pero bajo las distinciones sutiles percibimos que subsiste la antigua antipatía emocional de los primeros Padres. La repugnancia maniquea hacia la esfera de los sentidos ya es varias veces centenaria y se ha ido convirtiendo insidiosamente en herencia cultural y emocional reconocible del cristianismo. Salta a la vista que para los nuevos espirituales de los albores del Medioevo el acto sexual aún es, en palabras de Bailey, «a source of theological embarassment» [100]. Ahí está Huguccio de Pisa, que demuestra que la emoción venérea que tan reprehensible encontraba san Agustín aún ofende la mente medieval: no tiene reparos en proponer (*In Sent.* IV. xxxii, q. 24) [101] que el coito es vergonzoso y que nunca puede tener lugar sin pecado. Para Pedro Lombardo, otro tanto, ya que cree asimismo que el coito contiene algún tipo de culpa, aunque no explora la razón en profundidad. San Alberto Magno matiza la cuestión diciendo que esta cualidad pecaminosa del acto generativo no radica en el placer que lo acompaña, sino en la debilidad de la razón que aqueja al hombre caído, quien es incapaz de sentir placer sin perder de vista momentáneamente el Sumo Bien (*In Sent.* IV. xxxvi. 7) [102]. De todo ello se desprende que el sexo distrae al hombre de la contemplación de Dios. En ello justamente coinciden Pedro Lombardo y santo Tomás de Aquino, a quien tendremos ocasión de citar más largamente: el celibato total se privilegia todavía como ideal de vida cristiana no sólo porque favorece la devoción sino porque asegura la pureza corporal del que tiene que consagrar el pan y el vino en el sacrificio eucarístico. Es justamente durante esta época —entre los siglos XI y XII— cuando el celibato eclesiástico termina por imponerse: en 1059 Nicolás II promulga decretos en este sentido, en los que, además, prohíbe a los fieles asistir a servicios religiosos oficiados por sacerdotes casados. Ya en 1123, el primer concilio laterano anula los matrimonios de los eclesiásticos, y el segundo concilio, que se reúne en 1139, determina inequívocamente que las órdenes sagradas constituían un impedimento legítimo para las nupcias [103]. Si el hombre insiste en casarse, entonces es fuerza concluir con nuestros nuevos Padres que el matrimonio sin sexo es más santo que el sexualmente activo: si no, no podríamos entender por qué se comienza a exigir a los feligreses unos períodos de abstinencia sexual que hoy nos pueden parecer caricaturescos pero que gravitaron pesadamente sobre la conciencia de muchas almas medievales. Los esposos se debían inhibir del abrazo matrimonial en períodos de ayuno y en ciertas festividades: el jueves en memoria del arresto de Cristo, el viernes en memoria de su muerte, el sábado en honor de la Virgen, el domingo en honor de la Resurrección y el lunes en conmemoración de los muertos. Concluye atinadamente Bailey que si se obedecía estrictamente la regla, los esposos devotos estarían condenados a una abstinencia casi perpetua [104]. Cuánto obedecieron aquellos antiguos casados los arduos mandatos de sus autoridades eclesiásticas de turno es aún motivo de polémica, como nos aseguran Jean-Louis Flandrin y Peter Laslett, pero cabe sospechar que influirían de alguna manera en la manifestación de su sexualidad [105]. No olvidemos, por último —es Penny S. Gold quien insiste en ello—, que el paradigma del matrimonio perfecto era, por aquellos siglos medios, justamente una unión célibe: la de la Virgen María y san José [106].

Vamos viendo que, en efecto, la Escolástica tiende a perpetuar ciertas ideas que hereda de los primeros Padres de la Iglesia. Exalta la virginidad como sumo bien y verdadero estado religioso, impide el matrimonio del clero, insinúa continuamente (cuando no asevera) que el coito es un obstáculo para el servicio de Dios, subraya la dimensión remedial del matrimonio y persiste en una visión comparativamente negativa de la mujer. Posiblemente la más poderosa de todas estas proposiciones es la que insiste en que el acto sexual es algo poluto e inherentemente depravado. La gente del pueblo o los fieles en general, a quienes se les escapaban los argumentos sutiles de los escolásticos, se quedaban tan sólo con la idea de que la Iglesia veía la relación física de los sexos como algo sin mérito, cuando no vergonzoso u obsceno. Las consecuencias, apunta Bailey, fueron graves y dejaron una huella indeleble en el pensamiento sexual cristiano, «and we can only guess at the psychological disturbances and conflicts which it produced in the lives of individuals» [107].

Exploremos más de cerca el pensamiento del más célebre de los teólogos de la Iglesia —santo Tomás de Aquino— en torno a la sexualidad humana. El espiritual napolitano del siglo XIII acepta que el coito pueda tener alguna traza de bondad, pues fue Dios quien creó el cuerpo humano. El amor físico no puede entonces ser totalmente malo, máxime cuando ha quedado «excusado» por tantas bendiciones matrimoniales. Nuestro teólogo incluso considera que el acto generativo puede ser meritorio cuando es llevado a cabo por los esposos en estado de gracia con el propósito de procrear o de pagar el débito matrimonial. Sin embargo, aunque el bien espiritual del matrimonio excusa a los cónyuges de culpa, no pueden —y seguimos citando a Bailey— «relieve it of the intrinsic taint of evil by which the very act of venereal intercourse is now supposedly contaminated —though this taint, it is important to note, is one, not of moral evil, but only of evil proceding from moral evil» [108]. Para entender todas estas distinciones sutiles —que escaparían de manera indefectible a las mentes aterradas de tantos cristianos de la Europa medieval— importa recordar que la Escolástica adjudicaba un enorme valor a la razón. Así como san Agustín, influido por el dualismo platónico, veía con suspicacia todo aquello que distrajera el alma de su tranquila contemplación de lo eterno, así Aquino, inspirado por la doctrina aristotélica, encontró un elemento negativo o culpable en todo aquello que perturbara el ejercicio de la facultad racional [109]. Ambos teólogos veían, pues, en la intensidad de la emoción venérea y en el orgasmo culminante del acto sexual un escollo poderoso para llevar una vida espiritualmente beneficiosa, y ambos atribuyen este defecto a la naturaleza humana caída.

Santo Tomás coloca la culpa del coito no en el acto generativo como tal, ni en la concupiscencia, ni en el placer venéreo que tanto atormentó a Agustín, sino en lo que considera la inevitable irracionalidad de la cópula en la naturaleza humana caída. De ello no eran moralmente responsables los esposos individuales: para santo Tomás, como hemos visto, se trataba de una consecuencia y castigo a la raza por su antigua rebelión contra el Creador. Las distinciones en torno al grado de culpa o de pecado inherentes al acto conyugal son de una sutileza increíble en el caso del pensamiento tomista. Aunque el placer del coito no era pecado *per se* para nuestro teólogo, no podía ser procurado sin pecado por sí mismo; si era procurado dentro del matrimonio la ofensa era siempre venial, y fuera del matrimonio, siempre mortal [110]. El teólogo italiano llega al extremo de proponer que si el deleite anejo al acto conyugal causa desagrado a los esposos, sólo entonces no pecan: *ut sit delectationem in illu actu quaerere sit peccatum mortale; delectationem oblatam acceptare sit peccatum veniale; sed eam odire sit perfectionem*. Vale la pena que veamos más por extenso esta proposición tomista, de la que no es difícil desprender la idea de que el teólogo nos invita a una vida marital enfermiza y tristísima. Citamos del *Tratado del matrimonio*:

> Aseveran algunos que siempre cometen pecado grave quienes ejecutan el acto conyugal impulsados principalmente por la libidino; pero si ésta les impulsa de una manera secundaria, entonces pecan sólo venialmente; en cambio, si rechazan por completo el deleite y les desagrada, en este caso ni pecado venial cometen; de tal forma que buscar directamente el placer en dicho acto es pecado mortal; aceptar el placer que lo acompaña es pecado venial; en cambio, rechazarlo es un acto de perfección [111].

Al leer ciertos pasajes de la *Suma* casi sospechamos que santo Tomás es más intolerante que el propio san Agustín. Lo cierto es que nuestro teólogo no permite ni siquiera al cónyuge el usar el matrimonio para desahogar sus propios impulsos sexuales y evitar así la propia fornicación. Seguimos leyendo del *Tratado del matrimonio*:

> Si un cónyuge por el acto matrimonial busca evitar la fornicación en el otro, no comete pecado alguno, ya que es una manera de pagar el débito, [...] en cambio, si

> pretende evitar la fornicación propia, hay en ello cierta superfluidad, que constituye pecado venial... [112]

Ante todo esto no es de extrañar la sintética fórmula con la que santo Tomás resume el estado conyugal «impoluto». Los esposos evitan pecar en el matrimonio sólo si lo usan por dos razones —por engendrar hijos y por pagarse el débito—: *duobus solis modis coniunges absque omni peccato conveniunt: scilicet causa procreanda probis, et debit, reddendi. Alias autem semper est ibi peccatum ad minus veniale* [113]. Y nuestra imaginación se detiene por un momento en aquellas alcobas medievales borradas por el tiempo y en la atormentada confusión que todas estas disquisiciones sutiles causarían en las conciencias de aquellos esposos devotos que no podrían sino entender a medias tanto anatema contra la expresión natural de sus afectos.

Aun cuando intente suavizar el grado de culpa del «delito» de la unión amorosa, el mensaje subliminal de esta figura cimera de la Escolástica resulta mucho más poderoso que el ideológico. Santo Tomás martillea una y otra vez aquel terrible «dictum» *turpitudo quae semper est in actu matrimoniali* y todos los preciosismos de su inteligente malabarismo teológico no son suficientes para aliviarnos de la sospecha de que una condena ominosa al amor físico subyace en sus teorías religiosas. Oigámoslo directamente en el *Tratado del matrimonio* que empezamos a citar:

> Aquella deformidad de la concupiscencia que lleva siempre aneja el acto matrimonial no es deformidad de culpa sino de pena, que dimana del pecado original; y a eso es debido el que las fuerzas inferiores y los miembros del cuerpo no obedezcan a la razón [114].

El propósito lógico —y exclusivo— del acto sexual era para santo Tomás la procreación, y usarlo para algo que no fuera eso resultaba inconsistente con la razón y era por tanto reprobable. (De ahí se sigue, naturalmente, la condena del teólogo a toda desviación sexual: a aquel *vitium contra naturam* que incluía la masturbación, la bestialidad, la homosexualidad, etc.) [115]. No es difícil concluir que el santo teólogo propone como herencia del pensamiento cristiano una visión inmisericorde de la sexualidad, incluso de aquella que se encuentra «sancionada» por el sacramento matrimonial [116]. Santo Tomás ha reinterpretado a san Pablo de manera estrecha, y la carne y el espíritu quedarán reñidos durante los siglos por venir en el pensamiento cristiano. El ilustre teólogo, que luego habría de silenciar su pluma ante la evidencia estremecedora de sus experiencias extáticas, aún concluía lapidariamente desde las páginas de su *Tratado de los hábitos y virtudes* que *in operibus humanis contrarius opera carnis fructibus spiritus* [117].

Contrario a lo que puede pensarse, la Reforma protestante tampoco logró echar por tierra del todo estas profundas antipatías contra la libido humana que ya caracterizan de manera indefectible el pensamiento cristiano. Erasmo, como se sabe, preludió algunas de las revisiones importantes que más tarde llevarían a su culminación los reformadores, entre las cuales hay que destacar en seguida el celibato clerical y los votos obligados de castidad. La nueva actitud revisionista del gran pensador de Rotterdam ante una vida monacal cuyas caídas y excesos debió haber conocido de cerca lo lleva a escribir su *Encomium matrimonii* (1518) [118]. Éste es, sin duda, uno de los textos más valientes en lo que a la reivindicación del sacramento del matrimonio se refiere, y en él Erasmo llega al «extremo» de defender la voluptuosidad como un ingrediente natural de la cohabitación sexual de los esposos. Pero se trata de un aparte tímido en el conjunto de su obra. Erasmo dedicará más energía a defender justamente la idea contraria: el deleite sexual es espiritualmente reprobable. El holandés, que se mantuvo célibe no obstante su esfuerzo teórico liberalizante, fue incapaz de desprenderse de la sombra de los mismísimos Padres de la Iglesia, cuyo pensamiento quería respetuosamente poner al día. En la Regla XXII de su *Enchiridion* Erasmo nos advierte contra la lujuria:

> Primeramente considera quán suzio, quán hidiondo y quán indigno en fin de cualquier hombre es un tal deleyte, que nos hace yguales y semejantes no solamente a las bestias comunes, más a los puercos, cabrones y perros y los más brutos de los brutos animales [...].
>
> Hace gran daño a la salud, pare enfermedades sin cuento, y éstas muy suzias y feas [119].

No podemos estar más de acuerdo con Francisco Márquez Villanueva: la actitud de Erasmo implica que «el deseo sexual seguía siendo mirado con los malos ojos connaturales con el legado ideológico agustiniano» [120]. Salta a la vista que el autor del *Encomium moriae* lleva a cabo su tibia y relativa defensa del sacramento del matrimonio no porque le pareciera espiritualmente meritorio en sí mismo, sino porque era más seguro, moralmente hablando, que la arriesgada castidad obligatoria del clero. Márquez recuerda las palabras de Erasmo al respecto, en su paráfrasis de la Primera Epístola a los Corintios, y suenan por cierto bastante desalentadoras. Erasmo fue, sin duda, más pragmático que entusiasta: *Laudo coelibatum ut feliciorem, probo matrimonium ut tutius* (*op. cit.*, pág. 69). Tanto E. V. Telle (*op. cit.*, pág. 247) como Márquez concuerdan en entender el *tutius* erasmista como «más seguro». Es decir, el matrimonio podrá ser remedio y defensa contra la tentación carnal, pero no verdaderamente edificante por sí mismo. Ante esto no nos puede extrañar otro «castísimo» consejo del *Enchiridion*:

> Si eres casado, mira quán honesta cosa es guardar limpieza al matrimonio y

procura que el ayuntamiento tuyo y de tu muger parezca en quanto fuera possible a aquellas santísimas bodas de Christo con la Iglesia, cuya figura representan las tuyas, y assí, entre otras cosas en que han de ser semejantes, ha de ser una que en ellas se aya más respeto a la fecundidad, que es aver hijos para la gloria de Dios, que no a la delectación carnal, pues es lo de menos (*op. cit.*, págs. 386-387).

Es difícil sustraernos de la convicción de que el pensamiento agustiniano no se modificó demasiado en las manos de Erasmo de Rotterdam [121].

Ni Martín Lutero ni Calvino irán mucho más allá que Erasmo en su revisión teológica de las ideas nupciales de la Patrística y la Escolástica. Y ello, no obstante haber sido célebre la ruptura de los votos de continencia de numerosos reformadores de la época. Lutero mismo es ejemplo cimero de ello. Pero, bien mirado, el pensamiento teórico de la Reforma en torno al matrimonio parece haber sido guiado, como el de Erasmo, por consideraciones prácticas más que por un intento claro de reivindicar espiritualmente, y de manera definitiva, el matrimonio. Los primeros protestantes, agobiados ante los escándalos de monjes libertinos e hipócritas, entienden que es mejor no hacer votos de continencia perpetua antes que romperlos sin remedio. Tanto Lutero como Calvino consideran que esta continencia superimpuesta por las autoridades eclesiásticas es contraria a las disposiciones de Dios, y la asocian a la servidumbre papal que tanto se esforzaban por erradicar. Lutero no para mientes en aconsejar al cristiano reformado en contra del celibato, si éste sabe que no podrá guardar sus votos de continencia [122]. Considera que los hombres han sido creados para el matrimonio, y la ley divina, que dirige con toda naturalidad el deseo del hombre hacia la mujer, no debe ser coartada por reglas y promesas rituales. Según Lutero, el que vive solo intenta, de manera arrogante, lo imposible, y el resultado de este desafío indebido a la ley de Dios es una vida martirizada por pensamientos y por deseos impuros [123]. Calvino argumenta en el mismo sentido, aunque es más cauto al dejar claro que desaprueba el celibato cuando éste es abrazado como acto de servicio religioso por aquellos que son incapaces de ser fieles a sus votos (*Institutes* IV. xiii.18) [124]. Importa recordar que Calvino aún cree que la virginidad es superior al matrimonio y que no debe despreciarse si se opta por ella libremente.

Lutero es algo más escéptico que su colega reformista. La experiencia personal y la consideración del orden natural no tardan en convencerlo del hecho de que la continencia no es normal y que se le concede a muy pocas personas, y éstas, de naturaleza o idiosincrasia «peculiar» (*seltzam*) [125]. El matrimonio, en cambio, es un mandato y un regalo de Dios a la humanidad (al contrario del celibato, que no es exigido) [126]. La inclinación nupcial ha sido implantada en nuestra naturaleza, ha sido instituida en el Paraíso, confirmada por el quinto mandamiento y salvaguardada por el séptimo. Es un estado que se puede usar con buena conciencia, y el espiritual alemán no vacila en recomendarlo enérgicamente a sus feligreses.

Bailey, a quien venimos citando, nos recuerda sin embargo que la actitud ideológica de Lutero frente a la sexualidad todavía es fundamentalmente conservadora. El matrimonio es saludable para el reformador porque, al permitir la expresión de los deseos carnales naturales, que de otra manera tendrían que ser suprimidos, promueve una conducta más casta que la virginidad. Pero esto no quiere decir que el coito sea intrínsecamente bueno y puro. Lutero sigue de cerca a san Agustín y a santo Tomás cuando adjudica el impulso venéreo a la caída y cuando propone que aún conlleva la pena original de nuestros primeros padres. De ahí es de donde surge, para Lutero, el sentido de vergüenza que acompaña indefectiblemente al acto sexual, que siempre está contaminado de culpa, aun cuando resulte necesario a la humanidad. La unión física de los esposos es «una actividad imperativa pero lamentable», reflexiona con tristeza el reformador en su *Grosser Kathechismus*[127]. Abrimos las páginas del *Predigt vom ehelichen* y casi nos parece que leemos a san Agustín o a santo Tomás: «No importa cuánto se alabe el matrimonio, no estoy dispuesto a conceder a la naturaleza que no es pecado»[128]. Lutero se «entusiasma» aún más: el matrimonio no es sino una «medicina» y un «hospital para enfermos»[129], y el único «antídoto o cura contra la incontinencia». Para el hombre tomar esposa es sencillamente tan necesario «como comer o beber»[130]. Estamos ante una visión más práctica o realista que la de los Padres de la Iglesia, pero es evidente que hemos avanzado poco en la prestigiación teológica auténtica de la unión matrimonial.

Calvino parecería observar una actitud algo más reverente hacia el coito, que considera «impoluto» y «honorable» por ser una institución de Dios (*In Epist. I ad Cor.*)[131]. Pero Bailey lleva razón cuando advierte que incluso Calvino se muestra incómodo con el placer inherente a la unión nupcial[132]. Argumenta el teólogo ginebrino que este placer conlleva un cierto elemento de maldad y de culpa por causa del deseo inmoderado del que se siente presa la naturaleza humana «corrupta» después de la caída. Dios, sin embargo, no considera pecaminoso el placer anejo al coito cuando se busca —o mejor, cuando se acepta— como incidental a la procreación. Dios cubre estas actividades carnales con el velo misericordioso del matrimonio, y permite a los esposos el disfrute de los abrazos maritales siempre y cuando, advierte Calvino, sean llevados a cabo con continencia y modestia (*In quattor Reliq. Lib. Mos.*)[133].

No es, pues, de extrañar que ambos reformadores, tanto Lutero como Calvino, desafíen la autoridad de la Iglesia al poner en duda la condición sacramental del matrimonio. Calvino, como hemos visto, respeta en lo fundamental la institución del matrimonio, que considera ordenado por Dios, pero no admite que el rito del desposorio pueda tener categoría sacramental ni poder para conferir gracia a los contrayentes. Y se hace una pregunta que, según

Bailey [134], no deja de tener su pertinencia: si el matrimonio es un sacramento, ¿cómo puede a la vez ser considerado impuro y denigrante, según han afirmado algunas figuras prominentes de la Iglesia? (*Inst.* IV. xix) [135]. Lutero creyó lo mismo que Calvino, y advirtió que el carácter sacramental del matrimonio no se podía respaldar con la autoridad bíblica: en ningún pasaje de las Escrituras se especifica que los contrayentes recibirán gracia al intercambiar los votos nupciales [136]. Yo añadiría a las reflexiones de Bailey que el hecho de negar dignidad sacramental al matrimonio es también de por sí un síntoma de la escasa simpatía que a nivel profundo tenía el estado nupcial para estos espirituales de vanguardia del siglo XVI.

Ante todo lo dicho, vamos advirtiendo que, pese a sus importantes diferencias, los reformadores y sus antecesores católicos de la Patrística y la Escolástica mantenían aún muchos puntos en común en lo que a la teología de la sexualidad se refiere. Hacemos nuestras las palabras de Bailey:

> There remained common convictions and emotional attitudes which were too deeply rooted in the past to be erradicated or easily changed in a few decades. [...] The liberating potential of the Reformation in the sexual realm was to some extent neutralized by a certain «puritanism» in venereal matters which lurks even behind Luther's robust and earthy realism [137].

Todavía la reforma anglicana hereda algunos de los presupuestos fundamentales del antiguo pensamiento cristiano de los primeros Padres, pese a su actitud más abierta y pese a su silencio en torno al problema del «mal» o de la culpa inherente en el amor nupcial. Pero es justamente un anglicano —Jeremy Taylor— el primero en romper con su tradición cristiana y hablarnos de la importancia de la unión sexual como experiencia positiva que une afectivamente a los esposos. Taylor nos anuncia en su *The Rule and Exercises of Holy Living*, con una benevolencia recién estrenada, que uno de los fines legítimos del matrimonio y de la expresión sexual del mismo es «to lighten and ease the cares and sadnesses of household affairs, [and] to endear each other» [135]. Esta posibilidad teológica de que la unión sexual exprese el cariño mutuo de los cónyuges es novedosa. Y Bailey concluye con toda razón que: «this is probably the first express recognition in theological literature of what may be termed the relational purpose of coitus» [139]. Pero, lo de siempre: aun el liberal Taylor no se puede sustraer de la enseñanza obligada de que el propósito fundamental del coito —al que todo lo demás se debe supeditar— es la procreación y el pago del débito matrimonial. Y la conclusión a todo lo dicho se nos impone por su propio peso: a la teología cristiana, bajo cualquiera de las modalidades que hemos ido explorando a lo largo de estas páginas, se le ha hecho muy cuesta arriba encontrar algo digno de verdadera veneración y mérito religioso en la unión marital [140].

Y con este legado ideológico a cuestas, ¿cómo puede extrañarnos que en

Occidente no se hayan escrito libros erótico-religiosos al estilo del *Kāma Sūtra* de Vātsyāyana o del *Iḥyā' 'ulum ad-dīn* de Algazel? Es del todo imposible concebir que la Iglesia —la tradicional o la reformada— produjese literatura instructiva para aprender a experimentar la vida sexual desde coordenadas cónsonas con la más alta espiritualidad. Pero la tradición cristiana sí que produjo abundante literatura teórica sobre lo que Algazel llamaría «los buenos usos del matrimonio» y sobre la vida erótica en general. Sólo que las instrucciones que ofrece a la feligresía no son acerca de cómo encarecer la vida sexual dentro del matrimonio, sino de cómo limitarla. O, más dramático aún, de cómo castigarla.

II. LOS PENITENCIALES, VERDADEROS «ANTI-KĀMA SŪTRAS» DE LOS SIGLOS MEDIOS

Detengámonos en algunos de estos casos, que nos serán muy instructivos para calibrar la rotunda novedad del «Kāma Sūtra español» que nos ocupa en estas páginas y que, por la época y por el idioma castellano en que se escribe (principios del siglo XVII), pudo haber sido el heredero ideológico de este pensamiento cristiano, tan suspicaz con la libido humana, que hemos tenido ocasión de explorar. Importa tener presente, ante todo, que vamos a atender aquí fundamentalmente la literatura «erótica» (aunque sea «antierótica») que recoge las enseñanzas oficiales de la Iglesia en lo que se refiere al tema de la sexualidad. A todos nos consta que Europa produjo, anterior y contemporáneamente a la obra de nuestro autor anónimo, textos literarios candentes de tema sexual que desatendían del todo las enseñanzas oficiales eclesiásticas. Más aún: que las subvertían radicalmente. Todas las culturas cuentan con un generoso bagaje de literatura contestataria y hay que decir que Oriente tampoco se queda atrás en esto. Tendremos ocasión de ver los «deslices» de la ortodoxia de un Al-Tīfāŷī o un Al-Badgādī, que muy poco tienen que ver con los rígidos y ortodoxos Algazel o Zarrūq. O con nuestro morisco, que —recordémoslo— es profundamente coránico y doctrinal en su descripción de «los buenos usos del matrimonio». Pero, a la luz de la teología sexual cristiana —jerónima, agustiniana, tomista, reformada (que no hay gran diferencia entre ellas)— y a la luz de la literatura «práctica» que sirvió para exponer a la feligresía este canon ideológico, no nos debe extrañar demasiado que seamos incapaces de encontrar un solo autor europeo que celebre el mérito espiritual del sexo. Ni los disidentes y libérrimos Boccaccio o Rabelais ni los penitenciales canónicos que pasamos a explorar.

Los penitenciales fueron textos centrales en la compilación y transmisión de un código consistente y abarcador de ética sexual a lo largo de la temprana Edad Media europea. Previos al establecimiento del sacramento formal de la penitencia privada [141], estos antiguos manuales contenían listados —generosísimos por cierto— de pecados hipotéticos con sus correspondientes castigos, y eran a manera de guía para el confesor o para el prelado encargado de las solemnes penitencias públicas que se llevaban a cabo en las iglesias medievales. A grandes rasgos podemos indicar que esta literatura penitencial comienza en el siglo VI y termina en el XII, al venir a desembocar en colecciones canónicas como el Decreto de Graciano [142], que funda el *Corpus iuris canonici* de la Iglesia hacia 1140. Gabriel Le Bras [143] nos da noticia de que el apogeo de estos catálogos penitenciales ocurre hacia el siglo VIII, aunque todavía hacia el siglo XII continúan en uso vigente. Pierre Payer [144], por su parte, pormenoriza esta historia cronológica de los penitenciales, y apunta el hecho de que algunos de estos libros disciplinarios caen en desgracia y se prohíben hacia el siglo IX. El Concilio de París, celebrado en el 829, hace gala de su autoridad eclesiástica en este sentido. Ya para el siglo X la fase creativa de los penitenciales toca a su fin, aunque los manuales asumen un carácter cuasi jurídico que habrá de dejar una huella importante en la historia canónica de la Iglesia. Con todo —y seguimos citando a Payer— la contribución exacta de los penitenciales al desarrollo de la ley canónica no ha sido suficientemente establecida.

Pero en el fondo la idea de la catalogación de estos pecados castigables es muchísimo más antigua en la historia de la Iglesia católica, ya que muchos de los concilios primitivos consignaban sus conclusiones penitenciales por escrito. En efecto: la literatura penitencial fue preludiada por los concilios, las decretales y las epístolas canónicas. Todavía podemos enterarnos de lo que sínodos españoles como el de Elvira (celebrado aproximadamente hacia el año 300) o los numerosos de Toledo (que comienzan hacia el 400) o bien los de Tarragona y Gerona (siglo VI) dejaron establecido en materia de pecados y de sus disciplinas correspondientes. En cualquier caso, sabemos de cierto que por lo menos a lo largo de varios siglos estos penitenciales y estas conclusiones sinodales nos asomarán de una manera dramática a los *mores* de conducta del mundo medieval. Cree Payer que los penitenciales, con sus minuciosas recomendaciones y sus severas condenas, no eran manuales teóricos a secas, sino que se aplicaban de manera práctica en la realidad cotidiana de aquellos primitivos feligreses europeos. Cubrían numerosas transgresiones y pecados, aunque adelantamos en seguida que nos vamos a ocupar aquí tan sólo de las transgresiones de tipo sexual. Estos catálogos de pecados y castigos, sospecha el citado estudioso, se enfrentaban a una Europa aún relativamente paganizada, «with a strong attachment to a more diversified, open, and freely expressed sexuality than could be countenanced by the Christian ethic» [145]. En otras palabras, todo parece indicar que esta literatura punitiva coadyuvó poderosamente a la «cristianización» de la Europa de los siglos medios. Su virulencia represiva habla al lector moderno, en efecto, de un mundo en proceso de cambio y de apremiante reorientación moral y cultural.

No hay ni que decir que, leída fuera del contexto histórico en el que nació, esta literatura de escarmiento penitencial y sinodal nos puede parecer delirante. Pero importa que abramos las páginas de estos antiguos códices con una objetividad no exenta de respeto y de compasión, porque nos dirán mucho acerca de unas enseñanzas eróticas que el morisco refugiado de Túnez habrá de rechazar apasionadamente. No perdamos de vista que nuestro autor se formó como europeo en las primeras décadas de su vida y que esta tradición cristiana también fue, indefectiblemente, la suya.

Comencemos nuestra lectura por uno de los libros penitenciales más populares de Europa, el *Poenitentiale Pseudo-Romanorum*, compilado por Halitgar en el siglo IX. Era un manual muy exacto en sus penitencias, y en él leemos que el feligrés que quería cometer adulterio y no lo lograba (por ejemplo, porque era rechazado) debería de todas maneras hacer penitencia por cuarenta días. Si se trataba de un clérigo, se le imponía el castigo de medio año a pan y agua, y un año sin vino ni carne. Aclaremos en seguida que cuando un penitencial condenaba a pan y agua por un cierto número de años se refería a que, ciertos días a la semana, durante este número particular de años, el penitente habría de abstenerse de toda comida que no fuese la susodicha. Si un laico comete adulterio con una mujer casada, el *Poenitentiale Pseudo-Romanorum* le castiga por tres años y le ordena abstinencia de comidas «jugosas» y abstinencia sexual de su esposa legítima. También deberá pagarle al esposo injuriado el precio de la virtud violada de su mujer. Si un clérigo adultera y tiene un hijo, con la mujer o la prometida de otro, debe hacer penitencia por siete años. Si el clérigo no ha procreado un hijo como resultado de su desliz, y si nadie se entera del mismo, la penitencia incluye tres años de ayuno y uno a pan y agua; si el transgresor es un diácono o un monje, la penitencia es de siete años, con tres de ellos a pan y agua. En el caso de un obispo, los años de expiación aumentarán a doce y el ayuno a pan y agua a cinco. Si un varón comete fornicación con una virgen o una viuda, la penitencia asignada será de tres años. Si la compañera de la transgresión sexual es una monja, entonces debe hacer penitencia como si se hubiese intentado adulterar con la mujer de otro. Si un joven de vida impoluta fornica con una virgen, el penitencial les exige que se casen, siempre y cuando los padres consientan, y no sin antes hacer penitencia por un año.

El *Poenitentiale* de Halitgar también contempla las transgresiones homosexuales, el bestialismo y la masturbación [146]. Si un ciudadano comete un acto sodomítico, se le asignan diez años de penitencia, y tres de ellos a pan y agua. Si fornica con una bestia, recibe penitencia de un año; si no tiene esposa, sin embargo, se le reduce la penitencia a seis meses. Sin embargo, el texto propone una distinción sutil: si ha fornicado con una bestia de carga o con un cuadrúpedo, la penitencia será entonces de tres años, que es la misma que se le impone si fornica consigo mismo. Si se trata de un clérigo, el castigo aumenta a siete años. El que comete un aborto o el que intenta matar a un recién nacido habrá de recibir una penitencia de diez años y se le retirará el sacramento de la comunión para siempre [147].

La literatura penitencial responde en su conjunto al esquema general de vicios y castigos que acabamos de examinar [148]. Algunos textos penitenciales, sin embargo, son de una especificidad y de una imaginación demencial. Compartimos el asombro de Barbara D. Palmer: «Lay sexual sins rather astound the mind in their variety» [149]. La estudiosa piensa sobre todo en el caso del Penitencial de Canterbury, que se dirige a algunos de los transgresores sexuales más curiosos de Europa. Ahí conocemos, por ejemplo, al «effeminate who behaves as an adulteress» [150]; al que fornica con su propia madre, su hermana o su hermano natural; así como a la madre que imita el acto de fornicación con su hijo pequeño. También se nos da noticia de que la mujer que seduce al marido de su madre debe ayunar durante catorce semanas, después de haberlo abandonado, naturalmente. Un hombre que se atreve a bañarse con una mujer debe hacer un año de penitencia y prometer no repetir el desacato. El mayor de todos estos pecadores, que para el Penitencial de Canterbury es aquel que recurre al sexo oral (*qui semen in os miserit*), recibe una penitencia severa de siete años. En el código inglés hay, asimismo, menciones a las mujeres que practican el «vicio» con otras mujeres, y una mención aislada de la masturbación femenina. Una larga lista de cargas expiatorias castiga a las féminas que preparan pociones para dejar a sus maridos impotentes. Ante todo esto resulta curioso el que esta literatura expiatoria del Medioevo apenas se ocupe de castigar la prostitución: ya sabemos, de todas maneras, lo indulgentes que fueron los Padres de la Iglesia para con esta antigua práctica [151].

Es curioso considerar que más que la homosexualidad como orientación vital, los penitenciales europeos del Medioevo contemplaban el castigo de los *sodomitae* o sodomitas, es decir, de los que ocasionalmente practicaban el intercurso anal [152]. Tampoco deja de ser interesante el hecho de que los pecados sodomíticos perpetrados en jóvenes (*molles*) conllevaban una penitencia relativamente leve. En cambio, las poluciones nocturnas se consideraban como espiritualmente polutas, y colocaban al hombre en un estado de impureza ritual que debía ser limpiado por algún tipo de expiación. El Penitencial de Vinnian incluye largas disquisiciones acerca del grado de voluntad que hay envuelto en estas poluciones nocturnas: todo parece indicar que los espirituales de la época creían que el hombre podía pecar estando dormido [153].

Pero detengámonos ahora en la reglamentación de la vida matrimonial, que es lo que más nos interesa para contrastar con nuestro «Kāma Sūtra español». Ya hemos tenido ocasión de ver que la Iglesia medieval se aseguraba de que las parejas cristianas apenas tuvieran tiempo para el sexo. Los casados eran objeto de unos prolongados períodos de abstinencia, impuestos por la vida ceremonial eclesiástica, con sus días de fiesta, sus ayunos, sus vigilias y su preparación para la Eucaristía. Los penitenciales acostumbraban a exigir diez días de abstinencia sexual antes de recibir la comunión, y tres días después de haberla recibido. Observa con penetración Le Bras: «ce qui revient à leur interdire la communion frequente, s'ils ne veulent vivre dans la continence»[154]. El Penitencial de Vinnian nos da noticia de cuán dramática era realmente la extensión de estos períodos hipotéticos de privación sexual marital:

> *Oportet enim tres quadragisimas in anno singulo abstinere se invicem ex consensu ad tempus ut possint oratione vacare pro salutem animarum suarum, et in nocte dominica vel sabbati abstineant se ad invicem, et postquam conceperit uxor non intrabit ad eam usquequo genuerit filium et iterum ad hoc ipsum conveni[r]ent sicut apostolus dicit* (1 Cor. 7:5)[155].

Los períodos de abstinencia de toda actividad genésica se extienden, pues, a lo largo de las tres «Cuaresmas», esto es, de tres períodos de cuarenta días que se habrán de observar antes de la Navidad, antes de la Pascua y después de Pentecostés. Como veremos, las noches del sábado y del domingo también estaban vedadas a los abrazos nupciales, así como el tiempo comprendido desde la concepción hasta el nacimiento de un niño. La idea de este interdicto último era evitar que los esposos llevaran a cabo el acto sexual en períodos que se sabía no eran procreativos. (Por ello el papa Gregorio I prohíbe el coito también durante la lactancia.) El Penitencial de Cummean se une al Penitencial de Vinnian que venimos citando al aconsejar abstinencia sexual completa al esposo que tenga una mujer estéril; sus uniones amorosas serán sólo eso: maliciosamente amorosas y no generativas[156]. Le Bras observa con razón que esta prohibición de ejercer los derechos matrimoniales con una mujer estéril viene a «nier [...] le seconde fin du mariage, *remedium concupiscentiae*»[157].

La literatura penitencial europea explicita con todo lujo de detalles las prohibiciones que gravitaban sobre la intimidad del lecho conyugal. El Penitencial de Canterbury anuncia que se pena con cuarenta días de castigo al que lleve a cabo cierto tipo de «intercurso antinatural» con su esposa. Sospecha Barbara D. Palmer que el penitencial se refiere al *coitus interruptus,* ya que luego pasa a castigar un tipo aún «más repugnante» de «intercurso antinatural», que debe ser la «sodomía marital»[158]. El interdicto absoluto de la literatura penitencial para todo aquello que se pudiera asociar a experimentación con las posiciones sexuales contrasta fuertemente con las recomendaciones de los libros eróticos orientales en este sentido. Serán estos textos, naturalmente, los que seguirá nuestro anónimo morisco al redactar su tratado matrimonial. Es en el Canon de Teodoro donde encontramos, por cierto, la primera indicación de preocupación eclesiástica en este asunto de las posiciones sexuales. Allí se nos alecciona sobre el hecho de que está prohibida terminantemente cualquier posición que se salga de la «norma» (que es lo que hoy se denomina como la *missionary position*). Se condena asimismo el sexo oral y el intercurso *retro* («por detrás») e *in tergo* (anal)[159]. Reflexiona Peter Brown que con estas insistentes condenas de lo que se trataba era de poner a raya el mundo animal: «In Dark Age Ireland and Frankish Gaul [...] it was also the animal world that had to be kept away from the marriage bed: intercourse "from behind, in the manner of the dogs", was one form of sinful act, among many others, for which married couples must do penance» [160].

Esta literatura penitencial, tan extendida en Europa, se encargó de limitar aun otros aspectos de la libido humana. La contracepción [161] y las pociones esterilizantes se veían con muy malos ojos, y no sólo por su posible asociación a las prácticas mágicas, sino por lo que implicaba de vida erótica libre y antirreproductiva. Todo lo que pudiera sonar a fruición carnal quedaba vedado: ahí tenemos el pintoresco interdicto del Penitencial de Canterbury, que condenaba como «cierto tipo de irregularidad» el que un esposo mirara a su esposa desnuda. Los afrodisíacos, de los que tantas recetas se nos dan en los libros eróticos de Oriente, quedaban —cómo no— estrictamente al margen de la ley eclesiástica. En los Cánones de Teodoro y en los Penitenciales de Vinnian y de Columbanus conllevaban penitencia de numerosos años.

Es curioso recordar, de otra parte, que en las temidas penitencias públicas de estos albores de la Edad Media europea, en las que se castigaban pecados capitales como el asesinato, el adulterio y la idolatría, las autoridades eclesiásticas a menudo imponían penitencias tocantes a la vida sexual de los feligreses. A lo largo del siglo IX hay diferentes opiniones acerca del alcance que deben tener estas sanciones que invalidaban la actividad sexual de los cristianos castigados, pero el Concilio de Mainz (852 d. C.) no se inhibe de dictaminar abstinencia del acto generativo por cuarenta días a un cristiano acusado de sofocar negligentemente a un niño o de infligir heridas mortales a un hombre. Gracias a estos concilios del siglo IX nos han llegado noticias pintorescas acerca de penitentes históricos concretos: un tal Albigis rapta a la mujer de Patriches, y un tal Battonis mata a cinco hombres. Entre otras penitencias, a ambos se les prohíbe el sexo de por vida. Albigis era soltero, por lo que jamás podrá contraer nupcias, mientras que Battonis debe inhibirse de tocar a su esposa para siempre: *a coniungo se abstinere* [162]. Salta a la vista que la sexualidad se utilizó como arma punitiva en esta época de la formación de la conciencia cristiana europea. A la luz de estos y otros casos, coincidimos con la opinión de Barbara D. Palmer en el sentido de que, en lo fundamental, estas restricciones de los penitenciales no eran pura teoría eclesiástica a secas, sino que emanaban de alguna manera de la experiencia vivida: «Whether accurate or inaccurate of actual behaviour, [...] the penitentials evidence an overwhelming desire to codify and regulate marital relations, and at some point much of this *autoritas* must have sprung from experience» [163].

Importa que no olvidemos, a todo esto, que en España, la patria natural de nuestro tratadista morisco, la tradición de los penitenciales y sobre todo de la legislación conciliar que regía la vida sexual de los penitentes fue muy rica.

Payer, lamentablemente, no estudia esta tradición en su libro sobre el tema, pero hay otros estudiosos que sí nos iluminan el panorama penitencial español. El influjo de los tempranos concilios penitenciales fue verdaderamente importante en la formación de los cánones expiatorios peninsulares, y por eso concluye Le Bras que «aucun pays ne fut plus preoccupé que l'Espagne des lois de la pénitence, ni aussi fermé à l'invasion des pénitentiels» [164]. El erudito se refiere a la «invasión» de los penitenciales europeos, ya que su investigación le ha arrojado escasa luz sobre la materia de los penitenciales españoles, de los que conoce muy pocos, como el *Vigilanum* o Vigiliano y el Silense, y entiende que España ha imitado poco la literatura expiatoria europea. Le Bras deja claro que sus conclusiones son provisionales y dependen de un estudio a fondo en las bibliotecas españolas que aún no había podido ser llevado a cabo en el 1931, año en el que escribe su ensayo. Es un estudio posterior, el ya citado de Severino González Rivas (1949), el que nos viene a aleccionar más de cerca en materia de literatura penal eclesiástica española en la época comprendida entre el período romano-visigodo hasta la invasión musulmana [165]. González Rivas aumenta el acervo de los penitenciales españoles, y nos da noticia, junto a otros estudiosos como J. P. de Urbel y L. V. de Parga, no sólo de los códices Vigiliano y Silense, sino de los cánones pseudojeronimianos y los Penitenciales de Arundel y de Córdoba. Gracias sobre todo al iluminador estudio de González Rivas, hoy sabemos que España, con teóricos penitenciales de la categoría de san Isidoro de Sevilla, san Fructuoso de Braga y san Ildefonso de Toledo, y con sínodos y concilios como el célebre de Elvira, de Barcelona, de Zaragoza, de Tarragona, de Valencia y los 17 de Toledo, no estuvo al margen del pensamiento penitencial que caracterizó a la Europa de los siglos medios.

No estuvo al margen, ni muchísimo menos. Gracias a las conclusiones penitenciales de los concilios peninsulares, sabemos, tan temprano como desde el siglo IV, cuál fue exactamente la expresión formularia de los pecados y su correspondiente castigo eclesiástico. Tenemos noticia, por ejemplo, de algunos castigos, hoy pintorescos, que promulgó el Sínodo de Elvira, como la negación de la Eucaristía a quien se sentara a la mesa con un judío, o la penitencia de siete a quince años para la señora que diera muerte a su criada. Pero lo que aquí nos interesa es la reglamentación de la vida amatoria de aquellos primitivos españoles o pre-españoles. Los padres de Elvira fueron particularmente rigurosos con los deslices eróticos de sus fieles. Se excomulgaba para siempre —aun *in articulo mortis*— en ciertos casos como el del clérigo que no abandona a su mujer adúltera (canon 65); el del marido que retiene a su mujer sabiendo que ésta es adúltera (canon 70); el de la viuda deshonesta que contrae matrimonio con otro (no cristiano) distinto de aquel con quien pecó (canon 72); el de las vírgenes que pierden la castidad (canon 13); el de mujeres, que, dejando a sus esposos, se juntan con otros (canon 8); el del cristiano que recae en pecados deshonestos no especificados; el de los estupradores de niños (canon 71) y el del que se casa con su hijastra (canon 66). En casos como éstos, el terrible anatema resonaría en los oídos de los penitentes congregados para el escarmiento público: *nec in finem eis dandam esse communionem* [166]. Hoy nos resulta curioso, sin embargo, el considerar que estas transgresiones sexuales conllevaban una pena mucho mayor que aquella que vimos aneja al caso de la señora que da muerte a su criada, que en el peor de los casos —si la asesinaba con toda intención —recibía quince años de penitencia. Cierto que no nos puede sorprender, a la luz de todo lo que venimos explorando, el doble criterio con el que los severos padres eliberitanos medían los delitos maritales de los hombres y de las mujeres. Ya vimos que la adúltera recibía excomunión perpetua. Al esposo, en cambio, que adulteraba una vez, se le reprendía en el canon 69 con quince años de penitencia. Otros concilios son un poco más benévolos con las transgresiones de sus feligreses. Benévolos, *ma non tanto.* El primer sínodo de Toledo del siglo V, por ejemplo, levantará la excomunión de la «devota, hija de obispo, presbítero o diácono, que contrae matrimonio», tan sólo en el último día de su vida (canon 19). El Concilio de Barcelona II, por su parte, que se reúne hacia el 500, expulsa de la Iglesia a las vírgenes o los penitentes que contraen matrimonio (canon 4).

Con el advenimiento de los penitenciales la situación no cambia demasiado para los feligreses españoles. Conmueve recordar que fue justamente el Penitencial de Silos, que tan emocionadamente comenta Dámaso Alonso, el que albergó algunos de los primeros vagidos de nuestra lengua castellana: eran las glosas con las que aquellos primitivos espirituales anotaban o comentaban los rígidos cánones latinos. Ramón Menéndez Pidal, como se sabe, estudió también estas glosas silenses de venerable antigüedad en sus *Orígenes del español* (Madrid 1929). No deja de ser interesante el considerar que nuestra lengua nace a la vida haciendo penitencia. La culpabilidad religiosa está sin duda en la médula de nuestra raza.

Pero conviene que leamos ahora el Penitencial de Silos [167] al margen de las glosas que fundan nuestra lengua. Es concretamente el capítulo VIII —titulado *De diversis fornicationibus*— el que nos amonesta en lo relativo a las transgresiones eróticas. ¡Cuántas eran para los padres silenses! Ahí están las faltas sodomíticas, el bestialismo, las poluciones nocturnas (que, curiosamente, implicaban la penitencia de cantar 50 salmos), la fornicación mental, la masturbación, el desacato sexual último del hombre que tiene relaciones con una mujer muerta, así como numerosas prohibiciones en el orden de la vida marital legítima:

Si quis fornicatur sicut sodomite fecerunt, si episcopus est, XX annis peniteat; presbiter, XV; diaconus, XII; [...] laicus, X annis peniteat. —Si quis ante XX annis cum animalia peccaberit, XV peniteat; si post XX annis, habens uxorem, XX annis peniteat. [...] Si quis presbiter per semed ipsum fornicatus fuerit, I annum peniteat; qui in femoribus fornnicatur, II annis peniteat —Qui per turpiloquium uel adspectum coinquinatus est, XX debis [sic] peniteat.—Si autem impugnatione cogitationis uiolenter coinquinatur, XX diebus peniteat. —Qui pollutus est in somnis, canat L psalmos, demumque, omnibus prostravus satisfaciat. —Qui concupiscit mente fornicari et non potuit, III annis peniteat. —Si quis dormiens in ecclesia sement fuderit, XV diebus peniteat. [...] Cuius uxor est sterilis, ambo se contineant a pollutionem. —Si quis cum muliere mortua fornicatur, usque ad terminum uite sue ut supra peniteat. —[...] Qui nubunt in temporis mostruose uel parturitionis, XX diebus peniteant; qui in festiuitate martirum nubserit, XL diebus peniteat; qui in die dominico nubserit, I annum peniteat. [...] Si mulier cum iumento fornicatur, XV annis peniteat. —Quequmque femina usque ad mortem cum alienis uiris adulterat, nec in finem dandam est ei communionem; si uero eam reliquerit, post X annos accipiat communionem. —Mulier VII menses debet abstinere a uiro, quando concepta est, ante quam pariat: sin autem, ambo III annis peniteant... [168]

El listado formal de pecados y castigos de este Penitencial de Silos se repite de manera muy cercana en otros penitenciales españoles como el Vigiliano y el Pseudojeronimiano. Las variantes a menudo son inconsecuentes —por ejemplo, el texto Vigiliano pide tres días de penitencia al que durmiera en una Iglesia y tuviera una emisión seminal, contra los quince días que pedía el códice Silense; y cuarenta días de penitencia al que durmiera con su mujer *sodomitico more*, contra los tres años canónicos del Silense.

Ya hemos visto que pecados como los que hemos ido mencionando alejaban al penitente español del sacramento de la comunión por un número determinado de días, de años, o de por vida. Los penitenciales explicitan otros castigos, como el de las «lágrimas o sollozos» (*cum gemitibus et fletibus*), que debió haber sido algún tipo de oración, probablemente pública [169]. Tampoco falta la abstinencia de carne, el ayuno, los azotes, e incluso la reclusión perpetua en algún monasterio.

El ritual de la reconciliación de estos penitentes debió de haber sido muy impresionante. Es el *Liber Ordinum* el que nos da los detalles precisos para la reconstrucción de aquellas solemnidades antiguas en las que tantas lágrimas verterían nuestros mayores. Parece que podemos ver la escena con nuestros propios ojos. Es un viernes santo cualquiera en alguna Iglesia perdida del Medioevo español. Un diácono se adelanta y coloca la cruz sobre el altar. Allí estarán reunidos nuestros fornicadores, nuestros sodomitas, nuestros adúlteros, nuestros casados que usaron demasiado la imaginación en el ejercicio de sus derechos maritales. Junto a ellos, claro está, los asesinos, los ladrones, los herejes, los delincuentes de toda laya. Ahora el obispo, acompañado de presbíteros y diáconos, camina hacia el púlpito. Reza una plegaria antes de comenzar su sermón, en el que desarrollará la idea de que un viernes —santo como aquel en el que se encontraban— había muerto Jesucristo, víctima de los pecados de todos los hombres. Cristo —asegura el obispo a los penitentes— usará para con ellos la misma misericordia que usó con el buen ladrón. El coro secunda al obispo, y lo que le oímos cantar en estos momentos es la plegaria del ladrón penitente: *Domine, cum veneris in regnum tuum*. Ahora suben las voces con el salmo

Miserere. El obispo repite el versículo citado, y continúa exhortando al pueblo a imitar la confesión del buen ladrón. Les promete que Dios habrá de perdonarlos, y repite lenta, majestuosamente, una vez más: *Domine, cum veneris in regnum tuum.* Va descendiendo del púlpito, y es ahora un diácono quien entona *Indulgentiam a Domino postulemus.* Y le responden todos nuestros penitentes, diciendo una vez más las mismas palabras. Imaginemos por un instante el estado de ánimo de aquella feligresía marginada que unía sus voces al coro. Algunos todavía se encontrarían aturdidos por su prolongada reclusión en algún convento vecino; otros habrían llevado mal su vergüenza pública de condenados eclesiásticos; y aun otros sentirían el alivio profundo de la reconciliación sincera con su madre Iglesia. De repente la voz alta de un diácono hiere el aire: *Indulgentiam a Domino postulemus.* Y todos, eclesiásticos, seglares y penitentes entonan juntos la oración. Otro diácono tercia: *Indulgentiam,* y suenan entonces las voces del pueblo que repiten los acordes de esta plegaria larga, tristemente, hasta 72 veces. Los ecos de las últimas notas reverberan por unos instantes. Ahora sólo nos embriaga el aroma a incienso que sube en nubes hasta las bóvedas del templo. De repente se hace el silencio total. Todos los ojos se fijan en el obispo (en otras ocasiones será el presbítero más anciano), que sube de regreso al altar con estudiada ceremonia. Recita en silencio cuatro oraciones, y sólo los penitentes que se encuentran muy cerca pueden ir adivinando por el movimiento de los labios que termina con una fervorosa súplica: *Exaudi, Domine, supplicum preces, et tibi confitentium parce peccatis: ut quos conscientiae reatus accusat, indulgentia tuae miserationis absolva*[170]. Y nuestros fornicadores, nuestros sodomitas, nuestros adúlteros, nuestros casados que se atrevieron a usar demasiado su imaginación en el ejercicio de sus derechos maritales, vuelven en este instante solemne al seno de la Iglesia. De seguro, con la firme resolución de precaverse para siempre de los peligros del placer venéreo.

Salta a la vista que las autoridades eclesiásticas de la Europa aún en ciernes, con sus sínodos y su literatura penitencial —verdaderos «anti-Kāma Sūtras»— instruyeron a sus feligreses en el recelo de toda manifestación de la vida erótica, incluso de la legítima. Llevan razón Jacquart y Thomasset cuando reflexionan que «On pourrait dire [...] que ces textes destinés à réprimer constituent un art inversé de l'information érotique»[171]. Nada más de acuerdo con las enseñanzas de los Padres de la Iglesia: la literatura oficial sencillamente no podía celebrar el placer sexual y las bondades del matrimonio sin contravenir de alguna manera sus tradiciones teológicas más consagradas.

Ya dejamos dicho que esta literatura penitencial de los albores de la Edad Media desemboca en la ley canónica de la Iglesia, que viene a fundar el Decreto de Graciano hacia 1140. Este *Corpus iuri canonici,* tan trascendental para la vida privada de nuestros antepasados, que reglamentó muy de cerca, estaba constituido por unos seis textos legales fundamentales: el citado *Decretum Gratiani,* el *Liber extra* (también conocido como *Decretales Gregorii IX*), el *Liber Sextus,* las

Constitutiones Clementinae, las *Extravagantes Johannis XXII* y las *Extravagantes communes.* Estas colecciones, que se fueron superponiendo unas a otras según fueron siendo necesarias nuevas revisiones de la ley canónica, estaban constituidas por numerosos libros de decretos y legislación varia, y fueron motivo de estudio apasionado en las facultades de derecho de las universidades europeas del Medioevo [172]. Esto ocurría entre los siglos XII y XVI, en que la ley canónica de la Iglesia se fue estableciendo de manera formal. No vale la pena que nos detengamos demasiado en estas recopilaciones legales, ya que hemos visto de cerca los penitenciales, y podemos decir que el espíritu que anima ambas tradiciones canónicas es semejante. De la misma manera que los antiguos libros de penitencia, la nueva legislación oficial otorgaba a la Iglesia jurisdicción sobre una amplia gama de situaciones: casos relativos a apostasía, herejía, cisma, simonía, así como todo lo concerniente a la vida sexual y al matrimonio, desde el adulterio, la legitimación de los hijos, la dote, y un largo etcétera de situaciones de diario vivir de los feligreses. Leemos en el *Decreto* de Graciano, el padre de la ley canónica, por ejemplo, disquisiciones sutiles acerca de la fornicación y del concubinato, que fue motivo de duras polémicas por aquellos años de formación de la vida legal eclesiástica. La angustia erótica de los primeros siglos ha quedado incólume: James A. Brundage explora cómo muchos canonistas influyentes enseñaban que el placer sexual era el resultado directo del pecado original, y que, por tanto, el disfrute del sexo, aun dentro del matrimonio, «was irretrievably tainted with sin» [173]. Aquellos que se casaban con sus miras puestas en la satisfacción sexual podrían estar legalmente casados, pero esta experiencia del placer en el coito no sólo era considerada esencialmente inmoral por los teólogos, sino condenada explícitamente también por los nuevos canonistas. La única excepción —y seguimos citando a Brundage— era el intercurso efectuado con propósito reproductivo, pero, aun en este caso, muchos canonistas pensaban que el placer derivado del abrazo nupcial era moralmente malo. No hay, pues, mucho más que añadir: el placer venéreo y la experiencia amorosa vivida en júbilo quedaban canónicamente prescritos [174].

Y no fueron los penitenciales y los textos del *Corpus iuris canonici* la única legislación eclesiástica «antierótica». Al margen de esta literatura de expiación y reglamentación de pecados que hemos venido estudiando, se escribieron en Europa tratados religiosos que tenían el propósito manifiesto de instruir a los esposos en los deberes del matrimonio. Para no cansar al lector nos ceñiremos tan sólo a un ejemplo, el del citado reformista anglicano Jeremy Taylor. Recordaremos que era uno de los teólogos más liberales en materia de vida erótica. Y, con todo, tan acendrada era la tradición de suspicacia hacia la experiencia conyugal en la Europa que le tocó vivir, que, cuando Taylor escribe lo que vendría a ser un «Tratado sobre los buenos usos del matrimonio» a la cristiana, no se le ocurre otra cosa que prevenir a los cónyuges contra cualquier manifestación apasionada de su propia libido. En su libro *The Rule and Exercises of Holy Living* encontramos un capítulo titulado «Rules for married Persons, or Matrimonial Chastity», y allí leemos que los esposos tienen derecho a la expresión legítima de su vida conyugal siempre y cuando manifiesten sus afectos con desapego (*detachment*). La modestia que se espera de ellos los protegerá de la tentación de entregarse a la sensualidad. El disfrute y el deseo son reprobables, y el acto marital debe ejecutarse de manera que sea «without transporting desires, or too sensual applications» [175]. Debe ser, sobre todo, rápido: «so ordered as not to be too expensive of time» [176]. Los casados deben guardar continencia durante los períodos de devoción eclesiástica, y se les recomienda, de otra parte, que lleven a cabo un autoexamen cuidadoso de sus «undecencies and more passionate applications of themselves in the offices of marriage» [177]. Ya tendremos ocasión de ver que los maestros orientales, incluso los que escriben desde la autoridad de sus religiones establecidas, darán recomendaciones muy distintas a los lectores de sus tratados matrimoniales. Más que distintas, inversas: por eso nos hemos animado a calificar de «anti-Kāma Sūtras» a los textos eclesiásticos europeos —y españoles— que exploraron la dimensión erótica del hombre desde los siglos medios hasta el Renacimiento. Fueron, cronológicamente hablando, los precursores y los contemporáneos occidentales de nuestro tratadista morisco, que sencillamente no pudo ser más distinto de ellos.

III. UNA RÁPIDA OJEADA A LAS *BELLES LETTRES* ERÓTICAS EUROPEAS MÁS REPRESENTATIVAS

A estas alturas podríamos pensar que la literatura europea que venimos examinando se muestra tan «antierótica» por su carácter eclesiástico formal y canónico y que, al margen de ella, encontraremos la auténtica expresión literaria de una libido libre y desenfadada. Podemos decir que en general éste no ha sido exactamente el caso. Cuando echamos una rápida ojeada a la literatura secular europea más conocida que abordó el tema erótico, vamos percibiendo un malestar soterrado, una inconfesada incomodidad: parece que los occidentales habían hecho suyas —y de manera profunda— las enseñanzas de sus antiguos Padres cristianos. Habría sido difícil que fuese de otra manera. Reflexionemos brevemente sobre la actitud que guardaron los escritores más representativos de Europa sobre el tema erótico, sobre todo aquellos que fueron leídos justamente como «erotólogos»: los celebérrimos Andreas Capellanus y el autor anónimo del *Liber Pamphilus*. Veremos que a estos autores europeos representativos y conocidos de todos subyace esta particular, silenciosa angustia ante el tema de la libido humana que delata en seguida que fueron porosos a san Jerónimo y a san Agustín. Y subrayo el hecho de que me refiero aquí a los autores más representativos de nuestras tempranas letras continentales, ya que habrá excepciones importantísimas en las que nos habremos de detener en nuestro próximo capítulo.

Pero veamos ahora —seremos muy breves— algo del panorama general de estas *belles lettres* europeas que sentaron el tono fundamental de la literatura amorosa de nuestros mayores. Trataremos de meditar principalmente sobre los textos de aquellos autores que fueron de alguna manera más arriesgados en sus planteamientos acerca del tema erótico, ya que es de todos conocida la literatura de sublimación de la libido de que hicieron gala los trovadores provenzales y los poetas neoplatónicos [178], de los que fue figura cimera Francesco Petrarca. (Adelantamos aquí un dato en el que también nos detendremos más tarde: esta literatura de la estricta espiritualización del eros la escribieron, por cierto, los árabes con bastante anterioridad a los europeos —y con un sentido de la renuncia amorosa no menos estricto y apasionado.)

Asombra advertir cuán conscientes fueron los escritores representativos del Medioevo y de los albores del Renacimiento de las enseñanzas eclesiásticas «antieróticas» que hemos venido explorando en este capítulo. Dante las hace suyas de una manera muy natural y espontánea: en su sublime *Comedia* la sexualidad es una fuerza caótica que puede llevar al hombre al castigo eterno si no es redimida por la pureza del amor divino. Entregarse demasiado a los placeres sensuales conlleva el peligro de perder la fuerza de voluntad que caracteriza al hombre [179]. La carne y el espíritu no pueden, pues, armonizarse para el genial florentino, que tuvo que imaginar espiritualizada y trascendida a su amada Beatrice. Geoffrey Chaucer, por su parte, tiene una actitud menos solemne para con la libido humana, y no es difícil advertir la sana ironía con la que permite que el personaje John the Carpenter de sus *Canterbury Tales* sea aleccionado para que duerma en una cama separado de su esposa. El carpintero obedece, ya que se siente próximo a la muerte, y James Spisak comenta con razón que «John seems to be well aware that sleeping with his wife entails sin» [180]. Chaucer parece hacer gala, una vez más, de un tono sardónico cuando su Parson o clérigo arenga a unos peregrinos recordándoles que la lujuria no se redime ni siquiera con el matrimonio, cuyo fin debe ser tan sólo procreativo; y cuando Justinus advierte a January, haciéndose eco de san Jerónimo, que «no ame ardientemente a su mujer» [181]. Cierto que Chaucer es contestatario y valiente, pero se limita a ironizar y no subvierte de manera radical los antiguos postulados religiosos en los que se educa. No se atreve a llegar al extremo de proponer, por ejemplo, que la sensualidad que tantas bromas literarias le inspira pueda ser una virtud y no un pecado [182]. Eso le habrá de tocar a nuestro morisco español. (Ya sabemos que «Spain is different» [183].)

Ni siquiera el célebre Capellán Andrés o Andreas Capellanus, de quien tuvimos ocasión de decir algunas palabras en nuestro primer capítulo, se nos presenta como un erotólogo revolucionario en su tan llevado y traído *De arte honeste amandi*, que tanto furor causó allá por el siglo XII. Puede que haya, como en el caso de Chaucer, alguna ironía solapada en el Capellán cuando se hace eco de la moral patrística y nos dice, con aparente seriedad magisterial, que todos aquellos solaces que los casados se extiendan uno a otro más allá de los que se encuentran inspirados por el deseo generativo o por la intención de pagar el débito matrimonial, no están exentos de pecado: *Nam quidquid solatiis ab ipsis coniugatis ultra prolis affectionem vel debiti solutionem alterna vice porrigitur, crimine carere non potest*[184]. Como quiera que sea el caso, es un consejo inesperado y desalentador para un tratado que pretende hacer diestro al hombre en materia de amores. Debemos recordar, sin embargo, que se trataba de amores «cortesanos», esto es neoplatónicos e hijos de la antigua tradición de los castos (al menos, casi siempre) trovadores franceses. Curioso el Capellán Andrés, que en sus diálogos cerebrales habrá de desautorizar el «amor mixto», que incluye la culminación del «acto de Venus» porque transgrede la ley de Dios y porque esconde grandes peligros sociales. Se ha de preferir el amor puro, que no es otro que el que permite los abrazos, los besos, incluso el contacto «modesto» con la amada desnuda, sin que —eso sí— se le permita al amante el solaz final. Este tipo de amor, el *concubitus sine actu*, que Andrés nos garantiza no daña la reputación de las doncellas ni de las casadas, y que para colmo tiene la ventaja de ofrecer poca ofensa a Dios, no es otro que el «amor udrí» de los árabes. Sería interesante saber cómo llegó al misterioso Capellán una información tan precisa de este refinamiento último amoroso, llamado «udrí» por el nombre de la tribu de los Banu 'Udra o «Hijos de la virginidad». Emilio García Gómez estudia este antiguo *modus amandi*, «creado por los retóricos orientales, concretado en poetas como 'Urwa, Kutayyir, Machnun, y sobre todo Chamil, gentes que morían de amor, héroes de un idealismo refinado, y practicantes de una ambigua castidad, cuyo norte erótico era una mórbida perpetuación del deseo»[185]. Mucho que poetizaron los árabes este amor casto, desde Ibn Dā'ūd hasta Ibn Ḥazm, y por cierto bastante antes de que el Capellán luciera su erudición erótica en la Europa medieval. Pero no es éste el lugar de explorar el interesante problema filogenético de Andrés, sino de ver qué hace con su «amor mixto» y su «amor puro». No nos debe extrañar que termine por condenarlos fulminantemente en su capítulo tercero, *De reprobatione amoris*. Se excusa de haber escrito su tratado dando a conocer estos dos tipos de «pecados» amorosos porque le es mejor al hombre rechazar el pecado que conoce que no el que le es ajeno. Claro que los erotólogos metidos a «moralistas» siempre han sido muy poco de fiar, pero bajo la pedagógica conclusión final del Capellán late una incomodidad evidente para con el tema amoroso. Tampoco el Capellán lo pudo hacer compatible con la espiritualidad de aquellos tempranos europeos que se arrebataron con tanto gusto su célebre *best seller* cortesano[186].

Otro de los «erotólogos» más sobresalientes de la Europa medieval es el anónimo autor del *Liber Pamphilus* o *Pamphilus de amore*, que debió de escribir su tratado entre 1180 y 1200. Es decir, poco después de que el Capellán deleitara a su público con sus elegantes cortesanías. Tampoco sabemos dónde nació este misterioso autor, cuya obra fue leída, refundida e imitada como pocas en Europa. Estamos ante otro «éxito de librería» europeo en materia de amores, al que los lectores fueron muy proclives, pese a los *caveats* eclesiásticos. Pero es fuerza concluir que estos *caveats* lograron empañar en la mayoría de los casos el libre disfrute erótico de nuestros antepasados. El *Liber Pamphilus* que tanto entusiasmó al Arcipreste de Hita y a Fernando de Rojas es, bien leído, bastante melancólico. Parece que el escurridizo autor olvidó las lecciones precisas que ofrece Ovidio en los libros II y III del *Arte de amar* cuando describe la seducción final de Galatea por Pánfilo al final de su tratado. Ovidio, a quien suelen citar como autoridad en amores estos erotólogos medievales, es bastante generoso con la información que ofrece en torno al amor consumado. En su latín magistral, da concienzudos consejos a hombres y mujeres —pues a ambos parece dirigir sus versos— en lo tocante al coito: posiciones, consecución del orgasmo mutuo, entre otros detalles pertinentes. Cuando abrimos el *Pamphilus* en el verso 675, advertimos en seguida cuán lejos se encuentra nuestro «erotólogo» medieval de Ovidio. Allí, en una escena enojosísima, describe cómo Pánfilo sacia sus urgencias amorosas con Galatea. Galatea tampoco se había mostrado como una niña del todo inocente a lo largo de la obra, pero salta a la vista que estamos ante lo que hoy llamaríamos una violación técnica. Galatea no parece fingir cuando resiente la violencia y la total falta de refinamiento sexual de su «enamorado» Pánfilo. Por lo menos en la brevedad del acto y en su total ausencia de placer Galatea parecería concordar con las enseñanzas pías de la época. Pero leamos los versos directamente. Habla Galatea o, mejor, impreca Galatea a Pánfilo:

Pamphile, tolle manus!... te frustra nempe fatigas!
Nil ualet iste labor!... Quod petis esse nequit!...
Pamphile, tolle manus! Male nunc offendis amicam!...
Iamque redibit anus: Pamphile, tolle manus!...
Hey mihi! Quam paruas habet omnis femina uires!
Quam leuiter nostras uincis itrasque manus!...
Pamphile! Nostra tuo cur pectore pectora ledis?...
Quod me sic tractas..., est scelus atque nephas!...
Desine! Clamabo! Quid agis? Male detegor a te!...
Perfida, me miseram, quando redibit anus?
Surge, precor!... Nostras audit uicina lites!...
Que tibi me credit non bene fecit anus!...
Vlterius tecum me non locus iste tenebit
Nec me decipiet, ut modo fecit, anus!...
Huius uictor eris facti, licet ipsa relucter,
Sed tamen inter nos rumpitur omnis amor! [187]

Cuando Galatea anuncia solemnemente a su enamorado galán que «el amor entre nosotros queda definitivamente roto», adivinamos su desencanto y su insatisfacción ante esta manera de «amar» de la que hace gala el protagonista, que es de una rudeza y de un primitivismo flagrantes. Ya dejamos dicho que Fernando de Rojas acepta muchas cosas del *Pamphilus*, pero, definitivamente, no lo sigue sino que lo «corrige» en cuanto a amores refinados se refiere. Melibea es una verdadera «profesional del amor» que celebra a cada paso su «gozo» y su «placer» amatorios. Es la perfecta «anti-Galatea». En cuanto a Juan Ruiz, sigue tan de cerca al *Pamphilus* en su relato de los amores de don Melón y doña Endrina que se puede escudar de que «en lo feo del estoria diz' Pánfilo e Nasón» (v. 891). Sólo que nunca sabremos de veras cuán de cerca siguió a su maestro «erotólogo» en la escena última de los amores de doña Endrina y don Melón, ya que el erudito Tomás Antonio Sánchez rasgó para siempre el folio que contenía el pasaje, ofendido por su franqueza. Cabe sospechar que el travieso Arcipreste, que tan al pie de la letra va siguiendo al *Pamphilus* en su narración amorosa, lo haya imitado también en el referido pasaje final que tanto mortificó a Sánchez en el siglo XVIII. Da la impresión que Juan Ruiz desoyó en lo fundamental al mucho más *bon vivant* Ovidio «Nasón», con el que su episodio de amores apenas guarda parentesco.

Claro que hay excepciones a este relativo «recato» erótico, y que la literatura europea medieval y renacentista a menudo hace gala de una sensualidad rampante que no se esconde bajo el velo de la amonestación y que es más morosa en sus descripciones que el apresurado pasaje del *Pamphilus* que acabamos de ver. Ahí están las escenas de franco amor sexual de *Tristán e Isolda* y del *Decameron*; las libertades orgiásticas de Pietro Aretino; la robusta sexualidad telúrica de Rabelais, que tan acertadamente ha explorado Mijail Bajtin [188]; la complicada pedagogía amorosa y sexual del *Roman de la rose*, que Jean Gerson llegó a considerar «sacrílega» [189]; y los amores de fornicación casual y desenfadada de tantas novelas de caballerías. (Amadís y Oriana consuman su amor extramatrimonial sin más, y el castísimo solterón de don Quijote se precaverá bien de no imitar en nada los «atrevimientos» eróticos de su héroe.) Podríamos llegar mucho más allá en la cuenta de los «libertinos» en amores de la literatura europea que fue inmediatamente anterior o contemporánea al morisco erotólogo, pero con un botón de muestra basta: todos la recordamos bien. Lo que importa es calibrar el hecho de que estos autores —muchos de los cuales eran sacerdotes, por cierto— no llegaron a hacer sus historias de amores verdaderamente compatibles con su condición eclesiástica [190]. Escritores como un Boccaccio o un Pietro Aretino tienen una conciencia maliciosamente gozosa de que están contrariando las enseñanzas canónicas al uso. Por ello, hay una fruición especial en integrar en las aventuras libidinosas precisamente a sacerdotes y a monjas. Si estos personajes eclesiásticos que pueblan las páginas de los *Ragionamenti* o del *Decameron* rezaran mientras ejecutan el acto amoroso, sería el cinismo último. Y sin embargo, esto es precisamente lo que hará nuestro morisco, al margen absoluto de toda pornografía: proponer oraciones para ser dichas durante el acto sexual, que para él, a diferencia de todos estos europeos que venimos citando, es venerable. No he visto que ningún autor occidental del Medioevo o del Renacimiento [191], ni siquiera a los más expertos y libres en amores, dé el paso último de aprobar tan de veras la libido humana que la sienta en armonía con el amor divino [192]. Una vez más, nuestro morisco español será quien tenga la palabra.

IV. EL CASO DE LA LITERATURA ESPAÑOLA, PATRIA NATURAL DEL MORISCO EROTÓLOGO

No es exagerado decir que, en lo fundamental, la literatura española —y, una vez más, nos referimos por el momento a la más representativa— ha mantenido una relación atormentada con el tema erótico a lo largo de muchos siglos [193]. Cierto que no siempre fue así. Si aceptamos la teoría (por cierto debatida al presente) de que las letras españolas se inician con las espléndidas jarchas romances adjuntas al final de las moaxajas árabes y hebreas, entonces tenemos que concluir que las letras peninsulares advienen a la vida aureoladas de una sensualidad encendida y risueña que muy pocas veces volverá a repetirse en la historia de nuestras letras. Claro que estas cancioncillas populares que preservaron como en prodigioso «frasco de alcohol» —para usar aquí la frase de Dámaso Alonso— aquellos antiguos moaxajeros semíticos nacen en un ambiente culturalmente mestizo. Los versitos en lengua vulgar con los que experimentaron gozosamente aquellos poetas cultos, que eran a manera de «folcloristas *avant la lettre*», son uno de los mejores ejemplos de la literatura temprana de aquella nación que todavía estaba constituida por las castas cristiana, árabe y judía. Basta reflexionar sobre un hecho estremecedor: para decodificar responsablemente estos versos que inauguran con tanta alegría nuestras letras peninsulares, el hispanista debería ser, además, hebraísta, arabista y, si se nos permite el término, «mozarabista», pues todas estas lenguas coadyuvan al arte híbrido de estos viejos poemas. Para colmo, nuestro hipotético investigador debe tener una buena dosis de dotes detectivescas, ya que el mozárabe en el que suelen estar escritos los versitos está transliterado en caracteres árabes o hebreos sin vocalizar. (Digo «mozárabe» y me corrijo en seguida, ya que la misma lengua de las jarchas está siendo puesta en duda por un sector de la crítica, que sospecha que no es mozárabe sino árabe transliterado en grafías semíticas.) No es extraño que aún sepamos bastante poco acerca de esta misteriosa poesía iniciática en lengua vulgar. El célebre ensayo pionero de S. M. Stern [194] en torno a las jarchas ha hecho correr muchísima tinta, tinta que ha desembocado en estos mismos días en interesantes polémicas que demuestran que el misterio de las cancioncillas ha seguido apasionando a los estudiosos, que saben que aún no han terminado de entenderlas a fondo [195]. Una de las pocas cosas que parece quedar suficientemente clara en el terreno movedizo de esta primitiva lírica peninsular es su soleada sensualidad. (Aun cuando aceptemos que la lectura de las jarchas es a menudo conjetural, la franqueza erótica se repite de tal manera que sería difícil que estuviéramos ante un error constante por parte de los «decodificadores» de los poemas.) Las muchachas del siglo XI —o mejor, los poetas que inventaron sus voces— cantan sus reclamos sensuales (a veces, sexuales) con un desenfado que hubiera hecho sin duda sonrojar a Jimena, la esposa del Cid. O al autor (¿juglar, monje?) que la concibió tan castellana y tan casta. Oigamos la jarcha IX que traduce Emilio García Gómez: la amada de la cancioncilla, en un despliegue de ardiente coquetería que difícilmente volveremos a ver luego en las letras hispanas, «amenaza» a su amigo:

Non t'amarey illā kon aš-šarṭi
an taŷma' jal jālī ma'a qurṭi.

[No te amaré sino con la condición
de que juntes mi ajorca del tobillo con mis pendientes.] [196]

La muchacha pide, como salta a la vista, que le hagan el amor y lo pide bajo el lujoso eufemismo de la mención de sus joyas [197]. El marco oriental de esta jarcha arabizante es tan obvio que hemos encontrado el mismo poemilla nada menos que en dos libros eróticos árabes de Medioevo: en *Las flores resplandecientes en los besos y los abrazos*, de 'Alī al-Bagdādī, y en el texto más «atrevido» de Nefzāwī, *La gloria del jardín perfumado* [198]. Reflexionemos por un instante: los temas de nuestra primitiva lírica eran moneda común de los erotólogos árabes de más renombre. Podría aducirse que estamos ante una jarcha muy arabizante, con pocas voces romances: pero es que la agresividad erótica femenina es muy usual en esta antigua poesía. Es ahora Manuel Alvar quien recoge una jarcha de la moaxaja de Muḥammad Ibn 'Ubada:

Meu sīdī Ibrāhīm yā tu omne dolje vent'a mib.
In (?) non si non queris yireym'a tib gar ob legarte.

[Oh tú, mi dulce dueño Ibrahim, ven a mi casa por la noche.
Si (?) no, si es que tú no quieres, yo me iré a la tuya. Dime dónde te encontraré.] [199]

Estas antiguas muchachas que protagonizaron con tanta desenvoltura nuestra primera poesía en lo que muchos estudiosos consideran la lengua vulgar no se amilanaban ante nada. Coquetearon incluso con el antiguo tópico literario árabe de las huellas de las caricias excesivas (o mordiscos) sobre su piel, que la poesía culta de Oriente transmuta en «violetas» [200]. Tampoco pararon mientes en celebrar la belleza del rostro del amado, que comparaban a la luminosidad de la mañana: «Bon Abū'l-Qāsim la faj de matrana»[201]. Casi parece que estamos escuchando a la Sulamita del Cantar de los cantares, que es la voz poética que más fuerza tiene de la pareja del antiguo epitalamio palestino. Una libertad —y una comodidad— erótica indiscutible caracteriza a estas primeras protagonistas poéticas de nuestra literatura, que nos suenan indefectiblemente más orientales que occidentales. Pero, con todo su aroma oriental, estos poemillas populares tampoco habrán de llegar al extremo espiritual del morisco, que armoniza estas mismas posiciones sexuales que evocan las jarchas con el amor espiritual a Dios.

La actitud de desembarazo sensual con el que se inician las letras españolas, tan orientalizadas, terminará muy pronto, y sólo muy de tarde en tarde la veremos aflorar una vez más en las letras hispánicas. Veamos rápidamente algunos casos representativos de autores que dan un nervioso mentís a la luminosa sensualidad de las antiguas jarchas, recordando que no pretendemos de modo alguno ser exhaustivos, ya que muchos críticos se han ocupado del tema recientemente[202]. Ifigenio Amezúa observa atinadamente cómo en la producción literaria que asociamos a la nobleza castellana medieval (épica, cronística) «el amor no es nunca citado como fuente de alegría ni de proezas de caballero, sino como fidelidad y sacrificio por parte de la esposa»[203]. En efecto, la relación marital de Jimena y Rodrigo —por recordar el caso más conocido de la épica española— tiene visos casi más fraternales que eróticos y parece constituir la otra cara de la moneda de las encendidas relaciones amorosas de las jarchas que acabamos de ver. Los autores moralizantes de la época nos recuerdan una y otra vez las conclusiones de los Padres de la Iglesia en torno al amor matrimonial: ya hemos visto cómo el pecado acechaba siempre los lechos conyugales medievales, y los españoles no fueron excepción en esto. Nos lo advierte, con ceño fruncido, el Arcipreste de Talavera en el libro I, capítulo XV de su *Corbacho,* que tiene el melancólico título de «Cómo el amor quebranta los matrimonios».

> Mas, bien sabes que con la propia muger, sy devidamente usares, non puedes cometer fornicación. E los apetytos yncentyvos de luxuria en este caso no son notados a mortal pecado, synon venial, la entynción del matrimonio salva e guardada[204].

Alfonso X se tiene muy bien aprendidas las enseñanzas agustinianas, y hace gala pedagógica de ellas en sus *Siete Partidas.* En su código legal aquellos españoles del siglo XIII podían orientarse en lo tocante a la sutil línea divisoria que separaba el acto conyugal tolerado del acto conyugal pecaminoso. Era, en efecto, una línea muy tenue y cabe imaginar cuántas angustias causarían las sutiles distinciones «leguleyas» en las mentes de aquellos peninsulares que no podían diferenciarlas bien:

Por qué razones excusa el casamiento al homne de non pecar quando yace con su muger

Excusanza han el marido et la muger a las veces de non pecar quando yacen en uno. Et porque se mueven a facer esto por quatro razones, et por algunas dellas caen en pecado et por algunas non, depártelo la santa eglesia en esta manera; que quando se ayunta el marido a su muger con entención de haber fijos non ha pecado ninguno, ca ante face lo que debe segúnt Dios manda; et la otra es quando se ayunta el uno dellos al otro, non porque él haya voluntad de lo facer, mas porque el otro lo demanda; et en esta otrosí non ha pecado ninguno. La tercera razón es quando vence la carne et ha sabor de lo facer, et tiene por mejor de se allegar a aquel con quien es casado, que de fazer fornicio a otra parte, et en esta yace pecado venial, porque se mueve a facerlo más por cobdicia de la carne que non por facer hijos. La quarta razón es que quando se trabajase el varón por su maldat, porque lo puede más facer comiendo letuarios calientes o faciendo otras cosas, et en esta manera peca mortalmiente; ca muy desaguisada cosa face el que quiere usar de su muger tan locamiente como farié de otra mala muger, trabajándose de facer lo que la natura nol' da [205].

Importa que tomemos *cum grano salis* las estrictas enseñanzas del Rey Sabio, ya que veremos en seguida que nos dará muestras de tener una actitud muchísimo más liberal —incluso desenfadada— ante la libido humana [206] en otros momentos de su producción literaria. Pero salta a la vista que muchos escritores oficiales de la época fueron muy conscientes de las enseñanzas eclesiásticas al uso y las repitieron al pie de la letra en su literatura pedagógica. Un autor como Juan Rodríguez del Padrón, por aducir otro ejemplo, nos demuestra que tuvo muy en cuenta la literatura penitencial al redactar su *Siervo libre de amor* durante el reinado de Juan II [207].

Juan Victorio, en su estudio *El amor y el erotismo en la literatura medieval*, se plantea el hecho de que España no desarrolló un «Decamerón castellano» a lo largo de la Edad Media porque para ello «hubiera sido necesario un grupo de intelectuales independientes de la corte y del convento, que, teniendo en cuenta la identidad de intereses entre ambos, no se produjo» [208]. Las razones para esta aparente ausencia de un «Decamerón peninsular» deben de haber sido muy complejas, y entre ellas hay que tener en cuenta la posibilidad de que la casta cristiana mantuviera una actitud defensiva ante la amenaza islámica, encarnada no sólo en el poderío militar sino en unas tendencias literarias marcadamente eróticas de las que sin duda habría tenido algún tipo de noticia. (*El Poema de Mío Cid* nada nos dirá sobre ello, pero Almutamid de Sevilla, que aparece como aliado militar de Rodrigo al inicio del poema, era un famoso poeta que celebró a su favorita Rumaykiyya y aun a un hermoso esclavo de ojos negros llamado Espada en ardientes versos de estilo «gongorino».) No tardaremos en ver, sin embargo, que si bien España no dio su «Decamerón», sí dio otros libros eróticos de singular importancia, como correspondía a una nación de fuerte impronta árabe. Pero no nos adelantemos. Victorio reflexiona sobre el hecho de que esta castísima «asepsia» de la literatura medieval castellana ha llenado de orgullo a hispanistas de la talla de Ramón Menéndez Pidal. En el ensayo «Caracteres de la literatura española», de su *España y su historia* (vol. II, Madrid 1957), Menéndez Pidal se jacta de que España no ha producido una poesía popular que celebre el amor adúltero que sí celebró Francia: a esta poesía la sustituyen, «con peculiaridad opuesta, las cantigas de amigo, poesía de amor virginal, efusiones de doncellita conversadas con la madre o con las amigas, acerca del enamorado ausente» [209]. Para Menéndez Pidal, otro tanto ocurre con la narrativa española. Nada de la festiva escabrosidad del *Decamerón*: «España [...] no trata tales temas, sino que, atenida a la belleza moralizadora del apólogo tradicional, produce obras saturadas de intención ética, como *El Conde Lucanor*, o los *Castigos del Rey Sancho IV* o el *Corbacho* del Arcipreste de Talavera; esta tendencia didáctica llega hasta el siglo XVII...» [210]. Juan Victorio reacciona ante la visión que la literatura medieval hispánica le merece al gran erudito, por considerarla parcializada:

> Este modo de considerar las cosas (al que sólo falta un «que adulteren ellos»), peligroso por su generalización (pues le obliga a hacer abstracción de autores u obras que no responden a esta peculiaridad), por su subjetivismo y sistema de valores muy particular («amor virginal», «belleza moralizadora del apólogo», «abismos del amor adúltero», «amor primero», «inquebrantable fidelidad»), por su inexactitud (las canciones de la *mal maridada* o de *escarnho* lo contradicen, amén del Arcipreste de Hita), ha hecho, sin embargo, tradición (¡palabra querida de don Ramón!), y aún hoy es posible ver una «Historia de la literatura española» tan seria en otros conceptos, que repite tales asertos, aceptándolos sin más [211].

Tiene Victorio aquí un punto importante de razón, ya que la literatura española medieval no siempre ha sido tan casta como hubiera querido el insigne don Ramón. No tenemos nada más que recordar al autor más simpático de los siglos medios peninsulares, el siempre desconcertante Arcipreste de Hita, que tiene la ocurrencia de celebrar el «loco» amor y a la vez precavernos contra él. Todos recordamos las aventuras eróticas del protagonista en primera persona —un clérigo—, que sirve de galán a las féminas más diversas: una monja, unas forzudas serranas, una mora (irónicamente, la más «casta» de la obra), la viuda doña Endrina, que, por cierto, debido a la modestia ofendida de Tomás Antonio Sánchez nunca sabremos si fue «amada» con la misma violencia que la Galatea del *Liber Pamphilus*. Pero lo más sobrecogedor de Juan Ruiz como teórico de amores se encuentra en el prólogo del *Libro de buen amor*. Después de ofrecer su texto al lector como panacea aleccionadora en menesteres de rehabilitación espiritual y moral, da el viraje más formidable de la literatura española al proclamar, con una exasperante tranquilidad: «Empero, porque es umanal cosa el pecar, si algunos, lo que non los consejo, quisieren usar del loco amor, aquí fallarán algunas maneras para ello» [212]. Dicho de otro modo: el Arcipreste dice que su libro es simultáneamente un manual moralizante y un manual aleccionador en materia erótica subversiva. Pocos españoles han hecho gala de un desprecio tal a la lógica aristotélica, y parecería que este texto de amores «baciyélmico» sólo se podría integrar con comodidad dentro de coordenadas de pensamiento típicamente árabes. Es que esta manera de «razonar» la virtud y el sexo simultáneamente es típica de muchos erotólogos islámicos. Algo de esto ya adelantó Américo Castro, y vale la pena recordar sus palabras en este sentido porque Juan Ruiz es uno de los pocos autores europeos que parece tener algún tipo de familiaridad con algunos postulados erótico-espirituales del «Kāma Sūtra español» que editamos hoy. Castro se hace cargo de la novedad ideológica del Arcipreste:

> El autor [Juan Ruiz] dijo lo que iba a hacer: «un Libro de Buen Amor, que los cuerpos alegre e a las almas preste» (13). Más bien que una ascensión gradual de lo mundano a lo religioso, del apetito terreno al propósito de refrenar la conducta, hay aquí un trenzado constante entre afán vital y conciencia moral. Estamos lejos de las consabidas disputas medievales entre el alma y el cuerpo, porque mundo y trasmundo convergen y se integran en la unidad de la experiencia reflejada en el estilo en primera persona [...]. Para el autor la vida es una totalidad, compuesta de alegría corporal, sensible, subjetiva, y de una trascendencia moral. Si el Arcipreste hubiera sido musulmán, la transición continua de uno a otro plano habría acontecido con ingenua sencillez, sin sorpresa ni esfuerzo; siendo cristiano (aunque de tradición islámica), tenía por fuerza que reflejar el contraste entre la espontaneidad sensible y la reflexión moral. Un escritor cristiano no podía aparecer, en una misma alentada, como pecador y moralista, cosa que el Arcipreste veía y leía acontecer entre musulmanes, para quienes vivir en la carne no significaba necesariamente alejarse del espíritu, y viceversa. [...] a ningún cristiano se le ocurrió escribir poemas que incluyeran a la vez lo alegre y lo moralizante; Juan Ruiz, muy familiarizado con la vida islámica, pudo hacerlo, aunque tendiendo un puente humorístico entre sensualidad y moralidad... Esta combinación «centáurica» entre dos modos de vida confunde y desorienta cuando nos acercamos al Arcipreste [213].

Emilio García Gómez acepta la impronta mudéjar de Juan Ruiz, pero corrige algunos de los postulados de Castro, que, con «fervor de neófito», según el arabista, atribuyó al Arcipreste unas fuentes orientales que su colega considera inaceptables [214]. La más importante, *El collar de la paloma*: «el precioso libro de Ibn Ḥazm debió circular muy poco; es libro aristocrático y muy difícil, y se halla separado del "Buen amor" por verdaderos abismos de diferencias espirituales» [215]. De acuerdo: el texto del Arcipreste parece lejos en más de un sentido del refinadísimo *Ṭauq al-Ḥammām* o *Collar de la paloma*, de ecos platónicos y udríes que resultan de una sofisticación verdaderamente ejemplar. Es posible que alcanzara a Juan Ruiz noticia de otras tradiciones o textos erotológicos más accesibles y más vulgarizados que el de Ibn Ḥazm. Sea como fuere, importa decir que el Arcipreste sí comparte con el cordobés —y con tantos erotólogos árabes— la defensa y el ataque simultáneo del «buen amor». Como dejó dicho Castro, eso sólo se le ocurre a los árabes —y a Juan Ruiz—. García Gómez no se detiene en ello, pero el aristocratizante Ibn Ḥazm también responde a esta capacidad de entender simultáneamente los contrarios de que hace gozosa gala el autor del *Libro de buen amor*, que por cierto tantos dolores de cabeza ha causado a los críticos occidentales. El gran erotólogo hispanoárabe celebra el coito extramarital y aun el homosexual, para luego moralizar arduamente en contra de estos amores irregulares en los últimos capítulos de su *Collar de la paloma*. El texto pretende, por más, ser «autobiográfico» —claro que se debe tratar de un artificio retórico— pero lo cierto es que vemos al propio Ibn Ḥazm protagonizar escenas eróticas candentes. Luego, para sorpresa del lector occidental, el protagonista que narra en primera persona abjura de ellas violentamente: «Dios sabe [...] que estoy del todo inocente de pecado, y limpio de culpa, inmune de reproche en estas materias, y que soy puro en mis costumbres. Juro por Dios que no desanudé jamás mi manto para un coito ilícito y que mi Señor no habrá de pedirme cuenta de ningún pecado grave de fornicación» [216]. Esto es más curioso aún si recordamos que al principio de la obra, Ibn Ḥazm había asegurado, muy dentro de la línea de razonamiento erótico oriental, que «[el amor] no está reprobado por la fe ni vedado en la santa ley, por cuanto los corazones se hallan en manos de Dios Honrado y Poderoso, y buena prueba de ello es que, entre los amantes, se cuentan no pocos bien guiados califas y rectos imames» [217]. A la luz de esta aparente apertura sexual con la que se inicia el texto, llaman sin duda la atención los reclamos últimos del tratadista cordobés, que nos previene contra el amor, fuente de pecado que aleja al hombre de la más alta vida espiritual. Impresiona mucho encontrar en tantos otros tratadistas eróticos árabes la misma actitud simultánea y dual de Ibn Ḥazm: no es exagerado decir que estamos ante un lugar común de la literatura erotológica islámica, que debe ser hijo de la extraordinaria flexibilidad de la mente árabe para la aceptación simultánea de los contrarios, que sin duda debe guardar estrecha relación con la ambigüedad intrínseca de su lengua [218]. Sorprendentemente, Juan Ruiz parece instalarse de lleno en estas coordenadas semíticas de pensamiento, que parecen más decisivas en su obra que la impronta de Ibn Ḥazm o de cualquier erotólogo musulmán específico [219]. Importa que «hilemos fino» y comprendamos que no se trata de que los árabes y el Arcipreste hablen de las transgresiones sexuales para luego aleccionar al lector en contra de ellas: estamos ante ideólogos que postulan simultáneamente que el amor sexual es compatible con el divino y a la vez nocivo y pecaminoso [220].

Todo esto guarda relación con el «Kāma Sūtra español», pero también tiene sus importantes diferencias. Tanto Juan Ruiz como Ibn Ḥazm y otros erotólogos árabes como Al-Bagdādī evocan en sus textos jocosos aventuras eróticas de índole extramarital, y susceptibles por ello mismo de reprobación aun dentro de postulados mentales muy permisivos. A nuestro autor morisco, en cambio, nunca se le ocurriría decir que las lecciones sexuales que nos ofrece en su tratado tienen el más mínimo asomo de pecado. El amor que estudia es venerable y, sobre todo, nupcial, de ahí que nunca haya que abjurar de él. El jurisconsulto que encontró refugio en Túnez nunca dará la vuelta de la tuerca que caracteriza a tantos otros de sus correligionarios árabes —y a Juan Ruiz— para someter a censura o a escarnio o a broma el amor humano. Estaría de acuerdo tan sólo con el *dictum* inicial de Ibn Ḥazm: «[el amor] no está reprobado por la fe ni vedado en la santa ley...». Ya tendremos ocasión de ver que la tradición erotológica árabe es muy compleja y que el morisco pertenece a una de las ramas más espiritualizantes de la misma. Por lo pronto, sí podemos concluir que el Arcipreste de Hita, pese a todas las diferencias que guarda respecto al tratado erotológico del ms. S-2, parece ser el europeo que más cerca estuvo de sospechar, muy dentro de postulados ideológicos islámicos, que el amor humano y el divino pueden ser capaces de una jubilosa fusión.

Otros autores peninsulares del Medioevo, aparentemente muy de vanguardia, parecen incapaces de esta armonización erótico-espiritual que anuncia Juan Ruiz y que culminará en el «Kāma Sūtra español». Pensemos en autores aún bastante poco estudiados por la crítica, como el anónimo monje de Ripoll, que nos sorprende como verdadero *connaisseur* en lides eróticas. En seguida nos preguntamos si el enigmático escritor tendría acceso a los libros de erotología oriental. Oigamos sus consejos:

> Que el joven y la amada opriman el lecho en la oscuridad, y que se den abrazos dulces a porfía. Que el joven le bese la boca y las mejillas al abrazarla, que acaricie sus pechos, sus pezones y su cosilla diminuta. Que sus fémures se junten y tomen el fruto de Venus, y que cese todo ruido: así se consuma el amor [221].

Lo que no se le ocurrió al erudito en amores de Ripoll, pese a la arriesgada valentía de sus consejos, fue hacer este amor humano cónsono con su condición de clérigo. Una vez más, tendremos que ceder la palabra al exilado de Túnez.

Otros géneros literarios peninsulares también tienden a desmentir la visión casta que se forjó Menéndez Pidal de nuestras primeras letras. Margit Frenk, José María Díez Borque y Pierre Alzieu —entre otros— nos lo demuestran exhaustivamente en lo que toca a la antigua lírica popular. Estamos ante una «poesía de franca y abierta proclamación de los sexual», como bien anuncia Díez Borque [222], y son innumerables los poemitas que así lo evidencian. Recordemos el «Dale que le das, mozuela de Carasa», «La chiquita es la mejor», «Primero es abrazalla y retozalla», «¿Qué más quiere, señor? —Niña, morderte», «La niña gritillos dar / no es de maravillar», «De una dama y de un labrador / ¡mirá qué lavor!»[223]. Pierre Alzieu y sus colaboradores aumentan el muestrario de esta poesía risueña, algo inesperada para los que estamos acostumbrados tan sólo al lado más adusto o más sombrío de las letras hispánicas:

> Si se mira en conjunto, ¡qué perfil más humano, más sonriente y más sano en la España del Siglo de Oro se descubre en estas poesías! No es la figura llorosa de un pastor melancólico, ni la silueta demacrada de un ermitaño, ni la cara febril de una monja angustiada... Son, sencillamente, los rostros de unos hombres y unas mujeres que, a pesar de sus cuatro siglos de edad, se parecen más a nosotros de lo que imaginábamos[224].

Pierre Alzieu y sus colaboradores reúnen, por cierto, una antología muy importante que tiene la novedad de no aparecer bajo pseudónimo ni con editorial falsificada, como tantas otras que recogían poemas de tema semejante. En el prólogo, el investigador asegura que se atiene a antologizar las poesías «que sin remilgos (aunque no sin elegancia), sin complejos y sin referencias a cualquier sentimiento de culpabilidad, exaltan el amor verdadero, es decir completo, feliz, triunfante»[225]. Alzieu es consciente de que esta poesía que ve la luz en su volumen fue censurada, aun a pesar de que lo que más preocupaba al *Index librorum prohibitorum*, a la Inquisición y a las leyes postridentinas de Felipe II era —hoy lo sabemos— la herejía y no el sexo. No deja de ser curioso, ante esos reclamos, que en el glosario de su edición moderna Alzieu traduzca las palabras «procaces» de sus poemas en latín. Lo dijo bien Octavio Paz al quejarse en sus *Conjunciones y disyunciones* de que «el señor Van Gulik traduce al latín [en su libro *Sexual Life in Ancient China*] los pasajes escabrosos de los textos chinos, como si el conocimiento de esa lengua fuera un certificado de moralidad»[226]. Y nos detenemos en todo esto para subrayar la incomodidad que todavía este tipo de literatura erótica —supuestamente soleada y franca— suscita entre los estudiosos más liberales que se han entregado a la honrosa tarea de rescatarla del olvido[227].

No toda la literatura española medieval de tema erótico fue tan risueña y desenfadada como esta lírica popular[228] o como el *Libro de buen amor*. Ahí está la *Carajicomedia*, editada recientemente por Carlos Varo[229], que en su ludismo sexual rezuma un humor paródico no exento de su cuota de violencia. Para Varo, «la rijosidad estridente de la parodia [es probable que] sólo sea tubo de escape a una presión que no tenga nada que ver [...] con la frustración sexual, y sí con la represión del sistema todo en la España de transición del siglo XV al XVI»[230]. Muy bien puede que sea así, pero parecería que la violencia solapada de las bromas procaces en las que luchan «carajos» y «coños» (es decir, los sexos masculino y femenino), es más contestataria y exhibicionista que entusiasta de veras con el erotismo humano como valor positivo. Lo mismo cabría decir respecto a tantos otros pasajes de la obra, como aquella «invitación» que se tiende al lector, para que «hoda» a la prostituta Mari López, que protagoniza el texto. (Pese a lo grosero de la broma, hay aquí esbozada una experimentación literaria muy moderna por cierto.) Ya veremos que el tratado erótico del morisco se encuentra muy lejos del humor burdo y a menudo grotesco de este autor colectivo [231], que nos parece más enojado y ansioso que el de un Rabelais y, por ello mismo, acaso preludiador de las amarguras eróticas de Francisco de Quevedo.

Ya hemos adelantado algo acerca del erotismo de *La Celestina*, que, al margen de la vida sórdida de la alcahueta y su submundo, luce sus mejores galas en el personaje de Melibea, que un día —y con tanta razón— diera el título a la obra. Hoy los lectores entendemos muchísimo más sus encendidas filípicas de amor que el discurso cortesano gastado de su enamorado Calisto. Melibea es, sin duda, el personaje femenino que con más valentía y entusiasmo defiende su amor y sus inclinaciones eróticas en la literatura española de la época [232]. Parece que Calisto es tan sólo un pretexto para que ella lleve a cabo su formidable autoexploración psíquica, y que la mismísima Celestina es otro pretexto para que la muchacha pueda arrojar de sí cuanto antes las últimas cadenas que la atan a los valores convencionales de su época. A veces dudamos sobre quién manipula a quién: la alcahueta a la joven o la joven a la alcahueta. Sorprende al lector moderno, de otra parte, la rápida emancipación del personaje de la moral al uso: de una defensa inicial de su honra, que adivinamos algo tibia, la joven pasa a exhibir una interesantísima cultura en temas de amores, que no es sólo práctica sino teórica. Al final del decimosexto auto nos enteramos de que las lecturas de Melibea en lo que concierne al amor y al sexo no se circunscriben a los temas clásicos más socorridos (Venus, Cupido) sino que incluyen los temas ya más escabrosos del incesto —sabe de memoria las historias de «Mirra con su padre, Semíramis con su hijo, Cánace con su hermano y aun aquella forzada Tamar, hija del rey David» [233]— así como del bestialismo —también hace alarde de no ser ajena al caso de Pasife, mujer del rey Minos, con el toro—. Ante estas curiosas incursiones de Melibea —buena discípula de su culto padre— en los libros antiguos de los gentiles, no puede extrañarnos que resulten ingenuos los planes matrimoniales que le tiene concertados Alisa, la madre. Esta buena provinciana quiere casar a su «guardada hija» sin sondear siquiera su opinión, porque asume que la niña aún no sabe «qué cosa sean hombres» ni «qué es casar» [234]. Melibea, que ha entreoído el parlamento de la madre, pide a su criada Lucrecia que le estorbe su hablar, si no quiere que ella misma vaya «dando voces como loca, según estoy de enojada del concepto engañoso que tienen de mi ignorancia» (*ibid.*). Aquí lo mejor del caso es que Melibea se ha colocado tan al margen de los valores de su época que se resiente por que su madre la considere virgen e ignorante de los *facts of life*: estamos sin duda ante un personaje de una modernidad sobrecogedora. Una heroína de Lope o de Tirso o de Calderón podría haber perdido su virginidad —de hecho muchas la pierden— pero ninguna se jactaría de ello, sino que procuraría la recuperación del honor, que no es negocio que le preocupe para nada ya a Melibea. Rojas hace, como era de esperar a la luz de lo que vamos apuntando, que su protagonista sea portavoz de los parlamentos de amor más importantes de su texto: todos recordaremos la estremecedora escena del huerto, con «la corriente agua de la fontecica» y con aquellos altos cipreses que se daban la paz unos ramos con otros por merced del «viento templadico» que los mecía. La escena bien mereció un poema entusiasmado de Jorge Guillén: es uno de los mejores pasajes de amor de nuestra lengua. Y de los más novedosos. Un lector avisado descubre allí —y en muchos otros discursos de amor pasional de Melibea— que la muchacha usurpa un discurso erótico que rara vez usó dama alguna de la literatura de la época. Los términos más socorridos para traducir la plenitud de su amor logrado son el «placer», el «gozo», el «deleite». Cuando muere Calisto, no hay mala conciencia para con su honra perdida, ni asomo de angustia por el más allá que sorprendió al joven enamorado sin confesión —Melibea sólo deplora su felicidad y su placer perdido—: «¡Muerta llevan mi alegría! ¡No es tiempo de yo vivir! ¿Cómo no gocé más del gozo? ¿Cómo tuve en tan poco la gloria que entre mis manos tuve?» [235]. Melibea ha terminado convertida en una verdadera profesional del amor, y parecería tener un cierto parentesco con las protagonistas de las jarchas que llevaron siempre la voz cantante en la celebración de los amores en aquella antigua lírica, todavía tan orientalizada. Hay algo que nos suena radicalmente distinto en esta protagonista y en su concepción del amor, que la sitúa al margen de la culpabilidad y de los valores obligados del honor y aun de la religión convencional. Recordemos que Melibea muere arrojándose desde lo alto de una torre. Pero, justo antes de suicidarse, ofrece su alma a Dios: «Dios quede contigo y con ella [Alisa]. A Él ofrezco mi alma» [236]. De alguna manera solapada Rojas acaba de pasar de contrabando al lector una idea inaudita: Melibea parece intuir que Dios —*su* Dios— está con ella, es su «aliado secreto», que no habrá de tener a mal, en ese misterioso más allá cuyo umbral va a cruzar en unos instantes, la vivencia de su amor triunfante con Calisto. La espiritualidad de la niña es tan marginal y tan extraña como la de su padre Pleberio, que reaccionará a esta muerte trágica con uno de los monólogos más extraordinarios —y más incómodos teológicamente hablando— de las letras españolas. Allí nunca le reprochará a su hija el deshonor con el que acababa de mancillar a la familia, ni se preocupará por el destino espiritual de la suicida. Algo nos suena «extranjero» en Melibea —y, naturalmente, en su padre—, en lo que toca a su concepción del amor y de la espiritualidad, sobre todo cuando la miramos desde el punto de vista de las coordenadas ideológicas y culturales de la Europa de finales del siglo XV. Parece que los cantos de amor que la joven entonó con aquella maravillosa «ronca voz de cisne» cabrían más —lo acabamos de apuntar— en las jarchas orientalizantes que en un texto europeo de envergadura moralizante [237]. Así fue, por cierto, como el ilustre Marcel Bataillon entendió *La Celestina* [238], pero nos convence más la lectura de Stephen Gilman [239], que advierte la magnitud de la disidencia de este texto que hay que leer entre líneas para hacer justicia a su autor. A un autor atormentado precisamente por su condición de judío converso en la España intolerante de los albores del Renacimiento español. También María Rosa Lida acepta que el personaje de Pleberio, sin antecedente en la comedia romana, se encuentra al margen de los valores de la época, y que ello bien podría estar relacionado con la condición de converso de Fernando de Rojas [240]. Hoy sabemos que el autor de la *Tragicomedia,* no obstante ser bachiller por Salamanca y alcalde de la Puebla de Montalbán, siempre vivió a la sombra de la sospecha inquisitorial [241]. No es éste el lugar de debatir las razones últimas que nos expliquen por qué el texto celestinesco resulta tan apasionadamente marginal y tan refractario a los valores de la época. Deben ser muchas [242], y la condición de converso de su autor acaso sea tan sólo una de ellas. Pero nada desdeñable por cierto para el tema que nos ocupa en estas páginas. Hay un aroma semítico en las «libertades» eróticas de Melibea, que —insistimos— corresponderían más al espíritu jubiloso de las libérrimas jarchas y del Cantar de los cantares, aquellos vibrantes poemas amatorios hebreos que Rojas aún pudo haber disfrutado de manera particularmente cercana por su condición de cristiano nuevo. Por decirlo de otro modo: nos imaginamos que Melibea hubiera sido una buena lectora hipotética de las lecciones magisteriales sobre el coito que ofrece el erotólogo morisco al final de su tratado. No parece que se hubiese extrañado demasiado ni siquiera de las oraciones que se aconsejan allí para la consecución del acto sexual, ella que no sintió a Dios como antagónico con su vida de afirmación amorosa. Y, con todo, importa tener en mente que Fernando de Rojas escribía para un público español del siglo XV, que, si bien adivinaba heterogéneo y variado, tampoco podía escandalizar demasiado. Ya hemos dejado dicho que era más nocivo para las autoridades eclesiásticas de la época un texto explícito en novedades teológicas que en cuestiones sexuales. Rojas no hubiera podido dejar incólume y triunfante a su protagonista, y la «castiga» con la muerte, en la que ya la habían precedido tantos personajes de la obra. Más aún: el bachiller se obstina en dar lecciones moralizantes de su *Tragicomedia* con una pertinacia en la que no es difícil advertir una mala conciencia y una franca incomodidad vital [243]. En esto Rojas se aleja sin duda del espíritu armónico del tratado amatorio del ms. S-2. Pero, como a todo gran artista, el texto se le ha ido de las manos, y aún podemos escuchar con validez los reclamos eróticos de la protagonista Melibea [244]: son lo más importante y definitivo que deja dicho la tragicomedia. Como el *Libro de buen amor, La Celestina* parece la obra española (¿acaso, incluso europea?) más concorde con los postulados erótico-espirituales del «Kāma Sūtra español». Puede que la relativa semitización de sus autores,

Juan Ruiz y Fernando de Rojas, no haya sido del todo casual en este sentido.

Se imponen en seguida unas palabras sobre Francisco Delicado, converso de judío como Rojas y autor de uno de los textos eróticos más importantes del Siglo de Oro: *La Lozana andaluza*. Todos sabemos lo que costó al autor la agresividad erótica de su texto: cuatro siglos del más absoluto silencio. Lo ha dicho bien Juan Goytisolo: *La Lozana* es «la obra marginada de un español marginal»[245]. Sólo que los lectores modernos han hecho un respetuoso caso omiso a la fulminante maldición que lanzó contra el texto Marcelino Menéndez Pelayo: «libro inmundo y feo», que «apenas pertenece a la literatura» y cuyo análisis «no es tarea de ningún crítico decente»[246], y han comenzado a leer y comentar la obra con un entusiasmo febril[247]. El erotismo de que hace gala Delicado en su obra dialogada es uno de los más francos, alegres y sobre todo de los menos atormentados de las letras áureas. Es posible que el hecho de que Delicado escribiera desde Roma, algo lejos ya de la represión inquisitorial directa, y empapado de la tradición literaria erótica italiana (hay noticia de que conoció a colegas de oficio como Pietro Aretino[248]) contribuyera a este tono de desenfadada libertad de su *Lozana*. Bastante española que era, sin embargo, la protagonista. Española de las tres castas simultáneamente, por cierto: árabe por su nombre (Aldonza proviene de *alaroza* o *al-‘arūsa* (عروس); judía por su dieta (¡aquellos hormigos que torcía con aceite y no con agua![249]) y por su agudeza de ingenio; y cristiana fingida. Esta andaluza proteica, que ejerce de prostituta en la Roma lujuriosa del XVI, protagoniza la escena más curiosa de la obra en cuanto a erotismo se refiere: hace el amor con su criado Rampín frente a nuestros mismos ojos (por cierto, cinco veces) y no para mientes en describirnos su propia culminación orgásmica con todo lujo de detalles. Si no me equivoco, creo que es el primer orgasmo que describe sin ambages la literatura española. Y, para colmo de novedades, se trata de un orgasmo femenino. Ni Fernando de Rojas se atrevió a tanto. Estamos en el mamotreto XIV, y, en medio de la agitada escena, nos sorprende de manera casi escalofriante la presencia inesperada del «auctor», que parece haber observado como *voyeur* escondido la unión sexual de sus personajes de ficción. Se lamenta de no poder transcribir (fonéticamente, se entiende) los ronquidos de la Lozana, que termina por dormir, distendida, al lado de su amante. Nada en la escena parece perturbar la moral de este «auctor» ficcionalizado, que tantas otras apariciones hará luego en la obra con su máscara literaria. Podría decirse que Delicado se distingue por el «pirandellismo» más simpático de la literatura española[250]: invita a beber vino a su Lozana para hacerla hablar con más gracia y transcribir así mejor sus parlamentos picantes. Tampoco para mientes en utilizar a esa misma Lozana como alcahueta para que le busque una mujer que le «hiciese un hijo»[251]. (Cabe pensar lo que les hubiera intrigado a Unamuno o a Pirandello este hipotético hijo híbrido producto del enlace entre la ficción y la realidad.) Como autor ficcionalizado, Delicado se comporta como un camarada más de las correrías prostibularias de las criaturas de su erotizado magín, y nunca las habrá de amonestar moralmente. Pero tampoco Delicado puede dejar salir completamente airosa a su hermosa andaluza, y su conflicto interno entre la alegría secreta que sin duda le proporciona la conducta licenciosa del personaje y su deber de autor europeo pedagógico en cuestiones de conducta moral entra en crisis en los numerosos epílogos que adjunta a la obra. (Recordemos, aunque nos resulte difícil hacerlo, que Francisco Delicado era sacerdote de profesión.) Estas seis nerviosas, titubeantes apostillas aún no han sido estudiadas suficientemente por la crítica. Bien miradas, son de una lógica en completo desafío antiaristotélico. Delicado pasa, en continuo zigzag ideológico, de la defensa de su rijosa Lozana a la denigración y castigo moral de la misma. Baste sólo un ejemplo: en el primer epílogo, titulado «Apología», Delicado nos anuncia —con singular atrevimiento para un autor de la época— que quiere «dar gloria a la Lozana, que se guardaba muncho de hacer cosas que fuesen ofensa a Dios ni a sus mandamientos» (*op. cit.*, pág. 248). Unas páginas más adelante, en un *non sequitur* lógico flagrante, defiende la sana moralidad de su obra y fustiga a esa misma Lozana que acababa de celebrar. El autor evoca el terrible episodio del saco de Roma, y amonesta —creo que con dudosa sinceridad— a su protagonista, diciéndole que de no arrepentirse le tocará la misma muerte que a las otras prostitutas de la ciudad: «¡Oh Lozana!, ¿qué esperas? Mira a la Garza Montesina, que la llevan sobre una escalereta por no hallar, ni la hay, una tabla en toda Roma [...]. ¡Oh, vosotros que vernés tras los castigados, mirá este retrato de Roma, y nadie o ninguno sea causa que se haga otro!» (*ibid.*, págs. 252-253). Los epílogos de Delicado, donde estas contradicciones (un poco del tipo de Juan Ruiz, por cierto) se suceden vertiginosamente, son muestra evidente de que el autor, con toda su libido desaforada a cuestas, no pudo llegar al extremo de sancionar desde un punto de vista teórico los «desafueros» de sus personajes. Que acaso fueran los suyos propios, a juzgar por la sífilis que nos confiesa haber contraído y superado [252]. Ya veremos que, por el contrario, el anónimo autor morisco es de los poquísimos españoles que no utilizará su texto para moralizar porque sencillamente no encuentra que haya nada malo en el tema erótico que expone.

Alexander Parker lleva bastante razón cuando anuncia en su reciente *Philosophy of Love in Spanish Literature. 1480-1680* (Edinburgh University Press 1985) que la literatura española del Siglo de Oro «could not or did not openly accept sensual love as a rightful theme» (pág. 62). Claro que el maestro no atiende a nada que no sea amor casto en su libro, por lo que hay muchas ausencias automáticas. Es cierto que hubo excepciones al neoplatonismo delicadísimo pero recalcitrante de Garcilaso, en cuya poesía la culminación amorosa consistía —pensemos en la Égloga I— en compartir castamente el lecho con la amada [253]. El mismo Parker señala el caso de Francisco de Aldana (1537-1578), uno de los pocos poetas que vieron la sexualidad humana con ojos benévolos. El estudioso sospecha una fuerte impronta italiana en la sensualidad franca de Aldana, en cuyo poema «Angélica y Medoro» se evidencia un deleite inocente en el cuerpo humano. Cupido mira cómo duerme Angélica:

La sábana después quïetamente
levanta al parecer no bien siguro,
y como espejo el cuerpo ve luciente,
el muslo cual aborio limpio y puro;
contempla los pies hasta la frente
las caderas de mármol liso y puro,
las partes donde amor su cetro tiene,
y allí con ojos muertos se detiene[254].

Momentos como éstos, en los que el poeta utiliza la imaginería petrarquesca para traducir una sensualidad inocente son raros en la poesía clásica del Siglo de Oro. (Hay que decir que a veces el erotismo de Góngora nos suena así de desenfadado y de gozoso: recordemos su «Fábula de Acis y Galatea».) Pero hay más: Parker nos da noticia de que Aldana mismo «came to believe that sensual and divine love are neither similar nor compatible: in the *Carta a Galanio* he compares them to parallel lines that can never meet» (pág. 68). No es difícil admitir que ése es el espíritu fundamental de la poesía amorosa y neoplatonizante áurea, desde los sonetos a la condesa de Gélves del divino Herrera hasta los sonetos a Lisi de Francisco de Quevedo. La escisión entre el sexo y la vida del espíritu suele ser la regla y no la excepción[255].

La poesía mística española fue más complicada en este sentido. Misticismo y erotismo se hallan profunda, misteriosamente fundidos, como se sabe, en la literatura espiritual de todos los tiempos, y, muy dentro de esta línea, san Juan de la Cruz es acaso el poeta más sublime y a la vez más sensual del Siglo de Oro. Nadie «platoniza» menos que el reformador carmelita en su «Cántico» o en su «Noche oscura»: su robusta sensualidad debe haber sido justamente una de las causas (había otras, claro[256]) por la que el «Cántico» no pudo ver la luz en España en su edición *princeps*. También falta el mismo poema, por cierto, en la primera edición española de las obras de san Juan, y estas lamentables, dramáticas ausencias hablan por sí solas de cómo afectaría el originalísimo poema a los contemporáneos del santo. La celebración delirante que san Juan lleva a cabo del «lecho florido»; aquella gozosa evocación de las caricias más encendidas —«con su mano serena / en mi cuello hería, / y todos mis sentidos suspendía»—; y sobre todo aquel atrevido «gocémonos, Amado» (es decir, hagamos el amor[257]), inspirados directamente en la saludable sensualidad semítica del Cantar de los cantares, constituyen versos que no hubiera proferido jamás el recatado y europeizante Garcilaso[258]. Podríamos llegar mucho más allá en los pasajes donde el santo hace gala de una pasión erótica que no tiene nada que ver con la de la poesía española que le fue contemporánea, pero como he dedicado un libro de propósito [259] al estudio de la originalidad poética de san Juan [260], me conformo con estos pocos. Importa señalar que, con todo y su erotismo triunfante, san Juan se inhibe pudorosa y sistemáticamente de comentar estos exabruptos sexuales, que considera incompatibles con su condición de místico y de sacerdote cristiano. Como se sabe, el poeta va vertiendo cuidadosamente «a lo divino» todas y cada una de las celebraciones eróticas de su poema a lo largo de los comentarios en prosa que acompañan las liras místicas. Lo mismo cabría decir de las frecuentes imágenes erotizadas de santa Teresa, que son para ser leídas en un plano estrictamente espiritual. Al menos, ése es el deseo manifiesto de los autores carmelitas [261].

Otro tanto fray Luis de León, quien, a pesar de haber traducido magistralmente los versos ardientes del Cantar de los cantares, pasa enormes apuros para glosar de manera inocente los pasajes más eróticos del texto. El inteligentísimo pero gazmoño fray Luis no se amilana en corregir las interpretaciones excesivamente «sensuales» de san Jerónimo [262] y da rodeos y más rodeos para evitar que la Esposa del Cantar celebre algo que para ella, dentro del contexto del epitalamio hebreo, sería muy natural: el vientre y el vello púbico de su amado. El gran escriturario, ante la insoportable alusión, desvía metafóricamente la vista hacia arriba —el pecho— y, en su afán por ocultar lo obvio, se nos convierte por momentos —cosa inusitada— en un torpe y vacilante exegeta bíblico:

> ...*su vientre, blanco diente cercado de zafiros.*
>
> ...*Su vientre,* esto es, su pecho y sus carnes, es *blanco diente,* esto es, de marfil, blanquísimos; *adornado de zafiros,* que son piedras de gran valor; todo es así lucido y resplandeciente, como una pieza de marfil cercada de piedras preciosas [263].

La timidez de fray Luis la comparten prácticamente todos los poetas que se dedicaron a imitar o a glosar el epitalamio, con la excepción de san Juan de la Cruz: algún día valdría la pena estudiar cómo «corrigen» los excesos eróticos del texto bíblico los poetas españoles del Siglo de Oro. (El mismo fray Luis, que tan sabiamente respeta esta sensualidad en su traducción castellana [264] —ya que no en sus comentarios al texto— se muestra mucho más púdico cuando versifica los Cantares en octava rima. Mucho más púdico y mucho peor poeta, por cierto [265].)

Hablamos de escritores púdicos. Casi todos los tratadistas españoles del siglo XVI que se ocuparon de la teoría del matrimonio y de la mujer fueron de un recato —en el fondo, de una intransigencia— flagrante. Juan Luis Vives, en su *De institutione feminae christianae* o *Libro llamado instrucción de la mujer cristiana* (1524), es particularmente severo: insiste en que debe aislarse a la hembra del sexo opuesto, incluso de sus hermanos, y que debe vivir sólo para guardar la castidad. Con mucha gracia Márquez Villanueva observa que Vives le propone a la mujer «a modo de norma ideal, crudos ejemplos clásicos (medio ridículos y medio pornográficos para nuestra sensibilidad)» [266], en los que atiende intimidades del lecho nupcial de manera en verdad harto curiosa. El humanista valenciano no se habrá de mostrar mucho más liberal en su *De officio mariti* de 1528. Otro tanto el portugués Francisco Manuel de Mello, quien en su *Guía de casadas* vuelve a remachar sobre la castidad que debe guardar la hembra ideal, a la cual le sugiere, por demás, ocultar su inteligencia —si es que la tiene— [267]. Ya sabemos que fray Luis, irremediablemente misógino pese a su buena voluntad, restringe a su «perfecta casada» al ámbito estricto del hogar, e incluso llega a suponer que ésta no tiene necesidad de gastar en alimentos, ropa y afeites tanto como el hombre, ya que tiene menos calor natural que el sexo contrario. (La idea es, como hemos tenido ocasión de ver, aristotélica.) Por cierto, cualquier casada que aspirara a la perfección y que sintiera necesidad o curiosidad de saber el papel que jugaba el sexo en el matrimonio cristiano que estaba próximo a contraer, quedaría en la más completa ignorancia si dependía para ello del manual de *La perfecta casada* de fray Luis. El maestro salmantino, que no paró mientes en traducir del hebreo los coloquios epitalámicos más encendidos del Cantar de los cantares, no se atrevió a dejar dicho absolutamente nada sobre la dimensión sexual del matrimonio en el libro que escribió a propósito para ello. Acaso la «perfecta casada» era para fray Luis la que no tenía ningún tipo de vida sexual. Nada más concorde y estrictamente agustiniano. Podemos sospechar el horror con el que nuestro erudito agustino hubiera leído el tratado matrimonial que hoy editamos, en el que el morisco elogia justamente a la esposa que se entrega con amor gozoso al ejercicio de sus derechos maritales [268].

Pero no todo fue ceño fruncido entre los tratadistas medievales y prerrenacentistas de la península que se ocuparon del tema de la mujer. Solemos recordar más los casos de misoginia que los de profeminismo, pero nos asegura Jacob Ornstein [269] que los últimos fueron mucho más abundantes que los primeros entre los *literatii* españoles de la época. Ahí está su censo, en el que misóginos como el Arcipreste de Talavera, Juan de Tapia, fray Íñigo de Mendoza, Hernán Mexía, Luis de Lucena, Cerverí de Girona y Fernando de Rojas [270] quedan opacados numéricamente por defensores de la mujer como Enrique de Villena, Juan Rodríguez del Padrón, Fernando de la Torre, Álvaro de Luna, Juan de Mena, Alonso de Cartagena, Andrés Delgadillo, El Tostado, Diego de Valera, Hugo de Urríes, fray Martín de Córdoba, Gómez Manrique, y tantos otros... Galante sin duda, y halagadora, la supremacía numérica de estos gallardos tratadistas de fines del XV. Pero no vale exagerarla demasiado: se limitan a una defensa cortesana de las bondades de las féminas y a un aguerrido ataque contra sus impugnadores: todo ello, naturalmente, no es suficiente para redimir intrínsecamente la libertad de acción de la mujer. Todavía me parece que el soterrado alegato en favor de la afirmación existencial y erótica de la hembra que Fernando de Rojas lleva a cabo, acaso *malgré lui,* en la persona de su protagonista Melibea, es mucho más significativo que la razonada defensa de las bondades femeninas de estos gentiles pero tibios tratadistas de los albores del Renacimiento.

Prácticamente lo mismo cabría decir de las autoras femeninas de la Edad Dorada. Las célebres quejas de sor Juana Inés de la Cruz —«Hombres necios que acusáis...»— no la llevan a una radical defensa de los derechos femeninos en el campo del estudio, que tanto le importaba. Muchísimo menos en el campo del erotismo. Cierto que mal podría sor Juana Inés abordar estos temas desde su convento colonial, pero hay que admitir que tampoco María de Zayas da un paso verdaderamente significativo adelante en lo que al tema de la mujer y del erotismo se refiere. Y ello, a pesar del innegable feminismo que anima sus novelas, en las que las hembras arrinconan y enmudecen a los galanes para narrar —y glosar— ellas mismas los lances novelescos, en los que no ahorran invectivas dolidas contra los engaños y abusos masculinos de que han sido objeto. El impacto de la condición femenina de María de Zayas sobre su obra narrativa aún merece estudio serio [271]: nadie como ella nos ha descrito los estrados, la vida íntima de las criadas, el interior asfixiante pero laxo de los conventos de la época, la importancia de las joyas para la mujer, con las que podía comprar su movilidad, indispensable en la consecución de la felicidad amorosa. Con todo, Zayas se ajusta a las convenciones de la época en cuanto a moral y culto a la virginidad se refiere, fustiga casi por igual a varones y féminas y desampara a estas últimas a la hora de la verdad al proponerles el convento como antídoto a los desmanes de los hombres. Santa Teresa de Jesús [272] tampoco hace mucho por redimir ideológicamente su condición femenina en sus tratados doctrinales: se proclama inferior al varón y supeditada del todo a la voluntad y el consejo de éste. No hay por qué tomar a la santa tampoco al pie de la letra: ella se atrevió a mucho desde el momento mismo en que se animó a pergeñar sus encendidos testimonios de amor místico, y es fácil advertir un tufillo a retórica en sus reclamos antifeministas. Acaso la defensa (o el testimonio) más radical de su propia feminidad y de su derecho al amor —aunque fuera platónico— lo podamos hallar en su correspondencia con el padre Jerónimo Gracián. Ardiente, extrovertida, increíblemente franca en sus reclamos afectivos para con su ilustre confesor, santa Teresa, que escribía bajo el pseudónimo de «Lorenza», se le podría antojar al lector atento de sus cartas a Gracián como misteriosamente emparentada con Melibea. Emparentada, *ma non tanto*: estamos ante un afecto posesivo pero estrictamente casto, de hermanos —eso sí, apasionadísimos— en el espíritu. La santa, pese a toda la ansiedad con la que pide a Gracián que la privilegie en sus afectos, y toda la amargura con la que le echa en cara sus olvidos y sus tibiezas, se hubiera horrorizado sin duda de cualquier intento desculpabilizante del sexo, al que renunció, buena mujer de su época, desde muy temprano [273].

Y ya que rozamos el tema del feminismo, importa recordar la noticia que nos da Francisco López Estrada de un opúsculo muy curioso, el *Sermón breve en loor del matrimonio para mayor alegría y consolación de los bien casados* de Juan de Molina (Valencia 1528) [274]. El título risueño adelanta por sí solo la actitud benévola de nuestro autor, cuyo matrimonio tardío pero inmensamente satisfactorio le inspira el tratado en celebración de su nuevo estado. Su matrimonio y sin duda también la lectura del *Encomium matrimonii* de Erasmo y el *Speculum humanae vitae* de Rodrigo Sánchez de Arévalo. López Estrada lleva a cabo un minucioso y convincente cotejo de fuentes que ponen más allá de toda duda la estirpe literaria del alegato en pro del estado nupcial. Bien leído, sin embargo, el opúsculo tiene la novedad de su tono luminoso y equilibrado, pero poco más: el sexo como tal aún le resulta tabú al entusiasta erasmista. A lo más que se atreve en su castísimo tratado es a calibrar el amor mutuo de los esposos y a recordar el pago del débito al que están obligados mutuamente, así como a recordar el sentido sacramental y económico de las bodas. Oigámoslo directamente: «En la compañía que entre marido y muger se trava, concurren estas cosas: estremo amor de dos coraçones hecho uno; señorío trastocado con recíproca jurisdicción de los cuerpos; confederación sacramental acompañada de soberana gracia, mezcla d' los bienes de fortuna, unos encorporados en otros» (*op. cit.*, pág. 523). El afable, complacido Molina sin duda se hubiera sentido incómodo ante la franqueza erótica del S-2, y su insistencia en el valor espiritual intrínseco del sexo. Sospecho, sin embargo, que acaso hubiera estado íntimamente de acuerdo con las aseveraciones del anónimo expatriado. Pero no lo hubiera dicho: había cosas que no eran para ser expresadas ni aun por los erasmistas más liberales de antaño.

Miguel de Cervantes, figura cimera de las letras hispánicas y estricto contemporáneo del morisco erotólogo, no fue tampoco lo que se dice un auténtico revolucionario en materia erótica. Francisco Márquez Villanueva, con todo, nos señala en su citado *Personajes y temas del Quijote* que hay momentos en los que Cervantes se muestra poco puritano hacia el hecho sexual del amor. La frase de Dorotea sobre su propia condición fisiológica (*Quijote* I, 28) es sin duda célebre: «Y con volverse a salir del aposento mi doncella, yo dejé de serlo». Igualmente arriesgadas son otras alusiones —esta vez en boca de Sancho— a la conducta de esta misma Dorotea, que «hocicaba» a su amado don Fernando «a vuelta de cabeza y a cada traspuesta». Márquez Villanueva nos da buena cuenta de la carga sensual cuasi animal de este «hocicar» o «besar descompuestamente» en el que Dorotea lleva precisamente la iniciativa [275]. Igualmente, Cervantes, muy erasmista en su concepción del matrimonio [276], se muestra liberal en la defensa de la libre elección del cónyuge, que ayudará a garantizar una buena unión, y, lo que es más, acepta «el justo y debido deleite que los casados gozan; que si él falta, cojea el matrimonio, y desdice de su segunda intención». (Esta vez nos ha hablado Rodolfo, mozo razonado y articulado de *La fuerza de la sangre*.) A Márquez Villanueva no se le escapa que esta «segunda intención» es un tecnicismo usado aquí con toda pericia para designar el *remedium concupiscentiae* que la teología tradicional admite también como uno de los fines del matrimonio cristiano. Para Cervantes el reconocimiento de dicha fidelidad «secundaria» (sin entrar nunca a discutir la primera) no representa ninguna claudicación vergonzante, sino el rescate de un valor humano de entre las sombras del instinto... (*op. cit.*, pág. 71).

Importa admitir, sin embargo, que la frase cervantina no es demasiado novedosa, ya que la idea del matrimonio como un remedio a la concupiscencia humana no puede ser más agustiniana ni más teológicamente conservadora. La libido es algo que hay que remediar más que aceptar y vivir gozosa y constructivamente. Márquez Villanueva se adelanta a la sorpresa que se llevará el lector cuando escuche a Cervantes, que nos ha ido sonando bastante liberal a pesar de todo, dar paso al vituperio de la libido humana: «Pero en el terreno ideológico nada individúa tanto a Cervantes como el no comprometerse en forma integral con ninguna doctrina, el no admitir ninguna tesis sin formular a la vez alguna reserva o prestar su atención y simpatía al punto de vista contrario» (*ibid.*, pág. 64). Y ahí tenemos al genial escritor exponiéndonos, en boca de Cardenio (*Quijote* I, 24) y en *La fuerza de la sangre*, y con meridiana claridad, su desprecio del «apetito» sexual o «ímpetu lascivo» de los amantes jóvenes.

Hoy sabemos, de otra parte, que Cervantes limó muchos pasajes de su obra justamente por motivos de moralidad sexual: baste recordar los curiosos cambios que atraviesa la redacción del «Celoso extremeño» en sus dos versiones: la del manuscrito de Porras de la Cámara y la del *Quijote* impreso de 1613. Américo Castro y más recientemente Maurice Molho exploran minuciosamente estos cambios, que se dan por diversos motivos: religiosos, morales y estéticos [277]. El que más nos interesa aquí es aquel retoque en el que Cervantes trasmuta la escena del adulterio final en un increíble episodio en el que Leonora y el atractivo músico Loaysa terminan dormidos «castamente» uno en los brazos el otro:

> Pero con todo esto, el valor de Leonora fue tal que en el tiempo que más le convenía le mostró contra las fuerzas villanas de su astuto engañador, que no fueron bastantes a vencerla, y él se cansó en balde, y ella quedó vencedora, y entrambos dormidos [278].

María Teresa Aveleyra [279], por su parte, nos ha llamado la atención sobre las excentricidades eróticas de don Quijote [280]. El solterón empedernido, que tanto neoplatoniza con su amada Dulcinea, se aterra cuando Sancho le propone casarse con ella y se convierte en un trapo cuando lo invitan a bailar (II, 62). Ya sabemos que ha salido airoso de las proposiciones amorosas de Altisodora y de los requiebros de las muchachas del sarao que lo han hecho bailar contra su voluntad. Pero no todo es castidad en nuestro tímido personaje: Aveleyra observa con agudeza cómo se siente incitado sexualmente por los personajes femeninos más inverosímiles: Maritornes y la dueña Rodríguez. Cuando la dueña con sus tocas blancas y toda su fealdad a cuestas entra de noche en la habitación de don Quijote, el hidalgo se aterra de que «esta soledad, esta ocasión y este silencio despertarán mis deseos que duermen, y harán que al cabo de mis años venga a caer donde nunca he tropezado» (II, 48). Por eso advierte a la dueña que avanza, desde la seguridad casta del lecho, y, de seguro, con voz trémula y suplicante, aquel increíble «ni yo soy de mármol ni vos de bronce» (*ibid.*). Es una de las pocas veces que hemos visto a don Quijote tentado en su libido, y es evidente que su gusto deja bastante que desear. Pero no olvidemos que Cervantes reflexionó mucho precisamente sobre la sexualidad marginal. Se ocupa de la homosexualidad en *Los baños de Argel* y *El trato de Argel,* y ese tema de la inversión sexual alcanza incluso a Rocinante y al rucio en el *Quijote,* donde los vemos protagonizar una escena muy equívoca por cierto. Maurice Molho, con su extraordinaria penetración crítica, ha ido poniendo al descubierto otras zonas oscuras del texto cervantino, como aquella incómoda escena en la que don Quijote quiere desnudar a Sancho para azotarlo en contra de su voluntad, con el fin de lograr el desencantamiento de Dulcinea. Amo y escudero terminan en lucha cuerpo a cuerpo por el suelo, y este último defiende su victoria con una súbita autofeminización que corresponde de manera muy profunda a la escena que acabamos de ver: «Aquí morirás, traidor / enemigo de doña Sancha» [281]. Aquellos perros «hinchados» de aire con cañutos de caña del prólogo a la segunda parte del *Quijote* también podrían, por otra parte, constituir una velada alusión a la sodomía [282].

Cervantes tiene bastante que decir acerca de las mujeres ninfomaníacas en el *Persiles,* donde vemos que la «inmunda» Rosamunda hace de las suyas con los gallardos compañeros de viaje que la fortuna le depara. (Mucho resquemor hay, por cierto, en la obra cervantina a los avances sexuales de las mujeres, de los que tanto se ha quejado también el casto don Quijote.) Hay que admitir que Cervantes también juega con la idea del incesto en algunos pasajes de su obra: en el *Persiles,* son precisamente los continentes protagonistas Periandro y Auristela los que, pasando por hermanos, dan pie con su extraña conducta a desagradables malentendidos.

El erotismo cervantino, innegablemente singular, ya cuenta con varios estudios de propósito. Ahí están las prolongadas reflexiones de Carroll Johnson, primero en su *Madness and Lust. A Psychoanalytical Approach to Don Quixote* (University of California Press, Berkeley y Los Ángeles 1983) y más recientemente en «La sexualidad en el Quijote» (*Edad de Oro* IX, págs. 125-136). En este último ensayo resume las excentricidades eróticas cervantinas con una velada ironía, y no podemos estar más de acuerdo:

El *Quijote* ofrece algo para todos los gustos en materia de motivación psico-sexual y comportamiento sexual, sea éste realizado, fantaseado o amenazado. Hay encuentros eróticos clandestinos en hoteles de ínfima categoría. Hay unos *yuppies* florentinos que montan un extraño *ménage à trois*. Puedo contar cuatro parejas consistentes en hombres ya maduros con mujeres de edad más propia para hijas que para amantes. Hay viejos que se lanzan gallardamente a la palestra amorosa, hay parejas adolescentes, parejas interraciales, una feminista cerrada que se niega totalmente a participar. [...] ¿Qué diremos nosotros de la amistad de Anselmo y Lotario que no haya sido dicho ya? Hay hombres maduros con niños adolescentes, y por supuesto mucha servidumbre y disciplina sadomasoquistas, sobre todo en el segundo tomo. El travestismo, con la resultante atención que llama sobre la identidad sexual, está presente en todas las mutaciones posibles: sacerdotes católicos igual que laicos vestidos de mujer con o sin barba, mujeres vestidas de hombre, muchachos vestidos de muchacha. La identidad sexual es frágil. El deseo es universal (pág. 127).

No cabe duda de que el tan retrasado estudio de la actitud (mejor, las actitudes) de Cervantes ante el amor al fin va recibiendo la atención que merece: también tenemos mucho que agradecer en este sentido a las importantes aportaciones de Agustín Redondo, Ruth El Saffar y Monique Joly, entre tantos otros [283]. Todo ello indica que en el campo cervantino hay mucha tela que cortar, y que aún podemos aguardar nueva luz sobre este aspecto tan fundamental del arte del máximo escritor de nuestra lengua. Por el momento, podemos sacar en limpio que la oscilación entre el neoplatonismo castísimo y la sexualidad bastante más torturada de tantos otros pasajes de la extensa obra de Cervantes tienen bastante poco que ver con la actitud mucho más abierta y entusiasta de aquel contemporáneo suyo que fue el refugiado de Túnez.

Cuando otros escritores del Siglo de Oro han querido rebelarse ante esta prolongada historia literaria de negaciones e incomodidades en lo que al tema erótico se refiere, parece que no hacen otra cosa que poner aún más de relieve su existencia. Éste es el caso, sobre todo, de Francisco de Quevedo, aunque aquí cabrían también los versos premeditadamente obscenos de Góngora y aun aquellos «cardos del jardín de Lope», que, por «inaceptables» a un lector de buenas costumbres, Joaquín de Entrambasaguas se animó a publicar en un volumen aparte. Pero Quevedo fue sin duda el escritor áureo que más abundó —y con mayor estruendo— en todo lo que pudiera ser «la otra cara de la moneda» del pudibundismo moral generalizado de su época. Que, no lo olvidemos, era época inquisitorial y censora: acaso por ello mismo se vengó de la moral al uso con tanta vehemencia. Es precisamente Juan Goytisolo quien se ha ocupado de la obsesión escatológica [284] y de la cropofilia de Quevedo, que compara a la de Rabelais y Jonathan Swift, en su ensayo «Quevedo: la obsesión excremental» [285]. Todos recordaremos aquellos poemas satíricos de Quevedo, como aquel «Que tiene ojo de culo es evidente», en el que empareja «la cara con el culo», o aun aquellas alusiones desasosegantemente misóginas a la mujer y a sus funciones naturales de *La hora de todos*. Críticos como Maurice Molho consideran que estos excesos de Quevedo en concebir al ser humano en sus funciones predominantemente excrementales implican un proceso de cosificación y de desprecio del mismo [286]. Goytisolo, en cambio, entiende que la cropofilia de Quevedo, «en vez de ser reflejo de una mente enferma, es, paradójicamente, un síntoma de buena salud: el autor de *El Buscón* expresa a su modo la neurosis general de la humanidad, dando libre cauce a las obsesiones y fantasmas ligados al reconocimiento de nuestra realidad corporal...» [287]. Esta obsesión escatológica de Quevedo también denuncia para Goytisolo una «respuesta del cuerpo mortificado al proceso alienador que lo sublima» [288]. No hay duda de que el gran novelista español se identifica con el arte contestatario del autor de *El Buscón*, y acaso consideraría que él mismo es uno más en la larga lista de los rebeldes eróticos españoles al estilo de Quevedo. Lo decimos no sólo por sus novelas, sino porque Goytisolo es, por derecho propio, uno de los teóricos de la erotología más lúcidos con que cuenta la literatura española del siglo XX: recordemos otros ensayos suyos como el ya citado «Notas a La lozana andaluza», «El mundo erótico de María de Zayas» y «El lenguaje del cuerpo (sobre Octavio Paz y Severo Sarduy)» [289], así como su «Sensualidad y fanatismo. La creación de una imagen» [290], entre tantos otros. Meditando sobre el erotismo de la literatura española, Goytisolo considera que el destierro fundamental que ha sufrido el tema corre parejo con la erradicación cabal de la cultura musulmana en la península, y en ello viene a coincidir en buena medida con Américo Castro y con Xavier Domingo (*Érotique de l'Espagne,* Jean-Jacques Pauvert (ed.), París 1967). Goytisolo es consciente, de otra parte, de la función censora que esta incomodidad frente a lo erótico ha ejercido en la publicación y en la valoración crítica de la literatura hispánica: «Un día habrá que examinar por lo menudo la mentalidad represiva del común de nuestras autoridades literarias en lo que al tema erótico se refiere y aclararemos así la razón secreta de numerosos olvidos y promociones que de otro modo resultarían incomprensibles» [291]. Goytisolo lleva, no me cabe duda, razón en su queja histórica. No es difícil pensar que la atormentada subversión erótica de Quevedo, contestataria ante una represión de siglos, no hace sino poner al desnudo la condena (y, a veces, la censura) secular que ha recibido el tema. Me parece que aún se escuchan los ecos —furibundos, desesperados, burlones— de Quevedo en la propia obra rebelde y agónica de Goytisolo, en las blasfemias cinematográficas obsesivas de Luis Buñuel, en la misma *Enciclopedia del erotismo* (4 vols., Sedmay Ediciones, s. f.) de Camilo José Cela (que tanto se identifica a su vez con el autor de los *Sueños* [292]). Todos estos escritores comparten con Quevedo una actitud más irónica y contestataria que venerable y optimista ante el sexo, por más que lo quieran someter a una reivindicación ideológica. Me parece que tenemos que admitir que son más dolidos que entusiastas, y que acaso estén apuntando todos —a pesar de los siglos que los separan— a unas ansiedades sexuales a nivel nacional que no se han resuelto del todo aún [293]. En este caso es interesante contrastar a Octavio Paz como «erotólogo» hispanoamericano con sus colegas trasatlánticos: parecería que la amargura vindicativa no asoma en las exuberantes reflexiones sobre la libido humana que son, entre otros ensayos, sus *Conjunciones y disyunciones* (*op. cit.*), sus *Hijos del limo* (Seix Barral, Barcelona 1974) y su *Mono gramático* (Seix Barral, Barcelona 1964). Como pensador, Paz se ha dejado influir poderosamente por la cultura oriental, que ha hecho suya de una manera muy profunda y muy natural [294]. Las ideas erotológicas de Oriente no sólo informan, sino que forman parte del pensamiento intelectual del gran poeta mexicano. Paz usurpa ideas de otras culturas con la libertad gozosa que caracteriza a la literatura hispanoamericana [295], más al margen de lo que Goytisolo llama «el ensimismamiento hispano», caracterizado por «la falta de interés por las formas de vida y civilizaciones ajenas» [296].

Pero no perdamos de vista a los poetas del Siglo de Oro [297] que hicieron gala de su procacidad: Lope, Góngora, y sobre todo Quevedo. Puede discutirse el sentido último de su erotismo escatológico —sano, rebelde, enfermizo, contestatario o desesperado—. Lo que no nos parece discutible, sin embargo, es que su escritura estridente tenga algo que ver con la serenidad expositiva, sin segundas intenciones, sin enojo y sin burla del «Kāma Sūtra español». El exilado morisco escribe uno de los textos menos irónicos y, curiosamente, menos dolidos de las letras españolas, y me pregunto cómo hubiera reaccionado el enojado Quevedo ante su lectura. Incluso, el inquieto Lope, tan adicto al cliché de la honra en sus comedias y tan soez en sus invectivas a Elena Osorio, ¿qué hubiera sentido de saberse protagonista estelar de un texto erótico cuya tabla de valores se le escapaba por completo? [298] No creo que sea exagerado adivinar que Lope y Quevedo —y sus compañeros de generación— se hubieran asustado. Con ese miedo irremediable que es el miedo a lo desconocido.

Porque nuestro tratado nupcial del ms. S-2 resultaría precisamente eso —raro e inclasificable— a cualquier lector europeo que hubiese dado con él. Hemos tenido ocasión de ver que la literatura europea y la española que sirvió de contexto fundamental a la obra del morisco oscila, en lo que al tema erótico se refiere, entre obras estrechamente castas o moralizantes y obras de una rijosidad contestataria y amarga. Hay coqueteos ocasionales espléndidos con una concepción gozosa y despreocupada del eros —los mejores ejemplos acaso sean, en el caso de España, las jarchas, la lírica popular, el *Libro de buen amor,* y, en cierto sentido, *La Celestina*—. (Ya hemos observado antes que, curiosamente, en muchos de estos casos podemos advertir una impronta oriental significativa.) Pero lo que caracteriza las letras eróticas occidentales que precedieron o que fueron contemporáneas al tratado que hoy editamos (que son sobre las que hemos venido reflexionando) es una oscilación fundamental entre el recato erótico y la burla procaz rebelde, iconoclasta y dolida. En el terreno del erotismo, el «Kāma Sūtra español» es uno de los libros más radicales y revolucionarios de Occidente. Como las jarchas, es soleado y gozoso, sólo que llega al extremo de unir ese amor feliz con la oración y la más alta espiritualidad. Como el *Decameron* o los *Ragionamenti* o los sonetos satíricos de Quevedo, es explícito, sólo que nunca roza lo pornográfico ni lo amargo. El morisco exilado no parece haber sentido la necesidad de tratar el tema sexual con ánimo burlón ni procaz porque tuvo la compasión de olvidar que algún día sus antepasados occidentales lanzaron un prolongado anatema contra el amor humano. Y esto, en cualquiera de sus manifestaciones, incluso la nupcial, que consideraban legítima. En el diálogo secreto que hubo de mantener con las autoridades eclesiásticas herederas de san Ambrosio y san Agustín, el morisco se muestra mucho más a la vanguardia y mucho más caritativo que Quevedo o que Pietro Aretino: no ofende a estas autoridades ni les responde con amargura vindicativa. Y esto, a despecho de que sintió en carne propia la opresión del *establishment* religioso y político de su época, de manera muchísimo más directa que un Quevedo o un Lope: recordemos que su condición de criptomusulmán por poco le cuesta la vida, y terminó por costarle la patria. También conviene tener presente que las autoridades españolas represivas con las que el morisco dialoga están representadas por el obispo Salvatierra, que trazó el proyecto de la castración y del exilio masivo de la nación agarena española. Y, sin embargo, el morisco no debate directamente con Salvatierra el tema erótico ni le responde con tono de amargura sino que construye desde cero una nueva concepción del amor. Que, pese a su definitiva impronta árabe, fue española por unos breves momentos, porque fue precisamente en esa lengua en la que se dirigió a sus hermanos exilados allá bajo las datileras y el sol ardiente de algún pueblito olvidado de Túnez.

Nuestro tratado matrimonial del S-2 es —ya lo hemos visto— un caso aislado en las letras europeas en lo que a la concepción de un amor sexual espiritualizante se refiere. Pero también es novedoso porque es un tratado que incluye instrucciones precisas sobre el coito. Y la literatura occidental —tanto la moralizante como la contestataria— no se ha caracterizado precisamente por eso. Ovidio ha quedado muy atrás y el *De bono coniugali,* de san Agustín, los penitenciales, y algunos libros píos como el *The Rule and Exercises of Holy Living* de Jeremy Taylor y *De institutione feminae christianae* de Juan Luis Vives no son tratados sobre cómo hacer el amor, sino sobre cómo *no* hacerlo. Y éstos son precisamente los tratados pedagógicos en materia sexual con los que de veras es lícito comparar el tratado sobre «los buenos usos matrimoniales» que es nuestro «Kāma Sūtra español». ¿Recibieron los europeos alguna vez en sus vidas instrucciones categóricas, concretas y positivas sobre cómo llevar a cabo el acto generativo? Contra todo lo esperado, hoy los estudiosos comenzamos a saber que sí. Importa ahora averiguar algo acerca de este asunto. Comencemos indagando cuáles fueron las lecturas del Deán de Cádiz.

CAPÍTULO IV

ENTRE ORIENTE Y OCCIDENTE. LAS LECTURAS DEL DEÁN DE CÁDIZ O DE CÓMO LOS LIBROS EROTOLÓGICOS ORIENTALES CIRCULARON EN EUROPA

Ca non a mais, na arte do foder,
do que e nos livros que el ten jaz;
e el á tal sabor de os leer,
que nunca noite nen dia al faz;
e sabe d'arte do foder tan ben
que conos seus livros d'artes, que el ten
fod'el as mouras cada que lhi praz.
(Cantiga de Alfonso X el Sabio)

I. ACERCA DE QUÉ FUE LO QUE LEYÓ EL CAPITULAR GADITANO

Cádiz, salada claridad. Así habría de cantar a la luminosa costa gaditana aquel gran entusiasta de Andalucía que fue Manuel Machado. Pero ahora debemos estar hacia el año de 1267, y las callecitas rientes por las que nos desplazamos son las de un Cádiz aún muy pequeño. Pero, eso sí: no tan provinciano como podríamos suponer desde nuestro siglo XX. Por una de estas callecitas asoma un afanado fámulo con un par de códices a cuestas. Los lleva con todo el respetuoso cuidado que merecen: sabe que su carga de sabiduría es muy estimada por la clientela erudita que sirve habitualmente en el naciente cabildo. Esta vez el destinatario de los volúmenes es uno de sus clientes más asiduos: el Deán de Cádiz. Será grande la alegría del capitular cuando tome posesión de los manuscritos que el mandadero le habrá de alquilar esta vez. Tiene muchos otros, tanto de su propiedad como arrendados, en la copiosa biblioteca que va aumentando con tanto celo de erudito. Ahora vemos que los ojea allí, con creciente curiosidad, un amigo letrado. El tema de los códices de su Deán debe haberle asombrado. Aún no sale de su sorpresa cuando siente que llaman a la puerta. Es el bibliotecario ambulante, que llega puntual con los dos nuevos volúmenes. El letrado lo ataja con franqueza: no resiste la tentación de informarse acerca de estos libros tan raros que está leyendo el capitular de Cádiz. Y el mandadero, con una sinceridad pasmosa, satisface su curiosidad erudita y su sorpresa vital. He aquí el diálogo:

Ao daian de Cález eu achei
livros que lhe levaban d'aloguer;
o que os tragia preguntei
por eles, e respondeu-m'el: Senher,
con estes libros que vós veedes dous
e connos outros que el ten dos sous,
fod'el per eles quanto foder quer.

Nuestros personajes se comunican en galaico-portugués porque protagonizan una de las cantigas de escarnio del rey Alfonso X el Sabio [1]. Aquel rey que tan casto y tan agustiniano se nos mostraba en algunos pasajes de las *Partidas* resulta ahora que sabía bastante del «arte de foder» en el que se especializaba el rijoso capitular gaditano de su cantiga. Rijoso pero libresco. Así lo sospecha Francisco Márquez Villanueva en un espléndido ensayo en el que reflexiona precisamente sobre «Las lecturas del Deán de Cádiz», que venimos evocando aquí. Márquez Villanueva se pregunta cuáles serían estos libros predilectos del lujurioso clérigo y señala, a nuestro parecer con sobrada razón, su probable procedencia oriental. El insigne medievalista recoje la conjetura incidental de John E. Keller en torno a las lecturas del Deán gaditano:

> One envisages his library, the shelves filled with copies of Ovid's *Amores* and perhaps various oriental tomes like the Arabic translation of the *Kama Sutra* or of Sheikh Umar ibn Muhammad Nefzawi's *The Perfumed Garden* [2].

Márquez Villanueva coincide con la idea fundamental de Keller —hay que mirar a Oriente y a sus tratados de erotología para dar cuenta de los libros del eclesiástico— pero piensa que Ovidio es dispensable en este contexto y sabe que Nefzāwī no redacta su tratado erótico sino hasta el siglo XV. El *Kāma Sūtra,* por su parte, no había sido vertido al árabe para las fechas en las que Alfonso X escribía su cantiga (para Márquez, esto debió de ocurrir posiblemente hacia 1267). Con todo, no nos parece descaminada la posibilidad de asociar los libros del «arte de foder» del capitular con la tradición erotológica árabe que tendremos ocasión de explorar con más detalle en el próximo capítulo. Sí se impone adelantar aquí que se trata de una tradición riquísima y muy antigua: los libros de amor circularon en el mundo árabe desde muy temprano —el mismo Márquez Villanueva lo recuerda— gracias a la influencia india que se hacía presente en Iraq a través del intenso comercio marítimo promovido por el califato de Bagdad cuando fue sede del Imperio musulmán a partir del siglo VIII. Los viajes legendarios de Simbad el Marino iniciados en el puerto de Basora son un símbolo exacto del febril intercambio de bienes mercantiles y de ideas en estos primeros años del esplendoroso califato que sirve de trasfondo histórico a *Las mil y una noches*. Phillip Hitti nos da noticia, a su vez, de varios textos erotológicos árabes, ya más tardíos, pues pertenecen al siglo XIII, y los describe como «works half gynecological, half erotic, of a type we now designate as "sex books"» [3]. Jean-Claude Vadet alude también a estos opúsculos eróticos y picarescos, tan abundantes en la época, que el crítico considera con toda razón como ajenos del todo al espíritu refinado de la casta *cortezia* árabe: los

> innombrables *aḫbār al-nisā'* («anecdotes sur les femmes»), disséminées dans la littérature d'adabad [*sic,* ¿adab?] dans le *'Īqd al-Farīd*, dans le *Rabī' al-Abrār* de Zamaḫšarī, pour ne pas parler des innombrables *Kitāb al-nikāḥ* («livre du mariage»). Il s'agit d'aventures folkloriques ou grivouses qui n'ont rien à avoir l'esprit courtois [4].

Todo parece indicar que el Deán del cabildo gaditano fue experto precisamente en esta tradición literaria de sobretonos picarescos y libertinos. Sus gustos «eruditos» parecen hacer caso omiso de la tradición poética neoplatonizante que dio figuras de la talla de aquel gran mártir del amor del siglo X que fue Ibn Dā'ūd, y de tratados erótico-espirituales como el *Libro de los buenos usos del matrimonio* de Algazel, que ya hemos tenido ocasión de citar. En efecto, Márquez Villanueva señala con acierto que el protagonista de la cantiga se entrega «a una fornicación de lo más indiscriminado [...] no tiene bastante con una para su lecho y hace cara a cualquier hembra, sin dar de lado ni aun a repugnantes enfermas y endemoniadas» (*op. cit.*, pág. 341). Es curioso advertir que una dimensión de la tradición erotológica árabe es reconocible en los gustos excéntricos del Deán, ya que Nefzāwī, en su *Jardín perfumado,* es uno de tantos erotólogos orientales que da instrucciones precisas para lograr un coito satisfactorio con mujeres obesas, paralíticas, jorobadas, y con mujeres extremadamente altas o bajas. (Nefzāwī ilustra con detalles cómo proceder si los dos miembros de la pareja amatoria padecen de algunos de los defectos aludidos, y no se inhibe de dedicar pesadísimos poemas en broma a los hombres que presentan cualquiera de estas irregularidades físicas.)

Todo parece indicar que la pista que nos da el Rey Sabio en torno a la biblioteca ambulante del Deán apunta hacia la entrada temprana en la Península de los libros de amor de Oriente. Así precisamente lo sospecha Márquez Villanueva, y argumenta que un breve pasaje del relato de *La doncella Teodor (Ḥkāyat al-ŷāriya Tūdūr)*, que se tradujo del árabe y se publicó repetidamente a lo largo del Renacimiento español [5], puede «darnos bastante idea acerca de qué y cómo eran aquellos libros del Deán de Cádiz» (*op. cit.*, pág. 343). He aquí el aludido pasaje en el que la sabia Teodor, preludio curioso de la mejicana sor

Juana Inés, deslumbra a los sabios de la corte por su conocimiento preciso de todo aquello que se le pregunta. El segundo interlocutor quiere vencer a la joven en su modestia de doncella virginal, y elige interrogarla nada menos que en lo tocante a las técnicas del acto amoroso. Para sorpresa de todos, la muchacha, venciendo su pudor, da claras muestras de su virtuosismo —al menos teórico— en el tema. (Digamos de pasada que Teodor, en la franca exposición del arte amatorio que le vamos a oír en seguida, fue más valiente que el gran bibliófilo Marcelino Menéndez Pelayo, a quien el entonces joven estudiante Miguel Asín traduce el pasaje del original. «Quédese en árabe la respuesta», responde de inmediato el insigne, atemorizado hispanista, añadiendo como coda burlona que estos «lúbricos pormenores [...] no dicen mucho en pro de la inexperiencia de la doncella» [6].) Pero oigamos a Teodor:

> E ella dixo: «Señor maestro, sabed que si la muger fuere tardía en su voluntad, deue el hombre que dormiere con ella ser sabio, como dicho tengo, e conoscer su complexión; e déuese detardar con ella, burlándose con ella e haciéndole de las tetas e apretándogelas, e a vezes ponerle la mano en el papagayo, e otras vezes tenerla encima de sí, e a bezes debaxo. E haga por tal manera que las voluntades de los dos vengan a un tiempo. E si por ventura la muger viniere a cumplir su voluntad mas ayna que el hombre, deue él con discreción entenderla e jugar un rato con ella, porque la haga cumplir otra vez, e vengan juntas las voluntades de amos, como de suxo dixe. E haziéndolo desta manera amarle ha mucho la muger [7].

Buena árabe a fin de cuentas, lo que Teodor o Tūdūr está indicando es su conocimiento libresco en el arte no de amar sino de hacer el amor. La tradición islámica que la avala es, como ya adelantamos, prolongadísima. Y Márquez Villanueva sospecha con razón que la sabiduría en materia sexual de la doncella no debió ser muy diferente de la que contenían aquellos libros orientales que hicieron experto al simpático Deán en el «arte de foder», y de «foder», precisamente, a mujeres «mouras». La cantiga alfonsí nos propone que se trataba, en efecto, de un experto en materia amorosa, que la tenía sabida «conos seus livros d'artes, que él ten». A Márquez Villanueva no se le escapa la trascendencia de tratar el acto generativo como disciplina teórica: «arte» o «saber»:

> Arte, como sabemos, era palabra muy seria y prestigiosa para el siglo XIII, la cual significaba, en rigor, «gramática, didascalia, ciencia». Don Alfonso insiste en que se trata de «libros d'arte», libros científicos que diríamos hoy, en los que el rijoso eclesiástico aprende un enciclopédico «saber» y dominio de la materia. Libros específicamente dedicados al estudio y revelación de todos los secretos del erotismo (*op. cit.*, pág. 336).

Parece que estamos, pues, ante una evidencia indirecta del hecho de que los libros del «arte de foder» árabes se conocieron de alguna manera en la España medieval, y que fueron motivo de ávidas lecturas por parte de una clerecía «vitalmente orientalizada», como sospecha Márquez Villanueva. El estudioso propone la existencia en suelo peninsular de tales libros erotológicos orientales, sólo que lamenta que «hoy no se conservan» (*op. cit.*, pág. 343). La pista sobre la que nos pone Márquez Villanueva es importantísima, y hoy podemos complementar su ensayo pionero (y cuasi profético) con nuevos datos. Las huellas de un conocimiento libresco erotológico de clara estirpe oriental —nos alegra mucho poder confirmarlo— sí se conservan, no sólo en España sino en Europa. Pero, como siempre, abundan más en la que fuera nación islámica durante ocho siglos. Allí comenzamos a tener noticia, entre otros textos sorprendentes, nada menos que de un «Kāma Sūtra catalán» del siglo XV, el *Speculum al foderi*, que ha editado en la actualidad en versión bilingüe catalana-inglesa Michael Solomon [8]. Hemos tardado mucho en saber que los europeos se las arreglaron para complementar (¿o para desmentir?) aquellos amenazantes penitenciales antieróticos del Medioevo con lecturas subrepticias de textos eruditos que les informaban adecuadamente de los pormenores del arte del amor. El Deán de Cádiz no estuvo solo: el mismo Rey Sabio ya dejó dicho que su curiosa biblioteca erotológica fue ambulante. Muchos serían los clérigos, los médicos y los europeos letrados de aquellos siglos medios que curiosearon las refundiciones romanceadas de los «libros de foder» árabes, o las glosas médicas en latín —tan documentadas en estricta materia erotológica que no parece sino que oímos las sabias disquisiciones de la doncella Teodor— con la que aquellos antiguos científicos comentaron el *Canon* de Avicena.

Por cierto que, aunque comenzamos al presente a tener noticia de muchos de estos textos que nos ilustran sobre el temprano saber erotológico europeo, deben de ser muchísimos los códices que están perdidos, desplazados o que aún nos resultan totalmente desconocidos. Ni que decir tiene que la extrañeza del tema para una Europa fundamentalmente agustiniana los haría reprensibles, y que los prolongados procesos de censura (sobre todo en el caso de España) darían al traste con muchos de estos libros de tema erótico. Con este *caveat* es con el que me animo a escribir este boceto de estudio, forzosamente incompleto, sobre los primeros pinitos europeos en las artes erotológicas de estirpe oriental. Sé que no hago otra cosa que arañar la superficie. Y confío en que dentro de un siglo algún otro estudioso reescriba estas notas panorámicas que hoy ofrezco, y allegue textos y datos adicionales que hoy por fuerza se me escapan a mí y a los colegas que han comenzado a explorar estos mismos temas. Pero, por lo pronto, ya puedo adelantar una conclusión que se impone de manera natural: nuestro «Kāma Sūtra español» sí parece haber tenido cierto tipo de antecedentes en la península —y aun en Europa— si bien clandestinos, solapados, culpables y aun desconocidos [9].

II. LAS REFUNDICIONES DEL ÁRABE DE LA ESCUELA DE SALERNO

Y debemos comenzar nuestro rastreo del saber erotológico europeo medieval no por España sino por Salerno. La Scuola Salernitana fue, como se sabe, uno de los focos más importantes de la difusión de la sabiduría árabe a Occidente. En nuestro caso nos interesa el caso de la ciencia erótica, que aparece contenida en libros de clara estirpe médica. Conviene que tengamos claro desde el principio que los árabes reflexionaron mucho sobre el eros humano, y lo hicieron desde los más variados puntos de vista: médico, legal, mágico, espiritual, astrológico, y todo ello sin olvidar los numerosos textos donde el tema se trató *ars gratia artis*: en sus propios méritos (ya sea con una actitud de elevada y erudita pedagogía, ya sea con propósito sencillamente pornográfico). En el caso de las refundiciones de este amplísimo saber en Europa, la evidencia documental nos indica que, en la mayoría de los casos, la erudición erótica árabe pasa a Occidente oculta en tratados médicos, de estricto carácter científico. La ciencia médica era una de las pocas ciencias que podían incorporarse al *corpus* del saber europeo con más o menos libertad y sentido de dignidad intelectual. Lo que sí ya sería mucho más difícil de concebir —y de aceptar— para un europeo medieval o renacentista era la modalidad del pensamiento teológico musulmán que implicaba la fusión del eros con la más alta vida del alma. Acaso por ello no hemos dado en Europa con un solo texto que preludie de veras los postulados ideológicos de nuestro «Kāma Sūtra español», de índole estrictamente erótico-espiritual. Pero volvamos por el momento a Salerno y a la tradición de estudios médicos grecoárabes.

Cada día sabemos más acerca de Constantinus Africanus o Constantino el Africano, aquel insigne estudioso salernitano del siglo XI que fue uno de los primeros en verter al latín muchas obras árabes de tema médico y erótico. También hemos ido descubriendo, sin embargo, que Constantino, con un *scholarship* que hoy nos parecería altamente dudoso, pasó por suyas varias de estas mismas obras. Tenemos noticia de que se atribuyó, por ejemplo, el *De elephantia* de Albucasis. No nos deben extrañar estos reclamos espurios de autoría, ya que fueron práctica común de innumerables autores de la época: definitivamente, Constantino no fue el único que «barrió para su casa» y que se jactó de haber pergeñado códices de origen arábigo. (Por cierto que bajo estas interesadas «anonimias» deben haber pasado a Occidente numerosos textos árabes adicionales de los que aún no tenemos clara noticia.)

El ensayo de Constantino que más relevancia tiene para nuestros propósitos es el *Liber de coitu*, que el erudito salernitano redactaría (o mejor, refundiría o sencillamente traduciría del árabe) hacia el final de su vida, en Monte Cassino, entre los años 1077 a 1087. Es a Enrique Montero Cartelle, editor del *Constantini liber de coitu* en magnífica edición latino-castellana [10], a quien debemos el dato. El editor advierte que este libro médico, de tendencia hipocrático-galénica y arábiga, se venía atribuyendo a Arnaldo de Vilanova, pero considera indudable su atribución a Constantino. La atribución a Arnaldo es únicamente editorial y muy tardía (siglo XVI), mientras que algunos de los manuscritos de Constantino que maneja Montero Cartelle para su edición pueden remontarse al siglo XII.

Ningún estudioso parece haber puesto en duda la profunda arabización de Constantinus Africanus, llamado por su temprano biógrafo Pedro Diácono *magister Orientis et Occidentis novusque effulgens Hippocrates* [11]. Aunque Montero Cartelle admite no conocer el modelo concreto árabe del tratado médico de Constantino (*op. cit.*, pág. 20), sí demuestra convincentemente, por evidencias internas del texto, como el léxico farmacológico arabizante, su indudable origen arábigo. (El estudioso sospecha, eso sí, a la luz de ciertas frases de Constantino como *expertum, probatum est, feci, composui,* etc., que el médico salernitano debió reelaborar bastante el original árabe que tenía entre las manos.) Danielle Jacquart y Claude Thomasset, por su parte, atribuyen a Ibn al-Jazzār el original del que se sirve Constantino para este texto pionero que consideran el primero de la incipiente ciencia sexual occidental [12].

Recordemos que el *Liber de coitu* es un tratado más médico que erótico. El interés del autor, como indica con sobrada razón Montero Cartelle, «reside en tres puntos temáticos: la fisiología, la patología y la terapia del coito, que se reparten, a su vez, en dos partes netamente separadas, parte teórica (caps. 1-12) y parte práctica (caps. 13-17)» [13]. Constantino se extiende en temas tales como la descripción de los órganos funcionales en el coito, la definición de la esperma masculina, las buenas condiciones para la unión carnal, su utilidad y sus posibles perjuicios, así como todo lo concerniente a los afrodisíacos y antiafrodisíacos. Escribe desde un punto de vista estrictamente masculino, para que los lectores varones se aprovechen de la adquisición de conocimientos fisiológicos en lo relativo al acto amoroso. Ya adelantamos que la lección magisterial de Constantino es de carácter médico. Médico, *ma non tanto* para la sensibilidad de aquellos cristianos educados en la erotología (mejor, en la antierotología) de san Jerónimo y san Agustín. Nos preguntamos cómo reaccionaba un europeo sujeto a la experiencia de la literatura penitencial cuando leía en el prólogo del *Liber de coitu* que Constantino celebraba la sabiduría de Dios al determinar que el coito fuera una experiencia deleitable para toda criatura: *tam mirabilem virtutem et amabilem delectationem inseruit ut nullum sit animalium quod non perninium delectetur coitu* (pág. 76). Sólo la consecución de este placer venéreo lleva a las criaturas —ya sean hombres o animales— a perpetuar su especie. Constantino parece hablar más como un oriental que como un cristiano del Medioevo: recordemos que la Patrística determinó que el placer inherente al acto genérico delataba su lamentable parentesco con el pecado original. En el *Liber de coitu,* en cambio, se comienza a agradecer a Dios el placer, aunque todavía desde un punto de vista médico. Dentro de estos parámetros, el galeno salernitano no tiene inconvenientes en enumerarnos los beneficios fisiológicos del coito, amparándose en la autoridad de Galeno y de Hipócrates [14]. El hombre debe procurar la unión sexual para mantener sano el cuerpo: pensamos que si Constantino no se estuviera ciñendo tan estrictamente a sus fuentes grecoarábigas, algo hubiera tenido que decir, en su calidad de médico europeo, sobre la continencia a la que estarían sujetos la mayor parte de sus colegas clérigos. Pero salta a la vista que el tratado que refunde no ha perdido su espíritu oriental: antes parecería dedicado a lectores profundamente arabizados. Sólo receptores de este tipo no tendrían inconveniente en contravenir una prohibición muy castigada en la tradición de los penitenciales: el uso de afrodisíacos. Constantinus se jacta una y otra vez de algunos de los electuarios que parece haber compuesto personalmente [15] para impotentes y para aumentar el deseo del coito: *electuarium quod fecimus cuidam iuveni coite non valenti* (pág. 168). Y vemos cómo, en los capítulos *De medicamentis proficientibus coitui*, el médico mezcla jubiloso toda suerte de ingredientes arabizantes para mejorar la vida amorosa de sus pacientes: almendras dulces peladas, azafrán oriental, flores de palmera macho. Aún más: ofrece numerosas recetas para la aplicación de ungüentos en las zonas erógenas de los necesitados de remedios sexuales enérgicos. Algunas de ellas hoy nos parecen muy curiosas, como aquel ungüento a base de *formicas nigras et alatas* disueltas en aceite de saúco, que Constantinus asegura *optimum est* (pág. 182). A pesar de que estamos ante un tratado cuyo objetivo principal es, como señalan Jacquart y Thomasset, «la médicalisation de la sexualité» (*op. cit.*, pág. 165), en la que el acto generativo «n'est relié qu'à un équilibre physiologique» (*ibid.*), salta a la vista, para estos mismos estudiosos, que en el uso de estos afrodisíacos aplicables «se glisse un embryon d'art érotique» (*ibid.*). En efecto, este embrión de arte erótico que es el *Liber de coitu* tenía sobre todo la particularidad de contravenir las enseñanzas teológicas y morales al uso de los contemporáneos del arabizadísimo médico salernitano. Que fue muy leído por cierto en Europa. Montero Cartelle nos da noticia de lo mucho que circularon los manuscritos del *Liber* de Constantinus: en Italia, Inglaterra, en la zona austro-polaca y sobre todo en las regiones germánicas. En España tuvo, curiosamente, y hasta donde sabemos, poca difusión, aunque sí se conoció bajo la atribución espuria de Arnaldo de Vilanova. Pero libros andrológicos de la misma tipología del *Liber de coitu* que venimos examinando tuvieron bastante buena fortuna entre aquellos lectores europeos que se iniciaban en las artes de un amor todavía hipocrático. Como nos recuerda Montero Cartelle (pág. 32), este tipo de literatura intermedia, mitad erótica, mitad médica, era de estricto origen árabe. Ahí está, por ejemplo, el *Liber minor de coitu*, que también edita nuestro estudioso y que considera un anónimo salernitano de la primera mitad del siglo XII [16].

Aunque aún se desconoce el autor preciso de este nuevo tratado sobre el coito, sí sabemos que su tradición es, una vez más, indiscutiblemente arábiga y que se incardina en la tradición erótico-médica que inaugura Constantinus Africanus en Europa. Por el léxico farmacológico Montero Cartelle deduce que estamos ante un texto de ambiente salernitano [17], pero no considera favorable la atribución a Constantinus. Se trata de un opúsculo más tardío y menos pretencioso, aunque en cierto punto próximo al *Liber de coitu*: de ahí que se asocien ambas obras como complementarias bajo los títulos de *Liber minor* en oposición a *Liber maior*. Hipócrates y Galeno se hacen presentes una vez más en el anónimo salernitano, muy mediatizados, como era de esperar, ,por Avicena. Nuestro autor ignoto divide en dos su opúsculo, que es, como el de Constantinus, de estricto carácter andrológico, y atiende por separado los perjuicios del coito y la utilidad del coito. Allí atiende los efectos médicos nocivos del acto sexual en personas delgadas, gruesas y de diversas complexiones, así como los accidentes que pueden ocurrir durante el acto y el mejor momento para llevarlo a cabo. El códice termina con una nota afirmativa, casi podríamos decir gozosa, que incluye noticias sobre los beneficios de la ejecución de la sexualidad —recordemos que la retención de semen se consideraba en la medicina antigua, como apunta Galeno, origen de diversas enfermedades—. También el autor se ocupa de los afrodisíacos más pertinentes, que va adaptando del árabe al latín, con sumo cuidado de indicarnos su procedencia: *cardus sarracenis, herba quae sarracenice dicitur zuma*, etc. [18]. Pero, sobre todo, nos ofrece instrucciones precisas en lo relativo a las posiciones y los medicamentos para alcanzar una mayor satisfacción durante la cópula. Ya en el último capítulo sospechamos que el saber médico heredado se le comienza a convertir a nuestro anónimo galeno en franca *ars erotica*: ahora sí que estamos en los inicios de lo que pudo ser una ciencia erotológica europea. Comienza el capítulo final, que por cierto es muy corto, previniendo al lector contra ciertas posiciones nocivas (de costado, a horcajadas, la mujer encima del hombre) porque pueden ocasionar apostemas o eczemas en la vejiga y aun hernias. Sin embargo, cuando nuestro «médico» pasa a describir la posición que más favorece, la complementa con la noticia de sendos ungüentos que no harán otra cosa que aumentar el placer del acto:

> *Hoc est autem tutu et naturale ut supina succumbat et inferiora capite altiora porrigat et ut magis delectet: utrumque piper, piper longum, galangam, piretrum equaliter factum pulverem confice cum melle, condito zinzibere et virgam illinies* (*ibid.*, pág. 101).

El anónimo salernitano abandona de súbito la ciencia médica y hasta su acendrada actitud andrológica: también es generoso con los afrodisíacos que la mujer deberá usar en sus partes privadas. Importa recordar que Galeno no habló jamás de posiciones ni de letuarios para acrecentar el placer del acto generativo [19]. Y ya sabemos lo que san Agustín pensó de la delectación venérea. Esto parece ocurrírseles tan sólo a los árabes, que a menudo —y con toda naturalidad— deslizan las artes médicas en artes erotológicas. Aunque sea en los breves momentos de su capítulo final, no es difícil advertir que el anónimo salernitano se ha convertido ante nuestros ojos en uno de los primeros erotólogos por derecho propio de Occidente. Cabe pensar que el Deán de Cádiz se regocijaría con libros de este tipo, que comenzaron a disimular su sabiduría erótica so capa de erudición médica. Y todo ellos, eso sí, en un latín muy respetable.

III. LOS COMENTADORES DEL *CANON* DE AVICENA O DE CÓMO LOS MÉDICOS EUROPEOS COMIENZAN A SER EROTÓLOGOS

En este mismo latín tan respetable para la erudición medieval se vertió el célebre *Canon* de Avicena (908-1037), el príncipe de los médicos árabes. Como se sabe, Avicena dedicó el libro III del *Canon* a asuntos erótico-médicos [20], y en estos años comenzamos a enterarnos de la magnitud del impacto que sus enseñanzas tuvieron en la incipiente medicina europea. Y en la también incipiente y tímida ciencia erotológica occidental. Una vez más, vemos que el Deán de Cádiz no estaba solo en aquel Cádiz antiguo y luminoso donde circulaba su biblioteca ambulante, que nos va pareciendo cada vez menos extraña. Fue precisamente Gerardo de Cremona, uno de los más célebres traductores de la época, el encargado de la ingente labor de verter al latín el *Canon,* tarea que lleva a cabo en el siglo XII [21]. Soheil M. Afnar nos indica que el éxito de la versión latina fue tal que en los últimos treinta años del siglo XV se edita dieciséis veces, y en el siglo XVI ve la luz en más de una veintena de ocasiones [22]. Pero no sólo es importante saber que los europeos se beneficiaron desde temprano de los conocimientos médicos avicenianos, de clásica estirpe galénica e hipocrática y aun aristotélica, sino —y esto es lo más interesante— de sus enseñanzas eróticas, muy de su propia cosecha cultural árabe. Como bien señalan Jacquart y Thomasset, en el caso del *Canon* de Avicena estamos aún ante una «sexualité medicalisée» (*op. cit.,* pág. 181), pero algunas nociones médicas popularizadas por el galeno árabe preparan el camino para un arte erótico del que se habrían de hacer eco más europeos de lo que creíamos hasta la fecha. Avicena populariza la idea —en la que coinciden muchos médicos antiguos por cierto— de la existencia de un esperma femenino que era emitido por la mujer en el momento de su orgasmo. La fecundidad dependía de esta emisión, de manera que la asociación indefectible de las posibilidades generativas del coito con el orgasmo femenino permitían, como apuntan con razón Jacquart y Thomasset,

> un déplacement des préocupations médicales et offre la possibilité d'insérer les élements d'un art erótique: la recherche de plaisir en tant que tel sera l'une des composantes de tout discours sur les conditions d'accomplissement de l'acte sexuel, puisque à l'arrière-plan se trouve la nécessité de favoriser une conception.
>
> La nécessité d'une émission simultanée de la part de l'homme et de la femme, donc d'un plaisir partagé, fournit une «excuse» au médecin pour aborder certains problèmes (*op. cit.,* págs. 179-180).

Por todo esto, Avicena no tiene reparo alguno en asegurar en el *Canon* (liv. III, fen 20, tr. 1, c. 38) a sus lectores médicos que no era en absoluto vergonzoso para ellos el procurar ayuda a la pareja en lo relativo a la consecución del placer y, sobre todo, en la consecución del orgasmo femenino. Nada más natural para un musulmán, para quien el placer no tenía que ser edificado con argumentos médicos, ya que era cónsono con la misma espiritualidad, pero nada más alejado de las enseñanzas de la Patrística y de la Escolástica que tanto influyeron en la temprana Edad Media y que ya hemos tenido ocasión de revisar. Cabe plantearse entonces el hecho de que los estudiosos europeos que con tanta unción siguieron los consejos de Avicena eran unos europeos orientalizados y en plena contradicción ideológica con las enseñanzas de su Iglesia. Y la verdad es que sus argumentos erotizantes nos suenan rarísimos: es como si el latín medieval que todos asociamos a temas eclesiásticos no se nos antojara «apropiado» para el tratamiento serio —y liberal— de estos temas eróticos. Es que en el fondo lo que vamos a oír es un latín arabizado; un latín que comienza a traducir vivencias de una cultura que resultan incompatibles del todo con los valores morales al uso en la Europa medieval. Dicho de otra manera: la medicina y la religión se encontraban reñidas en la Edad Media cuando de materia erótica se trataba.

Y vamos en seguida con los glosadores europeos del *Canon*. Los primeros son, hay que decirlo, todavía muy tímidos. El *shock* cultural que padecieron debió de haber sido enorme. Jacquart y Thomasset nos guían por esta intrincada madeja de textos contenida prácticamente toda en incunables renacentistas de muy difícil acceso. Gentile de Foligno es posiblemente el primer valiente en hacer frente al libro III del *Canon* allá por los albores del siglo XIV: pero se detiene ante la traducción de uno de los pasajes en el que Avicena aconseja el modo práctico de lograr descendencia asegurando la consecución del orgasmo femenino. Nos servimos de la versión francesa del *Canon* de los estudiosos citados:

> Que les hommes prolonguent le jeu avec les femmes dont la complexion n'est pas mauvaise. Qu'ils caressent les seins et la région pubienne, et qu'ils enlacent leur partenaire sans véritable accomplissement. Et quand ils sont parvenus au désir, qu'ils se joinent à elle en frottant la région que se trouve entre l'anus et la vulve. C'est en effet le lieu du plaisir. Qu'ils soint attentifs au moment où se manifeste une plus forte adhésion de la femme, où ses yeux commencement à rougir, sa respiration à s'intensifier et qu'elle se met à balbutier [23].

Estos consejos avicenianos devienen lugar común en la erotología musulmana, incluso en la de tema legal o espiritual (la hemos encontrado, por ejemplo, en nuestra traducción del sufí Aḥmad Zarrūq del siglo XVI), pero aterraría a aquellos europeos entrenados en la moral de la Patrística y de los penitenciales. Ése fue precisamente el caso de Foligno, que se abstiene de describir estos juegos eróticos previos a la cohabitación mientras intenta distraer la atención del «temible» original que traduce deteniéndose en lo que Avicena habría querido significar por «una mala complexión». He aquí a lo que Foligno reduce el pasaje médico-erótico tan franco del gran médico árabe: *Ponit secundum canonem. Non sunt male, quia non sunt multum calide, quia tunc conveniet ludus permixtione vera, scilicet in quo emitatur semen*[24]. Tampoco es mucho más valiente Jacques Despars (siglo XV), que se contenta con parafrasear el conjunto del pasaje en cuestión y de señalar que la descripción aviceniana omitida corresponde al momento en el que la mujer va a experimentar su culminación erótica:

> *Quarto precipit [Avicenna] quod vir actu coiens in muliere consideret horam in qua ipsa fortiter sibi iuncta adheret et ipsius oculi rubere incipiut quasi scintilantes et anhelitus eius fit altus et frequens et in verbis suis balbutire incipit, tunc enim est in puncto emittendi sperma*[25].

Pero no todo fue eufemismo y autocensura entre aquellos médicos pioneros y arabizados del Medioevo europeo. Jacquart y Thomasset nos demuestran que los hubo mucho más arriesgados. Son los autores de obras de medicina que aunque ya no comentan directamente el *Canon* se encuentran poderosamente influidos por él. Estos médicos retoman los consejos avicenianos e incluso se atreven a amplificarlos: tal es el caso del *Lilium medicine* de Bernard de Gordon (escrito hacia 1301 y editado en Lyon en 1550), y de Jean de Gaddesden, que escribe unos pocos años más tarde. En su *Rosa anglica* somete a una interesantísima *amplificatio* los consejos avicenianos *ad excitandum feminam*:

> *Mas excitare foeminam debet ac sollicitare ad coitum, loquendo, osculando, amplectendo, mammillas contractando, tangendo pectinem et perinaeum totamque vulvam accipiendo in manus et nates percutiendo hoc fine atque proposito ut mulier appetat venerem... et cum mulier incipit loqui balbutiendo, tunc debent se commiscere*[26].

Más aún —y seguimos citando a Jacquart y Thomasset— Gaddesden rompe una lanza en favor de la hembra de la especie humana al aconsejarle que tome la iniciativa en el caso de que no haya satisfecho su libido y su compañero manifieste alguna dificultad en intentar una segunda vez la cópula. Ya estamos de lleno en un texto estrictamente erotológico —y de los más arriesgados e innovadores, por cierto—. Gaddesden sugiere a la fémina que incite el deseo del hombre, que debe estar ahora acostado sobre sus espaldas:

> *Si virga erigatur tarde post primum coitum et secundo velis coire mane, ut forte mulier quae non emisit sperma compleat desiderium suum (quod ex eo scitur, quia ipsa post coitum aplicat se viro, eumque amplectitur et osculatur, et postea manum ex abrupto pronit ad virgam et testiculos viri, ut videat an sit paratus ad pugnam) tunc consultum est coitum repetere et ante super dorsum et renes iacere; quoniam iste decubitus efficit erectionem virgae* (*op. cit.*, pág. 557).

Con toda razón consideran Jacquart y Thomasset que «ce texte fournit l'un des rares exemples qui montrent la femme capable d'une initiative supposant une technique» (pág. 183). Y los eruditos estudiosos se llenan de asombro cuando advierten que este mismo médico, Gaddesden, llega al extremo de tomar en cuenta los procesos mentales que propician el coito. Esta vez lo citan en francés:

> La quatrième condition nécessaire est que les peines de l'âme soient ôtées, le mode d'engendrement enseigné et que soit fui tout ce qui lui est contraire. Que les hommes se divertissent, qu'ils écoutent les chansons érotiques, qu'ils parlent de l'acte sexuel et qu'ils regardent d'autres hommes ou des animaux en train d'accomplir. Qu'ils fuient la tristesse par tous les moyens, en regardant de belles jeunes filles ou en bavardant avec elles. Qu'ils s'assoient auprès du feu pour réchauffer leur ventre. Qu'ils évitent tout à faire colère et chagrin [27].

Consideran los estudiosos que Gaddesden está amplificando —seguramente por cuenta propia— el texto aviceniano. Aquí nos permitimos diferir de nuestros admirados colegas, ya que esta sabiduría particular de proponer un buen estado psíquico para las funciones amorosas es un lugar común de la erotología musulmana. Muchos teóricos árabes repiten el aserto, y lo encontramos, en términos muy cercanos a los de Gaddesden, en el *Libro del cuidado de la salud durante las estaciones del año (Kitāb al-Wuṣūl li-ḥifẓ al-ṣiḥḥa fi-l-fuṣūl*) de Ibn al-Jatib. Este insigne andalusí escribió su texto erótico-médico entre los años 1362 y 1371, y se preocupa en él de la importancia de la imaginación y del estado anímico de la persona que va a llevar a cabo la unión sexual:

> Muchos que necesitan de estímulo se ayudan con el recuerdo, la conversación y la función de la palabra, y hasta con el trato directo con animales, cuando están en celo, y el tomar palomas domésticas en las casas por su buena influencia para excitar los deseos de sus esposas... Cosas semejantes a éstas son las que más ayudan al coito, por lo que se refiere al pensamiento y a la imaginación [28].

Como Ibn al-Jatib, tantos otros: más que estar amplificando por cuenta propia a Avicena, lo que Gaddesden debe estar haciendo en su *Rosa anglica* es incorporar la refundición de algún erotólogo árabe adicional con el que querría enriquecer las enseñanzas médicas del célebre galeno. Una vez más, tenemos que plantearnos la posibilidad de que circularan por Europa muchos más erotólogos árabes de los que tenemos documentados hasta el momento. Las evidencias indirectas se siguen sumando y admitimos con melancolía que Alfonso X y su Deán de Cádiz sabían más de estos libros «de foder» en su siglo XIII que nosotros en el XX.

Los médicos medievales siguen haciendo sorprendente gala de sus conocimientos eróticos. En el siglo XV, Michel Savonarole parece hablar en árabe cuando nos anuncia en su *Practica maior* (Ed. Giunta, Venecia 1547) que no tendrá reparos ni pudor alguno en escribir sobre todo aquello que coadyuve a facilitar la concepción. Y allí se extiende sobre el hecho de que el coito se debe adaptar a la edad, complexión, régimen de salud y hábitos del individuo. Nada nuevo, por cierto, que no hubiera dicho ya aquel galeno tan minucioso que fue Ibn al-Jatib. Consideran Jacquart y Thomasset (pág. 184), una vez más, que Savonarole amplifica a Avicena cuando ofrece nuevos detalles sobre el *foreplay*, pero más bien me parece que lo que hizo fue empaparse bien de los lugares comunes de la erotología islámica [29], que se ocupa de todos estos pormenores que tan nuevos —y tan arriesgados— sonaban en la Europa de aquellos años.

Con toda su ciencia médico-erótica tan bien aprendida, estos médicos de los siglos XIV y XV se inhiben casi invariablemente de citar o de glosar el *Canon* en lo que a las posiciones sexuales se refiere. Avicena habla de ello sin ambages —ésta es una de las enseñanzas más socorridas en los textos eróticos de Oriente— y se detiene en aquellas posturas que considera nocivas a la salud o a la promoción de la fecundidad. Uno de los pocos que se atreve a balbucir algo al respecto es el citado galeno Savonarole, que se anima a seguir las enseñanzas de Avicena en lo que respecta a la desaprobación de la postura en la que la mujer se encuentra sobre el hombre, ya que el «semen» femenino se pierde y puede ser irritante al hombre [30]. Pero hay otros galenos que se asoman con menos precaución a la erotología oriental y añaden nuevos datos sobre las posiciones técnicas que ayudarán mejor a lograr la concepción durante el acto generativo. Uno de ellos es Anthonius Guainerius, de cuyo *Tractatus matricibus* nos da noticia Helen Rodnite Lemay [31]. En el *Tractatus* los lectores del siglo XV debieron informarse bastante acerca del tema: si la mujer se coloca con la cabeza baja, su muslo izquierdo elevado con su pie debajo de él, y su pierna derecha extendida, facilitará el que ambos miembros de la pareja emitan su semilla a la vez, cosa que aquellos galenos antiguos —y Guainerius con ellos— consideraban necesaria para la concepción de la criatura.

Guainerius nos dice más acerca de los pormenores del juego erótico previo al acto y sobre cómo proceder durante el acto mismo. Una vez más, medicina y erotología parecen confundirse en los textos médicos europeos de origen oriental. Nuestro galeno aconseja abrazar a la mujer, besarla succionando sus labios mientras le dice palabras dulces. Instruye al varón a frotar la región entre la vulva y el ano, argumentando, como Avicena y tantos otros erotólogos árabes, que en el acto copulativo es correcto experimentar con plena libertad: *et quia in actu tali omnia facere fas est locum inter anum et vulvam leviter fricet* [32]. Prosigue en su *Tractatus* instruyendo a sus lectores de manera que puedan reconocer el instante en el que la mujer se encuentra lista para la penetración —sus palabras se entrecortarán porque se encontrará demasiado fatigada para terminarlas— y en lo relativo a los letuarios que se pueden utilizar para maximalizar el placer de la unión [33]. A veces no sabemos si leemos a Aḥmad Zarrūq o a Guainerius, tanto parece depender este médico europeo de fuentes musulmanas. Y no estaba solo. La misma impresión nos produce la lectura de otros científicos como Guilielmus de Saliceto (*Summa conservationis*) y un anónimo comentador del *De secretis mulierum* del siglo XIV, cuyo tratado se publica en Venecia en 1508 [34]. Ya estamos ante erotólogos consumados a la oriental. El anónimo comentador sugiere al hombre que le hable en voz baja a la mujer en los preliminares del coito —*scilicet ei iocose loquendo*— [35], mientras que Saliceto lo insta a comenzar acariciándole los pechos. Va a más este galeno cuando se ampara en Avicena para declarar que la parte más sensitiva de la fémina es la parte superior de la vulva, que el varón debe frotar durante el acto mientras lleva a cabo distintos movimientos en su rostro y sus ojos [36]. A veces parece que estos médicos hubiesen leído el mismísimo *Kāma Sūtra* de Vātsyāyana, tan orientalizados se nos muestran en técnicas eróticas que a veces responden más a la literatura hindú que a la árabe. Pero Guilielmus vuelve a emparentarse una vez más con erotólogos islámicos cuando indica que el varón puede reconocer el momento previo a la culminación de la mujer por los distintos movimientos de los ojos de ésta y por su respiración alterada [37]. Lo mismo, como tendremos ocasión de ver, dejaría dicho Aḥmad Zarrūq. El anónimo comentador europeo, por su parte, se sirve de otro truco: cuando la hembra comienza a balbucir —*unde cum foemina incipit loqui quasi balbutiendo* [38] —ya su compañero puede reconocer que está preparada para la culminación amorosa.

IV. EL CASO DE ARNALDO DE VILANOVA

Hubo un médico español que no se quedó al margen de toda esta incipiente sabiduría erotológica. Fue —cómo no— un profundo orientalizado que traducía directamente del árabe muchos tratados científicos, algunos de los cuales terminaron por atribuírsele. Nos referimos al célebre médico mallorquín Arnaldo de Vilanova. Todavía hoy un halo de misterio aureola la figura enigmática y apasionada de este científico políglota del siglo XIII que ejerció su enorme saber en Mallorca, Montpellier, Barcelona e incluso en Roma. Allí tenemos noticia de que llegó a fabricar al papa Bonifacio VIII un talismán ocultista, que consistía en un broche con la imagen de un león en el centro y que recomendó al pontífice que lo llevara debajo del cinturón. El mismo Arnaldo nos da cuenta detallada de todo ello en su *De sigilis* (*Opera omnia,* Basilea 1585, col. 2037, 2042). Es indiscutible que Arnaldo fue uno de los principales introductores de las ciencias herméticas en el Occidente latino. Bastante tinta han hecho correr estas excentricidades del misterioso, inteligentísimo galeno, que vaticinó con una insistencia enfermiza la venida del Anticristo (la llegó a fechar para el año 1378 [39]). Todo ello le ganó la condena póstuma de heterodoxo oficial por parte de la Inquisición de Tarragona y el epíteto de «enfermo mental» por parte de Marcelino Menéndez Pelayo [40]. Pero no todos fueron tan duros con Arnaldo de Vilanova. Los historiadores de la medicina reconocen su enorme deuda con él, y al presente su obra es motivo de estudios científicos y de ediciones que nos permitirán conocer mejor a este misterioso autor. Todavía sabemos bastante poco de su extensísima obra, buena parte de la cual permanece aún sin editar y, lo que es más grave, sin autenticar. Pero podemos estar seguros, eso sí, de la rotunda deuda del maestro catalán con la cultura oriental, sobre todo la árabe, que traduce paciente, amorosamente, a lo largo de muchos años. Miquel Batllori y Joaquim Carreras y Artau nos ponen sobre la pista de esta ingente labor de refundición, que incluye autoridades como Avicena, Albuzale o Albucasis, Al-Kindī o Alkendi, Abū-l-Ala Zūhr o Albenzoar, e incluso a Galeno, que Arnaldo vierte al latín sirviéndose de versiones en árabe y no del original griego [41]. Todo esto nos indica con claridad meridiana que cuando el antiguo maestro se convierte en erotólogo no hace otra cosa que hacer gala de su sabiduría arábiga recién adquirida.

En su *De regimine sanitatis* [42], Arnaldo de Vilanova forma clara tradición con los médicos europeos que venimos citando: debieron sin duda de estar tan orientalizados como el maestro catalán. Arnaldo comienza por indicar a su lector que es el varón quien debe iniciar los preliminares de la unión amorosa en atención a la modestia intrínseca de la mujer, y que éste debe comenzar el juego erótico acariciando los pechos de su compañera cuando ella se encuentre aún dormida. Todo ello, una vez más, en delicada deferencia a su timidez natural. El hombre debe saber interpretar las señales que advertirá en su pareja cuando su calor natural se haya elevado y esté preparada para la penetración [43]. El galeno insiste en su vocación erotológica en su texto *De coitu* donde da recetas e instrucciones precisas para aumentar el deseo y el placer de la cópula y para facilitar la erección en el hombre [44].

Algo más nos añade Arnaldo en la brevísima exposición que dedica al «ajustament carnal» en su *Regiment de sanitat a Jaume II*, que ha llegado a nosotros en la versión catalana que hiciera Berenguer Sarriera hacia 1305 [45]. En el capítulo VI el antiguo clínico nos alecciona en lo referente al momento conveniente en el que se debe llevar a cabo el acto generativo:

> E carnal ajustament, qui a profit de natura és hordonat, se deu fer aprés dormir, con lo cors és atemprat. Aquels, emperò, los quals an les junctures frèvols, e aquels qui an morenes decorrens ho sordes, se deuen guardar diligenment que, mentre agen fam de menjar, ne encara aprés mengar, encontinent no agen cura d'ajustament carnal, e mayorment si natura per si matexa no o requeria, cor tots temps deu hom esperar que natura ho requira [46].

Dan que pensar los ajustes de conciencia que debió de haber hecho el orientalizado erotólogo [47] con las enseñanzas agustinianas de la Iglesia de su época, él, que con tanta furia combatió a quienes, según su entender, se apartaban de la ortodoxia. Pero todo parece indicar que estos médicos medievales y renacentistas que estaban a la vanguardia cultural de Europa justamente por su alto grado de orientalización [48] hicieron oídos sordos a los dogmas de su fe mientras ejercían como científicos. Mostraron, como bien indica Helen Rodnite Lemay, que el intercurso sexual fue para ellos «a normal part of life that should be examined, discussed, and treated like any other human activity» (*op. cit.*, pág. 205).

V. LOS PRINCIPIOS DE LA LITERATURA GINECOLÓGICA EUROPEA

Salta a la vista que la sabiduría erótica que hemos venido examinando está concebida para orientar al varón en lo concerniente al acto copulativo. Pero también estos galenos medievales tomaron en cuenta a la mujer, por más que algunas de sus enseñanzas hoy nos puedan parecer pintorescas e incluso prejuiciadas. Estos textos, de orientación fundamentalmente ginecológica o tocológica más que verdaderamente erótica, fueron atribuidos, como nos recuerda Montero Cartelle, a figuras de la talla de Alberto Magno, Arnaldo de Vilanova, Bernardo de Gordon, Miguel Escoto, e incluso a la misteriosa Trótula [49]. Uno de los más curiosos es el *De secretis mulierum* (ms. París, Bibli. nat., latin 7148) que circuló muchísimo bajo la atribución, de seguro espuria, de Alberto Magno. (Por cierto que no veo que ningún estudioso lo señale, pero Al-Tīfāŷī (siglo XIII) tiene un texto árabe precisamente con este mismo título.) El *De secretis* europeo esconde bajo su título incitante una «erudición» francamente misógina, que no se detiene en teorizar que la hembra de la especie humana «es venimeuse en vertu de son mécanisme physiologique» [50]. En efecto, nuestro anónimo médico de turno explica que si una mujer mira a un niño, le infesta veneno a través de la mirada, ya que la retención de sus menstruos engendra humores nocivos que ya no pueden ser purgados por sus reglas naturales. Las ancianas pobres son las más dañinas en este sentido, ya que su alimentación a base de viandas poco delicadas, que digieren mal a causa de su falta de calor natural, exacerba su condición «venenosa» [51]. El texto también se ocupa de la concepción del feto, y del desarrollo del embrión. Lleva, por otra parte, las hipótesis de Aristóteles en torno a la semilla o semen femenino a niveles caricaturescos, irreales y simplistas [52]. Muy de otro tono es el *Liber de passionibus mulierum* [53], atribuido a Trótula, una misteriosa —y prestigiosísima, por cierto— dama de Salerno. Trótula ofrece consejos ginecológicos que incluyen la simulación de la virginidad y tratamientos específicos para problemas de parturientas como el descenso de la matriz, así como reflexiones muy pertinentes acerca de las perturbaciones fisiológicas que les pueden sobrevenir a las viudas o a las personas que guardan castidad prolongadamente. Esta misteriosa doctora, con aires inequívocos de refinada celestina, emplea un tono benévolo, incluso compasivo, para con sus congéneres femeninas que, como bien señalan Jacquart y Thomasset (*op. cit.*, pág. 167), es excepcional en la Edad Media europea. Pero Trótula se extiende también en una minuciosa orientación cosmetológica para sus lectoras, que aprenden en el *Liber de passionibus mulierum* todo lo relativo a recetas para blanquear los dientes, para evitar quemaduras de sol, para aclarar el tono de la piel, así como para ocultar las manchas del rostro. Trótula, a quien, por cierto, Chaucer da muestras de haber leído, delata sus fuentes árabes cuando atribuye ciertas recetas contra el mal aliento a «una sarracena» a quien vio personalmente administrar el remedio. También nos ofrece métodos para ennegrecer los cabellos, que tiene sabidos, una vez más, por un «procedimiento sarraceno». Jacquart y Thomasset llevan razón cuando entienden que todos estos afeites que nos hablan de los refinamientos de un harén tienen como propósito preparar a la fémina para el acto amoroso (pág. 168). María Rosa Menocal, en una reunión de estudiosos en torno a la obra de Américo Castro y a las huellas semíticas en España, se preguntaba con un pertinente dejo de ironía: «And how "Western" was the rest of Medieval Europe?». Ante la evidencia de estos tratados médico-eróticos, habría que contestarle a la respetada colega: «Not very much indeed!» [54].

VI. UN «KĀMA SŪTRA CATALÁN»: EL *SPECULUM AL FODERI*

Pero, como siempre, *Spain is different.* Y ello va dicho con profunda reverencia y con singular entusiasmo por la complejidad cultural de uno de los países más originales de Europa. El tratado erótico-médico de mayor relevancia de todos los que venimos citando se escribió en España. Pero no en latín ni en castellano, como es el caso de nuestro «Kāma Sūtra español» —tanto más tardío— sino en catalán. Cataluña siempre fue, como se sabe, tierra fértil para todo tipo de intercambio cultural, y este opúsculo arabizadísimo del *Speculum al foderi* o *Espejo del coito* es uno de los mejores ejemplos de ello. El texto, escrito en un catalán de hacia el siglo XIV, está contenido en el manuscrito 3356 (fols. 35r-45v) de la Biblioteca Nacional de Madrid. Ha tenido varias ediciones (bastante silenciosas, por cierto) en lo que va de siglo, y al presente, como ya dejamos dicho, lo ha reeditado y traducido al inglés Michael Solomon [55]. En 1917, Ramon Miquel y Planas publica el *Speculum* en una edición de tirada muy restringida y dirigida a bibliófilos, y luego en 1978 el tratado vuelve a ver la luz en la edición bilingüe catalano-española de Teresa Vicens [56].

Todos los estudiosos coinciden en aceptar el hecho de que la filiación árabe del opúsculo sobre la «higiene sexual» es indiscutible [57]. Y es que no puede caber duda en este caso, ya que el anónimo autor no tiene reparos en invocar una autoridad árabe desde el comienzo mismo de su *Speculum*: «Dix Albafumet...» [58]. Pero aún no sabemos, como señalan con razón Jacquart y Thomasset (*op. cit.*, pág. 188), si se trata de una traducción o de una adaptación de algún original árabe. Michael Solomon, por su parte, advierte que, si bien el contenido fundamental del opúsculo obedece a la tradición erótico-médica medieval, y, muy en particular, a la del *Liber minor de coitu* salernitano en el que ya nos hemos detenido, el *Speculum* guarda una importante originalidad respecto a sus supuestas fuentes europeas:

> Christian andrological works, cannot, however, account for all the material in the *Mirror*. Chapters eight through ten, which deal with courtship, foreplay, and coital positions, do not appear in the *Liber minor de coitu* and they are not discussed in Constantine's *De coitu*. In an effort to speak clearly and completely on matters of human coitus, the author no doubt turned to numerous Arabic medical treatises which were available in the fifteenth century [59].

En efecto, el anónimo autor del *Speculum* guía a su lector, desde el principio mismo de la obra, con un índice del contenido de su libro. Estos inventarios eran, como se sabe, muy socorridos en los tratados pedagógicos de la época. Los temas que promete discutir el médico catalán incluyen buena parte de la temática que ocupó al ignoto autor del *Liber minor de coitu*: medicinas para aumentar el semen, consejos sobre letuarios y afrodisíacos, los daños del coito excesivo, viandas para aumentar el vigor genésico, entre otras enseñanzas que fueron lugar común de la medicina sexual al uso. Pero nuestro misterioso erotólogo catalán era un tramposo. Va dicho con todo respeto, ya que nos consta que tenía muy buenas razones para su curiosa duplicidad. Oculta en su prólogo —y lo tiene que estar haciendo con toda intención— el hecho de que va a dirimir con todo detalle y con la franqueza más espectacular todo lo relacionado con la ejecución adecuada del acto sexual. Ha guardado lo mejor para el final, como aquello del buen vino. En efecto, materia más comprometedora —los preliminares del enamoramiento, el juego erótico y sobre todo las posiciones (¡tantas!) que recomienda para el coito— queda ominosamente silenciada de su cuidadosa catalogación inicial, y coincidimos con Teresa Vicens (*op. cit.*, pág. 11) en que se trata de una «treta del traductor (?) para pasar como un simple libro de medicina, donde se cita a Hipócrates y Galeno, un tratado de consejos a los hombres para disfrutar en las relaciones sexuales con las mujeres, sin olvidar que también éstas queden satisfechas». Ya hemos dicho que los médicos europeos del Medioevo contravenían aparatosamente las enseñanzas eclesiásticas cuando exploraban científicamente el amor humano sirviéndose de fuentes grecoárabes. Ya lo apunta Michael Solomon: «the author of the *Mirror* ignored the possible impropriety of his counsel and left his readers with no clear imperative for reconciling sexual hygiene with Christian ethics»[60]. No me cabe duda de que el anónimo catalán, consciente de la incomodidad —y acaso, de los problemas— que causaría su tema, opta por autocensurarse y por pasar literalmente de contrabando su novedosa información genesíaca. Ésta es, precisamente, la información que, de una manera u otra, pasó a las manos de aquel «erudito» Deán de Cádiz, cuya cultura libresca —ahora es cuando lo venimos a saber de cierto— no fue ni mera fantasía del Alfonso X ni fruto tardío de Ovidio.

Pero veamos más de cerca lo que tuvo que decir este inaudito *Speculum al foderi*. Su *savoir faire* en materia amorosa deja sin duda atrás a aquellos erotólogos a medias que fueron Andreas Capellanus y sobre todo el tosco autor del *Liber Pamphilus*. La relativa castidad de estos teóricos les permitió ser *best sellers* europeos. Nuestro anónimo catalán jamás hubiese podido serlo: su excesivo grado de orientalización —y, por tanto, de franqueza erótica— quemaría las manos de aquellos europeos que sólo se animarían a leerlo dentro de un relativo grado de clandestinidad. No es difícil imaginar la sorpresa admirada —y, de seguro, la solapada culpabilidad— de aquellos primeros destinatarios catalanes para quienes aquel médico anónimo refundió fuentes orientales y las amalgamó en su opúsculo sobre la «higiene sexual». Nos detendremos tan sólo en los capítulos finales que singularizan el tratado médico catalán. El capítulo VIII, «que parla en les maneras e les costumbres de les fembres», parece por momentos traducido directamente del *Kāma Sūtra* de Vātsyāyana, o de libros erotológicos árabes profundamente influidos por la tradición india. Ya hemos dejado atrás la ciencia médica cuando el anónimo catalán nos instruye acerca de las características de las mujeres, y de las señales por las que los hombres podrán reconocer que están enamoradas. La fémina traicionará su amor con sus gestos nerviosos, jugará con cualquier bebé que haya en su presencia de manera ansiosa, gesticulará para atraer la atención de su amado si éste la ignora, suspirará, y las lágrimas furtivas asomarán a sus ojos: toda ella evidenciará, *malgré elle*, su estado anímico alterado. Son prácticamente las mismas señales que ofreció Vātsyāyana en su *Kāma Sūtra* (parte V, cap. 3) para que sus lectores —aquellos refinados brahmanes de los primeros siglos de la era cristiana— se percatasen de que eran correspondidos en amor[61]. Para colmo, el anónimo catalán metido a erotólogo oriental sugiere a su lector que pase en seguida a procurar los servicios de una alcahueta: y eso es exactamente lo mismo que propone Vātsyāyana en su próximo capítulo (el IV). Claro que la intermediaria en amores era un personaje muy socorrido en los libros de amor de tradición musulmana (la palabra misma de «alcahueta» delata en seguida un origen árabe): pero aquí lo curioso es que la estructura del anónimo catalán sigue muy fielmente al *Kāma Sūtra* indio.

El misterioso médico español tiene a bien ofrecernos a continuación un canon estético para guiar a sus lectores varones hacia la belleza femenina arquetípica. Citamos esta vez por la traducción de Teresa Vicens:

> En cuanto a la nobleza y a la belleza de las mujeres, se trata de que tengan cuatro cosas muy negras: el pelo, las cejas, las pestañas y los ojos; cuatro cosas muy coloradas: las mejillas, la lengua, las encías, y los labios; cuatro muy blancas: el rostro, los dientes, el blanco de los ojos y las piernas; cuatro muy estrechas: los orificios de la nariz y de los oídos, la boca, los pechos y los pies; cuatro muy delgadas: las cejas, la nariz, los pechos y las nalgas; cuatro muy redondas: la cabeza, el cuello, los brazos y las piernas; y cuatro muy perfumadas: la boca, la nariz, las axilas y el coño [62].

Este modelo estético tan arriesgado nos somete a la sorpresa de pertenecer de lleno al mundo cultural árabe. No deja de ser curioso el considerar que el Arcipreste de Hita no estuvo solo cuando recibió de don Amor el arquetipo de aquella mujer hermosa, que resultó «toda problemas» como bien señalaba Dámaso Alonso [63] por responder a paradigmas de belleza semíticos [64]. Ahora es «la bella» de nuestro médico catalán la que niega las castas rubicundeces de madonna Laura o de las damas inalcanzables de los trovadores provenzales. El autor del *Speculum* no ha hecho sino repetir los lugares comunes del canon estético árabe, que jugó repetidas veces con esta enumeración o encasillamiento de atributos de colores y de formas de su fémina ideal. Fueron casi exactamente los mismos atributos que argumentó la doncella Teodor o Ṭudūr al ser interrogada por unos jueces que no lograron vencer su pudor virginal en aquella versión romanceada de *Las mil y una noches* que tanto circularía en España a principios del Renacimiento. Los erotólogos árabes —y sobre todo aquel gran esteta que fue el más tardío Nefzāwī— están de acuerdo con su discípulo catalán: la hembra debe tener los cabellos, las pestañas y las cejas negros como el azabache. Sus ojos oscurísimos deben contrastar con el blanco de la esclerótica, y esta hermosa antítesis es precisamente la que traduce el vocablo árabe *ḥūr* (حور), de donde viene el término «hurí». Pues bien, la «hurí» de nuestro erotólogo exhibe unas encías coloradas que sólo pudo ostentar con desenfado en Europa la dama orientalizada de Juan Ruiz. Ambas bellas «occidentales», la del Arcipreste y la de nuestro médico catalán, vuelven a coincidir con las de Nefzāwī, Al-Tiŷanī, y Al-Tifasī: tienen los labios «angostillos», como apuntaría con tanto cariño el Arcipreste. Muy al gusto semítico, y muy lejos, por cierto, de los labios «grosezuelos» de Melibea. En las narices «afiladas» o «delgadas» de las hembras del catalán y de Juan Ruiz adivinamos, por otra parte, la respetuosa afición por la estilizada nariz semítica, aquella que el Cantar de los cantares celebrara en la Sulamita como semejante a la Torre del Líbano. La misma, precisamente, que con tanto rencor racial profanaría Quevedo en su temible soneto «Érase un hombre a una nariz pegado» [65]. Por lo que respecta a los aromas naturales del cuerpo, sólo recuerdo que en la literatura europea aludiera a ellos el Arcipreste de Hita. Pero, una vez más, Juan Ruiz habla árabe cuando de cánones de belleza se trata [66].

El ideal estético masculino se hace patente en el *Speculum* con mucha más brevedad y con una sinceridad casi brutal: el erotólogo catalán nos confía que tiene sabido por una hembra experimentada en amores que lo que les gusta a las féminas es un hombre bien dotado sexualmente. Añade muy poco más: debe ser mediano de talle: «Dix que sabé per una fembra qui sabia bé los contats dels hòmens, e són que'l home haja bobn membre, e que haja la verga grossa e regea, que tengua molta sperma; e que sie home entre dues talles, ni molt gros noi molt prim. E con és aytal pren-hi la fembra plaser» [67]. Una vez más, podemos remitir el modelo masculino a fuentes árabes. Nefzāwī comentará con un dejo de ironía que este varón sexualmente aventajado será el único que habrá de hacer las delicias de la mujer bajita, tan exigente en materia de amores. También Juan Ruiz mirará con cierta desconfianza a su «dueña chica» en el *Libro de buen amor* [68]. La estatura mediana, por otra parte, es requerimiento usual de hermosura masculina y femenina en los tratados estéticos de tradición arábiga.

Las enseñanzas del *Speculum al foderi* en lo relativo al juego erótico tienen, asimismo, un fuerte sabor oriental e implican un *savoir faire* que ya no lo aprendería su autor ni siquiera en el *Canon* de Avicena. Serían muchos los tratados erotológicos que circularían subrepticiamente en España y que harían posible la novedosa erudición de nuestro médico español. Aquí aconseja a su lector innumerables técnicas para estimular sexualmente a su pareja, y para asegurarse de que su libido quede satisfecha. El médico catalán instruye pacientemente a su lector en cómo y dónde debe acariciarla, e incluso se detiene en algo que en general sólo vemos en los libros de amor indios (no ya árabes) como el citado *Kāma Sūtra*: dónde puede pegarle para excitarla más. Nuestra sensibilidad occidental se asombra de estos suaves golpes que el amor oriental permitía propinar durante el coito tanto a hombres como a mujeres. Pero acaso quedemos más perplejos cuando consideremos que fue un español del siglo XIV quien se hizo eco de estas prescripciones eróticas tan peculiares.

Pero ya anunciamos que la sorpresa mayor nos la depara el taimado autor anónimo al final de su tratado: la prolija descripción de nada menos que veinticuatro posiciones para el coito. El *Speculum,* como bien observan Jacquart y Thomasset (*op. cit.,* pág. 188), «est le seul traité connu jusqu'à ce jour qui délivre en clair un art des positions avant la Renaissance». Ni siquiera Avicena pudo ser la fuente de tanta sabiduría que ya no es médica sino muy otra cosa. Recordemos una vez más que estos antiguos médicos de tradición grecoárabe entendían que la consecución del orgasmo simultáneo era imprescindible para lograr la concepción de una criatura: de ahí que se hayan sentido cómodos en explicitar técnicas que coadyuvaran al placer genésico [69]. Pero importa que seamos objetivos y que admitamos que nuestro catalán a veces es más erotólogo que médico. Hay ocasiones en las que dialoga con su lector varón sobre los momentos en que la unión sexual se procura solamente por placer. Y le aconseja que, en circunstancias así, recurra al coito cuando esté seguro de encontrarse en plena forma, de manera que el acto no lo debilite ni lo entristezca: «E aquell qui volrà usar [el coito] per plaer que ha en ell, uss-lo en aquell temps que no senta aprés della flaquesa ni tristesa...»[70]. El anónimo catalán debió encerrar a san Jerónimo y a san Agustín con seis llaves —como otrora Lope a Plauto y a Terencio— cuando se sentó a redactar estas páginas candentes que tanto contradecían la cultura religiosa de sus mayores. Nuestro médico fue particularmente rebelde y contestatario ya que el sentido de su capítulo final sobre las posiciones en las que se puede dar la unión amorosa no sólo subvierte la moral cristiana de la época sino que es también bastante más erótico que médico. (Recordemos que en el prólogo el autor nos había «vendido la idea» de que se iba a restringir a temas de higiene sexual.) En estos capítulos finales el anónimo galeno nos habla de algunas posturas que pueden resultar nocivas a la pareja —contra algunas nos había prevenido ya Avicena— pero en el resto del inventario, tan generoso en su minucia y tan complicado en sus malabarismos físicos y hasta en su gesticulación facial, no parece tener un auténtico *redeeming value* médico. De otra parte, solamente en los más importantes erotólogos orientales —un Vātsyāyana en la cultura india y un Nefzāwī en la árabe— hay tal virtuosismo técnico en cuanto a las posibles posiciones para el acto amoroso: estamos ante lo que el Deán de Cádiz llamó con toda razón el «arte de foder». Aunque las posturas del coito no coinciden estrictamente en el *Speculum* y en *El jardín perfumado* de Nefzāwī, sí coinciden casi exactamente en su complejidad y en su número: 24 posturas en el primero y 25 en el segundo. Todo ello nos indica que los tratados eróticos árabes debieron circular desde muy temprano en la península. Tratados eruditos como éstos serían las fuentes no sólo de nuestro médico catalán en la península sino del mismísimo Nefzāwī en Oriente: como se sabe, el sabio persa no redactará su tratado sino hasta el siglo XVI. Los expertos en la materia, hindúes y árabes, por cierto, bautizan cada posición corporal con nombres metafóricos que ya no repite nuestro médico catalán, acaso porque el original árabe que refunde se haya ahorrado esta información técnica. O quién sabe si el galeno prefirió abreviar el asunto en cuanto a nomenclatura, ya que no en cuanto a riqueza de información. Veamos brevemente, y a manera de ejemplo, algunas de estas posiciones tal como las describió en su catalán medieval nuestro anónimo científico:

> Item altra manera de foder hi ha encorbades: e és que's separa la fembra devant l'oma, e que'se abax entró que's tenga los talons ab sens mans; e l'oma que la tinga per detràs della mulla e que la foda; e ella totavia estant denpeus mentre que farà sa obra; e stia ella sient en caucon mentre la foda, car d'altre manera no's porà fer.

> Item altres maneras hi [h]a de sientes: e és que segua la fembra e l'oma da jonolls, e que tinga la fembra per les anques, e entre-li ell entre ses [fol. 53r] pernes

d'ella; e tenga-li ella ben e fortment abrassat, cor d'altra guisa no val res lo fet, ni la obra.

Item altra manera: que stia l'ome [e] sesent la fembra sobre sua verga per detràs, de guisa que tengua bé per los rodit los jonolls la fembra, e ell que la tengua bé per los flanchs; e ella que gir lo cap devers ell, e ell que la guart e li fassa bells gests [71].

Esta coda final de lecciones eróticas precisas convierte al *Speculum al foderi,* que pretendió pasar por «inocente» libro de higiene médica, en un verdadero «Kāma Sūtra catalán». Las posiciones que nos reseña el autor contienen toda la gimnasia y todo el dificultoso refinamiento de los tratados orientales más cultos en esta materia. Hasta los gestos de la cara durante el coito merecen particular atención: exactamente lo que estipulaba Vātsyāyana en su antiguo manual palaciego. Un texto así cambia para siempre nuestra percepción de lo que fue la Edad Media española. Y éste es el que de momento hemos podido rescatar del olvido: de seguro nos aguardan nuevos descubrimientos, ya que el *Speculum* no debió de ser el único manual de este tipo redactado en la península. Nos parece más bien que estamos ante la proverbial punta del témpano de una tradición erótica que apenas comenzamos a conocer. Inútil reclamar a Ovidio para que suavice en algo nuestra sorpresa de lectores [72]: aquí pisamos firme terreno oriental. El célebre Ovidio Nasón, que tanto citó Juan Ruiz para defenderse de sus «excesos» literarios, nos alecciona en algo sobre lo concerniente a cómo hacer el amor, pero no se le ocurre abundar en toda esta complicada gama de posiciones que sólo los orientales clasificaron con tanto detalle y con tanto cuidado. El *Speculum* es uno de los tratados erótico-médicos más orientales de todos los que hemos tenido oportunidad de examinar aquí. Aclaremos en seguida que el solo hecho de derivar tan de cerca sus primeros capítulos del anónimo salernitano *Liber minor de coitu* convierte automáticamente el opúsculo catalán en una adaptación de un original médico árabe, aunque mediatizado por la refundición latina salernitana. Todo apunta en el *Speculum* a una tradición fuertemente orientalizada, que nuestro médico va adaptando a su lengua catalana con un sentido de naturalidad jubilosa muy marcado. El estudio de estas pistas arabizantes exigiría un estudio de propósito, pero son palmarias. Recordemos, por ejemplo, la continua mención de afrodisíacos y de fármacos a base de perfumes e inciensos, y de alimentos igualmente orientalizados como la miel perfumada, el vino de pasas, la canela, el jengibre y sobre todo el ubicuo cordero. La coda final sobre el *foreplay* y las posiciones delatan al *Speculum,* aún con más energía, como dependiente de nuevas fuentes árabes de carácter más específicamente erotológico que médico. El refundidor catalán probablemente las haya mezclado con el anónimo *Liber minor de coitu* salernitano y acaso con otros originales árabes de tema médico. Michael Solomon entiende que la impronta árabe es fundamental en el *Speculum*, y propone como posibles contextos en este sentido no sólo a Avicena y a Ḥunayn Ibn Išāq sino al hispanoárabe Ibn al-Jatib (*op. cit.*, págs. xiii-xiv). Aún no sabemos a ciencia cierta qué texto —o mejor, qué textos— estaba traduciendo y posiblemente fundiendo nuestro misterioso catalán. Sólo podemos estar seguros de que fueron árabes, o indioárabes, y que no serían distintos de aquellos que hicieron las delicias del Deán de Cádiz un siglo antes [73].

VII. OTROS TRATADOS ERÓTICO-MÉDICOS ESPAÑOLES CONTENIDOS EN INCUNABLES O DE MUY RECIENTE EDICIÓN

Todavía es poco lo que sabemos de esta tradición erótico-médica de carácter arabizante que debió de ser más relevante en Europa y en la península de lo que habíamos sabido hasta ahora. En el caso de España se comienzan a editar y a estudiar al presente textos médicos que guardan estrecha relación con estos que hemos venido explorando, aunque todavía no hemos dado con ninguno que sea tan iconoclasta como el originalísimo *Speculum al foderi*. Pero otros tratados que comienzan a llegarnos no dejan de tener su profundo interés, sobre todo por lo que nos indican acerca de la existencia de una tradición científica europea de fuerte impronta oriental a lo largo de los siglos medios [74].

Entre los muchos tratados erótico-médicos que circularon desde muy temprano en España, uno de los más curiosos es la *Sevillana medicina*. Se trata de un texto del siglo XIII compilado por Juan de Aviñón, un médico judío cuyo nombre auténtico fue Moses ben Samuel. El manuscrito original se encuentra perdido, pero conservamos el tratado gracias al interés de Nicolás Monardes, un médico sevillano del siglo XVI que se encargó de imprimir el antiguo manuscrito en forma de libro en el año 1545. Mucho se quejó de «lo antiguo y carcomido» que estaba el códice, «que apenas en algunas partes se podía leer». Eric W. Naylor, que es a quien debemos estos datos, ha editado modernamente la *Sevillana medicina* [75], y gracias a su edición nos enteramos de todo lo concerniente al regimiento de la salud de los antiguos habitantes de la ciudad hispalense, que no descuidaban, por cierto, los avatares de su vida erótica. Fuertemente influido por Platón, Galeno, Pitágoras, Catón, Hipócrates, Averroes y, naturalmente, por el socorrido Avicena, nuestro cultísimo médico hebreo nos va dando noticia detallada de las enfermedades particulares que prosperaban en los distintos barrios de la ciudad. Muchos humores malos provenían del amontonamiento de basura en algunos sectores, y de la humedad reinante causada por las cercanas aguas del Guadalquivir. Todas las calles sevillanas, desde la Macarena en adelante, son proclives, según nuestro médico, que las tiene muy bien estudiadas, ya sea a enfermedades contagiosas (por su excesivo calor y humedad) o, por el contrario, a la salubridad (por sus buenos aires). Todo dependía de la ubicación exacta de cada calle en el plano de la ciudad. Juan de Aviñón, por otra parte, va haciendo inventario de las distintas enfermedades que aquejaron a sus conciudadanos en los años en que se encuentra escribiendo, y de cómo la nevada de 1407 ocasionó enfermedades particulares que fue necesario remediar con algunos de los sahumerios que el médico tenía aprendidos de sus años en Aviñón. Estas deliciosas noticias de la intrahistoria médica medieval se encuentran seguidas por la descripción de las dolencias del cuerpo que afectan al hombre, y es aquí donde el autor, siguiendo de cerca el *Canon* de Avicena, se extiende en lo concerniente al «coyto». Es interesante señalar que nuestro galeno judío recomienda con entusiasmo a sus lectores hacer uso de la cópula: no sólo es beneficiosa para la salud del cuerpo —alivia el dolor de riñones, las dolencias flemáticas, el dolor de corazón, y quita la melancolía— sino que con ella se cumple el mandamiento divino de «crecer y multiplicarse» (cap. xllvj, pág. 136). Dios mismo es quien ha ordenado en el hombre la presencia de órganos genitales, para «q.[ue] aya[n] desseo y tala[n]te y volu[n]tad de engendrar su semejante» (*ibid.*). El sexo excesivo es, sin embargo, nocivo: daña la memoria, ocasiona flaqueza, tisis, mal aliento, gota e hidropesía, y, sobre todo, sume al hombre en el pecado de la lujuria «peca mortalmente en pecado de luxuria y de fornicio: que es vno de los diez mandamientos por el qual pierde el ome el alma y el cuerpo» (pág. 144). Lleva razón M. Solomon (*op. cit.*, pág. xi) cuando observa que el autor del *Speculum* es más liberal al ofrecer al lector su sorprendente información erótica sin el más mínimo *caveat* moral. Ni moral ni médico, por cierto. Juan de Aviñón, amparado en las autoridades de Averroes y Avicena, continúa elaborando su lección magisterial en torno al acto copulativo, y su enfoque es, importa decirlo en seguida, rigurosamente científico y terapéutico. Nos explica cómo se logra la concepción, cuándo se debe procurar, cuándo es nociva, entre otros datos que ya conocemos a través de textos científicos semejantes. El facultativo sevillano se separa de la mayoría de los antiguos teóricos médicos que venimos explorando cuando argumenta que el orgasmo simultáneo no es imprescindible para la procreación, ya que la mujer forzada sexualmente también puede quedar preñada «sin talante de ella» (pág. 145). Y dice más: que la mujer experimenta un doble placer en el acto sexual: en el «vasiamie[n]to de él y de ella» (pág. 148). Es decir, cuando siente la culminación sexual de su compañero y durante la suya misma. Aunque jamás es tan arriesgado como el anónimo catalán, este médico sevillano, que con tanta naturalidad dirime el saber erótico-médico griego y árabe al uso, nos demuestra que la sabiduría científica en lo relativo a estos temas ya estaba vertida a las lenguas occidentales desde épocas muy remotas en la península.

También tenemos documentado en España el profundo interés que suscitó el tercer libro del *Canon* de Avicena. Otra obra médica, esta vez el *Lilio de medicina* de Bernardo de Gordonio, que editan John Cull y Cynthia M. Wasick [76] y que explora M. Solomon en su citado estudio, se sirve mucho de las enseñanzas del famoso facultativo. Interesa destacar aquí, sin embargo, el pudor con el que el médico —como tantos otros europeos que ya hemos citado— expresa, esta vez en castellano, su dificultad para entendérselas con Avicena, que resultaba demasiado explícito para su gusto: «Deuedes entender que Auicena cuenta muchas cosas que no son honestas de coytu: y cuenta las a fin de lo estoruar: pero por quanto el ayre se ensuzia de las tales cosas: porende dexólas de contar» [77]. Y así lo hace Gordonio, procediendo a escamotear a sus lectores los consejos del sabio galeno musulmán.

El Compendio de la humana salud, que acaso fuera de un autor originariamente alemán domiciliado en Italia, como nos informa María Teresa Herrera [78], recibe la primera edición española en 1495. Una vez más, salta a la vista lo abundantes que fueron estos tratados erótico-médicos en España. El anónimo refundidor español se detiene en consejos muy curiosos de tipo ginecológico, que dirige, al parecer, a un público femenino. Orienta a la mujer en el caso de que tenga dificultad en quedar embarazada, y les recuerda que a las gordas se les suele hacer muy difícil la concepción. El autor se detiene en detalle, por otra parte, en todo lo relativo a las reglas menstruales de sus lectoras o de los médicos que habrían de atenderlas en sus quebrantos físicos de índole ginecológica.

María del Carmen Simón, en un ensayo titulado «El erotismo en los libros científicos» [79], añade nuevos títulos a nuestro listado de libros médicos de tendencias más o menos erotizantes. Nos da noticia de los *Problemas o preguntas problemáticas* de Juan de Jarava, cuya edición de 1544 hemos podido manejar [80]. Se trata de un tratado muy curioso, aparentemente pseudomédico, en el que un viejo y un mancebo dialogan sobre temas pertinentes al amor. Allí se discute por qué los enamorados no duermen, por qué sueñan con sus amadas, por qué se tornan amarillos o colorados merced a sus sufrimientos de amor. El amor, se desprende con meridiana claridad del incunable, debe ser considerado una enfermedad. Parece que estamos ante una reliquia tardía del *amor hereos* al que ya nos hemos referido anteriormente. El médico Jarava trata el sexo, por otra parte, con bastante delicadeza, y nos ilustra acerca de cómo en el acto venéreo los ojos se tornan hinchados y húmedos, y cómo, algunas veces, el enamorado no puede cumplir su deseo «en el acto de la luxuria» y se torna, para su desgracia, impotente. Otro incunable cuya noticia debemos a María del Carmen Simón es el *Regimiento de sanidad de todos los géneros de alimentos y del regimiento de ello* (Pierre Cusin, Madrid 1572), de Francisco Núñez de Coria. Allí desborda el autor los límites de su proyectado tema y se detiene en lo pertinente al «uso de las mugeres», que unas veces es provechoso, y otras veces dañino al varón. Acaso lo más interesante sean sus instrucciones para prevenir al lector «contra la tentación de la carne». Coria siente, hay que decirlo, particular pudor en explicitarnos esta última lección [81]. María del Carmen Simón nos recuerda (*op. cit.*, pág. 291) que también se refirió a esta dificultad de hablar de lo relacionado con el acto de engendrar aquel gran médico tan leído por Cervantes que fue Juan Huarte de San Juan [82].

Uno de los tratadistas médicos más explícitos en su estudio del acto generativo es, según la investigadora, Damián Carbón. En su *Libro del arte de las comadres, o madrinas...* (Hernando de Cansoles, Mallorca 1541) detalla todo lo concerniente al acto, pero, una vez más, lo hace desde un punto estrictamente médico, no ya erótico. Y, aun así, el más rápido cotejo del incunable nos va permitiendo descubrir a cada paso los nombres orientales de Avicena y de Rasis, junto a los más esperables de Galeno e Hipócrates. Ni los teóricos más castos parecen haber escapado al poderoso influjo de la sabiduría oriental tan en boga en la época.

Fue bastante lo que hablaron aquellos médicos españoles, a la luz de lo que vamos viendo, de temas lindantes en lo erótico. Pero por eso mismo sus obras no siempre han llegado completas a nuestras manos. *El Tesoro de los pobres*, considerado una refundición de Arnaldo de Vilanova y atribuido a Pedro Hispano (Burgos 1524), anuncia en su prólogo la presencia de un capítulo 69, que habrá de versar sobre «El destruimiento del fornicio, que es de hombres de religión». Este capítulo, sin embargo, no aparece en el incunable, de seguro porque fue censurado en su origen [83]. Pese a lo «casto» y a lo «antierótico» del enfoque, a alguno de los encargados de la edición debió parecerle mal el tema y decidió suprimirlo. Cuando consideramos lo mucho que se silenció en las imprentas del Renacimiento español, no deja de asombrarnos el que al menos algunos de estos códices médicos hayan visto la luz, siquiera una vez. Ángel Alcalá nos recuerda lo estricto que fue el control que ejerció la Inquisición sobre los textos eróticos: la Regla VII de la Inquisición Romana ordena prohibir los libros «que tratan de cosas lascivas, de amores, u otras cosas dañinas a las buenas costumbres de la familia cristiana» [84]. Aunque, como bien apunta Henry Kamen, «hay que confesar que [...] no estamos aún en condiciones de poder analizar el impacto de la Inquisición sobre la sexualidad» [85], sí sabemos que muchas lecturas quedaron prohibidas por aquellos años. Los españoles del Renacimiento ya no podrán leer el *Ars amandi* de Ovidio, el atrevido *Priapeia*, el *Philopatos* de Luciano y el *Asno de oro* de Apuleyo. Docenas de versiones de los clásicos griegos y latinos, por otra parte, quedan fuera de circulación por ser sus editores o traductores sospechosos de herejía. El *Índice* de Valdés, nos recuerda también Alcalá, se cebó en la literatura renacentista italiana: el *Decamerón* de Boccaccio (luego, en su *Fiammetta* y su *Corbaccio*), en toda la obra del rijoso Pietro Aretino, en el *De Monarchia* de Dante, en los *Poemati* de Pulci, y en las *Novelle* de Masuccio Salernitano, entre tantos otros. Como era de esperar, los autores españoles no quedan atrás. Ya no se podía leer sin culpa las obras de Torres Naharro, de Gil Vicente, de Juan del Encina, de Diego de San Pedro y de Hernando del Castillo. Muchas comedias renacentistas se perderían por estos años debido precisamente a su prohibición por el Santo Oficio. Ya sabemos que el mismo *Quijote* de Cervantes fue expurgado, y que se prohíben, parcial o totalmente, obras de Quevedo y de Góngora. *La Celestina* y el *Lazarillo* serán blancos favoritos de los censores [86], pero no hay que olvidar el hecho mucho más dramático de que hubo otras que sencillamente sus autores no pudieron soñar con someter a la imprenta. Ahí están aquellos papeles que san Juan de la Cruz tuvo que engullir para ocultarlos de sus enemigos y aquellos *Conceptos del amor de Dios* que Santa Teresa en persona tuvo que quemar por consejo de su confesor de turno. Como éstos, tantos otros casos. ¿Qué quedaría entonces para códices como el *Speculum al foderi* o el «Kāma Sūtra español» que hoy editamos? Imposible que hubiesen visto la luz en el Renacimiento español, ya que ambos comparten una franqueza explícita en su tratamiento del tema, unida a una actitud de respeto y de naturalidad ante la sexualidad humana, que consideran ya un «arte», ya un acicate para la contemplación de Dios. Estas actitudes, a todos nos consta, fueron sencillamente inauditas en la época. La Inquisición, como se sabe, castigó severamente todo aquello que sonara a defensa de la fornicación o de la licitud del coito fuera del matrimonio. Henry Kamen nos recuerda que «por los años de 1575-1610, en el Tribunal del Santo Oficio de Toledo, se incoan varios procesos contra personas por sus herejías y pecados. La sección más numerosa del total de delitos perseguidos comprenden los 264 casos de personas que sostuvieron que fornicar no era pecado, un 33 por 100 de la totalidad de los procesos incoados» [87]. Es a los alumbrados, sobre todo, a quienes se les ocurre la «descabellada» idea de santificar la sexualidad humana [88], y ya sabemos la triste suerte que tuvieron estos misteriosos heterodoxos por aquellos años. Escuchar al aristocrático alumbrado Pedro de Alcaraz es casi escuchar al autor del «Kāma Sūtra español». «Los casados, estando en el auto del matrimonio, estavan más unidos a Dios que sy estoviesen en oración» [89]. Ya tendremos ocasión de detenernos en lo que tuvieron que decir acerca del amor humano otros autores cuyos códices quedaron sumidos en el más estricto secreto durante los siglos XVI y XVII: los moriscos que permanecieron en España y que redactaron su literatura aljamiada en un castellano transliterado con caracteres árabes.

No fue poco, pues, lo que se silenció por aquellos años en materia erótica, y nos debemos congratular de que se hayan salvado del fuego y del olvido suficientes textos médicos sobre la libido humana como para darnos una idea de lo que estaba ocupando la atención de aquellos antiguos lectores medievales y renacentistas que fueron mucho más explícitos y mucho más porosos a la sabiduría extranjera de lo que sabíamos hasta ahora. Se puede decir que hemos arañado la superficie de lo que bien podría ser una tradición erótica europea de estirpe científica (incluso literaria). Acaso algún día rescatemos suficientes códices de su polvo de siglos y la lleguemos a conocer adecuadamente. Pero, a la luz de lo poco que vamos descubriendo, es forzoso decir que aquellos antiguos médicos europeos, con todo y sus textos patrísticos y escolásticos y penitenciales a cuestas, supieron más del arte de amar de lo que hemos querido admitir. El

Deán de Cádiz no leyó en vano sus «libros de foder» ni estuvo solo con su biblioteca ambulante.

Y, con todo, aún la originalidad de nuestro «Kāma Sūtra español» queda incólume dentro de esta tradición erótica europea solapada que hemos ido investigando. Salta a la vista que no hemos podido dar con antecedentes para el extremo de amor del anónimo morisco, que explora la sexualidad no ya como ciencia médica, ni como arte o didascalia, sino como regalo espiritual de Dios. Conviene ahora que pasemos a explorar cuáles fueron las fuentes auténticas de nuestro autor inclasificable.

CAPÍTULO V

LOS LIBROS DE AMOR DE ORIENTE. LA CONTEXTUALIDAD LITERARIA DEL «KĀMA SŪTRA ESPAÑOL»

> [el amor] no está reprobado por la fe ni vedado por la Santa Ley, por cuanto los corazones se hallan en manos de Dios Honrado y Poderoso, y buena prueba de ello es que, entre los amantes, se encuentran no pocos bien guiados califas y rectos imames.
> (Ibn Ḥazm de Córdoba, *El collar de la paloma*)

I. LA LITERATURA ERÓTICA ORIENTAL O LA COEXTENSIVIDAD DE LO SEXUAL Y LO SAGRADO

Vicente Cantarino aborda la situación sin ambages: «las diferencias que separan la ética [sexual] musulmana de la cristiana son fundamentales e irreconciliables» [1]. Hijo de esas diferencias «fundamentales e irreconciliables» fue, como hemos tenido ocasión de ver, aquel obispo Salvatierra de ideales genocidas que tanto se ofendió con la capacidad y entusiasmo reproductivo de la población morisca. Ya sabemos que la quiso exilar, debidamente esterilizada, a Terranova o a Guinea. Parece que con él dialoga secretamente el silencioso autor del «Kāma Sūtra español» —con él y con todos los hijos del pensamiento patrístico y escolástico que lo antecedieron—. La rígida enseñanza de los Padres de la Iglesia en cuanto a la moral sexual se refiere se traduce, ya desde la Edad Media, en convulsas polémicas antiislámicas. Mal pudieron digerir aquellos castos herederos de san Jerónimo y de san Agustín la vida sexual del profeta Mahoma, con sus múltiples matrimonios y su aceptación del divorcio, así como la extrañeza suprema de un paraíso poblado de huríes que prolongaban el placer genésico en el más allá. Todos sabemos que en estos albores del Medioevo europeo surge una imagen desoladora de Mahoma y de sus seguidores: aquel que fuera para la comunidad musulmana el *jatim al-nabiyyin* o «sello de los profetas» no fue para los polemistas cristianos sino un «"lujurioso, impúdico", "amador de toda inmundicia", "completamente animal de los vicios de la carne"» [2], que no hizo otra cosa que fundar una *villisima religio* [3]. Importa que nos detengamos, ya sin la pasión vindicativa de los polemistas medievales [4], en las diferencias que aquejan a ambas religiones en lo que toca a su visión del erotismo humano [5]. Estamos editando a un escritor español que argumenta en castellano una ética sexual musulmana, por lo que urge entender la magnitud del esfuerzo conciliador que su anónimo tratado implica.

Conviene, antes de comenzar, tener presente que debemos matizar la imagen simplista de libertinaje sexual con que Occidente ha venido caracterizando a la cultura islámica a lo largo de tantos siglos. Por extraño que nos parezca, a despecho y como contrapartida de su elaboradísima literatura erótica (a menudo, admitámoslo en seguida, francamente lujuriosa) los musulmanes también han sido muy conservadores en lo que se refiere a la reglamentación de un código moral estricto. Por momentos, estos teólogos del islam resultan más severos que los mismos cristianos en el castigo de los deslices sexuales: basta recordar que el Corán recomienda la pena de cien azotes para el adúltero (Corán XXIV, 2-3) y que sanciona duramente la sodomía. Importa tener en mente también que la religión musulmana ortodoxa no avaló la libertad sexual extrema que refleja la cultura refinadísima del califato de Bagdad o del Al-Andalus español, con sus reiteradas casidas de amor bisexual y sus elogios poéticos al vino: todo ello lo reprendía duramente el libro revelado. Otra sorpresa nos aguarda, de otra parte, a los estudiosos occidentales: tener que habérnosla con la existencia de toda una escuela poética de amor casto y neoplatónico en las *belles lettres* árabes del Medioevo. Dicho de otro modo: los musulmanes, a despecho de su fama de libidinosos, preludiaron el martirologio de amor continente de los trovadores provenzales, al que dieron incluso un nombre técnico —el *ḥubb al-ʿudrī* o amor udrí—. El panorama del erotismo musulmán es, pues, mucho más complicado de lo que podría parecer a primera vista, y los tratados de amor libertinos y al margen de la ley constituyen tan sólo un aspecto de la complejísima historia de la erotología musulmana. Los polemistas cristianos, sin embargo, no suelen destacar estas modalidades más conservadoras de la cultura erótica árabe, con las que hubieran podido sentirse bastante cómodos por cierto, y se limitan a privilegiar lo que más les ha ofendido: la franqueza desenfadada de *Las mil y una noches,* la activa vida matrimonial del profeta y el paraíso coránico, tan sensual y tan animado. Sospecho que lo que está en la raíz misma del problema es no tanto el desconcierto ante el matrimonio plural canónico musulmán o la noción caricaturesca del harén, sino el asombro abismal ante la concepción islámica de que el sexo pueda ser venerable ante los ojos de Dios. Nuestro erotólogo morisco se hace eco precisamente de este concepto enaltecedor y espiritualizante del amor humano, y no hace tradición —adelantémoslo en seguida— con la literatura licenciosa de que también ha hecho gala el islam. Más aún: se trata de un autor pedagógico, incluso conservador, que no para mientes en aleccionar adecuadamente a su lector en lo tocante a las leyes y prohibiciones coránicas en materia sexual. Pero —ya lo sabemos— el morisco recomienda apasionadamente el placer como estímulo espiritual y entrevera su descripción del acto genésico de suras y de píos *ḥadīces* y plegarias. Desde el punto de vista de la cultura religiosa cristiana, ya hemos tenido ocasión de aquilatar la transgresión ominosa que su tratado piadoso implica. Pero no así si lo leemos en el contexto de los postulados islámicos dentro de los que el morisco se mueve con tanta comodidad. Veamos ahora más de cerca esa contextualidad religiosa y literaria musulmana con la que también dialoga nuestro anónimo desterrado. Salta a la vista que es la más importante a la hora de entender su texto erotológico.

Como bien señala Efigenio Amezúa [6], aún no ha sido realizado un estudio comparativo entre la sexualidad oriental y occidental. Aquí no podemos acometer exhaustivamente una empresa tan ambiciosa, pero sí nos interesa plantear, siquiera de manera panorámica, algunas de las diferencias esenciales entre ambas espiritualidades, a fin de que estemos mejor preparados para aquilatar las profundas implicaciones ideológicas y literarias del tratado erótico que el morisco incluye en su extenso manuscrito S-2 BRAH.

La concepción de una naturaleza humana armónica en su esencia por parte del islam frente a una caída por el pecado original por parte del cristianismo es uno de los puntos de divergencia más importantes entre ambas religiones, y buena parte de su diferente actitud frente a la vida sexual viene de aquí. Vicente Cantarino resume acertadamente estas distintas posturas y sus consecuencias teológicas:

> Como el cristianismo, también el Islam acepta la historicidad literal de la narración bíblica del pecado de Adán y Eva en el Paraíso del que se hace referencia frecuente en el Corán [II, 33-37; VII, 18-24; XX, 119]. Pero, al no creer en la terrible perversión de la naturaleza humana que según la doctrina cristiana es consecuencia de ese llamado «pecado original», el Islam sigue unas rutas éticas muy distintas de las cristianas. El cristianismo parte de una oposición irreconciliable a la naturaleza humana corrompida. En todo ser humano, pagano o cristiano, el cuerpo es lastre y el alma capaz de un ascenso espiritual sólo cuando contraría las inclinaciones corporales. No así el Islam, que ve el compuesto humano —cuerpo y alma—, tal como es, resultado de la voluntad divina. El hombre es tal y como Dios lo quiso y, por ende, su psicología es sana y sus pasiones e inclinaciones son naturales y aceptables. La ética musulmana sigue así un camino de reconciliación. Todo exceso es malo, pero no lo es el uso de los bienes naturales ni la satisfacción que el cuerpo pueda derivar de su goce (*op. cit.*, págs. 78-79).

Las consecuencias de las enseñanzas coránicas en torno a una naturaleza humana creada por Dios en fundamental armonía consigo misma son muy hondas. De ahí nace la concepción del amor musulmán, que es, como nos recuerda Abdelwahab Bouhdiba, «amor sin pecado, amor desculpabilizado, en el cual goce y responsabilidad son coextensivos uno del otro» [7]. El amor es necesariamente desculpabilizado porque Dios mismo es quien ha colocado al hombre y a la mujer bajo el signo del deseo carnal. Ésta es la filosofía amatoria que le permitió al gran místico Algazel proclamar en su *Iḥyā' 'ulum ad-dīn* o *Vivificación de las ciencias de la fe* que «todos los actos, todos los órganos [del ser humano] testimonian en una lengua elocuente la voluntad de su Creador y dirigen a todo ser dotado de inteligencia un llamado que debería ser suficiente para hacerlo comprender a qué fin todo aquello ha sido dispuesto para él» [8]. No nos extraña, ante todo esto, que el célebre contemplativo, que fue el conciliador del islam con el sufismo, escribiera su tratado *Sobre los buenos usos del matrimonio,* inserto en su citado *Iḥyā'*, durante un retiro ascético-místico que llevó a cabo entre 1095 y 1105 [9].

Recordemos que el «Kāma Sūtra español» es, a su vez, un tratado sobre «los buenos usos del matrimonio». Importa también que no perdamos de vista que nuestro morisco se esfuerza en aleccionar a los suyos —aquellos españoles desterrados en Berbería— en lo concerniente a la práctica del amor dentro de las exigencias de la ley religiosa islámica que estaban reaprendiendo. Por cierto que les estaría enseñando importantes novedades a muchos de aquellos antiguos criptomusulmanes ya casi completamente aculturados en la españolidad oficial. Nada hay de libertino —ya lo hemos anunciado— en la materia pedagógica que dirime nuestro anónimo escritor, que no se nos muestra sino como un musulmán devoto a la usanza de Algazel o de Aḥmad Zarrūq. Como ellos, entiende que el ejercicio de la sexualidad no es sino una piadosa obligación para el creyente. Aquellos españoles que estaban a punto de dejar de serlo tendrían que olvidar el prestigio del celibato que habrían aprendido en sus años de escolanos, y dejar para siempre de lado las peripecias de los dramas de honra de Lope o de Tirso. Con su nuevo maestro reaprendieron el ejercicio del amor. Ardua tarea para nuestro anónimo tratadista: reaculturar a sus compañeros en las enseñanzas islámicas olvidadas. Más de uno de aquellos primeros alumnos quedaría dramáticamente sorprendido de lo que tendría que decirles su valiente correligionario.

Una de las primeras cosas que compartió nuestro anónimo escritor con sus primeros lectores fue el espíritu de aquella exhortación coránica de la azora XXIV, 32: «Casad, de entre vosotros, a los solteros, a vuestros servidores y a vuestras criadas si son justos. Si son pobres, Dios los ayudará mediante su favor. Dios es inmenso, omnisciente» [10]. En el islam, los buenos hijos deben incluso procurar casar a sus padres viudos, y los solteros se deberán mantener célibes sólo mientras estén en el proceso de encontrar un cónyuge adecuado. El matrimonio, que se concibe como un bien en sí mismo y como obligación gozosa concorde con los más altos designios del Creador, se recomienda también a los fieles como medio de protección contra la *zinā'* o fornicación. Aquí parece que estamos cerca del cristianismo, sólo que hay, una vez más, importantes diferencias. De acuerdo al credo musulmán, el individuo no ha de suprimir ni controlar sus instintos sexuales, tan sólo se le pide que los exprese y los utilice dentro de la protección de un matrimonio legal. Negar, como querían los Padres de la Iglesia, la vida instintiva que Dios mismo ha colocado en el ser humano podría ser incluso peligroso. Desde nuestro siglo XX, y gracias a Sigmund Freud, podemos entender mejor lo que Fatima Mernisi reflexiona al respecto en su *Sexe-Idéologie-Islam*: «Tout membre de la communauté qui est frustré sexuelment est considerée comme potentiellement dangereux [...]. L'abstinence est vivement découragé» [11]. La persona satisfecha en su libido será, según el sentir musulmán, posiblemente mejor persona que la que sufre los reclamos de la insatisfacción fisiológica [12]. Algazel ofrece algunos casos ilustrativos al respecto que parecerían muy a tono con el pensamiento psicoanalítico moderno. Nos relata cómo un santón sufí fue criticado por sus compañeros por contraer matrimonio. El religioso se defiende argumentando que cada vez que su espíritu quedaba perturbado por algún apetito que lo desviaba de su estado de devoción, se ocupaba de satisfacerlo y, gracias a ello, aseguraba no haber cometido ningún pecado grave en cuarenta años de intensa vida espiritual [13]. Ibn 'Umar, por su parte, solía romper el ayuno de Ramadán con el coito, después del cual llevaba a cabo su ablución y comenzaba sus plegarias: «tout cela afin que son coeur fut delivré de toute préocupation au moment d'accomplir ce devoir réligieux en écartant de lui les dispositions (insidieuses) de Satan» (*ibid.*, pág. 29). Ya hemos tenido ocasión (cap. I) de hacer referencia a una leyenda muy afín que cita nuestro morisco en su tratado: la historia de la esposa de un santón que se queja de que éste la desatiende en lo tocante a sus obligaciones conyugales. El *caydi* o alcalde aconseja al marido que tuviese acto con ella cada cuatro noches «y que de haçello alcançaba mucho premio como lo alcança en lo más de su oraçión, y para ésta le sobran tres noches» (fols. 87v-88r). Claro que muchos sufíes fueron ascetas y continentes estrictos, pero ello no implicaba un desprecio teológico al matrimonio. Cantarino destaca el sentido distinto que tienen estas renuncias dentro de la espiritualidad islámica: «Al no reconocer la perversión de la naturaleza humana causada por el pecado original, el ascetismo islámico, como el judío, es más simplicidad de vida y huida de excesos que propia defensa de la naturaleza caída y un ataque contra sus desórdenes» (*op. cit.*, pág. 83). Las leyendas pías que venimos citando nos colocan en un mundo que nos suena, con toda razón, «al revés de los cristianos»: la abstinencia sexual es casi *contra natura* en la moral islámica. Según Alan Hull Walton, «Islam in general looks upon chastity not as an ideal, but as an unfortunate accident» [14]. Y dice más Muhammad M. Pickthall cuando contrasta esta actitud musulmana con su contrapartida cristiana. «For Christianity, celibacy is the strictest religious ideal; even monogamy is a concession to human nature. For Mussulmans the ideal is monogamy, the concession to human nature is polygamy» [15]. Por todo ello, la institución matrimonial misma, según la entiende el islam, penaliza al esposo o a la esposa que descuida sus obligaciones sexuales, y nuestro autor morisco lo habrá de recordar en más de una ocasión con anécdotas y leyendas devotas que nos suenan muy extrañas porque nos son referidas en la lengua de Cervantes. Podrán ser extrañas para nosotros, pero estas leyendas tienen su estricta lógica interna en la religión del profeta. Ya dejamos dicho que la satisfacción sexual de los esposos es necesaria para prevenir el adulterio. Mernisi recoge el sentir de Algazel cuando, escribiendo, como casi todos estos erotólogos orientales, desde un punto de vista masculino, recuerda que

> car la préservation de la vertu de la femme est une obligation pour le mari [...] il convient que le mari multiplie ou diminue les rapports sexuels avec sa femme selon le besoin qu'en a la femme pour devenir vertueuse [16].

El vocablo mismo que expresa el concepto de matrimonio en el islam recoge este sentido de la «protección» contra la sexualidad ilícita que le ofrece a los cónyuges su estado marital. Mernisi lo explica: «Le concept de *muhsan* que signifie "protéger", est interpreté juridiquement comme signifiant à la fois "mariage" et "chasteté", parce qu'une personne mariée devrait être *muhsan*, "protegé" de l'adultère par la satisfaction de ses désirs dans le cadre licite» (*op. cit.*, págs. 49-50). Por ello en buena medida es por lo que el profeta decía que «casarse es cumplir con la mitad de la religión» [17]. Ahora bien, este sentido de la «salvaguardia» que ofrece la sexualidad satisfecha a los cónyuges no es el único propósito del matrimonio musulmán, ni mucho menos. Importa también el propósito de lograr sucesión, y sucesión legítima, al que se referirá con toda claridad nuestro morisco en su tratado anónimo. Pero lo que más puede asombrar a la mentalidad occidental es que este propósito generativo del matrimonio, que los Padres de la Iglesia privilegiaron en detrimento de todos los demás, no es de ninguna manera el principal en la concepción islámica de las nupcias. Como la procreación no tiene un sentido prioritario de la ejecución de la sexualidad [18], «todas las prácticas anticonceptivas, ya se trate del *coitus interruptus* o de la utilización de "objetos preservativos", serán toleradas» [19]. Siempre me ha resultado curioso advertir que los libros de erotología musulmanes están llenos de recetas afrodisíacas, que aventajan en mucho las escasísimas de letuarios supresores de la libido, más abundantes en cambio en la literatura europea medieval [20]. De más está decir que los afrodisíacos fueron duramente condenados por las autoridades eclesiásticas medievales y renacentistas. Y, sin embargo, los medicamentos antiafrodisíacos tuvieron bastante curso: los utilizaban los casados, para sus largos períodos de abstinencia sexual canónica, y, naturalmente, los clérigos. Thomas G. Benedek nos recuerda que «the use of anaphrodisiacal agents was not overtly praised by theologians, but it also was not condemned» [21]. La tradición de estas pociones retardadoras de los reclamos del instinto genésico es muy antigua, y los cristianos del Medioevo aprendieron acerca de su uso en autores como Dioscórides, Arnaldo de Vilanova y el anónimo autor del *Regiment de sanitat* salernitano, entre otros.

Pero volvamos al matrimonio musulmán. Vicente Cantarino llama la atención hacia el hecho de que los aspectos puramente eróticos de la unión nupcial se colocan en un primerísimo plano dentro de las enseñanzas islámicas:

> al hablar de matrimonio como institución la atención se centra, con frecuencia, más en la unión de los sexos que en sus consecuencias futuras. La palabra que normalmente se usa, *nikah,* se refiere más directamente al aspecto sexual que al legal de la institución y está más cerca así de la idea de *conjugium* que de la de *matrimonium.* En oposición total con la tendencia, tan vieja en el cristianismo, de no prestar atención a los aspectos erótico-sensuales en el matrimonio, el islam enfoca su atención directamente sobre ellos, aceptándolos también como divina ordenación (*op. cit.,* pág. 81).

Antonio Arjona Castro insiste con razón en el sentido semántico del vocablo árabe que designa el estado matrimonial: *nikaḥ* (نكاح), al que se le otorga «un sentido más sexual que legal según vemos en algunos de los derivados de [la palabra] *nakkah* = lujurioso; *nakih al yad* = masturbación; *mankaha* = prostituta» [22]. Por esa misma privilegiación del aspecto puramente venéreo de las nupcias, inhibirse del acto sexual en el contexto del matrimonio es nocivo y, más aún, sancionado: «*nikah*' y matrimonio blanco se excluyen mutuamente. Una abstinencia de ciento veinte días es un máximo que no podrá ser sobrepasado en ningún caso. La relación sexual es, pues, el pilar del *nikah*'», nos recuerda Bouhdiba (*op. cit.,* págs. 36-37), y el dato contrasta dramáticamente con aquellos interminables listados de días prohibidos en los que la Iglesia impedía las relaciones sexuales de los esposos legítimos a lo largo de la Edad Media [23].

Dentro de ese contexto de respeto a la dimensión de la *conjungio* en el matrimonio islámico es desde donde se exhorta a los creyentes a la consecución del placer venéreo como valedero en sí mismo. Aquí sí que nos vamos alejando de las enseñanzas de la temprana Iglesia. Y es precisamente el Corán el que insta a los creyentes a no inhibirse de los placeres que Dios ha declarado lícitos (azora V, 89-90). Aquella felicidad venérea de la que tanto se precavieron san Jerónimo y san Agustín tiene en el islam un lugar preferencial en el contexto de las nupcias legítimas. Vicente Cantarino declara con razón que «la ética musulmana del placer sería un estudio de gran interés» (*op. cit.,* pág. 79). Aún no lo hemos hecho, de seguro por la extraña sensación de otredad cultural que nos produce la continua celebración de los placeres conyugales por parte de la cultura oriental. Intentemos al menos un acercamiento preliminar al tema, a fin de que entendamos en sus debidas coordenadas culturales el entusiasmo de nuestro autor morisco en lo que a la alegría y plenitud sexual se refiere. El teórico Bouhdiba destaca el júbilo con el que el ser humano debe cumplir con sus inclinaciones eróticas. Sencillamente no podemos estar más lejos de los Padres de la Iglesia: «el amor no debe cumplirse en la tristeza [...] [es] el más grato don del cielo. Es una de esas "buenas cosas" (*tayybat*) con las cuales Dios ha gratificado la existencia [...] es la forma superior del placer» (*op. cit.*, pág. 149). Este goce conyugal conlleva, como era de esperar, todo un arte en la ejecución del acto genésico. Fatima Mernisi contrasta la descripción que hacen Freud y Algazel del coito: mientras el ilustre médico vienés subraya casi con exclusividad la unión misma de los órganos genitales,

> Par contre, Imam Ghazali recommande le plaisir précoïtal, reconnu comme étant principalmente dans l'intérêt de la femme, comme un devoir pour le croyant. Puisque le plaisir de la femme demande que l'on s'attarde aux stades intermédiaires, le croyant doit s'efforcer d'y subordonner son propre plaisir, assuré essentiellment par l'union génitale (*op. cit.*, pág. 23).

Ahora estamos mejor capacitados para entender por qué nuestro autor anónimo se detiene tanto en los pormenores del juego previo a la cohabitación. No hace sino seguir el espíritu de sus mentores —Algazel, Zarrūq, Avicena, Nefzāwī, y tantos otros— que podría resumirse con la lapidaria frase de Bouhdiba: «Nada es tan extraño al contexto musulmán como el acto erótico breve» [24]. Por añadidura, nos encontramos aquí con otra «rareza» para la mentalidad occidental, en la que habrá de insistir mucho, por cierto, el refugiado de Túnez: los derechos de la mujer a experimentar satisfactoriamente su propia libido, y el deber del hombre a contribuir a que así sea. Ya lo puntualizó Algazel: en el acto sexual no hay agresor ni víctima, tan sólo dos personas que cooperan para darse mutuamente placer [25]. Estamos muy lejos de las enseñanzas patrísticas, que proponían una unión amorosa lo más al margen del disfrute genésico que fuera posible. También estamos dando la espalda a lo más representativo de la literatura del Siglo de Oro: recordemos a Lope de Vega, tan amado por nuestro morisco, que en sus comedias suele aludir de paso a los brevísimos actos copulativos de sus héroes, que en general se limitaban a «gozar» rápidamente a la dama de turno. Del supuesto «goce» de las hembras lopescas es muy poco lo que se nos dice, salvo que su honor quedó en entredicho para siempre. El morisco debió de ser consciente de cuán profundamente estaba subvirtiendo la cultura occidental en la que había nacido cuando se dedica a enseñar a sus hermanos desterrados todos estos puntos doctrinales islámicos tocantes a las nupcias, tan gozosos pero tan extraños para aquellos oídos que aún eran españoles.

Mucho que debieron asombrar las enseñanzas del erotólogo morisco a aquellos «ricotes» desterrados. Ya hemos adelantado algo (cap. I) sobre la alabanza del anónimo autor a la «perfecta casada» que es la que cumple con todos sus deberes maritales, incluido, naturalmente, el sexo, del que nada —ya lo sabemos— dejó dicho fray Luis a sus asiduas lectoras. En su alabanza a la casada el refugiado no hace sino parafrasear un hermosísimo *ḥadīẓ* o tradición del profeta Mahoma del que fue testigo 'Alī y del que se hacen eco muchos erotólogos musulmanes como Al-Sūyūtī:

> Cuando el servidor de Dios mira a su esposa y ella le mira, Dios pone sobre ellos una mirada de misericordia. Cuando el esposo toma la mano de la esposa y ella le toma la mano, sus pecados se deslizan por el intersticio de sus dedos. Cuando él cohabita con ella, los ángeles los circundan desde la tierra al cenit. La voluptuosidad y el deseo tienen la belleza de las montañas. Cuando la esposa queda encinta, su retribución es la misma del ayuno, de la oración, y de la guerra santa, pero cuando da a luz, el alma no puede concebir la felicidad que le será revelada [26].

G.-H. Bousquets contrasta la actitud musulmana con la cristiana en lo relativo al erotismo, y comenta justamente el *ḥadīẓ* que acabamos de citar:

> ... on a [ici] un texte qui pourrait très bien servir de sujet au sermon de quelque prêtre, ou pasteur: la bonne entente entre époux, leur attachement mutuel, sont bien vus de Dieu, et de nouveaux enfants au foyer, encore bien davantage. Seulement, ce dont le Christianisme ne veut pas, ce qu'il entend laisser dans l'ombre, refouler à l'arrière plan, c'est l'acte charnel et la volupté qui l'accompagne: «Tu enfanteras dans la doleur», oui; Tu concevras dans le plaisir, ah non! En Islâm, au contraire, il n'y a pas de coupure [27].

La literatura erótica musulmana en la que se inserta el morisco no solía, como vamos viendo, mantener una actitud punitiva frente al sexo matrimonial y los placeres que le son concomitantes. Nos encontramos, de otra parte, en el contexto de una cultura que se ha caracterizado siempre por su aguda sensibilidad frente a la belleza y al amor. El trastorno o conmoción que sufren las almas al contemplar la hermosura concretada en formas armoniosas incluso recibe en árabe un nombre técnico: *al-iftitān bi-l-suwar* [28]. Ibn Ḥazm distingue cinco grados en la belleza que desencadena el amor. Miguel Cruz Hernández los resume:

> 1. La *dulzura*, que consiste en la delicadeza de la línea y la gracia de los movimientos. 2. La *corrección* o armonía de los elementos de las formas. 3. La *hermosura* o perfección y brillo de la expresión. 4. La *belleza*, que es algo tan sublime que sólo se la puede describir metafóricamente como un «tenuísimo cendal que dotase al rostro de cierto esplendor y peregrino brillo, hacia el cual se sienten arrastrados los corazones, coincidiendo todos, sin excepción, en juzgarlo bello» [...]

5. El *salero* o gracia, que consiste en la reunión armónica de varias cualidades bellas [29].

Esta tendencia a dejarse trastornar por lo bello está ilustrada, con enorme respeto, en el Corán: recordemos la azora XII, que nos relata la historia de las damas egipcias, quienes, deslumbradas por la hermosura del patriarca José, en vez de pelar toronjas mutilan sus manos en un arrebato emocional y estético [30]. En esa misma línea es donde hay que entender el extremo de entusiasmo por la hermosura humana [31] de que hicieron gala algunas órdenes sufíes que dieron en contemplar rostros hermosos que aceleraran su proceso extático de unión transformante en Dios. Es la contrapartida cultural de los ascetas cristianos a quienes la contemplación de la naturaleza era lo que les servía de acicate para los mismos propósitos espiritualizantes.

Esta profunda compatibilidad de la cópula carnal con la más alta espiritualidad parecería incluso estar presente, de alguna manera, en las posibilidades asociativas de la lengua árabe. Ésta está constituida a base de raíces trilíteras o cuadrilíteras a las que se les aplica una vocalización que va haciendo cambiar la palabra de sentido. En una curiosísima *ars combinatoria,* algunas raíces árabes asocian la veneración de Dios con el sexo: la raíz trilítera *ḏ-k-r* (ذَكَرَ) significa —entre otras cosas— tanto la «reminiscencia o invocación de Dios por la repetición incesante de fórmulas en su alabanza» (ذِكْر) como «varón» o «pene» (ذَكَر) [32]. Es de interés recordar aquí, de otra parte, la célebre interjección española del «olé». Los peninsulares ya han olvidado que invocan a Dios ante una mujer hermosa, un artista o un gesto de valor: su «olé» es, como se sabe, el *wa-l-lāh* (¡Por Dios!) que los árabes han utilizado durante siglos en las mismas circunstancias, involucrando a la Deidad en sus entusiasmos humanos y eróticos.

Es precisamente a la luz de todo lo dicho que aquel gran teórico del amor que fue Ibn Ḥazm de Córdoba lanza su célebre aserto que sirve de lema a estas páginas:

> El amor no está reprobado por la fe ni vedado por la santa ley, por cuanto los corazones se hallan en manos de Dios Honrado y Poderoso, y buena prueba de ello es que, entre los amantes, se encuentran no pocos bien guiados califas y rectos imames [33].

Ibn Ḥazm asegura que no hay ninguna experiencia humana semejante al placer de la unión amorosa, que exalta como

> una sublime fortuna, un grado excelso, un alto escalafón, un feliz augurio; más aún, la vida renovada, la existencia perfecta, la alegría perpetua, una gran misericordia de Dios (*ibid.*, págs. 181-182).

No es pues de extrañar que el libro revelado de los musulmanes eleve a simbólica bienaventuranza los goces sensuales, que habrán de prolongarse en el Paraíso (azoras 37, 47, 52, 55, 56 y 76). (Por cierto que nuestro morisco también habrá de referirse a ese paraíso musulmán poblado de huríes, sólo que lo hace en otro contexto de su obra manuscrita.) Mernisi reflexiona sobre el sentido que tienen estas descripciones celestiales, de las que el placer carnal es un anticipo: «[la concupiscence] est un avant-goût des voluptés qui lui sont réservées au Paradis, car promettre à l'homme une volupté dont il n'aurait pas goûté serait inefficace» (*op. cit.*, vol. I, pág. 8). Cierto que el Corán pinta el Paraíso con escasas, si bien frecuentes, pinceladas, en las que lo que más se destaca es la frescura sombreada del ambiente, las aguas corrientes y las huríes de hermosos ojos. Salta a la vista que estamos ante una metáfora del total bienestar de los sentidos de un hombre del desierto, tan acalorado como sensual. Muchos exegetas coránicos modernos interpretan de manera simbólica este paraíso ultramundano [34]. Pero la imagen plástica, como quiera que la interpretemos, está ahí: un espacio celestial deslumbrante y lleno de gratificaciones sensoriales, que van desde una espléndida temperatura garantizada por aguas corrientes y frescos árboles, hasta una suprema comodidad corporal (el cuerpo del bienaventurado, ataviado de joyas, se reclinará sobre suaves cojines que descansarán en alfombras elevadas). La satisfacción activa de los apetitos de este cuerpo glorificado también será total: así la sed (el justo beberá leche y miel y un vino celestial que no lo embriagará); el hambre (se le servirán frutas y carnes de aves); y la voluptuosidad: sus huríes de ojos rasgados serán vírgenes sempiternamente. Hasta aquí la descripción coránica de estas delicias ultraterrenas. Pero los comentadores del libro revelado las llevaron hasta sus últimas consecuencias. Ahí está Ŷalāl ad-dīn al Sūyūtī, cuyo *Kitab al durar al h'isan fi-l ba'thi wa ala'a imil-yinan* extrema los pormenores de este gozo prometido. Privilegia en especial el disfrute amatorio: en el paraíso los bienaventurados —hombres y mujeres— embellecen cada día, y su poder genésico se centuplica. Se hará el amor igual que en la tierra, pero el goce se habrá de prolongar hasta durar ochenta años. Las huríes, según Sūyūtī, estarán a la lícita disposición de los bienaventurados, y sus cuerpos serán tan diáfanos, tan transparentes, que «se pueden ver los huesos a través de la carne, y la médula a través de los huesos, al igual que el bebedor puede distinguir el color rubí a través de la blancura del cristal [...]. Cada vez [...] que se hace el amor con una hurí se la encuentra virgen. Además, el pene del Elegido no se repliega jamás. La erección es eterna. En cada cópula hay [...] una sensación deliciosa, tan desconocida en este mundo terrestre que si aquí la conociésemos, caeríamos desvanecidos» [35].

Otras tradiciones aseguran que las huríes son de una dulzura tan inclasificable, que si miraran con sus ojos de gacela a la tierra, endulzarían de súbito los mares. Esta *dona angelicata* pero sensual, por extraño que nos parezca desde nuestras coordenadas culturales, ayuda a elevar al bienaventurado a Dios. No siempre las leyendas musulmanas conciben a las huríes de rasgados ojos como el epítome del placer sexual: es Miguel Asín quien nos recuerda que numerosos

> escritores ascético-místicos nos hablan, en sus leyendas de ultratumba, de una *novia*, de una *prometida* del bienaventurado, que desde el cielo espera a su amante, que desde las alturas sigue con ansia e inquietud las peripecias de su vida moral, sus pasos en el sendero de la virtud, que le inspira en sueños ideas santas y sugestiones alentadoras para que no ceje la lucha hasta el triunfo final que ha de unirlos en el cielo eternamente, y que, por fin, cuando la muerte conduce al bienaventurado al Paraíso, sale a su encuentro para dársele a conocer y para presentársele, bellísima, sí, y encantadora, pero no como grosero instrumento de placer carnal, sino como amiga fiel del alma, como su redentora moral, como la ninfa inspiradora de sus buenas obras, que le felicita por sus virtudes y le reprende por sus extravíos, si alguna vez llegó a olvidarla por otros amores terrenos. Este retrato islámico de la *novia* o *prometida* del alma es —bien claro se ve— análogo al que de Beatriz ha trazado Dante en la *Divina Comedia* [36].

En efecto, el maestro Asín documenta exhaustivamente la presencia de esta *novia* o *al-'arūs* (عروس) en la obra de varios expertos musulmanes en temas de ultratumba como el Samarqandī, el tradicionista Ibn Wahab, Aḥmad b. abū-l-Ḥawārī, 'Alī al-Ṭalḥī, entre otros (*ibid.*, págs. 205 y ss.). La escena del encuentro de Dante con Beatriz —y citamos una vez más a Asín— «no tiene mucho de espíritu cristiano; es singularísima, extraña, inexplicable dentro del ambiente de austeridad, de ascetismo, de horror al amor sexual, que caracteriza a la literatura eclesiástica en general y especialmente en la Edad Media» [37] (*ibid.*, pág. 203). La literatura islámica —ya lo adelantamos— es muy variada en su exploración del tema amoroso, y no desdeña hacer gala de estas amadas neoplatonizantes que esperan al bienaventurado en el Paraíso y que bien pudieron haber prefigurado a la mismísima Beatrice. Es una de las grandes ironías de la historia de la literatura comparada el que la amada de Dante tuviera como modelo una hurí del paraíso musulmán, pero Asín lo demuestra convincentemente en su *Escatología musulmana en la Divina Comedia,* obra maestra cada vez más reivindicada por la crítica. El citado Samarqandī añade nuevos pormenores a este paraíso de estirpe coránica en su *Tambih al-Gafilīn,* e incluye esta vez a las bienaventuradas junto a sus esposos, que tendrán todos una edad perfecta de treinta años. Una versión aljamiada del *Tambih* nos alecciona sobre cómo serán dichos matrimonios glorificados y eternos: «Y berá *el alwali* [el bienaventurado] de Allah šu kara en la kara della; kiyere dezir, ke berá šu kara en la kara de šu muyêr komo se bee en un ešpeŷo de la garande de šu ermo-šura. I la berá en šuš pechoš i en šuš pantorrillaš i berá ella šu kara en la kara de šu marido i yen šuš pechoš i yen šuš pantorrillaš...» [38]. Hay que recordar que, frente a estas fantasías detalladas y celebradoras de la libido ultraterrena tan típicas de la cultura literaria musulmana, el cristianismo y el judaísmo se han mostrado muy parcos en la elaboración plástica de la bienaventuranza prometida. Ante la pregunta de los saduceos, Jesús replica que en la Resurrección los hombres no tomarán mujeres ni las mujeres hombres, sino que todos serán como los ángeles de Dios (san Mateo XX, 23-33), mientras que en el Talmud tenemos uno de los pocos textos judaicos que hace referencia a la vida después de la muerte, y lo que nos enseña es que no habrá en este estado ni comida, ni bebida, ni procreación, ni comercio, ni celos, ni odio, sino el disfrute del brillo de la presencia divina [39]. Dante, a despecho de su Beatrice «islamizante», minimiza en su paraíso a las almas de los elegidos que en la vida estuvieron más inclinados al amor sensual, y las coloca en el cielo tercero, correspondiente a Venus, que es, como señala Radcliffe-Umstead, «the last of the celestial spheres still within the shadow of the earth and its carnal weakness» [40]. (Por cierto que en esta «tercera rueda» fue donde deseó el neoplatónico Garcilaso, cuando hablaba a través de su *alter ego* Nemoroso en la Égloga I, reencontrar a su amada Elisa.) Juan Goytisolo, contrastando la cultura occidental con la musulmana, hace una observación muy penetrante —y muy curiosa— en este sentido:

> ... mientras la pintura del edén coránico cautiva la mente del musulmán con el colorido y sensualidad de su paleta, el cristianismo ha fracasado de modo lamentable en su tentativa de representarnos el cielo. Sólo la imagen del infierno, trazado por sus predicadores con un lujo aterrador de detalles, adquiere un carácter consistente y gráfico [41].

Hay que decir que fueron precisamente los musulmanes quienes se destacaron también, con su característica imaginación febril, en la pintura plástica de los horrores infernales en sus leyendas pías de ultratumba. Según ha demostrado Miguel Asín Palacios en su citada *Escatología musulmana en la Divina Comedia*, fueron precisamente esas leyendas las que alcanzaron a Dante en Florencia y le ayudaron a concebir su célebre *Comedia*. Pero aquí lo interesante es reflexionar sobre el hecho de que los occidentales se dejaron influir por la reproducción plástica del infierno musulmán, y quedaron impermeables ante sus pinturas paradisíacas, que eran igualmente vívidas. Todo esto, claro está, nos dice mucho de ambas culturas. (Sí conviene tener en mente, sin embargo, que las dos religiones prohijaron una literatura mística compleja, pormenorizada e infinitamente apasionada en la que, curiosamente, son precisamente los musulmanes los que más van a insistir en la inefabilidad absoluta de Dios y de la experiencia de la unión transformante con Él.) La suelen celebrar con el más puro silencio o con los enigmáticos *šaṭṭ* o dislates místicos propios de quienes sencillamente no pueden proferir de manera plástica su encuentro con el Absoluto [42].

Pero lo que más nos interesa subrayar de todo esto es la prestigiación de la libido humana que lleva a cabo el pensamiento islámico al celebrar su existencia

—metafórica o literal— en el paraíso de los bienaventurados. Bouhdiba advierte claramente las implicaciones espirituales que todo ello tiene para la concepción del amor humano:

> La verdadera transubstanciación beatificante pasa por el amor [en el Paraíso musulmán]. De esto resulta una verdadera revalorización de lo erótico [...] la visión de Dios constituye la esencia misma de las delicias del Paraíso [...]. Pero no es la única. Ella es una especie de prolongamiento de las otras delicias, físicas en alguna manera, prometidas a los elegidos. Las dificultades que encuentran los no musulmanes para comprender esto no tienen nada de sorprendente, ya que la visión del paraíso islámico es una consecuencia de la coextensividad de lo sexual y lo sagrado. En la perspectiva cristiana, por ejemplo, es impensable que la obra de la carne, fuente del pecado original, pueda encontrar un lugar en el más allá [43].

Esta simbiosis profunda del cuerpo y el alma en el pensamiento musulmán le permite a Alan Hull Walton ponderar la hondura de la experiencia religiosa que todo ello implica. Claro que esta concepción armónica de las actividades genésicas junto a las espirituales se sitúa a contracorriente del pensamiento cristiano tradicional. Pero oigamos a Walton: «A very obvious fact [...] is that the people of the Orient are much less inhibited than we —but they are, at the same time, much more deeply religious in the truest sense. And they look upon love and sexual activity, not only as a natural and healthy and necessary part of life, but also as an art» [44]. A Camilo José Cela tampoco se le escapa esta importante diferencia del amor oriental frente al occidental, y apunta con razón en su *Enciclopedia* erótica el hecho de que el misticismo de Oriente, cuando es ascético, acepta con más lucidez la sublimación erótica que esta renuncia implica. Todo esto, claro está, al margen de su alta e indiscutible espiritualidad: «Las culturas orientales son muy ricas en representaciones plásticas y literarias del amor, quizá porque han evolucionado con menos maniqueísmo y muy escasas inhibiciones en el reconocimiento de la unidad erótica de las manifestaciones del sexo, que nunca han disociado. Incluso cuando alguna de las corrientes místicas propone la castidad como camino, suelen tener conciencia de la sublimación propuesta» [45].

Conviene que insistamos en que, para los erotólogos orientales más refinados, el amor sexual no sólo se prolonga en el Paraíso, sino que adelanta la contemplación misma de Dios. Lo sintetiza Bouhdiba con palabras inequívocas: en el islam «el disfrute sexual remite a Dios»; «el amor en el islam es una verdadera plegaria» (*op. cit.*, pág. 143). Por eso el Šeyj Nefzāwī comienza su *Jardín perfumado* alabando a Dios por este placer que lleva al creyente de regreso a Él: «La alabanza a Dios, que colocó el placer más grande del hombre en las partes naturales de la mujer, y que destinó las partes naturales del hombre a otorgarle el más grande de los deleites a la mujer» [46]. Ya hemos destacado el hecho de que nuestro morisco erotólogo va más allá que todas las autoridades que lo precedieron, desde Zarrūq hasta Algazel, y se atreve a comenzar su lección magisterial sobre el amor advirtiendo que la libido legítimamente satisfecha nos ayudará a «mirar a [nuestro] Señor mañana y tarde» (fol. 97r). Dicho de otro modo: la cópula carnal es un acicate para la contemplación eterna, que se alcanza en un grado espiritual más elevado que el plano del Paraíso.

Ahora es cuando podemos entender mejor que sólo desde unas coordenadas culturales musulmanas fue como el refugiado de Túnez pudo redactar su pío «Kāma Sūtra español». Son tan decisivas las diferencias en cuanto a la teoría erótica se refiere entre la cultura islámica y la occidental, que es entendible que, con la concepción de un pecado original que teñía para siempre de perversión la sexualidad, los occidentales fuéramos sencillamente incapaces de escribir un «Kāma Sūtra». Uno original y auténtico, digo, y no una refundición del árabe como es el *Speculum al foderi* y el texto que edito al presente. Más aún, creo que ahora también podemos comprender con más compasión que las diferencias que presentan ambas espiritualidades son tan hondas que los occidentales no estábamos listos no ya para escribir nuestros propios «Kāma Sūtras», sino para descubrir los que ya existían en las polvorientas bibliotecas de España.

Esta compatibilidad de lo sexual con lo sagrado es, a todas luces, la sorpresa más dramática del «Kāma Sūtra español». Ya en el capítulo I tuvimos ocasión de detenernos en las otras sorpresas que nos depara este texto que ejerce su magisterio en la esfera del matrimonio desde unas coordenadas cerradamente islámicas. Ahí está el matrimonio plural; la permisibilidad para el hombre de tener relaciones lícitas con sus esclavas; incluso aquellos «golpes canónicos» con los que el marido, con sanción coránica, podía aleccionar a su esposa adúltera o en claro desacato a la ley musulmana. Nuestro morisco no habla aquí con originalidad, sino que, como buen jurisconsulto, se hace eco de la tradición islámica al uso. Ya vimos, sin embargo, que esta privilegiación flagrante del varón sobre la mujer de que hace gala la cultura islámica la comparten, en buena medida, las grandes religiones monoteístas y aun la cultura grecolatina. Tanto el judaísmo como el cristianismo como el islam declaran a la mujer como inferior teológicamente al hombre. Pero no se trata de un punto de vista religioso sin más: ya sabemos que la idea «científica» o «filosófica» de la mujer como «varón disminuido» o «frustrado» se la debemos a Aristóteles, que la proclama con todo lujo de detalles y con su debida argumentación *ad hoc* en su tratado *De la generación de los animales*. La tolerancia con la promiscuidad masculina, por otra parte, fue judía antes que musulmana y aun los Padres de la Iglesia la veían con buenos ojos para el caso de los antiguos patriarcas de los que debía nacer el Mesías. Incluso el castigo físico de la mujer —que hoy consideramos más adecuadamente como violencia doméstica— lo comparte el Corán con santo Tomás de Aquino y con los penitenciales del Medioevo, que aleccionaron a su vez a los fieles cristianos a golpear a sus esposas desobedientes. También la reclusión de la mujer en hogares-gineceo y su obligación a cubrirse con un velo el cabello, sexualmente incitante para el varón, fue una práctica usual en la Europa de los siglos medios que tenemos ampliamente documentada. Con todo, hay que ser objetivos: el islam ha hecho gala especial y ha prolongado por siglos esta misoginia milenaria que comparte con la cultura occidental. Pensemos en la posibilidad del varón musulmán de tener hasta cuatro mujeres; en la práctica ocasional, que hoy consideramos salvaje, de la circuncisión femenina o excisión del clítoris en algunos países islámicos; en el debatido velo que aún es de uso obligado en algunas regiones fieles al profeta. Acerquémonos a estos extremos de conducta y veamos lo que han tenido que decir sobre el asunto no ya los occidentales —que bastante hemos caricaturizado la cultura oriental— sino los musulmanes mismos.

II. LOS PENSADORES ORIENTALES ANTE EL CONSERVADURISMO ISLÁMICO EXTREMO

Salta a la vista en seguida que muchos pensadores musulmanes serios han tenido mala conciencia con ciertas coordenadas de vida islámica que les parecen más opresivas y necesitadas de cambio o al menos de explicación histórica. Adelantamos que los pensadores abordan la situación desde diferentes ángulos, y que no siempre coinciden entre sí. Veamos lo que han tenido que decir algunos de ellos. El teórico Bouhdiba, que hemos venido citando, considera que, a despecho del llamado coránico a la exaltación y goce sexuales, en muchas sociedades arábigo-musulmanas esto se contradice y la mujer se convierte en mero objeto de placer y de procreación. Se despoja de valor a lo femenino a la par que se bloquea lo que de positivo hay en la personalidad masculina. «¡Cruel contradicción!» (*op. cit.*, pág. 329) exclama el pensador, que pasa a pormenorizar más su postura ideológica:

> Los diversos ajustes históricos han terminado por lograr que la ética sexual vivida por los musulmanes y la visión del mundo que la sostiene tengan una relación cada vez menor con las generosas declaraciones coránicas y mahometanas [...]. La sexualidad abierta, realizada en la alegría y convertida en la realización del ser, terminó poco a poco por ceder su lugar a una sexualidad sombría, cerrada y opresora. El descubrimiento del propio cuerpo en el del otro, la aprehensión de sí por mediación de la alteridad, terminaron por ceder ante el egoísmo del varón (*op. cit.*, pág. 355).

Con toda franqueza, nuestro crítico reflexiona sobre la situación de la mujer musulmana en el siglo XX, y su deseo legítimo de emanciparse. Como entiende que el islam no es antifeminista desde un punto de vista estrictamente coránico, sino que la feminidad ha sido sometida a un proceso de paulatina desvalorización, desea que las sociedades musulmanas reencuentren la percepción de la sexualidad «legítimamente musulmana, donde el ejercicio de la sexualidad era una plegaria, una entrega de sí, una caridad» (*ibid.*, pág. 378).

La citada estudiosa Fatima Mernisi es de muy distinto parecer. En su valiente ensayo *Sexe-Idéologie-Islam*, entiende que la situación de la mujer preislámica era mejor de lo que luego fue con el advenimiento de la religión del profeta. La sociedad árabe beduina era matriarcal y se convierte en un patriarcado con la institucionalización del islam. Con ello, la mujer pierde algunos de sus antiguos derechos:

> Les enfants appartenaient à la tribu de leur mère. Les femmes avaient la liberté sexuelle d'initier ou de rompre une union avec plus d'un homme, simultanément ou successivement. La femme pouvait soit se réserver à un seul homme pendant quelque temps, de façon plus o moins provisoire (come dans le mariage *mut'a* [mariage temporaire ou de plaisir]), soit recevoir de nombreux maris à differents moments, quand leur tribu nomade ou leur caravane marchande traversaient le village, la ville ou le campement où vivait la femme. Le mari ne fait que passer, mais l'unité principale était formée par la mére et les enfants entourés des leurs.
>
> L'heritage linguistique de ce passé matrilinéaire a survécu jusqu'à nous jours en Arabie. Le mot *rahim* qui veut dire «uterus» est le mot le plus courant pour signifier «parenté». *Batn* («ventre») est le terme technique qui s'applique au clan ou à la sous-tribu. Le mot *umm* («mère») est à l'origine de *Umma* («communauté», en général, et, depuis l'Islam, la communauté musulmane) (*op. cit.*, vol. I, págs. 78-79).

El nuevo orden de cosas musulmán implicaba pues, según Mernisi, el paulatino debilitamiento del antiguo sistema tribal. La institucionalización de la poligamia favorecedora del varón fue uno de esos ajustes. La estudiosa acepta el hecho de que al profeta lo animaba un sentido de compasión —y no una actitud discriminatoria— para con las mujeres viudas o divorciadas cuando instituye el matrimonio plural: «Le Prophète, préoccuppé du sort réservé aux femmes divorcées ou veuves, et aux orphelines non mariées, décida de créer une sorte de système de responsabilité qui permettait de rattacher les femmes seules à un groupe familial au sein duquel l'homme pouvait les protéger, non pas seulment en tant que parent mais en tant que mari. Le fait que la polygamie ait été érigée en institution par le Coran après le Désastre D'Uhud, où de nombreaux hommes musulmans furent massacrés, corroborée cette théorie» (*ibid.*, pág. 81). En efecto, es un hecho bastante aceptado por la erudición musulmana que la institución del matrimonio plural en aquel momento histórico tuvo más de compasivo y de gesto de vanguardia que de actitud represiva contra la mujer. Muchos varones contemporáneos al profeta, en un momento en el que la población masculina estaba seriamente diezmada, mantenían a las mujeres como concubinas sin responsabilizarse ni de su manutención ni de su progenie, mientras que las nuevas leyes islámicas los obligaban a hacerlo. Sólo podía tener cuatro esposas, de otra parte, el hombre que las pudiera mantener económicamente en igualdad exacta de condiciones. Aún más: económica y afectivamente. Es obvio que pocos podían hacerlo. Interesa añadir aquí a las reflexiones de Mernisi que también se ha argumentado —pensemos en Philip Hitti [47]— que el profeta recurrió al matrimonio plural en su propio caso no sólo para proteger a las viudas de las guerras islámicas, ni por su propia predilección amorosa, sino como sagaz estrategia política. Cuando se matrimoniaba con las hijas o parientes de algunos jefes de tribus beduinas, Mahoma garantizaba así la lealtad del grupo a su nueva religión-estado. Por cierto que estas bodas múltiples no fueron siempre fáciles para el profeta, que siempre habría de rememorar con nostalgia la felicidad monógama que tuvo con su primera esposa, Jadīya [48]. Pero fue gracias precisamente a estas nupcias estratégicas como la Arabia beduina logró conquistarse a sí misma y unificarse por primera vez en la historia. Era el primer paso hacia el Imperio musulmán que florecería pocos años más tarde desde el Al-Andalus español hasta los confines de China. Suele suceder que cuando las circunstancias históricas que dan pie a nuevas legislaciones religiosas o morales se olvidan y se sacan de contexto, prevalece una situación que, aunque compasiva en su origen, puede devenir opresiva en nuevas circunstancias sociales. Es posible que la poligamia islámica sea uno de estos casos. La interpretación fundamentalista de los libros revelados de muchas religiones ha perpetuado costumbres que ya no tienen sentido en sociedades posteriores. La moral de una época puede dejar de ser vigente en otra, y hasta devenir nociva o cruel si se aplica con rigor dogmático. Pero volvamos con Mernisi. La estudiosa reflexiona sobre el hecho de que estos matrimonios plurales resultan injustos con la mujer que «ne possède pas à son mari» (*op. cit.*, vol. II, pág. 45). Pero es curioso considerar que las nupcias múltiples no solamente afectan, según Mernisi, a la mujer, sino a la pareja misma: «La polygamie est une tentative visant directement à entraver le développement affectif de la cellule conyugale, avec pour résultat un appauvrissement de l'engagement réciproque des deux époux en tant qu'amants» (*ibid.*). Aún más: el esposo resulta también una víctima evidente de las circunstancias de su matrimonio abierto: nunca podrá ejercer su derecho a unirse sexualmente con la esposa elegida, porque tiene que repartirse en igualdad de condiciones entre todas. Apunta Mernesi: «ce système oblige l'homme à disperser ses affections [...]. L'homme est contraint d'avoir un rapport avec une femme qu'il ne désire pas et ne peut céder à l'attrait d'une autre femme, quand bien même il s'agit de sa propre épouse» (*ibid.*, pág. 47). A la luz de estos argumentos podemos entender un poco mejor las dificultades que parece haber tenido Mahoma con sus nupcias múltiples. También nuestro morisco erotólogo tendrá bastante que decir sobre estas nupcias simultáneas: ya sabemos que consuela los celos de las coesposas con versos de Lope de Vega. Ikram Antaki[49] nos recuerda, de otra parte, que la poligamia simultánea ha sido siempre, históricamente hablando, muy escasa, sobre todo porque es un privilegio de los ricos. Sólo ellos pueden mantener en igualdad de condiciones materiales a cada una de las esposas a su cargo. Eso sí: debido a la posibilidad del divorcio y de la repudiación, la «poligamia sucesiva» ha sido mucho más común. Estos matrimonios plurales, de otra parte, apenas se dan en los países árabes modernos, y, en el caso de algunos, como Túnez, han quedado legalmente prohibidos.

Fatima Mernisi contrasta también la relación entre la sexualidad y la religión tal como se han dado en el cristianismo y el islam. Su comparación entre Freud y Algazel no deja de ser sugestiva:

> Des ordres sociaux aussi différents que celui de Freud et de Ghazzali ont integré les tensions entre la religion et la sexualité d'une façon différente. Dans l'éxperiénce freudienne de l'Occident chrétien, par example, c'est la sexualité même qui a été attaqué, avilie comme relevant de l'animalité et condamnée comme anti-civilization. L'individu a été divisé en deux parties antithétiques: l'esprit et la chair, l'ego et l'id. Le triomphe de la civilization soustend le triomphe de l'âme sur la chair, de l'ego sur l'id, du contrôlé sur l'incôntrolé, de l'esprit sur la sexualité.
>
> L'Islam a pris un chemin très different. Ce nést pas la sexualité qui est attaqué et avilie mais la femme. Celle-ci est attaqué en tant qu'incarnation et symbole du désordre. Elle est *fitna,* la polarization de l'incontrôlable, la répresentation vivante des dangers de la sexualité et de son potentiel destructeur démesuré (*op. cit.,* vol. I, pág. 28).

Mernisi entra en muchos más detalles para defender su hipótesis de un islam fundamentalmente antifeminista (*ibid.,* págs. 10 y ss.), que por cierto no nos suena demasiado diferente en su misoginia de su contrapartida cristiana medieval. Eso sí, hay que coincidir con Mernisi en que el cristianismo fue más democrático en envilecer el sexo por igual tanto para los hombres como para las mujeres.

La estudiosa, de otra parte, se aleja dramáticamente de otros teóricos musulmanes, antiguos y modernos, al interpretar el coito espiritualizante entreverado de plegarias —justamente el que aconsejan espirituales como Algazel y Zarrūq— como un ejercicio que lo que delata es la imposibilidad del hombre musulmán de tener una intimidad verdadera con la mujer. Según Mernisi, el orar a Dios en este trance amoroso implica nada menos que un antagonismo larvado entre el Creador y la hembra de la especie humana. Vale la pena seguir más de cerca la argumentación de Mernisi, que se sitúa en las antípodas de las reflexiones de Algazel, de Zarrūq y, digámoslo en seguida, de su discípulo espiritual, el refugiado de Túnez:

> L'acte sexuel, considéré comme polluant, est entouré de rites et d'incantations dont le but est de créer une distance affective entre les époux et de réduire leur étreinte à ses fonctions plus élementaires: l'orgasme et la reproduction. Pendant l'étreinte coïtale, l'homme est totalement investi dans les caresses de sa partenaire, une femme, symbole de déraison et de désordre, disciple du diable, force naturelle anti-divine et anti-culturelle—d'où la hantise de l'érection qui est vécue comme une perte de contrôle de soi [...].
>
> Afin d'empecher une fusion complète avec la femme, l'etreinte coïtale est accompagnée d'un rite qui accorde une présence importante à Allah dans l'esprit de l'homme pendant le coït. L'orientation de l'espace coïtal est définie par la réligion: les époux doivent avoir la tête tournée dans une direction autre que celle de la Mecque. «Par respect, ils ne devraient pas diriger leurs regards vers le sanctuaire divin» [Mernisi cita el *Ihyā'* de Algazel]. Le symbolisme de l'orientation dans l'espace exprime l'antagonisme entre Allah et la femme. La Mecque répresente la direction de Dieu. Pendant le coït, l'homme doit se rappeler qu'il n'est pas dans le territoire d'Allah, d'où la necessité d'invoquer sa présence (*op. cit.*, vol. II, págs. 41-42).

Para la escuela erotológica musulmana que armoniza la sexualidad con el erotismo —Algazel, Zarrūq, nuestro morisco— las invocaciones a Dios que recomiendan durante el acto amoroso implican que la pareja se encuentra de tal manera en presencia de Dios que el acto sexual que ejecutan no les impide de manera alguna invocarlo en fervorosa plegaria. Los mismos antiguos erotólogos, que fueron casi todos hombres contemplativos, insisten de manera inequívoca en esta armonía sin fisuras del espíritu y la carne. Pero ya vemos que caben interpretaciones diversas de esta cópula espiritualizada dentro de la cultura islámica misma.

Raphael Patai también tiene bastante que decir sobre el tema de la sexualidad en la cultura musulmana en su estudio *The Arab Mind,* que ya hemos tenido ocasión de citar. Acepta con cautela la enorme cantidad de variantes que implican los *mores* sexuales en el mundo árabe «it is extremely hazardous to venture any generalization about Arab sexuality, unless it be the statement that, to the Arab mind, the realm of sex is a more personal and more sensitive area of life than to the modern Westerner» (*op. cit.*, pág. 127). Observa el estudioso cómo la cultura y las costumbres sociales mismas que rodean al individuo en los países musulmanes refuerzan constantemente su preocupación por el tema erótico: la segregación de los sexos, el uso del velo en los países que así lo exigen, las complicadas reglas sociales que reglamentan los contactos entre los hombres y las mujeres. Esta reglamentación es muy estricta porque en la base de la misma se encuentra el código de honor sexual árabe. A los hispanos nos es bastante fácil reconocernos a nosotros mismos —si bien con algunas variantes— en este severo código que implica que el honor del varón depende de la conducta de las mujeres con las que está relacionado. (En esta manera de entender las relaciones entre los sexos es precisamente donde descansa buena parte de la base ideológica del teatro del Siglo de Oro español, y aun de la obra dramática de Federico García Lorca [50].) Una variante interesante separa los *mores* españoles e italianos de los árabes: dada la fuerza del vínculo familiar entre una mujer y su familia, que no se debilita ni con el matrimonio, la pérdida del honor de ésta deberá ser lavada por un varón de su linaje antes incluso que por su esposo. Como en los dramas de Tirso o de Lope, el honor perdido —la pérdida de cara o de *waŷḥ*— se lavaba con la muerte de la mujer y del varón con el que había ofendido a su sociedad y a su familia. Ese código de honor árabe, tal como nos los describe Patai, es muy semejante al hispánico. Ambas culturas establecen una diferencia entre el «honor» y la «honra», y esta diferencia es precisamente sexual:

> While honor in its non-sexual, general connotation is termed *sharaf,* the proper conduct is called *'ird*. *Sharaf* is something flexible: depending on a man's behaviour, way of talking and acting, his *sharaf* can be acquired, augmented, diminished, lost, regained, and so on. In contrast, *'ird* is a rigid concept: every woman has her ascribed *'ird*; she is born with it and grows up with it; she cannot augment it because it is something absolute, but it is her duty to preserve it. A sexual offense on her part, however slight, causes her *'ird* to be lost, and, once lost, it cannot be regained (*op. cit.*, pág. 120).

Lo que asombra a los occidentales no hispánicos es que el *šaraf* de los varones dependa del *'ird* de las mujeres de su familia. El hombre pierde su honor si la mujer pierde su honra [51]. (Eso lo tenemos bien sabido los asiduos de Tirso o de Calderón.) La extrema sensibilidad árabe hacia el *'ird* u «honra» femenina es tan poderosa que, según Patai, «an entire way of life has been built around it, aiming at the prevention of the occurence of a situation which might lead to a woman's loss of her sexual virtue, or which might enable a man to cause such a loss» (*op. cit.*, pág. 122). Y de aquí precisamente es de donde nacen muchas costumbres restrictivas de los países islámicos como la segregación de los sexos, el uso del velo y la cliterodictomía. Importa recordar que ninguna de estas prácticas es estrictamente coránica. El libro revelado sí exige a la mujer —y al varón— un recato especial en el vestir a fin de que no tiente a su contrario con su presencia incitadora. El célebre velo de la azora XXIV, 31, lo que debe cubrir es el pecho de la mujer, no su rostro. Ikram Antaki (*op. cit.*, pág. 261) nos recuerda que la ley musulmana no ordena ni velar ni encerrar a las mujeres. La costumbre de velar el rostro femenino nace tardíamente —parece que Omar, el compañero y cuñado del profeta, fue uno de los primeros en sugerirla— pero su propósito inicial fue diferenciar a las mujeres libres de las esclavas, no restringirlas. Curiosamente, eran las libres las que debían llevar el velo protector y diferenciador, mientras que la no libre o «poseída» podía andar descubierta. Salta a la vista que, andando el tiempo, el uso del velo va a adquirir un carácter restrictivo para la mujer árabe. Otro tanto ocurre con la práctica de la excisión del clítoris, que no es en absoluto una enseñanza islámica. Esta circuncisión femenina tenía el propósito de impedir o aminorar el deseo sexual de la mujer y, por consiguiente, evitar que perdiera su «honra» o *'ird* en una relación ilegítima. Por el contrario, la circuncisión masculina celebraba la virilidad y la valentía del varón. Tanto Patai (*op. cit.*, pág. 123) como Antaki (*op. cit.*, pág. 246) están de acuerdo en que la práctica no es coránica sino anteislámica —se practicaba incluso en el Egipto helenizado—. Antaki señala también que en los países centrales de la ortodoxia musulmana como Siria, Turquía, Palestina, Jordania, etc., esta circuncisión femenina se ignora, mientras que en zonas periféricas del islam, como Mauritania o Djibuti, aún prevalece. Lo importante es señalar que en estas prácticas de restricción de la mujer subyace el temor a la pérdida del honor masculino o *šaraf*: se trata de medidas extremas de un código del honor que mucho tiene que ver, por cierto, con el que ha sido nuestro durante siglos [52].

Se impone también que recordemos con Patai que estos *mores* sexuales árabes son muy complicados, porque, frente a estas restricciones de las que venimos hablando y que delatan una angustia larvada frente a la sexualidad humana, tenemos la extraordinaria libertad de que ha hecho gala siempre la literatura árabe en lo que concierne al tema erótico. El estudioso recuerda el caso célebre de *Las mil y una noches* —es el más conocido pero de ninguna manera el único—. Las narraciones de Scheherezade asombran al lector occidental no sólo por su desusada franqueza sino por la total ausencia de juicio moral que puede advertirse en la obra. Digamos en seguida que las poetisas de Al-Andalus darían un terrible quebradero de cabeza a los lectores occidentales que sólo ven la cultura islámica en términos del velo y del harén. Estas insignes intelectuales, crecidísimas en número, escribieron una poesía de tal libertad humana y erótica que no tiene parangón en Occidente ni siquiera con la aparición del movimiento feminista. Ahí está aquella *enfant terrible* que fue la princesa omeya Wallāda, que premió a su amante, el poeta Ibn Zaydūn, no sólo con encendidos versos de amor sino con las más groseras casidas que cabe imaginarse [53]. Y sus compañeras no se quedan atrás: Ḥafṣa Ar-Rakūniyya hace lo mismo con su amante Ibn Sa'īd, mientras que Ḥafṣā Al-Ḥiŷariyya, Al-Ballišiyya, Al-Gassāniyya, —y tantas otras— se jactan de su libertad amatoria, social, y aun política [54]. Asombra al lector atento el conjunto de esta poesía femenina arábigoandaluza, que recopila en antología moderna Teresa Garulo [55], en el que es casi perfecta la ausencia de los temas que podríamos esperar de poetisas árabes: la reclusión, el velo, la segregación de los sexos. Una cosa son las leyes y las tradiciones, y, a veces, muy otra las cosas tal y como suceden en la práctica real. Recordemos que el islam prohíbe el vino, y, sin embargo, se bebió tanto en las épocas del esplendor de los califatos que hasta surge un género poético —*al-jamriyya*— en alabanza del preciado licor. Tanto se cantó el vino que hasta los poetas místicos tomaron el tópico poético y lo usaron como metáfora de la unión transformante en Dios. Algo semejante cabe decir de la práctica de la homosexualidad, vedada por el Corán (azora XXVI, 165-166) pero cantada por innumerables poetas que no debieron estar haciendo otra cosa que reflejar algo de la situación social en la que vivían [56].

Pero ya ninguna de estas libertades tiene que ver con nuestro recatado autor morisco. Salta a la vista que, al hacerse eco de la extrema privilegiación sexual del varón sobre la mujer que ya preconiza el Corán, nuestro erotólogo no se nos muestra sino como un musulmán conservador. Tengamos en mente que en Túnez el refugiado se había convertido en un jurisconsulto o alfaquí que tenía que aleccionar a los suyos en materia religiosa, en la que no se podía tomar demasiadas libertades. Mucho menos cuando era un aprendiz él mismo, un *parvenu* que acababa de reaculturarse en la ciencia y religión islámicas, que había traído bastante olvidadas de su antigua patria española. El anónimo autor redacta su tratado sobre los buenos usos del matrimonio, en el que incluirá no sólo las instrucciones para el coito sino la legislación sobre la ceremonia nupcial, con la cautela y la pasión de un verdadero converso. Pero su caso es especial. Más aún, único. Este pío musulmán fue también un verdadero revolucionario, un valiente —más aún, un atrevido— que se animó a hacer una obra literaria insólita por el solo hecho de dirimir su código amatorio en la lengua de Cervantes. (O, mejor, en la de Lope de Vega, que era, de todas maneras, su favorito.) Adapta al castellano la idea islámica, profundamente extraña a Occidente, de que el sexo es un regalo de Dios que urge disfrutar (claro que dentro de los cánones lícitos). Importa decir que todos los críticos citados, desde el entusiasta Bouhdiba hasta la contestataria Mernisi, están de acuerdo en que el islam avala profundamente la dimensión erótica del ser humano. Con ellos está, pues, nuestro morisco, pero va más lejos, ya que hace escuela, como ya sabemos, con los antiguos espirituales musulmanes que llevaron a sus últimas consecuencias esa coexistencia armónica de lo humano y lo divino al proponer que el amor humano, sagrado en su esencia, nos acerca al Creador. Ya sabemos que nuestro erotólogo se las arregla para combinar, en un texto formidablemente híbrido, a sus autoridades musulmanas con los grandes del Siglo de Oro español. Era un verdadero inspirado.

III. LOS LIBROS DE AMOR DE ORIENTE

Conviene que examinemos ahora más de cerca la riquísima tradición de los libros de amor de Oriente. Ya sabemos que algunos de ellos fueron los que parecen haber inspirado de manera decisiva al refugiado de Túnez: Algazel,

Nefzāwī, sin duda alguna, Zarrūq. Exploremos la contextualidad literaria de estos inspiradores de nuestro anónimo erotólogo. Importa decir en seguida que estamos ante centenares de obras, cuya periodización y comentario crítico riguroso están aún por hacer. Estas obras, por demás, pertenecen a las más diversas disciplinas y están escritas en los tonos más diversos: lo único que tienen a veces en común es su tema erotológico. Ya hemos adelantado (cap. IV) que tendremos que habérnoslas con textos eróticos de índole médica; de índole astrológica; de índole jurídico-religiosa (escritos, a menudo, por contemplativos místicos); de índole puramente literaria; así como divertimentos pornográficos que hubieran horrorizado al sufí Algazel o al jurisconsulto Zarrūq. Y a nuestro devoto morisco, sin duda alguna. Estos antiguos tratados de amor a menudo combinan más de un enfoque, y es usual encontrarnos con disquisiciones religiosas que terminan con recetas medicinales y tratados astrológicos que pretenden intervenir en la disciplina médica. La estructura libérrima de las obras árabes poco tiene que ver con nuestra tendencia occidental a organizar los materiales de un texto de forma más rígida, y en este sentido el anónimo exilado escribe la totalidad de su libro manuscrito dentro de coordenadas estructurales claramente reconocibles como árabes. Haremos, pues, un esfuerzo de clasificación de algunas de las obras eróticas más representativas de Oriente atendiendo a la disciplina que más privilegien, pero siempre teniendo en cuenta que se trata de textos híbridos de estructura libre. De otra parte, importa advertir que lo que ofrezco aquí es un panorama bastante breve —y forzosamente incompleto— de estos libros de amor de Oriente, muchos de los cuales aún permanecen inéditos. Su estudio exhaustivo es una labor de muchas generaciones. En mi botón de muestra incluiré a los mentores literarios más significativos de nuestro morisco, advirtiendo que exploraré sus obras con mucho más detalle cuando analice de cerca el contenido del «Kāma Sūtra español», que tanto les debe.

a) *El caso de los árabes que morían de amor: la tradición poética casta y cortesana*

Y comencemos por lo más inesperado: la tradición literaria de amor casto y neoplatonizante. Los poetas árabes cultivaron el amor cortés siglos antes que los provenzales y que el tratadista Andreas Capellanus hicieran lo propio en Europa, por no decir nada del más tardío Petrarca. Esta concepción amorosa continente remonta su origen a las casidas de amor preislámicas de la Arabia beduina [57]. El código amoroso (*nasīb*) se traducía en poemas muy puros que evocaban el amor trágico y la separación de la amada. Ya en el Hiŷāz del primer siglo de la Héjira, el *nasīb* se vuelve más mundano con la poesía sensual —aunque siempre discreta y casta— de poetas como ʻUmar b. ʻAlī Rabīʻa. Jean-Claude Vadet ve en este fecundo período del tema amoroso en tierras de La Meca y Medina un anticipo de la literatura cortés europea:

> Il présente d'indéniables analogies avec l'arrière plan social de la courtoisie occidentale: les partenaires sont *mutatis mutandis* ceux-là même que l'on retrouvera dans la vie aristocratique de la courtoisie occidentale: dames, grands seigneurs, poètes galants, pages, ménestrels, trouvères, jongleurs. Par là-même, le Hedjaz fait pressentir, pour autant que le milieu le permette, l'orientation future de la courtoisie en Occident [58].

Ya en el Iraq de la época de los abasidas (siglos II H./VIII d. C.) la poesía lírica se interioriza y se incorpora la celebración de una dama perfecta —incluso divinizada— pero ausente y cruel. Salta a la vista que las jóvenes sobrenaturales de Baššār o de Al-'Abbās b. al-Aḥnaf no pueden sino recordarnos a la Beatriz de Dante y a las damas que fueron el norte exclusivo de los trovadores provenzales. Pero el apogeo de la poesía amorosa árabe no tiene lugar sino en el Bagdad de *Las mil y una noches*, aproximadamente a partir del reinado de Harun al-Rasid en el siglo VIII. Es la época del célebre «refinamiento» (ظرف o *ẓarf*) [59] de la sede del Imperio, y el término, dada la exacerbada delicadeza de los extremos a los que llegan los poetas y teóricos de la época, no puede ser más exacto. Una de las sistematizaciones más importantes de este ideal amoroso cortés, entreverado de neoplatonismo, es el *Kitāb al-zahra* (*Libro de la flor*) [60] de Ibn Dā'ūd (siglo X). Este filósofo *ẓāhirí*, de ascendencia iraní e importante precursor de Ibn Ḥazm de Córdoba, fue célebre también, entre otras cosas, por su acérrima enemistad con el místico Al-Hallāŷ. La antología de poemas de Ibn Dā'ūd sienta las premisas para el verdadero martirio de amor: la recompensa suprema para el tormento de un amante suele ser la mirada de la amada, y el sufrimiento es tan rebuscado que el poeta no suele admitirse ni siquiera el desahogo de confesar su amor al objeto de sus deseos [61]. En las páginas de Ibn Dā'ūd la pasión (*'išq*) culmina en el *ḥubb al-'uḏrī* o amor udrí [62], nombre derivado de la tribu de los Banū 'Uḏra o Hijos de la virginidad. Eran gentes, como bien señala Emilio García Gómez (a quien tuvimos ocasión ya de citar al respecto), «que morían de amor, héroes de un idealismo refinado, y practicantes de una ambigua castidad, cuyo norte erótico era la perpetuación del deseo» [63]. Este martirio amoroso, en el que se funden el neoplatonismo y la retórica amatoria de la Arabia beduina, está avalado por *ḥadīces* o tradiciones proféticas atribuidas a Mahoma, como la conocida «el que ama y permanece casto, y muere, muere mártir». Ya vemos que no todo fue sexualidad satisfecha en el islam.

Uno de los «refinados» (*ẓarīf*) más importantes del califato de Bagdad fue el gramático Al-Waššā', quien sintetiza los logros sociales de este apogeo cultural en su *Kitāb al-muwaššā*. Su libro, verdadera guía del comportamiento social mundano y elegante, encarnaba todo el ideal de la civilización islámica de la época. Al-Waššā' ilustra al detalle las directrices de la vida de estos «refinados», que solían ser poetas, artistas, hombres de calidad y de religión, damas, cantantes, incluso esclavas (las célebres *qiyān* [64]). Nuestro experto en etiqueta codifica no sólo el amor y la moral, sino todo lo tocante al arte culinario, al vestido (las orlas de las túnicas, los zapatos y las almohadas exhibían versos bordados en oro, como aquellos tan lúdicos que se hizo bordar Wallāda en los pliegues de su vestido), a los perfumes, al palillo de dientes, a las joyas (se reglamentaba su uso de acuerdo a sus propiedades intrínsecas y a su aspectación planetaria). El *Kitāb al-muwaššā* llega al extremo de instruir a los *ẓarīf* en los modismos de lenguaje de que debían servirse y aquellos que debían evitar. Por todo ello, este canon de refinamiento recupera en sus páginas, de una manera espléndida, la gloria que fue Bagdad cuando dictaba las pautas de la cultura musulmana y era una capital llena de palacios y de árboles de sombra a las orillas del Tigris[65]. Pese a estos lujos increíbles, reglas muy estrictas regían el amor humano, que era delicado y sufrido. Muy dentro de su tradición secular, estos *ẓarīf* de vida muelle preconizaban el amor udrí, y aun la castidad (*'iffa*) más completa. No es, pues, de extrañar que surja en la literatura de la época la locura de amor, encarnada en Yâmīl y, sobre todo, en el célebre Maŷnūn, poseído de amor por Laylā, que son los personajes de las complicadísimas novelas amatorias de Abū-l-Farraŷ al-Iṣfahānī.

Naturalmente, todo este código amatorio secular se traslada a Al-Andalus, donde produce exquisitas flores tardías. El músico Ziryāb, uno de los más célebres «refinados» bagdadíes, inicia a los andaluces en los ritos de la vida decadente de la metrópolis. Los adiestra en las artes culinarias, enseñándoles a comenzar sus comidas por la sopa, luego a continuarla por platos de carne y de aves, y a culminarla con espléndidos postres azucarados (por ejemplo, pasteles de nueces y almendras con miel; pastas de frutas con vainilla, pistachos y avellanas). Ziryāb promueve en Córdoba las academias de belleza, en las que se enseñaba el arte del peinado, de la depilación, y el uso de la pasta dentífrica. El músico de Bagdad es el árbitro indiscutible de la moda y determina, por otra parte, que el andaluz elegante habrá de vestir de blanco en verano, de sedas de color en la primavera y de pieles en invierno[66]. Todo este refinado ambiente magrebí es el marco en el que se producen algunas de las obras más importantes de la *cortezia* árabe, como el célebre *Ṭawq al-ḥamāma* o *Collar de la paloma* de Ibn Ḥazm de Córdoba, que ya hemos tenido oportunidad de citar[67] y que tan influido estuvo por Ibn Dā'ūd. Aun el *Tarŷumān al-ašwāq* o *Intérprete de los deseos* de Ibn 'Arabī, que incorpora a sus delirantes versos místicos buena parte de las reglas de este canon amatorio, varias veces secular, fue escrito por un árabe andalusí nacido en Murcia.

El amor en la tradición literaria que venimos recordando aquí es, las más de las veces, desdichado —cuando no imposible— y su verdadero escenario, como señala acertadamente Vardet, es, más que el mundo exterior, el alma del poeta (*op. cit.*, pág. 232). Incluso los ocasionales pasajes abiertamente eróticos privilegian claramente la espiritualidad sobre la pura sexualidad humana. Para Aḥmad b. At-Tayyib as-Sarajsī, el beso provee la oportunidad de la comunión espiritual más cercana con el ser amado. La boca y la nariz llevan el aliento de una persona a la otra, porque el aliento ha tenido contacto reciente con el alma misma del ser amado:

> Therefore, the soul seeks the beloved throught the mouth, kissing and deriving through the nostrils the breath coming from the beloved [...] so that the two substances are united and the two powers be joined (Griffin, *op. cit.*, pág. 7).

No todos los hispanoárabes preconizadores del amor espiritualizante fueron perfectamente castos. (Tampoco lo fueron, por cierto, ni los trovadores ni el capellán Andrés, como hemos tenido ocasión de ver.) Todos recordamos el encendido erotismo de *El collar de la paloma*, que García Gómez admite haber «dulcificado» en su traducción española. Sólo que cuando el neoplatónico Ibn Ḥazm explica cómo prolongar el acto amoroso, lo hace con el único propósito de inspirar en su amada un amor elevado que habrá de trascender el plano exclusivamente sexual. He aquí el pasaje, que es precisamente uno de los que García Gómez «suaviza»:

> Yo soy el hombre en quien más dura el desmayo amoroso. La mujer ha satisfecho ya su placer, incluso doblado, sin que hayan acabado mi desmayo ni mi deseo. Nunca me canso antes que la mujer, y, luego que ella ha acabado, sigo dispuesto no poco tiempo. Mi pecho, además, no se tiende nunca, en el acto sexual, sobre el pecho de la mujer, a menos que me proponga abrazarla, sino que lo elevo tanto como hago descender mis caderas.
>
> Pues cosas semejantes y parecidas a éstas [...] ayudan a las disposiciones del alma para engendrar el amor, porque los órganos corporales sensibles son caminos que llevan a las almas y que a ellas van a parar (*El collar de la paloma*, pág. 117) [68].

Pero no siempre Ibn Ḥazm defiende la unión amorosa, ni siquiera con motivos ulteriores espiritualizantes. También renunciará a todo contacto físico con la amada y procurará encontrarla tan sólo en sus sueños:

> Tengo miedo por ti de que mis ojos te hieran y temo que el contacto de mis manos no te haga desvanecer.
>
> Para evitarlo, rehúso encontrarte y busco mi unión contigo cuando duermo.
>
> Mi alma, cuando duermo, se encuentra a solas contigo, escondida y oculta a los órganos de los sentidos.
>
> La unión de las almas es mil veces más hermosa, por sus efectos, que la de los cuerpos [69].

Versos como éstos, que nos evocan a poetas espiritualizantes como Bécquer o Juan Ramón Jiménez, se dijeron una y otra vez en las ardientes tierras del

Magreb español. Ibn Zaydūn era otro de estos amantes gozosamente agobiado por el *waŷd* o dolor del amor casto [70] hacia la amada ausente o inaccesible:

> Escruto sin descanso el cielo con la mirada [dice al-Turtusi] con la esperanza de que veré la estrella que tú también miras.
>
> Salgo al encuentro de los viajeros en todas direcciones; tal vez encontraré al que ha aspirado tu perfume.
>
> Me enfrento al viento cuando sopla, pues tal vez le has confiado noticias tuyas.
>
> Ando sin rumbo fijo por el camino; podría ser que una canción (*nagm*) me recordara tu nombre.
>
> Miro con insistencia a las mujeres que encuentro, sin intención directa; tal vez encuentre un rasgo de la belleza de tu rostro en alguna de ellas [71].

La castidad heroica de corte udrí también se pondera en Al-Andalus como una de las virtudes más nobles. Ibn al-Abbār al-Jawlānī nos describe estas noches blancas que pasa con su amada en los brazos pero «sin osar hacer ningún movimiento para aplacar mi sed». Ibn Ṣārā, a su vez, celebra el renunciamiento mutuo donde se perpetúa el deseo: «Me he mostrado casto en su presencia como hace un hombre en la plenitud de su fuerza: la castidad (*'afāf*) es una virtud (*faḍl*) cuando el que la guarda está en plena fuerza física» [72]. También Ibn Jafāŷa se jactará de su castidad o *'afāf*: «La castidad es una de mis disposiciones naturales (*šiyam*): ¡me repugnan las bajezas y amo apasionadamente la belleza!» [73].

Estos mártires del amor hispanomusulmanes [74] rendían culto a su amada como esclavos ante un amo o como vasallos ante un señor. Comenta al respecto Henri Pérès que el poeta casto «extrema la imagen del vasallaje hasta el punto de llamar a su amada con la palabra *sayyidī*, "mi señor", o *mawlāya*, "mi amo". El uso de estas palabras es muy frecuente, sobre todo en Ibn Ḥazm. Son de destacar también en Ibn Zaydūn» (*op. cit.*, pág. 417). Me extraña que Pérès no sea quien lo advierta: así apostrofaban los trovadores a sus damas imposibles, sólo que acuñando un vocablo técnico en provenzal: *midons*. El término *midons*, «mi señor», denotaba a la dama también en el género masculino. Detalles inquietantes como éste son los que nos persuaden de la necesidad de seguir estudiando la relación entre la poesía cortés trovadoresca y la islámica. Ya sabemos que María Rosa Menocal ha comenzado a replantear todo el fenómeno de un posible influjo de los poetas continentes herederos del amor udrí sobre los trovadores. Estos poetas europeos pioneros bien podrían haber usurpado su título genérico mismo, como propuso en su día Julián Ribera y ahora Menocal, del *ṭaraba* árabe, que significa «cantar» o «canción» [75]. Y cantar versos era precisamente lo que hacían aquellos castos enamorados provenzales a sus damas imposibles.

b). *Los orígenes del «Kāma Sūtra español». La literatura erótica de índole espiritual y sus representantes más destacados en Oriente*

1. El *Kāma Sūtra* de Vātsyāyana

A la luz de lo que vamos viendo, salta a la vista que esta sofisticada tradición árabe de amores contrariados, espiritualizantes y sobre todo corteses no es exactamente la que sirve de inspiración al autor del «Kāma Sūtra español». El manuscrito S-2 habla claramente de sexo, no de amor: es, como diría Alfonso X al referirse a las «misteriosas» lecturas del Deán de Cádiz, un libro que enseña el «arte de foder». Un auténtico *Speculum al foderi,* sólo que esta vez en castellano. Conviene que atendamos, pues, a la tradición literaria en la que más de cerca se instaura nuestro erotólogo español. Es una tradición muy antigua, ya que las autoridades que hemos tenido ocasión de citar —Algazel, Nefzāwī, Zarrūq— se remontan, en última instancia, a fuentes indias como el célebre *Kāma Sūtra* (*Aforismos sobre el amor*) de Vātsyāyana, redactado en los primeros siglos de la era cristiana. Los hindúes, como nos recuerda P. Thomas, fueron una de las primeras civilizaciones en armonizar la sexualidad con las fuerzas de lo sagrado: «The Hindus [...] do not consider sex as something outside the province of religion, but on the contrary emphasize the importance of the sex force in all their religious conceptions. As such its universality and greatness are probably indicated to the worshipper by means of art» [76].

El autor del *Kāma Sūtra,* que dice, muy dentro del espíritu oriental, haber redactado su tratado sánscrito «en profunda contemplación de la Deidad» [77], describe la cópula con una lujosa sofisticación sorprendente incluso en nuestros días. El tratado erótico contenido en el ms. S-2, tan ajeno al neoplatonismo espiritual de los «trovadores» árabes, pertenece a la misma familia de este antiguo *Kāma Sūtra,* y de sus discípulos árabes como Nefzāwī, autor de *El jardín perfumado*; Algazel, autor del capítulo «Sobre los buenos usos del matrimonio» inserto en su *Iḥyā' 'ulum ad-dīn*; y Aḥmad Zarrūq, autor de la *Naṣīḥa al-kāfiyya* y del *Šarḥ al-waglisīyya.* Podemos decir, *toutes proportions gardées,* que nuestro texto antiguo *Kāma Sūtra,* y de sus discípulos árabes como Nefzāwī, autor de *El jardín perfumado*; Algazel, autor del capítulo «Sobre los buenos usos del matrimonio» inserto en su *Iḥyā' 'ulum ad-dīn*; y Aḥmad Zarrūq, autor de la *Naṣīḥa al-kāfiyya* y del *Šarḥ al-waglisīyya.* Podemos decir, *toutes proportions gardées,* que nuestro texto erotológico español es un verdadero «Kāma Sūtra», sólo que de dimensiones más modestas y con una intención religiosa más evidente. El opúsculo erótico que nos viene ocupando ofrece un sorprendente paralelo con las obras de Vātsyāyana, de Nefzāwī y de Zarrūq, y, en menor medida, con Algazel, que trata de la sexualidad en el matrimonio en el capítulo X del citado *Iḥyā'*. Y digo esto porque, el docto sufí, a despecho de las profundas semejanzas que guarda con nuestro morisco, no entra en demasiado detalle cuando describe el coito, como sí hacen los citados tratadistas y el refugiado. En todos los casos citados, sin embargo, estamos ante textos que enseñan, con mayor o menor grado de pormenorización, el arte de hacer el amor, y estas instrucciones ocupan buena parte de los tratados eróticos. Encontramos en ellos, exactamente igual que en nuestro texto hispánico, numerosas exploraciones adicionales de temas aledaños al matrimonio, como la explicación de sus ventajas intrínsecas sobre el celibato; la formulación de un ideal estético femenino [78]; así como las técnicas relativas al cortejo de la mujer (regalos adecuados, vestidos, ambiente propicio). El *Kāma Sūtra* es sin duda la obra maestra del género y se ocupa de muchos otros detalles de la convención erótica: pensemos en el estudio de las cortesanas profesionales y de la alcahueta como intermediaria entre los amantes [79]. Imposible no recordar aquí también el caso del *Speculum al foderi* catalán. Aunque comienza como tratado médico y se ocupa principalmente de la higiene del amor sexual, termina como auténtico «Kāma Sūtra», no sólo en lo que concierne al coito, sino en los preliminares del mismo también.

Detengámonos brevemente en el *Kāma Sūtra* hindú. Poco sabemos acerca de su autor, que debió de haber vivido entre el siglo I y VI de nuestra era. Posiblemente se llamó Mallinaga o Mrillana (Mallanaga según la transliteración de Juan B. Bergua [80]) de primer nombre. Su libro, que retrata tan fielmente la aristocracia sibarítica que le fue contemporánea, recibió numerosas interpolaciones posteriores, hasta el punto de que resulta difícil saber a ciencia cierta cuál es exactamente el material de Vātsyāyana y cuál el de alguno de sus discípulos tardíos. (Por eso algunas autoridades han llegado incluso a considerar anónimo el *Kāma Sūtra*.) Una vez hechas estas salvedades, vale la pena oír lo que el autor de este texto amatorio tan célebre tiene que decir de sí mismo:

> Después de considerar los trabajos de Bahravya y de otros autores antiguos, y de meditar sobre el sentido de las instrucciones que ofrecían, este tratado fue compuesto, de acuerdo con los preceptos de la Sagrada Escritura, para beneficio de la humanidad, por Vātsyāyana, mientras llevaba la vida de un estudiante religioso en Benarés, y se encontraba totalmente inmerso en la contemplación de la Deidad. Este trabajo no debe usarse como simple instrumento para la satisfacción de nuestros deseos. Una persona familiarizada con los verdaderos principios de esta ciencia, que preserva su *Dharma* (virtudes o mérito religioso), su *Artha* (riqueza mundana) y su *Kāma* (placeres o gratificación sensual), y que respeta las costumbres de su nación, obtendrá el dominio sobre sus sentidos. En breve, una persona inteligente y sabia, que guarda el *Dharma* y *Artha* y también el *Kāma,* sin convertirse en esclavo de sus pasiones, obtendrá éxito en todo lo que haga [81].

Como dejamos dicho, este *Kāma Sūtra* se lleva la palma en cuanto a la exquisita complicación de sus instrucciones sobre el acto de la generación. En la forma en que ha llegado a nosotros, se trata de un estudio integral sobre el sexo y el amor orientado a la consecución máxima del placer. A pesar de que Vātsyāyana fue, por confesión propia, un contemplativo, la obra, decididamente mundana, no evidencia sobretonos religiosos de una manera directa. Octavio Paz comenta que «No conozco un libro menos utilitario ni menos religioso que el *Kāma Sūtra* [...] [estos libros de amor son] manuales de técnica sexual, libros de cortesía erótica, catecismos de elegancia ociosa y refinada: el placer como rama de la estética»[82]. P. Thomas lo secunda[83]. Sin embargo, se impone que recordemos que, para las coordenadas de pensamiento indias, el sexo ya de por sí tiene connotaciones armónicas con lo sagrado y es metáfora de la unión espiritual. Oigamos una vez más a Octavio Paz, que tan largamente convivió con esta cultura y que hace suyos muchos de estos postulados ideológicos en el caso de su propia poesía: «[en la cultura de la India] durante el coito se intenta fundir el elemento femenino con el masculino, o sea: trascender la dualidad. El acto sexual es un homólogo de la meditación» (*op. cit.*, pág. 82). Por ello precisamente es esta civilización la que ha producido un arte religioso que nos parece inaudito en Occidente: templos adornados por figuras en plena cópula amorosa, que representan justamente ese anhelo de armonía cósmica en la que se ha trascendido la dualidad. Ésta es la misma actitud de los sufíes, jurisconsultos o contemplativos musulmanes que redactaron con veneración sus reflexiones sobre el sexo, y hay que decir que escribieron sus tratados eróticos haciendo aún más hincapié que sus antecesores hindúes en la compatibilidad de lo erótico y lo sagrado. Poco importa decir que de todos ellos, hindúes y árabes, es de quienes desciende nuestro morisco español[84].

Y volvamos al *Kāma Sūtra*. Lo que sí debe quedar en claro es que no se trata de un tratado pornográfico, sean cuales sean los matices de la espiritualidad que subyacen a éste. Pornográfico podrá ser para los lectores occidentales que lo lean fuera de los contextos culturales en los que fue concebido[85], pero en este caso es justo aceptar que estarán haciendo una lectura espuria al texto[86] y a las coordenadas vitales que le dieron vida. El antiguo manual de amor, decididamente cortesano y hasta decadente si se quiere, tiene como protagonista de su instructivo relato a un *dandy* (Thomas, *op. cit.*, pág. 75) desocupado y rico, que puede dedicarse de lleno a las complicadísimas artes eróticas que ilustra Vātsyāyana. Estos antiguos caballeros indios, como el que protagoniza nuestro tratado, dictaban la moda y el estilo de vida de las grandes ciudades y solían ser mecenas de las artes y de las cortesanas de las clases privilegiadas, a las que pertenecían. La lectura y aprovechamiento del *Kāma Sūtra* estaban destinados a nobles, reyes, artistas, poetas, escultores, y, naturalmente, a las damas sofisticadas y a las cortesanas profesionales. Fue tan grande la autoridad que ejercieron estos «Aforismos sobre el amor» entre los hindúes, que estuvieron considerados como un texto revelado, como el código legal religioso del *Dharma Shastras* y las sistematizaciones filosóficas de las *Darsanas*. Algunas leyendas consideran a su autor un *rishi* o sabio inspirado, incluso un asceta célibe: aunque estas versiones pueden ser exageradas, lo cierto es que el tratado de Vātsyāyana, no obstante su exacerbado erotismo, está escrito desde una perspectiva objetiva y científica. El autor, cuando describe una práctica perversa, se esfuerza en aclarar que no la recomienda, a la manera de un dietista que describiera alimentos nocivos sin favorecer su ingestión. Sí es evidente que Vātsyāyana, como más tarde los árabes, no siente simpatía por el ascetismo: considera que una saludable gratificación sexual es tan importante para la felicidad integral del hombre como el comer. El teórico recomienda evitar cualquier exceso, y el ascetismo está visto justamente como una conducta exagerada y poco recomendable [87].

Vātsyāyana enseña al lector que, para alcanzar el estado perfecto, o sea la paz interior, es preciso mantener las *trivagas,* es decir, las tres actividades o cualidades más importantes de la vida, que son el *dharma* o culminación del mérito religioso y moral, el *artha* o prosperidad terrenal y el *kāma* o satisfacción de los sentidos, entre los cuales se encuentra la vida erótica. El ser humano debe intentar la consecución de estas actividades, aunque sea en distintas épocas, de tal manera que puedan armonizarse entre sí sin el menor desacuerdo. En la juventud y la madurez ha de dedicarse principalmente al *artha* y al *kāma,* y en la vejez se concentrará en el *dharma,* que lo ayudará a alcanzar el estado de *moksha,* es decir, la liberación del ciclo de la reencarnación. «Esto puede parecernos materialista [apunta León-Ignacio] pero, aunque se intente disimular, es el ideal de toda sociedad conservadora, como era entonces la hindú, definitivamente asentada y estructurada. No debe olvidarse que Malangana Vātsyāyana escribió su obra para los *nagaraka* o ciudadanos acomodados, que son siempre quienes constituyen el *establishment*» (*op. cit.*, pág. 16) [88]. Lleva razón León-Ignacio: la vida muelle que ha quedado retratada para siempre en el *Kāma Sūtra* todavía nos sorprende por su lujo y sus gustos artificiosos, incluso decadentes [89]. Por ejemplo, el *charme discret de la bourgoisie* hindú daba por sentado que tanto los hombres como las mujeres debían tener conocimientos tales como el arte de enseñar a hablar a loros y estorninos; de escandir versos; de hablar diversas lenguas (incluidos los dialectos de las provincias); de aplicar ungüentos y perfumes. Debían dominar, asimismo, el razonamiento lógico o la inducción y la técnica de diversos juegos aritméticos ingeniosos, entre muchos otros talentos que sólo una sociedad dedicada de lleno a ellos podía cultivar. Es justamente en el contexto de este ambiente increíblemente sofisticado en el que nos extrañan menos las prácticas del sexo como estética que enseña el opúsculo de Vātsyāyana.

El autor lleva a cabo una sistematización extraordinariamente pormenorizada y, ya lo hemos adelantado, artística, del acto generativo. Las complicaciones de su canon amoroso resultan sorprendentes a la sensibilidad occidental: cada forma del abrazo, por ejemplo, tiene su nombre técnico y se la asocia con un plato de comida, como el *tila-tandulaka* o unión de la semilla del ajonjolí con el arroz, que consiste en un abrazo total en el que los amantes se entrelazan de manera que los brazos y las piernas de uno se enlazan con las piernas y los brazos del otro (*op. cit.*, págs. 77-78). Las marcas de las uñas y los dientes sobre la piel otorgan distinción a la mujer que las lleva y reavivan el recuerdo del amor. Tienen distintos nombres y estilos. La «media luna», por ejemplo, consiste en una señal curva hecha con las uñas, y se suele imprimir en el cuello y en el pecho. Cuando las uñas imprimen su marca en sentido contrario forman un círculo que las más de las veces solía exhibirse en el ombligo, en las nalgas y en los muslos. Cuando el amante deja marcado el pecho con cinco uñas dibuja la señal conocida con el nombre de la «pata del pavo real», que solía ser muy celebrada por la extremada dificultad que conllevaba su ejecución (*op. cit.*, pág. 89). Cada golpe amoroso tiene su nombre, sus señas, y su sonido propio en el *Kāma Sūtra*. Vātsyāyana describe distintos tipos de golpe, e ilustra en lo concerniente a los ocho tipos de sonido que se debían articular como respuesta a esta ofensiva amorosa: «el sonido *hin*, el sonido del trueno, el sonido del arrullo, el sonido del llanto, el sonido de *phut, phât, sût, plât*»[90]. No nos llamemos a engaño: la mujer no era víctima pasiva de estas «elegantes» golpizas y el manual le daba instrucciones precisas para atacar y golpear de vuelta, acompañando su «venganza» con palabras altisonantes.

El *Kāma Sūtra* llega a otros extremos de complejidad en su análisis erótico: cataloga las zonas erógenas de la mujer de acuerdo con las fases de la luna, y compara a los hombres y a las mujeres con animales según sus características sexuales y la forma y tamaño de sus órganos generativos (*op. cit.*, págs. 65-66). Acaso lo más complicado —y, diríamos hoy, lo más pintoresco— son las ceremonias que reglamentaban la cópula y el beso. He aquí un solo caso ilustrativo. Se establece la competencia entre la pareja para determinar quién agarra primero los labios del otro con los dientes. Si la mujer pierde, debe fingir que llora, mantener a distancia al amante moviendo las manos, y pedir que se repita el «certamen». Si vuelve a perder, debe mostrarse doblemente afligida, y esperar a que el amante baje la guardia o duerma, para entonces sujetarle con los dientes el labio inferior. Acto seguido la mujer debe proferir un sonido agudo, y luego bailar, mientras se burla amorosamente de su amante. Todo el tiempo debe levantar sus cejas y entornar los ojos: es evidente que la escena, para la percepción occidental, recuerda mucho más un ballet que el preámbulo del ayuntamiento amoroso.

Claro que nuestro morisco no llega a tales excesos de refinamiento. Hay que decir que tampoco sus antecesores musulmanes. Lo que sí tienen todos en común con el *Kāma Sūtra* de Vātsyāyana son las instrucciones acerca del preámbulo de la cohabitación, de las posiciones, y demás detalles pertinentes al abrazo nupcial. Ya veremos todo esto más de cerca cuando nos ocupemos del comentario del opúsculo erótico español.

El *Kāma Sūtra*[91] tiene, como se sabe, una larguísima historia de imitaciones y de comentarios. El sabio indio del siglo XI Koka Pandit basa su *Rati Rahasya* en el *Kāma Sūtra*, pero incorpora a su texto su propia experiencia personal: a diferencia del santón Vātsyāyana, era un hombre mundano que se jactaba de practicar lo que predicaba. Su tratado fue muy imitado por hindúes y musulmanes. Las glosas al célebre texto de Vātsyāyana se siguen sucediendo a lo largo de los siglos: recordemos el *Jayamangala*, atribuido a la pluma de Yasodhara, el *Kandarpachhudamani* del rey Virabhadra, entre otros anónimos contemporáneos. Kshemendra, tratadista erótico de Kashmir, abrevia el *Kāma Sūtra* y lo incorpora en su propio *Vatsyayana Sūtra Vara*, mientras que Narsing Shastri, en su más tardío *Sutra Vritti* lo refunde ya hacia fines del siglo XVIII. Estos nuevos tratados sobre el acto sexual reciben, a su vez, y a lo largo de varios siglos, copiosos comentarios [92]. Una de las obras más importantes derivadas del *Kāma Sūtra* fue el *Ananga Ranga*. Este texto sánscrito, que se traduce, aproximadamente, por «Tratado del amor [conyugal]» se debe a la pluma de Kalyanmalla o Kalyana Malla, de quien se tienen escasísimas noticias. Parece ser que nació en Kalinga, que pertenecía a la casta de los brahmanes y que escribe ya bajo el patronazgo de los musulmanes [93]. Los historiadores no se han podido poner de acuerdo, sin embargo, en las fechas exactas en las que vivió el autor de este texto sánscrito tardío: proponen el siglo XII, el XIV, incluso el XVI de nuestra era [94]. El *Ananga Ranga* es traducido al persa, al urdu y al árabe y su popularidad llega al extremo de que muchos musulmanes lo hacen anónimo y lo hacen pasar por suyo. El autor, convencido de las ventajas de la monogamia sobre la poligamia, escribe su tratado, en el que incluye los más variados malabarismos sexuales a fin de evitar el hastío conyugal. Las técnicas amatorias son de una complejidad asombrosa, sobre todo para el lector occidental. Kalyana Malla ofrece sendas tablas de los lugares que se pueden convertir en zonas erógenas (el ojo derecho, la rodilla) dependiendo del día particular en que se encuentre la pareja, y si es luminoso o sombrío. La sensibilidad sensual también habrá de depender del tipo de mujer elegida, y para ello también hay códigos específicos en el texto. El autor describe cerca de 243 maneras distintas de llevar a cabo el coito, y dependen, entre muchas otras cosas, de la longitud y profundidad de los órganos generativos, así como de la cantidad de tiempo de que se dispone para practicar el acto y de los procedimientos que se utilicen para precipitar su conclusión. Los distintos tipos de posiciones o de caricias se deben aplicar en distintas ocasiones de la vida en común de la pareja: los hay de tipo especial para cuando se ha sufrido una gran pérdida de dinero; para cuando se va a partir a un largo viaje, entre muchos otros [95]. Y, a todo esto, la insistencia del autor en el sentido religioso de su tratado:

> El hombre que posee el arte de amar y sabe procurar a la hembra un goce completo y variado, a medida que avanza en edad, modera sus pasiones; le es lícito pensar en su Creador, estudiar los temas religiosos y adquirir la ciencia divina. [...]

> Sabed que cada *shloka* (estancia) de esta obra tiene una doble significación, a la manera del Vedanta, y puede ser interpretada de dos modos, ya místico, ya amoroso [96].

Como ya señalamos, los árabes se nutren del *Kāma Sūtra* y de todo este cúmulo de libros indios sobre teoría erótica, pero no la hacen suya sin ciertas adaptaciones importantes. El Šayj Nefzāwī, por ejemplo, se burla de la exagerada estructuración a que los hindúes someten el acto amatorio y critica como imposibles, artificiales y aun dolorosas varias de las posiciones sexuales que recomienda el *Kāma Sūtra*. Los tratados eróticos musulmanes suelen tener un sentido común más vigoroso y debieron resultar por ello más aplicables a la realidad práctica de sus antiguos usuarios. Por otro lado, buena parte de ellos incorpora de lleno el elemento religioso: por eso muchos tratadistas eróticos del islam —ya lo hemos señalado— fueron sufíes practicantes. Insiste el teórico Alan Hull Walton en la herencia espiritualizante que fue común a todos estos libros de amor de Oriente, tanto los hindúes como los árabes: «All of them discuss human sexual activity reverentially, without lubricity, and consider it to be a natural and necessary facet in the divine design» [97]. Ya podemos entender más de cerca cuál es exactamente la estirpe cultural de nuestro morisco español, el primer occidental de que tengamos noticia que aclimata la armonización de lo erótico y lo religioso en las letras europeas. Esto no lo llevó a cabo, por cierto, el *Speculum al foderi* catalán, que es un texto erótico a secas.

2. El «Libro de los buenos usos en el matrimonio» de Algazel

Uno de los maestros más importantes de la doctrina erótica reverencial es el tantas veces citado Abū Ḥamid Al-Gāzalī o Algazel. Nació en Gazala, ciudad enclavada en la demarcación de la ciudad de Ṭūs, en el Jurasán persa, hacia el año 450 de la Héjira (1058 d. C.). Como ya dejamos dicho, Algazel escribe su *Ihyā' 'ulum ad-dīn* o *Vivificación de las ciencias de la fe* [98], en la que está inserto su opúsculo erótico «Acerca de los buenos usos del matrimonio» durante un retiro ascético-místico entre 1095 y 1105 d. C. Nada más ojear su tratado pedagógico sobre la vida nupcial nos convencemos en seguida del móvil principal del maestro: armonizar la vida matrimonial con la más alta vida contemplativa. Desde el punto de vista estructural, «Los buenos usos del matrimonio» del persa se encuentran bastante cercanos al tratado de nuestro morisco, que lo cita directamente como fuente de algunos de sus pasajes didácticos. (El refugiado, por ejemplo, tiene en mente al «Sayx Elgazali» [fol. 92v] cuando habla de las obligaciones que tiene la mujer para con su marido.) En su propio texto, Algazel aborda temas como las ventajas del matrimonio y sus inconvenientes (en esto último, interesantemente, el exilado guarda el más completo silencio: sus lectores españoles tenían bien sabidas las «desventajas» de las nupcias en favor de la castidad); las condiciones necesarias que debe tener una mujer, y luego un hombre, que se considere ideal para el estado matrimonial; los deberes del marido (se atienden las circunstancias del que pueda tener un matrimonio plural); las relaciones íntimas; acerca del nacimiento de los niños; del divorcio, entre otras dimensiones de la vida conyugal. El teórico persa se sirve de *ḥadīces* y de suras prácticamente para cada una de sus instrucciones eróticas, y hay que decir que carece casi del todo de las exageraciones artísticas del *Kāma Sūtra*. También hay que admitir que nos dice bastante poco acerca de la cópula: aquí es obvio que el morisco tuvo que recurrir a Aḥmad Zarrūq para describir con más detalle el momento culminante del amor. Y, con todo y la relativa modestia de Algazel, mucho mayor fue la del insigne don Miguel Asín cuando se lanzó a la aventura de comentar este tratado nupcial. Dada la época y las circunstancias en las que escribía el maestro arabista allá en los primeros años del siglo XX, quizá era difícil que hubiera sido de otra manera. Pero oigamos directamente a Asín y veamos qué tuvo que decirnos sobre el tratado matrimonial de su admirado Algazel en el libro que dedicó a su obra y que tituló *Agazel. Dogmática, Moral, Ascética* (Tipografía y Librería de Comas Hermanos, Zaragoza 1901):

> El espíritu religioso que Algazel trataba de infundir en la vida social y privada del Islam, es quizá en esta materia del matrimonio donde con más relieve aparece: no pudiendo menos que aceptar como cosa ortodoxa la incontinencia y aun el desenfreno sexual que la ley permite al autorizar la poligamia, el repudio y el uso de concubinas, esfuérzase en rodear el acto mismo de la cópula de toda clase de prácticas devotas que, despojándolo del carácter brutal e inconsciente propio de los instintos, lo eleva casi a la condición de un rito sagrado, con sus oraciones preparatorias, con sus días fijos [...] y llamando de continuo la atención de los cónyuges hacia el fin a que el acto debe tender, según la voluntad divina, que no es la satisfacción del apetito, sino la procreación de la prole (pág. 162).

Permítaseme que difiera respetuosamente del admirado arabista. Algazel no le hubiera adjudicado a la cópula un «carácter brutal e inconsciente»: Asín está superimponiendo sus coordenadas culturales cristianas a la lectura del texto islámico, que no contempla ese grado de disgusto ante la unión conyugal. De otra parte, Asín —nuevamente desde una óptica cristiana— subraya el hecho de que Algazel recuerda «de continuo» a los cónyuges el propósito fundamental del acto: la procreación. Una lectura cercana del texto de Algazel no avala del todo la interpretación de Asín. Casi ningún tratado erótico oriental se detiene demasiado en la dimensión procreativa de la unión sexual, que se desatiende en favor de la felicidad personal de los cónyuges. Unos esposos felices serán mejores y estarán más cerca de Dios. El *Iḥyā'* no es excepción a esta filosofía, aunque dedique unas páginas a la concepción y al nacimiento de la criatura. Pero se impone insistir en que ni el *Iḥyā'* ni los libros de amor orientales que venimos citando al presente son tratados ginecológicos ni tienen la promoción de la fertilidad como su principal móvil. Asín, de otra parte, privilegia, entre las enseñanzas del maestro Algazel, todo aquello que parece estar más cerca del cristianismo, como el reducir la lujuria a límites justos y el evitar los afrodisíacos. Aunque el matrimonio no es incompatible con la consagración a Dios, al novicio le conviene la continencia para concentrarse en la vida espiritual en esta primera etapa de su vida religiosa. Si no lo puede hacer, entonces Algazel aconseja que debe casarse. De otra parte, si el matrimonio aleja al sufí de Dios, mejor le será la continencia (*op. cit.*, págs. 591-592). El maestro arabista también dedica largas páginas a explorar el pensamiento de Algazel en lo tocante a las cualidades que deben tener los esposos, así como a las ventajas y desventajas del estado matrimonial, y transcribe largas porciones del *Iḥyā'* para ilustrar sus argumentos. No nos debe extrañar demasiado que Asín guarde un silencio respetuoso y total —pero ominoso— sobre lo que Algazel tiene que decir al devoto acerca del coito. El admirado maestro tampoco pudo reunir valor suficiente para traducir del árabe las páginas que el antiguo maestro persa dedicó al efecto[99]. Ya señalé que en Occidente no hemos podido escribir un texto erótico reverente, ni descubrir los que ya teníamos en existencia en nuestras propias bibliotecas; parece que tampoco pudimos comentar con franqueza —y en sus propios términos— los textos clásicos orientales que se dedicaron a estudiar el acto amoroso desde un punto de vista espiritual. Parece que las enseñanzas de san Agustín nos calaron demasiado hondo.

3. *El jardín perfumado* de Nefzāwī

El *Rawḍ al-'āṭir* o *Jardín perfumado* de 'Umar ibn Muḥammad al Nefzāwī, más conocido como el Šayj Nefzāwī[100], es, a su vez, otro tratado reverente que examina la sexualidad humana como parte natural y necesaria del plan divino[101]. El nombre de su autor sugiere que nace en Túnez, y que estaría activo hacia fines del siglo XIV y principios del XV de nuestra era. *El jardín perfumado* se debió haber escrito hacia principios del siglo XV, quizá hacia 1410[102], y parece que fue dedicado por su autor a un ministro de las autoridades tunecinas de la época, 'Abū 'Abdullah Muḥammad ibn 'Awāna az-Zuwāwī. Bouhdiba (*op. cit.*, págs. 227-228) nos relata una leyenda según la cual el Šayj Nefzāwī, exactamente igual que Scheherezade, debía salvar su propia cabeza con sus relatos literarios. Es condenado a muerte, y hace al monarca la promesa de escribir un libro que fuera capaz de despertar su agotado ardor amoroso: el resultado fue *El jardín perfumado*. Claro que no hay que dar completo crédito a estas versiones pintorescas: se impone aguardar a que tengamos datos más fidedignos sobre nuestro erotólogo, tan famoso como elusivo.

El jardín perfumado es una obra maestra de discreción y refinamiento, aunque no está exenta de pasajes humorísticos y aun de cierta elegante picardía. A pesar de que corrige todo aquello que considera excesivo en el *Kāma Sūtra,* Nefzāwī exhibe un espíritu refinadísimo en la materia y su tratado resulta mucho más mundano que el de su correligionario Algazel y que el de sus sucesores Zarrūq y nuestro anónimo refugiado. El Šayj se sirve de una complicada nomenclatura técnica para las posiciones y movimientos del coito y recomienda perfumes para exacerbar el placer sexual y recetas para la impotencia y los abortos. Estudia el ideal estético (y sensual) femenino, coincidiendo, como ya dejamos dicho, con el Arcipreste de Hita en su agridulce «elogio» de la «dueña chica». También se ocupa de lo relativo a la higiene sexual, de los medicamentos y de los afrodisíacos. Como nuestro morisco —y a diferencia del menos cosmopolita Algazel— Nefzāwī entrevera de poemas y de leyendas sus instrucciones amorosas [103]. (El pío sufí se limitaba en este respecto a citar *ḥadīces* y aleyas coránicas.) Es interesante considerar que nuestro morisco hace escuela con ambos erotólogos: a veces se muestra muy devoto, como Algazel (y, veremos, como Zarrūq) en las citas coránicas y en las tradiciones proféticas que ilustran sus instrucciones amatorias, mientras que otras veces luce un desenfado culto «a lo Nefzāwī» y se sirve de poemas laicos consagrados por la popularidad para ilustrar sus enseñanzas. Sólo que en el caso de nuestro erotólogo español los poetas elegidos no son ya los grandes de las *belles lettres* árabes, sino el mismísimo padre del teatro español.

Con todo, la reflexión aleccionadora de Nefzāwī sobre el acto generativo es, pese a su mayor *savoir faire,* profundamente coránica. Ya dejamos dicho cómo comienza su opúsculo: bendiciendo al Creador por haber creado las partes naturales del hombre y de la mujer. Por todo ello, Nefzāwī es, junto con Algazel y, naturalmente, con Zarrūq, uno de los erotólogos que más cerca parecen estar del refugiado de Túnez. Añadamos en seguida que el morisco no cita directamente *El jardín perfumado,* detalle que no es óbice para que no hubiera llegado a sus manos este célebre libro de amor que precedió al suyo por más de un siglo [104]. Es importante señalar que el morisco repite casi al pie de la letra, aunque abreviándolas, algunas anécdotas pías que se encuentran en *El jardín perfumado,* como aquella acerca de la mujer del santón que se sentía preterida en su vida conyugal. Ya veremos con más detalle cómo el refugiado sintetiza este relato, que acaso refundiera de la obra de Nefzāwī. Claro que la coincidencia entre ambas leyendas devotas tampoco nos garantiza que el morisco hubiese tenido acceso directo a la obra del distinguido erotólogo: puede tratarse de leyendas que circularan ampliamente y que el morisco pudiera haber obtenido de otra fuente literaria. Con todo, dadas las numerosas coincidencias entre ambos erotólogos, es posible y aun probable que el morisco hubiese leído directamente a Nefzāwī. A fin de cuentas, fue precisamente su patria tunecina la que se convertiría, andando el tiempo, en la patria adoptiva del morisco expulso.

4. La fuente más directa de nuestro morisco: Aḥmad Zarrūq

A quien sí cita nuestro autor español como fuente principal de las páginas que dedica a la descripción del coito es al sufí de Fez Sayyidī Aḥmad Zarrūq (846/1442-899/1493), a quien llama «Çiti Ahmat ZaRuq» (ms. S-2, fol. 97r). Entre los textos de Zarrūq, hace referencia concreta a su «Sarx» (شرح , *šarḥ*: comentario, tratado) «sobre la Guaglesiyya» (*ibid.*), que es, sin duda, el *Šarḥ al-Waglīsiyya,* comentario de Zarrūq al tratado jurídico de 'Abderraḥmān b. Aḥmad al-Waglīsi (m. 786-1384)[105], titulado *Al-muqqadimah al-waglīsiyya.* El morisco nos da noticia de que se sirve además de la «Naçiha» (نصيحة o *naṣīḥa*: consejo o recomendación) del mismo sufí (*ibid.*): ahora se trata de la *Naṣīḥa al-kāfiyya,* comentario o resumen del texto aludido. Después de prolongadas pesquisas[106] pude dar con estas obras, que se encuentran en forma manuscrita o litográfica en diferentes bibliotecas de Oriente y de Occidente. En la Biblioteca de la Universidad de Rabat existen los manuscritos del *Šarḥ al-waglīsiyya* (ms. D 1224 y D 2207, que es un códice misceláneo titulado *Al-ŷāmi' ŷumalin min al-fawā'id wa al-manāfi',* así como los manuscritos de la *Naṣīḥa la-kāfiyya* (ms. D 1663, D 2402 y D 2259). Debo a mi colega Hossein Bouzineb la ubicación de estos manuscritos, que luego tradujimos al español, en estrecha colaboración, en Rabat, donde me trasladé con la ayuda de una beca Fulbright. No hay cómo ponderar la generosidad, conmovedora y sin límites, de mi colega marroquí, cuya ayuda con los manuscritos me fue sencillamente indispensable. Ofrezco como apéndice a este libro la versión española de los pasajes de la *Naṣīḥa al kafiyya* que tratan sobre el tema erótico (nos basamos principalmente en el ms. Rabat D 1663), así como los del *Šarḥ al waglīsiyya* (ms. D 1424). (Las traducciones son hechas en colaboración con el colega Bouzineb.)

Es la primera vez, hasta donde tengo noticia, que los textos del sufí de Fez ven la luz en una lengua occidental. Más aún: parece que la incursión del piadoso Zarrūq en temas erotológicos (aunque sean de carácter espiritualizante) es casi totalmente desconocida en el mundo árabe. Tanto Annemarie Schimmel como Fritz Meier y M. Chodkiewicz me confesaron sentirse sorprendidos de que las obras del sufí incluyeran estas meditaciones sobre el amor humano. Importa tanto el hecho que cito directamente a los estudiosos: «Autant que je sache, il [Zarrūq] n'a écrit aucun traité sur la vie sexuelle», me ha comentado Meier[107]; a lo que añade M. Chodkiewicz: «je suis assez surpris par l'existence d'écrits érotologiques de Zarrūq»[108]. Me alegra pensar que, a la distancia de tantos siglos, haya sido precisamente el anónimo morisco quien «descubra» estos aspectos de la obra de Zarrūq al mundo árabe. Al menos, al Zarrūq erotólogo, del que por cierto nada dice tampoco su biógrafo Ali Fahmi Kushaim (*Zarrūq the Ṣūfī. A Guide in the Way and a Leader to the Truth).*

Sabemos bastante, sin embargo, acerca de la vida de este insigne jurista y sufí del siglo XV, cuyo nombre completo fue Shihāb al-Dīn Abū al-'Abbās

Aḥmad b. Aḥmad b. Muḥammad b. ʻĪsā al-Barnusī al-Fāsī [109]. Era mejor conocido por el apelativo de Zarrūq («el zarco»), que hereda de su abuelo de ojos azules (*azraq al-ʻaīnaim*), «a common feature in the Berber race», como nos recuerda Kushaim [110]. Como bereber era probablemente blanco de tez, aunque se sabe que no heredó los ojos zarcos de su abuelo. Si damos crédito, sin embargo, al *Al-waṣiyyah al-kūbrā* de ʻAbd al-Salām al Asmar, podemos imaginar más concretamente cómo sería físicamente nuestro contemplativo: «muy guapo y bajo de estatura» [111]. También —y esto es lo más importante— Al Asmar nos recuerda que Zarrūq fue admirado por sus contemporáneos como hombre piadoso, modesto, temeroso de Dios, incluso como santo o «morabito» (*marabūt*) cuya tumba emitía *baraka* (bendición) y producía *karāmāt* o maravillas espirituales. Todo esto no era óbice para que Zarrūq fuera también recordado como persona sociable, incluso alegre de carácter.

Zarrūq queda huérfano a la edad de siete años, y se forma con su abuela, mujer muy instruida, cosa que no era infrecuente en el cultísimo Fez del siglo XV. Desde muy temprano se dedica al estudio: tiene la fortuna de poder formarse en las *madrasas* (universidades-mezquitas) de Al-Qarawiyyīn, y de Al-ʻInāniyyah, donde se enseñaba ley coránica, jurisprudencia, teología, poesía, gramática, historia, matemáticas, alquimia, medicina, geometría, y astronomía, entre otras disciplinas, que, probablemente, incluían el estudio del sufismo. Ambos centros de estudio de Fez competían entre sí en excelencia, y le dieron a la ciudad su extraordinaria reputación académica. Debemos a Leo Africanus noticias concretas acerca del esplendor intelectual del Fez de Zarrūq, en el que florecieron figuras de la talla de Ibn Jaldūn, Ibn al-Jatib, Al-Maqqarī y Ibn ʻAbbād de Ronda, entre tantos otros. Ben Cheneb (*op. cit.*, págs. 99-100) y Kushaim (*op. cit.*, págs. 12 y ss.) nos ofrecen listados impresionantes sobre los maestros que tenía y las lecturas que llevaba a cabo Zarrūq en su época de formación en estas ilustres *madrasas*. Estos intelectuales de Fez solían ser tan influyentes en la vida pública de la ciudad que participaban en las revueltas que derrocaban y subían al poder a los sultanes de turno. Leo Africanus, de otra parte, apunta hacia el hecho de que coexistieron en la ciudad el esplendor intelectual junto a la corrupción y a la inestabilidad política. Según Kushaim (*op. cit.*, págs. 4-5), Zarrūq representaba el esfuerzo de los verdaderos sufíes por superar estas condiciones convulsas. Como sufí sunnita, Zarrūq puede compararse con Abū Ḥamid al-Gāzalī: ambos comenzaron como juristas (*fuqahā'*), intentaron armonizar el sufismo con la *šarīʻa* o ley islámica, y terminaron como sufíes puros al final de sus vidas.

Nuestro autor fue, además de un insigne estudioso, un viajero infatigable. Es en El Cairo donde profundiza sus estudios de sufismo, y donde su maestro Al-Ḥaḍramī lo inicia como un *Qādiri-Šāḏilī sālik* o «viajero en el camino [espiritual]». Después se desplaza a Bugía, en Túnez, y de allí regresa a su ciudad natal. Las tensiones entre él y los *fuqahā'* o jurisconsultos de Fez lo hacen exilarse de nuevo, esta vez para siempre. Vuelve a Bugía, y se aposenta en Misurata o Masrata (cerca de Trípoli, en lo que hoy es Libia), donde establece una *zāwiya* o centro de meditación y estudio. Desde aquí habrá de viajar a Argel, a La Meca y de nuevo a El Cairo. En Masrata se casa con una nativa, 'Amar al-Jalil, que le da tres hijos (su primera mujer, Fāṭimāh al-Zillā'iyah, lo había seguido desde Fez). Muere a los cincuenta y cuatro años, pobre, y rodeado del respeto de sus discípulos y en olor de santidad.

Aḥmad Zarrūq fue un sufí muy activo. Funda la orden que se conocería luego como la *Zarrūqiya*, que no era otra cosa que una rama de la orden hispanoafricana de la *Šāḏilīya*, sobre la que Miguel Asín escribió su libro póstumo *Šāḏilīes y alumbrados*. Con todo, Kushaim considera que «Zarrūq was a true Shāḏilī» (*op. cit.*, pág. 100) y que su nueva congregación, aunque influida por diversas órdenes sufíes, se encuentra endeudada principalmente con la *Šāḏilīya*. Parece, en efecto, que había muchos rasgos espirituales en común entre ambas ramas del sufismo, la *Šāḏilīya* y la *Zarrūqiya*, como el temor de Dios, la resignación absoluta a Su voluntad en toda situación y la entrega a Él, en la alegría igual que en la tristeza, entre otros. Miguel Asín cita repetidamente al maestro de Fez, sobre todo en lo que concierne a la meditación y sus prácticas, ya sea en soledad o en grupo. Detengámonos tan sólo en uno de estos casos. Asín cita al *Mafājir*, 104, 121, en el que Zarrūq reflexiona acerca de los ejercicios que debe llevar a cabo el devoto a lo largo del día:

> El hombre inteligente ha de distribuir su tiempo en cuatro partes: una, para conversar con Dios su Señor, desde el alba hasta la salida del sol; otra, para el examen de conciencia, desde la caída de la tarde hasta la puesta del sol; otra, para conferencias ascéticas con sus hermanos; que le hagan ver sus propios defectos y lo guíen hacia Dios; otra, para sus personales ocupaciones lícitas.
>
> La hora del alba es el tiempo para la oración mental y para el coloquio íntimo con Dios, que es la llave de las obras buenas. La hora de la caída de la tarde es la más propicia para pedir a Dios perdón por las caídas [112].

Kushaim resume el sentido principal de la obra de Zarrūq como sufí: «As an intellectual and a founder of a Sufi order, [*Zarrūqiya*], his impact was felt in the realm of the orthodox Sufi masters whose concern was largely directed toward alleviating the misunderstanding which had occured in Islamic thought between jurisprudence and Sufism» (*op. cit.*, pág. V).

Debemos a la pluma del maestro Zarrūq muchísimas obras sobre estos temas jurídicos (de la *Šarī'a* o ley islámica) y concretamente sufíes (acerca de la *ḥaqīqa* o verdad), así como sobre alquimia, poesía, teología, tradición musulmana, medicina, y ciencias coránicas. También se conserva bastante correspondencia del sufí de Fez. Estamos ante una obra extensísima, sólo que casi toda se encuentra inédita, incluso sin clasificar y, naturalmente, sin estudiar. Así lo admite Kushaim, aunque ofrece al lector un inventario utilísimo de buena parte de estos manuscritos, comenzando en la página 47 de su citada obra. La mayoría de los códices se encuentra en Oriente (El Cairo, Túnez, Marruecos, Bagdad, Argel, etc.) y algunos —los menos— en Occidente (el Vaticano, Princeton, British Museum, Leiden y Madrid, entre otros). También Kushaim hace una catalogación de los autores que comentan la obra de Zarrūq, que fue, a todas luces, ampliamente leída en el mundo islámico. Su libro más conocido, el *Waẓīfa*, que ha recibido más de veinte comentarios, se recita a diario por sus seguidores actuales y ha merecido el honor de ser colgado al cuello de reinas para protegerlas contra el mal [113]. Hay, sin duda, problemas de atribución dudosa en el largo registro de las obras de Zarrūq, y, lamentablemente, textos perdidos, como el *Kitāb al-maḥabba* o *Libro sobre el amor* [114], que tanto nos hubiera gustado leer porque apunta hacia el interés constante del sufí en el tema erótico, del que ningún crítico ha hablado aún.

Kushaim cataloga y describe los dos textos de Zarrūq que cita el morisco refugiado y que traducimos aquí. El primero lleva, como título completo, *Al-Naṣīḥah al-kāfiyah liman khaṣṣahu Allāh bi-al-ʿāfiyah*, que traduce el estudioso al inglés como *The Sufficient Advice for he whom God has Especially Protected from Evil*. Podemos, a nuestra vez, traducirlo al español como *La recomendación cualificada para aquel a quien Dios ha protegido especialmente del mal*. La obra, que sería redactada hacia 1472-1473, existe en forma manuscrita en numerosas bibliotecas, y parece ser que fue objeto de una edición en El Cairo en 1281 H.-1864 d. C. Kushaim la cataloga junto a otras obras de Zarrūq de tema sufí [115] y la describe en estos términos: «A mixture of essays on various topics in Jurisprudence, Theology, Qur'an and Sunnah in connection with Sufism» (*op. cit.*, pág. 56). Salta a la vista que nada nos dice el estudioso de las páginas que dedica Zarrūq al ámbito de la sexualidad humana en este códice. El *Comentario a la Waglīsiyya* o *Šarḥ al-Waglīsiyya* queda catalogado bajo el tema de la jurisprudencia, y fue menos copiado en forma manuscrita que el texto de la *Naṣīḥa*. Todo parece indicar que nunca ha sido editado, y mucho menos traducido. He aquí la descripción de Kushaim de la obra: «A Commentary on *Al-Muqaddimah* of Abū-Zaid ʿAbd al-Raḥmān b. Aḥmad al-Waglīsī (d. 786/1384). It is divided in two parts: the first deals with *fiqh* and *ʿibādāt* (practices) such as the prohibited as well as the recommended deeds, prayer, purity and fasting. The second part is concerned with Sufism, its manners and practice» (*op. cit.*, pág. 79). Salta a la vista que, una vez más, Kushaim hace caso omiso del contenido de ésta en lo que concierne a las instrucciones amatorias.

Ya nos ocuparemos de ellas en detalle, a medida que comentemos el códice del morisco anónimo. Cabe adelantar por el momento que Zarrūq, al igual que nuestro erotólogo español, intercala leyendas pías en su opúsculo pedagógico, aunque éstas no coinciden con las del morisco. Lo que sí leyó de cerca el refugiado fueron los pasajes que Zarrūq dedica a la descripción de los preliminares de la cópula y del coito mismo. En estos fragmentos, el morisco está más cerca de Zarrūq que de Algazel o de Nefzāwī, y a veces traduce al contemplativo marroquí casi al pie de la letra. Para ello se sirve de la *Naṣīḥa* y del *Šarḥ* simultáneamente. Podríamos decir que nuestro morisco tiene más dotes literarias y es más entretenido que Zarrūq. El sufí se atiene más a la jurisprudencia musulmana, que sin duda conoció mejor que el erotólogo hispanomusulmán, pero por eso mismo su obra resulta más parca y más pedagógica. Zarrūq también incluye recetas que hoy consideraríamos más «mágicas» que médicas, y es interesante constatar que nuestro morisco se abstiene de copiarlas. Eso sí, el refugiado está en profunda deuda con Zarrūq en cuanto al tono general de su tratado se refiere: ha heredado la manera suave y la actitud considerada —incluso la dulzura— hacia la mujer que reclama el sufí a sus lectores varones. Todo esto lo veremos con más pormenores en el próximo capítulo. Por el momento cabe reflexionar sobre el hecho de que nuestro morisco es el primero en «hispanizar» a Aḥmad Zarrūq y en servirse de sus instrucciones amatorias en la lengua de Cervantes. ¿Dónde lo leería? Con toda probabilidad, ya en Túnez, donde circulaban abundantemente los manuscritos del fundador de la *Zarrūqiya,* aunque tampoco cabe descartar del todo la posibilidad de que lo leyera en España [116]. No olvidemos, sin embargo, que es precisamente en su nueva patria adoptiva donde el morisco se entrega a un afanoso proceso de aculturación islámica, que debió de haber sido muy arduo y que incluiría numerosas lecturas que le habrían sido difíciles de llevar a cabo en su tierra natal. No es que hubiese sido imposible tener acceso a las obras de Zarrūq en la península: ya hemos dado noticia de que tenemos documentados allí textos erotológicos de clara estirpe árabe como el *Speculum al foderi*. También sabemos, de otra parte, que los moriscos tuvieron noticia de *El collar de la paloma* de Ibn Ḥazn y leyeron el *Iḥyā' 'ulum ad-dīn* de Algazel en árabe, y lo colmaron de notas en aljamiado [117]: eso significa que se las tendrían que haber visto con el capítulo que el maestro persa dedica a «Los buenos usos del matrimonio». (Importa recordar que en casos como éstos estamos ante manuscritos redactados en España, y no adquiridos tardíamente en Oriente por bibliófilos eruditos para las bibliotecas nacionales.) Con todo, la literatura aljamiado-morisca conocida hasta el presente (nos referiremos a ella en breve) no parece indicar que los moriscos del Siglo de Oro tuvieran mucha inclinación hacia estos temas erotológicos, aunque importa dejar claro que aún no sabemos todo lo que redactaron desde su clandestinidad de criptomusulmanes. Aunque no descarto del todo la posibilidad de que nuestro autor español pudiera haberse relacionado con la obra de Zarrūq en la península, Túnez nos parece mejor candidato al encuentro de ambos erotólogos.

Los textos erótico-religiosos de Algazel, de Nefzāwī y, sobre todo, de Aḥmad Zarrūq, son los más importantes a la hora de entender la contextualidad literaria del refugiado, pero no son, de ninguna manera, los únicos que se redactaron en árabe con semejante unción religiosa. Recordemos, por ejemplo, el *Rauḍat al-muḥibbīn* o *Jardín de los amantes* del teólogo Ibn Qayyim al-Jawziyya [118], y el mucho más tardío (siglo XIX) *Ktab* o *Libro de las leyes secretas del* amor del maestro argelino Abū Oṯman [119]. Este último es un tratado muy afín a los que acabamos de ver, en el que, desde un punto de vista musulmán ortodoxo, el autor instruye a sus lectores en los pormenores del amor nupcial, sin olvidar todo lo tocante a la magia, la circuncisión, las abluciones, los perfumes y las prácticas prohibidas como el aborto. Veamos un pasaje en el que Abū Oṯman aboga apasionadamente por la simultaneidad del amor humano y divino:

> luego de haber sido durante unos segundos más que un hombre un colaborador de Dios, del Dios creador, un obrero del gran arquitecto de la naturaleza, recobraréis dulcemente el aliento en los brazos de vuestra compañera, también fatigada y feliz [...]. De este modo [...] realizaréis un triple fin: un acto de verdadero creyente al aseguraros la vida supraterrestre, de la que el coito no es sino el vestíbulo; aumentaréis vuestro goce corporal añadiendo a él el doblemente inefable de vuestro espíritu creyente, satisfecho y tranquilo; [y] daréis vida a hijos sanos [...] tanto física como moralmente [120].

Este pasaje contrasta de una manera dramática con las enseñanzas cristianas tradicionales: obsérvese que la procreación de los hijos se coloca en último lugar, y que el pensador religioso se ocupa más de la pareja, de su espiritualidad y de su propio placer que de su posible sucesión y capacidades reproductivas. Mucho que hubieran, por cierto, censurado a Abū Oṯman san Jerónimo o san Agustín.

c) *La erotología como una rama de la medicina*

Pero no todos los erotólogos musulmanes fueron tan píos, ni muchísimo menos. Los hubo en abundancia que estudiaron la unión sexual desde la perspectiva científica, y ésos fueron precisamente los que influyeron profundamente en la Europa medieval y renacentista, como ya hemos tenido ocasión de ver (cap. IV). Ahí está, a la cabeza de todos, el célebre Avicena o Ibn Sīna (980-1037 d. C.), llamado «el príncipe de los médicos» a pesar de haber sido en realidad más filósofo que médico. El libro IV del *Canon* contiene sus enseñanzas en materia sexual, y allí el docto galeno no se inhibe, a pesar de su enfoque científico, de entrar en todo lujo de detalles en lo referente a las caricias del juego erótico previo al acto mismo y en lo concerniente a las posiciones y al orgasmo simultáneo. Avicena, muy influido, por cierto, por Aristóteles, Galeno e Hipócrates, enfocaba el acto sexual desde un punto de vista radicalmente distinto al de sus devotos correligionarios sufíes. Para él, como para tantos científicos que lo habrían de seguir en Oriente y en Occidente, era imperativo ocuparse de la higiene sexual para garantizar la vida saludable de la pareja y para procrear hijos sanos. Ya hemos dejado dicho algo acerca de la antigua creencia según la cual los esposos no concebían hasta que no se «juntaban sus aguas», es decir, hasta que ambos no tuvieran el orgasmo simultáneamente. De ahí que la obra médica del insigne científico persa, llena de consejos para propiciar esta culminación erótica mutua, se leyera pronto como obra erotológica. Eran, en efecto, muchísimas las instrucciones que ofrecía a sus lectores para ayudar a que la mujer culminara su placer sexual, ya que sólo así se lograría que la pareja fuera fecunda. Es interesantísima la concepción que tiene Avicena del orgasmo femenino, que cataloga en tres momentos distintos del coito. Oigamos lo que comenta al respecto Helen Rodnite Lemay:

> A woman has three delights in intercourse [...]: one from the motion of her own sperm, a second from the motion of the male sperm, and a third from the motion or rubbing that takes place in coitus. These orgasms are not individual impulses, but each is composed of a numbers of motions, and none is complete until several titillations have passed, followed by a certain quiet. If the male should ejaculate before the woman has experienced her own movements of the matrix, she will have a small delectation similar to what the man feels before the emission of his own seed. But he should be aware that this will not satisfy her. The only way that her fire will be extinguished in a manner that ressembles cold water being poured on boiling water is if she first expels her own seed as described and then swallows the male seed when it is ejaculated [121].

Enseñanzas como éstas fueron precisamente las que incomodaron a aquellos tempranos, pudorosos galenos europeos que apenas se las arreglaron para comentar de manera científica el *Canon* que había traducido para ellos Gerardo de Cremona. Ya tuvimos ocasión de examinar sus textos pioneros, que tan desconocidos nos son aún. Leyendo sus páginas tímidas nos convencemos de que, pese a los esfuerzos encomiables de estos médicos, la literatura erótico-médica occidental se mantuvo completamente a la zaga de sus ilustres fuentes árabes. Nunca supieron hacerlas del todo suyas.

La escuela que Avicena crea en Oriente es, sin embargo, muy distinguida y muy extensa. Pensemos en autores como el judío cordobés Moisés Maimónides (siglo XII d. C.), que redacta su tratado *Fī 'l-Yīmā* (*Sobre el intercurso sexual*) directamente en árabe [122] y que guarda estrecha relación con numerosos galenos árabes o arabizados que se ocuparon a su vez del tema amatorio. Algunas autoridades consideran que el texto fue atribuido espuriamente a Maimónides, pero lo cierto es que éste ya circulaba bajo su nombre cuando Juan de Capua lo vierte al latín, cien años más tarde, bajo el título de *De coitu*. Jacquart y Thomasset (*op. cit.*, págs. 165 y ss.) destacan una importante novedad en este tratado: se ocupa tanto de la dimensión fisiológica de la cópula como de su dimensión emocional, y hoy lo consideraríamos como muy moderno en su enfoque científico. Pero Maimónides (o el pseudo Maimónides) fue un tratadista erótico-médico entre los muchos que le fueron más o menos contemporáneos. Recordemos, entre tantos otros, al judío islamizado del siglo XII de nuestra era, Samau'al ibn Yaḥyā, autor del *Libro de la conversación con los amigos a propósito de los acercamientos íntimos de los amantes en el dominio de la ciencia y de la sexualidad,* que aborda —entre otros— el tema de la homosexualidad desde un punto de vista estrictamente médico [123]; a Ibn Falīta, que estaba activo hacia la mitad del siglo XIV, y que fue un gran defensor de las féminas al aconsejar al hombre en contra de la *ejaculatio precox* [124]; a 'Abd al-Raḥmān Ibn Našrallāh de Širāz; e incluso a aquellos que precedieron al mismo Avicena como Qustā ibn Lūqā (820-912 d. C.). Este último, muy inspirado por Galeno y por los griegos, a quienes traducía directamente al árabe, ofrecía consejos como el practicar el acto sexual teniendo en cuenta las estaciones del año, la edad de los interesados y el momento de la digestión en el que se encontraban [125].

Uno de los médicos-erotólogos más fascinantes fue precisamente un andalusí: se trata de Ibn al-Jaṭīb, cuyo nombre completo fue Muḥammad b. 'Abdallah b. al-Jaṭīb, autor del *Libro del cuidado de la salud durante las estaciones del año* (*Libro de la higiene* o *Kitāb al-wuṣūl li-ḥifẓ al-ṣiḥḥa fi-l-fuṣūl*). Concepción Vázquez de Benito acaba de traducir la obra al español, y, al darla a la luz, tenemos otra prueba documental más acerca de la existencia de textos erotológicos redactados en la península. Claro que Ibn al-Jaṭīb escribió en árabe, y no en las lenguas neolatinas, pero quién sabe el impacto que su libro granadino pudo haber tenido en aquella España que aún era la patria natural de los pueblos de las tres religiones. Nuestro galeno, según informa Vázquez de Benito, debió de haber escrito su tratado «entre los años 1362 y 1371, es decir, entre el primer destierro de Ibn al-Jaṭīb a Marruecos» [126], y dedica su libro al sultán nasrí Muḥammad V, hijo de Yusūf I, del que fue visir en dos ocasiones Ibn al-Jaṭīb. El médico granadino, aunque habría de tratar el tema erótico desde una perspectiva científica, deja ver que está muy familiarizado con la armonía intrínseca del sexo y la espiritualidad que subyace a las enseñanzas de su religión musulmana: «No me avergüenza extenderme abundantemente en esta cuestión, ya que, necesariamente, la religión exige el disfrute de los esposos, instando al crecimiento y multiplicación de la familia y al enriquecimiento de la sabiduría» (*op. cit.,* pág. 150). Hay que decir que esta misma fue la actitud de casi todos los médicos musulmanes, que sentían que no transgredían las leyes y la moral musulmanas al hablar con franqueza del acto generativo.

Ibn al-Jaṭīb nos asegura de sus propósitos médicos al tratar los pormenores del ayuntamiento carnal: éste, nos dice, es necesario para la continuidad de las especies (*op. cit.,* pág. 149). Pero esto no es todo, Antonio Arjona Castro nos recuerda que Ibn al-Jaṭīb también recalca la importancia del coito para la salud mental, «tal como los psiquiatras reconocen desde Freud» [127]. A todo esto, cuando ojeamos el texto del galeno granadino, parece que por momentos se nos convierte en un erotólogo a secas, aconsejando a su lector sobre todo aquello que lo habría de llevar a la consecución de una vida sexual plena y feliz, desde la calidad de los alimentos, los baños, los perfumes, y los vestidos suaves. La alegría y el cultivo de la vida muelle no podían faltar a este candidato al equilibrio físico y mental. Ya dejamos dicho que dentro del cajón de sastre que es la estructura abierta de las obras árabes caben todos los temas. Parece, ante estos elegantes motivos temáticos, que Ibn al-Jaṭīb escribe para ciudadanos privilegiados de hábitos cortesanos, muy parecidos a aquellos caballeros refinados que fueron los destinatarios de la obra del hindú Vātsyāyana. Nuestro médico, indudable *bon vivant*, también fue, como adelantamos, un buen psicólogo: instruye a su lector en todo lo concerniente al logro de un buen ambiente para iniciar el acto amoroso: debe tener destreza en evitar cualquier asomo de vergüenza, ser sincero con su pareja y hablar con ella antes del acto, galantearla, tomarle los dedos en la mano, reírse con los ojos y mostrar su deseo amoroso. Por parte de ella, «ayuda también la feminidad que se muestra, la coquetería, el refinamiento, el recato, la vacilación, el desvío, la inclinación, el sufrimiento, el llanto, el cansancio, el mordisco, el parpadeo, la transparencia de los vestidos dejando ver los miembros y su recogimiento por la parte inferior, el rechinamiento de dientes y la desnudez del cuello y la nuca» (*ibid.*, págs. 106-107). Ibn al-Jaṭīb también habrá de decir algo a su destinatario acerca de aquello que despierta la imaginación para el mejor logro del acto: pensar en el coito y en la variedad de sus formas; en «las estatuas de las cámaras privadas» (por este detalle podemos sospechar que aquellos musulmanes granadinos desobedecieron a su religión en lo que toca a la representación de las formas humanas); en las mujeres hermosas de distintas razas y países (aquí nos describe el prolífico médico los tipos idealizados de las más diversas *femmes fatales*, según el gusto de la región y de la época [128]). Ya vemos, pues, todo lo que cabe en un libro típico de medicina erotológica árabe. La lógica de estos antiguos galenos orientales fue impecable; sin embargo, si el sexo es bueno para la salud del cuerpo, y cónsono con la del alma, entonces debemos aprender a llevarlo a cabo de la manera más completa, eficaz y feliz posible.

d) *Los horóscopos erotizados de la astrología oriental*

Por más que nos parezca extraño a los lectores occidentales, también los astrólogos árabes del Medioevo fueron importantes erotólogos. Helen Rodnite Lemay nos explica que «[Arabic] astrological treatises give extensive consideration to sexual behaviour, for the science of astrology examines all aspects of man in his social context» [129]. En efecto: la lectura más rápida de estos tratados astrológicos nos confirma en seguida el interés que se toman por los aspectos sexuales de la vida del hombre —y de la mujer—. De la misma manera que los escritos médico-eróticos, la literatura astrológica árabe no se detiene en la ética sexual, sino que ignora la dimensión moral de los puntos en cuestión que discute con tanta desenvoltura. A pesar de que los astrólogos estaban más o menos de acuerdo en que el ser humano tenía cierto margen de libertad en la manipulación de su destino, entendían que su naturaleza fundamental, y, por tanto, sus inclinaciones sexuales, estaban determinadas o al menos influidas por las estrellas. De ahí que las consultas planetarias fueran particularmente útiles a la hora de ciertas averiguaciones; a saber, si una mujer era o no virgen (Zahel y Abenragel [Ibn Riŷal] fueron particularmente expertos en esto); si los órganos genitales se encontraban afectados o enfermos; en qué momento un individuo se encontraría más proclive al deseo venéreo (sobre ello hablaron extensamente Ibn 'Ezra, Albohali, Abenragel y Alchabitius, entre otros). Los detalles de esta ciencia hoy nos parecen fascinantes: Albohali, por ejemplo, nos asegura que ciertas conjunciones planetarias pueden causar agresividad sexual en la mujer; mientras que Ibn 'Ezra enseña que Venus en la casa séptima o duodécima induce al aspectado planetariamente al intercurso sexual diario. Albubaṯer, por su parte, cree que ciertos signos astrológicos son más proclives a la sodomía, al hermafroditismo, al apetito venéreo excesivo y a la impotencia. Pero Abenragel va más allá en su fe en los astros al asegurar al lector en su *Libro de los juicios de las estrellas* que es posible satisfacer la curiosidad acerca de la vida sexual del vecino por medio de la astrología: traza un método mediante el cual se puede determinar con exactitud si la pareja de la casa vecina tendrá relaciones sexuales en una noche determinada [130]. Los tratados astrológicos no se circunscribían, sin duda, a estos detalles pintorescos. Como era de esperar, la disciplina estelar a menudo coincidía y se venía a confundir con la médica: de ahí que muchos médicos fueran, forzosamente, astrólogos consumados. Arnaldo de Vilanova, por ejemplo, insiste en que la flebitis debe operarse y atenderse con fármacos tan sólo cuando la disposición de los planetas sea favorable, mientras que el célebre Abū Ma'šar, en su *Introducción a la astrología,* indica que los astros pueden ayudar a determinar el momento adecuado para la concepción y el nacimiento, y aun indicar el sexo de la criatura en camino. Hasta la sospecha de incesto se podía confirmar con los astros: Al-Kindi y Zahel fueron los grandes expertos en este delicado asunto. Y apenas hay astrólogo que no prodigue recetas afrodisíacas para ayudar a los nativos de todo signo: alguna de las más interesantes las he encontrado en el ms. 10002 Berlín, que contiene un curioso tratado atribuido a Abu Ma'šar y cuyo título podemos traducir del árabe como *Horóscopo de las natividades de los hombres y las mujeres* [131]. Como se sabe, la ciencia estelar, en su complejísima elaboración a manos de los árabes, que fueron quienes reintrodujeron a Ptolomeo en Occidente, fue una de las que más influyeron en la temprana Edad Media europea. Los autores que venimos citando se vertieron abundantemente al latín por traductores del prestigio de Juan de Sevilla, Gerardo de

Cremona y Platón de Tívoli [132]. Lo que aún nos es completamente desconocido, sin embargo, es cómo esta erotología astrológica influyó en el pensamiento europeo medieval que la conoció tan de cerca.

Hasta aquí nuestros médicos y nuestros astrólogos árabes, que tanto tuvieron que decir sobre el amor humano. Ya hemos señalado que los principios de una ciencia erotológica europea, que apenas comenzamos a conocer, se debieron principalmente a la influencia de los médicos de Oriente, que se ocuparon, con una actitud científica y objetiva (pero no desprovista, por cierto, de fruición y de detalle) de la dimensión física del amor humano [133]. Algunos de ellos, como Ibn al-Jaṭīb —hoy es que lo venimos a saber—, redactaron sus tratados médico-amorosos precisamente en suelo español. Su huella debió de haber sido mayor de lo que hemos podido determinar hasta el presente.

e) *Los libertinos*

Tanto los erotólogos espiritualizantes (jurisconsultos y sufíes) como los científicos (médicos y astrólogos) que hemos venido examinando estudian la unión amorosa con una dignidad y un respeto (aunque con franqueza) que en general nos asombra cuando los leemos desde nuestras coordenadas culturales occidentales. En general, la imagen que nos hemos forjado de la sensualidad árabe es de una concupiscencia libertina que muy poco tiene que ver con reglamentaciones médicas y mucho menos con sutilezas espirituales. Lo que sucede es que hemos privilegiado como lectores tan sólo aquellas obras árabes que responden a esta clasificación de literatura rijosa y alegremente irresponsable, que no hace nada por dignificar el amor humano. Mucho se distinguieron, por cierto, los árabes en este tipo de literatura disoluta, que cultivaron durante siglos y que les acarreó la fama de disipados en Occidente. Edward Said, en su célebre *Orientalism* (Vintage Books, Nueva York 1979) [134], ha tenido bastante que decir, por cierto, sobre la imagen, fundamentalmente negativa y amenazante, que nos hemos forjado de nuestros hermanos de Oriente. En el tema de la sexualidad no hemos hecho excepción. Me parece muy elocuente el que hayamos podido leer como pornográfica la literatura árabe que realmente lo es aunque no hayamos podido interiorizar —«naturalizar» diría aquí Jonathan Culler [135]— la literatura erótica de sentido espiritual que también ha caracterizado a los hijos de Agar. Atengámonos al hecho con objetividad y con compasión: nuestra herencia cultural cristiana no nos ha dado las herramientas adecuadas para hacer nuestra esta «explosiva» (para nosotros) unión de lo sagrado y lo sexual. Lo pornográfico es ya otra cosa que podemos entender mejor en sus propios términos. De este primer tipo de literatura erótica reverencial hacen gala, como hemos visto, Algazel, Nefzāwī, Zarrūq, y nuestro refugiado de Túnez. Importa asegurar que todos, sin excepción, se hubieran sentido horrorizados ante las obras licenciosas que vamos a consignar ahora, que denigraban la vida sexual que ellos dignificaron con tanto entusiasmo y veneración.

Los nombres de nuestros nuevos erotólogos árabes son legión, y se impone adelantar en seguida que sus obras ni siquiera han sido editadas, catalogadas, y mucho menos traducidas de manera adecuada. Ofreceremos, pues, un botón de muestra, tan sólo para dar una idea aproximada del *expertise* árabe en la materia. Adelantamos que consignaremos aquí textos cuyo interés es puramente erótico (al margen de la jurisprudencia, la medicina, la astrología o la espiritualidad), y que, entre ellos, encontraremos algunos más licenciosos que otros. Tampoco nos deberá asombrar toparnos con reclamos de intención «moralizante» por parte de estos autores: la ambivalencia ética del Arcipreste de Hita la preludiaron los atrevidos erotólogos árabes con muchos siglos de ventaja por delante del misterioso Juan Ruiz.

Abdelwahab Bouhdiba (*op. cit.*, págs. 222 y ss.) nos da noticia de algunos de estos textos eróticos pioneros, y nos advierte que estamos ante centenares de tratados cuya escritura se extiende durante aproximadamente mil años. Sólo el *Fihrist* de Ibn Nadim, de fines del siglo X de nuestra era, nos informa acerca de un centenar de tratados eróticos, la mayoría de los cuales se encuentran perdidos. Algunos todavía existen, sin embargo, en forma manuscrita en bibliotecas o colecciones privadas, por lo que se impone concluir que la historia de la literatura erótica de Oriente aún está, forzosamente, por escribirse.

Parece que el tratado más antiguo del que tenemos noticia es el *Mufakharat al jawari wa-l-ghulman* [136] o *Concubinas y jovenzuelos en competición* (ed. de Ch. Pellat, París 1953), de la pluma de Jah'idih, del siglo IX. A este autor se le atribuye también el *Libro del matrimonio y de los recién casados* (*Kitab al'urs wal ara-is*) pero Bouhdiba cree que éste es un texto bastante posterior. As-Samaw-al Ibn al Magribi al-Israily (m. 1170) dedica su *Nuzhat al açh'ab* al tema de la compra de concubinas, mientras que Nuçayr al din al Fuci (m. 1273) consagra su *Kitab al bahyya wal tarakib alsultanya* a una especie de erotología del vestido ligada a las también el *Libro del matrimonio y de los recién casados* (*Kitab al'urs wal ara-is*), pero Bouhdiba cree que éste es un texto bastante posterior. As-Samaw-al Ibn al Magribi al-Israily (m. 1170) dedica su *Nuzhat al açh'ab* al tema de la compra de concubinas, mientras que Nuçayr al din al Fuci (m. 1273) consagra su *Kitab al bahyya wal tarakib alsultanya* a una especie de erotología del vestido ligada a las estaciones. No estará, me imagino, muy lejos de la obra de Ibn al-Jaṭīb que acabo de citar, que también se refiere a ello.

Más conocido en Oriente es el libro de Ahmad ibn Sulaiman, llamado también Ibn Kamal Bacha (m. 1573), que circuló bajo el título de *Ruju'al Shaubh ila çibah* o *Para que el viejo encuentre de nuevo su juventud.* Fue redactado a petición del sultán Selim Khan y es, al parecer de Bouhdiba, una compilación inteligente y exhaustiva de remedios rejuvenecedores. El autor del tratado subraya la pureza de intención que lo llevó a ayudar con su libro a los incapaces sexuales. Aún permanece inédito el tratado de Muhammad al Maghraby al Tijani (m. 1543), *Tuh'fat al'arus wa rawdhatul nufus,* que comienza con una evocación de la castidad en el matrimonio, a cuyo fin, asegura el autor, se dirigen sus esfuerzos de erotólogo. El capítulo XXII, «sobre el coito y la danza», parece sumamente original dentro de esta tradición de literatura licenciosa. Después de hacer mención de otros tratados y de concentrar su atención en *El jardín perfumado* de Nefzāwī [137], Bouhdiba nos llama la atención sobre el largo silencio que sigue a esta obra maestra del género: hay que esperar al siglo XIX para que reaparezca el tema erótico en la literatura árabe. Este silencio está, me parece, por investigarse: puede que estemos ante un período en el que no tengamos documentados aún los manuscritos, cuyo descubrimiento y edición bien pueden hacernos reescribir esta historia literaria aún tan parcial. Cuando el género vuelve a florecer tardíamente, ya la influencia europea sobre la cultura oriental es palmaria. Y sólo un tratado le parece a Bouhdiba digno de sus antecesores: el ensayo de Mohammed Çadiq Hassan Khan, publicado en Constantinopla bajo el título de *Nashawati all sakran mi sahba-i tidhkar il ghizlan* (*Delicias, ebriedad, vino, recuerdo y gacelas*). Es, al parecer, el canto de cisne de la erotología árabe y se encuentra muy influido por la hindú.

Examinemos un poco más de cerca algunos de estos libros eróticos a fin de que nos podamos apercibir mejor de las diferencias que los separan de aquellos que influyeron en el tratado del refugiado de Túnez. *Las delicias de los corazones* de Al-Tīfāŷī es buen ejemplo de ello. Aunque Bouhdiba lo considera inédito, ha sido publicado, en versión francesa, por René Khawam (Éditions Phébus, París 1981) [138]. Al-Tīfāŷī nace en Tīfāŷī de Gafsa en 1184, estudia en Túnez, Damasco y Egipto y muere en El Cairo en 1253 H. Se ocupó de la jurisprudencia, las ciencias naturales, la astrología, los estudios sociales y la poesía, pero su nombre se asocia hoy principalmente a estas *Delicias de los corazones,* en las que exhibe un completo desenfado sexual. Se dedica justamente a aquellas transgresiones particularmente vedadas por el Corán: el *zinā'* o adulterio y todo un catálogo de amores prohibidos: la ninfomanía, la homosexualidad masculina y femenina, los medios para seducir jovencitas, el caso de los hermafroditas, entre otros. Es, por cierto, un libro muy homosexual que alecciona al lector en lo que Khawam traduce como «les regles de picage», o de cómo hacer avances homosexuales a candidatos desprevenidos. Todas estas instrucciones licenciosas están, eso sí, contenidas en un ambiente de narraciones llenas de sagacidad y picardía y de una compleja sensualidad que no deja de recordarnos a *Las mil y una noches* o a los cuentos del *Decamerón.* Nos interesa destacar aquí, sin embargo, la profunda ambivalencia moral que caracteriza a autores libertinos como Al-Tīfāŷī. Contra lo que un lector occidental podría esperar, nuestro tratadista alaba el vicio y a la vez lo denigra. Después de haber descrito con deleite las tareas de la alcahueta, moraliza en contra de ella; dedica largas y apasionadas páginas a la vida de los homosexuales y luego la llama «escandalosa»; coloca juntos poemas en pro y en contra de la inversión sexual. En un pasaje muy curioso, tras celebrar la sodomía y dar instrucciones concretas sobre dicho acto, concluye: «¿Qué añadir por parte nuestra? [...]. Nada, sino implorar a Dios Todopoderoso, dispensador de todo bien, que nos libre de tales prácticas» (*op. cit.*, pág. 301; la traducción es nuestra). Esta curiosísima oscilación pendular entre la defensa y la condena del «loco amor», que también exhibe, por cierto, Ibn Ḥazm de Córdoba, no puede no recordarnos la increíble ambivalencia de Juan Ruiz al hablar de su «loco amor», que recomienda a la par que denigra y que tanto ha hecho sufrir a los estudiosos que se dedican a su obra sinuosa. Creo que el día que asociemos al Arcipreste más de cerca a esta moral simultánea y ambigua de que hacen gala, casi sin excepción, los erotólogos árabes más lujuriosos, podremos acaso sentirnos más cómodos ante su discurso desconcertante. Su ambivalencia de erotólogo rijoso que a la vez tiene ínfulas de santurrón es un lugar común de la erotología musulmana. De la erotología musulmana de tipo licencioso, puntualicemos en seguida, ya que ni Algazel ni Zarrūq —ni nuestro morisco— tienen nunca que «pedir excusas» por sus escritos, que jamás se salen de las prescripciones coránicas y que tanto elevan espiritualmente el amor humano.

Otro de nuestros erotólogos libertinos fue el cultísimo ʻAbd al-Raḥmān al-Sūyūtī, nacido en El Cairo en 1445 y muerto hacia 1505. Su obra sobrepasa los 500 títulos, entre los que hay trabajos muy importantes: un comentario al Corán en seis volúmenes, un estudio histórico acerca de las condiciones bajo las cuales se ofreció la revelación a Mahoma, una presentación de todas las ciencias que tienen relación con el Corán, un estudio teológico sobre el estado de las almas después de la muerte, una enciclopedia lingüística árabe, una historia de la gramática, otra de los comentadores del Corán, así como un amplio muestrario de poesía [139]. No olvidemos, de otra parte, los varios volúmenes sobre erotología que se deben a su docta pluma. El más famoso de todos, la *Noche de bodas*. También el más culto. La obra abre con una reunión de sabios, entre los que se hallan presentes astrónomos, médicos, profesores, etc., y cada uno de ellos habla de su noche de bodas. Estos *alter ego* eruditos permiten a Al-Sūyūtī asociar el sexo con reglas gramaticales, con comentarios al Corán, con cómputos matemáticos y con la astronomía, entre otras ciencias ilustres. El estilo es gongorino e ingenioso, y estrictamente erótico, sin apenas paliativos de índole médica ni religiosa. Importa decir, sin embargo, que tampoco estamos ante un texto de mal gusto o disipado a secas como algunos de los otros que venimos comentando.

También debemos a los esfuerzos del erudito René Khawan la traducción francesa de *Las flores resplandecientes en los besos y los abrazos*, de la pluma del egipcio ʻAli al-Bagdādī (siglo XIV) [140]. Este erotólogo fue un estricto contemporáneo del Arcipreste de Hita. Y sus coincidencias con Juan Ruiz no sólo son cronológicas: Al-Bagdādī dirige sus *Flores resplandecientes* a un público popular y escribe en un lenguaje sólido, duro y vigoroso, muy vital y muy difícil de traducir. El suyo es un erotismo sano, sin complicaciones intelectuales, que no degrada la naturaleza humana aunque tome en cuenta todos los elementos del amor. En su prólogo, Al-Bagdādī anuncia al lector que: «El resultado de mi trabajo será, espero, algo que disipe los cuidados, que haga desaparecer toda tristeza y toda aflicción, que ilumine el espíritu y llene de asombro al espectador»[141]. Parece que entreoímos el desenfado castellano de Juan Ruiz: también su libro fue «chico breviario» de «juego e de burla», que escribe, según confesión propia, para «dar solaz a todos» (vv. 1.632-1.633).

Al-Bagdādī dedica su libro a narrar relatos sobre las aventuras de las mujeres que buscan el amor: estamos ante una picaresca erótica femenina en toda regla, llena de humor y entreverada de poemas y anécdotas subidas de tono. Las féminas se las ingenian para dar curso libre a su libido, aunque sea a costa del adulterio. Y el autor parece estar de su parte: son ellas, con su sigilosa habilidad, las que triunfan en los predios del amor. Por eso, el narrador adjunta comentarios en alabanza de sus intrigas, aunque tampoco desdeña el fustigar a sus simpáticos personajes, muy en la línea de aquellos «engaños y asayamientos de las mujeres» que se hispanizaron temprano en la Edad Media. Misoginia y feminismo luchan en el texto de Al-Bagdādī, pero parece que gana el feminismo. Nuestro autor se muestra asimismo ambivalente en lo que a la moral se refiere. Narra sus anécdotas libertinas con desenfado y gracia, y parece —a los ojos de un lector occidental— que es hipócrita cuando de súbito cambia de actitud y asume una «máscara» moralizante. Los niveles de la censura y el encomio del «loco amor» se encuentran muy entreverados en estos relatos de aventuras galantes: las peripecias licenciosas se encuentran intercaladas de invocaciones a Dios; que es a veces aliado de los pícaros, y, sobre todo, de las pícaras. Más adelante Al-Bagdādī explica a su lector que narra todos estos lances «para encontrar favor ante Dios». Todo esto para luego desdecirse en seguida: «¡Que el Dios altísimo nos aleje de semejantes incidentes!» (*op. cit.*, pág. 204). Unas veces el autor es durísimo con sus criaturas de ficción (después de un lance subido de tono, hace que los oyentes del narrador que viene citando[142] exclamen: «¡Que la maldición de Dios caiga sobre estos libertinos!» (*op. cit.*, pág. 189); para luego mostrarse tiernamente benévolo. Han muerto otros pícaros de su relato de turno, y comenta Al-Bagdādī: «Murieron [...] que Dios los acoja en su misericordia, porque Él perdona y tiene compasión de sus criaturas» (*ibid.*, pág. 40). Una vez más, estamos ante la célebre ambivalencia de Juan Ruiz: es la regla y no la excepción en la erotología árabe que lo precedió y que le fue contemporánea[143]. Parece que Américo Castro no andaba tan descaminado cuando sintió cerca de los árabes esa oscilación entre la moraleja pía y la más flagrante lubricidad de que hace constante gala el misterioso Arcipreste de Hita.

Los tratados eróticos en forma de cuentecillos licenciosos como los de Al-Bagdādī son abundantísimos —pensemos, por ejemplo, en la *Flor lasciva* o en *El libro de la voluptuosidad* [144]—, pero con el botón de muestra que hemos ofrecido el lector se puede hacer una idea clara del género. Una sola palabra final sobre el libro que todos conocemos: *Las mil y una noches*. Estos célebres relatos no constituyen ciertamente un libro de erotología, aunque su desenvuelto erotismo ha hecho que numerosas versiones europeas, desde aquella pionera de Antoine Galland en los albores del siglo XVIII, hayan sido «expurgadas» [145]. *Et pour cause.* Las narraciones, de origen persa, exhiben una actitud de despreocupación moral ante los lances subidos de tono que narran, que no suelen estar refrendados por ese curioso «malestar de conciencia» que ya hemos observado hace ambivalentes a algunos erotólogos árabes como Al-Bagdādī y al-Tīfāŷī. No vale la pena detenernos en esta libertad narrativa de *Las mil y una noches* porque es ampliamente conocida. Tan sólo vale la pena recordar aquí lo que de seguro habrá pasado desapercibido al lector occidental: muchos de estos episodios no se inhiben de incorporar la simbiosis oriental del sexo y la espiritualidad. Veamos tan sólo un lance por vía de ejemplo. Estamos en la noche 62, y un personaje describe el acto conyugal con su esposa:

> Le hablo con agrado para prepararla bien, después le doy besos por todas partes, para excitarla como es debido, y apenas está en la disposición que tú comprendes, la tumbo de espaldas y la cabalgo. Y entonces, cuando la gota de nácar se ha incrustado en su cimiento, exclamo: «¡Oh, Señor, haz que esta simiente se cubra de bendiciones, y no le asignes una forma mala, modélala según la belleza!». Después me levanto para hacer mis abluciones, cojo agua con las dos manos, la hago correr por mi cuerpo, y finalmente glorío a Alá por sus beneficios [146].

Parece, a la luz de esta cita, que algunos personajes de los cuentos que salvaron la vida a la hermosa Scheherezade hubieran leído a los píos maestros Algazel o Nefzāwī. La asociación del erotismo con la espiritualidad es tan honda en el islam que cala —ya lo hemos podido ver— no sólo en los erotólogos más licenciosos sino en las mismísimas *Mil y una noches*, que tanto se nos ha ocurrido retocar en Occidente.

Y una noticia reciente para terminar. Acaba de ver la luz en lengua española un curioso tratado atribuido a Al-Sayed Haroun Ibn Hussein Al-Makhzoumin y titulado *Las fuentes del placer. El nuevo Kamasutra árabe* [147]. Un misterioso erudito inglés, que prefiere permanecer en el anonimato, anuncia en el prólogo que ha tenido la fortuna de dar con el códice árabe original en casa de un amigo suyo en una ciudad de la Arabia Saudita, de cuyo nombre, añadimos nosotros, «no quiere acordarse». Procede a traducir al inglés el manuscrito, que por datos internos muestra pertenecer al siglo XII d. C., protegiendo la identidad del autor original y aun la del generoso amigo que le facilitara el códice. La traducción española que manejamos proviene de la inglesa, ya que el original árabe permanece, supuestamente, sin editar. Una lectura somera del texto, interesantísimo por cierto, parece indicar que estamos ante una contrafactura moderna. Hay un tufillo a contemporaneidad sospechosísimo a lo largo de todas las disquisiciones eróticas, sobre todo de aquellas relacionadas con la sexualidad femenina, que a menudo parecen aprovechar información que sólo muchos siglos más tarde pertenecerían al acervo de la ciencia de la sexualidad moderna. De otra parte, el supuesto autor medieval se enfrenta y corrige muchos lugares comunes obligados en los antiguos tratados amorosos orientales auténticos, verbigracia, la consecución del orgasmo simultáneo y las relaciones sexuales durante el período menstrual de la mujer. Dudoso que un autor que se jacta de su propia condición de médico experto y de su devoción islámica resuelva algunos asuntos relacionados con la cópula a espaldas de los conocimientos científicos de la época y de su propia tradición religiosa musulmana. Dije autor devoto, *ma non tanto*: al principio del códice el tratadista ofrece alabar a Dios «con oraciones y encantamientos» (pág. 17), frase sumamente extraña en labios de un musulmán culto y pío como el que pretende ser el susodicho galeno, que no da muestras de ser ningún ignorante supersticioso. Debemos decir que, incluso en el caso de que el autor diera alguna receta «mágica», no la describiría como tal. Sólo a un autor moderno se le ocurriría el epíteto, que implica una distancia cultural y cronológica frente al material narrado que no puede ser más evidente. Este enigmático tratadista posee también, por cierto, una información médica acerca del cáncer en los órganos reproductivos que resulta una vez más modernísima y que jamás hemos visto en los numerosos tratados auténticos que hemos consultado para la edición del «Kāma Sūtra español». Si *Las fuentes del placer* fuera un texto legítimo, entonces estaríamos ante un tratado acerca del arte de amar que rompe todos los cánones de la tradición oriental conocida hasta ahora y que resultaría el texto más moderno e importante de todos los documentados hasta el momento. Pero tanta maravilla despierta nuestra desconfianza y, hasta que el asunto no se estudie más a fondo y se pueda manejar el elusivo original árabe, intuimos que se trata de una contrafactura mal disimulada. Una lástima, sin duda: hubiera sido interesante contar con un texto así en la historia de la literatura erótica oriental.

f) *El tema erótico en la literatura aljamiado-morisca*

Importa por último que exploremos las huellas que dejó el erotismo oriental en la literatura de los últimos musulmanes de España. Se trata de la literatura secreta que redactaron los moriscos en castellano pero aferrándose al último vestigio de la lengua sagrada de sus mayores: el alifato árabe [148]. Ya hemos adelantado que estos criptomusulmanes llenaron de comentarios aljamiados el *Iḥyā'* o *Vivificación de las ciencias de la fe* de Algazel, por lo que podemos concluir que algo sabían acerca de la posibilidad de un acto conyugal armónico con la plegaria al Creador. Sin embargo, no es mucho lo que nos dicen los códices aljamiados sobre el tema del erotismo humano. Al menos, los que hemos podido ir leyendo, que ciertamente constituyen una ínfima porción de los que aún aguardan lectura y publicación en las bibliotecas de Europa y de Oriente. En la esperanza de nuevos hallazgos y de nuevas ediciones, van estos brevísimos apuntes del estado de la cuestión en la literatura aljamiado-morisca. En ella, acaso, fue donde se formó nuestro anónimo criptomusulmán en sus últimos años sobre suelo patrio.

Acaso tuvo ocasión de ojear los códices del Mancebo de Arévalo, que escribió en Aragón bastante antes de que el refugiado viera la luz en algún punto perdido de la península. Si es que leyó al Mancebo, le dio un profundo mentís a sus enseñanzas amatorias. Este misterioso joven [149] itinerante se dio a recorrer la clandestinidad morisca poco después de la caída de Granada y a «entrevistar» —no hay otra palabra para ello— a los sobrevivientes con el fin de preservar para siempre sus testimonios directos sobre los dramáticos sucesos históricos de los que fueron testigos. Lo que tuvieron que decir fue estremecedor, como hoy podemos calibrar gracias a los estudios de L. P. Harvey y, muy en especial, de María Teresa Narváez, que acaba de editar el libro más importante de este autor aljamiado, titulado *La Tafsira* [150]. Justamente en este inmenso libro misceláneo es donde el joven escolano reúne sus ideas acerca del amor conyugal, al que dedica el «Kapíttulo le tarata de loš kašamiyentoš i konchugalidadeš» (fols. 229v-239r) [151], y el «Kapíttulo de loš kašamiyentoš y šuš defektoš» (fols. 70v-72r). Hay que decir, sin embargo, que sus consejos amatorios se encuentran dispersos a lo largo de toda su *Tafsira*. Lo primero que importa destacar es que el Mancebo nos regala un dato importantísimo al asegurarnos que han venido a su atención diversas «tafsiras» (comentarios, tratados) que versan sobre el tema de las instrucciones en el matrimonio. Oigámoslo directamente: «Aunque yyo e bišto en tafsiraš dešte rreyno algunoš deškuydoš [en torno a las instrucciones sobre los "kašamiyentoš"] i todo paša por eštar tan leššos la dikretansa Mālikīa» (fol. 71r, *apud* Narváez, vol. II, pág. 376). El Mancebo puede estar refiriéndose a los textos de Mālik, a quien también cita Aḥmad Zarrūq en sus pasajes eróticos. El autor aljamiado cita también a 'Umār Bey, y es difícil saber a ciencia cierta qué tratados o «tafsiras» pasaron por sus manos de estudioso secreto. Quién sabe si ojeó el *Iḥyā'* de Algazel [152], que circuló tanto en su comunidad criptomusulmana. Lo cierto es que nuestro juvenil escolano ofrece consejos generales, de índole jurídica las más veces. Aborda el problema del número de mujeres permitidas al esposo musulmán, y es curioso constatar que no favorece mucho el matrimonio plural, que sólo le parece apto para un varón particularmente capaz: «kuwando el onbere a poko poderíyyo no puwede wušar de taleš potensiyyaš» (fol. 71v).

También instruye a sus lectores acerca del tipo de cónyuge que le es lícito tanto a la mujer como al hombre (no deben tener grado cercano de parentesco, por ejemplo), acerca de qué debe hacer un varón si casa con viuda o «muŷer ušada» (esperar cuatro lunas antes de contraer «konššuwgalidad»), entre otros consejos. Siempre discreto y púdico, el Mancebo de Arévalo no entra en más detalles sobre la vida sexual. Todo lo contrario: aconseja continuamente a su lector en contra de la lujuria y de la ocasión de pecado: amonesta en contra de hacerse caricias en público, pide que se duerma con un tablón divisorio en la cama si es necesario acostarse con otras personas de improviso, y pide una modestia absoluta en el vestir. El cuerpo no se debe traslucir a través de la ropa: «no deškuwbran ninguno šuš berwwuensaš ni šuš karneš, ke eš feo i pekado» (fol. 409r). Es sobre todo la mujer quien debe estar vigilante: «no tarayga kotón delgado ni beštido ke še tarašlusga lo debaššo» (*ibid.*) [153]: por lo recatado de la cita nos imaginamos la desaprobación con la que el Mancebo hubiera leído aquellos pasajes de Ibn al-Jaṭīb que aconsejaban justamente lo contrario: que la mujer estuviese ligera de ropas para inspirar eróticamente a su compañero. (Claro que Ibn al-Jaṭīb se refiere al ámbito privado de la casa, y no a la calle.) El Mancebo es sin duda uno de los tratadistas más severos en lo que toca al tema de la sexualidad, y nos preguntamos el efecto que tendrían sobre él los años que pasó en las escolanías católicas en las que se formaba en su juventud de criptomusulmán. Cierto que lo precedieron musulmanes píos muy estrictos, pero esta última cita de nuestro elusivo tratadista exuda un aroma patrístico inconfundible:

> no te sebeš en mirar karneš dešnuwdaš de muchereš ni onbereš ni laš imáššeneš ermošaš rretaratadaš, ni kateš la kondeddura de la mucher, ke ay efetoš para ti i para otroš. Ni dduwermaš kon imaŷinassiyyoneš karnalošaš, šino kon imaŷinasiyyoneš šantaš, i kon alabanzzaš de ttu korassón (fol. 269v) [154].

Tampoco son mucho más explícitos otros tratadistas aljamiados que hemos tenido ocasión de examinar. Hossein Bouzineb tiene en prensa en la Editorial Gredos de Madrid otra obra aljamiada anónima, incluida en el ms. Gay. T-13, que se refiere de manera pintoresca al acto sexual. Dependiendo de cómo éste se lleve a cabo, así saldrá la criatura que se conciba. Bouzineb advierte que el morisco, al elaborar estos consejos, que atribuye a ʻAlī, sigue de cerca el texto de la *Al-Waṣāya* de Ibn ʻArabī:

> Ya ʻAlī, no te açerkes a tu muller la p^{i}rimera noche del mes, ni la de [*sic*] medi^{y}o, ni la çaguera, si no verná el fillo endi^{y}ablado; ni noche del ḥad, ni la noche del ārbaʻa, ke verná el fillo tallador đe kaminos; ni la noche de paçku^{w}a de r.rumaḍan, desobedeçi^{y}ente a su padre y a su madre; ni la noche de pasku^{w}a de karneros, ke verná kon seys deđos o ku^{w}at^{o}oro; ni en el sol, ke verná kon t^{e}reyto; ni fables la ora del ajuntami^{y}ento, ke será tartamuđdo ni wardes a su natura, ke verná

> çi^{y}ego; ni debašo de árbol f^{u}ruytal, ke verná torteyante. [...] ni debašo de las est^{e}rellas en sereno, ke verná rrenegađo; ni la noche de tu kamīno, ke des[des]penserá su algo en la desobedençi^{y}a de Al.lah. Yā ʻAlī, sobre tú si^{y}a kon ajuntar nu^{w}ey[*sic*] de lunes, i verná el fillo leidor; i nu^{w}ey de martes, i será f^{a}ranko i pagable; i nu^{w}ey de al-ḫamdiç, i verná sabidor i obidi^{y}ent a los mandami^{y}entos de Al.lah; ka fuirán los di^{y}ablos d-él; i nu^{w}ey del ǰmuʻa, i verná al-ġābid obidi^{y}ent a Al.lah; i díya de al-ǰumuʻa ante đe l-aṣ.ṣala, i [i] verná bi^{y}en aventurado, i murrá mártil [155].

Algunas leyendas aljamiadas que conservamos y que se comienzan a editar hacen alusiones breves a recetas afrodisíacas y a diagnósticos sobre los males venéreos. Así, en el «Recontamiento de la doncella Carcayona», se diagnostica el mal de «esperma fría» en un personaje que tiene dificultad para engendrar, y se le recomienda provisión de especies calientes para remediar su mal [156]. Ya sabemos lo socorridos que fueron todos estos remedios, que hacen su continua —y serena— irrupción en los textos árabes más diversos, desde los astrológicos hasta los literarios. No hemos podido leer directamente, de otra parte, otros códices relacionados con el tema de los que nos da noticia Eduardo Saavedra en un apéndice a su citado *Discurso de inauguración en la Real Academia Española*. El «Alquiteb el Samarqandi», por ejemplo, contiene capítulos dedicados al *zinā'* o adulterio, al pecado de la lujuria y a la castidad o continencia; mientras que otros textos exhiben títulos verdaderamente prometedores como «El alquiteb de los matrimonios».

El *Libro de los castigos,* contenido en el ms. Junta VIII y editado recientemente por María Josefa Fernández [157], contiene unos pasajes que no dejan de tener interés en relación al tema que nos ocupa. El anónimo autor atribuye un «castigo» o consejo a Mahoma, y, cuando lo leemos, verificamos que se trata de una versión del *ḥadīẕ* o tradición profética celebratoria del amor conyugal entre los esposos que ya vimos es muy socorrido en la literatura árabe. También el refugiado de Túnez hará gala de las ideas amorosas que aquí se atribuyen a Mahoma:

> En-el día del-alǰumuʻa [158], quien tomará a su mušer con plazer de la mano, será escribto a él vinte alhaçanas (obras buenas) i quien la besará, será escribto a él setenta alḥaçanas i si terná parte con-ella, serán escribtos ad-anbos, a cada uno d-ellos, çien alḥaçanas, [digo çiento i vinticuatro alhaçanas]. I si se tahararán [159] para fazer el-aṣala de aḏuhar [oración] después de aber fecho esto que ese dize entr-ellos dos, por cada gota de awa que les cae de su cuerpo de aquel ṭahur [160], ḫaleca [161] Al.lah un-almalaque [162] que demanda perdón por-ellos d-ica [163] el día del judiçio [164].

En el mismo manuscrito Junta VIII hay otros acercamientos más procaces al sexo. Allí se nos describe también, por ejemplo, la creación de los *asaytanes* y de los *eblizes* (demonios y diablos), que no puede ser más sórdida pese a su curioso pintoresquismo: «ebliz tomó su miembro [órgano sexual masculino] i se lo puso por su culo digo por su sielso [sexo] i convino allí convenimiento. I poni ebliz siete güevos i de aquellos siete güevos nacieron siete asãytãnes...» [165].

Lo importante de pasajes como éstos, que vamos espigando al azar, es que podrían apuntar hacia la incidencia de otros semejantes en el *corpus* aljamiado que aún nos falta por conocer. Sin duda alguna, aún nos pueden aguardar hallazgos importantes en este sentido. Lo que significa que algo de la tradición erótica de sus mayores pudo haber aprendido en la península aquel joven criptomusulmán que llegaría a convertirse en un erotólogo consumado en su destierro de Berbería.

Poco más tienen que decir sobre el tema de la sexualidad los moriscos aljamiados auscultados hasta el presente. Los anónimos autores bien pueden darnos la sorpresa de haber producido textos más elocuentes en materia de amor humano, pero, a la luz de lo examinado, parece que estos tratadistas tardíos fueron relativamente púdicos en materia de sexo. Si las nuevas ediciones de manuscritos aljamiados siguen confirmando lo que hemos visto hasta ahora, esta parquedad y recato por parte de los moriscos acaso pueda deberse a más de una razón histórica. En primer lugar, estos escritores aljamiados, desesperados por salvaguardar los últimos reductos de su identidad cultural amenazada, se solían ocupar de temas más urgentes relativos a su religión [166]; y, de otra parte, no podemos descontar que estamos ante una minoría bastante asimilada, que ya habría leído a san Agustín y a santo Tomás en las escolanías donde comenzó su proceso de absorción cultural. Esto último nos parece bastante determinante. Eduardo Saavedra no puede ocultar su alegría de investigador occidental cuando se congratula de que uno de estos moriscos, de seguro asimilado y mal conocedor ya del libro revelado de su propia religión, niega de manera terminante la sensualidad del paraíso coránico:

> un morisco [renunciaba] a las esperanzas del sensualismo oriental, asegurando 'quán ynútil es objetar al Alcorán ynponiéndole y aplicándole deçir que en la otra vida promete casamiento y actos lividinosos, lo qual sólo es ynpuesto por afear el alcorán, pero no por que tal por él conste ni tal sea en rrealidad' (ms. BNM 173, fol. 237) [167].

Penoso constatarlo: algunos de estos moriscos del siglo XVI ya no sabían lo que estaban diciendo cuando de las enseñanzas amatorias de su religión musulmana se trataba. Por eso me inclino a creer que el refugiado de Túnez leyó a Aḥmad Zarrūq y a sus mentores en materia de erotología cuando ya se encontraba en su patria adoptiva de Túnez. Cabe aguardar, sin embargo, nuevas transliteraciones de códices aljamiados para ver si se corrobora nuestra sospecha. En este campo de la literatura secreta de los últimos musulmanes de

España —me importa insistir en ello— aún está prácticamente todo por hacer.

Y concluyamos. Salta a la vista, a la luz de los libros de amor de Oriente que hemos ido explorando a lo largo de este capítulo, que hemos dado con la tradición cultural que inspiró de manera decisiva el tratado que nos ocupa. Por cierto que nuestro morisco eligió a los autores más reverentes de la amplísima tradición amatoria islámica: Zarrūq, Algazel, Nefzāwī. Con ellos dialoga, de la misma manera que vimos que a los occidentales —san Agustín, santo Tomás, Salvatierra— les responde. Pero insistamos en lo más explosivo de todo: su diálogo, ya amistoso, ya contestatario, está escrito en castellano. No es lo mismo alabar a Dios en medio del acto amoroso en árabe o en sánscrito. Estamos ante el primer erotólogo castellano de que tengamos noticia. Una pena que también —es casi seguro— haya sido el último.

CAPÍTULO VI

EL «KĀMA SŪTRA ESPAÑOL»: UN TRATADO SOBRE LOS BUENOS USOS DEL MATRIMONIO ISLÁMICO

لاَ حَيَاءَ فِي الدِّين

«No hay nada vergonzante en lo que toca a la religión» (Proverbio árabe).

I. LA ESTRUCTURA DEL «KĀMA SŪTRA ESPAÑOL» O DE CÓMO EL *ADAB* LITERARIO ÁRABE SE LLEVA A SUS ÚLTIMAS CONSECUENCIAS

Ahora que conocemos más de cerca la riquísima contextualidad literaria de nuestro morisco, estamos mejor preparados para explorar directamente su «Kāma Sūtra español». Ya hemos anunciado que se trata de un tratado sobre «los buenos usos del matrimonio». La frase, también lo sabemos, es de Algazel, que la aplica como título al libro XII del *Iḥyā' 'ulum ad-dīn* o *Vivificación de las ciencias de la fe*. Estos «buenos usos del matrimonio» no son otra cosa que el *adab* nupcial, es decir, la educación, el conocimiento formal o la etiqueta del estado conyugal. El término es complejísimo en árabe [1] e implica toda la gama de sabiduría posible asociada a un tema en específico. Por ello mismo, un texto acerca del *adab* matrimonial deberá ser estrictamente misceláneo, y podrá incluir poemas, anécdotas, enseñanzas científicas, plegarias, y, en general, todo aquello que aleccione al lector en la materia. Esto es precisamente lo que hará nuestro refugiado en su opúsculo sobre los esponsales: meter en el cajón de sastre de su tratado toda suerte de ilustraciones literarias, religiosas y científicas que considere útiles para sus propósitos. El morisco está, como salta a la vista, adaptando la concepción estructural del *adab* a su escrito castellano, que exhibe la misma libertad estructural que la de los maestros árabes que lo precedieron en la materia. Sólo que el *adab* literario de nuestro alfaquí español es aún más aleatorio que el de sus correligionarios musulmanes: une —también lo adelantamos ya— anécdotas de Algazel, consejos de Aṣbag, relatos del Samarqandī o de *Las mil y una noches* y leyendas de Nefzāwī junto con sonetos de Lope de Vega.

Digámoslo en seguida: con su flagrante hibridez cultural, el morisco expande el campo de referencia posible de su texto para que sea capaz de incluir tanto la literatura de Oriente como la de Occidente, y, con ello, lleva hasta sus límites artísticos la estructura abierta de los textos misceláneos orientales que conocía tan de cerca. Estamos, pues, ante una curiosa innovación —¿o subversión?— del concepto literario del *adab*: las sorpresas del manuscrito S-2 no cesan.

En nuestro capítulo I adelantamos algo acerca de la estructura misma del «Kāma Sūtra español». El refugiado de Túnez sigue bastante de cerca el tratado nupcial de Algazel y se ocupa en su propio caso de todo lo concerniente al matrimonio: la petición de la mano de la novia, la boda y sus festejos, la instrucción de la esposa en los ritos de la religión musulmana relativos a su nuevo estado, las obligaciones del esposo para con su esposa (y, en el caso de que tenga más de una, el trato igualitario que está obligado a otorgarles por ley coránica), las obligaciones de la mujer para con su marido, así como los provechos del casarse. Ya sabemos que lo más sorprendente para un lector que no esté iniciado en la literatura de Oriente es que el morisco nos conduce hasta la alcoba matrimonial misma y describe con todo detalle la unión conyugal y todo lo que su religión aconseja y prohíbe respecto de la misma. Sus consejos amatorios quedan salpicados de azoras coránicas, *ḥadīces* o tradiciones proféticas, poemas mundanos, leyendas pías, así como de consejos médicos: la exuberante coexistencia de estos distintos géneros podría antojarse, una vez más, indiscriminada para el gusto occidental, aunque responde al espíritu del *adab* que acabamos de describir. También hemos dejado dicho que la estructura del tratado español sigue en lo fundamental al *Iḥyā'* de Algazel, aunque tampoco deja de estar bastante cerca de algunos capítulos del *Kāma Sūtra* hindú y de *La gloria del jardín perfumado* de Nefzāwī. (Más aún que de *El jardín perfumado* que tanto hemos citado.) En la última sección de su opúsculo, que trata sobre el coito, es donde el morisco comienza a depender estrechamente de Aḥmad Zarrūq [2]. Es obvio, pues, que nuestro autor está inaugurando en literatura española no sólo un tema insólito, sino una estructura literaria desconocida, que por cierto lleva hasta sus últimas consecuencias.

II. EL MORISCO ANTE SUS FUENTES ERUDITAS

El refugiado adapta no sólo la estructura literaria abierta de los antiguos tratados erotológicos árabes, sino que, como ya hemos tenido ocasión de adelantar, va a servirse de prestigiosas autoridades islámicas a lo largo de todo su opúsculo. Es un autor culto, mucho más que cualquiera de sus precursores aljamiados de la península. Antonio Oliver Asín nos detalla algunas de las fuentes árabes patentes en la totalidad del manuscrito S-2: Algazel, Zarrūq, Aṣbag, Abū-l-Walīd al-Bāŷī, Abū-l-Walīd Muḥammad ben Rušd, 'Abd Allāh ben Muqātil, Ibn al-Qāsim, y 'Abd Allāh ibn al-Mubārak, entre tantas otras[3]. Todo esto, sin olvidar las citas coránicas, que son ubicuas, y los *ḥadīces* o tradiciones atribuidas al profeta, así como las leyendas anónimas de fuerte sabor oriental. (El autor se sirve, por ejemplo, de algunas narraciones musulmanas de ultratumba que recuerdan poderosamente a Dante y que parecen darle la razón, por su sola existencia, a las teorías de Miguel Asín en relación a la filiación literaria del genial florentino.) Estas fuentes didácticas del tratado las suele citar el refugiado, casi invariablemente, por el nombre propio del autor; aunque hay veces que, como veremos, parece estar sirviéndose de algunos textos que, por una razón u otra, no cita de manera directa. Sospecho en este sentido que, aunque no nos lo diga, el morisco bien pudo haber leído también al Samarqandī o *Las mil y una noches,* así como *La gloria del jardín perfumado* de Nefzāwī, que es, curiosamente, el libro erotológico más atrevido del erudito tunecino. El antiguo criptomusulmán nunca habrá de citar por su nombre, sin embargo, a sus autoridades cristianas, que, como ya ha señalado Oliver Asín (*op. cit.*), son numerosísimas, sobre todo en el contexto de la novelita *El arrepentimiento del desdichado.* El estudioso sospecha que la estructura misma de la *novella,* que el morisco concibe como un viaje a lo largo de la vida, y a la que adjunta una coda moralizante, pueda deber algo a Lope. Pero a un Lope bastante recóndito: nada menos que el autor de *El animal de Hungría*[4]. Ya tenemos bien sabido cuánto cita nuestro autor al Fénix: el libro V de *La Arcadia, La hermosura aborrecida, La serrana de la vera, Las mudanzas de Fortuna,* los sonetos, incluyendo algunos de *Las rimas sacras.* Sencillamente, el refugiado adoraba a Lope. Pero ahí están también, aunque siempre innombrados, otros autores españoles: Quevedo (*Las zahurdas de Plutón, El mundo por de dentro*); Garcilaso (la Egloga III); Góngora («Sobre trastes de guijas»); el anónimo romancero, incluyendo algunos poemillas maurófilos de los que ya nos hemos ocupado (cap. II). ¿Cómo manejaría nuestro misterioso autor toda esta madeja de fuentes literarias españolas tan diversas? Parece que algunas las sabía de memoria y que otras, en cambio, las iba leyendo a medida que redactaba la totalidad de su tratado. Aunque se sabe que algunos clásicos españoles bien podrían haber circulado en el Túnez del siglo XVII, hay que pensar que el morisco había guardado en el alma muchos de los poemas —y aun de las comedias— de sus venerados autores patrios. Como recuerda Margit Frenk en su excelente ensayo «Escritores y oidores. La difusión oral de la literatura del Siglo de Oro»[5], las novelas cortas, y, más aún, los poemas de la época, se contaban de memoria, sin el libro a la vista: se volvían a contar más o menos libremente. Como su ilustre compatriota el morisco Román Ramírez, que recordamos por su abrumadora memoria, nuestro autor pudo haber tenido aprendidas de memoria la mayoría de las leyendas y de los poemas hispánicos que intercala en su texto. Ya hemos compartido, de otra parte, nuestra sospecha de que silenciaría sus nombres cristianos para no sentar mal ejemplo de español excesivamente nostálgico en su nueva patria tunecina. Más sería por esto que por otra cosa, aunque también hay que decir que es bastante usual en la literatura árabe el servirse de fuentes cultas sin mencionar el nombre del autor. Pero no hay ni una sola excepción a este silencio ominoso del antiguo criptomusulmán con respecto al amplio *corpus* literario español que maneja: no es difícil concluir que «something is rotten in the state of Denmark». Nuestro morisco no era un árabe más citando al azar. Atenta contra nuestra inocencia de lectores el advertir —maliciosamente por cierto— que las únicas fuentes que silencia son las españolas. Las que más amaría; las que más le dolían.

El caso de las fuentes árabes del opúsculo es ya muy otro. Aquí es evidente que el autor, como *nouveau riche* de las letras árabes, quiere lucir de manera responsable su erudición en la materia. Le iba en ello su dignidad de jurisconsulto recién estrenado, así como su credibilidad de maestro islamizante de sus hermanos de tragedia. Claro que algunas anécdotas pías o *ḥadīces* de uso común los dice de memoria, pero no así los pasajes graves relativos a temas de ley islámica. El «Kāma Sūtra español» está lleno de ellos. Hemos evocado a nuestro morisco escribiendo afanosamente su manuscrito con varios códices árabes de consulta a la mano. Debió haber sido exactamente así. Tendremos ocasión de ver en seguida cuán de cerca sigue a algunos de estos maestros, tanto en estructura como en citas específicas. Más aún: hay casos en los que casi podemos «ver» el texto que tiene abierto sobre su mesa de trabajo, y que va refundiendo de manera abreviada o alterada. Éste es el caso de la leyenda pía de la mujer del santón que se queja al alcaide de que su marido la tenía muy descuidada en lo que a su vida conyugal se refería. El morisco va narrando la anécdota, y comenta a cada paso que los personajes dicen sus quejas «en berso» (fols. 87v y ss.). Nunca nos cita, sin embargo, los poemas aludidos. Parece que no se atrevió o que no se animó a traducirlos del árabe. (¿No sabría lo suficiente?) Hemos logrado, sin embargo, documentar estos versos, y nada menos que en *La gloria del jardín perfumado* de Nefzāwī, que es, como adelantamos, el libro más osado del maestro erotólogo. Éste bien puede haber sido el códice innombrado que nuestro antiguo español refundía calladamente. Es posible que ocultase el nombre de Nefzāwī por lo libertino que le debió parecer el tratado árabe original que estaba manejando, con sus anécdotas picantes al margen de la moral islámica más palmaria. Entendamos su discreto silencio de mahometano conservador y recordemos, de otra parte, que su experiencia como criptomusulmán en la España de los Felipes lo hizo ducho en materia de disimulo vital y religioso; y, ahora lo sabemos, también literario.

En otras ocasiones el autor morisco es más sincero con sus lectores-oidores. Hay un curioso pasaje en el que nos va dando cuenta del drama de otro personaje femenino que va a quejarse ante el cadí, esta vez porque su marido tenía un miembro muy grande «y no podía sufrir que su marido hubiesse acto con ella» (fol. 87r). Interesantes problemas que tenían por cierto las mujeres del tratado erótico hispanomusulmán. El consejo que ofrece el autor es también pintoresco: el esposo habrá de atarse un paño al miembro, de manera que «no dejasse fuera más de aquello que es hurdinario en los hombres» (*ibid.*) y pudiera así tener acto normalmente con su esposa. Pero el refugiado no encuentra la fuente erudita que respalde adecuadamente el consejo médico-legal, y admite la opacidad de sus autoridades, que anuncian simplemente haber visto el consejo escrito en hojas sueltas: «dixeron que no habían bisto quién lo dixese, sino en una oja escrita y suelta entre otras ojas» (fol. 88v). A pesar de la incertidumbre —que suena, irónicamente, a los numerosos pliegos perdidos del *Quijote* de Cervantes— el anónimo morisco nos acaba de dar fe de que algunas de sus fuentes son, en efecto, fuentes escritas. Por dispersas e incompletas que estén a veces.

A la luz de todo lo dicho, sabemos que vamos a vérnoslas con un autor culto, si bien, por momentos, desaliñado. Tengamos presente, sin embargo, que hay veces que su desaliño es volitivo: cita las «opiniones» legales divergentes que los jurisconsultos van ofreciendo a cada paso, pero le ahorra a su público, de seguro bastante poco letrado, demasiados detalles al respecto. Pero por la cantidad de veces que lo vemos barajar distintas «opiniones», nos damos cuenta en seguida de que estamos ante un escritor responsable; incluso libresco, que llevó a cabo una cantidad extraordinaria de investigaciones antes de lanzarse a escribir su tratado erotológico. No es exagerado decir que el refugiado de Túnez terminó por convertirse en un jurisconsulto o alfaquí en toda regla. Se impone, pues, un comentario detallado de su texto a la luz de sus fuentes, tan numerosas como heterogéneas.

Advirtamos también que, aunque han llegado a nuestras manos muchas de las fuentes originales del morisco, éste las leería en versiones árabes que acaso tuvieran variantes significativas con los textos que nos ha tocado manejar (algunos, en manuscritos árabes, otros, en lengua árabe pero ya editados, y aun otros, traducidos a lenguas europeas). Por todo ello puede haber cierto margen de inexactitud con los paralelos y las diferencias que proponemos en nuestro estudio comparativo, aunque no nos parece que sea un margen demasiado amplio, de todos modos. Una cosa no deja lugar a dudas: a través de este cotejo iremos viendo que estamos ante un artista y un estudioso original: nuestro anónimo escritor jamás copiará una autoridad de manera servil, sino que parafraseará y mezclará sus autoridades, a las que someterá a importantes cambios estructurales. Dirá, de otra parte, muchas cosas por cuenta propia, y, por último, tendrá a bien emparejar explosivamente los clásicos españoles que tenía *in pectore* con su sabiduría musulmana recién adquirida.

III. INCREÍBLE PERO CIERTO: EL «KĀMA SŪTRA ESPAÑOL», ANTÍDOTO MORALIZANTE CONTRA LA LUJURIA

El morisco escribe su libro erótico para dirimir las ventajas y los procederes del matrimonio. Pero, eso sí: del matrimonio entendido a la musulmana. Los lectores occidentales estaremos abocados a más de una sorpresa —algo de esto hemos adelantado— cuando nos enfrentemos con unas reglas de conducta desusadas en nuestra cultura: la permisibilidad legal de la poligamia; la defensa de los derechos de la mujer a expresar y a satisfacer su libido, aun cuando fuera la esposa de un contemplativo; la cópula reverente entreverada de oraciones. Es posible que la primera reacción del lector occidental ante este libro del refugiado sea de sorpresa ante lo que considere un texto libertino u obsceno. Nada más lejos de la verdad, ni de las intenciones del autor. Es casi increíble para nuestra sensibilidad el considerar que el morisco redacte su tratado amatorio precisamente como antídoto contra la lujuria, esto es, contra la lujuria o *zinā'* mal encauzada, fuera de su reducto normal, que debe ser el matrimonio legítimo. Y, para colmo, el morisco sugiere al lector que fue testigo de esta voluptuosidad descarriada y frecuentemente adulterina nada menos que entre sus hermanos españoles, allá en su patria perdida. Es que el tratado sobre «los buenos usos del matrimonio» es la respuesta «moralizante» que el propio autor ofrece a la *novella* «a la italiana» que ha escrito con tanta gracia —y, admitámoslo, con tanto cariño de español nostálgico—. Estamos ante una insólita novela «ejemplar» (¡qué hubiera dicho de ella Cervantes!) que tiene como coda edificante nada menos que un tratado erotológico. Éste nos aleccionará acerca de la manera «correcta» para expresar la libido: no la niega, simplemente la encauza «a la musulmana».

Bastante arriesgada que había sido, por cierto, la «novela ejemplar» *El arrepentimiento del desdichado,* pues en ella el autor morisco no se inhibe de describir los *affaires* licenciosos de los personajes, que eran tan adictos a los amores como a los versos de Garcilaso y de Góngora. En ella, un protagonista que a menudo narra en primera persona describe un viaje imaginario en el que peregrina de día y de noche por una ciudad que tiene que haber sido española, por el castellano impecable que hablan sus protagonistas, por los clásicos de la lengua que citan y cantan a todas horas, y por los saraos y pasadías que frecuentan con galantería cortesana. El narrador va observando los *mores* de los habitantes de la ciudad, que se entregan a una desenfrenada alegría de vivir entre bailes, bebidas, joyas, sedas, músicas, poesía, y lujos de todo tipo. Su conducta suele ser particularmente licenciosa. En un punto del relato reclama la atención del narrador-protagonista, un galán que arroja una escala desde su balcón. Por ella habrá de subir, como tantas heroínas de las novelas españolas de la época, una dama: «y la Recogió una dama y la agaRó y subió por ella y estando aRiba la alçaron y se entraron a goçar sus torpes deseos y desbenturados biçios» (fol. 35v). (Pese al gusto con el que narra nuestro escritor, vemos que es un moralista cejijunto y estricto.) No sólo los jóvenes amantes mostraban una frivolidad irresponsable en sus relaciones, sino que el narrador-protagonista (en quien francamente no es difícil adivinar un *alter ego* del autor) atisba, a lo largo y a lo ancho de su espacio novelesco, la ejecución continua de lo que es, para su condición de musulmán, uno de los pecados máximos: el adulterio. Desde otra ventana de su barrio ficcional, una dama llama a un galán mediante una seña harto significativa. El narrador sigue al hombre, y advierte desde su privacidad de *voyeur* que se abre una puerta de la casa de la dama y que el galán entra sigilosamente por ella. El narrador lo ha reconocido: es un hombre casado que penetra en hogar ajeno. Nuestro narrador-personaje, para colmo, tiene noticia de quién es la esposa legítima del adúltero. Y, queriendo verificar «por vista de ojos» cuán innecesario es el encuentro amoroso que está a punto de presenciar, esfuerza la vista y se fija en la dama que llama desde lo alto: «y procuré con cuydado bella y hallé ser mucho menos en todo que su mujer...» (*ibid.*). Así que el galán encubierto deja a una cónyuge hermosa por una dama que lo es menos. A su parecer de musulmán ortodoxo, la situación es imperdonable. El galán adulterino hubiera podido satisfacer su erotismo de manera legítima con su mujer. Ha caído en un vicio innecesario, el adulterio o *zinā'*, que el Corán condena nada menos que en 27 versículos [6]. Ahora en su patria adoptiva nuestro neomusulmán habrá podido leerlos detenidamente. Por todo ello, el morisco habrá de dedicar una leyenda devota al final de su «Kāma Sūtra», para contrarrestar escenas «licenciosas» como ésta que acabamos de leer en su novela.

El arrepentimiento del desdichado termina con una profunda lección moral. Al final del relato, hace su aparición un «benerable y hermosso viexo sentado sobre una estera de palma y puesto en oraçión» (fol. 75r). El anciano, preguntado por el narrador-protagonista, le explica que es «el entendimiento» y su nombre «la luz de la Raçón» (*ibid.*). Ha estado esperando al atribulado viajero para conducirlo por el camino recto y aleccionarlo (de acuerdo a la religión musulmana, naturalmente) en las reglas de buena conducta en lo que concierne al amor. Este anciano alegórico servirá de hilo conductor a las materias literarias heterogéneas que vienen a continuación. Lo primero que el anciano recomienda al narrador-personaje, que ha estado expuesto a este amor desordenado, es que se case. El antiguo libertino europeo debe casarse «castamente», y a la musulmana. Y aquí es justamente donde comienza el «Kāma Sūtra español».

IV. ESTRUCTURA Y MOTIVOS TEMÁTICOS DEL «KĀMA SŪTRA ESPAÑOL»

a) *Qué tipo de hombre es el que se debe casar*

El anciano, que por cierto tutea amigablemente al narrador, le explica primeramente las cinco condiciones en las que puede encontrarse un hombre antes de contraer matrimonio (fols. 75r-76v). Parece que buena parte de nuestro tratado nupcial está en la voz narrativa de este anciano alegórico, aunque el escritor morisco, como buen imitador de las *belles lettres* árabes, no guarda mucha consistencia tampoco en sus voces narrativas. El primer tipo de hombre que describe el anciano es aquel que no puede contenerse sexualmente, y que tampoco tiene hacienda para comprarse una esclava [7] con la que pueda satisfacer legítimamente sus inclinaciones amatorias. A éste, dice, le conviene casarse. El segundo tipo hipotético de varón es aquel que no teme caer en el pecado de *zinā'* y que tampoco tiene con qué mantener a su esposa: a éste no le es necesario ni aconsejable contraer nupcias. Tampoco debe hacerlo el tercer tipo de candidato: el que no se siente demasiado inclinado al acto sexual, y teme, por tanto, no cumplir adecuadamente las obligaciones maritales para con su esposa. El cuarto tipo hipotético de varón es el estéril, viejo o frío en su apetito sexual. A éste se le permite el casarse, pero debe advertir a su esposa de su estado, a ver si ella se aviene a aceptarlo en estas condiciones. Por último, el quinto tipo de hombre es aquel que «apeteçe el acto» y que tiene suficiente poder económico para dotar y mantener a su esposa. La Razón encarnada en el anciano le recomienda vivamente el casarse. Y aquí viene lo bueno: el «narrador» admite que se encuentra entre los varones de esta quinta categoría. Y con ello el lector concluye que el «Kāma Sūtra español» que viene a continuación está pensado de manera especial para este protagonista-narrador; para su propio conocimiento en materia de amor nupcial. El diálogo es de una ingenuidad y de una inmediatez enternecedora: «Agora mira quál destos estados tienes para que te diga lo que has de haçer. A lo que Respondí quel postrero, [...] y que casi entiendo serme forçosso» (fol. 76v). Ni que decir hay que estamos ante un simple truco narrativo que no tiene por qué ser autobiográfico, pero tampoco deja de ser cierto que los destinatarios inmediatos de este texto —los que lo estarían leyendo, o mejor, escuchando bajo las datileras de Túnez— eran aquellos españoles que habrían gustado de tantos amores y tantos vinos, y, acaso, algún que otro sarao tan galante como «arriesgado» en su tierra de origen. Ahora debían aprender a encauzar su libido dentro de la ley coránica. En cualquier caso, no deja de ser conmovedor que el narrador admita con humildad —y en primera persona— que el «Kāma Sūtra» es para su propio consumo de antiguo español, licencioso pero «arrepentido».

b) *Las condiciones que debe reunir la esposa*

Una vez determinada la necesidad que tiene el narrador-personaje de contraer nupcias, el viejo lo alecciona en lo concerniente al tipo de condiciones, tanto físicas como morales, que debe reunir la esposa (fols. 76v-77v). Van, en primer lugar, las virtudes éticas: la mujer debe ser temerosa de Dios y obediente.

Aquí nuestro morisco parece seguir bastante de cerca el *Iḥyā'* de Algazel, que elabora aún más el tema. El docto sufí estipula, primeramente, los requisitos que hacen a una mujer legal para un hombre (que no esté emparentada de cerca con él, que sea soltera, etc.). Sobre esto nada dice el autor del S-2. Algazel exige luego que la candidata a esposa sea piadosa y virtuosa, pues de esta manera guardará mejor la honra del marido. En esto lo sigue el morisco (fol. 76v), así como en la descripción del buen carácter que debe asistir a la candidata (fol. 77v).

La novia debe ser, además, hermosa. No pensemos que el morisco pide por cuenta propia: también Algazel propuso lo mismo al candidato a matrimonio. En el *Iḥyā'* leemos que, gracias a la hermosura del rostro de la esposa, el cónyuge puede ayudar a mantener la castidad conyugal de ambos, ya que le será más difícil caer en tentación fuera del matrimonio. Además, se suele decir que la belleza física corre pareja con la belleza moral: Algazel, con todo su ascetismo a cuestas, es un musulmán enamorado de la belleza y dedica varias páginas a la celebración de la misma en la persona de la esposa. Atribuye, por ejemplo, a 'Umar b. 'Abd al-'Azīz el dicho «cuando el deber está de acuerdo con la pasión, es como la mezcla de la mantequilla con los dátiles (*nirsīyan*)» [8]. Algazel pasa entonces a describir físicamente cómo debe ser la hermosa elegida, y privilegia el ideal estético femenino de grandes ojos negros y piel blanquísima, que asemeja a la prometida a una hurí del Paraíso. Nuestro morisco abrevia a su antiguo mentor y, lamentablemente, no nos deja saber cómo quisiera a su bella elegida. Pero por otro pasaje de su extenso escrito tenemos una idea precisa de cómo imaginar a esas huríes celestiales de las que la esposa terrenal debe ser un anticipo: serán de «hermosura transparente como el blanco cristal», y tan perfectas que «a escupir una en la mar se bolbiera dulçe, y a sacar una mano al mundo, escureçiera el sol» (fols. 245r-246v). Con estas huríes el acto sexual será perfecto e ilimitado: «el estar abraçado con una hauría [hurí] es setenta años sin que ella ni él tengan enfado; están en gusto exçeçibo a modo del acto en el mundo sin que ynterbenga umor ni cosa semexante» (fol. 146r). Hasta aquí las huríes, que el morisco se tuvo que contentar con amar en la imaginación. Regresando al plano terrenal, aconseja a su lector que procure ver a la candidata antes de casarse, para asegurarse de que le sea físicamente agradable. Pero, eso sí: sólo debe mirar su rostro y sus manos, y esto, «sin alteraçión de gusto» (fol. 76r), que hoy llamaríamos «excitación sexual». Estricto sin duda nuestro morisco, porque ese detalle no lo consigna Algazel. Ninguno deja nada dicho, como era de esperar dado el prisma masculino desde el cual escriben ambos erotólogos, sobre lo que la prometida debe esperar de su futuro en el plano estético.

Ahora pasan tanto el morisco como el sufí a hablarnos de la dote. Más arriesgado y mejor negociante, Algazel cita el *ḥadīz* que indica que las mejores mujeres son las de rostro más lindo y dote más baja. Nuestro morisco decide no repetir la tradición profética, aunque se detiene, igual que su mentor (si bien en otro lugar de su texto), en la cantidad exacta de la dote recomendable. Debe ser moderada y razonable: veamos este pequeño dato de intrahistoria económica que nos proporcionan ambos autores. Algazel cuenta que Mahoma desposó a una de sus mujeres por diez dirhames más el mobiliario de su tienda de campaña (un molino de mano, un cántaro y una almohada con relleno de corteza de palmera). El profeta, asegura Algazel, nunca se casó por más de 400 dirhames. Ésa fue, pues, la dote más alta que hubo de pagar. El morisco también reglamenta sus números: la dote, tanto la presente como la dilatada (aquella que se entrega a la esposa pasado un tiempo), ha de ser, como mínimo, la cuarta parte de un «dinar saR ع i» o *šarʿī*, es decir, de un dinar legítimo. Éste tiene de peso, nos detalla, «setenta y dos granos de çebada de oro apurado, que bienen ser diez y ocho granos o tres darhames [dirhames o unidad de moneda] de plata apurada o su balor de lo dicho en alguna prenda» (fol. 78r). Lástima que no tengamos a mano las equivalencias relativas de estos valores monedados, para saber quién fue más generoso en dotar a la esposa, el morisco o Algazel.

Los dos erotólogos están de acuerdo en favorecer a la mujer fecunda: si se sabe que es estéril, no es la mejor candidata al matrimonio. Nuestro morisco se refiere al hecho de que la promoción de la fertilidad será más fácil en una «donçella», es decir, en una mujer virgen. Muchos tratadistas están con él. El primero, Algazel, que propone varias ventajas para la prometida virgen: amará más a su marido, y se habituará a él más fácilmente, sin compararlo con otro con el que pueda salir en desventaja. Tampoco echará de menos a un marido muerto, como podría hacer una viuda. Además, hay hombres que no resisten la idea de acariciar y de entregarse a una esposa que ha sido de otro. (Algazel no se detiene en cómo se sentirá una mujer que tiene que compartir a su marido con otras coesposas, por cierto.) Nuestro morisco pondera, en términos muy parecidos, las ventajas de la esposa virgen:

> que sea donçella, porque las que lo son, son más prestas en el enjendrar y tener hijos en ellas y más Reguçijadas para tener gusto. Y demás desto, como está ynoçente de la obra del acto y otras cualquiera cosa [*sic*] que con ella se haçe, piensa que no ay otra cossa mexor que ella, a diferençia de la biuda, que mira y compara algunos atributos tuyos con los del muerto. Y si son como ellos o mexores, te quiere y ama, y si no, te aboReçe y se acuerda del otro (fols. 77r-77v).

Es curioso considerar que nuestro morisco aquí no sólo sigue los pasos de Algazel, sino que parece que hubiese leído *La gloria del jardín perfumado* de Nefzāwī. Es que el tunecino describe la situación en términos muy semejantes:

> una virgen habrá de aceptar por lo general las pequeñas modalidades y modos de proceder de su marido, porque, una vez casada, se acostumbrará a él y no tendrá

con quién compararlo. Una mujer que ya haya sido casada, en cambio, y que tenga experiencia con los hombres y conozca sus distintos modos de proceder, no habrá de aceptar tan fácilmente los procederes de un nuevo marido si son distintos de aquellos a los que está acostumbrada, y puede, por ello mismo, rechazarlo (*op. cit.*, págs. 174-175; la traducción es nuestra).

El anónimo autor del *Ktab* o *Libro de las leyes secretas del amor* también se une a esta ansiedad varonil para con una esposa experta «cuyo vientre se ha estremecido ya bajo el aguijón del macho» [9] y recomienda desposarse con una virgen. Parece que sólo los hindúes privilegian a las esposas diestras en amores: el *Ananga Ranga* las propone sin más, y es obvio que ninguna doncella virginal puede conocer la complicadísima ciencia amorosa de que hace gala el *Kāma Sūtra*.

En lo que se refiere a las cualidades de la esposa, Algazel se extiende, por último, en que tenga buen linaje: así se asegura una buena descendencia y una buena educación por parte de la mujer. También nuestro morisco favorece la estirpe de la escogida (fol. 77v), pero nada dice en relación a los grados de parentesco a los que se refiere el sufí al final de esta sección de su tratado. El refugiado vuelve a coincidir con el *Iḥyā'* al advertir del tipo de hombre que debe escoger la mujer, o su padre o tutor por ella: el que sea temeroso de Dios y afable. Éste será el que la habrá de tratar bien siempre. En este pasaje nuestro autor viene a coincidir al pie de la letra con Algazel, con lo que se pueden confirmar las sospechas de que lo está siguiendo muy de cerca. Veamos los pasajes. Dice el persa:

> Un hombre dijo a Ḥasan: Muchos pretendientes me piden mi hija ¿a quién se la daré? —A quien sea temeroso de Dios, respondió él, porque si la ama, la tratará bien, y, si le tiene aversión, no se mostrará injusto con sus derechos (*op. cit.*, pág. 66) [10].

Y el morisco:

> Y le dixo uno: Alhaçan, tengo una hija y me la piden muchos, ¿a quién se la daré? Y le Respondió: dásela al que fuere temeroso de Dios, porque si la quiere, la estimará, y si la aboReçe, no le hará agrabio (fol. 77v).

Son tan similares los pasajes que ninguno de los dos autores ofrece el nombre completo de este Al-Ḥasan, que no debe ser otro que Ḥasan al-Bạsrī. No me cabe duda de que en estos pasajes el morisco anda siguiendo los pasos del célebre sufí de cerca. Algazel pasa ahora a meditar sobre el hecho de que el matrimonio es una «servidumbre» para la mujer, y el morisco, aunque bastantes folios después, habrá de citar a su maestro directamente, y por su nombre: «dixo el Sayx Elgazali que el casamiento es pareçido a la esclabitud, y si la mujer es esclaba del marido, y tiene obligaçión de obedeçelle y haçer lo que le mandare jeneralmente, como no sea mandalla haçer algún pecado» (fol. 92v). Algazel había dejado dicho, precisamente al final de esta sección de su *Iḥyā'*, que «El profeta (sobre él la bendición) ha dicho: "El matrimonio es una servidumbre. Así que cada uno de entre vosotros examine en manos de quién depositará su hija". Esta precaución es más importante para la mujer que para el hombre, porque la mujer deviene esclava con el matrimonio y no se puede librar de él, sino que, por el contrario, el marido la puede repudiar» (*op. cit.,* pág. 66). Salta a la vista que el morisco suaviza en algo el pasaje, tenebroso para la sensibilidad occidental moderna. Por todo lo dicho, no es difícil concluir que nuestro erotólogo comienza su tratado refundiendo el capítulo acerca de los «buenos usos del matrimonio» del *Iḥyā'* de Algazel. Refundiendo, no traduciendo: no sigue exactamente su mismo orden [11], añade o quita ejemplos, suaviza o altera las citas, y se sirve de otros autores (posiblemente, como dejamos dicho, de Nefzāwī), para precisar más sus puntos doctrinales. Estamos, como quiera que sea, ante la hispanización de Algazel, una de las primeras de que tengamos noticia. Nuestro morisco ha demostrado, ya desde el umbral de su tratado erótico, que es buen lector del árabe y muy erudito a su vez. Tampoco es exagerado decir que es todo un jurisconsulto en materia de legislación matrimonial. De seguro, *he has come a long way* desde su mocedad española y desde aquellos primeros días tunecinos en que se tuvo que comenzar a reaculturar como árabe y como musulmán.

c) *La ceremonia nupcial*

Ya nuestro candidato está listo para pedir la mano de la novia (fols. 77v-80v). Debe acudir a los parientes más cercanos de la muchacha y suplicar ser admitido como esposo. La petición de la mano debe ir acompañada de la invocación continua de Dios (el «dicr» o ذكر : *ḏikr*). En estos momentos se vuelve a discutir la dote y los meses del año en los que es más conveniente casarse. Algazel trata de este tema de la formalización de la boda antes y no después de las condiciones que debe tener la novia [12]: es obvio que nuestro morisco, que parece seguirlo, una vez más, bastante de cerca, altera la estructura del *Iḥyā'* en su propio tratado. En el caso de Algazel, también se intercambian bendiciones, sólo que éstas se detallan más, y se discute la dote. El autor morisco describe todo lo concerniente al «guaquil» (وكيل o *wakīl*: representante autorizado), con quien el candidato va a negociar el matrimonio. Puede ser el padre de la novia o su pariente más cercano. Este encargado de la muchacha ha de asegurarse de que la esté entregando a un hombre adecuado, que no puede tener impedimentos como la impotencia o la enfermedad. Algazel lo llama *wālīy* (ولي: amigo, benefactor, guardián legal) y lo pone a hablar primero en el *Iḥyā'*, mientras que el morisco cede la palabra primero al pretendiente. Ya el anónimo tratadista había aconsejado a los novios que se viesen antes de casarse, para poder hacerlo a gusto; pero es en este momento cuando Algazel elabora el mismo punto.

Los testigos son muy importantes, y el morisco sugiere que, de no haber testigos formales, deben cumplir con este papel hasta treinta o cuarenta personas conocidas. Algazel es más estricto, pidiendo invitados virtuosos antes que los dos testigos honorables obligados, y no en sustitución de los mismos. El maestro sufí pasa entonces a detallar las razones por las cuales conviene al novio contraer matrimonio (asegurar la castidad de su mirada, tener sucesión, etc.), razones que el morisco se ahorra. Es ahora cuando Algazel aconseja el mes más conveniente para las bodas, *Šawwāl,* que fue el mes en el que Mahoma casó con Aixa. Ya el morisco lo había dejado dicho antes (fol. 77r).

Ahora el tratadista hispanomusulmán se separa por completo de Algazel y continúa describiendo la ceremonia de la boda. El «guaquil» habla las palabras principales del acto oficial, casando a los prometidos. La esposa puede callar en señal de otorgación, y, de lo contrario, puede hablar y deshacer la boda en ese mismo momento. Pedro Longás, en su estudio clásico *Vida religiosa de los moriscos* (Imprenta Ibérica, Madrid 1915) ofrece la descripción de una boda morisca que responde con notable exactitud a la que nos va describiendo nuestro autor. Allí hace referencia al hecho de que la novia, si es doncella, puede inhibirse de responder, en atención a su pudor, pero que la que fue casada o viuda puede hacerlo a viva voz (págs. 274-275). (Resulta curioso recordar aquí que santo Tomás estipuló lo mismo en su *Tratado del matrimonio* [13].) El morisco se extiende, también por cuenta propia, sobre este pudor femenino, que metaforiza y detalla con una alegoría: la vergüenza encierra diez partes, y Dios «la una se la dio al barón, y las nuebe a la mujer» (fol. 80v).

d) *La fiesta de bodas*

Y ya estamos listos para los festejos nupciales (fols. 80v-82v). El morisco explica que los debe pagar el marido, y que hay dos opiniones en cuanto a su obligatoriedad: unas autoridades dicen que el festejo es imperativo; otras, que es tan sólo recomendable. Nuestro autor favorece esta última posición, y otra vez se independiza de Algazel, que declara obligatoria la celebración de la boda (*op. cit.*, pág. 67). Para respaldar su entusiasmo celebrativo nuestro morisco cita un *ḥadīẕ* atribuido a Mahoma, en el que se da cuenta de que, al casarse con la «çayda» o señora Zaynaba, mandó matar un carnero para la celebración. Mahoma se encuentra con 'Abd al-Raḥmān, «lo encontró y lo bido descolorido, y le dixo: "¿qué tienes?". Y le dixo: "me he casado"». Entonces Mahoma, en árabe, le recomienda que dé un banquete, aunque sea con una res (fols. 80v-80r). Parece un pasaje algo enigmático. ¿Por qué habría de estar 'Abd al-Raḥmān «descolorido» el día de su boda, cuando Mahoma le aconseja que la celebre, aun cuando fuese con una res (y no con el más cotizado cordero)? Me parece que la respuesta la tenemos en el *Iḥyā'* de Algazel. El sufí trae a colación la misma anécdota (*op. cit.*, págs. 67 y ss.), sólo que, como le es usual, la elabora con más detalle. Atribuye el *ḥadīz* a Anas, que explica a su vez cómo un día el profeta de Dios ve a 'Abd al-Raḥmān b. 'Awf (aquí tenemos el nombre completo del personaje), que aparece con «una traza de color amarillo». Los comentadores de nuestra edición, L. Bercher y G.-H. Bousquet nos dan noticia, primeramente, de este personaje, muerto en 31 H./652 d. C., que fue uno de los diez a quien Mahoma prometió el Paraíso. También explican la misteriosa amarillez de 'Abd al-Raḥmān: le habían amarilleado el rostro las trazas del perfume de azafrán, o *habūq*[14]. Recordemos que en árabe la palabra *aṣfar* (أزهر) significa simultáneamente «amarillo» y «pálido». (Justamente de la misma raíz *ṣafara* es de donde viene nuestro «azafrán» español.) No estaba, pues, «descolorido» el personaje, sino todo lo contrario: debidamente acicalado para el día de su boda. Parece, pues, que hemos pillado a nuestro morisco en una traducción literal pero equivocada del árabe, que hace enigmática su versión española. Demasiado hizo con traducir a Algazel del original. A Algazel y a tantos otros: sería un esfuerzo magno por su parte. Pero sigamos con el «Libro de los buenos usos del matrimonio» del *Iḥyā'*. Algazel, o, mejor, su narrador de turno, Anas, nos cuenta entonces que 'Abd al-Raḥmān explica al profeta que se acaba de casar mediante una dote de un peso de oro, equivalente al peso de un hueso de dátil. Mahoma lo bendice y le dice que, de todas maneras, debe dar una comida, aunque sea con una pieza de carne de res (literalmente, de «ganado mayor»). El profeta había sentado el ejemplo dando un convivio a base de dátiles y de harina fina cuando se casó con Safiya. Nuestro morisco enmienda la plana a Algazel (a no ser que manejara una versión del *Iḥyā'* ligeramente distinta de la nuestra), pues sugiere que el banquete nupcial del profeta fue celebrado con carnero (una fiesta más ostentosa, pues), y que en aquella ocasión contrajo nupcias con Zaybana, no con Safiya. Pequeñas, fascinantes diferencias textuales entre ambos maestros erotólogos: no hay que descartar que se deban a las distintas versiones manuscritas del *Iḥyā'*, levemente enmendadas, que circularían en vida de nuestro refugiado.

Pero hay variantes más significativas entre ambos tratadistas, porque ahora el morisco se independiza de su mentor, que nada más deja dicho sobre la fiesta de bodas. ¿No sería amigo de jolgorios el parco maestro Algazel? Nos consta, sin embargo, que nuestro morisco sí tiene un temperamento bastante festivo: no hemos olvidado aquellos saraos y bailes que nos describió con tanto regocijo en su novela europeizante. Pero ahora lo vamos a acompañar a una celebración musulmana. Las diferencias serán importantes. Hemos entrado a la boda junto a un jurisconsulto consumado, cuya juventud española se ha evaporado para siempre. Ahora la cosa va en serio y la escena se describe no para divertir, ni para soñar, sino para instruir. El morisco se ha colocado la máscara —dicho sea con todo respeto— de maestro en honor de sus hermanos moriscos. Nada saben acerca de cómo deben, de ahora en adelante, conducir sus bodas. Nuestro viejo expatriado se lo explicará. No nos engañemos: ha perdido mucho del *joie de vivre* de sus años mozos, que son los que intentó rescatar en aquellas páginas (mejor, folios) vibrantes de su relato fantástico europeizante.

Y ya estamos en la boda. Todos debemos asistir a ella, nos alecciona, ahora por su cuenta, el morisco: los pobres, los ricos, los que estén ayunando. Casarse es muy serio en el islam. Pero en seguida pone cortapisas a nuestra alegría de festejantes: si en la casa hay alfombras de seda (cosa prohibida), o personas que hablen «cosas feas» (fol. 80r) podemos excusarnos. También si los hombres y las mujeres se encuentran mezclados, o si hay mucho apretujamiento, o si vemos «figuras de bulto» (fol. 81r) en la pared (las célebres imágenes que tanto condena su religión). El morisco, «más papista que el Papa», como dice el dicho, se cuida mucho de desaconsejar todas estas circunstancias que nos podrían, legítimamente, evocar aquellos saraos españoles que hoy son peligrosos hasta en el recuerdo. Sus lectores moriscos, que serían casi todos oyentes, necesitaban saber que en Túnez las cosas eran muy de otra manera. ¡Y la música! Recordemos que nuestro autor debió de haber sido un músico o un cantor consumado, ya que eran tantos (y tan apasionadamente eruditos) los datos que nos daba acerca de sus conocimientos en la materia. Pero ya todo aquello pasó. Ahora debe vigilar bien qué tipo de instrumentos son permitidos en la boda ortodoxa islámica a la que nos ha permitido acudir. El adufe o tamboril se considera legítimo [15], y el refugiado se muestra tan experto musicólogo como de costumbre, distinguiendo las dos variedades que existen de este instrumento. Le parecen más controversiales, sin embargo, el atabal (que era a modo de tambor semiesférico que se tocaba con dos varillas) y la trompeta: «si tiene cuerdas o son sonajas no se permite». Muchísimo menos, «el laud, Rabel y semexantes»: todos son *ḥarām* o prohibidos, nos informa enfáticamente el refugiado, con una intolerancia enérgica detrás de la cual intuimos su desgarrada nostalgia de músico español.

La boda no ha sido, pues, tan lucida como hubiéramos querido. El antiguo festejante se ha convertido en un jurisconsulto formal y rígido. Sólo así pudo dar un sentido espiritual a su tragedia de apátrida.

e) *Acerca del trato que se debe dar a la esposa*

«Después de haber çelebrado con la boda tu dichoso casamiento te conbiene mostrar a tu mujer y adbertilla que tiene obligaçión de saber los preçeptos forçosos de su creyençia y obra de la tahara [الطهارة o *ṭahāra*: pureza ritual], çala [صلاة o *ṣalā*: oración ritual islámica], ayuno y particulares de la sangre de su Regla y parto, porque todo esto pende della el sabello y de ti que la enseñes...» (fol. 82v). El morisco está aleccionando ahora a sus correligionarios en lo que toca al trato que deben dar a sus esposas. Es interesante observar cómo el marido musulmán se convierte en tutor o maestro de su cónyuge. Ese magisterio incluye, por otra parte, materias tan delicadas como las reglas menstruales de su joven esposa. Más de un antiguo español se extrañaría de escuchar estos temas de boca de su compañero jurisconsulto, y advertiría con zozobra, además, que su compañera dependía enteramente de él para su propia información en la materia. (Si alguno de ellos llegó a desposarse con una tunecina nativa, quién sabe si ella sabría más de estos temas que su esposo europeo.) Hay que decir que el morisco no ayuda mucho a sus lectores varones en estos aspectos rituales que les serían tan novedosos. Resume rápidamente a Algazel, y pasa rápido por las enseñanzas de Aḥmad Zarrūq, que son, como las de un buen versado en ley islámica, de una minucia sorprendente. Cierto que, como ya vamos viendo, nuestro morisco suele abreviar el texto original que refunde, pero aquí la guía que ofrece en la materia es casi nula. ¿Ignoró el tema porque lo consideró sabido, menos necesario, o acaso incómodo a su sensibilidad de occidental? Nunca lo sabremos. Pero sí tenemos noticia cierta de todo lo que el refugiado pasó aquí por alto. Algazel (*op. cit.*, págs. 80 y ss.) pide que se instruya a la mujer en lo tocante a la oración ritual, en la religión musulmana en general, y lo que precisamente detalla es lo relativo a sus reglas. Recordemos que los musulmanes, como los judíos, consideraban que la mujer, durante su período menstrual y durante la pérdida que sucede al nacimiento de la criatura, entraba en un estado de impureza ritual que le impedía tanto el acceso a ciertas devociones religiosas como al acto conyugal. (También el hombre entra en este estado de impureza ritual en ciertas circunstancias: cuando eyacula, cuando tiene poluciones nocturnas o relaciones sexuales, etc.) El antiguo maestro reconoce que «la ciencia de las pérdidas sanguíneas es muy extendida» (*ibid.*, pág. 80), pero da un botón de muestra mínimo de lo que le es imprescindible conocer a la mujer. Ésta debe saber, sobre todo, cómo sustituir sus oraciones (la de la tarde, la de la mañana, etc.) si se encuentra en estado de impureza en el momento en que le corresponde decirlas. El marido está obligado a enseñarle todas estas cosas en detalle, pero si no sabe, o no quiere hacerlo, ella puede incluso acudir a un muftí o experto en ley islámica para que la aleccione debidamente. Tan importante es a la mujer saber estas cosas que el esposo no podrá impedir que salga de la casa para instruirse. Aḥmad Zarrūq ofrece aún más detalles que el maestro de Jorasán. Si bien en su *Naṣīḥa al-kāfiyya* es bastante breve, refiere a su lector a textos especializados: «Los sabios han abundado en este tema, y quien lo desee puede consultar el libro *La introducción* de Ibn al-Haŷŷ, que ha tratado ampliamente el asunto» (fol. 140r). Se ve que el sufí de Fez tenía lectores cultos, que podían acudir a otros textos de consulta. A nuestro morisco, en cambio, jamás se le ocurre referir a sus hermanos a bibliografía erudita alguna. Pero es en su *Šarḥ al-waglīsiya* donde Zarrūq dilucida mejor el tema. Allí, por ejemplo, alecciona a su lector en el delicado cómputo del ciclo menstrual, según el ritmo del cual los esposos deben tener sus relaciones sexuales: «En cuanto a la sangre de la Regla, es decir, durante los días en que ésta fluye de la mujer, si sobrepasa [los días] acostumbrados que antes duraba la Regla, es decir, cuando tenía buena salud, en que ocurría la menstruación normalmente, pues hay que contar tres días [para tener relaciones], es decir, después del tiempo de su costumbre [menstruación], si éste es inferior a trece días. Si su costumbre [menstruación] son tres [días], pues no tiene que añadir más de dos días a la duración de su tiempo; y si dura catorce días, añade un solo día»[16]. Complicado Aḥmad Zarrūq. Tanto en castellano como en el árabe original, por cierto. Nuestro morisco ahorró todos estos complicados cómputos matemáticos, que resultarían abrumadores a aquellos europeos recién desterrados. Bastante los iba a sorprender con la noticia de que debían hacer el amor rezando. Era demasiado sobresalto para aquellos contemporáneos de Lope de Vega, y nuestro erotólogo decidió abreviar. Parece que con buen sentido humano y literario.

Ahora pasa el autor a ocuparse de lo relativo a las condiciones en las que se ha de mantener la esposa, no sin antes advertir al lector que guarde bien su «honor» y su «honra» en el contexto de su matrimonio. El refugiado entendería estos términos por partida cultural doble: aquella inveterada honra de las damas de las comedias de su admirado Lope, sabía ahora que en árabe se traducía por *ʿirḍ;* mientras que el honor que los caballeros recuperaban —mediante el derramamiento de sangre si era necesario— solía llamarse en estas tierras *šarāf*. Pero se trataba prácticamente de lo mismo, y al morisco no le habría sido difícil adaptar su castellano al texto árabe de turno que promulgaba estas modalidades de vida, y que probablemente tendría sobre su mesa de trabajo.

Pero sigamos con la esposa. Algazel pide que el marido ejerza su autoridad en todos los aspectos de la vida marital, y se muestra muy estricto en regular las posibles salidas de la mujer, y en recomendar que, cuando vaya por la calle, baje la vista (*op. cit.*, págs. 68 y ss.). El refugiado, por una u otra razón, decide pasar todo esto por alto. Nos indica, eso sí, que urge vestirla y alimentarla de acuerdo a la calidad del marido, y a la de la misma esposa. De esta manera, se garantizará una convivencia tranquila y feliz. Deja muy en claro, sin embargo, que debe sostenerla con medios económicos que no sean *ḥarām* o ilegítimos. Para subrayar lo dicho, el autor ofrece la primera leyenda de su «Kāma Sūtra». La palabra «leyenda» es nuestra, no del morisco, que describe su relato con «carama», es decir, como «milagro». (¿Recordaría que del árabe *karāma* [كرامة] es de donde proviene nuestro «carisma» hispánico, que se usó con idéntico sentido?)

f) *La historia de la viuda honrada que pudo casar bien a sus hijas por intervención milagrosa*

Había en tiempos de ʻAbdu al-Qadir al-Ŷaylānī —nos narra el morisco [17]— una mujer viuda con tres hijas doncellas y casaderas. Por estar en extremo de necesidad, no tenían con qué alimentarse ni las pedían en matrimonio. En ese trance, la madre acude al «santón» Ŷaylānī, que le da un consejo enigmático e inesperado: debe limitarse a esperar pacientemente la misericordia de Dios: «siéntate y espera tu naçib [*sic*: نصيب *naṣīb* o parte]» (fol. 83r). La viuda se sienta, y acude en estos momentos al santón un hombre con cincuenta escudos, que le regala para que remedie alguna necesidad. Nuestra protagonista los codicia secretamente, pero pasa ahora a la vera de Ŷaylānī un borracho pidiendo limoṣna, y es a él a quien el santón da los cincuenta escudos. Frustrada, la viuda se levanta para irse, pero Ŷaylānī la detiene: aún debe seguir esperando. (Pronto lo sabremos: espera por su destino.) Ahora visita al misterioso contemplativo un hombre con una azada en la mano: había estado enfermo y había prometido que del trabajo del primer día traería al santón la mitad. Le entrega tres «darhames» (*dirham*: unidad de moneda), que Ŷaylānī procede a entregar a la viuda, indicándole que volviera de allí en tres días. Nuestra buena mujer sale, como era de esperar, desconsolada por lo exiguo de la limosna, pero un alfaquí que se encuentra en el camino la sigue aconsejando misteriosamente: «no estés triste ni Reçibas disgusto, sino compra con un darham sebo, y con el otro pez, y con el otro estopa; y bete a tu casa, y a los tres días buelbe al santo como te dixo» (fol. 84v). Así lo hace la viuda, y envuelve su compra en un pedazo de «casfaʻali viejo carmesí» [18], que debe ser algún tipo de tela o cuero de poco valor. Para su aparente mala suerte, pasa un gavilán y le arrebata el bulto, tomándolo, seguramente, por carne. La viuda cuenta a sus hijas el lamentable suceso, e, importunada por ellas, regresa al santón pasado el tercer día de plazo. Ŷaylānī repite su orden, enigmática, tajante: «siéntate» (fol. 84v). Ella lo obedece y en ese punto entran tres mercaderes, que narran al santón su singular aventura. Estando en alta mar, les sobrevino una tormenta, y advirtieron con horror que su navío hacía agua y no tenían con qué repararlo. Oraron pidiendo ayuda al santón, y en ese mismo instante cayó de lo alto un pedazo de «casfaʻali carmesí» con sebo, pez y estopa. Con el bulto milagroso pudieron aderezar su nave, y, al amainar la tormenta, lograron arribar a puerto seguro. Cada uno había prometido al santón cien escudos, que es lo que le vienen a ofrecer en ese momento. La mujer reconoce al instante el trozo de «casfaʻali»: era el mismo que le había arrebatado el gavilán. «Ten paciencia», tercia el santón. Al salir los mercaderes explica a su protegida: «aquellos çinquenta escudos que me truxeron eran haram [حرام o *ḥarām*: prohibido], y así se fueron al haram, y aquellos tres darhames eran halal [حلال : *ḥalāl* o permitido], y truxeron estos treçientos escudos. Tómalos y dale a cada hija çiento, con que os Remediéys. Y otra bez ten paçiençia, que con ella se alcança todo bien. Con esto conoçerás el probecho de lo permitido y lo poco que se estima lo que no lo es» (fols. 84r-85v). El santón Ŷaylānī ha utilizado el milagro para ilustrar la importancia del uso de los bienes procedentes de dinero obtenido por medios legales y no ilegítimos. Se trata de una enseñanza islámica muy reiterada. Ésta es, pues, la moraleja que nuestro morisco aplica a sus recién casados: deben contentarse con los ingresos legítimos y vivir conforme a ellos, y si el marido no lo hace, la esposa no tiene por qué seguirlo en ello.

La leyenda, tan encantadora, debe ser refundición de algún original árabe que en esta ocasión aún no ha llegado a nuestras manos, y que no figura en ninguna de las fuentes que viene siguiendo nuestro autor hasta el momento. Pero debe tratarse de una leyenda conocida, de procedencia, naturalmente, árabe, a juzgar por el nombre del santón, por el misterioso término «casfa'ali» y por la moraleja pía musulmana.

g) *Qué debe hacer el atareado marido musulmán si se casa con más de una mujer*

Ahora el autor morisco nos introduce de lleno en una antigua modalidad de vida musulmana que dejará asombrado a más de un lector occidental. Acaso asombró así a sus primeros lectores, los antiguos criptomusulmanes españoles, que irían aprendiendo que les era permisible desposarse con varias mujeres simultáneamente, si tenían el deseo y el poder económico para mantenerlas en igualdad de condiciones económicas y emocionales. Quién sabe si en aquel grupo de primitivos oidores del códice había algún que otro morisco que ya se las hubiera arreglado en la península para tener más de una esposa. Sabemos por Raphaël Carrasco y Bernard Vincent que hubo algunos casos de matrimonios plurales entre la comunidad criptomusulmana a lo largo del siglo XVI. Con todo, los moriscos no fueron masivamente polígamos, principalmente por razones económicas. La vigilancia extrema a que la Inquisición sometía a la casta perseguida constituiría también un freno para estos matrimonios que la oficialidad cristiana consideraba ilegítimos [19]. Pero una vez en Túnez la Inquisición ya no era operante. Y el nuevo jurisconsulto pasa a aleccionar a sus hermanos en lo relativo al delicado problema de la convivencia simultánea. Ya veremos que estos matrimonios plurales no eran muy fáciles, ni siquiera para los varones.

El morisco comienza su lección (fols. 85v-86r) con un tono particularmente adusto. Sus lectores no deben tomar a la ligera el asunto: no están ante una festividad licenciosa ni ante una situación irresponsable [20]. El que no crea que hay obligaciones gravísimas y forzosas en este estado es un «ereje» (fol. 85v). (Aquí tenemos la tentación de pensar que más de alguno de aquellos ex españoles pensó tomar ventaja cínica de su nueva capacidad legal como polígamo. Parece que el morisco quería desalentar esa actitud.) Pasa primeramente a recordar lo que ha dejado dicho unos folios antes: el marido debe mantener a cada esposa conforme a su calidad, con lo que muchos candidatos varones a la poligamia ya no lo son. El que sí pueda acceder a este estado, no puede hacer distinciones en su vida íntima, sino distribuir equitativamente sus noches entre cada una de las esposas. Esto, aun en el caso de que la de turno esté impedida de tener acto, ya sea por encontrarse enferma, de parto, o con su regla, o estar en momento de consagración ritual religiosa (los peregrinos a La Meca deben, por ejemplo, guardar un mes de abstinencia sexual, situación que el morisco denomina «el yhram» (الإحرام o *iḥrām*). Ahora nuestro autor pasa a especificar con todo pormenor el tipo de enfermedad que puede aquejar a la mujer e impedirle el intercurso sexual. Sus descripciones, por momentos pintorescas, debe haberlas tomado el morisco de algún autor que no es Algazel, que nada dice al efecto. Estas dolencias ginecológicas, además de otras que ya no lo son, como el tener «albaraz» [البرص : *baraṣ* o lepra] [21] o «espíritus» (fol. 85r), hacen que el marido pueda decidir quedarse con la esposa o devolverla a su familia [22]. Pero, cuidado, también el varón puede quedar rápidamente descualificado para el matrimonio si tiene esos mismos «espíritus», ese mismo «albaraz», esa misma «lepra», o si, más temible aún, «no tiene miembro o testículos, o [tiene] el miembro tan pequeño que no sirva para el acto; o ssea ynpotente» (fol. 86v). Cierto que, en caso de impotencia, la mujer debe dar un año de plazo al hombre a ver si se cura; pero, de lo contrario, en cada una de estas circunstancias puede divorciarse de él.

El refugiado hila muy fino en cuanto a las enrevesadas situaciones a que puede dar pie este matrimonio múltiple. Por ejemplo, si el marido se encuentra enfermo, de enfermedad leve, debe cumplir sexualmente con cada esposa; si la enfermedad es más grave, sin embargo, se le permite quedar en la sala de la esposa que elija. Aunque el morisco no lo indica, debe estar pensando aquí en un ejemplo que ofrece Algazel al efecto (*op. cit.*, pág. 82). Aixa era la esposa preferida del profeta, y todas las demás lo sabían. Pero Mahoma se cuidaba siempre de atenderlas a todas por igual. Cuando lo aqueja su enfermedad terminal, se hace rotar a cada sala de sus distintas esposas. Pero todas, movidas a compasión, le permiten permanecer en las habitaciones de Aixa, la favorita. Mahoma lo hace sólo cuando se asegura de que hay unanimidad en la «caridad» que le extienden sus coesposas.

Nuestro morisco continúa su exposición. Cuando el esposo se mejora de su dolencia, no puede tener acto con ninguna hasta que lo pueda tener con todas por igual. Si se encuentra débil y pretende evitar tener relaciones con las coesposas para guardarse tan sólo para una elegida, esto no le es permitido, ya que resulta en perjuicio de las demás. El marido polígamo comienza a antojársenos de repente un prisionero de su propio «harén»: ya tuvimos ocasión de ver la observación de Fatima Mernisi en el sentido de que el esposo musulmán, en esta rígida repartición de sus noches, está impedido de dormir con la mujer elegida de su amor. Tiene, quiera o no, que dispersar y superficializar sus afectos [23]. Hasta el jeque Nefzāwī, tan buen experto en amores, muestra una particular amargura en su enjuiciamiento de estos matrimonios plurales: «no hay hombre que haya conocido a dos mujeres sin que su vida sea miserable [...] tener tres esposas es como tener un trípode sobre el cual un caldero hierve continuamente, mientras que tener cuatro esposas es sufrir la aflicción de un mal multiplicado que produce dolor y sufrimiento y que trae consigo una gran debilidad» [24].

La repartición de las noches, continúa nuestro autor, es sagrada. Si el esposo da a cada una «lo que es forçoso» (fol. 86r) debe cumplir con ella cada cuatro noches, ritmo que se deduce por estarle permitido cuatro mujeres al varón. Apunta entonces el morisco, que ahora sí decide meterse a matemático, «por una opinión, [a la mujer] no le cabe sino una noche de cuatro; y por otra opinión cada tres noches, y se fundó [la opinión] en que en la herencia toma el barón dos partes y la hembra una. Y así, de tres noches, toma la mujer una y él toma dos» (fol. 86r). Enfáticos, terminantes que han resultado los desproporcionados cómputos numéricos del morisco, aunque los tome de la tradición consagrada. Parece como si le hubiera quedado un cierto mal sabor en la boca: la mujer ha quedado bastante mal parada en el negocio de la repartición de las noches [25], y en el contexto general de la vida afectiva y sexual de estas nupcias simultáneas. Pero nuestro autor no es un misógino cualquiera. Como si quisiera suavizar las enseñanzas que nos acaba de proporcionar —y que, naturalmente, entiende ser legítimas por coránicas— el refugiado pasa a hacer una encendida defensa de los derechos sexuales de la mujer. Curiosa situación: de un lado, la mujer preterida de los matrimonios múltiples; del otro, la mujer que ve reivindicados sus derechos al sexo nada menos que por las autoridades religiosas de su misma cultura islámica. Para compensar su descripción del matrimonio mixto con una leyenda «feminista», nuestro morisco no tiene más remedio que abandonar a Algazel, donde no hallaría textos de este último tenor. ¿Y qué se le ocurre? Pues empuñar la atrevida *Gloria del jardín perfumado* de Nefzāwī, ese tratado que ya hemos sospechado ha leído furtivamente sin animarse a pronunciar su nombre. Pero ahí está la leyenda que comparten ambos erotólogos, muy conmovedora por cierto y también, hay que admitirlo, muy extraña a la sensibilidad occidental.

h) *Historia de la mujer casada con un contemplativo que la desatendía sexualmente*

Una mujer va a quejarse de su dilema matrimonial ante las correspondientes autoridades islámicas que atienden estos casos [26]. Nuestro morisco la dirige al «çaydi» o señor 'Umar ibn 'Abdul-l-'Azīz, y su colega Nefzāwī, por su parte, al califa 'Umar ibn Jattab [27]. Pero la querella es idéntica en ambos relatos: el marido sólo se ocupa de hacer oración y de ayunar noche y día. Tanto el «çaydi» como el califa piensan, de primera intención, que la esposa, al describir la estricta vida ascética de su marido, está elogiando su devoto proceder. A esto tercia un personaje que se encuentra presente (se llama Ka'b ibn Ṯawr de Azd en el relato de Nefzāwī, pero el refugiado abrevia el nombre a «un çaydi amigo suyo»), y le explica a la autoridad de turno que no ha comprendido cabalmente el plano de la mujer. Lo que hace verdaderamente es quejarse de que su marido, absorto en sus prácticas pías, la desatiende conyugalmente. Tan capaz y avisado ha resultado este personaje, que se le da (en ambos relatos, por cierto) la jurisdicción del caso. Una vez investido de poder legal, envía por el marido, para que testifique su causa directamente. La mujer repite su demanda de manera oficial, y, nos informa el morisco, el marido «Respondió [...] en berso y dixo que Dios nrroš [*sic*: nuestro Señor] en su sagrado Curán, en tal çura [azora] y en tal çura le mandaba preçeptos y que, ocupado en cumplillos se descuidó de llegarse a ella» (fol. 87v). Me da mucha alegría poder restituir aquí los versos y las azoras coránicas que el morisco se ahorra con tanta premura. Nefzāwī atribuye, de la misma manera, la estrofa poética al marido asceta:

Soy un hombre que abrevia sus favores en la cama
por miedo de las palabras de Dios.
En el «Capítulo de las abejas» y en otros siete largos capítulos
del mismísimo Libro de Dios, subyace una amonestación
terrible para aquellos que se entregan al exceso[28].

La azora de «La abeja» (XVI) incluye, en efecto, serias advertencias acerca de los castigos que aguardan a los malhechores. (Cierto que es muy fuerte como para que la hubiera adjudicado el santón a su propia vida matrimonial legítima: era, a todas luces, exagerado en su ascetismo.) Es una pena, de otra parte, que el refugiado tampoco se hiciera eco de los versos ingeniosos que había dicho la esposa cuando explicó su caso a Ka'b:

Juez sagaz y pertinente, el compañero de mi vida
tiene una mezquita que se interpone entre nosotros.
Ni de día ni de noche recuesta su cuerpo, pero
si hablo como mujer, realmente no puedo alabar su virtud
(*ibid.*)

Su excesivo apego a la religión —esa «mezquita» que se interpone entre él y la mujer— es, pues, la causa de su desajuste matrimonial. Ahora responde el «çaydi», «así mesmo en berso, ques berdad lo que deçía, pero que también mandaba Dios que tubiese acto con ella» (fol. 87v). Una vez más, es Nefzāwī quien nos proporciona los versos de turno, que dice el sabio Ka'b:

Ella tiene un caso en su contra, señor. Cualquiera que tenga sentido
entenderá que le toca su cuota correspondiente a su cuarta parte.
Este juicio viene del mismo Dios Todopoderoso.
De manera que dale lo que le corresponde y evita los excesos
(*ibid.*)

También el morisco abrevia a Nefzāwī en la explicación del cómputo de esta «cuarte parte» que le toca a la esposa por derecho coránico. El antiguo maestro tunecino se refiere al hecho de que si Dios permite al varón hasta cuatro mujeres, debe dedicar un día a cada una. Si tiene sólo una, tiene entonces tres días libres para sus devociones, y uno para su esposa. He aquí el texto abreviado del S-2: «que tubiese acto con ella, que lo cumpliese con dalla cada quatro noches, una; y, que de haçello, le alcança en lo más de su oraçión. Y para ésta le sobran tres noches» (fol. 87v). Esa última aseveración, en la que el morisco equipara la gracia obtenida por la más subida oración con la que se recibe de hacer el amor con el cónyuge legítimo, parece de su propia minerva. No la ofrece Nefzāwī, que pertenecía a una cultura religiosa en la que no era tan extraña esta coexistencia del amor humano y divino [29]. No así nuestro morisco, que insistía en explicar pedagógicamente las novedades extremas que dirigía a sus oyentes europeos.

Nefzāwī concluye su historia con la felicitación calurosa por parte del califa ʻUmar al hábil jurista Kaʻb. No sabe de qué admirarse más: de la penetración «psicológica» de que ha hecho gala al haber percibido cuál era realmente el drama matrimonial de la mujer, o del juicio sensato que había emitido. El agradecido ʻUmar nombra a Kaʻb juez de Basora. Nuestro refundidor morisco, en cambio, ofrece una coda más modesta pero también más afectuosa a su relato: los dos esposos se marchan en profunda armonía, «los dos muy contentos» (fol. 87r). Parece que le importa más consignar esta felicidad mutua basada en la justicia conyugal que el ingenio jurídico del «çaydi», que tanto celebra el más mundano Nefzāwī en la persona de Kaʻb. El morisco añade, además, que este juicio se puede aplicar a otros casos semejantes y que, si la queja es al revés (si la mujer no puede sobrellevar todas las veces que un marido de libido excesiva la procura), también hay varias opiniones legales a las que puede recurrir. Estas disposiciones regulan la frecuencia adecuada que deben tener las relaciones maritales. Las va citando, y vemos que la mayoría de ellas tiende a proteger a la esposa contra cualquier exceso (o manquedad) en su vida marital. Aquí nuestro autor se nos muestra muy letrado, y cita al efecto el «Taudeh»: *Tawḍīḥ* o «Elucidación» del «Sayx Jalil» (fol. 87r). Sólo que no se anima a recomendarlo como lectura a sus hermanos de destierro: ya sería demasiado pedir a aquellos musulmanes novatos que apenas sabrían leer el árabe.

La presencia de esta leyenda en el «Kāma Sūtra español», que pudo haber espigado el morisco en *La gloria del jardín perfumado* de Nefzāwī (aunque, acaso, también en alguna otra fuente que la repitiera) apunta hacia un hecho importante: estamos ante un texto literario que se hace eco de los mismísimos relatos que ilustran las obras de los más grandes erotólogos del islam, que casi siempre son, también, escritores importantes. Cierto que nuestro morisco suele abreviar sus leyendas pías: parece que lleva prisa y que reconoce que sus lectores u oidores no estaban a la altura de las nuevas lecturas en lengua árabe que él sí había podido manejar con notable soltura. Debe instruirlos, más que entretenerlos, cuando de materia de legislación religiosa se trata. No deja de ser interesante considerar, por último, que nuestro autor, pese a que engalana con tantos poemas españoles su novela idealizante y aun su «Kāma Sūtra», no se haya animado a traducir del árabe los versos de Nefzāwī. ¿Inhibición respetuosa o dificultad literaria? Todo puede ser.

i) *Historia de la mujer que tenía un esposo con un miembro demasiado grande*

Y continúan los relatos «feministas». Ahora se trata de una mujer de tiempos del «Sayx Ybnurasit» (Šayj Ibn Raṣīd), que acude —una vez más— con su querella marital al cadí de turno (fols. 88r-88v). Es una reclamación harto curiosa: no puede sufrir el tener acto con su marido por tener éste el miembro demasiado grande. El cadí ordena al marido excesivamente dotado que «le atase un paño [a su miembro] y no dejasse fuera más de aquello que es hurdinario en los hombres, y ella pudiera çufrir» (fol. 88v). Como suele suceder en un típico texto árabe, los narradores se confunden a cada paso (parece que de esto Cervantes sabía más de lo que hemos querido admitir). Ahora tercia el mismo «Sayx Ybnurasit», que decide irrumpir en el relato y emitir una opinión sobre lo que el cadí acaba de aconsejar a su demandante. Tiene sus dudas acerca de cuál pueda ser el mejor consejo, ya que, cuando los cónyuges están solos y nadie los ve, puede el hombre eliminar subrepticiamente algo del paño protector y hacer daño a su esposa. El «Sayx» opina que lo más sensato es «apartallos», es decir, divorciarlos. Si el marido llegase a actuar en conformidad absoluta con su mujer, sólo entonces podrían permanecer juntos. Queda, sin embargo, una duda por elucidar, y su curioso pormenor asombra a los lectores occidentales: ¿cuál es exactamente la mesura del miembro que debe dejar libre el esposo para llevar a cabo el acto conyugal? Y aquí es cuando al morisco se le pierden los papeles: «dixeron que no abían bisto quién lo dijese, sino en una oja escrita y suelta entre otras ojas que deçía que abía de quedar doçe dedos de largo» (fol. 88v). (El misterioso verbo «dixeron», en plural, hace referencia a unas autoridades borrosas, y ya no sabemos quién las cita, si «Ybnurasit» o el propio autor morisco. Una vez más, la sombra del texto narrativo cervantino flota sobre el lector hispánico). Al refugiado se le han extraviado sus legajos, y a mí también, ya que no he podido documentar esta curiosa leyenda ejemplificante en sus fuentes árabes más socorridas. El morisco termina esta sección de su tratado explorando el caso del hombre que tiene el miembro demasiado pequeño, por lo que no puede cumplir con sus obligaciones conyugales. Como no inflige daño a la mujer, el caso es, según el docto «Ybnurasit», algo distinto del anterior, y se deja a la discreción de la esposa el permanecer con él o el divorciarse.

Estos dos relatos, en los que el autor morisco, con el respaldo de sus debidas autoridades, se erige en defensor de los derechos conyugales de la mujer, parecen haber sido intercalados *a posteriori*, ya que interrumpen el hilo de su lección magistral en torno al matrimonio polígamo. Algazel no recoge estas leyendas, y salta a la vista que el refugiado ha decidido apartarse del *Ihyā'* para ilustrar este punto. Nótese, de otra parte, que nos ha estado hablando de un matrimonio plural, y, sin embargo, estas anécdotas se refieren al caso de mujeres casadas monógamamente. ¿Por qué interrumpiría nuestro morisco su tratado para introducir estas anécdotas de claro sabor «profeminista»? Cierto que nunca podemos introducirnos legítimamente en las motivaciones de un autor, pero el efecto neto de su *excursus* es suavizar en bastante grado las enseñanzas en torno al destino de las féminas de un matrimonio islámico plural. Difícil saber si optó por esta pausa mitigante en atención a sus lectores primitivos, que eran, como él, fundamentalmente europeos, y que se encontrarían bajo un comprensible *shock* cultural ante las noticias que les iba dando de una domesticidad múltiple en el fondo inaudita para ellos. (Seguía siendo inaudita aunque hubieran sido cripto-musulmanes en España, ya que, como apuntamos antes, los casos de matrimonios plurales eran muy escasos.) Pero también es legítimo pensar que el morisco ya se mueve dentro de una tradición cultural típicamente islámica, que oscila entre la desconfianza y la marginación de la mujer y su defensa y protección, incluso legal.

j) *El extraño caso de un «feminista misógino»*

Importa detenernos un poco en esta visión escindida de nuestro autor frente a la figura de la mujer. Se muestra, a lo largo de todo su libro misceláneo, excepcionalmente sensible a la presencia femenina y se debate dramáticamente entre actitudes claramente misóginas y claramente feministas. En varios pasajes de su texto el autor advierte contra la excesiva vanidad de la mujer, que muestra un gusto desordenado por la exhibición de joyas y adornos sobre su persona cuando protagoniza su novela «ejemplar» [30]. En el contexto de *El arrepentimiento del desdichado*, la queja no podría pasar de un lugar común moralizante, propio tanto de la tradición literaria occidental como de la oriental. Pero cuando el autor fustiga las alhajas excesivas con las que desembarcaron sus hermanas moriscas en Túnez en 1609, la situación es muy otra, ya que le toca demasiado de cerca. Esta insensata ostentación de riquezas les costó muy cara, como sabemos, a los moriscos recién llegados, pues llegó a despertar la envidia y la animosidad de la población autóctona que los había acogido en el exilio. El refugiado se muestra muy resentido ante el mal juicio que sus correligionarias observaron en una situación tan delicada. Esto, en el caso de su fragmento testimonial; pero también en su tratado jurídico sobre las nupcias se le escapan invectivas solapadas contra el interés femenino por la dote y por el alto nivel de su manutención en el estado del matrimonio [31]. El morisco se muestra, de otra parte, particularmente hostil para con los «retorcimientos» de la naturaleza femenina, que condena a través de uno de los personajes de ficción de su novela. Se trata de una viuda que se hace la difícil ante un nuevo matrimonio, y que al fin, echando por tierra sus defensas emocionales y su hipocresía social, cede a las pretensiones de su enamorado. Tenía pensado aceptarlas de todas maneras desde un principio. La misoginia del morisco no sobrepasa, por lo general, estos límites relativamente modestos, y hay que decir que nunca llega a los extremos de un Quevedo. Recordemos que el autor no se tendría a sí mismo de manera alguna por «misógino» cuando alecciona en torno al matrimonio musulmán, con sus esposas múltiples custodiadas hasta el infantilismo por esposos déspotas que incluso las podían corregir físicamente en casos de severa desobediencia religiosa: sentiría que no hacía otra cosa que ilustrar los dictámenes de su religión islámica recién reconquistada. Y, sin embargo, o la situación desventajosa de la esposa musulmana le remuerde en algo su conciencia de europeo o es un típico oriental escindido entre la postergación de la mujer y su defensa afectuosa. (Debemos admitir que el conflicto es también occidental.) Ya hemos tenido ocasión de ver algunas de las leyendas en las que el morisco favorece a las féminas, que son de origen árabe. Árabe es también otra, muy delicada, que ha editado Antonio Vespertino Rodríguez [32]. En ella, el refugiado levanta su voz contra la victimización de que es objeto la mujer en manos de pretendientes sexualmente despechados. Estamos ante un caso de lo que modernamente llamaríamos *sexual harrasing* y que el autor, dando muestras de un feminismo poco usual en la narrativa del Siglo de Oro español, condena enfáticamente. He aquí la anécdota de la leyenda. Una hermosa señora va a pedir justicia a un juez, quien, embelesado por su belleza, le exige la entrega amorosa a cambio de la solución de su pleito. (Advirtamos, siquiera de pasada, que casi todas las protagonistas femeninas del «Kāma Sūtra español» son mujeres independientes que viven acudiendo a los tribunales de justicia una y otra vez a llevar sus querellas ante las autoridades. Dan la impresión de ser hembras que tienen un control preciso de sus vidas, y que saben reorientarlas enérgicamente cuando la ocasión así lo requiere.) Volvamos, pues, con nuestra fémina de turno, que retrocede horrorizada ante la proposición deshonesta que le acaba de hacer el juez. Decide ir entonces con su caso a un muftí o jurisconsulto, pero obtiene idéntico resultado. El predicamento de la mujer se va a volver a repetir también con el más justo de los *šuhud*: (los que confiesan la unidad de Dios) y con el gobernador de la región. El caso culmina en el colmo de la injusticia: los amantes despechados lanzan una denuncia en contra de la dama evasiva, y la acusan de tener relaciones ilícitas con un perro. Nada menos que con un perro. Los cuatro magistrados atestiguan sus mentiras ante el mismísimo profeta David, quien, muy de acuerdo con las estipulaciones coránicas, manda apedrear a la mujer. (Recordemos que el profeta David es también una figura religiosa venerable en el libro revelado de los musulmanes.) Pasados unos cuantos días, el rey, sin embargo, se detiene a observar a su hijo, el cadí Sulayman, quien, para entrenar en el ejercicio de la justicia a unos jóvenes, los eleva en juego al rango de cadí, muftí, «sahit» y gobernador. El caso de la hermosa dama que protagoniza el relato se repite entonces al pie de la letra en el drama ficticio de los jóvenes: uno de ellos finge ser una mujer agraciada que exige justicia de ellos, y uno por uno la asedian sexualmente hasta terminar por acusarla, exactamente igual que a la protagonista, de tener relaciones con un perro. Antes de proceder a ajusticiarla, el cadí Sulayman apartó a los cuatro querellantes y les preguntó por separado qué color tenía el perro en cuestión, y cuando obtiene como respuesta cuatro colores distintos, manda azotar a los falsos acusadores. Arrepentido de su juicio intempestivo, el rey David decide seguir el ejemplo de su hijo, y envía a llamar a los cuatro magistrados para preguntarles por separado el color del perro con el que decían había sostenido relaciones la acusada. Al responder éstos con cuatro colores diferentes, los sentencia a morir apedreados, vengando así la falsa atestiguación —gran pecado coránico—[33] que habían emitido contra la inocente.

Más adelante tendremos ocasión de ver el profeminismo más extraño de todos por parte del autor morisco, que habrá de exigir la más completa consideración de parte del hombre para su compañera durante el acto sexual. Ya se trate de una esposa legítima o de una esclava, el hombre no ha de someter jamás a la mujer a posiciones que le resulten incómodas durante el coito, y habrá de cuidar que ella culmine su orgasmo, porque «proçede desto el quererse mucho» (fol. 98v). En la parte final de su «Kāma Sūtra», el morisco se encarga de dejar claro que el hombre y la mujer comparten exactamente los mismos derechos y privilegios para el disfrute del acto sexual.

Tenemos, pues, que el refugiado oscila entre una actitud de solidaridad y a la vez de duro enjuiciamiento para con las féminas. Estamos ante el extraño caso de un «feminista misógino». No nos debe extrañar, pues ya vimos que nuestro escritor híbrido es, además, un «morisco maurófilo»; un árabe-español; un apátrida que ama y odia por igual a sus dos patrias, la española y la tunecina; un musulmán recalcitrante que delata a la Inquisición pero que a la vez suspira por su vida hispánica perdida hasta el extremo de ser racista y progodo. No fueron fáciles, ya lo sabemos, sus atropelladas circunstancias vitales. Claro que no sabemos exactamente a qué se debió su dicotomía emocional para con la mujer. No importa. Ahí está su texto, que es el que nos habla por el morisco, y el que nos deja clara su ambivalencia de varón indeciso. Buen artista al fin, supo sacarle partido a su indeterminación emocional, y elige, como coda al «Kāma Sūtra español», otra leyenda que ya tendremos oportunidad de examinar, en la que ofrece una magnífica síntesis de sus desacuerdos vitales en torno a la cuestión femenina. Es el caso de un hombre que prefirió morir antes que violar su fidelidad conyugal (de unas nupcias monógamas, por cierto). La anécdota le sirve al autor para ilustrar el hecho de que algunas mujeres ponen al hombre en peligro de cometer adulterio, mientras que otras lo salvaguardan del mismo con su conducta virtuosa. El final es insuperable. Es Lope quien toma la palabra como portavoz del refugiado, y quien dilucida, mejor que nadie y en unos versos espléndidos, la ambivalencia vital de su rendido admirador: «Es la mujer del hombre lo más bueno / es la mujer del hombre lo más malo». Poco más hay que añadir.

k) *De nuevo sobre las coesposas*

El morisco retoma ahora el hilo interrumpido de su lección y continúa hablándonos de los avatares de esta vida doméstica múltiple (fols. 88v-90v). Si el marido, en la rotación de sus noches con sus distintas cónyuges, se salta a una esposa «adrede», comete una ofensa grave. Algazel recomienda en estos casos (*op. cit.*, pág. 81) que el marido reponga de alguna manera la noche que le frustre a la esposa preterida. El refugiado continúa aconsejando, de otra parte, que la noche de cada esposa comience con el «magrib» o caída del sol, y termine con la próxima caída de sol. En el caso de tener una sola mujer, siempre habrá de dormir con ella. «Y si es tiempo de miedo le es forçoso», añade con un toque súbito de entrañable intimidad.

El trato igualitario para con las esposas se debe observar siempre, aunque se trate de judías, cristianas o musulmanas, de esclavas o libres. Con todas ellas, por cierto, al musulmán le es lícito el casarse. En su afirmación «democratizante», el morisco se enfrenta con santo Tomás de Aquino, que prohíbe al cristiano el matrimonio «con cualesquiera infieles»[34]. Mucho que disfrutaría aquí el exilado de esta recuperación de la tolerancia perdida de su España natal. Después de unas breves palabras adicionales sobre las esclavas o concubinas, el morisco vuelve al espinoso problema de las coesposas. Es una de esas escasas ocasiones en las que el morisco somete el texto algaceliano a un proceso de *amplificatio*. Acaso sus oyentes necesitaban detalles en firme para sus posibles experiencias conyugales futuras: sea como fuera, nuestro exilado se las arregla para detallar al máximo el cuadro del matrimonio simultáneo. Volvamos a escucharlo. Si el marido tiene una, o dos, o tres mujeres, y se casa con otra, «si es donçella se quedará con ella siete días, y si no lo es, tres días. Y pasados, buelbe la horden primera y está a su escojer el començar de las otras con la que quisiere» (fol. 89r). Incluso puede echar suertes para ver a quién le toca el lecho conyugal. Tampoco puede este atareado marido musulmán entrar en la sala de una esposa el día y la noche que corresponde a otra, «si no es por una cosa forçosa» (fol. 89v). Lo mejor es enviar a una tercera persona que le dé la razón, y esto, de día, no de noche, «por la sospecha que pueda dar» (*ibid.*). Terrible dato nos ofrece ahora el morisco: es posible negociar con los días asignados de las coesposas. Cualquiera de ellas puede vender sus días, e incluso el marido puede comprarlos, al parecer, hasta un máximo de dos días. También puede darse el caso de que pase con una esposa un día que no sea el suyo, siempre y cuando tenga permiso de aquella a quien le corresponde legítimamente. (No hay que tener una imaginación demasiado fértil para pensar todos los abusos que se cometerían con esta compra y venta y canje de noches nupciales, sobre todo cuando había desavenencias maritales en el nutrido hogar islámico.)

Buen musulmán al fin, el marido debe también guardar estrictas reglas de higiene y de decoro en su trato sexual con las esposas. Cada vez que tenga relaciones con una, debe lavarse el miembro antes de tenerlas con la otra. Las mismas reglas en el orden de la limpieza se aplican al caso de eyaculaciones nocturnas.

Otras reglas de etiqueta: el marido puede, la noche que le toca a una esposa, pasar por la sala de otra, sin entrar, y darle el *salām* o saludo desde la puerta. También le es lícito ir a dormir con una que esté fuera de turno, si la correspondiente de esa noche le ha cerrado la puerta. Es decir, si ha reñido con el marido y lo ha echado fuera de su sala. El marido rechazado debe intentar dormir junto a la puerta de la agraviada, «que si puede, no yrá con otra» (fol. 90r). El refugiado nos introduce de repente en una de estas casas que albergaron a los matrimonios múltiples. Tenían, por necesidad, que tener una distribución arquitectónica que no nos es en absoluto familiar. Cada mujer debía tener una sala privada, y el marido otra. El morisco sugiere aquí que la mujer pase su día y su noche en la sala del esposo. Puede pasar, reitera, un poco más de lo estipulado con una esposa, pero sólo si tiene el consentimiento de todas. Si alguna (o algunas) viajan, entonces «se hará la partiçión por semanas o messes, o lo que más bien esté y fuesse neçesario» (*ibid.*).

Más especificaciones con el tormentoso asunto de las reparticiones de las noches: si una coesposa presta su día y su noche a la otra, «puede el marido estorballo, porque puede sser que tenga más apetite [*sic*: apetito] con la que prestó su día a la otra que con a quien lo prestó» (*ibid.*). Ahora bien, si el marido acepta el canje, a la que otorga su tiempo legal se le dará una debida restitución. Hay que decir que nuestro autor coincide bastante de cerca en estas instrucciones acerca de la vida en común con las coesposas con el citado *Ktab* [35]: se trata, sin duda, de enseñanzas muy socorridas en la legislación matrimonial islámica. Las que ofrece Vātsyāyana, en cambio, parecen más mundanas, incluso más retorcidas que las de nuestro jurisconsulto. El maestro hindú aconseja que la esposa más antigua debe proteger maternalmente a la nueva; aconsejarla, ayudar a sus hijos, etc. Ya con esto nos damos cuenta en seguida de que el *Kāma Sūtra,* al contrario que casi todos los libros erotológicos árabes, se dirige también a un público femenino. Vātsyāyana también recomienda que, en el caso de que haya muchas mujeres en el matrimonio, la más antigua se debe aliar a la que le siga, y todas, en contra de la favorita de turno. Pero todo esto debe hacerse con disimulo, y contando siempre con evitar el disgusto del marido si prevalece su amor para con la preferida. El esposo, por su parte, debe ser leal con todas, y mostrarse comprensivo con sus defectos. Evitará discordias, no hablará mal a una de la otra, cuidará a cada una de manera especial con regalos, lisonjas, secretos íntimos, y le procurará el máximo disfrute sexual posible [36]. Una vida muy atareada, por cierto.

El morisco pasa a ilustrarnos lo dicho en torno a la coesposa que cede su tiempo a otra. Y para ello vuelve a acudir al *Iḥyā'* de Algazel. Se trata de la anécdota de una de las mujeres del profeta (innombrada en el S-2, Sawdā' bint Zama'a en el *Iḥyā'*) que cede su día a Aixa, la favorita. Ésta queda entonces con dos. El refugiado omite el detalle que sí da el maestro sufí: Mahoma contemplaba repudiar a esta esposa por estar entrada en años, y ella, con tal de poder entrar en el Paraíso como esposa del profeta, cede su día a Aixa (*op. cit.,* págs. 82-83). Dice más Algazel: que el marido debe ser perfectamente justo y equitativo en su trato con las cónyuges, pero que no está en su mano amar a una sobre las demás. Es el mismo Mahoma quien exclama: «¡Oh Dios! Mira que he hecho todo lo que depende de mí, pero no tengo poder alguno para hacer aquello que depende de Ti y no de mí» (*op. cit.,* pág. 82). El atribulado profeta se refería, claro está, al amor: no podía no amar a Aixa. El morisco se ahorra el ejemplo.

l) *Acerca de los celos y de Lope de Vega*

Pero pasa a un tema candente: el de los celos, que inevitablemente habrán de aflorar en estos matrimonios mixtos. De ello no habla Algazel, aunque sí hay que decir que el tema fue elaborado por otros erotólogos, desde el tardío *Ktab* [37], hasta *La gloria del jardín perfumado.* (Cada vez quedo más convencida de que esta última fue una de las fuentes de inspiración del morisco.) En su capítulo XV, titulado «Los celos. El caso a favor y en contra de ellos», Nefzāwī dedica mayor parte de su exposición a los celos del marido que a los de sus coesposas. Al final, sin embargo, sí deja dicho algo sobre ellas, aunque entiende que los celos de las mujeres nunca llegan al extremo de los celos masculinos, porque Dios las ha hecho más pacientes que a los hombres. Cita a Tabarī para afirmar su completa comprensión para con los celos femeninos: «Los celos en la mujer son comprensibles. No es un vicio deliberado porque son celosas por naturaleza y no lo pueden evitar» (*op. cit.*, págs. 260-261). El jeque tunecino continúa elaborando sus argumentos con varias anécdotas, y cierra el capítulo con un poema dedicado precisamente al asunto de la rivalidad femenina, que algunos atribuyen a 'Umar ibn Abī Rabī'a y otros a un poeta del Ḥiŷāz [38]. Los versos exploran la psique de una muchacha, que finge no estar enojada por que su amado se haya casado con otra, cuando la realidad es que arde en los celos rabiosos propios de una enamorada. Es el galán quien dicta el poema:

Le dijeron que me había casado, y estuvo a punto de ahogarse de furia reprimida.
Ocultando valientemente sus sentimientos, se volvió a su hermana y dijo: «¡Ojalá se hubiera casado con diez!».
Pero a algunas de sus doncellas a quienes no guardaba secretos les dijo en confidencia:
«No siento ya que mi corazón sea parte de mi persona, y mis huesos se han debilitado.
»Una terrible noticia ha llegado a mis oídos, y en mi corazón siento la quemadura ardiente del fuego que ha encendido» [39].

Ahora le toca al morisco. También a él, todo este espinoso asunto de la repartición de las noches le ha provocado la necesidad de hablar de los celos femeninos (porque lo que es de los masculinos, no nos dice una palabra). Quién sabe si su condición de europeo lo sensibilizaría para con el punto de vista de la mujer hasta el punto de ignorar el del hombre, y le haría comprender que la práctica del matrimonio múltiple sería particularmente onerosa para sus hermanas moriscas que, como él, eran ya irremediablemente europeas. ¿Estarían algunas de ellas escuchando la lectura a viva voz que, de seguro, haría el autor (o el usuario de su códice), allá en su remoto pueblito tunecino? Nunca lo sabremos. Pero bien podemos imaginar aquel pequeño público perdido para siempre, en el que un puñado de hombres y alguna que otra fémina asombrada rodeaba estrechamente al morisco lector. Ya nos constan las grandes dotes de maestro que tuvo. De repente el castellano torturado del refugiado iba a adquirir sobretonos vibrantes. Es que se la ha ocurrido algo espléndido. No ha sabido o no ha querido traducir el elegante poema árabe de Nefzāwī. ¿Y qué mejor que colocar aquí mismo un soneto del Fénix de los Ingenios? ¡Cómo saborearía los endecasílabos amados! Lo que el refugiado iba leyendo despaciosa, amorosamente a la españolidad moribunda representada por aquellos oyentes curiosos eran los versos sobre el tormento de los celos que comienzan «Sosiega un poco, airado temeroso». Ha sucedido algo verdaderamente conmovedor. Los versos del dramaturgo venerado que acarician aquellos oídos cada vez más nostálgicos suenan irremediablemente distintos. Es su nuevo contexto insólito. El Fénix, sustituto de 'Umar ibn Abī Rabi'a (o de algún incógnito poeta del Ḥiŷāz), y paño de lágrimas consolador de los celos de las coesposas de un hogar islámico múltiple. Ya señalamos (cap. I) que la broma es soberbia, si pensamos en la magnitud de los celos que el propio Lope causó en su ajetreada vida personal. También vimos que, a la usanza oriental, pero con mucha mala conciencia de hispanófilo encubierto[40], el morisco alude a su héroe tan sólo como «el poeta» (fol. 90v). He aquí el soneto tal cual nos lo ofrece:

Sosiega un poco, ayrado temerosso,
umillde bençedor, niño jigante,
cobarde matador, firme ynconstante,
traydor leal, Rendido bictoriosso.

Déjame en paz, paçífico furiosso,
billano hidalgo, tímido aRogante,
cuerdo loco, filósofo ygnorante,
çiego linçe, siguro cautelosso.

Ama, si eres amor, que si procuras
descubrir con sospechas y Reçelos
en mi querido sol nieblas escuras,

En bano me lastimas con desbelos;
trata nuestra amistad berdades puras,
no te encubras, Amor, di que eres zelos
(fols. 90v-91r).

Aunque el soneto del Fénix, que tan bien recuerda el refugiado desde su exilio en Berbería[41], parece tener un protagonista poemático singular (y presumiblemente, masculino), se aplica exclusivamente al caso de las féminas, cuya proclividad a los celos en las circunstancias de un matrimonio plural el autor comprende perfectamente. Aunque el morisco habla ahora con el mismo cariño benévolo de Nefzāwī, parece sin embargo que estamos escuchando al europeo que aún vive en él expresar su asombro de que ninguna mujer pueda vivir una situación vital tan desventajosa como la poligamia sin sucumbir a los celos: «Y pareçe cosa ynpusible, sigún costumbre, que aya mujer que dé liçençia a su marido que baya con otra o le presente su día, porque los çelos les es muy propio si le tiene amor» (fol. 91r). Y es que este español, que se formó en amores oyendo a Garcilaso y a Lope, no puede no sentirse extraño en esta dimensión particular de su nuevo contexto religioso. Tanto parece ser así que cree que la coesposa que no siente celos es, sencillamente, la que no quiere al marido, y que la que los siente y los reprime —para esta triste criatura fue el soneto emblemático de Lope— tiene categoría de verdadera santa y mártir. Sin exageración alguna: «la que dellas çufriese los zelos con paçiençia [...] es del número de los *suhata* [*sic*: شهداء o *šuhadā'*: mártires]» (*ibid.*). Dice aún más: «Y el no tener zelos es particularidad de la gloria, pues no ay en ella cosa que perturbe de ninguna manera» (*ibid.*). No hay, pues, remedio para el marido musulmán que desee reunir en su torno un pequeño «harén» legal: estará irremediablemente abocado a lidiar con el problema de los celos y envidias entre sus coesposas. Mal augurio para un matrimonio. Parece que el morisco advierte calladamente a sus lectores neomusulmanes de las consecuencias de una libido exagerada. ¿El remedio del marido polígamo? Tan sólo la otra vida, como acabamos de escuchar, pues sólo en la gloria no hay perturbación —se entiende aquí, «emocional»— de ningún tipo. No es difícil leer entre líneas el agobio del refugiado ante este problema de los celos entre mujeres —celos que, para colmo, ha declarado legítimos—. Y no puede sustraerse a la tentación de soñar despierto con este paraíso coránico poblado de huríes (y, cómo no, también de esposas y coesposas) que conviven con el marido en la más perfecta armonía. Visitemos con él el paraíso prometido, que evoca apasionadamente en otro capítulo o tratado de su extenso códice misceláneo:

> Estos campos de diferentes jardines llenos de suabidad son la eterna gloria, que es tan grande como los siete çielos y las siete tieRas. Es de luz Resplandeçiente que escureçe al sol [*sic*]. No hay en ella qué dé fastidio, ni noche que escureça: todo es día apaçible y agradable. No ay berano ni ynbierno, todo es primabera alegre, sin que llubia la perturbe, ni ayre que altere su olor anjelical. Sus fuentes cristalinas, sus frutas ynfinitas, de ynfinitos gustos y siempre maduras; sus bestiduras de colores sin número, y sin número sus joyas[42]. De todo esto se bisten los mereçedores dichosos, tan gallardos y conpuestos, que, junto con la poca hedad que tienen, pareçen en su ser perfecto y hermoso. Sus mujeres, de hermosura transparente como el blanco cristal [...]. En este lugar tiene sus alcáçares de piedras preçiosas, Rojas, berdes y blancas. Para los queridos de Dios ay un mármol de una piedra preçiosa, encima dél, setenta mill salas Reberberando su luz como el sol en el mundo. Y diçen los de la gloria unos a otros: «bamos a ber a los queridos de Dios». Y cuando los miran, Reberbera su luz de su hermosura [...]. Sus casas son de piedras preçiosas, tiene cada uno setenta casas, y en cada casa, setenta salas; en cada sala, setenta armaduras; en cada armadura, setenta camas de diferentes colores; en cada cama, setenta haurías [huríes], que son las mujeres de la gloria, tan perfectas, que a escupir una en la mar, se bolbiera dulçe, y a sacar una mano al mundo, escureçiera el sol [...], el estar abraçado a una hauría [hurí] es setenta años sin que ella ni él tengan enfado. Están en gusto exeçibo, a modo del acto en el mundo, sin que interbenga umor ni cosa semexante. Goça de todas a este modo, como así goça de otras doçe mill que tendrá. Diçen que son de las que están en el mundo. Dellas, ocho mill que no son donçellas, y quatro mill que lo son. Goçando destas, alguna se buelbe birxen como estaba, porque en la gloria no ay perturbaçión ni dolor que tengan como las que en el mundo están. Todo este número de

mujeres se juntan cada siete días y todas juntas a una, glorifican a su dueño con mill alabanças y dulçes y amorosas palabras (fols. 245v-246r).

Volvamos a la tierra. La poligamia celestial de este curioso paraíso es ya sin problemas ni competencias afectivas y las mujeres no hacen sino celebrar a su «dueño», que habría sido, no es difícil pensarlo, violentamente recriminado por las féminas celosas en su vida terrena. Aleccionador el *wishful thinking* de nuestro exilado. La pintura de estas delicias maritales ultraterrenas, que hoy consideraríamos de un «machismo» tan ingenuo como desparpajado, esconden una estridente manquedad vital detrás de su tenaz elaboración. Parece que estamos ante un sueño compensatorio. Bien sabría nuestro morisco de los dolores de cabeza de aquellos matrimonios plurales que su nueva religión daba en permitir a los pudientes. (Y una pregunta asalta mi curiosidad de lectora: ¿habría imitado al «Monstruo de naturaleza» no sólo en los versos sino en los amores, conviviendo él mismo simultáneamente con más de una mujer?)

Como jamás lo sabremos, veamos cuáles son las últimas instrucciones del refugiado para la complicada vida polígama de sus esposos musulmanes. La advertencia es ahora rotunda: no puede haber *group sex*. El varón no entrará con sus esposas juntas al baño, ni las tendrá simultáneamente en la cama «por los çelos que tendrán unas con otras, aunque sea sin tener acto» (fols. 91r-91v). Ni siquiera con sus esclavas debe cometer semejante abuso: hasta los privilegios matrimoniales inusitados del varón tienen su límite.

m) *Sobre la obediencia que debe la mujer al marido*

Recordemos, de otra parte, que el marido musulmán tiene el deber de comportarse como un tutor para con su esposa o sus coesposas. Si ella no cumple con sus deberes maritales, que incluyen el tener acto, observar los preceptos religiosos y no salir sin el permiso del marido, éste debe «Reprehendella y castigalla» (fol. 91v). Primero debe advertirla con paciencia, y explicarle los males espirituales que se acarreará con su actitud desobediente. Si esto no surte efecto, deberá entonces mostrarle su desaprobación con la indiferencia afectiva, que podrá incluir separación del lecho, «y para esto tiene liçençia de un mes» (fol. 92r). Si ni siquiera esto aprovecha, puede recurrir al castigo físico, siempre y cuando no le haga daño permanente «ni le quiebre ningún güeso ni le afee algún miembro» (*ibid.*). Si piensa, sin embargo, que el castigo no le aprovechará para corregirse, no debe llevarlo a cabo, «porque es castigo en balde» (*ibid.*). Ya vimos por extenso (cap. I) el controversial pasaje en el que el autor detalla esta permisibilidad para el castigo físico conyugal, que hoy llamamos, más adecuadamente, abuso. También recordábamos allí que el morisco no es original en manera alguna en su elaboración del tema, sino que sigue el Corán (IV, 34), y, si es que lo alcanzó a leer en las escolanías de su juventud española, el *Tratado del matrimonio* de santo Tomás de Aquino. También importa decir que en este momento el morisco ha retomado el hilo de su mentor Algazel, quien, en su capítulo IX, «Acerca de la insubordinación de la esposa» (*op. cit.*, pág. 83), también se ocupa del espinoso asunto. El maestro sufí anticipa, casi al pie de la letra, al refugiado: el hombre debe persuadir con calma a su esposa del camino correcto; luego, si esto no aprovecha, retirarle sus favores sexuales, y, si tampoco logra enmendar su conducta por este medio, puede entonces recurrir al castigo físico, advirtiendo que éste debe ser leve, que no le cause ni lesiones graves, ni fractura de huesos, ni sangramientos de ninguna clase. Tampoco puede tocarle la cara.

El morisco, como de costumbre, piensa más en las féminas de lo que hace Algazel. El autor del *Iḥyāʾ* había estipulado que un árbitro debía mediar en las diferencias irreconciliables de los esposos, y era lícito buscar hasta dos mediadores, uno de la familia del esposo y otro de la familia de la esposa. El refugiado lleva el asunto más allá que Algazel, ya que contempla la posibilidad de que sea el marido quien tenga toda la culpa del desacuerdo marital. Entonces será un juez (¡uno de esos jueces tan socorridos en la obra del exilado!) quien deba determinar el castigo que debe aplicársele. Sólo si no se sabe a ciencia cierta en cuál cónyuge radica la culpa, deberá la pareja acudir a unos testigos que pasen a vivir en la casa de los querellantes. Sólo así podrán atestiguar con justicia quién es el que está violando la paz matrimonial.

La obediencia de la mujer al marido[43] debe ser en grado tal que nuestro autor deja pequeño al mismísimo san Pablo. La hembra está sujeta al varón en todo lo que éste le mande, «como no sea mandalla haçer algún pecado» (fol. 92v). Por ello cita a su admirado Algazel, que tiene la honradez de admitir aquí que para la mujer «el casamiento es pareçido a la esclabitud» (fol. 92v). Ya vimos que esto, en efecto, lo propuso el «Sayx Elgazali» en su *Iḥyāʾ*. Ambos insisten de tal manera en este renglón de la obediencia femenina que nos preguntamos maliciosamente si no estarían ocultando un larvado temor a que un amotinamiento de coesposas pudiera dar al traste con el delicado equilibrio del matrimonio simultáneo. Algazel presenta su caso con un ejemplo que hoy nos parece divertido: es tal el grado de obediencia que la esposa debe a su marido que si éste la solicita amorosamente, aunque sea sobre la espalda de un camello, debe complacerlo (*op. cit.*, pág. 106). El morisco se ahorra la pintoresca lección y la sustituye por una anécdota más extensa (fols. 92v-93v). Y también más plástica: narra cómo vino un hombre donde el profeta y le dijo: «muéstrame una obra por donde conozca que eres mensajero de Dios». Mahoma le indica que pida a un árbol que crecía en las cercanías que se mueva por orden del profeta. Así lo hace el incrédulo, y, «meneándosse a una y otra parte salieron las Rayces de la tieRa y bino delante dél tan justificadamente, que llegó y le dixo: "*ashatu an la ylaha yla Allah*" [*sic*: di: "no hay Dios sino Dios"], y que eres

Raçulu Allahi [el profeta de Dios]». Así lo hizo el árbol, y, como si aún no estuviera satisfecho, el hombre pide al Mensajero de Dios que lo vuelva a su lugar. Cuando éste retorna a su forma vegetal inmóvil, el hombre, admirado, exclama a Mahoma: «permíteme que te haga umillaçión». A lo que responde el Sello de los Profetas: «si permitiera a alguien que la hiçiera a algún fuera de a Dios nrošs [nuestro Señor], mandara a la mujer se umillase a su marido». Las palabras lapidarias de Mahoma las había adelantado ya Algazel (*op. cit.*, pág. 106), y el morisco, satisfecho, añade: «de donde se toma la grande obligaçión y obediençia que debe tener [la mujer] a su marido».

Ahora procede el autor a discurrir, todavía de la mano de Algazel, acerca de lo concerniente a la obediencia de la mujer cuando el marido le pide que tenga acto con él. Ella está, naturalmente, obligada al ayuno ritual de Ramadán, pero para ayunar fuera de este período prescrito debe pedir licencia a su marido. La razón detrás de todo ello es que el ayuno podría impedir las relaciones sexuales. Si él, necesitando tenerlas con ella, le pide que no guarde ayuno, y ella lo guarda de todas maneras, «puede haçérselo perder con tener acto, no con haçella comer o beber» (fol. 93r). A continuación, el morisco explica pormenorizadamente las distintas circunstancias en las que estas devociones podrían impedir las relaciones conyugales, alejándose del texto del *Ihyā'* e invocando en su respaldo distintas autoridades como Abū-l-Walīd al-Bāŷī y Abū-l-Walīd Muḥammed ben Rušd. Ibn al-Qāsim, por ejemplo, explica (fol. 93v) que el esposo de una judía o una cristiana sólo puede hacerle perder su ayuno para tener relaciones con ella, pero nunca para impedirle que lleve a cabo los ritos de su propia religión, como son el ayuno y abstinencia en cuaresma y en día viernes. En la situación más delicada de comer cerdo y beber vino, cosas ambas vedadas por el Corán, las opiniones de los doctores de la ley musulmana acerca de si el esposo musulmán puede impedirlo están divididas.

Algazel había dejado dicho (*op. cit.*, pág. 105) que la mujer que cumplía con los preceptos básicos de su ley (el ayuno de Ramadán, y las cinco oraciones obligatorias), que guardaba la castidad de su sexo y obedecía al marido, automáticamente entraba al Paraíso. Una buena esposa era, pues, automáticamente candidata a bienaventurada. Acaso el teólogo musulmán se mostraba tan generoso por lo difícil que debió ser el comportarse como una buena esposa en los matrimonios simultáneos que venimos describiendo. Nuestro morisco va a detallar ahora mucho más que Algazel. Cada desobediencia de la esposa implica una pérdida de gracia espiritual, y cada obediencia se traduce en bendiciones ultramundanas sin fin. Veamos alguna de ellas. Si el marido llama a la mujer y ésta no viene, y lo obliga a llamarla por segunda vez, «se le pierden a la muxer sus buenas obras» (fol. 94r). Y si él quiere allegarse amorosamente a la esposa y ella se lo impide, «no la mira Dios en este mundo ni en el otro» (*ibid.*). Mucho que temerían estos hombres dominantes a las cónyuges andariegas: tanto Algazel como el refugiado coinciden en enseñar que «si la mujer sale de su casa sin liçençia de su marido, se le escribe por cada paso un pecado, y la están los ánjeles maldiçiendo hasta que buelbe a casa o haga *tauba* [*sic*: توبة o *tawba*: contrición o penitencia]» (*ibid.*). El refugiado no las tendría todas consigo de que alguna de estas féminas reclusas encaminara sus pasos «malditos» hacia el tribunal más cercano para presentar su queja conyugal de turno, en las que tanto nos ha insistido a lo largo de su obra. Algazel, igualmente ansioso, cita un dicho pintoresco atribuido al profeta: «la mujer es desnudez. Cuando sale, Satanás se levanta para mirarla» (*op. cit.*, pág. 107). Y siguen las advertencias: la esposa a quien llama su marido a la cama y no quiere ir, «se desnuda de sus obras como la culebra del pellejo; y la mujer que mira a su marido triste y con enojo, le escriben los ánjeles tantos pecados como ay estrellas en los çielos» (*ibid.*). Y si muere el marido antes que la perdone [...] «no la Reçibe Dios en su graçia, aunque sea su adoraçión tanta como la de los ánjeles» (fol. 94v). Tampoco alcanzará la misericordia de Dios la esposa que apremia al marido para que le dé más de lo que él legítimamente puede darle; la que le pide el divorcio injustificadamente, y la que lo maltrata de palabra. Pero he aquí, de súbito, a la «perfecta casada» del morisco, que se entusiasma de tal manera que su prosa adquiere la cadencia de las beatitudes bíblicas:

> Benturosa la mujer que bibe en la graçia de su marido, porque de estarlo espera en su Recompensa el descanso eterno. Y el estar en su graçia le es de más premio que ayunar los días y estar de noche en oraçión. Y así, es grande premio el de la mujer, pues si el marido le diçe *radia Allahu ʕnqui*[44] [«Dios esté satisfecho de ti»], le es más de sesenta años de adoraçión. Y una bez de agua que beba el marido de su mano, le es más que el ayuno de un año. Y el ponelle la mesa a su marido, le es más que si hiçiera una *hecha* [*sic*: حج o *ḥaŷŷ*: guerra santa] y una *ʕmbra* [*sic*: عمرة o *'umbra*: peregrinaje menor a La Meca]. Y el labarse la mujer del acto con su marido le es más que si degollase mill carneros y los diese a los pobres. Y cada gota de agua que cae de su cuerpo le es premio. Y si se haçe preñada de su marido, se le escribe que es *sahita* [*sic*: شهيد o *šahīda* mártir]; y su parir es *chihat* [*sic*: *ŷihād* o guerra santa]; y el criar sus hijos le es estorbo de que entre en el fuego. Y una mirada en la cara de su marido es causa de añadírsele buenas obras, y el casarse le es causa de que el enojo de Dios no cayga sobre ella. Y un día de casada en el mundo le es mejor que la adoraçión de çien años sin marido (fols. 94v-95r).

El morisco acaba de elevar el matrimonio a una dignidad verdaderamente sacramental. En sus oídos resuenan los innumerables *ḥadīces* que bendijeron las nupcias de manera semejante: ya hemos tenido ocasión de citar por extenso (cap. V) uno, hermosísimo, que 'Alī atribuye al profeta, y que todavía podemos leer, con algunas variantes, en los manuscritos aljamiados del siglo XVI. Dimos noticia concreta del caso del manuscrito VIII de la Junta de Estudios Árabes, que María Josefa Fernández editó como tesis doctoral para la Universidad de

Oviedo (1987). A diferencia del *ḥadīz* matrimonial del morisco, que canta las loas espirituales de la esposa fiel, la anécdota tradicional que el Junta VIII adjudica a Mahoma comienza haciendo referencia al varón y luego a ambos cónyuges. Vale la pena que lo leamos una vez más:

> En-el día del-aljumu'a, quien tomará a su mušer con plazer de la mano, será escribto a él vinte alḥaçanas (*obras buenas*) i quien la besará, será escribto a él sesenta alḥaçanas i si terná parte con-ella, serán escribtos ad-anbos, a cada uno d-ellos, çien alḥaçanas [digo çiento i vinticuatro alḥaçanas]. I si se tahararán para fazer el-aṣala de aḍuhar [oración] después de haber fecho esto que se dize entr-ellos dos, por cada gota de awa que les cae de su cuerpo de aquel ṭahur, ḥaleqa Allah un-almalaque que demanda perdón por-ellos d-ica el día del judiçio [45].

Cualquiera de estos *ḥadīces* hubiera horrorizado a san Agustín y a santo Tomás. Eso de no cometer pecado, sino, para colmo, recibir mérito espiritual por el ayuntamiento sexual es negocio muy extraño para la antigua mentalidad cristiana. Salta a la vista, sin embargo, que el morisco escribe gozoso su celebración de los méritos espirituales inherentes a la vida nupcial. (¿Pensaría secretamente en el obispo Salvatierra mientras pergeñaba este pasaje de su códice?)

Ahora el autor pasa a referirnos la anécdota de la bella malmaridada con el hombre feo, que tiene aprendida por Algazel y por Nefzāwī (otra vez, se trata de *La gloria del jardín perfumado*). Veamos cómo cada uno de nuestros erotólogos «barre para su casa» y teoriza acerca de este matrimonio tan disímil. El morisco nos cuenta que llega un hombre a Petra, donde ve una mujer en extremo hermosa, casada con un «monstro de feal[dad]» (fol. 95v). La interroga, incrédulo ante la dispar situación, y ella le responde: «calla esa boca, no digas tan grande disparate, porque puede ser que sea más hermoso que yo con dios nrošs [nuestro Señor], y que por su causa tenga yo el premio cunplido, y puede ser que me lo haya dado mi Criador por castigo, y abiéndomelo dado Dios, ¿por qué no tengo de estar contenta con lo que me ha dado?» (*ibid.*). Algazel (*op. cit.*, pág. 111) trae la anécdota de manera casi idéntica, con tenues variantes: el demandante es Al-Asma'ī, el filólogo de Basora (m. 213 H./828 d. C.), célebre por haber estudiado la lengua de los árabes del desierto, considerada como modelo de pureza lingüística [46]. La ciudad donde ocurre la anécdota ya no es Petra, sino simplemente un entorno beduino innombrado. La esposa responde en términos casi idénticos a los que emplea la del refugiado, mandando callar abruptamente a su interlocutor y explicándole que posiblemente su marido fuera más perfecto ante los ojos de Dios que ella, o que bien su fealdad podía constituir el castigo con que el Creador la aleccionaba. Ella, con todo, aceptaba gustosa la voluntad de Dios. Nefzāwī (*op. cit.*, pág. 288) da un giro mucho más pícaro a la leyenda, que atribuye a Zubayr, quien la tenía por la autoridad de su tío.

Ahora es Mūsā ibn Mus'ab quien va a Medina, donde encuentra a la hermosa fémina (que ahora también es elegante y distinguida). Nuestro protagonista se asombra de ver a un repulsivo joven ejerciendo completo control de la casa que visita. Ella explica a su interlocutor que se trata de su marido, y que daría toda su hacienda por lo que él tiene que ofrecerle a ella. Si supiera Ibn Mus'ab lo que es, crecería sin duda en estatura ante sus ojos. Es el narrador quien explica lo sucedido: la dama era rica, y el marido pobre, aunque él administraba la hacienda y ella lo obedecía en todo. «Y eso era así simplemente porque él ejecutaba lo que era menester a ella en el lecho matrimonial» (*ibid.*).

n) *La apoteosis celestial de los casados*

Como breve coda final a su celebración de las nupcias, el refugiado pasa ahora a ponderar la altísima bienaventuranza que les espera a los casados en la otra vida. Parece que habla «al revés de los cristianos», quienes otorgarían este grado de gloria a las vírgenes y a los célibes. Mucho tenían que aprender —o que reaprender— los asombrados oyentes moriscos del refugiado, en cuyos oídos aún repercutirían los sermones dominicales de sus parroquias de turno, tan severos para con la vida de la carne. Nuestro autor les propone ahora, como contrapartida, una verdadera apoteosis celestial del matrimonio:

> Y el estado de los casados es tan exçelente que, abiendo muerto un santo hombre lo bieron en sueños y le preguntaron: «¿qué a hecho Dios contigo?». Y Respondió: «me ha dado grados de gloria con tanto estremo que e llegado a mirar los que tienen los santos y profetas, y, con todo eso, no e llegado a los grados que tienen los casados» (fol. 95v).

Luego le preguntan al hombre santo por la suerte de otro bienaventurado, «Abinaçer Altamari», a lo que responde: «está más alto que yo, con setenta grados» (*ibid.*). La razón de su extrema bienandanza ultraterrena era muy simple: en la vida fue un buen marido y un buen padre. El dato es de Algazel, que añade como coda a la bienaventuranza de Abū Nasr al-Tammār al-Ḥilālī que «el mérito del hombre casado lo eleva sobre el célibe en la misma medida en que el mérito del combatiente por la fe lo eleva sobre aquel que no participa en la guerra santa» (*op. cit.*, pág. 13). El ilustre sufí insiste un poco más: «una *rak'a* [plegaria] de un hombre casado vale más que setenta *rak'as* de un célibe» (*ibid.*). Vemos, pues, que el refugiado no hace sino extremar la tradición de aprecio teológico al matrimonio característica del islam.

El morisco termina este aspecto de su lección desde su óptica de jurisconsulto: el matrimonio es tan importante porque está contemplado en la ley (la «sarea» o *šarī'a*) y por haberlo ordenado Dios en frecuentes *ayas carimas* o pasajes del Corán. Contraer matrimonio es, sencillamente, cumplir con la voluntad de Dios: «y se cumple con su dibino querer con el casarse» (fol. 96r). Apartándose de la cultura religiosa cristiana que tendría aprendida de niño, el morisco sólo aludirá ahora a la descendencia que proporciona el matrimonio y que tanto preocupó a la Patrística y a la Escolástica. Cita elegantemente en árabe y, con actitud pedagógica, pasa a traducir el pasaje a sus lectores: «Como si dijera: casaos y haçed jeneraçión, porque yo acreçiento con bosotros las jentes el día del juiçio» (*ibid.*). Y con unas disquisiciones leguleyas sobre las oraciones que los hijos deben a sus padres, según sean creyentes o «erexes», el novel jurisconsulto pone fin a su reflexión sobre el sentido ultramundano de las nupcias.

o) *«De los probechos del casarse» o de cómo el sexo nos lleva a Dios*

En estos momentos comienza, propiamente, el tratado sobre la unión sexual (fols. 96v-104v). Haciendo tradición con la mayor parte de los erotólogos orientales de los que hemos ido dando noticia, nuestro morisco comienza su delicado tema con una extraordinaria unción religiosa. No hay el más leve asomo de pornografía ni de frivolidad en su lección magisterial. Todo lo contrario, quien nos habla es un espiritual con extremos de contemplativo, que no hace sino llevar a sus últimas consecuencias las enseñanzas de los santones sufíes que le precedieron. No sé cuán consciente estaba nuestro tratadista de que estaba haciendo historia en las letras españolas de su patria perdida cuando nos propone, sin paliativos, que el sexo nos acerca a la unión transformante con Dios. Creo que el breve pasaje con el que nuestro morisco inaugura su lección «Sobre los probechos del casarse» constituye, pese a su castellano trabajoso, uno de los fragmentos más emocionantes —y más extrañamente novedosos— de las letras hispánicas de la Edad de Oro.

Importa que insistamos en el uso revolucionario que el morisco está dando aquí al castellano de sus mayores. José María Díez Borque había aludido (*op. cit.*, pág. 45) al problema que aborda Camilo José Cela en su *Diccionario secreto*, en torno al hecho de que la convención social condena ciertas palabras, aunque no las ideas que denotan (las ideas se pueden discutir, pero las palabras que las denotan a menudo son impronunciables: «puta», «culo», etc.). El tratado erotológico del morisco nos lanza a la aventura lingüística de aludir a los órganos sexuales y al erotismo humano sin el más mínimo asomo de pornografía. Palabras como «baso» (para referirse a la vagina) o «miembro» (el órgano masculino) se pronuncian en su tratado con una reverencia muy poco hispánica por cierto. No estamos ni ante «malas palabras» ni ante un texto lúbrico. Esto es particularmente significativo cuando consideramos que el caso del *Speculum al foderi* catalán que lo precede es muy distinto. El editor Michael Solomon advierte que, al contrario que otros tratados médicos más eufemísticos,

> The language used in the *Mirror* is unreserved and lacks much of the euphemistic color employed in other, less scientific treatises. The author consistently uses words such as «verga» for penis, «cony» for vagina, «collons» for testicles, and «foder» for the sexual act (*op. cit.*, págs. xiv-xv).

En efecto, los antiguos médicos que ayudaron a inspirar el misterioso texto catalán son más pulidos en su vocabulario: la palabra «coito» o *coitu* es la más utilizada (en vez de «foder»), y de ella se sirven Constantino el Africano, Villalobos y Aviñón, entre tantos otros, que alternan el vocablo con otros modismos aún más suaves como «dormir», «usar con la mujer», «ayuntamiento». Cree Solomon que el autor del *Speculum* recurre a este vocabulario más explícito (cuando no de sobretonos soeces, pues «foder», del latín *futuo*, era término usado en la antigüedad en los burdeles por las prostitutas y sus clientes) en un esfuerzo por diseminar una información sexual de manera que fuese inequívocamente entendida por su público (*ibid.*, pág. xv). Con todo, es curioso el contraste que se establece entre el refinamiento de los consejos eróticos y de las complicadas posiciones y el lenguaje algo burdo con el que el anónimo catalán traduce sus enseñanzas magisteriales eróticas.

El refugiado, en cambio, ha logrado manejar la lengua de Cervantes de una manera original y creativa, adaptando a su lenguaje técnico el antiguo respeto oriental para con el tema venéreo. Para lograr ese «saneamiento» de su léxico tendría de seguro que haber «encerrado bajo seis llaves» a los Padres de la Iglesia, que se tendría aprendidos desde niño. Con todo respeto, encerrémoslos nosotros a nuestra vez para poder leer al anónimo tratadista en sus propios términos, que son los del respeto y la veneración religiosa.

El autor comienza, muy sencillamente, con una defensa del estado matrimonial, que era un lugar común en las letras erotológicas islámicas: este estado apacigua «la ynçitaçión del apetite [*sic*] y la alteraçión» de la persona (fol. 96v). De aquí se siguen dos modos auténticos de vivir: se logra la sucesión y la armonía espiritual con Dios. Lo que más llama la atención del lector moderno es, naturalmente, la encendida celebración del goce sexual entendido como regalo especialísimo de Dios a la humanidad y como anticipo a las delicias del cielo a las que este acto generativo nos enseña a aspirar. No perdamos de vista que es un español del siglo XVII quien nos habla, un español que ha «sacado de su estudio para que no le den voces» a fray Luis, a Quevedo y aun a su querido Lope. Considera el morisco, muy dentro, como sabemos, de la línea de pensamiento islámica, que este acto sexual, «brebe y pereçedero» (fol. 97r), nos lleva, si lo acompañamos con el cumplimiento de los preceptos divinos, a alcanzar «lo que es regalo y gusto eterno» (*ibid.*). Es importante advertir que nuestro autor no se contenta con esta versión del paraíso musulmán que prolonga los goces sensuales: el acto amoroso, espiritualmente aleccionador, termina por ayudarnos a obtener nada menos que la contemplación eterna de Dios: «a mirar a su Señor y Criador mañana y tarde» (*ibid.*). Hay que decir, a favor de nuestro anónimo morisco, que ha ido más lejos en su entusiasmo religioso que los mismísimos Algazel y Nefzāwī, a quienes, como sabemos, venía siguiendo de cerca.

El autor del *Ihyā'* había exaltado también el estado matrimonial con una pasión inusitada desde el principio de su «Libro acerca de los buenos usos del matrimonio». Argumenta que la mejor prueba de que Dios favorece este estado sobre los demás (incluyendo la entrega ascética al servicio de Dios) es que hace descender su revelación al profeta cuando éste se hallaba en la cama con su mujer Aixa. Entre las ventajas del matrimonio sobre la soltería —es decir, entre los «provechos del casarse»— se encuentran los siguientes: la unión conyugal procura la descendencia, extingue la concupiscencia, asegura una buena economía doméstica, aumenta las alianzas, entrena al hombre a luchar contra su egoísmo, constituye un anticipo del Paraíso a fin de que los hombres sepan de qué trata y puedan optar por los placeres más altos de la vida celestial. Es de tal manera recomendable este estado conyugal que Algazel aconseja a los impotentes que se casen, y que insten así a los demás a imitar su ejemplo. Los designios del Creador, por último, están claramente manifiestos en la creación de los órganos genitales del hombre y de la mujer: no usarlos iría en contra de la voluntad de Dios. Ya hemos señalado que Nefzāwī comienza su *Jardín perfumado* con una celebración a Dios por haber creado las partes naturales del hombre y de la mujer. En *La gloria del jardín perfumado,* insiste en el tema: «Un sabio dijo: "Todo apetito al que se entregue el hombre endurecerá su corazón. A esto hay tan sólo una excepción: el acto de la unión sexual. Tan sólo éste hará su corazón más noble y más puro, y por esta razón los profetas y los sabios lo practican y lo disfrutan"» (*op. cit.,* pág. 29). Sūyūtī, con mayor refinamiento aún [47], expresa en verso las alabanzas a la unión amorosa en su *Noche de bodas:* «La alabanza a Dios, que ha adornado a las hembras con piernas capaces de atraer los sexos, envolviéndolos con chales de seda; / que ha cubierto las grupas de las doncellas, semejantes a gacelas, con menudos mechones de cabellos; / que ha permitido a los sexos levantarse en lanzas para herir las puertas, y no las gargantas de los enemigos; / [...] / Yo alabo a Dios porque ha colocado en el placer de la unión el placer del esfuerzo y del retraimiento entre la persona que conduce y la que se encuentra conducida; / Yo agradezco a Dios porque ha determinado que haya deleite en escuchar el ronroneo del amor sin la música de acompañamiento de la flauta» [48]. Curiosa plegaria: pero es perfectamente cónsona con la línea de pensamiento del exilado de Túnez. Salta a la vista aquí la profunda arabización del exiliado, que comparte con sus correligionarios musulmanes una visión cómoda, entusiasta y espiritualizante del placer carnal. Ya lo sabemos: estas actitudes eróticas tienen un marco de referencia estrictamente coránico. Ante esto, no es difícil suponer que una de las mayores originalidades del refugiado de Túnez es justamente aclimatar la noción de una sensualidad agradable ante los ojos de Dios a la literatura española. Posiblemente, estos folios escritos desde el destierro serán los que aborden por última vez en castellano el tema de la sexualidad humana sin empeño pornográfico y sin ironía morbosa. No es poco.

p) *El juego erótico previo a la cohabitación. Aḥmad Zarrūq, mentor principal de la erudición amorosa del morisco*

Después de celebrar espiritualmente el placer sexual, nuestro tratadista pasa a detallar los pormenores del acto amoroso en un apartado que titula «De las cosas de premio en el tener acto con sus mujeres o esclabas» (fols. 97v-98r). Comienza, como buen oriental, recomendando vivamente el juego amoroso previo al coito:

> antes del acto es [cosa de premio] el jugar con ella con todas las çircunstançias de gusto que pueda, besando, abraçando y tentando, para que con esto se contenten los dos y se apresten sus coraçones y pretençiones, de suerte que, ençendidos en gusto, ella pida a su marido la obra y él la execute con fuerça (fol. 97v).

Cuánto sabía de amores nuestro refugiado. Más que Algazel. Para la explicitación del *foreplay*, el morisco abandona el *Iḥyā'*, que tan parco es en este asunto, y coloca sobre su mesa de trabajo los manuscritos de Aḥmad Zarrūq. Es la autoridad que cita con mayor rigor de estudioso, ya que nos menciona las obras específicas del sufí de Fez de las que habrá de servirse: éstas son —ya lo sabemos— la *Naṣīḥa al-kāfiyya* y el *Šarḥ al waglīsiyya*. Nuestro autor hispaniza caseramente los títulos árabes: «el Sarx sobre la Guagleçia» y la «Naçiha». Es evidente que el primer códice que tiene nuestro exilado ante la vista es el *Šarḥ* o *Comentario* de Zarrūq. En este texto, Zarrūq comienza su estudio de la cópula invocando precisamente estos juegos preliminares que el morisco acaba de describirnos, y que no figuran en el *Iḥyā'* de Algazel. Aconseja al marido

> juguetear con [la mujer], contarle historias, tocarla con los dedos o con un dedo en sus partes sensibles [...]. No debe echarse sobre ella hasta que esté seguro que tiene deseos. [La mujer] lo dará a entender por la alteración de sus ojos; por su mirada fija e inamovible en él; por la fuerza de su aliento [...]. Debe [el varón] chupar su lengua, frotar su miembro entre los bordes de la vagina, y acariciar sus senos; y hacer, en una palabra, todo aquello que la pueda predisponer al amor (fol. 151v).

Tanto importan estos preámbulos amorosos, que Zarrūq vuelve sobre ellos al final de su disertación: «[se debe] comenzar con el juego [previo a la cohabitación] a fin de preparar a la esposa y de excitar sus deseos amorosos, hasta lograr que se eleve su aliento, aumente su impaciencia y busque la proximidad del marido, que sólo entonces procederá a acercarse a ella» (fol. 153r). En la *Naṣīḥa* el docto sufí convertido en erotólogo vuelve a insistir en lo dicho: «Y quien desee [hacer bien el amor] que no se acerque a ella hasta que [haya comprobado] que se eleva su aliento, que baje sus ojos y que pida su contacto. El preludio [adecuado del acto] es el juguetear prolongadamente con ella, acariciar sus senos, y frotar su pene entre [los] dos bordes [de su sexo]» (fol. 139r).

Y ya que hemos sorprendido al refugiado haciendo una lectura tan esmerada de Aḥmad Zarrūq para esta parte final de su tratado, que es, posiblemente, la más novedosa, importante y delicada, conviene que digamos algo sobre su relación con esta nueva fuente literaria que ha comenzado a esgrimir. Lo primero que llama la atención es que nuestro autor no copia servilmente a Zarrūq, sino que a veces lo abrevia, otras lo amplifica, y otras, introduce información de otras autoridades o de su propia cosecha. (Zarrūq, por ejemplo, se sirve a su vez de fuentes eruditas distintas a las del refugiado, como Mālik, Ibn 'Arabī, etc., mientras que el morisco introduce novedades tan trascendentales como Lope.) Importa decir que nuestro autor funde el *Šarḥ* y la *Naṣīḥa* en su propio capítulo sobre el coito. En general usa más el *Šarḥ*, del que se sirve, sobre todo, para explicitar las instrucciones relacionadas con la unión amorosa. (Ya vimos que comienza su tema sirviéndose de este códice.) A la *Naṣīḥa* la usa principalmente para las oraciones que entreveran el acto (de las que también Algazel dejó dicho algo), y para explicar el tema de las prohibiciones que contempla la ley islámica relacionadas con la vida sexual. Como ya adelantamos, vamos a adjuntar como apéndice la traducción de las dos lecciones magisteriales de Zarrūq sobre la vida sexual, pero conviene aquí que resumamos la estructura de ambos textos, observando cuándo el morisco sigue a su maestro y cuándo se aparta de él.

Veamos primero el *Šarḥ*, que comienza explicando las normas de la sexualidad. Zarrūq ofrece instrucciones para cada momento de la cópula sexual:

1. *Antes del acto*

Preámbulo: juguetear con la mujer, tocarla en sus puntos sensibles. Se debe echar a la mujer de espaldas. (Aquí el S-2 lo sigue.) El varón no debe proceder al coito hasta que no advierta que la mujer se encuentra preparada (se altere su mirada, se eleve su aliento, etc.). No debe besarla entre los ojos. (En estos detalles últimos nuestro morisco no coincide con Zarrūq.)

2. *Durante el acto*

La penetración debe ser llevada a cabo con lentitud; se debe intentar la eyaculación simultánea porque «ello siembra amor en el corazón». El refugiado sigue muy de cerca a Zarrūq en estas instrucciones.

3. *Después del acto*

El varón debe pedir a su compañera que se eche del lado derecho si quiere concebir un varón, del izquierdo si quiere concebir una hembra. Debe decir en silencio la azora XXV, 54, y observar las abluciones pertinentes posteriores al acto.

El refugiado sigue leyendo de cerca a su mentor en todos estos consejos, así como en esta división tripartita del acto en tres momentos específicos.

Temas misceláneos

A continuación Zarrūq ofrece información aledaña a la vida amorosa: los sueños eróticos, la prohibición de sacar el semen si no es mediante cópula legal; la menstruación y las reglas que conciernen a la misma; la eyaculación sin que medie el coito; la polución nocturna. Añade comentarios curiosos sobre el coito con hombres, con vivos, con muertos, con animales, etc., y se extiende más sobre las reglas del lavado ritual posterior al acto. El morisco se ahorra toda esta sección del *Šarḥ*.

Vuelta al principio: las tres normas a seguir durante la cópula

1. Antes del acto: jugar con la esposa hasta que esté lista. El S-2 sigue en esto al *Šarḥ*.

2. Posiciones: no debe ser «en cuatro pies», ni de lado, ni encima del varón, sino echada y con las piernas levantadas. El morisco es aún más explícito que Zarrūq.

3. La penetración debe ser lenta. Se debe hacer el amor dos veces por semana, siempre tomando en cuenta el ciclo menstrual de la mujer, o su posible embarazo: para todo ello se ofrecen cómputos bastante complicados. El morisco omite todo este apartado.

Lo que más de cerca imita el morisco de la *Naṣīḥa al-kāfiyya* son, como dijimos, las plegarias que acompañan el acto amoroso y la regimentación de los tabúes sexuales. Ésta es la estructura de la obra:

Las prohibiciones sexuales

1. La sodomía, que es la práctica más condenada. El morisco secunda en esto a Zarrūq, aunque insiste menos en su rechazo moral.

2. La fornicación con mujer de vida pública o con mujer vedada. Poco dice el refugiado acerca de esto.

3. El coito en lugar que no sea el órgano sexual de la mujer, que es el único natural y legal. Zarrūq cita al efecto la azora II, 223, y el morisco secunda su pensamiento al detalle.

4. La masturbación. El morisco omite aquí su opinión al respecto.

Temas misceláneos

Zarrūq nos habla una vez más de los sueños eróticos, de los que nada nos dice el morisco, así como de las azoras que es beneficioso decir durante el coito, de lo que sí nos hablará nuestro autor. El sufí se extiende en otras prohibiciones: el varón no debe tocar su miembro con la mano derecha ni abordar a su esposa después de un sueño erótico (todo ello se lo ahorra el morisco).

Sobre el acto sexual

Si no hay juego previo al acto, el hijo sale ignorante y necio. (El refugiado abrevia el dato pintoresco de Zarrūq). El varón debe actuar cariñosamente con la mujer, e intentar provocar el orgasmo mutuo: ello provoca el amor de la esposa. Describe aquí el *foreplay,* y ya vimos que el morisco lo sigue de cerca. Si quiere un hijo varón, debe decir a la mujer que se acueste del lado derecho, si hembra, del izquierdo; si no quiere concebir, debe acostarse de espaldas. El refugiado sólo recomienda lo primero. (¿Habría deseado —o habría tenido— un hijo varón?) Ahora vienen las plegarias que conviene decir durante el acto y después del mismo: con ellas se aleja a Satanás y se es consciente de que durante la cópula el hombre, co-creador con Dios, puede haber traído un alma al mundo. Nuestro refugiado lee a Zarrūq aquí con mucho esmero.

Recomendaciones para la relación del varón con su esposa

Durante el coito, debe juntar su saliva con la de ella, y respirar en su cara. No debe, sin embargo, besarla entre los ojos. (Tampoco debe hacer el amor con una vieja, ni dormir o bañarse [o copular] acabando de comer, ni con su mujer, si está vestida.) El marido debe ser generoso, económicamente hablando, con su cónyuge. Tampoco debe copular en exceso, ni demasiado poco. La esposa tiene derecho al acto dos veces cada viernes. El marido no debe repudiar a la esposa. Si ha de hacerlo, nunca debe hablar mal de ella. Debe mantenerla adecuadamente, sin exageraciones pero tampoco con privaciones. Hasta aquí el morisco va ignorando la *Naṣīḥa,* que retoma ahora, cuando Zarrūq pasa a hablar de la obligación del marido de aleccionar a su esposa en lo tocante a la oración, la purificación, y las reglas rituales relacionadas con la menstruación, entre otras. El refugiado omite, una vez más, las autoridades de Zarrūq al respecto, como Al-Haŷŷ, pero sigue de cerca los consejos de su mentor acerca de las azoras que conviene decir al consumar el matrimonio. No incorpora, sin embargo, detalles relativos a reglas de urbanidad, como el deber del marido de saludar a su esposa mañana y tarde, y lo relativo a los «hechizos» o conjuros con los que éste puede protegerla. Sí coinciden ambos en la idea de que el varón musulmán debe ser justo con sus esposas, si tiene más de una: sólo que el morisco lo había dejado dicho mucho antes, y Zarrūq lo comenta, de pasada, al final de su lección sobre la sexualidad humana.

Salta a la vista en seguida lo endeudado que se encuentra el refugiado con Aḥmad Zarrūq. Una de las modalidades más importantes que debe nuestro autor al maestro marroquí es el tono de dulzura con el que aborda el delicado tema de las relaciones sexuales, y la ternura constante que pide al esposo para con su compañera de amores. Hay, sin embargo, diferencias interesantes entre ambos teóricos. En nuestro breve examen de la estructura de las obras de Zarrūq hemos podido ver, principalmente, la información que el refugiado va omitiendo según refunde los códices. Pero es que el morisco no se limita a omitir, sino que añade de su propia cosecha. Esto lo iremos viendo ahora en detalle, pero, por lo pronto, es justo indicar que la celebración del «gusto» o placer del acto amoroso, que nos lleva a la contemplación misma de Dios, la incorpora por cuenta propia a su reflexión sobre el amor humano. También es mucho más arriesgado que Zarrūq en dimensiones importantes de la vida erótica: ya veremos que aconseja que los cónyuges pueden mirarse sus órganos sexuales respectivos, y que la esposa puede tomarse licencias eróticas que no contempla para ella Zarrūq, como el jugar activamente con el cuerpo de su esposo (el morisco recomienda que la esposa debe ser lo más honesta posible en público, pero completamente licenciosa en la cama). El refugiado permite, de otra parte, el sexo oral, sirviéndose de la autoridad de Aṣbag, de la que nada dice el sufí; y, por último, declara lícitas todas las posiciones sexuales, no sólo las que sugiere su mentor[49]. Naturalmente, las *belles lettres* que ilustran el tratado magisterial hispánico van por cuenta del morisco: el Samarqandī (o *Las mil y una noches*) y Lope de Vega. También es evidente que al refugiado lo guía el sentido común al condensar aquellas partes de la obra de Zarrūq que sonarían demasiado onerosas o complicadas a sus correligionarios españoles, como los complejos cómputos matemáticos relativos al ciclo femenino, o aquellas prácticas que parecerían teológicamente controvertibles o «folclóricas», como la mención de las relaciones sexuales con muertos o con bestias y los hechizos o conjuros mágicos.

Hemos visto lo cerca que se encuentra el refugiado de Túnez de la fuente que ha admitido estar siguiendo. Importa decir, sin embargo, que las enseñanzas de Zarrūq son las enseñanzas fundamentales de todos los erotólogos del islam. En lo que se refiere a este juego erótico previo al acto, Bouhdiba (*op. cit.*, pág. 149) nos advierte que «los juegos sexuales (*mulaʿaba*) son calurosamente recomendados por el profeta [...] el amor no debe cumplirse en la tristeza». El teólogo Algazel, aunque es mucho más modesto que Zarrūq y que el refugiado, no puede estar más de acuerdo, y cita al efecto un *ḥadīẕ* atribuido a Mahoma, en el que el profeta defiende el *foreplay*:

> «Que ninguno de vosotros se arroje sobre su esposa, como hacen las bestias, sin que medie antes un mensajero entre vosotros.» Le preguntaron: «¿Quién es este mensajero?». Y respondió: «Los besos y las palabras tiernas» (*op. cit.*, pág. 85).

El jefe Nefzāwī se muestra, como siempre, más mundano que Algazel, y, en estos temas, que el mismo Zarrūq y que el morisco. Este último no tiene, hay que admitirlo, la imaginación literaria del cultísimo tratadista tunecino. He aquí los consejos del cadí para el inicio de la cópula:

> Antes de comenzar a laborar con tu esposa, excítala jugando, de manera que la copulación termine a satisfacción mutua.

> Así, te estará bien jugar con ella antes de introducir tu miembro y llevar a cabo la cohabitación. La excitarás besando sus mejillas, chupando sus labios y mordisqueando sus senos. La besarás pródigamente en el ombligo y en los muslos, y titilarás sus partes bajas. Muerde suavemente sus brazos, manténte unido a su vientre, y demuéstrale tu amor y sumisión. Entrecruza tus piernas con las de ella, y estréchala entre tus brazos (*El jardín...*, pág. 39) [50].

Más adelante, amplificando con mucha más imaginación y delicadeza los escuetos consejos del morisco y de su modelo Zarrūq, Nefzāwī ilustra con lujosas metáforas lo dicho. Cita al respecto a un experto en la materia, que compara, en semejante trance, a la mujer con una fruta, que no rinde su dulzura hasta que se la acaricia entre las manos; y con la albahaca y el ámbar, que hasta que no se frotan no producen su perfume (*El jardín...*, pág. 41). También el *Ktab* se hará eco de estos consejos sobre el juego amoroso, siguiendo los pasos de sus precursores musulmanes en la materia [51]. Hay que decir que los hindúes habían preludiado el tema, que elaboran con extraordinario refinamiento. Los árabes simplifican la intrincada nomenclatura técnica y los detallados pormenores de sus antepasados en la materia. El *Ananga Ranga,* por ejemplo, ofrece distintos títulos para cada tipo de beso y de abrazo previo al acto: el *vrikshadirudha*, pongamos por caso, es el abrazo que simula la acción de trepar a un árbol [52]. Pero tras la simplificación musulmana de las técnicas hindúes subyace el mismo espíritu de enseñar a hacer el amor asegurando el deleite de ambos participantes.

q) *«El modo de ponerse» o las posiciones más recomendables para el coito*

El autor del S-2 pasa ahora a hacer recomendaciones específicas sobre las posiciones más recomendables para el acto generativo: «el modo de ponerse» (fol. 97v). Aunque el morisco tiene sus preferencias, acepta que «todas son permitidas» (fol. 98r), respaldándose a estos efectos en un versículo coránico (II, 223) muy socorrido entre los tratadistas musulmanes que lo precedieron: «Vuestras mujeres son vuestra campiña. Id a vuestra campiña como queráis». Zarrūq, por cierto, se sirve del mismo versículo en la *Naṣīḥa* (fol. 138r), pero no para defender la permisibilidad de todas las posiciones, sino para atacar la sodomía. El refugiado parecería estar más cerca, entonces, de Nefzāwī, quien inaugura su descripción acerca de las posiciones con la misma azora que el autor del S-2 [53] y que el tardío *Ktab,* que también la cita al efecto (*op. cit.,* pág. 389).

Nuestro morisco privilegia la posición en la que la mujer se acuesta «boca aRiba, alçados los pies, porque ésta [...] es la mejor postura, y se conçede con su gusto» (fol. 98r). Exactamente lo mismo leemos en el *Šarḥ* de Zarrūq: «La postura más recomendable para la cópula es aquella en la que la mujer se echa de espaldas y coloca las piernas en alto» (fol. 153r) y en *El jardín Perfumado* de Nefzāwī, que privilegia esta postura por encima de las once que recomienda:

> *La primera manera.* Haz que la mujer se acueste sobre sus espaldas, con sus piernas levantadas, y entonces, acoplándote entre sus piernas, introduce tu miembro dentro de ella. Si presionas los dedos de tus pies contra el suelo, puedes agitarla de manera conveniente y pausada (pág. 44).

Nuestro morisco es menos generoso en su información que Sūyūtī, que examina unas versátiles 137 posiciones; que Vātsyāyana, que explica una treintena [54]; que el anónimo autor del *Speculum al foderi,* que menciona alrededor de veinticinco; y que Nefzāwī, que da cuenta de once en su *Jardín perfumado* —en su más arriesgada *Gloria del jardín perfumado,* sin embargo, nos sorprende con su defensa de una sola posición (la mujer bajo el varọn) y con su abrupta conclusión de que «cualquier otra posición es inservible» (pág. 226) [55]—. El refugiado, por su parte, se limita a anunciarnos que «se puede escoger media docena para diferenciar» (fol. 98r), pero no entra en más detalle. Sí nos deja saber, sin embargo, acerca de las posiciones que le merecen reprensión: aunque sean legítimas, pueden resultar incómodas para la mujer o para el hombre. Resulta interesante el hecho de que la primera advertencia que hace el exilado en este sentido sea en defensa de la mujer: «no la pongas en quatro pies, porque es de trabajo para ella» (fol. 98r). Con su característico sentido común, añade: «Y esto, si lo diçe, que, a pedillo, no lo será» (*ibid.*). Aquí nuestro autor difiere de Nefzāwī y de Vātsyāyana, que habían recomendado esta posición, llamada «ayuntamiento de la vaca» por el autor del *Kāma Sūtra* [56] y «al estilo del carnero u oveja» por el cadí, que sigue en esto a los tratadistas indios [57]:

> *Manera decimosexta.* [...] (a la manera del carnero). La mujer se coloca de rodillas, con sus brazos en el suelo, el varón se le aproxima por detrás, se arrodilla y la penetra con su miembro la vagina [...]; debe colocar sus manos sobre los hombros de la mujer (*El jardín...*, pág. 49) [58].

El morisco sigue, en cambio, más de cerca a Zarrūq, que desaconseja esta postura: «[el varón] no debe abordar [a la esposa] estando arrodillada, porque es perjudicial para ella» (*Šarḥ*, fol. 153r). Aquí podemos comprobar que la delicada sensibilidad del morisco ante la mujer, a quien protege de ciertas posiciones, la ha heredado del sufí de Fez. Vuelve a proclamarse en su defensor al desaconsejar otra postura: «no la pongas de lado, porque proçede de ello dolor en las yngles» (fol. 98r). Es curioso que Nefzāwī, que también objeta esta posición, lo hace pensando que es nociva para el hombre, no para la mujer: «si el coito se lleva a cabo de lado, predispondrá tu sistema a la gota y la ciática» (*El jardín...*, pág. 65). Es justo recordar, sin embargo, que en más de una ocasión

Nefzāwī ha protestado también de ciertas posiciones porque resultan perjudiciales a la mujer [59]. Pero aquí a quien sigue de cerca el exilado es a Zarrūq: «[no abordes a la mujer] de lado, porque le causa dolores de cadera» (*Šarḥ*, fol. 153r).

El exilado previene, de otra parte, contra la posición en que la mujer se coloca sobre el hombre: «[no la pongas] ençima de ti», pero argumenta esta vez a favor del hombre: «porque resulta de ello el sujetarte» (fol. 98r). Zarrūq condena la misma postura argumentando que si la mujer se coloca encima del varón, «[ella] habrá de menospreciarlo» (*Šarḥ*, fol. 153r). Aquí comprobamos, una vez más, lo cerca que está leyendo el morisco al jurisconsulto, ya que no se le ocurre argumentar, con tantos otros erotólogos, el lugar común médico que pudo haber originado en parte la objeción por esta postura: el fluido vaginal de la mujer puede irritar la uretra del varón. Así lo aseguran, entre otros, Al-Sūyūtī, Avicena y Nefzāwī, que lo repite en sus dos tratados. Oigámoslo en su *Jardín perfumado*:

> No permitas que la mujer lleve a cabo el acto del coito montada encima de ti, porque en esa posición algunas gotas de su fluido seminal pueden entrar en el canal de tu verga y causar una uretritis aguda.
>
> [...] también puede suceder que la esperma del hombre no pueda pasar hacia afuera, y regrese a la uretra.
>
> [...] Si llevas a cabo el coito con la mujer elevada encima de ti, tu espina dorsal sufrirá y tu corazón quedará afectado; y si, estando en esa posición la más mínima gota de las secreciones usuales de la vagina entran en el canal de tu uretra, una constricción dolorosa te puede sobrevenir (*op. cit.*, págs. 45, 53 y 65) [60].

Nefzāwī, como dejamos dicho, tiene una visión más práctica de la teoría sexual que los teóricos hindúes como Vātsyāyana, y en esto se acerca en algo a los consejos caseros del morisco de Túnez y de su modelo Zarrūq, que son todavía menos pretenciosos que los del autor de *El jardín Perfumado*. El cadí hace una clara referencia a sus lecturas de los libros erotológicos de la India, en lo que al tema de las posiciones se refiere, y describe, aunque un poco a regañadientes, veinticinco complicadas posturas de esta procedencia. Se impacienta por el hecho de que muchas de ellas resulten fatigantes y difíciles de lograr: «creo incluso que sólo se pueden llevar a cabo con palabras y diseños» (*El jardín...*, pág. 51). Nefzāwī avala su saludable suspicacia para con la frecuente impracticabilidad del arte amatorio indio con un ejemplo incontestable:

> Se dice que hay mujeres de gran experiencia que, acostadas con un hombre, elevan uno de sus pies verticalmente en el aire, y sobre este pie se coloca una lámpara llena de aceite, con la mecha ardiendo. Mientras el hombre las empuja en el asedio amoroso, ellas mantienen la lámpara estable y ardiendo, y el aceite no se

derrama. Su coito no queda impedido de manera alguna por esta exhibición, pero todo ello debe requerir una gran práctica de parte de ambos.

De seguro los escritores indios describen en sus libros muchas maneras de hacer el amor, pero la mayoría de ellas no producen placer, y dan más dolor que deleite (*El jardín...*, pág. 58).

Ante este asombroso ejemplo de la literatura erótica india que nos ofrece Nefzāwī con ceño fruncido, la sobria parquedad del morisco y de Zarrūq en el tema parecen palmarias.

r) *El acto sexual. Acerca de la satisfacción femenina y de cómo hacer el amor rezando*

El morisco pasa ahora a describir el momento mismo de la culminación de la cópula carnal. Aquí llaman la atención dos cosas. En primer lugar, el exilado, al igual que sus mentores musulmanes, se vuelve a mostrar comprensivo para con las necesidades y particularidades sexuales de la mujer, no obstante el hecho de que sus tratados estén escritos para lectores masculinos[61]. En segundo lugar, a un lector occidental le conmueve la complicada letanía de oraciones y de suras que debe acompañar este momento supremo del acto amoroso. No es exagerado decir que los teóricos musulmanes piden que se haga el amor rezando: difícil que haya, en estas circunstancias, conflicto entre Dios y el amor humano. Oigamos directamente al morisco:

> Al tiempo de querer meter el miembro, refregallo en los labios del baso [vagina], porque se altere más él y ella, y diçiendo: *biçmi ylahi* [*sic*: بسم الله *o bi-smi illāhi*: «en el nombre de Dios»], metello [...] debe haçer de manera que sea con blandura, no con fuerça, de suerte que no le dé gusto [para que no eyacule prematuramente], y con amor exerçitallo dentro [...] que se detenga él lo más que pueda en derramar, hasta que lo hagan los dos a un tiempo, porque proçede desto quererse mucho (fol. 98r).

«Proçede desto quererse mucho»: el morisco evoca con singular ternura el resultado afectivo de una unión amorosa que sea igualmente satisfactoria a ambos cónyuges. La idea de esta mutua satisfacción es imprescindible en la erotología oriental, pero la delicadeza emocional que de repente ha adquirido el castellano del exilado transparenta claramente el árabe de Aḥmad Zarrūq, que es con quien nuestro exilado ha aprendido a ser sensible en materia de amores. He aquí los consejos del sufí de Fez tal como los expresa en su *Šarḥ al-Waglīsiyya*:

> En cuanto a los pasos a seguir durante el acto sexual, tenemos, en primer lugar, que la penetración debe llevarse a cabo con moderación, silencio y delicadeza,

porque de esta manera se experimenta más deleite, se preserva el amor y se conserva la fuerza. En segundo lugar, el hombre no debe precipitarse cuando siente que asoma su deseo, hasta que esté seguro de que ambos culminen a un tiempo, porque ello siembra el amor en el corazón. La anticipación [del hombre] perjudica [a la mujer] y le inspira odio permanente hacia su compañero (fol. 151v).

Zarrūq insiste una y otra vez en la importancia trascendental de que la mujer quede satisfecha sexualmente: sólo así podrá sentir afecto por su compañero de amores. En la *Naṣīḥa* el jurisconsulto reitera los consejos del *Šarḥ*: «[es necesario] actuar con delicadeza con la mujer hasta que se junte su licor espermático con el del hombre; porque esto hace que ella lo ame» (fol. 139r). Pero casi no hay erotólogo oriental que no haya preludiado la idea de esta satisfacción amorosa por partes iguales. Ahí está Nefzāwī, cuyas palabras también parecen repetir casi al pie de la letra los consejos de Zarrūq y del refugiado:

> El actuar así [con los debidos preámbulos amorosos] permite que los dos orgasmos sean simultáneos, y el disfrute les sobreviene a la mujer y al hombre en el mismo momento [...]. Esto es precisamente lo que hace nacer el amor (*El jardín...*, págs. 40-41).

Nefzāwī, como todos los teóricos del arte amatorio oriental, insiste una y otra vez en que el acto «debe implicar una igual participación en la felicidad para los dos combatientes y debe ser satisfactorio a ambos» (*ibid.*, pág. 43). En *La gloria del jardín perfumado,* pormenoriza aún más sus enseñanzas al respecto, siempre teniendo a la mujer en mente:

> En el acto de la unión sexual el hombre debe tomarse su tiempo de manera que su esposa experimente el clímax de la misma manera que él lo hace. Porque, si hay algo que afianza los nexos de amor entre un hombre y una mujer, es la posibilidad por parte de ella de culminar su orgasmo y satisfacer así su deseo ardiente. Se cuenta que el Profeta dijo: «Cuando cualquiera de vosotros tenga relaciones con su esposa, no la apresure, sino, por el contrario, ocúpese de que su deseo quede satisfecho de la misma manera que satisfaría el suyo propio».
>
> En su *Vivificación* [*Iḥyā'*] Algazel escribe que una práctica marital particularmente recomendada por el Profeta es ésta: si el esposo deriva satisfacción de su clímax, debe ir despacio con su mujer para que ella también pueda culminar, porque en su caso la consecución del orgasmo es más lenta; y alejarse de ella en el momento inapropiado es nocivo y perjudicial. Si el hombre y la mujer no culminan a un tiempo, añade Algazel, y si el hombre es siempre el primero en culminar, puede sobrevenir la fricción conyugal. No le hará ningún daño al esposo, sin embargo, si es la mujer quien culmina primero (pág. 126).

A estos efectos, tanto el cadí de Túnez (*El jardín...*, pág. 11) como Algazel coinciden con Zarrūq y con el morisco en aconsejar una eyaculación tardía de parte del hombre a fin de garantizar a la mujer la plena satisfacción de su erotismo: «que el marido no se ocupe tan sólo de su propio placer, porque a menudo la mujer es retenida por su pudor» (*Iḥyā'*, pág. 86). Según el célebre filósofo, Mahoma cuenta entre las debilidades del varón su insensibilidad sexual para con su pareja (*ibid.*, pág. 85). Estas enseñanzas, que comparten las autoridades citadas con Al-Sūyūtī[62], con Ibn al-Jatib[63], y con Ibn Ḥazm de Córdoba —es decir, con cualquier erotólogo árabe[64] que se precie— son parte de una ciencia sexual milenaria que había preludiado Vātsyāyana en su *Kāma Sūtra*. Allí el misterioso contemplativo nos enseña que la mujer, por ser de sangre fría, es menos excitable que el hombre, de lo que se infiere que uno de los principales deberes del varón es aprender a diferir su propia culminación sexual tanto como le sea posible, y, al mismo tiempo, acelerar la de su compañera.

Parece, sin embargo, que todos los teóricos del canon amoroso oriental favorecen el orgasmo simultáneo como la meta más deseable: «haz todo lo posible por provocar una descarga simultánea de los dos fluidos espermáticos: ahí yace el secreto del amor» (*El jardín...*, pág. 41), asegura una vez más Nefzāwī. Ya hemos visto que las enseñanzas de Zarrūq y su discípulo de Túnez son idénticas en este sentido. Recordemos, de otra parte, que todos estos antiguos sexólogos consideraban que la mujer, en su culminación amorosa, eyaculaba o «derramaba» como el hombre: se creía que la hembra emitía una suerte de semen en el momento de su orgasmo. Desde el punto de vista médico —y Avicena en su *Canon* lo recuerda palmariamente— la concepción se lograba con la unión de las dos «aguas» o «semillas» masculina y femenina. Erotismo y ciencia médica se unieron, pues, en la cultura oriental para garantizar la felicidad conyugal —y la descendencia— de ambos esposos[65]. El refugiado de Túnez no ve como bueno, a este respecto, el *coitus interruptus*, precisamente porque resulta en perjuicio de la mujer[66]: «sintiendo que ella quiere derramar, [el hombre] debe sacar un poco el miembro porque de dejallo se sigue el debilitarse, pero no ha de ser de suerte que derrame fuera, porque es en perjuiçio della» (fol. 98v). El morisco ha entendido muy bien aquí el sentido exacto del escueto árabe de Zarrūq: «El hombre debe retirar rápidamente su miembro cuando sienta el humor [de ella], pero no ha de ser de suerte que derrame [eyacule] fuera, porque es en perjuicio de ella» (*Šarḥ*, fol. 151v). Zarrūq insinúa pero no explicita la frase final, pero, para comunicar el sentido correcto en castellano, hay que traducir, en efecto, como lo ha hecho el morisco, aclarando que el varón debe retirar el miembro «pero no ha de ser de suerte que derrame fuera, porque es en perjuiçio de ella». Por traducciones esmeradas e ingeniosas como ésta advertimos lo de cerca que el refugiado viene siguiendo a Zarrūq, y lo bien que lo supo interpretar. Pero cualquier autoridad musulmana le habría proporcionado idéntica información. Algazel había dejado dicho lo mismo siglos antes: el varón debe evitar retirarse de súbito [*'azl*] porque, entre otras cosas, hace daño a la mujer (*op. cit.*, pág. 88).

Detengámonos ahora en una de las sorpresas más extrañas que el manuscrito S-2 depara al lector occidental: las oraciones e invocaciones que deben acompañar la cópula amorosa. Nuestro morisco carga la mano particularmente en ello: en el momento de introducir el miembro viril, el varón debe exclamar: *biçmi ylahi* (fol. 98r): es decir, «en el nombre de Dios», que es la frase con que comienza el Corán y la frase con la que los musulmanes devotos, incluso hasta el día de hoy, encomiendan muchas de sus actividades cotidianas. Algazel y Zarrūq son los teóricos más proclives a esta cópula suplicante, y son los que están, en este caso, más cerca del refugiado. En el *Iḥyā'*, también se recomienda que el hombre comience el acto con la invocación del nombre divino. Pero debe orar aún más: importa que diga la azora CXII, 1: «Di: "Él es Dios, es único. Dios, el solo. No ha engendrado ni ha sido engendrado y no tiene a nadie por igual"»[67]; y, seguidamente, el *takbīr* (*Allāhu akbar* o «Dios es el más grande») y el *tahlīl* (*lā illāha ilā Allāh* o «No hay Dios sino Dios»). Finalmente, debe invocar: «En el nombre de Dios, alto y poderoso; ¡Oh Dios, haz que ésta sea una buena posteridad, si has decidido hacer salir una de mis semillas!» (*Iḥyā'*, págs. 84-85). Toda esta larga letanía de plegarias nos certifica que el buen musulmán debe ser consciente de que, durante la expresión de su libido, está en un momento sagrado y puede, por más, traer al mundo una nueva alma. Algazel recuerda los consejos del profeta al respecto, recogidos en un conocido *ḥadīz*:

> El profeta [...] ha dicho: «cuando uno de entre vosotros va a conocer a su mujer y dice: "Oh Dios, aleja de mí a Satanás y aléjalo de mi posteridad", si acaso engendra una criatura, Satanás no le causará daño» (*ibid.*).

El morisco va a repetir el consejo del filósofo. El hombre habrá de decir «al tiempo de querer deRamar el umor esto: اللهم جنبنا الشيطان وجنّن الشيطان » (fol. 99v). Se trata exactamente del mismo *ḥadīz* que cita el maestro en el *Iḥyā'*, y el refugiado, para enaltecer el pasaje, lo escribe directamente en árabe, al igual que hace con varias azoras coránicas. Y no lo hace tan sólo para demostrar su *expertise* en la lengua de sus mayores. Es que, para un musulmán, es un requisito prácticamente indispensable el orar en la lengua original coránica, que es sagrada justamente por haber sido el instrumento de la revelación.

El acto debe culminar, según el refugiado, en una hermosa oración silente, que su aconsejado debe decir «en su pensamiento, sin menear la lengua» (fol. 98v). Se trata de la azora XXV, 56-54: «Él es quien ha creado, a partir del agua, un mortal en el que ha colocado genealogía y alianza»[68]. El morisco vuelve a citar directamente en árabe, y, una vez más, sigue de cerca los pasos de Algazel, que recomienda la misma surata, sólo que el filósofo aconseja proferirla justo antes de la eyaculación y no después.

Pero sospecho que el morisco, más que seguir a Algazel, está leyendo atentamente a Zarrūq. Lo que tiene ahora ante los ojos es la *Naṣīḥa,* que es el tratado más rico en plegarias nupciales: «[El esposo] no debe olvidar las plegarias estipuladas para esta ocasión, como decir, en el momento de la copulación: "[...] ¡Oh Dios! aléjanos de Satanás y aleja a Satanás de lo que nos has ofrecido [como posteridad]". Y, al acabar, [ella] debe decir en silencio: "Él es quien ha creado, a partir del agua, un mortal..."» (fol. 139r). Advirtamos, en primer lugar, que Zarrūq enumera las plegarias casi en el mismo orden que el refugiado. Sin embargo, asume que sus lectores saben de memoria las azoras coránicas y las abrevia. De otra parte, el sufí pide que sea la mujer, y no el hombre, quien ore en silencio. En esto el morisco no lo sigue, como tampoco en otras plegarias que prodiga el devoto contemplativo en su *Naṣīḥa* (fol. 139v): «Di: "me refugio en el Señor del alba..." [azora CXIII, 1]; [También conviene] decir constantemente: "¡Alabado sea el Señor Santísimo!", y recitar a menudo "Por el cielo y el astro nocturno..." [LXXXVI, 1]». Más adelante, Zarrūq habrá de insistir en las plegarias, por lo que es evidente su concepción de la cópula como un momento supremo del hombre ante Dios. Ahora nos habla del caso de la consumación misma del matrimonio: «Debe protegerse el momento de la consumación del matrimonio con la recitación de [la aleya]: "Cuando llegue el auxilio de Dios y la victoria" [CX, 11], y "¿No te hemos abierto el pecho...?" [XCIV, 1]» (fol. 140r). A esto siguen muchas otras oraciones, para distintos momentos de la vida conyugal. Si el marido teme que su esposa incurra en adulterio, o teme por su hijo, o por la salud de ella, debe imponerle las manos y orar repetidamente, e incluso darle a beber una poción en la que se ha diluido las letras de la *sūra al-fātiḥa* o azora que abre el Corán [69].

Aunque salta a la vista que el modelo principal del refugiado es, una vez más, Zarrūq, importa recordar que la práctica de acompañar el acto sexual con la plegaria es otro de los lugares comunes de la erotología musulmana. En *La gloria del jardín perfumado,* Nefzāwī ofrece exactamente el mismo consejo que Zarrūq, y podemos pensar que nuestro morisco, que parece haber leído esta obra directamente, verificó allí lo dicho por su maestro en lo tocante a la oración nupcial: «Si algunos de vosotros, en el momento de acercarse a su nueva desposada, dice "En el nombre de Dios; Oh Dios, aleja a Satanás de aquello que nos has ofrecido" y Dios dispone que un niño nazca de esa mujer, ningún demonio [70] hará daño a la criatura jamás» (pág. 118). Lo mismo, poco más o menos, continúa aconsejando en tiempos modernos el anónimo *Ktab* [71] e innumerables erotólogos islámicos adicionales [72]. Pero nadie lo hace de manera tan hermosa como Al-Sūyūtī, que declara en verso sus píos consejos erótico-religiosos:

Cuando ella se apresta a entreabrir
los labios, mostrando el aderezo
de sus perlas, palabras extrañas y asonantes
en el interior de su boca,
yo comienzo a desgranar
las expresiones musicales
del capítulo primero: «En el nombre de Dios...» [73].

Después del acto, y ante la posibilidad de haber logrado generación, el morisco aconseja

> deçir a la mujer se eche del lado derecho, porque si enjendra, que será barón. Y si lo haçe del içquierdo, será hembra, y esto por bía de costumbre, que Dios nrošs [nuestro Señor] es el que con su poder y su querer haçe y particulariça lo que es serbido (fol. 98v).

Esta recomendación, curiosa para el lector occidental moderno, la tiene recibida el morisco con toda seguridad de sus fuentes musulmanas, pero no es musulmana de origen. Galeno había dejado establecido que el lado derecho del útero es más caliente porque lo alimenta sangre más purificada y más subida en temperatura. Allí se encuentra el hígado, que es, por su propia naturaleza, caliente y húmedo; mientras que, por el contrario, al lado izquierdo se encuentra el bazo, que es, de suyo, frío y seco Este frío y este calor corporales ayudan a determinar el sexo del niño en el útero materno, siendo evidente que la niña se asocia al frío y al lado izquierdo y el niño al calor y al lado derecho. Hipócrates, por su parte, dice taxativamente que el feto masculino se asienta usualmente en el lado derecho, y el femenino en el lado izquierdo (*Aforismos* V: 48) [74]. Constantinus Africanus se hace eco de Galeno cuando afirma que si el semen caliente cae en la matriz y llega hasta la parte izquierda, engendrará una niña; mientras que si se aloja en la parte derecha, engendrará un niño. Todos estos ilustres galenos creían a pie juntillas que se ayudaba a decidir el sexo del niño acostándose en una u otra posición estratégica [75].

La tradición es, sin embargo, todavía más antigua en Occidente, ya que se remonta al mismo Aristóteles. En su citado *Tratado de la generación de los animales,* el filósofo corrige la creencia de Anaxágoras (los machos se forman en la parte derecha del útero, y las hembras en la izquierda) y de Empédocles (el semen que entra en un útero caliente engendra machos, mientras que aquel que se aloja en un vientre frío produce hembras). La razón por la cual Aristóteles disputa a sus colegas es empírica: ha podido comprobar que la hembra puede alojarse en el lado derecho de la matriz y el macho en el izquierdo, y que los gemelos de distintos sexos se alojan en un mismo lugar. La razón última que determina el sexo de la criatura, argumenta, es el calor. En el momento de la concepción, si falta el calor adecuado, el principio masculino no puede lograr convertir en su propia sustancia la materia prima de la matriz materna, se «daña» en el intento, y cambia a su condición opuesta. El opuesto del macho es, naturalmente, la hembra (IV, I, *op. cit.*, pág. 391). Queda claro —ya hemos dejado dicho algo sobre esto en nuestro primer capítulo— que Aristóteles piensa que la concepción femenina se debe a un «defecto» del proceso de gestación: la criatura resulta una niña en virtud de su incapacidad para efectuar adecuadamente la «cocción» de su propia materia prima, y por causa de la frialdad del fluido alimenticio que la rodea (IV, I-II, *op. cit.*, pág. 395). Hoy nos asombra la conclusión lapidaria del antiguo sabio: «Debemos entender la condición femenina como si fuera una deformidad, aunque se trata de una anomalía que ocurre en el curso ordinario de las cosas naturales» (IV, V) [76]. De ahí que las hembras maduren antes que los machos: «las cosas inferiores se culminan a sí mismas más rápidamente» (*ibid.*).

Los musulmanes heredaron, como se sabe, toda esta «misoginia científica» y repitieron la fórmula de posicionarse estratégicamente durante el intercurso sexual para lograr descendencia de uno u otro sexo [77]. Casi invariablemente, como podemos adivinar, intentaban engendrar el varón. Nefzāwī se hace eco del lugar común médico, y, como el morisco, lo hace parte integrante de su texto erótico-religioso: «Cuando termines el acto, no te levantes en seguida, sino desciende suavemente por su parte derecha, y, si ha concebido, será un varón, si Dios todopoderoso quiere» (*El jardín...*, pág. 43) [78]. Una vez más, nuestro refugiado ha seguido de cerca los consejos de Zarrūq, que pide a su lector varón que: «si quiere formar un varón, tiene que mandar [a la esposa] que se acueste sobre su lado derecho después de terminar [el acto]; y, si quiere una hembra, debe entonces hacer lo contrario; y, para anular [la concepción], que se acueste echada sobre sus espaldas» (fol. 139r). Zarrūq es, pues, más democrático en aconsejar distintas opciones generativas a su lector, a quien considera capaz de poder desear engendrar una niña. Tampoco para mientes, de otra parte, en aconsejar el curioso método de contracepción a base de la posición supina de la mujer. Ya hemos podido constatar que aquí nuestro refugiado se niega a hacerse eco de las enseñanzas de su maestro.

s) *Las abluciones*

«La limpieza forma parte de la fe», proclama un *ḥadīẓ* que sintetiza magníficamente la extrema privilegiación de la limpieza del cuerpo por parte de los musulmanes. Nuestro morisco, que tanto resentiría los escollos que le ponía la Inquisición en el orden de la limpieza, se muestra ahora buen hijo de su nueva cultura. Enseña que, al concluir el acto, los participantes tienen el deber de recurrir a las abluciones. Aconseja a la pareja que se lave sus órganos genitales.

> por si quieren haçer otra bez, porque dello se sigue el fortaleçersse y se quitan las çuçiedades de las umedades que tienen, y si quieren dormir les es mucho trabajo tomar el *guado* [وضوء o *waḍū'*: ablución], el cual no se pierde si no es teniendo acto otra bez (fol. 99r).

Otro tanto dejaron dicho los teóricos del islam. El refugiado sigue, una vez más, a Zarrūq, que se extiende en su *Šarḥ* no sólo sobre este lavado ritual posterior al coito (fol. 151v) sino sobre lo relativo a otras circunstancias en las que también se precisa el «alguado» o ablución. Algazel va a sugerir las mismas normas de limpieza (*Iḥyā'*, págs. 87-88), mientras que Nefzāwī, invariablemente más refinado, añade datos más rebuscados: la pareja debe perfumarse si quiere repetir el acto; y abstenerse de tomar agua de lluvia justamente después de haber hecho el amor [79].

Mucho que se lavaron y que se bañaron los musulmanes que precedieron y que le fueron contemporáneos al refugiado de Túnez. Tanto, que Algazel tiene que prevenir al lector contra caer en los excesos de una posible obsesión purificativa. Bouhdiba apunta hacia el hecho de que la doctrina islámica de la pureza, con sus lavados constantes para orar y su atención a las partes íntimas del cuerpo, roza el extremo de ser «generadora de la angustia» (*op. cit.*, pág. 81). De ahí provienen los 27.000 *ḥammāmes* o baños públicos de los que se jactaba Bagdad en el siglo XI (hoy se sospecha que debieron de ser alrededor de 60.000). La Córdoba califal poseía cinco o seis mil, y en muchas ciudades musulmanas modernas todavía hay al menos un baño público por barrio o por calle [80]. Ali Nazahery [81] reconstruye para nosotros las voluptuosidades higiénicas de una dama de Bagdad en los siglos XVIII o XIX. Hacía su entrada triunfal en el *ḥammām* de mañana, en una carroza, acompañada por una criada y un eunuco que llevaban cofres de madera laqueada o cajitas de cobre en las cuales se encontraba todo lo necesario para la *toilette*: guantes, cepillos, peines, pastas, ungüentos, perfumes, toallas, vestidos; así como una apetitosa merienda que hablaba por sí sola de las horas que permanecería la dama en los baños: naranjas, huevos duros, limonadas burbujeantes, agua de flor de naranjo, horchata. Después de haberse desvestido en la antesala la dama penetra en la sala de sudación. Después de una hora, una bañista viene a frotarla con un guante de lana tan fino y duro como fuera posible: en esta operación se combinan el masaje y la limpieza profunda de la epidermis. Después de enjuagar la piel se comienza a lavar la cabeza, la cual es untada con barro del Nilo o tierra de Armenia. Nuevo enjuague y fricción, al que sigue un pulimento de los pies con piedras especiales. A continuación se tiñen los cabellos, mecha por mecha, con *ḥennā'*, cuidando en todo momento de no manchar la piel. A esta altura ya ha terminado la mañana y nuestra dama procede a comer algo, reposando y conversando antes de que comience la sesión de la tarde. Ésta incluye la depilación del vello de todo el cuerpo, incluyendo las axilas, los brazos, el cuello, las piernas y el sexo. Para ello se pueden usar distintas mezclas, ya sea cera o una especie de caramelo espeso tratado con limón. Y el tratamiento termina por el maquillaje. Los dientes se blanquean con cáscara de huevo machacada o con carbón vegetal en polvo, después de lo cual la dama mastica *betel* o corteza de nogal, que habrá de perfumarle la boca y de dar un atractivo tono rojizo a las encías. Ahora la maquilladora aplica al rostro una mezcla de polvo de arroz con clara de huevo, al que añade luego un poco de polvo rojo para que las mejillas adquieran un hermoso color rosado. Se aplica a las cejas una pasta a base de incienso y agalla para oscurecerlas, y polvo de antimonio o *kohl* sobre las pestañas, a fin de agrandar los ojos. La gama de perfumes sería demasiado prolija de enumerar, pero incluye el ámbar, los extractos de manzanilla o violeta, el almizcle, el sándalo, así como las fragancias más ligeras: agua de rosa, de geranio, de naranjo, de laurel. Nuestra hermosa termina su tocado con el vestido y las joyas, y ya está lista para lo que adivinamos será una larga noche de amor [82].

No se nos oculta, ante todo esto, la extraordinaria importancia que los árabes concedieron siempre a la higiene corporal. Ya se trate de abluciones religiosas o de voluptuosidades estéticas, la importancia del agua era palmaria. Ahora estamos mejor preparados para comprender lo que sufriría el refugiado en su tierra de origen cuando tenía que suprimir su alguado y su baño o andar con la camisa maloliente. No cabe duda de que redactaría estas líneas acerca de las abluciones con un gusto particular. Y, por excepción, con poca nostalgia.

t) *Acerca de lo prohibido y de lo permitido en el amor*

El refugiado de Túnez y sus mentores no olvidan instruir al lector en aquellas cosas que son prohibidas y permitidas durante el comercio carnal. Ya adelantamos que en estos temas nuestro morisco se muestra bastante arriesgado. Comienza su lección alegremente, por las cosas que son permitidas a los amantes. Es obvio que, para redactar con libertad, debe de haber cerrado los códices de Aḥmad Zarrūq, que aquí es bastante severo. Lo primero que aborda el refugiado es la posibilidad que tienen los esposos de observarse mutuamente sus cuerpos. Aunque el varón no debe ver del todo a la «nobia» ni tener acceso a ella antes del matrimonio, una vez contraído éste, cesa toda prohibición y se da paso a la más absoluta licencia visual: «después de casados puede y se le permite y es de premio el bella y goçalla y refoçilarsse con todo su cuerpo y ber el baso» (fol. 99r). La mujer no se queda atrás en este franco disfrute sexual que defiende el morisco, que es muy democrático en este sentido: «Y así como a él le es permitido goçar de todo el cuerpo della, lo es también a ella que goçe del todo del cuerpo dél, mirando su miembro y demás partes, y reguçijarse con él en todas las çircunstançias que pueda» (fol. 100r). Importa decir que nuestro morisco contradice aquí a muchas autoridades islámicas, que se muestran púdicas en cuanto a mirar la desnudez se refiere [83]. El refugiado se atreve a más cuando aconseja a la mujer que «cuando esté sola con su marido haga lo que haçe la más disoluta mujer, pero que en público questé con el extremo de honestidad» (*ibid.*). Y aquí no vale invocar la autoridad de Aḥmad Zarrūq, porque el contemplativo marroquí no se atreve a tanto. Evoquemos a otro atrevido, el Arcipreste de Hita, que, como buen arabizado que era, había dado el mismo consejo a las féminas en su *Libro de buen amor*: «En cama solaz, trebejo, plasenteras e rientes. / En casa cuerdas, donosas, sosegadas, bienfasyentes» (v. 1.609). Juan Ruiz es el único «erotólogo» en quien hemos podido documentar el dato, pero su repetición casi idéntica en el ms. S-2 permite sospechar que estamos ante un antiguo lugar común de la ciencia de amor árabe, que se hispanizaría desde temprano. Sería interesante saber si el morisco aprendió el cliché de la mujer púdica en la calle y libertina en la cama en su patria o una vez en Berbería.

Entusiasmado, nuestro autor llega incluso a defender la práctica del sexo oral, respaldándose ahora en la autoridad del «Seyx Asbag» (el sabio o jeque Aṣbag): «que [...] mire [el baso] hasta lamello con la lengua» (fol. 99r). Importa aquí decir que nuestro autor es más osado que sus mentores Zarrūq, Algazel y Nefzāwī, que no dejan dicho absolutamente nada sobre el tema. Sin embargo, el tratadista morisco en seguida matiza su liberalismo: «aunque dijeron algunos que no es obra de persona de consideraçión, y que el deçir lo dicho es encareçimiento» (fols. 99r-99v). En esto viene a coincidir nada menos que con el autor del *Kāma Sūtra* hindú, que habla también de este tipo de contacto sexual, aunque lo restringe, permitiéndolo tan sólo a un erudito *brahmin*, a un ministro de estado y, en general, a un hombre de buena reputación. (La costumbre del sexo oral se solía practicar entre los miembros de las castas más bajas de los *shastras*, y, de ahí, seguramente, la precaución de Vātsyāyana [84].)

El morisco deja muy en claro, sin embargo, que desautoriza el comercio anal: «Sólo se beda el tener acto por la otra bía, porque Dios nrošs [Nuestro Señor] dixo que la mujer es como la tieRa [alude a la citada zora II, 223], para sembrar, y el sembrar no a de ser sino en la parte que produçe lo sembrado, ques la criatura; y en aquella bía no produçe; demás que es cosa fea y contra la costumbre y contra lo que se pretende, que es la jeneraçión. Y así, es cosa prohibida...» (fol. 99v). Una vez más, el erotólogo español ha leído a Aḥmad Zarrūq con pormenor. Al principio de la *Naṣīḥa*, el jurisconsulto había explicitado cuáles eran las cuatro prohibiciones principales de la vida sexual: la sodomía, la fornicación con mujer pública o ilegal, el coito en un lugar que no sea el órgano sexual, y la masturbación. Se dedica con cierto detalle al tercer caso, y lo hace casi en los mismos términos que el refugiado:

> La tercera [prohibición] es el coito en otro lugar que no sea la vagina. La falta más grave es aquella que es semejante a la sodomía. [...] El trasero de la esposa está prohibido de la misma manera que lo están los demás [traseros] [...]. Se atribuyó a Mālik la legalización [del trasero], pero él lo denegó, argumentando que «vuestras mujeres son vuestra campiña [o labranza] [azora II, 223]», y añadió: «¿Acaso se puede labrar en un lugar donde no se siembra? La cuestión del coito por el trasero es aún más grave que la fornicación simple, que conlleva de por sí la confusión de la genealogía, porque está en contra la razón y del derecho divino, ya que la salida se convierte en entrada. Hay, [en esta práctica], por añadidura, agravantes de índole higiénica y daños a la salud» (fol. 138v).

Nefzāwī había dejado estipulada la misma prohibición, que restringe la permisibilidad erótica que la azora II, 223 parecería otorgar al hombre. El morisco coincide también con el cadí casi al pie de la letra: «Dios, el alto, ha dicho "Id a vuestra labranza como queráis". De acuerdo a vuestro deseo podéis escoger la posición que más les guste, siempre y cuando, naturalmente, el coito ocurra en el lugar destinado para ello, es decir, en la vulva» (*El jardín...*, pág. 44) [85].

También Algazel dejó establecida su censura formal a la práctica: «[el marido] no debe cohabitar con ella si no es *in baso debito* [...] el coito anal es siempre impuro y la prohibición que lo condena es más severa que aquella relativa a las relaciones normales con una menstruante» (*op. cit.*, pág. 87). El *Kāma Sūtra,* por su parte, describe sin mayor incomodidad este tipo de comercio sexual (*congreso inferior*), pero lo ve como una rareza (*op. cit.*, pág. 104).

Es importante señalar, de otra parte, que todos estos tratadistas —Zarrūq, Vātsyāyana, Algazel, Nefzāwī y nuestro morisco— son estrictamente heterosexuales. Y ello, no obstante la tradicional tolerancia para la ambigüedad sexual que ha distinguido a los árabes a lo largo de muchos siglos de cultura. La definida heterosexualidad de nuestros tratadistas es, de otra parte, de origen coránico: el libro revelado contempla como modelo la unión conyugal que produce descendencia. Con todo, nuestro morisco apenas insiste en la sodomía, mientras que su modelo Zarrūq dedica largas parrafadas al acto prohibido en su *Naṣīḥa,* que comienza precisamente con una alocución en contra de los sodomitas. Incluso Nefzāwī condena todo exceso sexual, incluyendo la sodomía, en su libro más libertino, *La gloria del jardín perfumado* (págs. 217-218). Y, sin embargo, es fuerza señalar que muchísimos erotólogos árabes han dado muestras de una extraordinaria permisibilidad en el tema —pongamos, por ejemplo, a Al-Tīfāŷī y a Al-Sūyūtī [86]—. Pero el *corpus* de teóricos sobre el amor que venimos esgrimiendo en estas páginas representan, como ya dejamos dicho, la rama espiritual de la erotología islámica, que es con la que el refugiado cierra filas y hace escuela. Imposible pensar que nuestros tratadistas se atrevieran a contradecir el Corán o la tradición profética: estamos ante escritores fundamentalmente conservadores desde el punto de vista moral y religioso. Son maestros de ley islámica y no podía ser de otra manera.

Muy cerca una vez más del Corán y de su mentores literarios, el refugiado previene contra tener relaciones con la mujer en el momento de su regla menstrual: «se le prohíbe el tener acto en el baso en tiempo de su costumbre, o estar con la sangre del parto» (fol. 99v). La mujer está, de acuerdo con el Corán, ritualmente impura durante su período y debe abstenerse de relaciones sexuales:

> Apartaos de las mujeres durante la menstruación y no os acerquéis a ellas hasta que estén puras. Cuando estén puras, id a ellas, como Dios ha mandado. Dios ama a los que se arrepienten y a los que se purifican [87].

Los teólogos musulmanes suelen coincidir con este pasaje coránico. Ya tuvimos ocasión de detenernos en las pormenorizadas reglamentaciones del *Šarḥ*, con sus complicados cómputos numéricos que el morisco prefirió ahorrarles a sus correligionarios españoles. Algo más nos dice Zarrūq al respecto en la *Naṣīḥa*, pero ya es información de tipo más general (fol. 140r), como la obligación por parte del esposo de instruir a su compañera en lo tocante a los ritos de purificación de su religión. Nefzāwī, por su parte, considera que tener acto en estas circunstancias es perjudicial tanto para el hombre como para la mujer: ella no recibe placer ninguno y el varón puede enfermar si alguna gota del fluido menstrual se aloja en su canal urinario (*El jardín...*, pág. 67). Algazel, por su parte, disuade al hombre de tener relaciones con la mujer durante su estado de «impureza», advirtiendo que si se concibe un niño éste padecerá de elefantiasis. Con todo, el hombre puede acostarse al lado de la mujer, y acariciarla, salvo en la región comprendida entre el bajo vientre y las rodillas (*op. cit.*, pág. 87). Este detalle, que por cierto omite Zarrūq, lo va a repetir con exactitud el autor del S-2 (fols. 99v-100r): hay que decir que las prohibiciones que pesan sobre los musulmanes en estas circunstancias son menos severas que las que pesan sobre los judíos. Naturalmente, toda suerte de abluciones deben preparar a la mujer a reiniciar su vida erótica después de su período menstrual, y los teóricos del islam, como hemos tenido ocasión de ver, entran en numerosos pormenores al respecto.

Posiblemente la transgresión sexual con la que más duro se muestra el refugiado es con el adulterio. De sobra lo tiene condenado el Corán: recordemos el castigo de cien azotes que reglamenta para dicho vicio la azora XXIV, 2: «A la adúltera y al adúltero, a cada uno de ellos, dadles cien azotes. En el cumplimiento de este precepto de la ley de Dios, si creéis en Dios y en el último día, no os entre compasión de ellos. ¡Que un grupo de creyentes de fe dé su tormento!» [88]. El morisco censura la fornicación o el «zina» (*zinā'*) con otro argumento adicional: si la mujer tiene acto con muchos hombres, nadie sabrá a quiénes pertenecen los hijos que proceden de dichas uniones, y los linajes serán, por tanto, imposibles de establecer (fol. 100v). A fin de evitar la caída en el adulterio, el anónimo tratadista repite un remedio que ya había ofrecido Algazel siglos antes: el hombre debe acudir a su mujer propia para satisfacer su libido cuando se sienta tentado por la mujer ajena. Interesantemente, a Zarrūq parece preocuparle menos la fornicación que la sodomía: a la primera apenas dedica consejos y sí, en cambio, a la segunda. Es evidente que cada jurisconsulto tenía sus preferencias y sus fobias. En estos últimos motivos temáticos, por cierto, nuestro refugiado va coincidiendo cada vez menos con el sufí de Fez, hasta el punto de que parecería que ha cerrado sus códices y que ha vuelto a poner sobre la mesa una vez más el *Iḥyā'* de Algazel. Oigámoslo argumentar este último punto de cómo salvaguardarse del adulterio, en el que coincide con el docto maestro:

> Si acaso tus enemigos te inçitan a mirar otras y te haçen apeteçer, [conviene que] bayas corriendo con aquella alteraçión a tu cassa, y executa en tu mujer tu gusto, con que quedarás sosegado y libre de la mala yntençión de los enemigos y de la pena que te procuran (fol. 101).

He aquí las argumentaciones de Algazel:

> Ŷābir informa que el profeta (que Dios esté satisfecho de él; a él la bendición y la paz), habiendo visto una mujer, volvió a su casa donde su esposa Zaynab para satisfacer su deseo, diciendo: «Cuando una mujer viene hacia ti, es una suerte de demonio quien se dirige hacia ti; entonces, si te place una de esas mujeres que habéis visto, conviene que acudas a tu esposa: con ella será como con la otra» (*op. cit.*, pág. 28).

Parece que estamos ante un verdadero lugar común de la tradición erotológico-religiosa musulmana, ya que muchos otros espirituales hacen suyo el mismo consejo práctico [89].

Y es justamente para escarmentarnos en torno a esta particular transgresión sexual por lo que el refugiado de Túnez incorpora la leyenda más pintoresca de su tratado erótico.

u) *Historia del hombre que prefirió la muerte al adulterio*

El morisco pasa a relatarnos ahora una narración edificante, en la que el héroe, un humilde cestero requerido de amores por una lujuriosa dama rica, prefiere morir tirándose desde lo alto de un tejado antes que violar su fidelidad conyugal. Una serie de sucesos maravillosos se desatan después de su victoria moral, que comparte con su esposa legítima. Es evidente que la intención última del morisco es aleccionarnos en torno al adulterio y reflexionar acerca del hecho de que algunas mujeres ponen al hombre en peligro de cometer dicho vicio, mientras que otras lo salvaguardan del mismo con su conducta virtuosa.

El protagonista es un vendedor de cestos muy apuesto, que suscita la lujuria de una dama de fortuna que lo acierta a ver mientras pasa por la calle anunciando sus mercancías. La dama hace que sus criadas inviten al cestero a la casa, y él accede, creyendo que van a comprarle sus canastas. Una vez allí, la mujer, muy hermosa y engalanada de joyas, como aquellas moriscas que tanto irritaron al autor del texto en la realidad extraliteraria, descubre sus verdaderas intenciones y reclama del vendedor la consumación del acto sexual. La protagonista, temiblemente incitadora, toma la iniciativa erótica con un desplante muy singular: «ella lo asió, afiçionada a su jentileça y brioso cuerpo, [y] le dixo: "quiero que me goçes y tengamos acto"» (fol. 102v). (Estamos ante la encarnación del aspecto negativo de la mujer ostentosa, retorcida y, para colmo, proclive al adulterio, que el refugiado se ha encargado de fustigar moralmente una y otra vez a lo largo de su extenso escrito.) Con el fin de escapar de su aprieto, el cestero pide agua para hacer sus abluciones en el tejado antes de complacer a la dama, y, una vez solo, se arroja a la calle, prefiriendo morir antes que ser inculpado de fornicación. Un ángel enviado de Dios lo recoge e impide su muerte, y entonces, este «cuasi mártir» de la castidad regresa a su casa y a su esposa, con la que vive una existencia tan virtuosa como pobre. (Esta otra protagonista femenina, clara contrapartida de la seductora inicial, parece reunir para el autor todas las virtudes que le han merecido elogio en otros lugares de su texto: es de apariencia sencilla, fiel y piadosa, y su sexualidad está enmarcada dentro de la institución del matrimonio canónico, a cuyas delicias legítimas el autor está dedicando su apasionado tratado sobre el amor humano.) La esposa del cestero se dispone entonces a orar toda la noche para dar gracias a Dios por haber salvado a su marido de la tentación del adulterio. Enciende la lumbre de un horno, que se encuentra vacío porque la pareja es tan pobre que no había tenido qué comer ese día, y aparecen allí de repente unos panes milagrosos con los que Dios alimenta al matrimonio como premio a su virtud y piedad. La noche se convierte de aquí en adelante en noche de portentos fabulosos: animados con el primer milagro, los protagonistas piden al Todopoderoso sustentarse sin tener que trabajar. Inmediatamente baja del cielo una enorme perla como respuesta a sus oraciones. Pero la petición ha sido, a todas luces, excesiva, y la esposa advierte en sueños que la perla era parte del trono que estaba destinado para su marido en la otra vida. Ambos oran entonces para que la perla sea devuelta a su lugar ultramundano, y así sucede por intervención milagrosa. El esposo insiste en su demanda, sin embargo, y vuelve a pedirle ayuda a Dios a fin de no tener que sustentarse con la confección de cestos, y el Padre Celestial le envía esta vez un enorme pedazo de oro. El cestero, que ya había triunfado sobre la tentación carnal, triunfa ahora sobre su codicia y, escarmentado, pide al Creador que se lleve el oro si es que era parte de su

«El hombre que prefirió la muerte al adulterio.» Ilustración de *Las mil y una noches*.

premio en la otra vida. Dios lo hace desaparecer de inmediato. La fantasía desatada del relato nos suena a *Las mil y una noches* porque en efecto proviene de allí y de autores particularmente imaginativos como el Samarqandī. Pero el morisco, casi en lo mejor del cuento, da un corte brusco a esta gozosa magia literaria y toma la palabra para insistir en lo que más le importa: su moraleja en torno a la figura de la mujer, que, según sea o no virtuosa, ayuda al hombre en su camino hacia Dios y lo protege contra la grave transgresión del adulterio.

La literatura árabe abunda en leyendas aleccionadoras de este tipo. Zarrūq no parece muy adepto a ellas, pero ya hemos dicho que el morisco parece haber cerrado la *Naṣīḥa* y el *Šarḥ* hace rato. Nefzāwī, sin embargo, entrevera su *Jardín perfumado* de anécdotas similares, algunas prácticamente iguales a esta que el morisco utiliza en su opúsculo. Justamente después de terminar sus disquisiciones sobre el ayuntamiento sexual, el cadí de Túnez dedica un capítulo a la presentación de historias «ejemplares», titulado «Sobre los engaños y traiciones de las mujeres». No cabe duda de que estamos en la misma tradición en la que se inserta nuestro tratado hispánico: todas las leyendas ilustran el temperamento engañoso de la mujer y la inocencia casta del hombre en este trance. Ningún dramaturgo español de capa y espada que se tuviera en algo hubiese hecho suyos estos protagonistas masculinos sumisos y victimizados. Al seguir tan de cerca la literatura musulmana, el morisco se coloca en una tradición poco común a la hispanidad que le fue contemporánea [90]: la creación del personaje masculino pasivo y requerido de amores en contra de su voluntad [91]. Una de las historias narradas por Nefzāwī, resulta, en cambio —como dejamos dicho—, casi idéntica a la de nuestro morisco. Se trata de la leyenda del «amante a pesar suyo», en la que una dama, perdidamente enamorada de su vecino casado, una noche arma un estruendo en su casa para que éste, creyendo que un ladrón la había asaltado, acuda en su ayuda. Una vez el engañado vecino entra en la sala, la esclava negra de la protagonista cierra la puerta tras él, y la dama obliga al hombre a satisfacer sus deseos eróticos, amenazándolo con dar voces y decir al vecindario que él había entrado motu proprio para violarla. La ingeniosa protagonista retiene consigo a su caballero, que en esta ocasión no opta por el suicidio, y lo libera extenuado al cabo de una semana, en actitud muy distinta de la que hubieran presentado en semejantes circunstancias los héroes lujuriosos de un Tirso o un Lope.

Pero es que en estos momentos nuestro refugiado está dando las espaldas a su tradición literaria española, de la que tanto se había servido en su novela «ejemplar», y cierra filas, gozoso, con la narrativa clásica de su nueva cultura islámica. Hemos tenido la fortuna de dar con las fuentes exactas de nuestro morisco, que parece haber obtenido su relato de *Las mil y una noches* o del *Tambih al-Ġāfilīn* del Samarqandī. O quién sabe si de otra fuente árabe que repitiese la consabida leyenda. Ya vemos con cuánta gracia se deslizaba el apátrida del canon literario europeo al oriental, no importa lo disímiles que fuesen.

Detengámonos primeramente en la versión de la leyenda del cestero tal como la relata el Samarqandī. Abū-l Laiṯ Nasr ben Muḥammad ben Aḥmad ben Ibrāhīm al-Samarqandī, insigne teólogo y jurisconsulto de la escuela hannafi, vivió en El Cairo en la segunda mitad del siglo IV de la Hégira (siglo X d. C.), y su *Tambih al-Gāfilīn*, traducido al castellano aljamiado bajo el título de *Advertimiento de los descuidados,* en algún momento aún no determinado del siglo XVI, tuvo gran acogida como guía religiosa y especie de catecismo de moral [92]. Manuela Manzanares de Cirre ha dedicado dos estudios [93] a las recensiones aljamiadas del Samarqandī, que se encuentran en el manuscrito Junta VI de Madrid y en el 4871 de la Biblioteca Nacional de Madrid [94], aunque nada deja dicho sobre nuestro códice S-2 BRAH, de seguro por no tener noticia de que allí se repite la leyenda. Es en su ensayo de la *Modern Philology* donde la estudiosa edita un fragmento de la versión aljamiada [95], titulado «kapítulo de las racontasiyones». El título queda modernizado como «Del hermoso mancebo que vendía capazos», y la autora sólo edita la primera parte del relato, hasta el momento en el que el ángel Gabriel ataja la caída del varón ejemplar. Manzanares resume brevísimamente la otra leyenda que enlaza con ésta, acerca de la virtud recompensada de los esposos. De esta segunda parte del relato sí nos da noticias, en cambio, en su artículo publicado en la Editorial Gredos, y gracias a ello podemos advertir que las recensiones aljamiadas del Samarqandī se encuentran bastante cerca del relato moralizante del refugiado, pese a algunas variantes de interés.

La trama es, en sus líneas generales, idéntica, pero hay bastante diferencia de detalle. En primer lugar, nuestro relato, más moderno, no refleja los mismos arcaísmos lingüísticos que las versiones aljamiadas, así como tampoco los constantes aragonesismos de que suelen hacer gala estos textos transcritos con caracteres árabes. El breve texto que edita Manzanares comienza por adjudicar el acontecimiento ejemplarizante a Mahoma, dato que convierte automáticamente el relato en un venerable *ḥadīẓ*. Y, muy dentro de este ambiente sacro, se nos introduce el protagonista, que ahora es un «al-'ebid» o *al-'abīd* (*al-'ābid* en la versión árabe que manejamos), es decir, un siervo o devoto de Dios. *Al-'abīd* significa simultáneamente «joven» o «mancebo» y «siervo»: nuestro morisco ha traducido por «hombre justo», privilegiando el matiz de «devoto» o «siervo de Dios» que también admite el vocablo en árabe. Sabemos ahora, además, que nuestro protagonista pertenece a la nación de los «Bani-Israila» [96]. El hermoso y castísimo mancebo es, por tanto, nada menos que un judío, dado que se repite en el texto árabe original del Samarqandī y aun en la versión de *Las mil y una noches,* pero nuestro morisco prefiere pasarlo por alto. ¿Se sentiría incómodo ante la raza preterida por la España inquisitorial que le fue contemporánea, este morisco que se nos llegó a mostrar, en momentos curiosísimos de su novela idealizante, como «racista» y «progodo»? ¿O acaso pensara que era incómodo para su público neomusulmán el adjudicar un relato tan edificante a un hombre virtuoso pero perteneciente a otra religión? Ya era demasiado con la mezcla híbrida que traían sus correligionarios de cristianismo e islam, como para introducirles las ideas de otra fe distinta. Sea como fuere, lo cierto es que la versión de la leyenda del morisco es la única que conozco que usurpa el mérito de la virtud masculina a un representante de la nación de los «Bani-Israila».

La protagonista femenina también queda ligeramente alterada en las versiones aljamiadas: ya no es la dama rica ataviada con lujo que describe el morisco sino algo mucho más temible: una «reina». Nada se nos dice de su aspecto físico favorecido, en el que tanto insiste el refugiado. El texto aljamiado subraya mucho más, sin embargo, la notoria hermosura del mancebo, de la que nada nos dice el morisco, acaso acostumbrado por sus lecturas españolas a celebrar la belleza femenina pero nunca la masculina. Pero el héroe de la leyenda aljamiada parecería una versión apocopada del apuestísimo patriarca José, aquel *sex symbol* musulmán que protagoniza una azora coránica (XII, 31) en la que perturba de tal manera los ánimos de las doncellas que lo miran, que, encandiladas por su belleza varonil, proceden a cortarse los dedos en vez de pelar toronjas [97]. Este mismo José de la azora XII, 31 había sido requerido de amores por Sulayja, esposa de Putifar, de cuyos avances amorosos huye despavorido. Sulayja, despechada, lo acusa justamente de lo contrario: de haberla solicitado en amores ilegítimos. Los testigos del caso determinan que la duda quedará resuelta ante la evidencia incontrovertible de la camisa del hermoso José: dependiendo de dónde se encuentre la desgarradura que ha sufrido, será o no culpable. Si se encuentra rasgada por la parte delantera, se confirma la sospecha de que fue él quien atacó a Sulayja, pero si es por la parte de atrás, debe entonces haber sido Sulayja la culpable de haberlo retenido en su fuga. La desgarradura trasera de la camisa salva a José y acusa calladamente a la mujer: estamos ante los antecedentes coránicos de la leyenda moralizante que nos ocupa, que fustiga a la mujer que «abusa» del «honor» (¿o de la «honra»?) del hombre. Salta a la vista que las versiones aljamiadas respetan más —o recuerdan mejor— el espíritu coránico del relato original. El Samarqandī aljamiado coincide, de otra parte, en la franqueza erótica que adjudica al parlamento de la mujer cuando propone amores al cestero. En esta versión, que por cierto tiene bastante diálogo, la «reina» dice amenazante a su víctima: «Pues tú no šalrrāš de akí fašta ke ayaš kunpilido a noš nueštoro dešeo» [98].

Hay más refinamiento psicológico en la breve versión aljamiada, en la que el cestero debate consigo mismo con angustia antes de tirarse desde lo alto: ha servido a Alá durante «setenta años» y en una sola tarde se ha arriesgado a perder todo el antiguo mérito espiritual acumulado. (No sé cómo, entonces, puede tratarse de un hombre apuesto, siendo tan mayor. Si lleva siete décadas de servicio a Dios, debe tratarse de un octogenario; debe tratarse, pues, de un número simbólico.) Sea como fuere, Alá decide enviar a rescatar al virtuoso israelita al mismísimo ángel Gabriel —«Ŷibrīl»— que en nuestra versión española queda reducido a un simple «ánjel». El parlamento de Dios con su mensajero tampoco aparece en nuestra refundición: «Mi šiyerbo quiere matar šu peršona por fuir ḏe mi šaña. Bešlo a resebir kon tuš alaš, para ke no rresiba ningún daño. I tendiyó Ŷibrīl šuš alaš i tomólo ḏe šu mano despuéš, i ašentólo aší komo ašiyenta el padre piyaḏošo a šu fiŷo» (*ibid.*). En el fondo, uno de los pocos personajes que habla en directo en la leyenda del ms. S-2 es la protagonista femenina: al morisco le era necesario subrayar la peligrosa inmodestia de su requisición amorosa ilegítima. Y hasta aquí nuestro cotejo, ya que Manzanares deja en breve nota la segunda mitad de la leyenda. Por lo pronto, parecería que nuestro morisco no está siguiendo al pie de la letra la versión aljamiada. Vamos a ver si la versión árabe original le fue más familiar.

Hemos traducido del árabe el texto de la leyenda del Samarqandī[99], que figura entre los ocho cuentos del capítulo 95 de *Tambih al-Gāfilīn*. Manzanares de Cirre no lleva a cabo un cotejo detallado del original árabe con las versiones aljamiadas que transcribe. Estos ocho relatos del *Tambih* son, como dijimos, los que se llaman en castellano el libro o capítulo «de las recontaciones» y aparecen en su original árabe sin las reflexiones morales ni los preceptos religiosos usuales que acompañan los ejemplos literarios anteriores de la obra, que es —también lo sabemos— de estricto carácter religioso-didáctico. Salta a la vista en seguida que las versiones aljamiadas siguen muy de cerca su fuente árabe, que va a guardar casi las mismas diferencias que ellas con nuestro manuscrito. Pero no son idénticas al texto árabe.

El original que manejamos adjudica el relato a Mahoma, tal como vimos en la versión aljamiada, y procede a describir como israelita («de los de Bani Israila») al mancebo vendedor de cestos. El hermoso protagonista era, asimismo, un gentilísimo *'abīd* o siervo de Dios que acierta a vender su mercancía por la calle en la que vivía la esposa del rey (del *malik*, en el árabe original). Es, una vez más, una criada quien, advirtiendo su hermosura extrema, le abre y lo engaña para llevarlo junto a su ama. La leyenda aljamiada sigue muy de cerca el árabe original: la reina le pide que arroje de sí los cestos y se acueste con ella, mientras ordena a las criadas que aparejen los perfumes y los aceites para el encuentro amoroso. Es curioso que el morisco coincida con las versiones aljamiadas en ofrecer el parlamento directo —y atrevido— de la proposición erótica de esta dama, ya que el original árabe se lo ahorra. El refugiado se muestra, en cambio, bastante parco en otros detalles pintorescos del encuentro erótico, como los aceites y perfumes del aparejo o *toilette* que manda a buscar la refinada señora. Pero añade un dato por cuenta propia: las joyas que tanto parecen haber torturado su psique y que imagina ahora engalanan a la pecadora. Acaso sean símbolo también de su depravación moral. El texto árabe es, de otra parte, bastante atrevido, porque todas las doncellas deciden entonces aprovecharse sexualmente del prisionero, dato que pasan por alto tanto el refugiado como los refundidores aljamiados. Sigue un diálogo verboso en el que la dama le promete al cestero que lo mantendrá sin necesidad de vender su mercancía casera. Rápidamente, la víctima, haciendo gala de la misma astucia que las hembras de Al-Bagdādī, urde su engaño y pide un lugar para hacer su alguado o ablución, y selecciona la terraza alta que ya hemos visto en las otras versiones literarias. Prosigue el diálogo torturado del *'abīd* consigo mismo, que es una buena traducción del original árabe, con todo y con los misteriosos «setenta años» que afirma el personaje haberse mantenido en el servicio de Dios. (Ya adelantamos que pueden ser simbólicos, pues hacen alusión al célebre número siete, sacro en casi todas las religiones del mundo.) Escuchamos el parlamento de Dios con Ŷibrīl, a quien ordena la salvación del siervo predilecto. Ŷibrīl contesta con un poco más de detalle, y salva sobre sus alas al sacrificado cestero con cariño paternal. Ahora el texto árabe nos ofrece la parte final de la leyenda, que ya no podemos comparar con los textos aljamiados sino con el S-2. El hombre piadoso regresa a su casa, donde su mujer le demanda el dinero de la venta de las canastas. (El morisco mantiene un tono más piadoso, ya que en su versión la esposa decide orar toda la noche para agradecer a Dios que hubiese salvado a su marido del adulterio.) La esposa, según el Samarqandī, comprende lo sucedido, y pide al marido que encienda la lumbre por temor a que los vecinos se den cuenta de su pobreza extrema. (Estos detalles del hambre encubierta por «honor» no aparecen en la apresurada versión española.) Una vecina que se acerca a pedir lumbre advierte a la esposa del pan que crece en su horno: aquí sí empalmamos con la leyenda del refugiado, que narra a su vez la presencia del pan milagroso. En la versión árabe, es la esposa quien sugiere al marido pida a Dios que lo mantenga en adelante sin tener que trabajar: el morisco, en cambio, responsabiliza del peligroso pedido al cestero. Éste ora toda la noche y, como consecuencia, se abre el techo y aparece una mano, y sobre ella, el prodigio: una «alyaquta» o rubí que ilumina el humilde hogar como si fuera el sol mismo. El morisco, acaso más europeizado, ha preferido aquí describirnos una perla gigantesca que cae abruptamente del techo. En ambos autores, sin embargo, es la esposa quien ve en sueños el estado de gloria que aguarda a su marido, sólo que de su sitial celeste («púlpito» según el S-2; trono o púlpito de oro recamado con piedras preciosas en el Samarqandī) faltaba una piedra preciosa. Misteriosas voces ultramundanas hacen comprender a la esposa en el texto árabe que ella ha sido culpable de que el trono celestial de su marido presente tal fisura, por lo que, despertada de su sueño, pide que la piedra refulgente se devuelva a la mano extendida. Así sucede al instante, haciendo obvia la moraleja del relato. El morisco, sin embargo, insiste más que el Samarqandī y lleva la trama más al cabo. Ahora el marido, que es el codicioso real de la pareja, una vez la perla regresa a su lugar celestial, decide repetir el experimento. Vuelve a pedir a Dios ayuda para vivir sin necesidad de hacer cestos, y —ya lo sabemos— Dios le responde esta vez con un pedazo de oro que baja súbitamente del techo. Algo desconfiado, el «hombre justo» reza para que el Creador le haga saber si el oro era «de su parte en la gloria», y, por toda respuesta, se eleva de súbito techo arriba. Una vez más, la lección espiritual del relato salta a la vista, pero, al contrario que el texto árabe, nuestro autor la glosa a su público con todo el empaque de un buen «moralista» profesional.

De lo dicho hasta el presente podemos concluir que el morisco tampoco sigue el texto original con la cercanía con la que lo refunden las versiones aljamiadas. En general, omite los diálogos verbosos, recalca el mensaje ético y añade datos de su propia cosecha, como las joyas de la dama y la duplicación de los prodigios celestiales al final del relato.

¿Inventa nuestro autor estas variantes? Es que también *Las mil y una noches* repiten la leyenda: Scheherezade narra el cuento del «devoto israelita y su mujer» entre las noches 468 y 470 [100]. Manuela Manzanares opina que las versiones del Samarqandī (no especifica si las árabes o las aljamiadas), comparadas con las versiones de manuscritos egipcios de *Las mil y una noches,* son «mucho más complicadas, más novelescas, y están narradas con mucho más detalle» («El capítulo...», pág. 246). Me parece curioso el comentario, porque las versiones de Bulaq y de Calcuta, de las que se sirven algunos traductores europeos como Torrens, Payne y Burton, son pródigas en detalles y a veces ofrecen muchos más datos que el Samarqandī. Para colmo, esta nueva versión árabe se encuentra entreverada de poemas que van ilustrando los lances de la trama. Hay que decir en seguida que el refugiado tampoco parece seguir *Las mil y una noches* al pie de la letra [101].

Una vez más, el héroe del relato es un piadoso israelita que llevaba una vida de ejemplar ascetismo y de pobreza con su mujer legítima. Era, como en todas las versiones de la leyenda, hermosísimo, y un día que va a vender los cestos por la calle (se nos informa que ambos los tejían a mano), lo atisba la criada de la señora de un hombre rico. Aquí el morisco coincide con Scheherezade: no es una reina sino una dama acomodada. Aprovechando que su marido se encontraba ausente (el dato lo omite el S-2), hace entrar al cestero engañosamente para «comprarle su mercancía». Una vez dentro, la dama le expone sus deseos con la misma franqueza que vimos usó en las versiones aljamiadas y en el S-2 (pero no en el Samarqandī), y pide los perfumes y aceites preparativos para la noche de amores que les espera. Mientras el púdico israelita baja la vista avergonzado de la proposición inesperada de la dueña de la casa, acuden a su mente versos aleccionadores que Scheherezade transcribe con primorosa exactitud: es la única versión de la leyenda que he encontrado que incorpora poemas. El cestero pide entonces agua para sus abluciones, porque quiere llevar a cabo una misteriosa purificación cuya razón de ser y detalles precisos oculta a la dama. La narradora-protagonista Scheherezade es la única que ofrece este dato curioso. Ahora el piadoso cestero sube a la terraza, y medita, más largamente que en ninguna versión que hayamos visto, su crisis espiritual. El texto de *Las mil y una noches* sigue en general las líneas del *Tambih* del Samarqandī, pero con bastante más elaboración. Incluye, para colmo de lujo literario, nuevos versos ilustrativos. Alá se compadece del *'abīd* y envía un ángel —innominado, por cierto, como el del morisco— a salvarlo de su autoinmolación. Regresa al hogar y a la esposa legítima, que, como la del Samarqandī, le pregunta por el dinero de la venta de la mercancía. Una vez conoce lo sucedido, aflora su piedad religiosa y agradece al Todopoderoso que haya salvado a su marido del adulterio. Como la pareja del Samarqandī, la de *Las mil y una noches* es muy púdica a la hora de dar a conocer su extrema pobreza, y «guardan honra» encendiendo la lumbre para el puchero vacío. Sólo que la heroína procede a encender el engañoso fuego recitando versos al efecto. La vecina de marras advierte a los esposos, que ahora hacen sus abluciones, exactamente como los del morisco, del pan «milagroso» que se les quema en el horno. La mujer trae al marido el pan finísimo, y se lo ofrece en medio de diálogos que resultan más verbosos que los del Samarqandī. Ambos oran y es la esposa la que tiene la ocurrencia de pedir a Dios que los mantenga sin necesidad de trabajar, pero el relato introduce una importante novedad: lo hace para poder dedicar así su vida a la oración. El hombre reza a su vez, y el techo se abre y por él cae un rubí que enciende el hogar con su luz prodigiosa. Esta versión árabe se acerca bastante a la española del morisco, ya que la piedra preciosa cae del techo, y no la ofrece ya, como en el relato del *Tambih al-Gāfilīn,* la palma de una mano extendida. Ahora la esposa sueña, como en todos los relatos, y ve en el Paraíso los sitiales que aguardan a los justos. El sueño lleva más detalle y más diálogo con las autoridades celestes, que la informan acerca de cuál es el trono de su esposo. Para asombro horrorizado de la mujer, el «trono» presenta el hueco abrupto del rubí que les fue ofrecido por adelantado en el mundo. Caída en la cuenta de su error espiritual, aunque tuviera intención piadosa, la esposa narra su sueño al marido, y le pide que ore para que el rubí sea devuelto a su sitial de origen. Así sucede, y el matrimonio vive pobremente, pero en el servicio de Dios, lo que le queda de vida, hasta que le toca regresar a la presencia de su Hacedor.

A la luz de lo que venimos explorando hasta la fecha, salta a la vista que nuestro morisco no cierra filas con ninguna de las versiones árabes o aljamiadas que lo antecedieron por siglos. Colocamos en forma de apéndice este pequeño *corpus* de variantes de la leyenda del virtuoso cestero que hemos podido reunir hasta el presente, a fin de que el lector pueda compararlos con la versión del S-2: nuestra traducción del Samarqandī, la versión aljamiada que edita Manzanares de Cirre, así como la traducción de Juan Vernet de las noches en las que Scheherezade repite el relato. El autor morisco está, curiosamente, adeudado con detalles de cada una de estas versiones, aunque parece que acumula más coincidencias con el relato de *Las mil y una noches,* sobre todo en lo que concierne al mensaje religioso y moral de la narración. También parece que toma de allí ciertos detalles adicionales: la protagonista es una dama rica (no ya una reina); Ŷibrīl queda simplificado en simple «ángel» a secas; los esposos llevan a cabo abluciones que se describen con detalle; el rubí cae del techo, sin que se asiente en la palma de una mano ultramundana, etc. Claro que la versión de *Las mil y una noches* es mucho más literaria y pormenorizada que la del S-2, pero podría tratarse de una *reductio* esperable en quien está acostumbrado a refundir de prisa. En su sucinta brevedad, la versión española guarda bastante, de otra parte, de la apretada versión aljamiada. Con todo, hay que decir que el morisco ahorra muchos detalles de todas las versiones, y que aun añade varios de su propia pluma (alarga la trama con una nueva petición milagrosa; transmuta el rubí o *alyaquta* en perla (aunque hay que decir que al final de su relato, el morisco sólo aludirá a una «piedra preciosa»); se ahorra la condición de judío y la belleza del cestero a favor de la de su incitante tentadora, que aparece engalanada de joyas, entre otros cambios. También es justo advertir que las leyendas árabes y aljamiadas tienen coincidencias numerosas entre sí que el morisco decide ignorar: ya nos hemos ido deteniendo en estos aspectos también. La impresión que da la lectura conjunta del pequeño *corpus* de la leyenda del cestero que hemos podido reunir hasta el momento es que el morisco no sigue ninguna versión con rigurosa exactitud. Si bien está más cerca del espíritu pío de *Las mil y una noches*, abrevia «telegráficamente» el contenido del relato, tan literario en esa versión árabe original. Siempre hay que otorgar bastante margen de error a lo que venimos concluyendo, ya que las distintas versiones, tanto del *Tambih* como de *Las mil y una noches*, guardan entre sí numerosas variantes. Bien podrían existir refundiciones adicionales del *ḥadīẕ* que no han llegado a nuestras manos, y que acaso guarden una mayor relación con la síntesis del S-2 [102]. Es difícil determinar, pues, cuál fue la versión que tuvo el morisco ante sus ojos al escribir su relato. O ante sus oídos, o en su privilegiada memoria. No creo en absoluto que nuestro autor se encuentre esta vez traduciendo directamente de un texto, como hizo en ocasiones anteriores, en que aludía a los versos del original que había decidido no verter al español (posiblemente, del original de Nefzāwī). Más bien parece que el refugiado escribe en estos momentos de memoria, relatando una anécdota que habrá escuchado (o leído) quizá muchas veces, ya que pertenece al folclore árabe que incluso pudo haber alcanzado su atención en su etapa de criptomusulmán en la península.

Hoy sabemos bastante de esas leyendas de origen árabe que se refundieron abundantemente entre los moriscos tardíos del siglo XVI. A las ediciones pioneras de F. Guillén de Robles [103] se han ido sumando en estos años las transliteraciones científicas de Álvaro Galmés de Fuentes [104], Ottmar Hegyi [105], Mercedes Sánchez Álvarez [106], y de Antonio Vespertino Rodríguez [107], que incluyen tanto las leyendas escritas en aljamiado como las escritas con caracteres latinos. También vamos aprendiendo cada día más acerca de los originales árabes de estas leyendas: Asín, como en tantas otras disciplinas, abrió el camino con estudios como «El original árabe de la novela aljamiada del baño de

Zarieb» [108], pero hoy los descubrimientos en este sentido abundan. Karl Kobbervig nos ha dado noticia reciente de «Un cuento aljamiado y dos modelos árabes» [109], y Hossein Bouzineb de «Las leyendas aljamiadas de carácter maravilloso: un aspecto de la cultura morisca» [110]. Yo misma estoy preparando un estudio sobre la «Leyenda de Boluquía» (ms. Junta VI) con sus originales árabes (*Las mil y una noches* y el *Qiṣaṣ al-anbiyā'* de Ṯa'ālibī), e incluso mi alumna de la Universidad de Puerto Rico, Myriam Ojeda, dio en Túnez con varias versiones árabes del *Kitāb al-anwār* o *Libro de las luces,* que parece haber inspirado el manuscrito aljamiado que edita como tesis de grado. Ante estos estudios, salta cada vez más a la vista que el maestro Asín llevaba razón cuando decía en su antiguo ensayo que casi toda la literatura imaginativa aljamiada era obra de traducción, o, al menos, de adaptación de originales árabes («El original...», pág. 377). Antes creían muchos estudiosos que algunas de estas leyendas constituían «obra personal del ingenio hispanoárabe», pero es tal la cantidad de refundiciones para las que se ha podido documentar un original árabe que esto me parece dudoso. De otra parte, parece ganar crédito otra sospecha de Asín: que *Las mil y una noches* debieron haber circulado en versión española manuscrita (hoy perdida) durante la Edad Media. Son demasiados los cuentos que se han infiltrado en la literatura española, incluso tan tardíamente como en Lope y Calderón. Nuestro morisco no es sino un hito más en esta larga cadena de refundiciones hispánicas. También la leyenda del cestero que incorpora en su «Kāma Sūtra español» obedece en lo fundamental al tono coloquial y hasta callejero de estas leyendas españolizadas, cuyo mayor atractivo es, para Galmés de Fuentes, la «expresiva sencillez» [111]. Hay que recordar que estos relatos fantásticos, en manos de la comunidad perseguida y cada vez más asimilada a la cultura cristiana dominante, pierden, como era de esperar, la sofisticación literaria y los recursos estilísticos (imaginería, rima) de la literatura en árabe clásico de la cual derivan. Junto a esta sencillez elemental, Anwar Chejne advierte el carácter didáctico de estas piezas literarias, muy a tono con las necesidades espirituales y emocionales de los criptomusulmanes asediados, que habían quedado reducidos a una actitud defensiva incluso en sus *belles lettres.* Nuestro morisco no fue excepción a la regla:

> Considered from within and in relation to the Morisco's circumstances, Aljamiado literature [posseses] two qualities: first, simple, straightforward language written to entertain and to instruct, and second, well chosen plots in an easily followed narrative which evoques intense sympathy or admiration, the plot culminated in a moral lesson or affirmation of moral beliefs [112].

Pero no nos dejemos engañar por esa sencillez y didactismo esenciales de las leyendas orientales españolizadas. En todas ellas nos impresiona la fantasía delirante de los relatos, que hacen gala de constantes rupturas en el nivel «real» del texto narrativo. Por ello mismo es por lo que son famosas *Las mil y una noches*, el *Qiṣaṣ al 'anbīyā'* o *Historia de los profetas* de Ṯa'alibī y el *Tambih* del Samarqandī, y tantísimas otras colecciones de relatos árabes, todos ellos tan ajenos a los estrictos postulados de verosimilitud de Cervantes y de la *novella* de corte italianizante de la época. Recordemos que Ramón Menéndez Pidal se jactaba (*Historia general de las literaturas hispánicas,* I) del «invencible desvío que la inventiva ibérica siente por las quimeras fantásticas». Nuestro morisco lo desmiente rotundamente. Como las refundiciones que le precedieron, su relato fantástico logra aclimatar perfectamente esta magia literaria de estirpe oriental a la narrativa española del Siglo de Oro, a la cual pertenece por derecho propio. Está todavía por hacer un estudio detenido de conjunto de esta literatura fantástica orientalizante de los moriscos, que constituye una importantísima —y novel— aportación a la prosa narrativa del Renacimiento español. Cierto que eran imaginativos estos escritores moriscos. Por eso temió tanto don Quijote que la narración de sus realísimas y castas aventuras estuviese nada menos que en manos de aquel temible quimerista que fue Cide Hamete Benengeli.

Pero ya sabemos que nuestro refugiado abandona de súbito las quimeras de su relato fantástico y vuelve a la carga sobre la moraleja que debemos obtener del mismo. En la pequeña arenga que adjunta al final del relato, insiste en esta imagen escindida de la mujer, tan indefectiblemente avocada a la duplicidad. La hembra es, nos advierte, simultáneamente pérfida y virtuosa, exactamente igual que la seductora adúltera y la esposa abnegada que acabamos de ver retratada en su leyenda. Ahora el morisco adopta un tono aleccionador que casi raya en la ingenuidad, para que sus oyentes capten perfectamente lo que quiso decirles con el relato maravilloso. Algunos estarían aún encandilados con las proezas celestiales que acababan de escuchar, pero el exilado deja claro que no lo guía una simple actitud de *ars gratia artis*. La finalidad ética de su relato es muy clara, y el autor lo subraya: «Mira la pureça deste justo hombre y mira lo que mereció por abstenerse de un breve gusto y tan grande pecado; [...] y mira la mujer tan justa que este santo hombre tenía; y que la que lo es es de grande ayuda a su marido para el serbiçio de Dios. Y mira lo que les tiene guardado el Criador de descanso y bienes en la gloria» (fols. 103v-103r). Parece que habla un predicador de alguna aldea perdida, de los muchos que le habría tocado escuchar al morisco en su antigua España. Pero, no contento con lo dicho, parece que no puede inhibirse de insistir un poco más en esta visión de la fémina como Jano bifronte del mal y del bien. Ya sabemos algo de esa escisión profunda frente a la mujer que nuestro escritor ha ido mostrando a lo largo de toda su obra manuscrita. La mujer que es buena y obediente al marido —continúa arengando el refugiado— la debe al marido estimar y regalar, porque hay mucho mérito espiritual en esta convivencia, hasta el punto de que un buen matrimonio «se compara al estar en la gloria» (fol. 103r). Nuestro morisco era un fanático de las nupcias, ya lo sabemos. En cambio, si la esposa no corresponde a este parámetro ideal, sufren ella y él, sobre todo si el *talāq* o divorcio [113] le es difícil de obtener al esposo. Qué problema éste el de la mujer, estaría pensando el refugiado: es una criatura capaz de elevar al hombre a las delicias paradisíacas y, a la vez, de someterlo a un tormento psíquico despiadado. (Tanto así, que lo compara a remar en las galeras.) ¿Cómo exponer de manera convincente y, a la vez, artística, su drama interno de varón escindido? ¿Cómo poner un broche de oro contundente al «Kāma Sūtra español» o «Tratado acerca de los buenos usos del matrimonio», que va a terminar justo en este momento? ¡Pues con Lope de Vega, naturalmente! Para este momento cumbre el refugiado ha elegido el soneto «Es la mujer del hombre lo más bueno / es la mujer del hombre lo más malo». Lope sirve perfectamente al morisco como portavoz de su conflicto interno —no es la primera vez que lo hace— ya que compara alternativamente a la mujer con una arpía y con un ángel, semejante a la sangría, que a veces da la vida y a veces la quita. A nuestro oscuro refugiado, que tanto y tan bien amó la obra de Lope, le entusiasmaría pensar que el Fénix hubo de haber padecido una ansiedad idéntica a la suya frente a una naturaleza femenina que ambos consideraban equívoca. Ya sabemos que se identificó con el dramaturgo hasta el punto de «usurparle» tramas enteras de sus comedias en la novela idealizante que precede el tratado erótico que ahora toca a su fin. El refugiado vuelve a aludir al dramaturgo escuetamente, por el misterioso nombre de «poeta», con el que acaso encubría su mala conciencia y su nostalgia de apátrida sin remedio. Y he aquí cómo «el poeta» culmina, en nombre del anónimo morisco, el primer tratado erótico de nuestra lengua:

Es la mujer del hombre lo más bueno,
es la mujer del hombre lo más malo;
su bida suele ser, y su Regalo,
su muerte suele ser, y su beneno.

Es baso de bondad, de birtud lleno;
a un áspid libio su ponçoña ygualo;
por Raro al mundo su balor señalo,
por Raro al mundo su balor condeno.

Ella nos da su sangre, ella nos cría;
no a hecho el çielo cosa más yngrata;
es un ánjel, y a beçes una arpía.

Tan presto tiene amor como maltrata;
es la mujer, al fin, como sangría,
que a beçes da salud, y a beçes mata
(fols. 104r-104v).

Se trata del célebre soneto CXCI de las *Rimas* de Lope de Vega [114], que viene aquí a cumplir el papel de los poemas que con la misma función de quejarse de la condición moral equívoca de la mujer adjuntan los autores musulmanes en sus tratados de erotología. Zarrūq no incorpora, por cierto, poemas a su tratado erótico, por lo que debemos mirar el caso ilustrativo de los versos de Abū Nuwās de los que se sirve el autor de *El jardín perfumado* en un pasaje semejante al del refugiado. Hay que decir que en el caso de Abū Nuwās no hay ambivalencia sino misoginia directa:

> *Las mujeres son demonios, y han nacido como tales;*
> *nadie puede tener fe en ellas, como es sabido;*
> *si aman a un hombre, es tan sólo por capricho;*
> *y aquel ante quien se muestran más crueles es quien más las ama.*
> *Seres llenos de traición y de artimañas; juro*
> *que el hombre que te ama de veras es un hombre perdido;*
> *¡el que no me crea puede probar mi palabra*
> *permitiendo que el amor de la mujer lo aprisione por años!*
> ....
> *Presérvanos, Dios, de los engaños de las mujeres,*
> *y de las mujeres viejas en particular. Así sea,*
> (*op. cit.*, pág. 992-993).

No estamos demasiado lejos del espíritu del soneto de Lope que culmina el tratado del refugiado de Túnez. El Fénix simplemente sustituye a Abū Nuwās: con ello, el morisco tiene una manera conmovedora de decirnos que aún es español, y que precisamente desde esa perspectiva es desde donde quiere terminar su «Kāma Sūtra». ¿Paliativo secreto para la lastimada alma hispana de aquellos oyentes que se arremolinaban en su torno, y que habrían quedado perplejos ante la lección de radical orientalidad que les había dado su compatriota jurisconsulto? ¿Venganza solapada de quien se atreve a sumir su «casta» españolidad renacentista en el contexto más abismalmente oriental de su tratado, justo al final de sus enseñanzas sobre el acto sexual? Nunca lo sabremos de cierto. Pero sí nos consta lo inaudito: el Fénix ha terminado por constituir el broche de oro de un texto erotológico y por quedar inmerso en uno de los cuentos de *Las mil y una noches* o en una de las leyendas maravillosas del *Tambih al-Gāfilīn*, a quienes sirve, muy al estilo oriental, de ilustración poética. Schehezade, el Samarqandī, Lope de Vega: ¡el mejor *cóctel mólotov* de la Edad Dorada!

V. Consideraciones finales

Nuestro refugiado ha dado por terminada su lección magisterial sobre el amor. Cuánto sobresalto cultural el de aquellos oyentes que se agolparían en forma de *ḥalca* o anillo a escuchar sus enseñanzas de tarde en tarde. Alguna sombra piadosa los protegería de la canícula africana, a la que no todos se habrían acostumbrado. En el grupo podríamos descubrir a algunos contemporáneos del autor —los expulsos de 1609—. Ya viejos, sabrían que el ajetreo de una vida amorosa y los minuciosos consejos eróticos que les ofrecía su amigo, inauditos en su patria de origen, no podían ser ya para ellos. Pero entre los receptores adivinamos otros rostros, más jóvenes y más ávidos: eran los miembros de la primera generación ya nacida en el exilio de Berbería. Precisamente para ellos era para quienes el jurisconsulto había decidido pergeñar su *adab* nupcial y la totalidad de su extenso tratado misceláneo, con todo el minucioso recuento de la llegada de sus mayores desde la España inquisitorial al refugio tunecino. No serían, acaso, los lectores ideales de aquel códice que siglos más tarde conoceríamos por el S-2 BRAH El ímpetu de su juventud, aunada a su creciente, entendible asimilación, los había comenzado a hacer impermeables al antiguo llanto de sus mayores, aquella nación que había sido arrojada al mar en medio de un drama histórico del que no se repondría jamás. Algunos de estos juveniles neotunecinos que lo escuchan —al refugiado le consta— comenzaban a olvidar la generosidad solidaria con que acogió a los expulsos el santón Citibulgaiz. El maestro lector se lo ha tenido que repetir con inusitada porfía: no quiere que olviden estas cosas relativas a su origen como tunecinos auténticos. Pero no todo ha sido una lección de patriotismo islamizante. Para espanto íntimo, inconfesado de nuestro morisco, muchos de sus jóvenes destinatarios también han sido incapaces de apreciar la cadencia de los endecasílabos de Lope, que habría dejado humedecido más de uno de aquellos rostros color de «membrillo cocido», cercado ya de arrugas. Quién sabe si alguno de estos antiguos criptomusulmanes compañeros de tragedia del autor habría tenido la oportunidad de ver al Fénix en persona merodear por los corrales de antaño de su país perdido. Si fue así, no lo habrían podido olvidar nunca. Eran estos ancianos los que, a medida que avanzaba la lectura de su hermano jurisconsulto, tenían que ir haciendo ajustes dramáticos entre su mentalidad y su nostalgia españolas y su nueva identidad oriental como musulmanes africanos. Qué difícil olvidar a san Agustín y sustituirlo por Algazel. O por Aḥmad Zarrūq, o por Nefzāwī, que daba lo mismo. Qué duro aceptar la noción de que la cópula carnal nos encamina al Paraíso, cuando aquel obispo Salvatierra había urdido la pena del destierro para la totalidad de su nación justamente por ser proclives al amor. Qué extraño saber ahora que podían rezar mientras cumplían con sus deberes conyugales, de súbito convertidos en gozosos e inocentes. Esos ancianos, que habían sido los últimos musulmanes de España y que ahora eran los últimos españoles de Túnez, serían los que comprenderían en sus propios términos —y los que vivirían en carne propia— el conflicto interno que implicaba el texto insólito que acababan de escuchar. Texto difícil de asimilar, no cabe duda. Pero la lección magisterial que aquel jurisconsulto de rostro borrado impartiría aquellas tardes melancólicas de su vejez llegó a nuestras manos. Cierto que escribió para sus compañeros moriscos. Pero también para sí mismo. Somos nosotros los que sabemos mejor que aquellos discípulos de antaño que al maestro no sólo lo movió su ansiedad magisterial proislámica, sino el deseo de saborear por última vez la literatura de su tierra natal, que venía a expirar con él en las costas de Túnez. Por eso su tratado acerca de los buenos usos del matrimonio, así como la totalidad de su códice, no sólo nos habla acerca de una sexualidad espiritualmente venerable, sino de la complejidad explosiva de la literatura del Siglo de Oro español, a la que acaso nuestro escritor no sabía que pertenecería algún día. Es fuerza admitir que aún estamos estableciendo el *corpus* literario de la Edad Dorada, que es mejor y más apasionante de lo que habíamos creído hasta el presente. Ya sabemos que el códice anónimo del refugiado de Túnez fue un regalo que tardamos casi cuatrocientos años en aceptar. Más vale tarde que nunca: hoy contamos con el primer tratado erótico de la lengua castellana. Quién sabe si, andando el tiempo, habremos de descubrir que no fue el único.

EDICIÓN DEL TEXTO DEL «KĀMA SŪTRA ESPAÑOL»

«La voluptuosidad y el deseo tienen la belleza de las montañas...»
(*ḥadīẕ* o tradición profética atribuida a Mahoma)

Antes de comenzar, convienen unas breves palabras acerca de los criterios de los que me sirvo en la presente edición. He decidido presentar el texto de la manera más exacta posible al lector, aunque soy consciente de que este intento de fidelidad científica impedirá una lectura más cómoda y más fácil por su parte. Publico aparte una edición modernizada: en esta ocasión, seamos fieles al autor morisco, o a su copista, y respetemos en la medida de lo posible la versión manuscrita del «Kāma Sūtra español» que hoy hace su debut literario con un marcado sabor arcaico.

El copista, pese a su hermosa letra, no siempre se esmeró demasiado. Respetamos sus inconsistencias, que van desde los esperables olvidos o simples equivocaciones de letras (que iremos indicando), hasta la oscilación entre el uso de la *x* y la *j*, entre «debe» y «deue»; «berdad» y «berdá», *m* y *n* («tienpo» y «tiempo»); *s* y *ss*, *x* y *ç*, entre otros casos. Si el lector advierte oraciones de sentido confuso y correspondencias gramaticales equívocas, es que una vez más hemos sido fieles al texto original. A veces se trata de simple desaliño literario; otras, de que la lengua árabe se le está transparentando al refugiado, acaso a su pesar. Un conocedor del árabe observará en seguida los arabismos que se le escapan al autor: el abuso de la conjunción «y», calco del *waw* o و de inicio de oración; así como ciertas construcciones gramaticales y repeticiones enfáticas propias de esta lengua semítica. Giros como éstos parecen inconscientes; pero ya me parece, sin embargo, completamente pensada la decisión del autor (o del copista) de conservar el *'ayn* (ع) incluso en palabras transliteradas al castellano. Esta letra, como se sabe, no tiene equivalente en las lenguas románicas, por lo que el escritor parece hacer gala aquí de un purismo o de un intento de «exactitud científica» muy curioso por cierto. O acaso fue que simplemente no sabía cómo resolver el serio escollo de transliteración. En todo caso, se lo respetamos siempre y transcribimos el *'ayn* en árabe a nuestra vez. Lo mismo en los casos en los que el copista hace gala de su conocimiento de la lengua árabe y la escribe directamente en su grafía original: la transcribo a mi vez en árabe, respetando las inconsistencias y aun los errores, y adjunto la traducción. En el caso de las voces árabes, las transcribo en el glosario y en las notas al final del libro siguiendo las reglas de la Escuela de Estudios Árabes (Instituto Miguel Asín), y respeto, en el caso de citar el trabajo de otros colegas, los distintos sistemas de transliteración del árabe (o del aljamiado) de que se sirven. Con el fin de hacer más legible el texto, en la edición del mismo me circunscribo a la simple traducción de los arabismos o arcaísmos, y en el glosario, en cambio, los explico con más detalle. Los rasgos arabizantes del manuscrito S-2, de otra parte, aunque no tan notables como los de un texto aljamiado, son dignos de un estudio minucioso que rebasa el propósito de estas páginas, pero que espero pueda ser atendido cuando se lleve a cabo la edición completa del manuscrito.

Respetamos, de otra parte, la *R* mayúscula con la que el copista indica una *rr* o *r* doble, tal como lo han hecho antes que nosotros Antonio Vespertino Rodríguez [1] y Luis F. Bernabé Pons [2] (hay que decir que A. Oliver Asín [3], en cambio, optó por modernizar dicha *R*). Con el propósito de hacer legible el texto, sin embargo, suplimos la *ñ* y ponemos en mayúscula los nombres propios, para que no se malinterprete espuriamente la intención del autor. De otra parte, suplimos la separación por párrafos y la puntuación, ya que el manuscrito carece totalmente de ella y se dificultaría demasiado la lectura sin esta modernización, que nos parece imprescindible.

Unas últimas observaciones: explico entre corchetes las voces y frases árabes que aparecen en el texto, y coloco entre llaves ({ }) las letras o palabras que son exigidas por el sentido del mismo. He preferido en esta ocasión no recurrir al uso de barras para indicar la separación de líneas, dado lo mucho que distrae al lector: me limito, pues, a indicar la foliación del manuscrito. (Respeto, al igual que Jaime Oliver Asín, la numeración de los folios tal cual aparece en el manuscrito.)

Como ya hemos estudiado con detalle el texto del «Kāma Sūtra español» en el capítulo VI, reduzco aquí las notas explicativas al mínimo, aunque sí me detengo en aquellos pasajes que precisan explicación o aclaración especial.

Ya hemos advertido que el capítulo del manuscrito S-2 BRAH que venimos llamando el «Kāma Sūtra español» o el «Tratado de los buenos usos del matrimonio» carece del todo de título en el códice original, que se encuentra acéfalo. El refugiado coloca su disquisición erudita sobre las nupcias justamente después de su novela italianizante, y, por más, la ofrece como antídoto a las liviandades morales que el narrador-protagonista experimentó en esta ciudad paradigmática de su juventud, que es, por cierto, típicamente española. Un

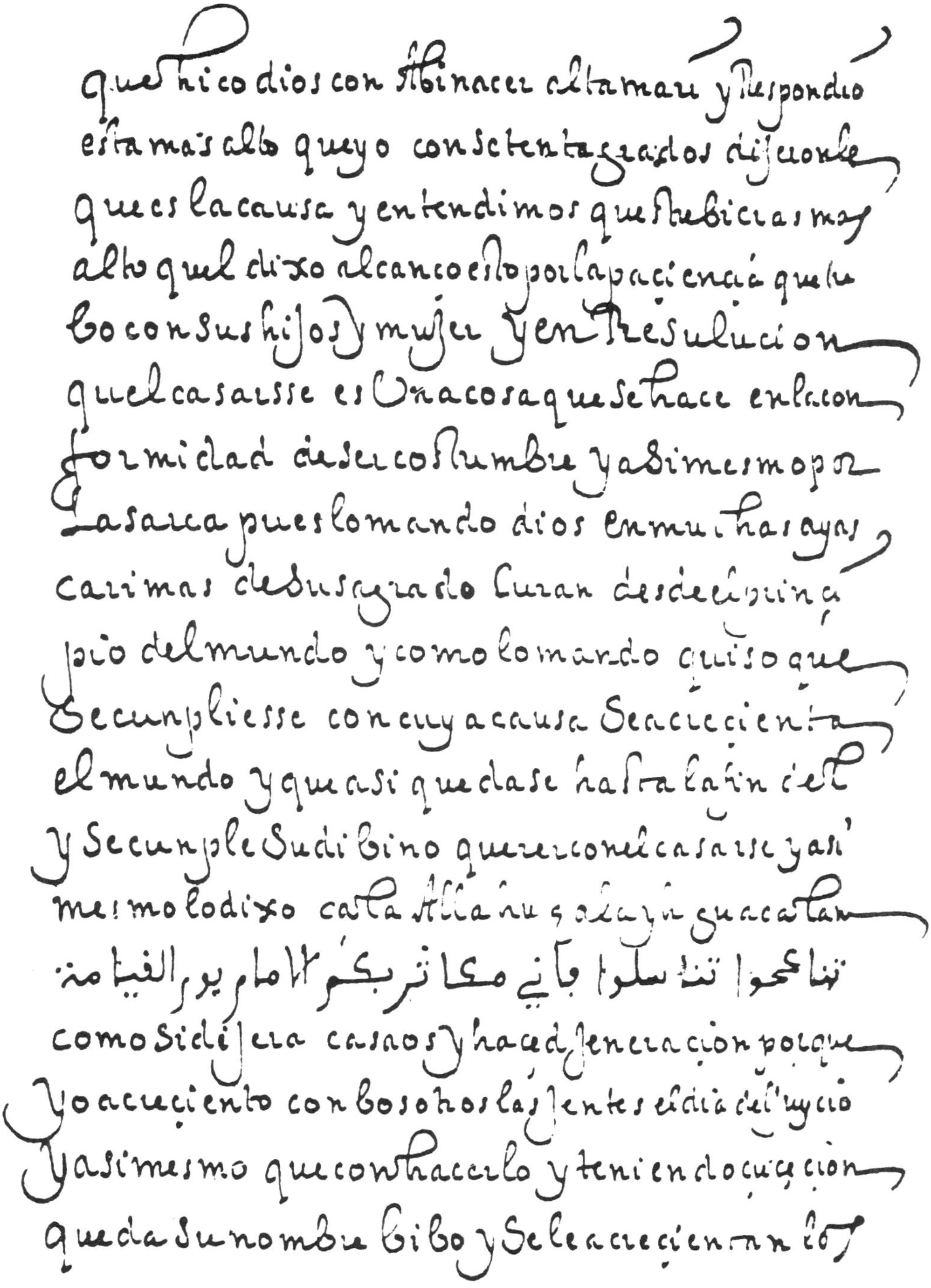
que hico dios con Abinacer altamar y Respondio
esta mas alto que yo con setenta grados dijeronle
que es la causa y entendimos que stubiera mas
alto que el dixo alcanço esto por la paçiençia que tubo con sus hijos y mujer y en Resulucion
que el casarsse es una cosa que se hace en la conformidad de ser costumbre y asimesmo por
la sarca pues lo mando dios en muchas ayas
carimas de su sagrado Curan desde el prinçipio del mundo y como lo mando quiso que
se cunpliesse con cuya causa se acreçienta
el mundo y quasi quedase hasta la fin del
y se cunple su dibino querer con el casarse y asi
mesmo lo dixo cala Allahu taala yn guacalan
تناكحوا تناسلوا فاني مكاثر بكم الامم يوم القيامة
como si dijera casaos y haced jeneraçion porque
yo acreçiento con bosotros las jentes el dia del juycio
y asimesmo que con hacerlo y teniendo jeneraçion
queda su nombre bibo y se le acreçientan los

Folio del Ms. S-2 BRAH, Madrid.

y asi pide Adios nuestro señor con umilldad y contricion
e del una muger con todos los cunplimientos
y partes de bondad porque la muger que es buena
y obediente a su marido y acude al cunpli
miento de los preceptos dibinos la debe el
marido estimar y regalar porque ella tiene
mucho premio y el esta en descanso y contento
lo qual se conpara al estar en la gloria y si es al
contrario ella tendra la pena y el esta en tormen
to y en galeras remando si el tal aquel es de
dificultoso y si es facil descansa della y su des
bentura y ella no la tiene por el pecado cometido.
y en este particular dixo el poeta de esta suerte

V es la muger del hombre lo mas bueno
es la muger del hombre lo mas malo
su bida suele ser y su regalo
su muerte suele ser y su beneno
V es baso de bondad de birtud lleno
al una aspid libio su ponçona y guaio

Folio del Ms. S-2 BRAH, Madrid.

anciano venerable que representa la luz de la razón le explica cómo debe proceder para expresar su erotismo dentro de los cánones adecuados y legítimos de la ley musulmana. Éste es, como ya dejamos dicho, el propósito y el sentido último del tratado que pasamos a editar a continuación.

(fol. 75v) Le Respondió con afabilidad y amor [el anciano venerable representante de «la Razón» al narrador-protagonista]: «Seas muy bien benido, que para eso te estoy esperando mucho tiempo, y para ser tu compañero y fiel amigo que te acompañe en este dichoso biaje. (fol. 76r) Ya si adbierte que, bisto y considerado, que as estado entretenido y ocupado con el amor y amores de las mujeres, donde el demonio te çegó, y el mundo te engañó y la banidad y loçanía te inçitó; y el apetite [*sic*] [4] te lo hiço apeteçer. Y el tener acto es tan apeteçido de los hombres; te aconsejo que lo primero que te conbiene haçer es procurar casarte, y que, para que tú mesmo juzgues si te conbiene, te declararé que el casarse es de çinco maneras, para que beas quál de ellas es tu estado y tu determinaçión» [5].

La primera: {la} persona que neçesita del acto y no puede esperar ni tener paçiençia sin tenerle y no tiene haçienda para conprar esclaba y teme caer con el pecado del zina [fornicación o adulterio]. A este tal le es preçepto forçoso el cassarse. Y si no teme caer en el pecado; y a la mujer se le sigue detrimento; o por no tener con qué sustentarla y bestilla; o no tiene potençia para tener acto, o lo que adquiere para sustentarla (fol. 76v) es haçienda prohibida; a este tal le es haram [prohibido, ilícito] cassarse. Y es el sigundo estado. Y si no apeteçe el acto, y teme no poder acudir a cunplir con lo que es forçoso en su adoraçión y en su casa, le será macruh [reprehensible]. Y es el terçero estado. Y el quarto, es el ser estéril, que no enjendra ni apeteçe mucho el tener acto, o es biexo. A éstos les es permitido el casarse, y {es} fuerça dar abiso a la mujer de sus faltas. El quinto estado es si apeteçe el acto, y no teme caer en pecado [6], y tiene haçienda de donde dar el çitaq [dote]; y para sustentarla o con yntençión de tener hijos, e este tal le es muçtahap [recomendable] el cassarse.

Agora mira quál destos estados tienes, para que te diga lo que has de haçer. A lo que Respondí: quel postrero, que es ser muçtahap [recomendable]; y que casi entiendo serme forçosso. Dixo: Pues lo que te aconsejo es que busques mujer que tenga particularidades; y dellas, que sea temerosa de Dios, obediente a cunplir los preçeptos de Dios y los tuyos, porque esta tal guardará tu honor (fol. 77r), tu hacienda y casa, con que bibirás descansado. Y dellas, que sea hermosa, porque siéndolo, será de ti querida. Y la perfecta hermossura es el ser discreta, y si se juntan las dos cosas, es todo cunplimiento, y con esto se escusará el apeteçer a otras, porque basta la que tienes. Y de ser fea o neçia se sigue el no estar contento, y, de no estarlo, afiçionarse a otras; y dello, caer en pecado, y por esto es muçtahap [recomendable] el bella antes de casarse, pero solamente la cara y las manos, en tienpo que sepa ella que se mira. Y que sea sin alteraçión de gusto, como así lo haçían los amigos de Raçulu Allahi çala Allahu ٤alayh gua çalam [bendígales Dios y déles salvación]. Y es cosa que en estos tiempos se aboReçe, y ban contra la Raçón, como en otras muchas cosas. Y dellas, que sea donçella, porque las que lo son, son más prestas en el enjendar y tener hijos en ellas, y más Reguçijadas para tener gusto. Y demás desto, como está inoçente (fol. 77v) de la obra y otras cualquiera cosa [*sic*] que con ella se haçe, piensa que no ay otra cossa mexor que ella, a diferençia de la biuda, que mira y conpara algunos atributos tuyos con los del muerto. Y si son como ellos, o mexores, te quiere y te ama; y si no, te aboReçe y se acuerda del otro. Y dellas, que sea la cantidad del çitaq [dote] moderado. Por quanto dixo çala Allahu ٤alayh gua çalam [bendígale Dios y déle salvación (se refiere a Mahoma)]: خير النساء أحسنهن وجها وأرخصهن مهرا [Las mejores mujeres son las bonitas de cara y baratas de dote]. Y dellas, que sea de jente temerosa de Dios y afable, porque las tales están criadas en buen estilo, y no neçesitarás de ynponella. Y le dixo uno: «Alhaçan [Al-Ḥasan al-Baṣrī], tengo una hija y me la piden muchos, ¿a quién se la daré?». Y le Respondió: «dásela al que fuera temeroso de Dios, porque si la quiere la estimará, y si la aboReçe no le dará agrabio, porque así como el hombre procura para sí la mujer que sea conbeniente, también ella ha de procurar el que le está bien escojida [*sic*]».

Con estas condiçiones la pedirás a su padre o tutor o parientes más çercanos, y que sea con las (fol. 78r) çircunstançias del dicri [invocación a Dios] y la çala ٤ala Raçulu Allah çala Allahu ٤alayh gua çalam [la bendición sobre el mensajero de Dios; bendígale Dios y déle salvación] primero. Y luego: «el señor fulano a escojido a la señora fulana por esposa y mujer y suplica ser admitido». Y se le Responderá con el dicri [invocación a Dios], como se ha dicho, porque començando con él es de mucho premio, y çuçede todo bien. Y en otorgándola se trata de escribir el çitaq [dote], el qual es muçtahap [recomendable] que sea en Ramadán [noveno mes del calendario musulmán], y en el mes de sawual [décimo mes del calendario musulmán], porque en éste se casó Raçulu Allah çala Allahu ٤alayh gua çalam [el Mensajero de Alá; bendígale Dios y protéjale] con la çaydi ٤ayssa [la señora Aixa], radia Allahu ٤anha [Dios esté satisfecho de ella]. Con que se entenderá la yRonía del bulgo ser muy a la contra de la sarea [ley islámica], pues diçen que no es bueno casarse entre las dos Pascuas, cosa que a cundido y estendido por todas las jentes, y es falso. Y es así mesmo de premio que se haga en día de biernes, y que sea después del ٤açar [la tarde]. Y es macruh [reprehensible] antes dél. Después de esto se adbierte que este çitaq [dote] a de tener condiçiones. Y dellas, el guaquil [encargado, representante autorizado] o tutor. Y éste es de dos maneras: muchbri [compulsorio], que se entiende el que sin darle a (fol. 78v) ella parte puede casarla, como el amo a su esclaba o esclabo y como el padre a su hija la donçella antes que llegue al boloj [mayoría legal], o después, aunque sea grande como de treynta años o más, que pueda dalla a quien quisiere, como no sea de quien le benga perjuiçio, como si es capón o tiene el miembro tan pequeño que no sea de probecho para el acto; o es leproso o con albaraz [lepra]. Y lo mesmo será el guaquil [encargado] a quien su padre dio poder para casarla, y, después déstos, es fuerza que sea su guaquil [encargado] el pariente más çercano, que es el que la hereda. Y faltando, lo será el que la tubo y crió. Y sobre si el estar debajo de su anparo a de ser diez años o quatro, ay opiniones [7]. Y de no aber éstos, la casará el cadí [cadí o juez]. Y entra qualquiera de los muçlamin [musulmanes] a serlo, y es fuerça en este guaquil [encargado] que sea barón balej [serio, grave], muçlim [musulmán] con juiçio, con que no lo puede ser el loco ni el erexe ni el mançebo ni la mujer. Y si se haçe sin guaquil [encargado] es ninguno [8], y se deshará antes de consumir (fol. 79r) el matrimonio, y después, aunque haya pasado tiempo y tenga hijos.

Y de las condiçiones del çitaq [dote], que es lo que a de dar presente y dilatado [9]. Y se entiende que lo menos a de ser la quarta parte de un dinar sarعi [un dinar o unidad de moneda legítima] que tiene de peso setenta y dos granos de çebada de oro apurado, que bienen ser diez y ocho granos o tres darhames [dirham o unidad de moneda] de plata apurada, o su balor de lo dicho en alguna prenda. Y si se haçe con menos, es ninguno [10], y se deshará antes de entrar con ella. Y si entró, se le cunplirá. Y lo más del çitaq [dote] no tiene número señalado, y más en estos tiempos que procuran que sea por millares.

Y de las condiçiones: que hagan sihata [testimonio] dos suhutes [testigos] fieles al tiempo de querer consumir el matrimonio. Y, de no abellos, se hallará mucha jente, con treynta o quarenta personas, y al tiempo de pedir. Y el conçierto es muçtahap [recomendable]; y si estos testigos no se hallan para el consumir, y entraron a ello sen [*sic*: sin] ellos, se deshará el casamiento (fol. 79v) con talaq [divorcio], y los castigarán si confiessan abello consumido. Y no se les Reçibirá por disculpa la ynoçençia, si no es que el abello consumido fue con fiesta de música y comida, que a ser así no se les castigará. Aunque sepan, que es fuerça la testiguaçión, y dellas, el darla el guaquil [encargado] con palabras conoçidas, como deçir: «Ya [oh], fulano, yo te caso con fulana, y del nobio yo estoy contento; o la Reçibo por espossa».

Y deste dar y Reçibir, y cantidad del çitaq [dote] presente y dilatado es lo que an de atestiguar los testigos, de suerte que éstos an de hablar con ella antes. Si es donçella y no tiene padre; llamarla, y que Responda al llamado. Y le dirán: «Fulano te ha pedido por esposa y te a nombrado de çitaq [dote] presente tanto, y de muajar [dote que se da después] tanto. Si estás contenta, calla y no Respondas, y tu callar es señal çierta que conçedes y estás contenta. Y si no lo estás, habla y di lo que te pareçe testá [*sic*: te está] bien». Si a todo esto calla, su callar es otorgar, no lo es de probecho ni será oyda [*sic*: oída]. Y si al tiempo de llamalla se Ríe o llora, se casará, y no ynporta, porque el Reyrsse puede ser de contento y el llorar por faltalle en aquella ocasión su padre, con que la escusaba a ellas de hablar. Pero si no quiere hablar, o se lebanta de su lugar y se ba, o se echa de ber en su c̆ara que aboReçe el casarse; o no quiere al nobio, se dejará por casar. Y si es biuda o motafaca [*sic* por «motalaca», divorciada; no virgen], será fuerça que hable. Y quando se llame: «Ya, fulana», Responda. Y quando se le diga: «Fulano te ha pedido por mujer y esposa, y te da tanto de muajar [dote que se da después]; ¿estás contenta de deçir que sí?». Luego, se le diçe si está cunplida su ɛida [tres períodos menstruales] [11] de su marido el muerto o el que la talacó [divorció]; o {si} tienes duda si está preñada, aunque ayan pasado quatro años, a de deçir que no la tiene [12].

Y se le diçe también si da poder a fulano, ques [*sic*: que es] la guacala [representación, otorgación de poder], y a de deçir que sí da. Y la diferençia entre ésta y la donçella es quésta [*sic*: que ésta] tiene (fol. 80v) la bergüença cumplida, y la otra no. Porque se diçe que la bergüença se encieRa en diez partes: la una se le dio al barón, y las nuebe a la mujer. Ésta en consumiendo el matrimonio se le quita [*sic*] las tres partes, y en pariendo se le quita [*sic*] las otras tres. Y si haçe zina [adulterio o fornicación], se pierde de todo punto. Y la donçella tiene las nuebe partes; y la biuda seys; y si parió, tres; y por esto a de hablar como se a dicho; y la otra, callar. Éste es el modo de casarse y sus condiçiones. Aunque es berdad que tiene otras muchas çircunstançias, que por ellas suele ser façit [legal, según la ley islámica], que de todo se trata largamente; y por no ser éste su lugar no se diçe [13].

Después de esto coRe por tu cuenta haçer la boda [14], sobre la qual ay dos opiniones. La una, ques [*sic*: que es] guachib [obligatoria], y la otra, de que es muçtahap [recomendable]; y es la más cierta [15]. Y es porque se publique y se sepa entre la jente, como así lo hiço çala Allahu ɛalayh gua çalam [bendígale Dios y déle salvación (se refiere al profeta)] cuando se casó con la çayda [señora] Zaybana, {celebrando} con un carnero. Y mandó se hiçiesse particularmente al çaydi [señor] ɛabdu al Rahman ['Abd al-Raḥmān o Abderramán [16]], (fol. 81r) que lo encontró y lo bido descolorido, y le dijo: «¿Qué tienes?». Y le dixo [17]: «Me e casado». Entonçes le dixo:

بارك الله لك أولم ولو بشاة

[La bendición de Dios sea contigo. Da un banquete, aunque sea como una res]. De suerte que le hizo duɛa [oración] con la barca [*baraka* o bendición] y le mandó hiçiese la fiesta y soleniçase su boda, aunque sea con una Res. Y deste mandamiento se toman las dos opiniones dichas.

Y esta boda se a de haçer después de haber consumido el matrimonio, y es solamente un día [18].

Y les es fuerça a todos quantos llamaren y particulariçasen el yr a esta boda, aunqesté [*sic*: aunque esté] alguno ayunando. Y todos {pueden acudir}, en condiçión que no aya en la casa de la boda cossa que sea prohibida, como alfombras de seda para sentarse o personas que hablen de cosas feas; y que no admitan en ella sino a los que son Ricos y desbíen a los pobres. Y se quenta quel çaydi [señor] Abi Hurayra, radia Allahu [Dios esté satisfecho de él [19]], después de haber muerto, çala Allah ɛalayh gua çalam [bendígale Dios y déle salvación

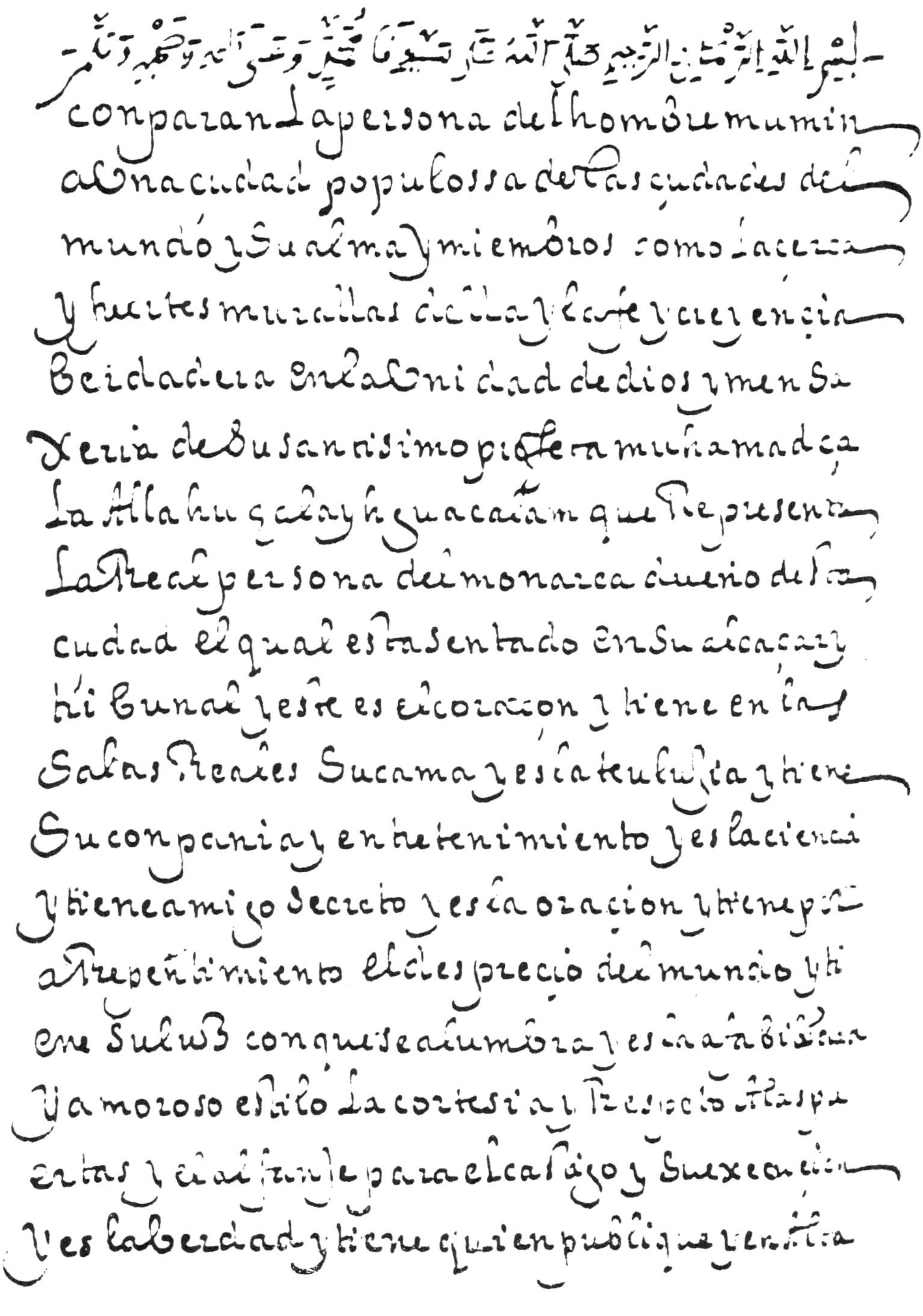

بسم الله الرحمن الرحيم صلى الله على سيدنا محمد وعلى آله وصحبه وسلم

conparan la persona del hombre mumin
a una ciudad populossa de las ciudades del
mundo y su alma y miembros como la cerca
y fuertes murallas de ella y la fe y creyençia
verdadera en la unidad de dios y mensa
jeria de su santisimo profeta muhamad ça
la Allahu ʿalayhi wa çallam que representa
la real persona del monarca dueño de la
ciudad el qual esta asentado en su alcaçar y
tribunal y este es el coraçon y tiene en las
salas reales su cama y es la creyençia y tiene
su conpania y entretenimiento y es la ciencia
y tiene amigo secreto y es la oraçion y tiene por
arrepentimiento el desprecio del mundo y ti
ene su luz con que se alumbra y es la abstinencia
y amoroso estilo la cortesia y respeto a las pa
rtes y el alfanje para el castigo y su execuçion
y es la verdad y tiene quien publique y verifica

Folio del Ms. S-2 BRAH, Madrid.

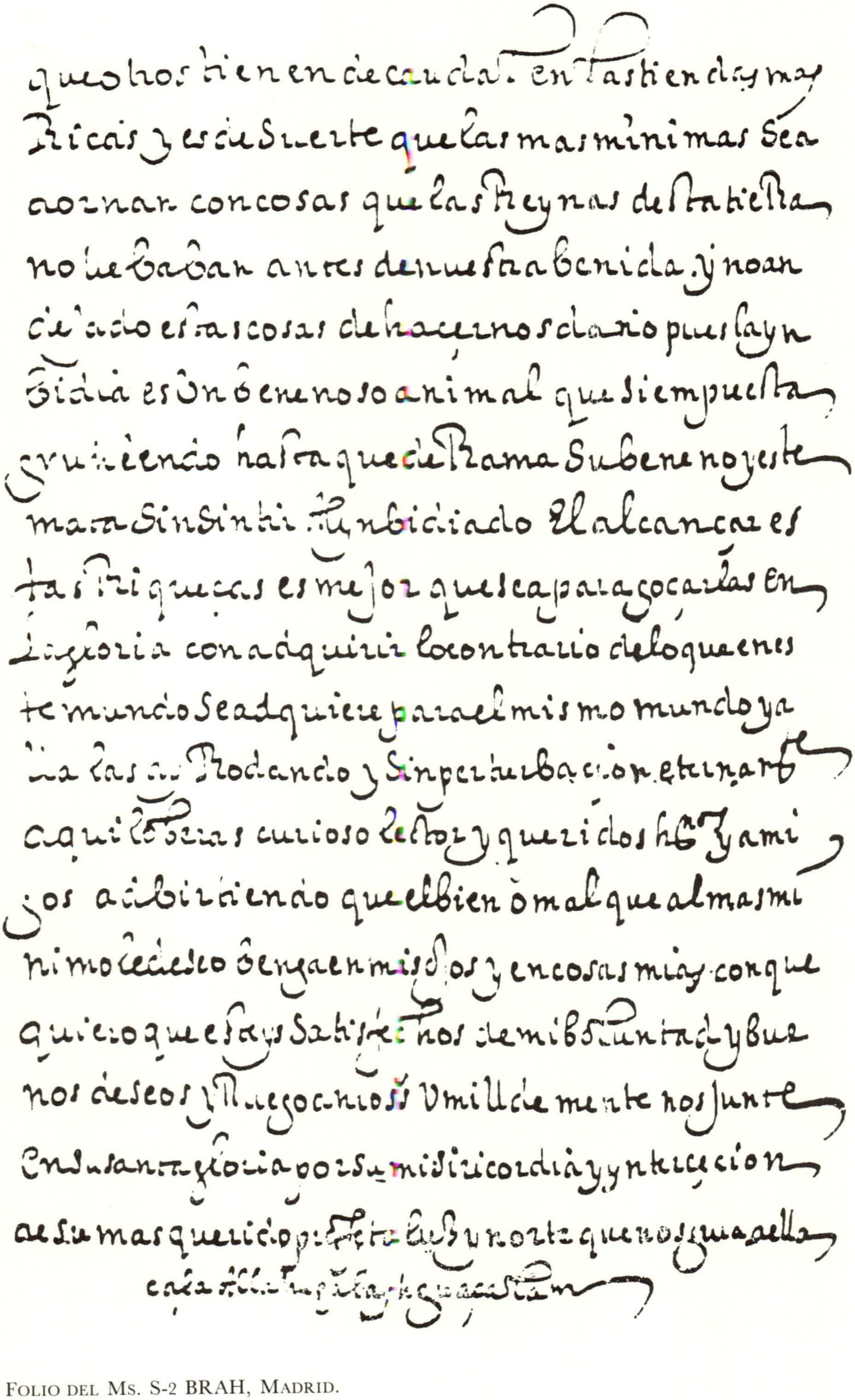

queo los tienen de caudal. en las tiendas y mas
Ricas y es de suerte que las mas minimas sea
adornar con cosas que las Reynas desta tierra
no lleuaban antes de nuestra benida. y no an
dejado estas cosas de hacernos daño pues la yn
bidia es un beneno so animal que siempre esta
gruñiendo hasta que de Rama su beneno y este
mata sin sintir. y un biciado el alcancar es
tas Riquecas es mejor que sea para gocarlas en
la gloria con adquirir lo contrario de lo que en es
te mundo se adquiere para el mismo mundo ya
lla las a [illegible] Rodando y sin perturbacion [illegible]
aqui lo beias curioso lector y queridos hermanos y ami
gos adbirtiendo que el bien o mal que al mas mi
nimo le deseo benga en mis ojos y en cosas mias con que
quiero que esteys satisfechos de mi boluntad y bue
nos deseos y [illegible] umilldemente nos junte
en su santa gloria por su misiricordia y yntercecion
de su mas querido profeta [illegible] que nos guia a ella
[illegible]

Folio del Ms. S-2 BRAH, Madrid.

(se refiere al profeta)] lo llamaron a una boda y fue con un bestido biejo y no lo dexaron entrar, y se bolbió (fol. 81v) a su casa y se bistió un bestido nuebo y bolbió, y lo metieron a la sala. Y quando truxeron la comida, tomó las mangas del bestido y las metió en ella. Dijéronle: «Qué es lo que haçes?». Y Respondió: «el bestido y ellas {las mangas} son las que an entrado a comer, que yo sin ellas me bolbieron de la puerta». Y començó a llorar y a deçir: «se fue mi querido [20], y no alcançó desta cosa alguna; y quedasteis bosotros para haçer estas ynobaçiones». Dixo el Sayx [maestro, jeque] Ibnurost [Ibn Rušd o Averroes [21]]: «Esta boda y semejantes fue por quien dixo çala Allahu ٤alayh gua çalam [bendígale Dios y déle salvación (se refiere a Mahoma)]:

شر الطعام طعام الوليمة يدعى الأغنياء ويترك الفقراء ومن لم يلب الدعوة فقد عصى الله ورسوله

[La comida del banquete es mala cuando invitan solamente a los ricos y olvidan a los pobres. Y quien no responde a la invitación {nupcial} no sigue las enseñanzas de Dios y de su profeta]. Y el aber llorado radia Allahu ٤anhu [Dios esté satisfecho de él (se refiere a Ibn Rušd)] era {por tener lastimado el coraçón de ber mudarse y perturbarse el estado de las cosas; y que no procuraban en estas bodas lo que es de premio, como dejar la ypocreçía y mostrar a la jente la soberbia de lo que haçían, particulariçando a los Ricos y bituperando (fol. 82r) a los pobres, siendo como es obligaçión amar a todos.

Y de las cosas que escusan el ser fuerça el yr a las bodas: el estar las mujeres entre los hombres; y el aber en ellas figuras de bulto, o en la pared [22]. Y dellas {las circunstancias que escusan de ir a las bodas}, el aber mucha jente, y estar apretados, y dellas, el yr y çeRalle las puertas [23]. Y no se puede escusar de yr si ay algún juego permitido, aunque sea persona de Respeto y calidad. Y sobre si el que ba llamado y no está ayunando, le es fuerça comer o le es muçtahap [recomendable], ay opiniones [24]. Y deçimos «no está ayunando» porque a éste no se le permite, aunque le juren que coma, no lo hará.

Y se permite en estas bodas el adufe [tamboril], y éste es de dos maneras [25]. El uno, un arco Redondo, y por la una parte pergamino questá [*sic*: que está] sin cuerdas, y con sólo esto es permitido, de común opinión. Y ay quien diçe es muçtahap [recomendable]. Y el otro {adufe o tamboril} es de la misma suerte, sino questá [*sic*: que está] por las dos partes con el pergamino sin cuerdas, y en éste y en el atabal [tambor semiesférico de cobre, que se toca con dos varillas] (fol. 82v) y la trompeta, ay opiniones [26]. Y si tiene cuerda o son sonajas o gayta, no se permite. Y los demás ynstrumentos de laúd, Rabel y semexantes, con más fuerça es haram [prohibido].

Después de haber çelebrado con [27] la boda tu dichoso casamiento, te conbiene mostrar a tu mujer y adbertilla que tiene obligaçión de saber los preçeptos forçosos de su creyençia, y obras de la tahara [purificación o pureza ritual], çala [oración ritual islámica], ayuno y particularidades de la sangre de su Regla y parto, porque todo esto pende della el sabello y de ti que la enseñes y hagas tus diligençias para que sea puntual en ello, porque de dejallo por haçer coResponde por su quenta y por la tuya.

Y de las obligaçiones que te tocan: es procurar tener conformidad con tu esposa, tratándola con amor y afabilidad, que las más {afabilidades; buenos tratos} con ella sujetan a la obediençia que deue[28] tener. Y si con ellas[29] se proçede ásperamente, como son débiles, se haçen pereçosas y se abuRen, y nunca tendrás paz con ella [*sic*].

Y dellas {de las obligaciones}: el estar alerta a las cosas de tu casa y mirar (fol. 83r) lo que está bien a tu honor, siendo zeloso de tu honRa; y quitar todos los ynconbinçentes [*sic*: inconvenientes] que la perturben. Y dellas, procurar su sustento de comer y beber y bestir conforme tu calidad y la suya, de si eres pobre o Rico o mediano; y ella, si es sarifa [noble, de nacimiento elevado] o no lo es. Y que sea el sustento de su semejante. Y así mesmo el bestilla, de suerte que, comiendo y bistiendo ellas al usso, están contentas y tú descansado. Y passa dalle las dos cosas en moneda, y que ella se sustente y bista, porque si ella no quiere comer con él, tiene derecho para ello[30]. Pero que, quando llegan a esto, es que falta la conformidad, y faltando, entra la ynçufrible gueRa y el bibir en tormento, lo qual se debe escusar acudiendo cada uno a su obligaçión. Y a ti, el procurar que ssea el sustento y demás adquirida [*sic*] de cossa permitida, porque comiéndolo es fuerça que te ynclines tú y ella al serbiçio de Dios, quieras o no quieras, porque la birtud de lo que es bueno produçe (fol. 83v) en la persona lo que es probechoso y bueno. Y comiendo lo prohibido, es fuerça que te ynclines a haçer cosas prohibidas y malas. Porque lo malo no produçe en las personas sino lo que es perjudiçial y malo. Y ansí, deçían las mujeres de los enemigos de Raçul Allahi, çala Allahu ƹalayha gua çalam [del profeta de Dios, bendígale Dios y déles salvación] a sus maridos: «Guardaos de adquirir y traernos lo que es haram [prohibido], porque tendremos paçiençia para çufrir la hambre, y no la tendremos por el padeçer en el fuego». Y las mujeres deste débil tiempo no tienen esta consideraçión, sino sólo apeteçen el tener, y el fin sea el que fuere. Y tú, como más discreto, haz lo que pudieres para escusar los daños tuyos y suyos, que quien adelante no mira, atrás se halla. Y un darham [dirham o unidad de moneda] permitido es de más probecho que la mucha cantidad haram [prohibida].

Y en conformidad desto te quiero contar una carama [milagro, favor] que Dios nrošs [Nuestro Señor] ussó con el çaydi [señor] ƹbdu al Cadir El Chaylani [ʻAbdu al-Q̱adir Al-Ŷaylānī] radia Allahu ƹanhu [Dios esté satisfecho de él]. Y es que (fol. 84r) en su tiempo abía una mujer biuda con tres hijas donçellas y casaderas[31]. Y estaban con el extremo de neçesidad, por cuya causa no las pedían. Y un día, ynportunada de las hijas, fue al santo y le pidió las faboreçiese porque estaban sin tener qué comer ni con qué casarsse. El santo le dijo: «siéntate y espera que te benga tu naçib» [parte, lo que te corresponde]. Sentósse y entró un hombre con çinquenta escudos y le dijo: «Señor, éstos dalos a quien te pareçiere questá [*sic*: que está] bien». Y se fue. La mujer se alegró y dixo entre sí: «Éstos me los dará». En cuyo tiempo pasaba un boRacho [32] por la puerta y le dixo: «Señor, ¿no hay para mí alguna cosa que darme?». Llamólo el santo que entrase. Entró y le dio los çinquenta escudos, de que la mujer se entristeçió grandemente, y se quiso lebantar para yrsse, y el santo le dijo que se sentase y esperase. Quando entró uno con una açada al hombro y le dijo: «Señor, yo e estado enfermo y prometí que del trabajo del primer día te abía de traer (fol. 84v) la mitad de lo que ganara, y así oy e ganado seys darhames [dirhames] y te traigo las tres, que las des de limosna por tu mano». El santo las Reçibió y el hombre se fue. Y bolbió a la mujer y le dixo: «toma estas tres darhamas [33] [dirhames] y buelbe acá pasando tres días». Tomólas y saliόse la mujer desconsolada, diçiendo: «¡Dale [*sic*: darle] a un boRacho çinquenta escudos y a mí, con la neçesidad que tengo, tres darhames [dirhames]!». Salióle al encuentro un faquí [alfaquí o jurisconsulto] del santo y le dixo: «No estés triste ni Reçibas disgusto, sino compra con un darham [dirham] sebo; con el otro pez, y con el otro estopa; y bete a tu casa, y a los tres días buelbe al santo como te dixo». Híçolo así, y conprado lo dicho, lo Rebolbió en un pedaço de casfaƐali [voz sin identificar; debe de ser un pedazo de tela o cuero] [34] biejo carmesí, y lo llebaba en la mano. Y bino un gabilán, y pensando era carne, se lo agaRó y se fue con él. Ba a su casa la mujer y da quenta a sus hijas del çuçeso, y todas lo sintieron, y lloraron su poca suerte. Al cabo de los tres días, ynportunada de las hijas, bolbió la mujer al santo, el qual le dijo (fol. 85): «Siéntate». Sentósse y en este punto entraron tres mercaderes y le dijeron: «Señor, beníamos en la mar con grande fortuna [*sic*], en que nos bimos anegados, y no teníamos con qué calafetear [*sic*: calafatear o tapar con estopa y brea las junturas de las tablas del casco de la nave] el nabío, y hacía agua. Y en esta estrechura te llamamos nos faboreçiesses, y al punto cayó en el nabío este pedaço de casfaƐali [¿tela o cuero?] carmesí con sebo, pez y estopa, con que adereçamos el nabío. Y se aplacó la tormenta y llegamos al puerto. Y te prometimos, cada uno de nosotros, çien escudos [35], y te los emos traydo, que son éstos». La mujer, quando bido el pedaço del casfaƐali [¿tela o cuero?], lo agaRó y dixo: «¡Éste es el mío, que me llebó el gabilán!». Díxole el santo: «Ten paçiençia». Fuéronse los mercaderes y le dixo: «Aquellos çinquenta escudos que me truxeron eran haram [prohibidos], y así se fueron al haram [a lo prohibido [36]]; y aquellos tres darhame [dirhames] eran halal [permitidos, legales], y trujeron estos treçientos escudos. Tómalos y dale a cada hija çiento, con que os Remediéys. Y otra bez, ten paçiençia, que con ella se alcança todo bien» (fol. 85v).

Con esto conoçerás el probecho de lo permitido y lo poco que se estima lo que no lo es. Y procura acudir {a tu esposa} con lo neçesario, que haçiéndolo con amor y buenas palabras, aunque no sea muy cunplido, lo berá ella que lo está y suplirá tus faltas y te ayudará a llebar la carga. Pero si es con mal proçeder y Riñas, te hará mucho agrabio en pedirlo por sus cabales, y te berás ynpusibilitado. De donde proçeda quel [*sic*: que el] cadí [juez o magistrado], después de darte término de un día o dos, por una opinión; y por otra, un mes; y por otra, lo que biere que conbenga[37]; te la talaqará [divorciará] en conformidad de las opiniones, por el detrimento que se le sigue. Y todo se escuça con haçer lo que es Raçón[38].

Y de las obligaçiones de quien tiene dos muxeres o más[39]. Es la justificaçión, porque con esta condiçión se le permite tenellas, y si no la tiene es pecador conoçido. Y si niega alguno el ser forçoso es ereje[40], porque ba en contra de lo que Dios nrošs [Nuestro Señor] dijo. Y esta justificaçión a de sser en el sustento y bestir a cada una conforme su (fol. 86r) calidad y su estado, como se a dicho antes. Y después desto, en el dormir, de suerte que a de sser cada noche con la suya, aunque ella esté ynpedida de tener acto, como si está con la sangre de su Regla o parto, o está enferma o con el yhram [consagración ritual del peregrino] del hech [peregrinación a La Meca] o la ȼumbra [peregrinaje menor a La Meca[41]]; o tiene otro ynconbiniente en su baso [vagina] que ynpida. Y son çinco {impedimentos}: el estar pegado, de suerte que no se pueda abrir de ninguna manera; o tener entre los labios un güeso, como el cuerno de la Res; o tener carne enpedernida y en ella un pequeño güeso; o tener hedor en él. O aberse juntado y ser uno el baso [vagina] y el agujero de la orina; o con la otra bía {anal}. Y fuera del baso [vagina], si tiene albaraz [lepra] o lepra o espíritus[42], que todas éstas son faltas que al tiempo de entrar con ella está a escojiençia del marido proseguir con tenella por esposa, o bolbella a su jente; como está a escojienda de ella tanbién, si él tiene alguna falta como espíritus, albaraz [lepra] o lepra, o no tiene miembro o testículos; o ser el miembro (fol. 86v) tan pequeño que no sirba para el acto, o sea ynpotente. Aunque a éste se le dará un año de término para que se cure, en los quatro tyenpos de primabera, berano, otoño y ynbierno, por si en alguno halla Remedio. Y si no, escojerá quedarse con él o talacarse [divorciarse].

E dicho esto para declarar las causas, y para dar a entender que aunque la mujer tenga alguna y el marido se contentó [*sic*] della, que se la deue dar su noche como a las demás, ora ssea él libre, o esclabo; o tenga alguna de las faltas dichas. Y ella escojió quedarse con él; o está enfermo {de} enfermedad lebe que pueda acudir cada noche a la suya; y si es pesada {la enfermedad} que no puede, se le permite quedar en la sala de la que quisiere, y no le es fuerça tener esta justificaçión en el acto hasta que lo tenga con todas por ygual, sino con la que quisiere, si no es que no tenerlo con alguna es por guardar su fuerça y gusto por tener más amor a otra, que en tal casso no le es permitido (fol. 87r), por el perjuiçio que se le sigue a la que dexa. Y esto se entienda, que no a de dejar de tener acto con todas, y el dejar a alguna en la cantidad que bien puede con una tenello tres beçes y con otra dos y con otra una, y anssí. Y dándole a cada una lo que es forçoso, cunple como cada quatro noches una. Y esto, por una opinión que se fundó en que se le permite tomar quatro mujeres, y no le cabe sino una noche de quatro; y, por otra opinión, cada tres noches; y se fundó en que en la herençia toma el barón dos partes y la hembra una. Y así, de tres noches, toma la mujer una y él toma dos.

Y çuçedió siendo juez el çaydi [señor] ƹumar Ybnu ƹabdu Laziz ['Umar Ibnu 'Abdu-l-'Azīz] que bino a él una mujer y le dixo: «Señor, mi marido la noche y el día está ocupado en serbiçio de Dios y puesto en oraçión». Y esto lo dixo en unos bersos [43]. Díxole el çaydi [señor] ƹumar ['Umar]: «Por çierto que eres noble y justa mujer, pues as benido a darnos quenta de que tu marido es honRado y justo. Premie Dios nrošs [Nuestro Señor] (fol. 87v) tu buen zelo por las alabanças que le das». Estaba sentado con él un çaydi [señor] amigo suyo y le dijo: «Señor, no as entendido el secreto de la demandante. Esta mujer quiere deçir que, ocupado su marido de día y de noche en serbiçio de Dios, no se acuerda della para tener acto». Dijo el çaydi [señor] ƹumar ['Umar]: «Pues que tú la as entendido, te doy liçençia que juzgues su causa con lo que Dios manda». Entonçes ynbió por el marido, y estando juntos, propuso la mujer su demanda, y Respondió él en berso [44], y dixo que Dios nrošs [Nuestro Señor] en su sagrado Curán [Corán], en tal çura [azora] y en tal çura [azora] le mandaba preçeptos [45], y que, ocupado en cunplillos, se descuidó de llegarse a ella. Y Respondió el çaydi [señor], así mesmo en berso, que [*sic*: que es] berdad lo que deçía, pero que tanbién le mandaba Dios que tubiese acto con ella, que lo cunpliese con dalla cada quatro noches, una; y que, de haçello, le alcançaba mucho premio, como le alcançaba en lo más de su oraçión. Y para ésta le sobran tres noches, en cuya (fol. 88r) conformidad se fueron los dos muy contentos. De suerte que si la mujer se quexa de que su marido no llega a ella, se le dará y juzgará con obligallo a lo dicho.

Y si es a la contra, y se quexa de que no puede çufrir tanta cantidad como haçe de beçes, ay sobre ello opiniones. Dellas, que no haga más de quatro de noche y quatro de día; y dellas, que quatro entre día y noche; y dellas, que diez entre noche y día. Y estas opiniones las truxo el Sayx [maestro, jeque] Jalil en su *Taudeh* [*Tawḍīḥ* o *Elucidación*] [46].

Díçesse que en tiempo de el Sayx [maestro, jeque] Ibnurasit [Ibn Rašīd] bino una mujer al cadí a quejarsse de que no podía çufrir que su marido hubiesse acto con ella, por causa que tenía el miembro tan grande que era fuera de la costumbre de los hombres. Y el cadí mandó al marido que le atase un paño y no dejasse fuera más de aquello que es hurdinario en los hombres, y ella pudiera çufrir. Díxole el Sayx [maestro, jeque] Ybnurasit [Ibn Rašīd]: Quando esto se haçe están solos y no lo be nayde, y puede añadir (fol. 88v) y haçelle daño a la mujer, y que lo que es su opinión era apartallos. Por quanto al que tiene el miembro tan pequeño que no es de probecho de ninguna manera, está a la boluntad de la mujer quedarse con él o apartarse, y ésta no puede tener probecho dél para el acto por el daño que Reçibe, si no es que en conformidad de los dos no use dél sino de aquello que es çufiçiente, y no le haga daño. Y si deçimos que se le ate un paño y no quede más de lo hurdinario, se pregunta quánta sea la cantidad que a de quedar; dixeron {los jurisconsultos} que no habían bisto quién lo dijese, sino en una oja escrita y suelta entre otras ojas, que deçía que abía de quedar doçe dedos de largo [47].

Y si pudiendo yr con cada una una noche y no fue con la que era suya por estorbo, o haçiéndolo adred [*sic*: adrede], es ofença que hiço a la que era su noche, y queda perdida, no se desquitará. Y es muçtahap [aconsejable] que el día y noche de cada una se comiençe de la noche (fol. 89r), de suerte que benga el magrib [atardecer o caída del sol] y esté con ella hasta el magrib [atardecer o caída del sol] del otro día con la otra. Y es muçtahap [aconsejable] a quien tiene sola una muxer el dormir siempre con ella, y si es tiempo de miedo, le es forçoso. Y todo jénero de mujeres son yguales en esto, ora sean judías o cristianas o muçlimas, ora sean esclabas de otro o sean libres, porque con cualquiera de éstas le pasa al muçlim [musulmán] el casarsse. Aunque, si son esclabas de otro, será con dos condiçiones: la una, que no tenga con qué casarse con libre; y la otra, que tema caer en zina [fornicación]. Y, faltando estas dos condiçiones, no le pasará haçerlo. Y con esto se sacan sus esclabas, que con éstas no le muerde [*sic*] tener justificaçión entre ellas, ni entre ellas y su mujer.

Y si teniendo una, o dos, o tres mujeres y se casa con otra, si es donçella, se quedará con ella siete días, y si no lo es, tres días. Y pasados, buelbe la horden primera, y le está a su escojer el començar de las otras con la que quisiere. Y le es muçtahap [aconsejable] (fol. 89v) echar suertes, como el que biene de camino con la una, echallas por la que a de començar.

Y el día y noche que es de la una, no a de entrar en la sala de la otra, si no es por alguna cosa forçosa. Y si puede ynbiar terçera persona, es mexor. Y ay opinión questo a de ser de día, no de noche, por la sospecha que puede dar. Y pasa al marido o a una dellas conprar de otra su día, o dos días, dándole alguna cosa por ello, y pasa tener acto con la que no es su día con liçençia de la que es dueño [*sic*] dél. Y pasa, antes de labarse de abello tenido con ella, tenello con la otra, pero se labará el miembro, como así mesmo se labará si deRamó el umor en sueños. Y es macruh [reprehensible] no haçello; y, demás de serlo, si se enjendra criatura, diçen que tendrá espíritus. Y también, porque no es bien tener acto y el miembro con nachaça [impureza, suciedad] [48].

Y le pasa, sin caussa, pasando por la sala de la otra, dar el çalam [saludar o dar la paz] en la puerta, sin entrar. Y le pasa, siendo la noche de (fol. 90r) la una, yr a dormir con otra, con dos condiçiones. La primera, que le çieRe la puerta la sigunda, que no tenga adónde dormir fuera, junto a la puerta; que si puede, no yrá con otra, ora sea la que çeRó agrabiada, o sea la que agrabió.

Y pasa que biban en una casa cada una en su sala y que él tenga una, y que baya cada una su noche a ella con él, y que sea la partiçión de más tiempo que día y noche. Y estas tres cosas an de ser con su consentimiento, porque si ellas no quieren, no le pasa haçello, si no es questá una en una çudad [*sic*:

ciudad] y otra en otra, que en tal caso, se hará la partiçión por semanas o messes, o lo que más bien esté y fuere neçesario.

Y si acaso una de las mujeres presentó su día y noche a la otra, puede el marido estorballo, porque puede sser que tenga más apetite [*sic*: apetito] con la que presentó su día a la otra, que con a quien lo presentó. Y si el marido pasó por el presente dicho, se le dará a la que le presentó aquel (fol. 90v) día y noche presentado y otro tanto que le benía de derecho, como así lo hiço una de las mujeres de Raçulu Allahi [el Mensajero de Dios], çala Allahu ƹalayh wa çalam [bendígale Dios y déle salvación], que después que entró en días y estaba biejo, le presentó su día y noche a la çayda [señora] ƹaysa [Aixa], radia Allahu ƹanha [Dios esté satisfecho de ella] [49]. Y tenía dos noches y dos días, a diferençia de las demás. Y se puede bolber del presente la que lo presentó a otra o al marido, y llamarse al engaño, por quanto no puede çufrir el tormento de los çelos, por quien dixo el poeta [50]:

Sosiega un poco, ayrado temerosso,
umillde bençedor, niño jigante,
cobarde matador, firme ynconstante,
traydor leal, Rendido bictoriosso.

Déjame en paz, paçífico furiosso,
billano hidalgo, tímido aRogante,
cuerdo loco, filósofo ygnorante,
çiego linçe, siguro cautelosso.

Ama, si eres amor, que si procuras (fol. 91r)
descubrir con sospechas y Reçelos,
en mi querido sol nieblas escuras,

En bano me lastimas con desbelos;
trata nuestra amistad berdades puras,
no te encubras, Amor, di que eres zelos.

Y pareçe cosa ynpusible, sigún costumbre, que aya mujer que dé liçençia a su marido que baya con otra, o le presente su día, porque los çelos les es muy propio si le tiene amor. Y si no le tiene, es pusible, si se junta con ello el ser aboReçido, pero se entienda que la que dellas çufriere los zelos con paçiençia, que es del número de los suhata [mártires]; porque pelea con el apetite [*sic*: apetito], que es el mayor enemigo que nos persigue. Y el no tener zelos es particularidad de la gloria, pues no ay en ella cosa que perturbe de ninguna manera ولله الحمد [y la alabanza a Dios].

Y no se le permite que entre con sus mujeres juntas al baño o en aposento, porque es prohibido el berse sus partes prohibidas unas a otras. Y así mesmo el juntallas en (fol. 91v) la cama, por los çelos que tendrán una con otras aunque sea sin tener acto.

Y sobre si son esclabas, le es haram [prohibido] como a sus mujeres, tenellas juntas en la cama sin tener acto, o le es macruh [reprehensible], porque las esclabas no tienen tantos zelos como las mujeres. Ay dos opiniones [51].

Y si acaso la mujer se abstubiere de tener acto con su marido, o no dejalle llegar ni jugar; o saliere de casa sin su liçençia, o no quiere acudir a cunplir con lo que es preçepto, como la çala [oración ritual islámica] y demás semejante{s}; le pasa al marido Reprehendella y castigalla. Y su modo, es primero manifestalle y deçille la obligaçión que tiene de acudir al serbiçio de Dios y de su marido, y que, de obedeçer este preçepto, tendrá el premio en descanso de gloria; y, de lo contrario, el castigo que Dios nroš [Nuestro Señor] le dará en este mundo y en el otro; con palabras grabes y espantosas, mostrando el amor que le tiene, y deseo de que se libre de padeçer en tormento. Y si esto no aprobechara con ella, como a muchas (fol. 92r) no aprobecha, sino siguen la banidad de su gusto, se enoxará con ella, mostrándole el enojo pusible, ni haçer caso della, ni dormir con ella. Y para esto tiene liçençia de un mes [52]. Y si no aprobechase, se le permite el castigo con darle bofetadas, o con el puño, de suerte que no le quiebre güeso ni le afee algún miembro [53]. Y si sabe que no aprobechará, sino con detrimento de quebrar algún güeso o quedar con menoscabo, no le pasa haçello, ni tampoco si el castigo con blandura sabe o piensa que no aprobechará, porque es castigo en balde.

Y si es la culpa del marido, como ay muchos que la tienen, el juez le Reprehenderá o castigará. Y si no se sabe si es dél o della, se pondrán que biban en casa de jente honRada, que bean y hagan atestiguaçión de quién tiene la culpa, y se castigará. Y si con esto no se aclara bien, se ynbiará a una persona de parte della, y otra, de parte dél, questos bean sus entrebalos [*sic*] con justificaçión. Y executará el juez lo que (fol. 92v) dijeren, con otras çircunstançias que Requieren más largo tratado [54].

Después de haber dicho las obligaçiones que tiene el marido a la mujer, se dirán las que tiene la mujer al marido. Y así se entienda que dixo el Sayx [anciano, maestro, jeque] Elgazali [Algazel] [55], que el casamiento es pareçido a la esclabitud, y si la mujer es esclaba del marido, y tiene obligaçión de obedeçelle y haçer lo que le mandare jeneralmente, como no sea mandalla haçer algún pecado. Y la obediençia es con tanto estremo que quando bino uno a Raçulu Allahi [al Mensajero de Dios], çala Allahu ʿalayhi gua çalam [bendígale Dios y déle salvación] y le dixo: «muéstrame una obra por donde conozca que eres mensajero de Dios». Y le dixo {Mahoma}: «Anda, dile a aquel árbol que yo lo llamo». Fue y se lo dijo, y meneándosse a una y otra parte, salieron las Rayçes de la tieRa, y bino delante dél tan justificadamente, que llegó y le dixo: «ashatu an la ylaha yla Allah» [56] [Yo atestiguo: no hay dios sino Dios] y que eres Raçulu Allahi [Mensajero de Dios]. Dijo el que lo pidió: «Pues manda que se buelba a su lugar». Se lo mandó (fol. 93r) y se bolbió, y se puso donde estaba. Y biendo obra tan milagrosa, le dixo: «Permíteme que te haga umillaçión». Y le dixo çala Allahu ɛalayh gua çalam [bendígale Dios y déle salvación (se refiere a Mahoma)]: «Si permitiera a alguien que la hiçiera a algún [*sic*: alguno] fuera de a Dios nrošs [Nuestro Señor], mandara a la mujer se umillase a su marido» [57]. De donde se toma la grande obligaçión y obediençia que debe tener a su marido, y tanbién que no se le permite que comiençe a haçer ninguna obra, como ayunar fuera de Ramadán [noveno mes del calendario musulmán], o por pena [*sic*] de alguna cosa ni otra semexante, hasta pedir liçençia a su marido. Y así, si se la pidió y le dixo: «no ayunes» y amaneçió ayunando, puede haçerselo perder {el ayuno} con tener acto, no con haçella comer o beber. Y así mesmo, si la llamó para tener acto, y ella dejó de yr y dijo «taqbirat al yhram» [acto de pronunciar las palabras «Dios es muy grande» [58]] en la çala [oración ritual], ora sea nafila [obra voluntaria, que se hace más allá de lo requerido por obligación] o fard [precepto], que quede ora çufiçiente para bolber a ella, tiene liçençia para sacalla de la çala [oración ritual] y llegalla a sí. Y si está la ora estrecha, y de haçello saldrá, no lo hará porque es ora (fol. 93v) brebe, y con acaballa cunple con lo que es forçoso. Dixo el Sayx [maestro, jeque] Elbachi [Abū-Walīd al-Bāŷī]: «No le puede ynpedir que pague con brebedad los días que deue de ayuno de Ramadán [noveno mes del calendario musulmán]». Y dixo el Sayx [maestro, jeque] Ibnurost [Abū-l-Walīd Muḥammad ben Rušd]: «Y si es ayuno que puso sobre sí fard [precepto, obligación], y son muchos, puede ynpedirla, pero si son pocos, no la ynpedirá». Y todo esto, fundado en que sí sabe la mujer que la a menester para tener acto; pero si sabe no la a menester, les pasa haçer cualquier cossa sin su liçencia. Y si lo ignoran, dijeron algunos sabios que lo más çercano es que les pasa, por quanto es el fundamento en haçer las cosas forçosas. Y lo mesmo le toca a la esclaba con su amo.

Dixo el Sayx [maestro, jeque] Ybnulcaçim [Ibn al-Qāsim] que el muçlim [musulmán] que está casado con judía o cristiana le puede haçer perder su ayuno [59], y no le bedará que haga las çeremonias de su ley, ni haçelle que coma lo que se abstiene dello en su ayuno, como carne en cuaresma o el biernes, o que coma lo que en su ley es prohibido. Y ay opiniones si la bedara de beber (fol. 94r) el bino y comer la carne de puerco, y el yr a sus sinagogas e yglesias: la opinión de la mudauna [de la ley o escritos]: que no [60] les beden. Y otros dijeron: la beden [61].

Y de la obidençia [*sic*: obediencia] que deue tener {la mujer}: es que quando la llame {el marido}, luego al punto benga, porque si le obliga a llamalla sigunda bez, se le pierden a la muxer sus buenas obras. Y si llega con su mano a ella y se desbía dél, bedándole el llegar, no la mira Dios en este mundo ni en el otro. Y si la mujer sale de su casa sin liçençia de su marido, se le escribe por cada paso un pecado, y la están los ánjeles maldiçiendo hasta que buelbe a casa o haga tauba [contrición, penitencia] [62]. Y la mujer que la llama su marido a la cama y no quiere yr, se desnuda de sus obras como la culebra del pellejo; y la mujer que amaneçe u anocheçe y no está obediente a su marido, la maldiçe Dios y los ánjeles de los siete çielos y las tieRas; y la mujer que mira a su marido con enojo y triste, le escriben los ánjeles tantos pecados como ay estrellas en los çielos (fol. 94v). Y si muere el marido antes que la perdone y se contenta [*sic*: contente] della y está [*sic*: esté] en su graçia, no la Reçibe Dios en su graçia, aunque sea su adoración tanta como la de los ánjeles. Y la mujer que le apremia al marido a que haga más de lo que pueda en el sustento de su casa, no alcançará la misiricordia [*sic*: misericordia] de Dios nrošs [Nuestro Señor], ni tendrá en la safaعa [intercesión] de Raçul Allahi [del Mensajero de Dios], çala Allahu عalayh gua çalam [bendígale Dios y dé e salvación] parte. Y la mujer que diçe a su marido que le dé talaq [divorcio] sin causa, le es haram [prohibido, vedado] que llegue a oler de la gloria. Y la mujer que le diçe a su marido: «Líbreme Dios de ti», pierde la parte que tenía en la gloria.

Benturosa la mujer que bibe en la graçia de su marido, porque de estarlo espera en su Recompensa el descanso eterno. Y el estar en su graçia le es más que sesenta años de adoración. Y una bez de agua que bebe el marido de su mano (fol. 95r) le es más que el ayuno de un año. Y el ponelle la mesa a su marido le es más que si hiçiera una hecha [guerra santa] y una عumbra [peregrinaje menor a La Meca]. Y el labarse la mujer del acto con su marido le es más que si degollase mill carneros y los diese a los pobres. Y cada gota de agua que cae de su cuerpo le es premio. Y si se haçe preñada de su marido, se le escribe que es sahita [mártir], y su parir es chihat [guerra santa]. Y el criar sus hijos le es estorbo de que entre en el fuego. Y una mirada en la cara de su marido es causa de añadírsele buenas obras, y el casarse es causa de que el enojo de Dios no cayga sobre ella. Y un día de casada en el mundo le es mexor que la adoraçión de çien años sin marido [63].

Y así, deue tener cuydado dél y encubrir sus faltas y honRar su casa, y no pedille para ella sino lo neçesario; y no obligalle a que adquiera el haram [lo prohibido]. Y mirar lo que deçían las exçelentes mujeres a sus maridos: «Guardaos de adquirir lo que es prohibido para sustentarnos, porque podemos tener paçiençia para çufrir (fol. 95v) la hambre, y no la tendremos para çufrir el fuego».

Quéntase que llegó uno adonde abitan los bitriyes [los antiguos habitantes de Petra] [64], y bido una mujer con estremo hermossa, casada con un hombre en estremo feo; y le dixo a la mujer [65]: «¿Es posible que tu hermosura se contente de estar casada con este monstro [*sic*: monstruo] de feal{dad}?». Y Respondió: «Calla esa boca, no digas tan grande disparate, porque puede ser que sea más hermoso que yo con Dios nrošs [Nuestro Señor], y que, por su causa, tenga yo el premio cunplido. Y puede ser que me lo haya dado mi Criador por castigo, y abiéndomelo dado Dios, ¿por qué no tengo de estar contenta con lo que me a dado?».

Y el estado de los casados es tan exçelente que, abiendo muerto un santo hombre, lo bieron en sueños y le preguntaron: «¿Qué a hecho Dios contigo?». Y Respondió: «Me a dado grados de gloria con tanto estremo, que e llegado a mirar los que tienen los santos y profetas, y, con todo eso, no e llegado a los grados que tienen los casados». Y luego le preguntaron (fol. 96r) qué hiço Dios con Abinaçer Altamari (Abū Nasr al-Tammār), y Respondió: «Está más alto que yo, con setenta grados». Dijéronle: «¿Qué es la causa?». Y entendimos questubieras [*sic*: que estubieras] más alto, quel dixo alcançó esto por la paçiençia que tubo con sus hijos y su mujer. Y, en Resoluçión, quel casarsse es una cosa que se haçe en la conformidad de ser costumbre, y así mesmo por la sarea [ley islámica], pues lo mandó Dios en muchas ayas carimas [nobles pasajes] de su sagrado Curán [Corán] desde el prinçipio del mundo. Y como lo mandó, quiso que se cumpliesse, con cuya causa se acreçienta el mundo, y que assí quedase hasta el fin de él. Y así mesmo lo dixo çala Allahu عalayh gua çalam [bendígale Dios y déle salvación (se refiere a Mahoma)]:

تناكحوا تناسلوا فإني مكاثر بكم الامم يوم القيامة

[Casaos y haced generación, porque yo aumento con vosotros la comunidad de Mahoma (*umma*) el día del juicio]. Como si dijera: «Casaos y haçed jeneraçión, porque yo acreçiento con bosotros las jentes del día del juiçio». Y así mesmo, que con haçerlos y teniendo çuçeçión queda su nombre bibo y se le acreçientan los (fol. 96v) grados de gloria con causa del hijo o hijos justos, que es una de las cosas que llegan a los muertos. Y la sigunda, la çiençia que dejó a sus discípulos; y la terçera, la limosna. Y ay opiniones en el premio de Reçalle el sagrado Curán [Corán]: ay quien diçe que llega; y ay quien diçe que no; y ay quien diferençió en si se lee sobre la sepultura, que llega; y si no se reça sobre ella, que no. Sólo los hijos muçlimes [musulmanes] no les pasa haçer duعa [oración, plegaria] a sus padres, los erexes, después de muertos, porque están condenados sin Remedio. Y, sobre si lo harán estando bibos, porque puede ser que buelban al Yçlam, ay dos opiniones [66].

Y de los probechos del casarse [67]. Es desbiar de sí la ynçitaçión del apetite [*sic*: apetito] y la alteraçión de la persona, pues quando está más ençendido en gusto y tiene con su mujer acto, se le quita y apaga. Y dellos {de los provechos}, de que es causa {el casarse} de dos modos de bibir. El uno, que con el acto proçede la çuçeçión, y acreçienta el mundo; y la otra, la consideraçión (fol. 97r), considerando el gusto y Regalo del tener acto brebe y pereçedero. Y sabe que si obra las obras y mandamientos dibinos, que con ello alcança lo que es Regalo y gusto eterno, semejante a aquel brebe, con que acudirá con presteça a pretender haçer para alcançar lo que es de aquella suerte de gusto. Y, lo que es con más bentaxas, más exçelente: con mirar a su Señor y Criador mañana y tarde.

Y no ay duda quel casarsse es cosa exçelentísima, como consta por lo dicho; y porque permitió Dios nrošš [Nuestro Señor] que con su mujer o esclaba [68] haga la persona todos los modos y suertes que quisiera haçer para tener gusto, y puso en ello tan grandes premios que no tiene número. Y así, se puede deçir que es goçar y Regalarse la persona; y de tenello queda con tanta ganançia como queda [69].

Y para que sea con las çircunstançias más probechosas, diremos lo que dixo Çiti [el señor] Ahmad ZaRuq [Sayyidī Aḥmad Zarrūq] en su *Sarx* [*Comentario* o *Tratado*] sobre la Guagleçía, y otro que llamó la *Naçiha* [*Consejo*] [70].

De las cosas (fol. 97v) de premio en el tener acto con sus mujeres o esclabas. Son tres: antes dél, y tres en él y después, tres [71]. La primera de las tres antes del acto: es el jugar con ella con todas las çircunstançias de gusto que pueda, besando, abraçando y tentando, para que con esto se contenten y se apresten sus coraçones y pretenciones, de suerte que, alterados y ençendidos en gusto, ella pida a su marido la obra y él la execute con fuerça.

La sigunda: el modo de ponerse. Diçe {Zarrūq}: no la pongas en quatro pies, porque es de trabajo para ella; y esto, si lo dice, que a pedillo, no lo será. Y era ésta la postura que usaban la tayfa [grupo, bando, facción] de los Ançar [musulmanes de Medina, llamados «auxiliadores»] [72]. Y no usaban cara a cara por causa de la bergüença que tenían. Y la tayfa [grupo, bando, facción] de los Muhacharin [los emigrantes de La Meca] [73] usaban ponerse cara a cara. Pues casóse uno de los Muhacharin [emigrantes de La Meca] con una de los Ançar [auxiliadores]; y, queriendo usar con ella cara a cara, como era su costumbre, se abstubo ella de ello, por ser fuera de la que ellos usaban [74].

Por lo qual ynbió Dios nuestro Señor a permitir se hiçiera de la suerte y modo (fol. 98r) que se quiera, en esta aya carima [pasaje noble, honorable (del Corán)]:

نِسَاؤُكُمْ حَرْثٌ لكم فَأْتُوا حَرْثَكم أَنَّى شئتم

[Vuestras mujeres son vuestra campiña. Id a vuestra campiña como queráis (azora II, 223)] [75].

Y esto, por una opinión de dos {opiniones}, que ay sobre el baxar esta aya carima [pasaje noble (del Corán)] [76].

Y así, después de ser todas las posturas permitidas, ay algunas que son dañosas. Y así dixo {Zarrūq} [77]: «no la pongas de lado, porque proçede de ello [78] dolor en las yngles; ni ençima de ti, porque resulta dello el sujetarte; sino que la pongas boca arriba, alçados los pies, porque ésta —diçe {Zarrūq}— es la mejor postura, y se conçede su gusto en ésta». Y ay otras que son tan buenas como ella, pues adonde ay tantas, se puede escojer media doçena para diferençiar, pues todas son permitidas [79].

La tercera. Al tiempo de querer meter el miembro, Refregallo en los labios del baso [vagina], porque se altere más él y ella, y diçiendo, «biçmi ylahi» [en el nombre de Dios], metello. Y estando dentro, diçe {Zarrūq} [80]: a de aber otras tres {maneras}. La primera: haçer de manera que sea con blandura; no con fuerça, de suerte que no le dé gusto [81], y con amor exerçitarlo dentro (fol. 98v). La sigunda {manera}: que se detenga él lo más que pueda en deRamar [eyacular], hasta que lo hagan los dos a un tiempo, porque proçede desto quererse mucho. Y dirá al tiempo de querer deRamar el umor esto:

اللهم جنبنا الشيطان وجّن الشيطان ما رزقتنا

[Oh Dios, líbranos del demonio, y libra del demonio aquello que tú nos otorgas como posteridad] [82]; porque, si se enjendra criatura, no será perturbada del demonio. La terçera {manera}: que sintiendo que ella quiere deRamar, sacar un poco el miembro, porque de dejallo fuera, se sigue el debilitarsse, pero no a de ser de suerte que deRame fuera, porque es en perjuiçio della.

Y las tres {maneras en que se procede} después del acto. La primera, deçir a la mujer se eche del lado derecho, porque diçe [Zarrūq] que si se enjendra, que será barón. Y si lo haçe del içquierdo, será hembra [83]. Y esto, por bía de costumbre, que Dios nrošs [Nuestro Señor] es el que con su poder y con su querer haçe y particulariça lo que es serbido.

La sigunda {manera}: que diga en su pensamiento, sin menear la lengua, esto: [84]

الحمد لله الذي خلق من الماءِ بشرا فجعله نسبا وصهرا وكان ربك قدير

[Él es quien ha creado, a partir del agua, un mortal en el que ha colocado genealogía y alianza. Tu Señor es todopoderoso» (azora XXV, 54)] [85], porque es aya [pasaje o aleya coránico], y le pasa el Reçalla entre sí aunque estén (fol. 99r) chanub [en estado de impureza ritual]. La terçera {manera}: labarse el miembro y ella su baso [vagina], por si quieren haçer {el acto} otra bez, porque dello se sigue el fortaleçerse y se quitan las çuçidades de las umedades que tienen, y si quieren dormir les es mucho trabajo tomar guado [alguado o ablución], el qual no se pierde si no es teniendo acto otra bez; como así mesmo es muçtahap [86] [recomendable] al que está chanub [impuro] tomar guado [alguado o ablución] para dormir. Y no le pasa con el haçer çala [oración ritual islámica]; pero sí, junto con tomallo {el alguado o ablución}, para dormir.

Puso nia [intención, propósito] del estar con todo el cumplimiento. Ay quien diçe: «le pasará»; {pero} ya emos dicho atrás que es muçtahap [recomendable] ber antes que se case uno a la nobia, y que a de ser no más de la cara y de las manos [87], y sabiendo ella que se mira [88]. Y agora se entienda que después de casados puede, y se le permite, y es de premio, el bella y goçalla y Refoçilarsse con todo su cuerpo, y ber el baso [vagina]. [89] Y, por estremo de podello haçer, dixo el Sayx [maestro, jeque] Açbag [Aṣbag [90]]: «que lo mire hasta lamello con la lengua». Aunque dijeron algunos que no es obra de personas (fol. 99v) de consideraçión, y que el deçir lo dicho es encareçimiento de la permisión [91]. Y lo mesmo el amo con su esclaba.

Y deçimos [92] todo su cuerpo se entienda que sólo se le beda el tener acto en la otra bía[93], porque Dios nrošš [Nuestro Señor] dixo que la mujer es como la tieRa, para sembrar[99], y el sembrar no a de ser sino en la parte que produce lo sembrado, ques [*sic*: que es] la criatura, y en aquella bía no produçe, demás que es cosa fea y contra la costumbre y contra lo que se pretende que es la jeneraçión. Y así, es cosa prohibida. Y por aquí en dixo çala Allahu ȼalayh gua çalam [bendígale Dios y déle salvación (se refiere a Mahoma)] que el que lo haçe es maldito de Dios.

Y se lo prohíbe tener el acto en el baso [vagina] en tiempo de su costumbre, o estar con la sangre del parto; y es pecador el que tal haçe[95]. Y neçesita haçer tauba [contrición, penitencia] dello hasta que se corte la sangre y se labe, ora sea muçlima, o sea de los erejes, cristiana y judía[96]; y a éstas se les forçará a que se laben. Y les es prohibido también en este tiempo (fol. 100r) el tener acto con ella de las Rodillas abajo y del ombligo aRiba, como entre los pechos y en su mano[97].

Y así como a él le es permitido goçar de todo el cuerpo della, lo es también a ella que goçe del todo el cuerpo dél, mirando su miembro y demás partes, y Reguçijarse con él con todas las çircunstançias que pueda, a pedimento de su marido, y añadir más otras muchas para caçalle el coraçón y probocarle a tener acto y gusto.[98] Lo qual dixo el Sayx [maestro o jeque] Al ȼatar [Al-'Attār] que es obra forçosa a la mujer haçella. Y dixo uno que es bien que quando esté a solas con su marido, que haga lo que haçe la más disoluta mujer, pero que en público, questé con el estremo de honestidad[99]. Y escribiéndole uno a una señora un papel para su esposo en Respuesta de otro, le puso en él algunos Requiebros amorossos, y le dixo ella que los quitase. Y diçiéndola que era forçoso que se le dé algún fabor porque pide tres Regalos, Respondió: «con marido por lo menos son (fol. 100v) para los braços, buenos, pero para escriptos, malos».

Y siendo permitido, como se a dicho, que con la que es propia mujer se hagan todas las çircunstançias que se haçen con las ajenas, y más, siendo todo una mesma figura y una mesma espeçie, y todas de carne y güesos, se considerará que no ay diferençia entre las dos, más de ser ynçitados de los enemigos para dejar lo que es dulçe y sabroso y apeteçer lo que es de tanto daño como el zina [fornicación o adulterio], cosa que Dios nrošš [Nuestro Señor] prohibió desde el prinçipio del mundo hasta su fin, porque quiso que lejítimamente se conoçiesen los linaxes y que ligítimamente se heredasen los unos a los otros. Lo que, si con una mujer tubiesen muchos acto y ella hubiere hijos, no se sabría a quál dellos a de heredar y conoçer por padre; demás de que es cosa que aboReçe el ser de la persona y la tiene por fea y asquerosa y causa de las disençiones entre ellos, de que Resulta mucho daño. Y el mayor, la pena que puso {Dios} a quien tal pecado comete en este (fol. 101r) mundo, con apedrealle, y en el otro, el tormento[100]; a diferençia del permitido, que prometió por él tanto premio, de suerte que uno y el otro es un brebe gusto; y de tenello en lo que es lícito queda saboreándose y contento, y espera el tenerlo eternamente. Y, si es en lo prohibido, el brebe gusto se passó y queda con el delicto cometido, cargado para pagar la pena de su culpa tan grande. Y con esta adbertençia echarás de ber y estarás desengañado, y que procuro tu bien y descanso.

Y te buelbo a advertir que, teniendo con tu mujer o mujeres gusto y Regalo, y que éste es el mismo que con las ajenas, que si acaso tus enemigos te ynçitan a mirar otras y te haçen apeteçer, bayas coRiendo con aquella alteraçión a tu casa y executa en tu mujer tu gusto, con que quedarás sosegado y libre de toda mala yntençión de los enemigos y de la pena que te procuran, como lo procuraron con un justo hombre que tenía por ofiçio haçer çestos [101].

Y los salía a bender, (fol. 101v) y un día estaba una señora admirando la calle, y lo bido, y mandó a sus criadas lo metiesen en casa. Llamáronlo, y él, entendiendo que querían comprar algún cesto, entró y estando dentro mandó la señora que çeRasen la puerta, y bídola tan hermossa, tan bella, tan adornada de joyas y galas quanto se pueda encareçer. Ella lo asió, afiçionada a su jentileça y brioso cuerpo, que le dixo: «quiero que me goçes y tengamos acto». Él, biéndose en tan grande aprieto, y no teniendo por dónde huyr, le dixo: «pues, señora, haçed me den agua para tomar guado [alguado o ablución]». Primero diéronsela, y salió a un teRado a tomalla. Y bístose allí, se aRojó dél a la calle con peligro de matarsse, por no cometer cosa tan fea.

Pero Dios nrošš [Nuestro Señor], como tan piadosso, y que sus sierbos justos los anpara y libra de todo peligro, y bisto su pureça en huyr de tal delicto, le ynbió un ánjel que lo Recojiese en sus alas y lo baxase sin detrimento, como así çuçedió.

Y se fue a su casa y dio cuenta de todo el (fol. 102r) çuçeso a su mujer. Y los dos, tan pobres que no tenían qué çenar. Ella le dixo: «esta noche quiero belarla haçiendo çala [oración], y dar mil graçias a Dios, que te libró de tan grande pecado». Y era costumbre benir a su casa los beçinos por lumbre, y así, ençendió un hornillo que tenía. Y entró una bieja, y tomó lumbre. Y bino a la mujer y le dixo: «anda, saca el pan del horno antes que se te queme». Fue a mirallo, y, sin aber tenido ni puesto pan, le halló lleno de panes, del qual çenaron. Y se lebantaron los dos a su oraçión, y pidieron a Dios les diesse de adonde se sustentasen sin neçeçidad de trabajar. Y en aquel punto se abrió el techo y cayó una perla preçiosa, con que se holgaron mucho. Y se fueron a dormir después de dado mill graçias a Dios.

Y bido la mujer en sueños la gloria y los estados de los obedientes al serbiçio de su Criador, en feliçe estado y descanso. Y bido el púlpito de su marido, que cayó (fol. 102v) dél una piedra preciosa [102], y, recordando [despertando], le dio cuenta de lo que bido, y {le pidió} que hiciesse oración a Dios, que la piedra preçiosa que cayó del techo se buelba a su lugar. Híçolo así, y se alçó la piedra. Y bolbió {el cestero} a haçer duʿa [oración, plegaria] y dixo: «Señor y Criador mío, dadme con qué me sustente sin neçeçitar de haçer çestos». Y le ynbió Dios nrošš [Nuestro Señor] un grande pedaço de oro. Y dixo: «Señor y Criador mío, si éste es del mundo, te suplico pongas en él tu bendiçión; y si es de mi parte en la gloria, no lo e menester». Y se alçó con el poder de Dios.

Mira la pureça deste justo, y mira lo que mereçió por abstenerse de un brebe gusto, y tan grande pecado, pues no ay duda que el que con balor se abstiene de su apetite [*sic*: apetito], ques mayor chihat [guerra santa] quel pelear contra los enemigos de la fe. Y mira la muxer tan justa que este santo hombre tenía, y que la que lo es, es de grande ayuda a su marido para el serbiçio de Dios. Y mira lo que les tiene guardado el Criador de descanso y bienes en la gloria (fol. 103r). Y así, pide a Dios nroš̃ [Nuestro Señor] con umilldad y contriçión te dé una mujer con todos los cunplimientos y partes de bondad. Porque la mujer ques buena y obediente a su marido y acude al cunplimiento de los preçeptos dibinos, le debe el marido estimar y Regalar, porque ella tiene mucho premio y él está en su descanso y contento, lo qual se conpara a estar en la gloria. Y, si es al contrario, ella tendrá la pena, y él está en tormento, y en galeras Remando, si el talaq [divorcio][103] le es dificultoso, y si es fáçil, descansa della, y busca su bentura. Y ella no la tiene, por el pecado cometido. Y en este particular dixo el poeta {Lope de Vega} de esta suerte[104].

Es la mujer del hombre lo más bueno,
es la mujer del hombre lo más malo;
su bida suele ser, y su Regalo,
su muerte suele ser, y su beneno.

Es baso de bondad, de birtud lleno;
a un áspid libio su bençoña ygualo;
por Raro al mundo su balor señalo,
por Raro al mundo su balor condeno.

Ella nos da su sangre, ella nos cría;
no a hecho el çielo cosa más yngrata;
es un ánjel, y a beçes una arpía.

Tan presto tiene amor como maltrata;
es la mujer, al fin, como sangría,
que a beçes da salud, y a beçes mata[105].

GLOSARIO

La tarea de alfabetizar responsablemente un vocabulario cuya ortografía arcaica y cuya españolización de voces árabes hemos respetado es una tarea difícil. Para facilitar al lector la búsqueda de estas voces, las hemos alfabetizado de acuerdo a la manera exacta en que las hemos transcrito. Hacemos excepción de las palabras que comienzan con la letra árabe *'ayn*, que el autor o su copista transcriben con la letra árabe original (ع): estas voces las transcribimos con el signo de «'», precediendo la primera vocal que siga al *'ayn*.

Para fines de alfabetización, igualamos la *c* y la *ç* y la *r* y la *rr*, que, como hemos señalado, aparece en el manuscrito como *R*. Las demás letras iniciales van según la españolización del autor morisco, que casi nunca disingue, como es evidente, entre distintas letras árabes, que va transcribiendo de manera fonética (la *s*, *š* y *ṣ*; la *t* y la *ṭ*, por ejemplo).

Nos hemos servido fundamentalmente de los diccionarios *Español-Árabe, Árabe-Español* de F. Corriente, Instituto Hispano-Árabe de Cultura, Madrid 1970, y *Arabic-English Dictionary* de J. M. Cowan, Spoken Language Services, Inc., Ithaca, Nueva York 1976, así como de los glosarios pioneros de Pedro Longás, A. R. Nykl, Julián Ribera y Asín Palacios [1]; y de los modernos y muy útiles de la colección CLEAM de la Editorial Gredos de Madrid [2]. También hemos utilizado las indicaciones de vocabulario que ofrecen otros aljamiadistas como R. Kontzi [3], Consuelo López-Morillas [4] y Louis Cardaillac [5]. Hemos consultado nuestras dudas con muchos de estos colegas hispano-arabistas, y a todos va nuestra gratitud profunda.

'AÇAR: «tarde». عصر *'aṣr.*
ADUFE: «adufe o tamboril». دفّ *duff.*
ALBARAZ: «lepra». البرص *al-baras.*
ANÇAR: «los musulmanes de Medina, llamados "auxiliares", que se habían

hecho nobles defendiendo al profeta de sus enemigos en los primeros años del islam». انصار *anṣār*.

ATABAL: «atabal; instrumento musical a modo de tambor semiesférico de cobre, que se toca con dos varillas». طبل *ṭabl*.

AYA: «pasaje, fragmento [del Corán]». آية *āya*.

BALEJ: «serio, grave, mayor de edad; púber». بليغ o بلوغ *balīg* o *bulūg*.

BARCA: «bendición». بركة *baraka*.

BASO: «vasija o receptáculo; en el contexto del códice, vagina».

BIÇMI ILLAHI: «en el nombre de Dios». باسم الله *bi-smi illāhi*.

BITRIYE[S]: «los habitantes de la antigua ciudad de Petra». بتراء *bitrā'* o *batrā'*.

BOLOJ: «mayoría legal; pubertad». بلوغ *bulūg*.

CADÍ: «cadí o juez; administrador de justicia». قاضي *qāḍī*.

ÇALA: «oración ritual islámica». صلاة *ṣalā*.

ÇALA 'ALA RAÇULU ALLAH: «la bendición sobre el Profeta de Dios [Mahoma]». صلّى الله على رسول الله *ṣallā allāhu 'alā raçūlu llāhi*.

ÇALA ALLAHU 'ALAYH GUA ÇALAM: «bendígale Dios y déle salvación (la frase se refiere a Mahoma)». صلّى الله عليه وسلّم *ṣallā allāhu 'alayhi wa sallam*.

CALAFETEAR: «calafatear o tapar con brea las junturas de las tablas del casco de una nave».

ÇALAM: «paz; dar la paz o saludar». سلام *salām*.

CARAMA: «favor, milagro, carisma». كرامة *karāma*.

CARIM[A]: «noble, venerable». كريم *karīm*.

CASFA'ALI: voz sin identificar. Debe significar, por el contexto, un tipo de tela o de cuero.

ÇAYDI [ÇAYDA, ÇAYDE, ÇITI]: «señor mío, señora mía, señor» o *sayyida* سيّدة ; *sayyidi* سيّدي ; *sayyid* سيّد.

CHANUB: «estado de impureza ritual». جنب *yûnub*.

CHIHAT: «guerra santa». جهاد *ŷihād*.

ÇITAQ: «dote». صداق *ṣidāq*.

ÇURA: «azora o versículo del Corán». سورة *sūra*.

CURAN: «Corán». قرآن *qur'ān*.

DARHAM [DARHAMAS; DARHAMES]: «dirham; unidad de moneda árabe». درهم *dirham*.

DICRI: «invocación a Dios; mención del nombre de Dios; repetición de ciertas fórmulas en alabanza de Dios». ذكر *ḏikr*.

DINAR: «dinar, unidad de moneda árabe». دينار *dīnār*.

DU'A: «oración, plegaria». دعاء *du'ā'*.

ENTREBALOS: voz sin identificar.

FAÇIT: «imperfecto, inadecuado, según la ley islámica». فاسد *fāsid*.

FAQUÍ: «alfaquí, jurisconsulto». فقيه *faqīh*.

FARD: «precepto, obligación (en ley islámica)». فرض *farḍ*.

GUACALA: «representación, otorgación de un poder delegado». وكالة *wakāla*.

GUACHIB: «necesario, obligatorio». واجب *wāŷib.*
GUADO: «alguado o ablución». وضوء *waḍū'.*
GUAQUIL: «encargado, representante autorizado». وكيل *wakīl.*
HALAL: «lo permitido o legal». حلال *ḥalāl.*
HARAM: «lo prohibido o ilícito». حرام *ḥarām.*
HECH; HECHA: «peregrinación oficial islámica a La Meca». حجّ *ḥaŷŷ.*
'IDA: «período prescrito por ley que debe esperar la mujer viuda o divorciada antes de contraer nuevo matrimonio». عدّة *'idda.*
MACRUH: «reprehensible, según la ley islámica». مكروه *makrūh.*
MAGRIB: «atardecer o caída del sol». مغرب *magrib.*
MOTALACA: «libre; divorciada; no virgen». مطلقة *muṭlaqa.*
MUAJAR: «almuajar o dote que se da después del matrimonio». مهر *mahr.*
MUCHBRI: «compulsorio, obligado». مجبر *muŷbir.*
MUÇLIM; MUÇLAMIN: «musulmán, musulmanes [creyentes]». مسلم *muslim.*
MUÇTAHAP: «recomendable». مستحبّ *mustaḥabb.*
MUDAUNA: «ley, ley [religiosa] escrita». مدوّنة *mudawwana.*
MUHACHARIN: «los "emigrantes" de La Meca, que alegaban pertenecer a la tribu del profeta y ser los primeros que aceptaron su misión». مهاجرون *muhāŷirun.*
NACHAÇA: «impureza, suciedad». نجاسة *naŷāsa.*
NAÇIB: «parte, participación». نصيب *naṣīb.*
NAÇIHA: «consejo, recomendación». Se hace referencia a la *Naṣīha al-kāfiyya* de Aḥmad Zarrūq. نصيحة *naṣīḥa.*
NAFILA: «obra voluntaria que se hace más allá de lo requerido por obligación». نفل *nafl.*
NIA: «intención, propósito». نية *nīya.*
RAÇULU ALLAHI: «el mensajero, enviado o profeta de Dios». رسول الله *rasūlu llāhi.*
RAÇULU ALLAHI ÇALA ALLAHU 'ALAYHI GUA ÇALAM: «el mensajero de Dios, bendígale Dios y déle salvación». رسول الله صلّى الله عليه وسلّم *rasūlu llāhi ṣallā llāhu 'alayhi wa sallam.*
RADIA ALLAHU 'ANHU ['ANHA]: «Dios esté satisfecho de él [ella]». رضي الله عنه *raḍiya llāhu 'anhu.*
RAMADÁN: «Ramadán, noveno mes del calendario musulmán». رمضان *ramaḍān.*
SAFA'A: «intercesión, mediación». شفاعة *šafā'a.*
SAHIT[A]; SUHATA; SUHUTES: «testigo o mártir; testigos o mártires». شهيد ؛ شهداء ؛ شهود *šahīd; šuhadā'; šuhūd.*
SAR'I: «legítimo, legal». شرعي *šār'ī.*
SAREA: «ley canónica o revelada islámica». شريعة *šari'a.*
SARH: «comentario o tratado». Se hace referencia al *Šarḥ al-waglīsiyya* de Aḥmad Zarrūq. شرح *šarḥ.*

SARIF[A]: «de nacimiento elevado; noble». شريف *šarīf*.

SAWAL: «décimo mes del calendario musulmán». شوال *šawwal*.

SAYX: «anciano, maestro, jeque». شيخ *šayj*.

SIHATA: «testimonio, deposición». شهادة |*šahāda*.

TAHARA: «pureza ritual». طهارة *ṭahāra*.

TALAQ; TALAC[AR]: «divorcio; divorciar». طلاق *ṭalāq*.

TAQBIRAT AL IÇLAM: «acto de pronunciar las palabras "Dios es muy grande" (Allāhu akbar) al comienzo de oración». تكبيرة الاحرام *takbīrat al-iḥrām*.

TAUBA: «contrición, penitencia». توبة *tawba*.

TAUDEH: «elucidación; se hace referencia al título del tratado del Šayj Jalīl». توضيح *tawḍīḥ*.

TAYFA: «bando, facción, grupo». طائفة *ṭā'ifa*.

'UMBRA: «peregrinaje a La Meca, llamado menor, porque no requiere ser llevado a cabo en un momento determinado del año, y porque implica menos ceremonias rituales». عمرة *'umra*.

YA: «oh». يا *yā*.

YHRAM: «estado de consagración ritual del peregrino que va a La Meca, en la que debe guardar abstinencia sexual». احرام *iḥrām*.

ZINA: «adulterio, fornicación». زناء *zinā'*.

APÉNDICE I

TRADUCCIÓN DE LA *NAṢĪḤA AL-KĀFIYYA* O *RECOMENDACIÓN CUALIFICADA* DE AḤMAD ZARRŪQ (MS. 1663 D RABAT)

(EN COLABORACIÓN CON HOSSEIN BOUZINEB)

(fol. 137v) Las prohibiciones relativas al acto sexual son cuatro. La primera de ellas es la sodomía, que es la más grave. Basta para ello [recordar] que Dios Todopoderoso ha deshonrado a los que la cometen y ha hecho llover ininterrumpidamente [sobre ellos] piedras de arcilla marcadas por Él [Corán XI, 82-83] [1].Ha dicho [Dios]: «Ésas [piedras] no están alejadas de los injustos» [Corán XI, 83] [2]; es decir, de los que cometen esos actos. Se cuenta que una de esas piedras estaba en [el techo de] una casa en Egipto, y justo debajo había dos hombres que se encontraban haciendo el acto [prohibido]; cuando se derribó el techo, y cayó sobre ellos. Esto fue en tiempos de 'Umar b. 'Abd 'Azīz.

La segunda [prohibición] es la fornicación con una mujer casada y con toda aquella mujer comprometida [o vedada legalmente [3]]. Ésta es la más grave de las fornicaciones para el devoto. Es más grave en el caso de un hombre casado que en el de los demás hombres [solteros]; y de menor gravedad en el caso de un hombre casado con una mujer soltera (fol. 138r), si ésta no está poseída por derecho de propiedad ni contrato [ajenos]. Dijo José —sobre él la paz— cuando lo solicitó la mujer de Al-'Azīz: «los injustos no serán bienaventurados» [Corán XII, 23] [4]; es decir, que los adúlteros no conocerán la felicidad.

Se cuenta que Dios —alabado sea— dijo en algunos libros revelados: «Yo soy Dios, y no hay otro dios sino Yo, el Señor de La Meca; doy riqueza al peregrino aunque sea después de pasado un tiempo; y empobrezco al adúltero aunque sea, asimismo, después de pasado un tiempo».

La tercera [prohibición relativa a la vida sexual] es el coito en un lugar que no sea la vagina. La [falta] más grave es aquella que es semejante a la sodomía, y la prohibición [de llevarla a cabo] se aplica a la mujer casada. El trasero de la esposa está prohibido, de la misma manera que lo están los demás [traseros]. No obstante, la fuerza de la prohibición no es la misma en los dos casos [5]. Se atribuyó a Mālik la legalización [del trasero], pero él lo denegó, argumentando que «vuestras mujeres son vuestra campiña [o labranza]» [Corán II, 223] [6]; y añadió: «¿Acaso se puede labrar en un lugar donde no se siembra?». La cuestión del coito en el trasero es aún más grave que la fornicación simple, que conlleva de por sí la confusión de la genealogía, porque está en contra de la razón y del derecho divino, ya que la salida se convierte en entrada. Hay, por añadidura, agravantes de índole higiénica y daños a la salud.

La cuarta [prohibición relativa a la vida sexual] es la masturbación (fol. 138v), sobre cuya condenación están de acuerdo los ulemas [doctores de la ley, jurisconsultos]. Incluso, aquel que la permite por necesidad, pone condiciones. Ha dicho Abū Bakr Bnu al-'Arabī —que Dios esté satisfecho de él— «Ojalá mi poesía tuviera un texto explícito con la aprobación [de esta práctica]; hubiera sido importante admitirla» [7]. Se atribuye a Ibn 'Abbās el haber dicho que la masturbación es menos grave que la fornicación. Y dijo el imām Aḥmad: «Ella es como la escarificación [8], y a todo aquel que la practica por otro motivo que no sea el miedo a la fornicación, se le debe vedar». Dios —alabado sea— dejó establecida claramente la prohibición sobre esta práctica cuando dejó dicho: «excepto ante sus mujeres...» (Corán XXIII, 6, y LXX, 30) [9]. (Este derecho de posesión [que tiene el hombre] sobre sus mujeres incluye también a las hembras poseídas legalmente [esclavas]) [10]. Se atribuyó a Aš-Šāfi'ī el permitir [la masturbación], pero es falso. Los que dijeron eso fueron los Si'a [seguidores, discípulos]: que Dios precipite la infamia sobre ellos.

El tener sueños eróticos con imagen prohibida, es un castigo; sin imagen, [en cambio], podría ser una bendición; y, con imagen legal, [incluso] una gracia.

Es una protección para el sexo [o la vida sexual] [11] la lectura frecuente [de la azora] «Di: "me refugio en el Señor del alba"» (Corán CXIII, 1) [12]. [También conviene] decir constantemente: «Alabado sea el Señor Santísimo», y recitar a menudo: «¡Por el cielo y el astro nocturno!» (Corán LXXXVI, 1) [13].

Se prohíbe tocar el pene con la mano derecha, así como abordar a la esposa después de un sueño erótico. (fol. 139r) Se ha dicho que esta práctica enjendra locura en el hijo, de la misma manera que abordar [a la mujer] de lado provoca mal de caderas. Si no se juega con ella [antes del acto], nace el hijo ignorante y necio. [Es necesario] actuar con delicadeza con la mujer hasta que se junte su humor espermático [14] con el del hombre, porque esto hace que ella lo ame. Y el que desee que sea así, que no se acerque a ella hasta que [haya comprobado] que se eleva su aliento, que entorna sus ojos y que pide su contacto. El preludio [adecuado del acto] es el juguetear prolongadamente con ella, acariciar sus senos, y frotar su pene entre los dos bordes de su sexo. Y, si quiere enjendrar un varón, debe decirle [a la esposa] que se eche sobre su lado derecho, después de acabar [el acto]; y, si quiere una hembra, que haga lo contrario. Y si quiere anular [la posible concepción], que [la esposa] se acueste echada sobre sus espaldas y en dirección a él.

[El esposo] no debe olvidar las plegarias estipuladas para esta ocasión, como decir, en el momento de la copulación: «¡Oh Dios! Aléjanos de Satanás y aleja a

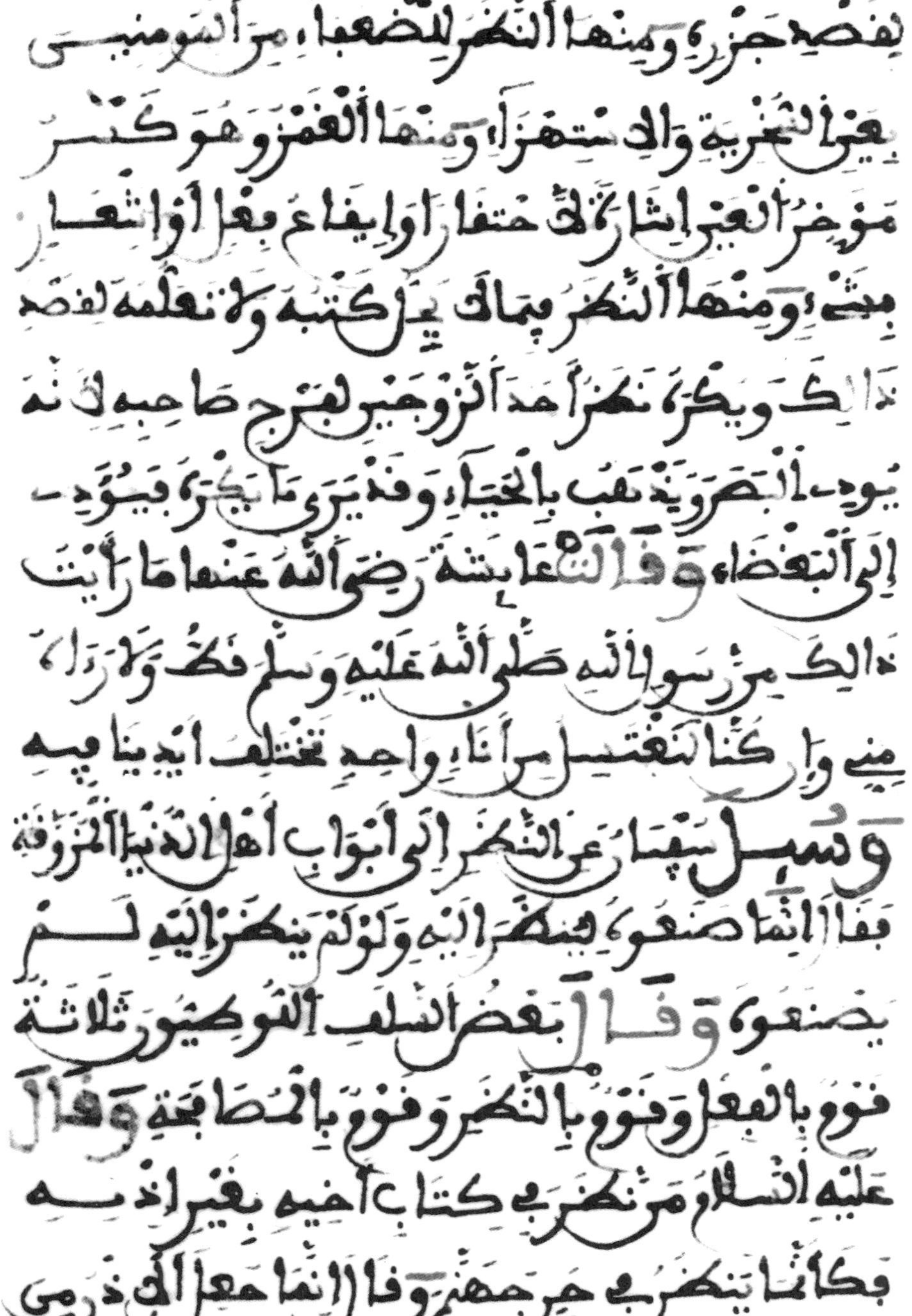
نقصه جزء ومنها النظر للضعفاء من الناس منبسى
بعين التحقير والاستهزاء ومنها الغمز وهو كسر
مؤخر العين إشارة إلى خفاء أو إيقاع فعل أو إشعار
بشيء ومنها النظر فيما في كتبه ولا تعلمه لقصد
ذلك ويكره نظر أحد الزوجين لفرج صاحبه لأنه
يورث العمى ويذهب بالحياء وقد يرى ما يكره فيؤدي
إلى البغضاء وقالت عائشة رضي الله عنها ما رأيت
ذلك من رسول الله صلى الله عليه وسلم قط ولا رآه
مني وإن كنا نغتسل من إناء واحد تختلف أيدينا فيه
وسبيل سيقان عن النظر إلى أبواب أهل الدنيا المزخرفة
فإنما صنعوه لينظر إليه ولو لم ينظر إليه لم
يصنعوه وقال بعض السلف الناس يكثرون ثلاثة
قوم بالفعل وقوم بالنظر وقوم بالمطابقة وقال
عليه السلام من نظر في كتاب أخيه بغير إذنه
فكأنما ينظر في جهنم وقال إنما جعل الإذن ذرمي

FOLIO DE LA *NAṢĪḤA AL-KĀFIYYA*, MS. D-1663 RABAT.

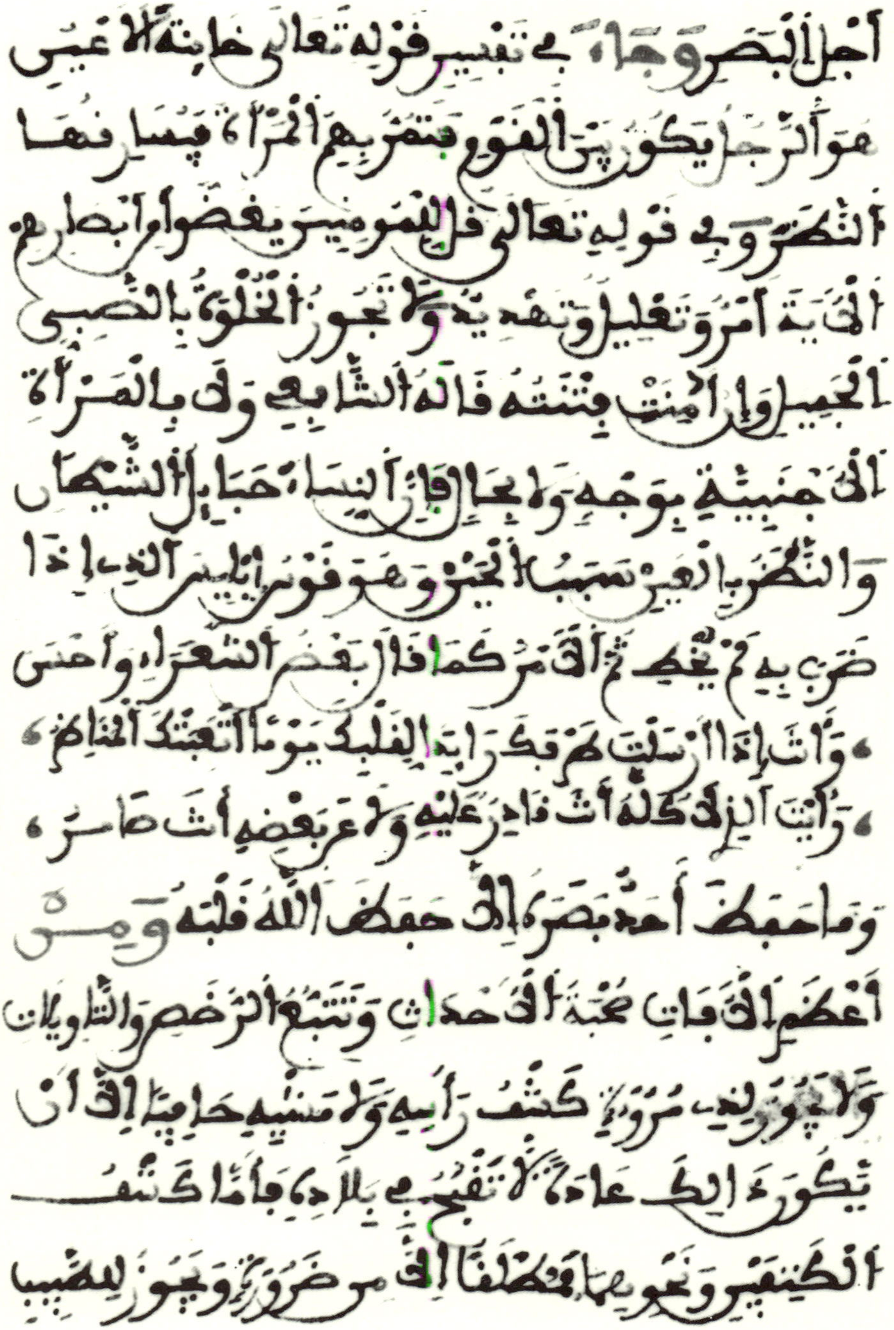

أجل البصر وجاء في تفسير قوله تعالى خائنة الأعين
هو أن الرجل يكون في القوم فتمر بهم المرأة فيسارقها
النظر وفي قوله تعالى قل للمؤمنين يغضوا من أبصارهم
الآية أمر وتغليظ وتهديد ولا تجوز الخلوة بالصبي
الجميل وإن أمنت فتنته قاله الشافعي وكذا بالمرأة
الأجنبية بوجه ولا بحال قال إن النساء حبائل الشيطان
والنظر إلى الأعين سبب الفتنة وهو قوس إبليس الذي إذا
ضرب به لم يخطئ ثم أتلف من كما قال بعض الشعراء وأحسن
وأنت إذا أرسلت طرفك رائدا لقلبك يوما أتعبتك المناظر
رأيت الذي لا كله أنت قادر عليه ولا عن بعضه أنت صابر
وما حفظ أحد بصره إلا حفظ الله قلبه ومن
أعظم الآفات صحبة الأحداث وتتبع الرخص والتأويلات
ولا يجوز لذي مروءة كشف رأسه ولا مشيه حافيا إلا أن
يكون ذلك عادة لا تقبح في بلاده وأما كشف
الكتفين ونحوهما مطلقا إلا من ضرورة ويجوز للطبيب

FOLIO DE LA *NAṢĪḤA AL-KĀFIYYA*.

Satanás de lo que nos has ofrecido [como posteridad]» [15]. Y, al acabar, debe decir ella en silencio: «Él es quien ha creado, a partir del agua, un mortal...» (Corán XXV, 54-56) [16].

Cuando [el hombre] mezcla su saliva con la de su esposa, se consolida el amor. Lo mismo cuando respira suavemente sobre su rostro. Besarla entre los ojos, [sin embargo], causa la separación [amorosa]. Y se dice que hay tres cosas que envejecen, y que incluso pueden llegar a matar: hacer el amor a una vieja, dormir después de henchido, y entrar al baño después de haber comido.

[El esposo] debe ser generoso con [su esposa], y satisfacer sus necesidades económicas, porque no sólo le es obligatorio, sino que, además, le es de premio. No debe copular con ella si está vestida, porque no es tradición [se entiende, del profeta]. [Tampoco el varón] debe suplicar [sus favores sexuales a la esposa] a cambio de algo, y mucho menos en aquellos momentos en los que se encuentre bajo el influjo erótico de ella, porque esto es semejante a la fornicación. Es aún peor si se ofrece algo [en canje] en estas circunstancias. La cita es de *La Introducción* de Ibn al-Ḥāŷŷ. Todavía se recuerda entre algunos habitantes de Marruecos que esta costumbre se llamaba «la desatadura de los zaragüelles».

[El varón no] debe exagerar sus copulaciones hasta el punto en que [la esposa] se fatigue, ni debe reducirlas hasta que se perjudique. Ella tiene derecho dos veces cada viernes. Y es bueno para la salud de él, si tiene un carácter equilibrado, [practicar el acto] una vez cada viernes. Y no debe hablar a otros de sus relaciones [íntimas], así como tampoco debe repudiar a la esposa, a menos que ella lo perjudique a él, o él a ella. Y, en caso de que la repudie, no debe hablar [mal] de ella, aunque se le pregunte, pues en esto consiste «retener por las buenas y repudiar por las buenas» [17] (fol. 140r). [El marido] no debe complacer [a la esposa] en lo prohibido y prescrito, pero tampoco debe negarle lo lícito, siempre y cuando no sea nocivo. No la tiene que hacer desesperar en sus peticiones, así como tampoco debe satisfacerlas todas precipitadamente. Debe hablarle [a la esposa] con bondad, y recomendarle el cumplimiento de sus oraciones, y demás [ritos]. Debe enseñarle las obligaciones de su religión, así como [las reglas] tocantes a la menstruación, la purificación [*gusl*], los derechos mutuos de los esposos, y el cuidado de la casa. Los sabios han abundado en este tema, y quien lo desee puede consultar el libro *La introducción* de Ibn al-Ḥāŷŷ, que ha tratado ampliamente el asunto. Allí dice [Ibn al-Ḥāŷŷ a la esposa] que debe protegerse en el momento de la consumación del matrimonio con la recitación [de la aleya] «Cuando llegue el auxilio de Dios y la victoria» (Corán CX, 1) [18] y «¿No te hemos abierto el pecho?» (Corán XCIV, 1) [19]. Y [el esposo] la debe dejar en la protección de Dios [es decir, saludarla] cada mañana y cada tarde; y, si teme que ella pueda incurrir en adulterio, o teme por su hijo, ha de poner su mano sobre su cerviz y decir: «¡Oh supervisor!» siete veces, y luego pronunciar: «Dios es el mejor guardián. Él es el más misericordioso de los misericordiosos» (Corán XII, 64) [20]. Así protege Dios [a la esposa]. Y si le acaece algún impedimento [21], debe escribir la azora abriente [la *fātiḥa* o primera azora del Corán] siete veces, y la azora del Destino veinticinco veces, [y luego echarlas] en un recipiente. Entonces debe disolver [los escritos] con agua de garbanzos remojados [al sereno] durante una noche [22]. Debe beber [la poción] durante tres días, (fol. 140v) estando en ayunas. Y si [su pleito o problema] no se soluciona, pues encomiéndelo a Dios, ya que no tiene otro remedio. Quien tiene varias esposas debe ser justo con ellas, salvo en lo que está fuera de su alcance. Y que Dios le otorgue el éxito.

APÉNDICE II

TRADUCCIÓN DEL *ŠARḤ AL-WAGLĪSIYYA* O *COMENTARIO A LA GUAGLĪSIYYA* (*AL-MUQQADIMAH AL-WAGLĪSIYYA* DE AḤMAD AL-WAGLĪSĪ) DE AḤMAD ZARRŪQ (MSS. RABAT 1424 D Y 2207 D)

(EN COLABORACIÓN CON HOSSEIN BOUZINEB)

(Fol. 151v) [...] La sexualidad tiene sus normas [1]. Algunas preceden al acto sexual; y consisten, en primer lugar, en juguetear con [la mujer]; acariciarla delicadamente; contarle historias; tocarla con los dedos o con un dedo en sus puntos sensibles [2], a fin de excitarla y provocar su deseo; y acercarse a ella desde distintas posiciones. Se dice que la persona debe aprender los preámbulos del acto sexual para llevarlo a cabo correctamente, al contrario que el gallo, que no necesita de esta preparación preliminar.

Se debe echar a la mujer sobre sus espaldas; y no se le debe hacer el amor si está dormida, enfadada, o henchida por haber acabado de comer [3]. En los dos primeros casos, [el hombre] debe proceder así para no desagradar a su pareja; mientras que, en el último, [debe hacerlo] por consideración a los daños corporales que pueden sobrevenirles a ambos, y, en particular, a él.

[El hombre] no debe echarse sobre ella hasta que esté seguro de que tiene deseos. [La mujer] lo dará a entender por la alteración de sus ojos; por su mirada fija e inamovible en él; por la fuerza de su aliento; porque se le acerca mucho y se mantiene muy próxima de él; porque reciproca sus repetidos besos. Se advierte [al varón] que no la bese entre los ojos, porque le causa disgusto. Debe chupar su lengua, frotar su miembro entre los bordes de la vagina, y acariciar sus senos; y hacer, en una palabra, todo aquello que la pueda predisponer al amor.

En cuanto a los pasos a seguir durante el acto sexual, tenemos, en primer lugar, que la penetración debe llevarse a cabo con moderación, silencio y delicadeza, porque de esta manera se experimenta más deleite, se preserva el amor y se conserva la fuerza. En segundo lugar, el hombre no debe precipitarse cuando siente que asoma su deseo, hasta que esté seguro de que ambos culminen a un tiempo, porque ello siembra el amor en el corazón [4]. La anticipación [del hombre] perjudica [a la mujer] y le inspira odio permanente hacia [su compañero]. Se dice que si se trae a la existencia un hijo de esta manera [culminando ambos a la vez], Dios alargará su vida.

En tercer lugar, el hombre debe retirar rápidamente su miembro cuando sienta el humor [5] [de ella] [6], pero no ha de ser de suerte que derrame [eyacule] fuera [7], porque es en perjuicio de ella.

En cuanto a lo que hay que observar tras el acto, tenemos, en primer lugar, que se debe decir a la esposa que se eche sobre su lado derecho para que, si enjendra un hijo, éste sea, si Dios quiere, varón. Para que sea hembra, deberá acostarse sobre su lado izquierdo. Y esto lo tenemos por experiencia [8]. En segundo lugar, la plegaria que debe decir [el esposo] en silencio en este momento es: «Loor a Dios, [que es] Quien ha creado, a partir del agua, un mortal (fol. 152r) en el que ha colocado genealogía y alianza» [9]. En tercer lugar, la ablución, [que se debe hacer] si quieren dormir, de acuerdo a la costumbre. [El varón] debe lavar su sexo si quiere abordar a su mujer [otra vez].

Segunda advertencia: el sueño erótico, cuando viene acompañado de imagen, o cuando viene sin imagen pero es consecuencia de una imaginación anterior, es de origen demoníaco, y puede ser un castigo [divino]. Cuando viene sin imagen puede constituir, [sin embargo], una bendición y una gracia [10], que acontece como consecuencia de la fatiga del lavado ritual [*gusl*] y la aligeración del humor [espermático]. Muchas veces he oído decir a algunos sabios que un profeta nunca tiene un sueño erótico, nunca bosteza, y su mujer nunca fornica. Este dicho lo encontré luego atribuido a Ibn 'Abbās, pero sólo Dios tiene ciencia cierta.

Tercera advertencia: cuando se lleva a cabo la unión sexual en un lugar que no es el sexo. Si no hay eyaculación, no es necesaria la ablución [mayor o *gusl*]. No se permite la emisión de semen si no es por vía legal, como cuando se hace el acto con la esposa o con otra posesión femenina legal [11]. Según las doctrinas del Imām Mālik y Aššafi'ī, la masturbación, es decir, sacar el semen con la mano, está prohibida. El Imām Aḥmad y Abū Ḥanīfa, sin embargo, lo permiten en caso de necesidad. Dijo Ibn al-'Arabī [12]: «Ésta es una cuestión en la que hay desacuerdo, y de la cual es mejor abstenerse. Ojalá tuviera mi poesía un texto explícito con la aprobación [de esta práctica]; hubiera sido importante admitirlo». Esto mismo fue repetido por Al-Falānī [13] en su [su tratado titulado] *Pequeñeces*, pero sólo Dios tiene ciencia cierta.

Y en lo que concierne a la sangre de la regla, es decir, durante los días en que ésta fluye de la mujer, si sobrepasa [los días] acostumbrados que antes (fol. 152v) duraba la regla, es decir, cuando tenía buena salud, en que ocurría la menstruación normalmente, pues hay que contar tres días, es decir, después del tiempo de su costumbre [menstruación], si éste es inferior a trece días [14]. Si su costumbre [menstruación] son tres [días] pues no tiene que añadir más de dos días a la duración de su tiempo [15].

Dijo [16]: Tanto si sale [el humor o semen] en la vigilia o en el sueño, es decir, haciendo el amor, o sin hacerlo [17]. No obstante, se exige goce normal [cuando hay eyaculación] durante la vigilia. Si se eyacula sin goce o de manera irregular,

Folio del *Šarḥ al-waglīsiyya*, Ms. D-1424 Rabat.

وبول مستقبل القبلة ومستدبرها وإن لم يلجئ أولى بالمشاق وبالإطلاق كما في الفضاء

وبيت [illegible] تفصيلها والمختار أنه لا كالفضاء وبيت المقدس أشد [illegible]

بالاستنجاء فيه [illegible] الأحاديث الواردة في ذلك وذكر بعض العلماء أن التبول

في الماء الراكد يورث النسيان والبول في المستحم يورث الوسواس وحفظ التبول

يورث [illegible] الشعر يورث [illegible] والاستنجاء مع [illegible] الآخر وحفظ البول يورث [illegible]

والبصق على [illegible] يورث سوء [illegible] والأكثر [illegible] البول والمخرج [illegible]

[illegible] قوله والاستبراء [illegible] يعني [illegible] الوضوء [illegible] الكلية [illegible] على

موضع [illegible] معه [illegible] فصلان [illegible] معتبر في قوله زوال العقل بأحوال أربعة

أشياء [illegible] قوله بنوم مستثقل وإغماء أو سكر أو جنون يعني على أي حال كان

فإن كان النوم دون استثقال [illegible] يغلب [illegible] يكون [illegible] فقال اللخمي يستحب الوضوء

[illegible] الفصل [illegible] فيه [illegible] أنه لا يجب له [illegible]

أنه يجب له واعتبر بعضهم [illegible] وما يكون معه [illegible] والطول أوجب [illegible] الاضطجاع

والسجود [illegible] القيام والاحتباء وما يكون معه [illegible] الجلوس والركوع [illegible]

[illegible] قوله الثاني يعني من قسمي

[illegible] أو غيرها [illegible] ينتقض على الأصح

والملموس قوله [illegible] اللذة بكل حال يعني سواء قصد أو لم يقصد إذا كان [illegible]

[illegible] ابن الحاجب والمشهور أن القبلة في الفم تنقض [illegible]

[illegible] على [illegible] المشهور [illegible]

في القبلة إنما تنقض الوضوء [illegible] قوله الثالث يعني

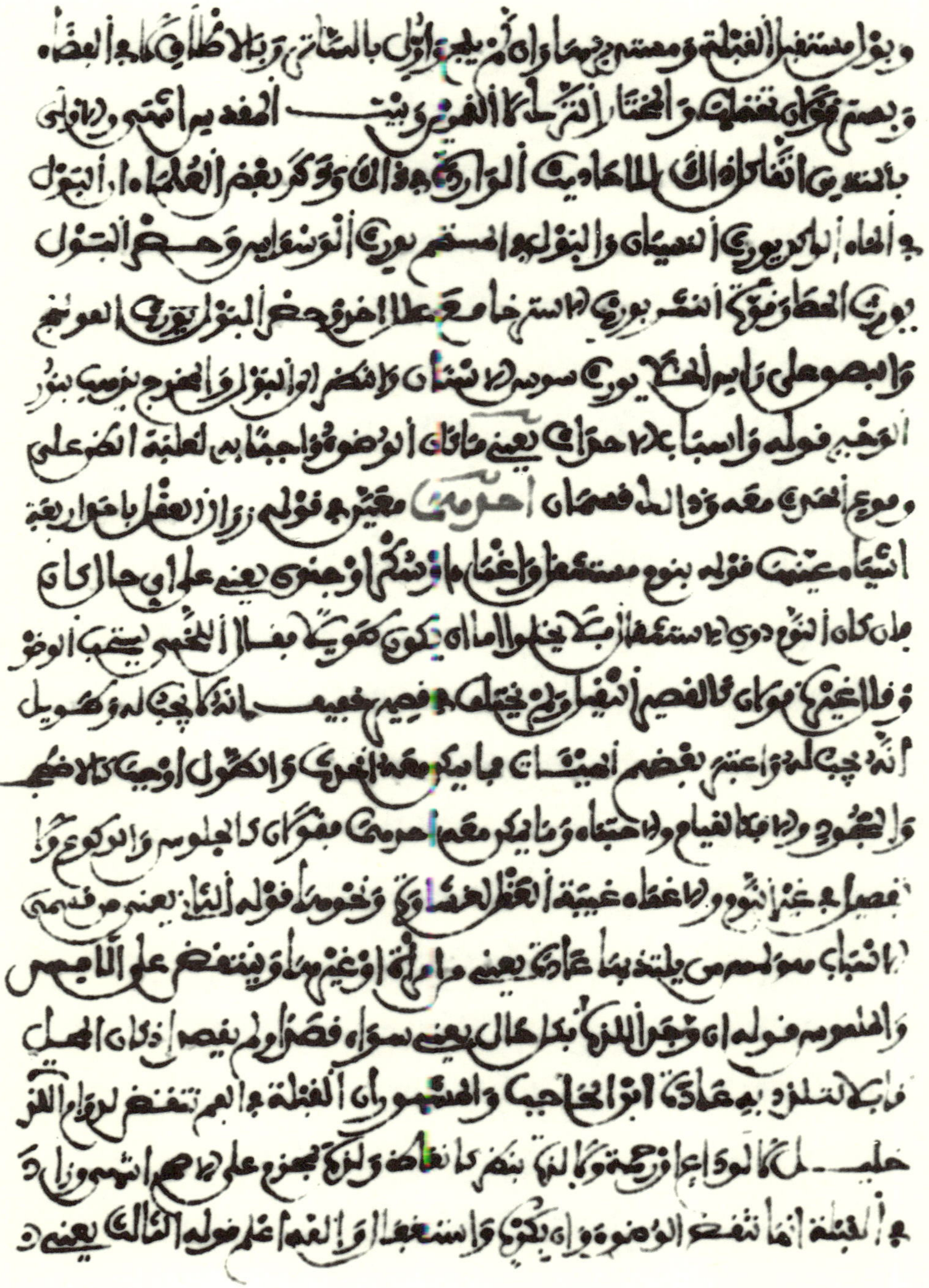

Folio del *Šarḥ al-Waglīsiyya*.

como en el caso de derramar [el humor espermático] por haber sufrido azotes o por la mordedura de un alacrán, o debido al escozor de la sarna, u otras situaciones semejantes, hay dos opiniones autorizadas al respecto. [La primera], que no hay que lavarse [*gusl*]; [la segunda], que se hagan las abluciones [*waḍū'*] [18] tal y como se hacen cuando el hombre tiene relaciones, luego se lava, y después eyacula nuevamente. No tiene, [sin embargo], que repetir la oración. Y ésta es la opinión más aceptada. Ésta es, sin embargo, una cuestión polémica.

En cuanto al sueño, no se considera que el hombre [que tiene emisión nocturna] haya eyaculado, por la imposibilidad que tiene el durmiente de controlar la situación. Dice la tradición profética [*ḥadīẕ*]: «el agua viene del agua». Y sólo Dios tiene ciencia cierta.

Dice luego [19]: «la ocultación del pene [20] en el acto sexual, aunque sea sin eyaculación, exige la ablución [*gusl*]»; es decir, es una de las dos partes de la impureza ritual, y es lo que se denomina entre los alfaquíes «la ocultación del pene». Se considera [que el pene «se oculta»] cuando se introduce hasta el lugar de la circuncisión, tanto si penetra a un varón o a una hembra honrada [21], o a otros [22]; lo mismo si son vivos o muertos [23]. En el caso de [la penetración] en la mujer o en la bestia, la situación es la misma. Se impone, asimismo, el lavado [*gusl*], en el caso de la penetración del pene de un púber y un adulto, porque el pene del niño es como un dedo [24]. Ibn al-Ḥāŷib [dice] que si un menor copula [25] con una mujer púber sin que ella eyacule, no se impone el lavado [*gusl*]: ésta es la opinión más aceptada. Puede imponerse la ablución [*gusl*] en el caso de la penetración del miembro de un adolescente, como en el caso de una menor a la que hace el amor un púber o un adulto. Según Ibn al-Ḥāŷib, aunque [el adolescente] la aborde por un lugar que no sea su sexo, y eyacule, y ella culmine, pero sin eyacular, no es obligatorio que ella se lave, según la interpretación de Ibn al-Qāsim, que se opone a las demás. Ibn al-Ŷallāb aborda el caso del que hace el amor sin eyacular, y luego, se lava [*gusl*] y eyacula; y dice que hay dos opiniones al respecto. La primera, que debe lavarse ritualmente [*gusl*]; la segunda, que debe hacer las abluciones menores [*waḍū'*] y nada más; por no ser obligatorio si ya se había lavado ritualmente [*gusl*]. Una opinión contraria entiende que no se tiene que lavar [*gusl*], como ya hemos dicho. Dice Ibnu Abī Zayd, apoyándose en Ibnu Šaʿbān, que el lavado [*gusl*] es obligatorio (fol. 153r).

Acerca de la penetración de la mujer que no siente deseos [que se resiste al acto], tengo entendido que no hay disentimiento en cuanto a la profundidad de la penetración [que es posible o aconsejable] en estas circunstancias. Sobre el caso de la penetración del miembro en el caso de una mujer estéril, hay desacuerdo, según indica Ibnu Nānin en su *Comentario a la epístola*.

Las normas a observar en el acto sexual [26] son tres antes del acto, tres durante el mismo, y tres después del mismo. En cuanto a las tres primeras, consisten en comenzar con el juego [previo a la cohabitación] a fin de preparar a la esposa y de excitar sus deseos amorosos, hasta lograr que se altere su aliento, aumente su impaciencia y busque la proximidad del marido, que sólo entonces procederá a acercarse a ella. En segundo lugar, importa observar la postura [adecuada] durante el acto. [El varón] no debe abordar [a la esposa] estando arrodillada [27], porque es perjudicial para ella; ni de lado, porque le causa dolores de cadera; ni tampoco debe colocarla encima de él, porque [ella] habrá de menospreciarlo. La postura más recomendable para la cópula es aquella en la que la mujer se echa de espaldas y coloca las piernas en alto. En tercer lugar, [la pareja] debe atender todo lo [que ya hemos explicado] en lo que concierne al momento de la penetración [28].

Debe ser costumbre hacer el amor dos días [por semana], si [el período de pureza entre las reglas de la esposa] es de sólo catorce días [29], y éste no debe rebasar los quince días, es decir, con el aumento o disminución [de días] al que ya nos hemos referido. Si [el período de pureza] es de quince días, entonces no tiene que esperar nada más [para considerarse en estado de pureza]. Esto es lo más común y autorizado. Y si [el flujo de sangre] no ha cesado, es decir, después de guardar el margen [de tiempo estipulado], y completar los quince días, que [la mujer] se lave y cumpla con la oración y que no tome en cuenta la sangre que le baja. Estas instrucciones [se aplican] si [la esposa] no se encuentra embarazada.

APÉNDICE III

TRADUCCIÓN DE LA LEYENDA DEL HOMBRE QUE PREFIRIÓ LA MUERTE AL ADULTERIO «CAPÍTULO DE LAS RECONTACIONES» DEL *TAMBIH AL-GĀFILĪN* O *ADVENIMIENTO DE LOS DESCUIDADOS* DEL SAMARQANDĪ [1].

(TRADUCCIÓN DE LUCE LÓPEZ-BARALT)

Dijo el alfaquí [2] (Dios esté satisfecho de él): Se dice que había una vez, entre los hijos de Israel [Bani Israī'lā] un hombre devoto [*'ābid*] dotado de gran hermosura y gentileza, que confeccionaba cestos y los vendía [3]. Pasó un día por la puerta del rey y fue atisbado por una de las doncellas de la mujer de éste. [La doncella] fue donde su señora y le dijo: «he allí un hombre, de belleza sin par, vendiendo cestos». [Dijo la reina [4]]: «Dile que entre donde yo estoy». Y entrólo la doncella; y cuando lo hubo mirado la reina, quedó admirada de su apostura. Entonces le dijo: «Echa a un lado los cestos y siéntate sobre este lecho». Entonces dijo [la reina] a sus doncellas: «Aparejadme el aceite y los perfumes, que vamos a cumplir nuestros deseos con él, y él con nosotras» [5]. Y [la reina conminó al cestero [6]]: «yo me encargaré de que no tengas que vender más cestos [para ganarte la vida]». Entonces respondió él: «¡No quiero yo eso!». Porfiaron en aquello, y la reina [le aseguró]: «Tú no saldrás de aquí hasta que hayamos cumplido nuestros deseos contigo». Y mandó cerrar las puertas. Y cuando el [cestero] vio aquello, dijo: «¿No hay en lo alto de este alcázar un lugar para hacer las abluciones [*waḍū'*]?». Dijo ella: «Sí». Y añadió: «Oh, doncella, sube y tráeme lo necesario para que [el cestero] pueda hacer sus abluciones». Y luego, cuando éste subía en dirección a la terraza, se fijó y advirtió que era muy subida, y que no había [baranda] que la protegiera ni que le impidiera lanzarse desde ella. Entonces comenzó a reprocharse, diciendo: «¡Oh tú, que has estado buscando la bendición de Dios durante setenta años [7], y has tratado de conservar su favor día y noche; y tan sólo en una tarde vas a venir a arruinar toda tu obra! ¡Eres un traidor, porque en una sola tarde habrás de borrar todo lo que has servido a Dios en tu vida!». Entonces [fue Dios mismo] quien lo socorrió en su dilema. Mientras tanto, [el cestero] continuaba porfiando contra sí mismo.

Y dejó dicho el Mensajero de Dios (sobre él la paz) [8], que [el cestero] se dispuso a lanzarse [desde la terraza en ese momento]. Entonces Dios llamó —alabado y glorificado sea— al ángel Gabriel [Ŷibrīl]: «¡Oh, Gabriel». Respondió Gabriel: «Aquí estoy. Ordena lo que desees». Le dijo [Dios]: «Mi siervo quiere matarse para huir de mi saña, con lo que me va a desobedecer. Ve a recibirlo con tus alas para que no le suceda ningún daño». Y Gabriel (sobre él la paz) extendió sus alas y colocó [al cestero] sobre ellas, y lo asentó [en el suelo] con la misma delicadeza que un padre mostraría hacia su hijo.

Dijo [el Mensajero de Dios] que [el cestero] regresó entonces con su esposa. Ya era de tarde y llegó con las manos vacías porque se le habían quedado [olvidadas] las canastas. Y le preguntó su mujer: «¿Qué has hecho con el dinero de la venta de las canastas?». Él le contestó que no había conseguido precio [por ellas], a lo que [la esposa] respondió: «¿Entonces, qué comeremos esta noche?». [El cestero] le recomendó que tuviera paciencia aquella noche, y le pidió que se levantara para encender la lumbre, ya que, de lo contrario, los vecinos murmurarían que se encontraban destitutos. Así lo hizo la esposa y regresó a sentarse a su lado. Vino entonces una de sus vecinas y le pidió leña de la lumbre que acababa de encender. La esposa se la concedió de grado, pero de repente la vecina le advirtió: «¿Cómo estás ahí sentada hablando con Fulano [tu esposo], cuando tu pan ha crecido y está a punto de quemarse en el horno?». [La esposa] se levantó en seguida, acudió al horno y advirtió que estaba lleno de pan acabado de hacer. Lo recogió y se lo llevó al esposo, diciéndole: «El Señor no hubiera hecho esto contigo a menos que estuviera muy satisfecho de ti. Suplícale que extienda esta bendición sobre nosotros durante el resto de nuestra vida». El [cestero] le pidió a su esposa que desistiera de semejante petición, pero ella insistió hasta que él aceptó orar en ese sentido. Y se levantó en medio de la noche a pedir a Dios, diciéndole: «Dios nuestro, mi esposa suplica que nos mantengas por el resto de nuestras vidas [sin tener que recurrir a vender cestos]». Entonces se abrió el techo, y descendió por él una mano extendida, con un rubí [9] que iluminó la casa con un resplandor semejante al del sol. [La esposa] estaba dormida junto [al cestero], y éste la tocó suavemente, despertándola, y le dijo: «levántate y toma lo que has pedido». Ella le respondió: «¿Por esto me despertaste? Había visto en sueños un sitial resplandeciente, hecho de oro y recamado de rubíes y crisolitas, pero con un hueco vacío. Entonces pregunté: "¿de quién es este sitial?". Y me fue dicho: "Es el puesto de tu marido". "¿Y por qué tiene este hueco?", respondí. A lo que me dijeron: "Esto es lo que tú has hecho con tu marido"». Entonces [la esposa] dijo: «No he necesidad de ninguna cosa que pueda abrir semejante oquedad en el trono de mi esposo». Y le suplicó [al cestero] que pidiera a Dios nuevamente. Así lo hizo, y el rubí regresó [de inmediato] a la palma de la mano.

APÉNDICE IV

VERSIÓN ALJAMIADA DEL RELATO DEL SAMARQANDĪ ACERCA DEL HERMOSO MANCEBO QUE VENDÍA CAPAZOS [1]

Fue rrekontado por el menšaŷero de Allah, ke abiya en loš de Bani-Israila un al'ebid y abiyale dado Allah mucha fermošura y ŷentileza y era que fazia kapasoš i loš bendiya. I pašó un d̲iya por la puerta d̲el rrey i miró a él una donzella d̲e la muŷer del rrey i dentoró a šu señora i d̲íšole: —Aki ay un onbere ke nunka bi maš fermošo ke él i ba bendiyendo kapasoš. I d̲išo la rreyna: —D̲ile ke d̲entere adonde yo eštoy. I dentorolo la donzella. Pues kuando ubo d̲entarad̲o, mirólo la rreyna i marabilloše de šu fermošura i dišo a él [2]: —Lansa d̲e ti ešoš kapasoš i ašiyéntate en akešta kama. I dišo a šu donzella: —Apareŷa los perfumeš i buenoš oloreš. I d̲išo a él: —Yo te d̲aré kon ke te kompašeš d̲e šin bender kapasoš. I d̲išo el al'ebid: —No kiyero yo akešo. I porfiyaron en ello. I d̲iso ella a él. —Pueš tu no šalrráš de akí fašta ke ayaš kumpilido a noš nueštoro dešeo. I mandó serrar laš puertaš.

Pueš kuand̲o biyó akello el al'ebid d̲iso: —¿Ay ensima de tu alqasar akešte d̲ond̲e še koštunbere de fazer alguaḍu? D̲išo Ši. Depueš d̲išo: —Ye donzella, šube i taraeme d̲ond̲e faga alguaḍu. Pueš kuando ubo šubido bino él enta parte d̲el terrado i biyó el alqasar ke šubiya máš ke el terrado i no abiya koša d̲ond̲e še tarabaše a ella para lansarše kon šu persona el alqasar abašo. I enpesó a rribtar su persona y a dezir: —A tú abe tiyenpo de šetenta añoš ke aš buškado el apagansa de Allah i laš šerbido y a benido a ti una tarde šola ke afollará šobre tú tu obra. I pušoše a rribtarla: Depuéš poropušo de lansar šu persona.

I d̲išo el mensaŷero de Allah. —Pueš kuando še determinó de lansarše kon šu persona al alqasar abašo, d̲išo Allah a Ŷibril: —Mi šiyerbo kiyere matar šu peršona por fuir d̲e mi šaña. Bešlo a resebir kon tuš alaš, para ke no rresiba [3] ningún daño. I tendiyó Ŷibril šuš alaš i tomólo d̲e šu mano depuéš, i ašentólo aši komo ašiyenta el padre piyad̲ošo a šu fiŷo [4].

APÉNDICE V

«UN MATRIMONIO JUDÍO ASCETA»

(VERSIÓN DE *LAS MIL Y UNA NOCHES* DE LA LEYENDA DEL CESTERO QUE PREFIRIÓ LA MUERTE AL ADULTERIO.) TRADUCCIÓN CASTELLANA DE JUAN VERNET [1]

Se cuenta que entre los hijos de Israel había un hombre excelente que se distinguía por la devoción a su Señor, por su renuncia a los bienes de este mundo, a los cuales había borrado de su corazón. Su esposa le auxiliaba en sus ocupaciones y le obedecía en todas las circunstancias; ambos vivían de la fabricación de bandejas y abanicos, en lo cual empleaban todo el día. Al caer la tarde aquel hombre salía con lo que había fabricado con sus manos y recorría con ello calles y caminos en busca de un comprador a quien vendérselo. El matrimonio practicaba constantemente el ayuno.

Un día habían pasado toda la jornada ayunando y trabajando. Al caer la tarde el marido salió, como de costumbre, llevando lo que había fabricado, en busca de quien se lo comprase. Cruzó por delante de la puerta de uno consagrado a la vida mundanal, persona de posición desahogada y noble. El asceta era un hombre de rostro hermoso, guapo; la mujer del dueño de la casa se enamoró de él; su corazón se inclinó apasionadamente hacia él. Como su marido estaba ausente, la mujer llamó a una criada y le dijo: «Tal vez puedas ingeniártelas para meter a ese hombre en nuestra casa». La criada se dirigió hacia él y le llamó para comprarle los objetos que llevaba en la mano.

Sahrazad se dio cuenta de que amanecía e interrumpió el relato para el cual le habían dado permiso.

Cuando llegó la noche *cuatrocientas sesenta y nueve*, refirió:

—Me he enterado, ¡oh rey feliz!, de que [la esclava] le dijo: «Entra, pues mi señora quiere comprar algo de eso que llevas en la mano después de haberlo visto y probado». El asceta creyó que la muchacha le decía la verdad y no pensó que en la propuesta hubiese algo de malo. Entró y se sentó como le habían mandado. La muchacha cerró la puerta. La dueña de la casa salió de su habitación, le cogió por la chilaba, tiró de ella y le metió en su cuarto. Le dijo: «¡Cuánto deseaba poder estar a solas contigo! ¡Por tu causa había agotado mi paciencia! Esta habitación está perfumada con incienso; la cena está preparada y el dueño de la casa estará ausente esta noche; yo me entrego a ti. Los reyes, los jefes, los grandes personajes han solicitado reiteradamente mis favores, pero yo no he hecho caso a ninguno de ellos...». La mujer siguió hablando mucho rato en este sentido, mientras que el asceta no levantaba la cabeza del suelo, pues estaba avergonzado ante Dios (¡ensalzado sea!) y temía el castigo doloroso de la vida futura tal como dice el poeta:

¡A cuántas grandes señoras no he poseído impedido por la
vergüenza!
Ésta ha constituido la protección adecuada. En cuanto desaparece la
vergüenza, desaparece la protección.

»El asceta ansiaba poderse librar de ella pero no podía. Dijo: "Quiero pedirte algo". Preguntó: "¿Qué es?". "Agua pura. Subiré al lugar más alto de la casa para utilizarla y para lavarme una impureza que no me es posible mostrarte." "La casa es grande y tiene rincones y lavabos preparados." "Mi propósito es subir a un lugar alto." La mujer dijo a la criada: "Hazle subir al mirador que está en la parte alta de la casa". Lo acompañó hasta el lugar más alto que allí había, le entregó un jarro de agua y el hombre hizo las abluciones y rezó dos arracas; a continuación miró hacia el suelo para saltar: estaba muy lejos y temió quedar hecho trizas al llegar abajo. Meditó en lo grave que es desobedecer a Dios, en lo terrible del castigo de Éste y tuvo en poco ofrecerle su propia vida y su misma sangre. Exclamó: "¡Dios mío! ¡Señor mío! Ya ves lo que me ha ocurrido; mi situación no te es desconocida: Tú eres Todopoderoso". Una voz misteriosa recitó estos versos:

El corazón y el entendimiento me guían hacia Ti;
Tú conoces los secretos más recónditos.
Si hablo, Te llamo; si callo, es que en Ti medito.
¡Oh Tú, a quien no puede añadirse otro segundo! El desgraciado que
por Ti vive, ante Ti se inclina en la necesidad.
Tengo una esperanza que mis pensamientos confirman; tengo un
corazón que, como sabes, palpita.
El rendir la vida es la cosa más difícil que pueda suceder, pero si Tú lo
has dispuesto es bien fácil.
Si, empero, concediéndome un favor me salvas, esto, ¡oh esperanza
mía!, está en Tu poder.

»El hombre se arrojó desde lo alto del mirador. Dios le envió un ángel, quien le recogió en sus alas y le depositó en el suelo sano, sin que le hubiese ocurrido nada desagradable. Cuando estuvo en el suelo firme loó a Dios, Todopoderoso y Excelso, porque le había concedido su apoyo y misericordia y le había salvado.

Regresó sin nada al lado de su mujer; llegaba con retraso. Entró sin nada. La mujer le preguntó por la causa del retraso y por lo que se le había escapado de la mano, ¿qué había hecho de ello?, ¿cómo volvía sin nada? El marido le explicó la tentación de que había sido víctima y que se había tirado desde un lugar semejante; que Dios le había salvado. La esposa exclamó: "¡Loado sea Dios que te ha librado de la tentación y se ha interpuesto entre ti y la prueba!". Añadió: "¡Hombre! Los vecinos están acostumbrados a ver nuestro horno encendido todas las noches. Si hoy ven que no alumbramos el fuego sabrán que no tenemos nada. Para dar las gracias a Dios debemos esconder la dificultad en que nos encontramos, y empalmar el ayuno de esta noche con el de ayer haciéndolo en honor de Dios (¡ensalzado sea!)". La mujer se dirigió al horno, lo llenó de leña y lo encendió para engañar a los vecinos. Entre tanto recitaba estos versos:

Ocultaré la pena y la pasión que me afligen y encenderé el fuego
para engañar a los vecinos.
Estoy satisfecha de que todo aquello que llega por un decreto
de mi Señor; es posible que al ver mi humildad Él quede satisfecho
de mí.

Sahrazad se dio cuenta de que amanecía e interrumpió el relato para el cual le habían dado permiso.

Cuando llegó la noche *cuatrocientas setenta,* refirió:

—Me he enterado, ¡oh rey feliz!, de que después de haber encendido el fuego ella y su esposo hicieron las abluciones rituales y se pusieron a orar. Una vecina les pidió permiso para coger lumbre del horno y le contestaron: «¡Tú misma!». La mujer, al llegar al horno para coger el fuego, gritó: «¡Fulana! ¡Ven antes de que se te queme el pan!». La mujer dijo al esposo: «¿Qué dices de esto, hombre?». «Levántate y ve a ver.» La mujer se incorporó, se dirigió al horno y lo encontró lleno de pan riquísimo, blanco. La mujer cogió los panecillos y corrió al lado de su marido dando gracias a Dios, Todopoderoso y Excelso, por sus grandes beneficios y sus dones generosos. Comieron el pan, bebieron agua y loaron a Dios, alabado sea. La mujer dijo al esposo: «Ven y vamos a rezar a Dios (¡ensalzado sea!). Es posible que Él nos conceda algo que nos enriquezca y evite que continuemos fatigándonos en el trabajo, llevando esta mala vida; así podríamos consagrarnos al ascetismo y a su servicio». El marido dijo: «Sí», y el hombre empezó a rezar a su Señor; la mujer dijo «amén» a la plegaria. Inmediatamente después el techo se hundió y cayó un jacinto [2] que iluminó, con su luz, toda la casa. Ambos esposos redoblaron sus rezos en acción de gracias y se pusieron muy contentos por tener tal joya. Rezaron hasta que Dios (¡ensalzado sea!) quiso. Hacia el fin de la noche se quedaron dormidos. La mujer, en sueños, vio que entraba en el Paraíso; en él contempló numerosos almimbares alineados en filas y sitiales colocados ordenadamente. Preguntó: «¿Qué significan estos almimbares?, ¿y estos sitiales?». Se le respondió: «Éstos son los almimbares de los profetas y éstos los sitiales de los verídicos y de los píos». Preguntó: «¿Dónde está el sitial de mi marido?». «Es ése.» Lo contempló y vio que tenía un hueco en un lado. Preguntó: «¿Qué significa este hueco?». «Es el hueco que ocupaba el jacinto que os cayó a través del techo de vuestra casa.» La mujer se despertó llorando y entristecida porque en el sitial de su esposo, situado entre los sitiales de los justos, faltaba algo. Dijo: «¡Hombre! ¡Reza a tu Señor para que vuelva a colocar este jacinto en el lugar que le corresponde! Sufrir hambre y fatigas durante unos pocos días es preferible a que tu sitial tenga un hueco en medio de los virtuosos». El hombre rezó, el jacinto ascendió y lo vieron cruzar a través del techo. Ambos vivieron pobres y devotos hasta que encontraron a Dios, Todopoderoso y Excelso.

NOTAS

CAPÍTULO I. INTRODUCCIÓN. LE NACE UN NUEVO TEXTO A LA LITERATURA ESPAÑOLA

1 Más adelante tendremos ocasión de detenernos en el concepto de este *adab* literario, que implica «educación», «cultura», y, a la vez, un género literario generosamente híbrido en el que caben infinidad de temas misceláneos.

2 Sigo en lo fundamental la distribución temática que presenta Jaime Oliver Asín en su importante ensayo sobre este manuscrito: «Un morisco de Túnez, admirador de Lope», en *AA* I (1933), págs. 409-456.

3 Forma parte de su *iḥyā' 'ulum ad-dīn* o *Vivificación de las ciencias de la fe*. Oliver Asín, *op. cit.*, pág. 419, nos recuerda que una mano anónima del siglo XVIII titula la totalidad del ms. S-2 *De la crehencia y lo que debe saber el mahometano y otras cossas curiossas*, pero el morisco pasa directamente de su novela *El arrepentimiento del desdichado* a su opúsculo erótico sin preámbulos formales y sin título fijo.

4 *Véase* al respecto María Teresa Narváez, *La Tafsira del Mancebo de Arévalo. Transcripción y estudio del texto*, tesis para el grado de Doctor en el Departamento de Estudios Hispánicos de la Universidad de Puerto Rico, 1988 (inédita); L. P. Harvey, «El Mancebo de Arévalo y la literatura aljamiada», en *Actas del coloquio internacional sobre literatura aljamiada y morisca*, Gredos, Madrid 1978, págs. 21-42; Luce López-Baralt y M. T. Narváez, «Estudio sobre la espiritualidad popular en la literatura aljamiado-morisca del siglo XVI. La Mora de Úbeda, el Mancebo de Arévalo y San Juan de la Cruz», en *Revista de Dialectología y Tradiciones Populares* XXVI (1981), págs. 17-51, y L. López-Baralt, «Crónica de la destrucción de un mundo. La literatura aljamiado-morisca», en *Huellas del Islam en la literatura española. De Juan Ruiz a Juan Goytisolo*, Hiperión, Madrid 1985, págs. 119-148.

5 «La angustia secreta del exilio: el testimonio de un morisco de Túnez», en *HR* LL (1987), págs. 41-57.

6 «Discurso de Recepción ante la Real Academia de la Lengua Española», publicado en las *Memorias de la Real Academia Española*, t. VI, 1889, pág. 165.

7 Seguramente Gayangos adquirió el manuscrito en Túnez, como tendremos ocasión de ver más adelante.

8 Cf. *The Perfumed Garden of the Shaykh Nefzawi. Translated by Sir Richard Burton with an Introduction and Additional Notes by Alan Hull Walton*, Neville Spearman Ltd., Londres 1963, pág. 42.

9 En Andreas Capellanus, *The Art of Courtly Love*, introducción, traducción y notas de John Jay Perry, Columbia University Press, Nueva York 1941.

10 Con la brillantez que la caracteriza, Margit Frenk se ha ocupado de la dimensión oral de los textos medievales (y aun renacentistas). *Véanse,* entre otros, sus estudios «Lectores y oidores: la difusión oral de la literatura del Siglo de Oro», Conferencia Plenaria, VIII Congreso Internacional de la Asociación Internacional de Hispanistas, Venecia 1980; *Lírica española de tipo popular,* 6.ª ed., Madrid 1986; *Estudios de lírica antigua,* Madrid, 1978, y su reciente *Corpus de la antigua lírica popular hispánica (siglos XV al XVII),* Castalia, Madrid 1987.

11 Michael Solomon preparó la versión inglesa junto a la edición catalana del texto para The Hispanic Seminary of Medieval Studies de Madison, Wisconsin, y es a él a quien agradecemos la noticia del importantísimo tratado. Ya nos detendremos en detalle en este y otros textos eróticos europeos en el capítulo IV.

12 Ibn Ḥazm de Córdoba, *El collar de la paloma,* versión de Emilio García Gómez, Alianza Editorial, Madrid 1971, pág. 100.

13 *La sexualidad en el Islam,* Monte Ávila Editores, 1980, pág. 145.

14 Más adelante abundaremos en la historia del erotismo en el contexto del pensamiento cristiano, que viene recibiendo estudios muy importantes en los últimos años. Citemos por el momento los recientísimos de Elaine Pagels, *Adam, Eve and the Serpent,* Random House, Nueva York 1988, y de Peter Brown, *The Body and Society: Men, Women and Sexual Renunciation in Early Christianity,* Columbia University Press, Nueva York 1989. Muy conocido es el ensayo de Michel Foucault, *Historia de la sexualidad,* 2 vols., Siglo XXI, Madrid 1987; aunque querría recordar por particularmente lúcido y útil el de Derrick Sherwin Bailey, *Sexual Relation in Christian Thought,* Harper and Brothers Publishers, Nueva York 1959.

15 *Véanse* nuestros ensayos «La angustia secreta del exilio...», *op. cit.,* y «El extraño caso de un morisco maurófilo», en *Homenaje a Juan Marichal,* Anthropos, Madrid 1990, págs. 171-183.

16 Hay, naturalmente, que tomar en cuenta el diferente grado de asimilación cultural de los moriscos, que dependía en buena medida de su lugar de origen. Por ejemplo, los moriscos castellanos (como el Ricote de Cervantes) estaban mucho más integrados en la cultura española oficial de lo que lo estaban sus correligionarios valencianos.

17 La versión entera del poema aparece al final del capítulo IX en la traducción inglesa de sir Richard Burton, tanto en la edición de 1963 (*The Perfumed Garden of the Shaykh Nefzawi,* Neville Spearman Ltd., Londres), como en la de 1964 (editada por Castle Books, Nueva York). No hemos dado con el mismo poema en la edición árabe de *El jardín perfumado* que manejamos, lo que significa que Burton tendría ante sus ojos una de las muchas versiones del texto erotológico de Nefzāwī cuando llevó a cabo su traducción. Otros pasajes de nuestro texto árabe, sin embargo, sí corresponden a la citada traducción de Burton. La versión árabe de *El jardín perfumado* con la que contamos fue editada en Túnez: *Al-Rawḍ al-ʿAṭir,* Maktabatu al-Manār, s. f.

18 «Textes de littérature réligieuse des moriscos tunisiens», en *Recueil d'études sur les morisques andalous en Tunisie,* Instituto Hispano-Árabe de Cultura, Madrid/Centre d'Études Hispano-Andalouses, Túnez 1973, pág. 201. (En adelante abreviaremos esta colección de estudios de Míkel de Epalza y Ramón Petit, tan importante, como: Epalza/Petit.)

19 «Tratado del matrimonio», en *Suma teológica,* BAC, Madrid 1956, Supl. q. 65 a. 1, págs. 557-558. Importa advertir que en muchos momentos la teología cristiana no condena la poligamia porque sea mala en sí misma, sino porque es inconsistente con el *sacramentum* o simbolismo matrimonial, pues la relación de Cristo con su Iglesia sólo se concibe como reflejada en una unión monógama. Cf. Bailey, *op. cit.,* pág. 60.

20 Ya nos detendremos en el pensamiento agustiniano en lo relativo al sexo, expresado sobre todo en su *De bono coniugali.* Cf. también Bailey, *op. cit.,* especialmente págs. 60-61.

21 *Las partidas del Rey Don Alfonso el Sabio,* en *El amor y el erotismo en la literatura medieval,* Juan

Victorio (ed.), Editora Nacional, Madrid 1983, págs. 125-126. Debemos colocar en su debido contexto la notable tolerancia del Rey Sabio para con el concubinato: todavía en el Decreto de Graciano, que inaugura la ley canónica de la Iglesia hacia 1140, se debate la legitimidad de este tipo de unión «nupcial».

22 Ms. S-2 BRAH, fols. 91v-92r. Más adelante nos detendremos en los criterios de transcripción por los que nos guiamos, pero importa, por lo pronto, advertir que tratamos de ser lo más fieles posibles al manuscrito. De ahí que empleemos, por ejemplo, la *R* (*r* mayúscula) por doble *r*, tal como hace el anónimo autor. Suplimos, para fines de mayor claridad en la comprensión del texto, los signos de puntuación y las mayúsculas indispensables.

23 El Corán, traducción de Juan Vernet, Ed. Planeta, Barcelona 1967, pág. 84.

24 Cf. J. M. Cowan (ed.), *Arabic-English Dictionnary,* Spoken Languages Services, Ithaca, Nueva York 1976, que traduce ضرب por «to beat, strike, hit» (pág. 538), y Federico Corriente, *Diccionario árabe-español/español-árabe,* 2 vols., Instituto Hispano-Árabe de Cultura, Madrid 1977, que traduce por «golpear, pegar, batir, dar» (pág. 452).

25 Tan meticuloso, que quiso titular su traducción del Corán *The Koran Interpreted,* en homenaje a la ambigüedad y a la dificultad de su fuente original, que los musulmanes consideran un texto virtualmente intraducible. Arberry traduce el término اضربوهن por «to beat them» (*The Koran Interpreted,* Oxford University Press, Londres 1964, pág. 78).

26 *The Holy Qur'ān. Text, Translation and Commentary,* Mc Gregor y Werner, EE. UU. 1946, pág. 190.

27 Cf. Agustín Blánquez, *Diccionario latino-español,* Sopena, Barcelona 1954, pág. 1.262.

28 Basilio se muestra incómodo con la idea legalista de la Iglesia de que la fornicación de un hombre casado no es técnicamente un adulterio, pero coincide con la idea teológica de que la mujer ofendida debe aceptar de vuelta al esposo, mientras que, en cambio, el esposo no tiene esta obligación cuando la pecadora es la mujer, a la que debe expulsar como «poluta» (*Epist.* cxix. 21). Cf. Bailey, *op. cit.,* pág. 70.

29 Cf. Barbara D. Palmer, «To speke of wo that is in mariage: The Marital Arts in Medieval Europe», en Douglas Radcliff-Umstead, *Human Sexuality in the Middle Ages and Renaissance,* University of Pittsburgh Publications, Penn. 1978, pág. 4. Para una visión panorámica muy sensata de los penitenciales europeos en general, *véase* Pierre J. Payer, *Sex and the Penitentials. The Development of a Sexual Code (550-1150),* University of Toronto Press, Toronto/Buffalo/Londres 1984.

30 Cf. Philippe Ariès y George Duby (eds.), *A History of Private Life. Revelations of the Medieval World,* Georges Duby (ed.), Arthur Goldhammer (trad.), The Belknap Press of Harvard University Press, Cambridge, Mass., y Londres 1988, pág. 260. Agradecemos profundamente a nuestra colega, la profesora Carmen Guerra-Mondragón, el que nos llamara la atención sobre estas ilustraciones medievales de la «disciplina» masculina para con su esposa.

31 Esta prohibición, naturalmente, no siempre fue tomada al pie de la letra, como consta por las abundantes representaciones pictóricas humanas que conservamos del arte musulmán. El caso de las delicadísimas miniaturas persas es ejemplo cimero del talento que desplegaron los pueblos musulmanes en el ejercicio de la pintura, que no siempre se limitó a las artes caligráficas.

32 Para un testimonio algo más alentador de la experiencia femenina medieval y renacentista, *véase A Renaissance Woman. Helisenne's Personal and Invective Letters,* traducido y editado por Marianna M. Mustacchi y Paul J. Archambault, Siracuse University Press, 1986.

33 *La erótica española en sus comienzos,* Ed. Fontanella, Barcelona 1974, pág. 29.

34 Cf. Aristóteles, *Generation of Animals,* edición bilingüe con una traducción al inglés de A. L. Peck, Harvard University Press, Cambridge/William Heinemann Ltd., Londres 1953, pág. 175.

35 Aristóteles argumenta que la diferencia entre los respectivos fluidos generativos del hombre y de la mujer radica en su grado de «confección». La mujer, cuyo valor vital es más débil que el del hombre, no puede llevar a igual término la «confección» de su fluido sanguíneo (*ibid.,* pág. XIII). El filósofo contradice a quienes creen que la mujer aporta semen durante el coito porque a veces deriva placer del acto y emite una secreción fluida durante el mismo. Entiende que esta descarga uterina no constituye fluido seminal auténtico, y que ni siquiera la emiten todas las mujeres. Hoy nos resulta divertido —con todo el respeto debido al venerable maestro— recordar que Aristóteles adjudicaba esta capacidad de «eyacular» fluido durante el acto sexual a las mujeres de tez blanca, típicamente femeninas, y no a las morenas, de apariencia «masculina» (*ibid.,* I, XIX-XX, pág. 101).

36 Cf. Galeno, *De usu partium,* 14.6, en C. G. Kühn (ed.), *Galeni opera,* vol. IV, traducción inglesa de M. T. May, *On the Usefulness of the Parts of the Body,* Cornell University Press, Ithaca 1968.

37 Casi todos los tratadistas del Renacimiento que se ocupan de la mujer dan por sentada su inferioridad física, intelectual y moral. Juan Luis Vives, en su *Libro llamado instrucción de la mujer cristiana* (1524) es particularmente severo: insiste en que debe aislarse a la hembra del sexo opuesto, incluso de sus hermanos, y que debe vivir sólo para guardar la castidad. El portugués Francisco Manuel de Mello aconseja a la mujer que oculte su inteligencia, si es que la tiene (*Guía de casadas*). P. W. Bomli resume el tenue feminismo de los autores más arriesgados del Renacimiento español en su estudio *La femme dans l'Espagne du Siècle d'Or;* Martinus Nijhoff, La Haya 1950: a lo más que llegan es a postular el derecho de la jovencita a elegir marido y a defender su honor, pero nunca el derecho a cultivar su inteligencia. Lope de Vega defiende, en efecto, el derecho de Laurencia a defender su honor en *Fuenteovejuna,* pero ya sabemos lo duro que fue con Nise cuando ésta quiso descollar intelectualmente en *La dama boba,* y lo intolerante que fue Calderón de la Barca en sus comedias *Guárdate del agua mansa* y *No hay burlas con el amor.* No es difícil hacerse cargo de la hostilidad que tuvieron que combatir mujeres intelectuales de excepción como la mexicana sor Juana Inés de la Cruz y aun sor Marcela de San Félix, la hija de Lope. (Sobre estas escritoras de ambiente conventual, *véanse* los recientes estudios de Octavio Paz, *Sor Juana Inés de la Cruz o las trampas de la fe,* Fondo de Cultura Económica, México 1983, y de Electa Arenal y Georgina Sabat-Rivers, *Literatura conventual femenina: sor Marcela de San Félix, hija de Lope de Vega,* Promociones y Publicaciones Universitarias, Barcelona 1988.) Son muy numerosos los estudios sobre la condición de la mujer en la literatura medieval y renacentista española y europea en general. Recordemos, entre tantos otros, los de Ian Maclean, *The Renaissance Notion of Woman,* Cambridge University Press, 1980; Thomas Hanrahan, *La mujer en la novela picaresca española,* José Porrúa Turranzas, Madrid 1967; J. Orstein, «La misoginia y el profeminismo en la literatura castellana», en *Revista de Filología Española* III (1941), págs. 219-232; Juan Goytisolo, «El erotismo de María de Zayas», en *Disidencias,* Seix Barral, Barcelona/Caracas/México 1977, págs. 63-116; Sandra M. Foa, *Feminismo y forma narrativa. Estudio del tema y las técnicas de María de Zayas y Sotomayor,* Albatros Ediciones, Hispanófila, Valencia 1979, y B. Matulka, «An Anti-Feminist Treatise of Fifteenth-Century Spain: Lucena's Repetición de amores», en *Romanic Review* XIII (1931), págs. 99-116. Aguardamos con mucho interés el estudio en prensa de Vicente Cantarino, «El antifeminismo y sus formas en la literatura medieval española», en *Homenaje a Agapito Rey,* J. Roca Pons y H. Martin (eds.), Indiana University.

También ha recibido bastante estudio la condición de la mujer en Oriente. Ya nos referiremos más adelante al valiente estudio de Fatima Mernisi, *Sexe-Idéologie-Islam,* Les Editions Maghrebines, Rabat 1985, y de Mansour Fahmy, *La condition de la femme et l'évolution de l'Islamisme,* Librairie Félix Alcan, París 1913. Importa recordar por el momento que, pese a los frecuentes casos de sojuzgación personal de que ha sido objeto la mujer musulmana a lo largo de los siglos, ha habido períodos históricos donde se le permitió una libertad que hoy nos parece ilimitada. Durante los califatos de Bagdad y de Córdoba, hubo mujeres que ocuparon puestos importantísimos, desde abogadas a escritoras y consejeras de los califas. Ahí está el caso de la controvertida princesa omeya Wallāda, mujer «liberada» *avant la lettre,* que exhibía sus propios versos desafiantes bordados en los pliegues de su túnica. Esta hermosa cordobesa de cabellos rojos y ojos azules mantuvo una larga historia de amor con el poeta Ibn Zaydūn, y contestó a los versos de amor de su amante con versos de igual altura poética. Otro tanto hizo Ḥafsa, amada de Ibn Saʿīd durante el período almohade. La existencia de estas parejas árabes medievales intercambiándose poemas de extraordinaria calidad artística nos obliga a preguntarnos cómo hubiese sido si madonna Laura hubiera constestado a Petrarca en verso, o Isabel de Freire a Garcilaso. Sin duda las féminas árabes disfrutaron de algunas temporadas buenas a lo largo de su prolongada vida histórica. Cf. Wilhelm Hoenerbach, «Notas para una caracterización de Wallāda», en *AA* XXXVI (1973), págs. 393-414; Luce López-Baralt, «Un morisco astrólogo, experto en mujeres (ms. Junta XXVI)», en *NRFH* XXXVI (1988), págs. 261-276; la primera versión apareció en Zaghouan, Túnez, en las *Actas del III Congreso Internacional de Estudios Moriscos,* 1989, págs. 109-119; M.ª J. Viguera (ed.), *La mujer en Al-Andalus,* Ediciones de la Universidad Autónoma de Madrid/Editoriales Andaluzas Unidas, Sevilla 1989; y Teresa Garulo, *Dīwān de las poetisas de Al-Andalus*, Hiperión, Madrid 1986. Para una visión panorámica de la historia y el pensamiento islámicos, *véase* Phillip Hitti, *History of the Arabs. From the Earliest Times to the Present,* Macmillan, Londres 1968.

38 Hay que decir que el islam ha extremado a veces esta antigua misoginia, como en el uso obligatorio del velo en tiempos modernos y, sobre todo, en la práctica (no generalizada, por cierto, pero existente aún) de la extirpación del clítoris. Volvemos a referir al lector al citado libro de Fatima Mernisi (cf. nota 37).

39 El Corán, J. Vernet (trad.), *op. cit.*, pág. 85. Cf. también la traducción más benigna de A. Yusuf Ali, *op. cit.*, pág. 190. Nos parece más literal y justa, una vez más, la traducción de Vernet: la frase الرِّجَالُ قَوَّمُونَ عَلَى النِّسَاءِ implica realmente que el hombre sobresale (قام ـه قَوَّمُونَ) y que está por encima de la mujer.

40 Citamos por la edición española de Eloíno Nácar Fuster y Alberto Colunga Cueto, *Sagrada Biblia. Versión directa de las lenguas orientales,* BAC, Madrid 1975, pág. 852.

41 He aquí las primeras líneas de la azora XX, 120: فَوَسْوَسَ إِلَيْهِ الشَّيْطَٰنُ قَالَ يَٰآدَمُ . Salta a la vista que Satán susurra su mensaje siniestro a Adán (إِلَيْهِ = «a él») y que lo apostrofa directamente: (يَٰآدَمُ = «¡Oh, Adán!»), A. Yusuf Ali, *op. cit.*, pág. 815.

42 La azora XXIV, 31 alecciona a la mujer a ser modesta con sus atributos físicos, que sólo debe desplegar en la intimidad de la familia. El velo debe cubrir su seno, pero nada se dice acerca de velar el rostro. Como dato curioso cabe señalar que también el varón debe llevar los ojos bajos y ocultar sus partes: la citada azora es, pues, bastante democrática.

43 Cf. su *Poesía erótica,* Ed. Ciro, Madrid 1977.

44 Volvemos a referir al lector al espléndido *Corpus de la antigua lírica popular hispánica* de Margit Frenk.

45 La única edición que hemos podido manejar de este libro, que es a manera de segunda parte de *El jardín perfumado* que venimos citando, es la traducción inglesa titulada *The Glory of the Perfumed Garden. The Missing Flowers,* Neville Spearman, Londres 1975. La traducción y el estudio preliminar, muy esmerado por cierto, es de la pluma de un erudito que sólo firma «E. H. J.», de seguro por la naturaleza marcadamente erótica del texto.

46 No nos consta que nuestro anónimo autor se sirviera precisamente de este texto de Nefzāwī. La leyenda pía pudo llegarle bien a través del citado manual de amores, bien a través de cualquier otro autor experto en materia de amores. No hay que descartar tampoco el hecho de que le llegaran algunas de estas anécdotas ejemplificantes por vía oral.

CAPÍTULO II. EN BUSCA DE UN MORISCO PERDIDO. IDENTIDAD Y ENTORNO HISTÓRICO-LITERARIO DEL AUTOR DEL MS. S-2 BRAH

1 El morisco se refiere a la comedia de Lope como «Rueda de la fortuna», y nos narra todo su argumento en la citada novela *El arrepentimiento del desdichado.* Cierto que estamos ante un texto de ficción dentro del ms. S-2, pero no es difícil pensar que el recuerdo gráfico que el autor conserva de esta obra del Fénix apunte hacia una experiencia vivida en los corrales de comedias de su patria de origen. Oliver Asín llama la atención sobre el hecho de que el autor morisco se convierte en un personaje autobiográfico casi desde que comienza la novela; este nuevo punto de vista narrativo en primera persona dota al relato de una inmediatez emocional innegable (*op. cit.*, pág. 425).

2 Parece que, en efecto, el color «membrillo cocido» o *codony cuite* se daba a menudo entre los moriscos, si vamos a dar crédito a la documentación valenciana de la época que nos ofrece Dolors Bramon en su reciente libro *Contra moros y judíos,* Nexos, Barcelona 1986. Cierto que hubo en la realidad histórica numerosos moriscos rubios, pero abundarían más los morenos, como demuestra el frecuente sobrenombre de «morenos» (Juana la Morena; Isabel la Morena) que nos encontramos en los censos municipales. Bernard Vincent y Juan Aranda Doncel nos ofrecen el primer perfil físico de los moriscos de que tengamos noticia. Por Vincent sabemos que los hombres tenían una talla proporcionalmente más elevada que la media de los habitantes de la ciudad (el dato lo corrobora Aranda); que se inclinaban a no tener barba, y que tanto los varones como las mujeres exhibían bastante a menudo una nariz chata. También es cierto que las hembras moriscas se distinguían a menudo por su hermosura y «buenas carnes». Aunque su colorido ofrece variantes interesantes, ambos estudiosos descubren que la media sería relativamente clara de piel y, por tanto, difícil de distinguir de la comunidad cristiano-vieja. Cf. B. Vincent, «¿Qué aspecto físico tenían los moriscos?», en *Actas del primer congreso de historia moderna y contemporánea de Andalucía,* Publicaciones del Monte de Piedad y Caja de Ahorros de Córdoba, 1983, y J. Aranda Doncel, *Los moriscos en tierras de Córdoba,* Publicaciones del Monte de Piedad y Caja de Ahorros de Córdoba, 1984; Dolors Bramon, *op. cit.*, y Julio Caro Baroja, *Los moriscos del reino de Granada,* Madrid 1957, también consideran que los moriscos, en cuestiones étnicas, eran indistinguibles de los cristianos. Curiosamente, los moriscos nunca se pintaron morenos en su literatura de ficción; cf. mi estudio «La estética del cuerpo entre los moriscos del siglo XVI o de cómo la minoría perseguida pierde su rostro», en *Le corps dans la societé espagnole des XVIe et XVIIe siècles,* Agustín Redondo (ed.), Publications de la Sorbonne, París 1990, págs. 335-348.

3 Cf. Lope de Vega, *Los porceles de Murcia,* II, Real Academia Española, XI, pág. 578-a, *apud* Miguel Herrero, *Ideas de los españoles del siglo XVII*, Gredos, Madrid 1986, pág. 582.

4 Lope se burla de la leyenda del zancarrón tanto en *La pobreza estimada* como en *Los porceles de Murcia* y *Los Vargas de Castilla.* En esta última comedia nos ofrece la siguiente versión del «milagro» del cuerpo del profeta, que estaba metido en una caja de acero que a su vez se encontraba colocada entre cuatro imanes que la mantenían suspendida en el aire:

En este tiempo, los moros
De Lérida, éstos que cubren
Con el nombre de cristianos
Las africanas costumbres
Y la ley de aquel Profeta
Que en Meca engañar presume.
Entre imanes levantado,
Que es milagro y no virtudes

De las piedras, que al acero
De su caja al aire suben
(II, Real Academia Española, X, pág. 303-b, *apud* M. Herrero, *op. cit.*, págs. 582-583).

También Góngora, entre tantos otros escritores de la época, se suma al escarnio de la supuesta leyenda: «Entre dos piedras imanes / le suspenden sus afanes / al zancarrón de Mahoma» (*ibid.*). *Véanse* también al respecto José María Perceval, «L'os de Mahomet», en *Les Tempes Modernes* 507 (1988), págs. 1-21, y L. López-Baralt, «Al revés de los cristianos: la España invertida de la literatura aljamiado-morisca», Discurso de recepción ante la Academia Puertorriqueña de la Lengua Española, Puerto Rico, septiembre de 1988; Académica correspondiente de la Real Academia Española, octubre de 1988. (En prensa en el *Boletín de la Academia Puertorriqueña de la Lengua Española.*)

5 Oigamos directamente las burlas de Lope en *El cerco de Santa Fe*:

Rey Chico, grande enemigo,
Y Mahoma, estar amigo,
Tener mucha pasa e higo
e mucha oveja salada
(II, Real Academia Española, XI, pág. 245-b,
apud M. Herrero, *op. cit.*, pág. 580).

6 Cf. «Historia de los dos enamorados Ozmín y Daraja», cap. VIII del *Guzmán de Alfarache* de Mateo Alemán en *La novela picaresca española*, Ángel Valbuena Prat (ed.), Aguilar, Madrid 1966, pág. 275. Para esta escisión entre el moro literario idealizado y el menospreciado de carne y hueso, *véase* L. López-Baralt, «Las dos caras de la moneda: el moro en la literatura española renacentista», en *Huellas del Islam...*, págs. 149-180.

7 Algo de esto ya hemos adelantado en nuestro citado ensayo «La angustia secreta del exilio...».

8 Sometemos a nota el resto de la décima:

como el tiempo no es eterno
la primabera se acaba
y el berano menoscaba
el otoño y el ynbierno.
Renaçe el pimpollo tierno,
cúbrese el árbol de oja
mas si algún tiempo se le antoja
lo bolberá a consumir
que al cabo de los años mil
buelben las aguas por [*sic*: el autor abrevia el estribillo]
a las mudanças del çielo
lo ynferior se sujeta
da buelta el mayor planeta
cada día a todo el suelo
pásase el año en un buelo
la noche çuçede al día
todo se muebe a porfía
desde el naçer al morir
que al cabo de los años mill
buelben las aguas [*sic*]

ningún triste se acobarde
de adbersidad y desdén
porque quando llegue el bien
para goçarle se guarde
y aunque le parezca tarde
no desmaye en la tardança
porque el bien de la esperança
por fuerça le ha de siguir
que al cabo de los años mill
buelben las aguas por do [sic]
(fols. 51v-52r).

9 Debemos el hallazgo a María Teresa Narváez, que dedica un minucioso estudio a las consecuencias literarias y humanas de la usurpación del Mancebo de un largo pasaje del prólogo a *La Celestina.* Cierto que el pasaje aludido es una cita del *De remediis utriusque fortuna* de Petrarca, pero la investigadora demuestra más allá de toda duda que el criptomusulmán emplea la traducción española, tan cadenciosa, de Fernando de Rojas. Es obvio, pues, que leyó *La Celestina* y que, curiosamente, la entendió como obra de profunda angustia existencial. Con ello parece que viene a dar la razón, con cuatro siglos de diferencia, a la lectura que ha hecho Stephen Gilman de la tragicomedia en términos de un texto de sinuosas disidencias frente a los valores establecidos de la España oficial cristiano-vieja. *Véase* M. T. Narváez, «El Mancebo de Arévalo y Fernando de Rojas», conferencia leída en la Universidad de Puerto Rico, marzo de 1988; y S. Gilman, *The Spain of Fernando de Rojas,* Princeton University Press, 1972.

10 Cf. al respecto L. P. Harvey, «Oral Composition and the Performance of Novels of Chivalry in Spain», en *Oral Literature. Seven Essays,* J. J. Duggan (ed.), Edimburgo/Londres 1979, págs. 84-110.

11 Oliver Asín sospecha que en el Túnez de principios de siglo XVII circularía alguna que otra versión de Lope, Garcilaso y Góngora, así como del romancero (*op. cit.,* págs. 417-418). Míkel de Epalza va más allá al proponer que las alusiones literarias de nuestro autor parecen probar la existencia de una tradición de representaciones teatrales en Testur que serían más o menos contemporáneas con la primera oleada de refugiados. Cf. su prólogo a la traducción francesa del citado artículo de Oliver Asín, «Un morisco de Tunis, admirateur de Lope. Étude du ms. S.2 de la Collection Gayangos», Epalza/Petit, pág. 206.

12 Cf. *Guerras civiles de Granada,* Imprenta de E. Bailly-Baillière, Madrid 1913, vol. I, pág. 94.

13 Fol. 51v. También el autor criptomusulmán da muestras de sentirse fascinado por las joyas, que no se inhibe de describir en su novela (recordemos el hermoso corazón de oro que regala una dama a su galán en el folio 29v). Hay que decir que también fustiga a las moriscas recién llegadas a las costas africanas por el uso excesivo de estas alhajas, que las hacía antipáticas ante los ojos de la población autóctona empobrecida, que las recibía en su nueva patria.

14 Lope de Vega, *Arte nuevo de hacer comedias* y *La discreta enamorada,* Colección Austral, Espasa-Calpe, Buenos Aires/México 1948, pág. 19.

15 María Teresa Narváez explora en su citada tesis doctoral las estrechas relaciones que a menudo mantenían los miembros de las comunidades criptojudía y criptomusulmana. El Mancebo de Arévalo nos da interesantes testimonios de sus visitas a un amigo judío, muy solidario con los moriscos, que le presta libros y le da consejo. Estas estrechas relaciones de amistad no se limitaban a las minorías marginadas del Siglo de Oro: también el morisco Baray de Reminŷo nos cuenta acerca de su conmovedora visita al fraile carmelita fray Esteban Martel, que llora con Reminŷo cuando se entera del decreto de conversión forzosa al cristianismo que se abate sobre los moriscos aragoneses. Cf. L. López-Baralt y M. T. Narváez, «Estudio sobre la espiritualidad popular en la literatura aljamiado-morisca del siglo XVI...».

16 Vuelve a insistir en ello a partir del folio 61r.

17 Lope, rebosante como siempre de simpatía humana, se atreve a mucho con este Felisardo que apenas ha descubierto su identidad morisca. Haciendo gala de un desparpajo literario más acusado que en otras ocasiones, el Fénix mete a su criatura de ficción nada menos que a bajá del Turco, para, desde esta posición, «hacer alguna cosa señalada en servicio del Rey de España». No se nos pregunte cómo puede hacer Felisardo nada a favor de la corona española colaborando con su archienemigo: se ve que Lope maneja la trama con una encantadora ligereza y que la novela se le va de las manos por momentos. Es difícil resistir la tentación de citarlo más largamente, cuando nos dice, asumiendo una voz autorial, que no sabe por qué Felisardo —personaje autónomo donde los haya— decidió hacerse bajá del Turco:

> Y aquí confieso a vuestra merced, señora, que no sé, porque no me lo dijeron, cómo o por dónde vino a ser Felisardo no menos que bajá del Turco, que parece de los disfraces de las comedias, donde a vuelta de cabeza es un príncipe lagarto, y una dama, hombre y muy hombre, y a la fe que dice el vulgo que no le hablen en otra lengua. Turco, pues, era Felisardo: no lo apruebo; sus hopalandas traía y su turbante, y como era moreno, alto y bien puesto de bigotes, veníale el hábito como nacido (*apud Novelas a Marcia Leonarda,* Alianza Editorial, Madrid 1968, pág. 90).

Este personaje de Felisardo, atractivo, bien puesto de bigotes, y claro *alter ego* del Fénix, nos plantea una curiosa reflexión: interesante que Lope se identifique con un personaje «morisco» ahora que sabemos cuán profundamente nuestro morisco de carne y hueso se suele identificar con el dramaturgo. Cf. el ensayo de Marcel Bataillon, «La desdicha por la honra: génesis y sentido de una novela de Lope», en *Varia lección de clásicos españoles,* Gredos, Madrid 1964, págs. 373-418, y L. López-Baralt, «Un olvido de Lope de Vega», en *La ínsula sin nombre. Homenaje Nilita Vientós Gastón, José Luis Cano y Enrique Canito,* Orígenes, Madrid 1990, págs. 127-136. Una versión más extensa de este ensayo se encuentra en prensa en el *Journal of Hispanic Philology* de Miami, Florida.

18 Cf. *Las mudanzas de Fortuna, y sucesos de don Beltrán de Aragón,* en *Obras de Lope de Vega,* Real Academia Española, t. VII, Madrid 1930, pág. 630.

19 Recordemos que nuestro morisco escribe después de pasados muchos años de su expulsión de España, ya viejo y sufrido. Después que se le escapan *malgré lui* tantas escenas mundanas en su novela idealizante, recurre inmediatamente a la moraleja aleccionadora. Pero importa que lo leamos, como a todo escritor, entre líneas: son tan importantes sus pinturas de la vida frívola española y sus canciones de amor apasionado (casi siempre prestadas de otros autores, por cierto) como las diatribas «indignadas» con las que las condena.

20 *Véase* la edición de la obra de Taybili, *El cántico islámico del morisco hispanotunecino Taybili,* a cargo de Luis F. Bernabé Pons, Institución Fernando el Católico, Zaragoza 1988, pág. 153. El lector podrá observar en la cuidadosa edición que lleva a cabo Bernabé Pons del ms. 1976 de la Biblioteca Casanatense de Roma algunas de las mismas grafías que se emplean en el S-2 como la *R* mayúscula para representar el sonido vibrante /r/, ya sea en posición inicial o intervocálica. Más adelante veremos, sin embargo, que ambos manuscritos presentan también diferencias significativas en su escritura.

21 Cf. A. Oliver Asín, «El Quijote de 1604», *Boletín de la Real Academia Española* XXVIII (1948), págs. 89-126, y Bernabé Pons, *op. cit.,* pág. 153.

22 No hay que descontar la posibilidad, sin embargo, de que el autor del S-2 adquiriera alguna de estas *novellas* tardías una vez en Túnez. Más dudoso me parece que manejara los relatos de Cinthio o de Bandello, aunque tampoco nos es dable descartarlos del todo, dada la notoria curiosidad literaria de nuestro exilado.

23 Vaya un botón de muestra: el autor se queja en el epílogo de su obra, al igual que Rojas en su prólogo, del hecho de que el texto tendrá tantas y tan diversas recepciones como lectores tenga. La cadencia de la prosa no puede no recordarnos poderosamente un pasaje semejante de *La Celestina*:

> Ya me pareçe que estoy escuchando a los lectores desta umilde obra, acabado que ayan de leer los barios pareçeres, la diferençia de gustos. Qual dirá que el bersso es inperfecto, qual dirá que es ynpropio a la obra, qual dirá que es corto, qual dirá que es largo, qual dirá que ay berssos hurtados y que no pudo fulano haçellos ni en su sujeto cabe haçer berssos ni aun mala prossa, que de quándo o cómo se atrebe a hacer libro y otra ssemejança de murmuraçión que caussará mi libro (*op. cit.*, pág. 266).

La recepción de los textos literarios españoles por parte de estos escritores criptomusulmanes merecería sin duda un estudio aparte. Ya hemos recordado cómo el autor del S-2 se sirve generosamente de estos clásicos, y cómo dota a Lope de un contexto literario novedosísimo. También M. T. Narváez, como dejamos dicho, demuestra que el Mancebo se apropia del prólogo de Rojas a *La Celestina* para traducir su propia inquietud existencial. Gregorio Fonseca, por su parte, descubre las huellas nada menos que de Tomás de Kempis en el Mancebo, que atribuye al célebre espiritual muchos lugares comunes píos. Cf. su tesis doctoral (inédita) *Relación y ejercicio espiritual sacado y declarado por el Mancebo de Arévalo en nuestra lengua castellana*, Universidad de Oviedo, España 1987.

24 Cf. M. T. Narváez, *La Tafsira del Mancebo...*, t. I, pág. 49, y L. P. Harvey, «Un manuscrito aljamiado de la Biblioteca de la Universidad de Cambridge», en *AA* XXIII (1958), pág. 70.

25 Cf. el citado estudio de Gregorio Fonseca.

26 Sobre este anacoreta, cuyo aspecto era el de una espantosa fiera, cubierto de cerdas y ceñido con una cuerda, cf. Oliver Asín, «Un morisco de Túnez...», pág. 435.

27 M. T. Narváez observa a su vez la fruición con la que el Mancebo de Arévalo maneja el refranero español, cf. su citado estudio *La Tafsira del Mancebo...*

28 Ms. 774 BNP, fol. 294r. Cf. mi citado ensayo «Crónica de la destrucción de un mundo: la literatura aljamiado-morisca», pág. 145, y M. Sánchez Álvarez, *El manuscrito misceláneo 774 de la Biblioteca Nacional de París*, CLEAM, Gredos, Madrid 1982, pág. 246. Citamos el pasaje por la edición de Sánchez Álvarez.

29 El título de *šarīf* (plural *šurafā'* o *ašrāf* [chorfa], como nos recuerda Míkel de Epalza, «Moriscos et andalous en Tunisie au XVIIe siècle», Epalza/Petit, pág. 173, estaba reservado a los descendientes del profeta. Se puede traducir aproximadamente por «noble» o «ilustre».

30 Nuestra fuente es el ensayo de Abdelmajid Turki, «Documents sur le dernier exode des andalous vers la Tunisie», Epalza/Petit, págs. 114-127, y nuestras citas del diálogo entre Al-Rafī' y sus progenitores las traducimos de dicho estudio.

31 El concepto de *taqiyya* o تقية (disimulo, precaución), que tanto utilizaron los moriscos en su vida cotidiana criptomusulmana, aparece, sin embargo, muy poco como término técnico en la literatura aljamiado-morisca. Cf. mi citado estudio «Crónica de la destrucción...», págs. 127 y ss.

32 *Apud* George Ticknor, *Historia de la literatura española*, IV, Ribadeneyra, Madrid 1881-1885, pág. 420.

33 Cf. nuestro citado estudio «Crónica de la destrucción...», págs. 123 y ss.

34 Sería prolijo citar todos los pasajes en los que nuestro autor evidencia un conocimiento íntimo de la música (casi siempre que cita unos versos, éstos se cantan: «al son de los ynstrumentos, [cantaban] mill motes de esta suerte...» (fol. 30v); «agradó mucho a los oyentes [el romance] por tener tantos pasos de garganta...» (fol. 40v). También tendremos ocasión de ver que su compañero exilado Taybili era a su vez un aficionado musical.

35 Los moriscos acusan de manera particular las numerosas pragmáticas que se abaten contra su comunidad a lo largo de los siglos XVI y XVII, prohibiéndoles prácticamente todas sus expresiones de cultura religiosa y popular, como los vestidos, los instrumentos musicales, las fiestas a la morisca, etc. Cf. M. García Arenal, *Los moriscos,* Editora Nacional, Madrid 1975; Antonio Domínguez Ortiz y Bernard Vincent, *Historia de los moriscos. Vida e historia de una minoría,* Biblioteca de la Revista de Occidente, Madrid 1978; Julio Caro Baroja, *Los moriscos...*, y L. López-Baralt, «Crónica de la destrucción...».

36 Cf. Oliver Asín, que ofrece estos ejemplos en la pág. 419 de su artículo «Un morisco de Túnez...».

37 *Empresas políticas o ideas de un príncipe político cristiano. Representadas en cien empresas,* en *Antología de escritores políticos del Siglo de Oro,* Pedro de Vega (comp.), Clásicos de la Política, Taurus, Madrid 1966, págs. 247-278.

38 Cf. *The Spain of Fernando de Rojas,* de donde espigamos estos ejemplos de los archivos inquisitoriales que el maestro estudiara. Para otros ejemplos, cf. L. Cardaillac, *Morisques et chrétiens...*, y L. López-Baralt, «Crónica de la destrucción...».

39 Sobre casos como éstos *véanse* los excelentes estudios de Albert Sicroff, *Les controverses des statuts de «pureté de sang» en Espagne du XVe au XVIIe siècle,* Didier, París 1960 (el estudio fue traducido al español en Taurus, 1979) y «Clandestine Judaism in the Hieronymite Monastery of Nuestra Señora de Guadalupe», en *Studies in Honor of M. J. Bernadette,* Las Americas Publishing Company, Nueva York 1965, págs. 89-115.

40 BNP, ms. 9067, fols. 205r-208v, *apud* L. Cardaillac, *Morisques et chrétiens...*, págs. 481.

41 Citamos por Harvey, «El Mancebo de Arévalo y la literatura...», pág. 29.

42 Las palabras son de Bernabé Pons, *op. cit.*, pág. 115.

43 Así escribe el morisco el árabe *zinā'* o زناء, que significa precisamente adulterio.

44 Taybili debió de asistir a innumerables misas en su época española, ya que se muestra como todo un experto en este tipo de liturgia. Oigámoslo dirimir las variantes de la ceremonia cristiana:

Ay tantas diferençias en la missa,
ay la missa del alba, que es primera,
ésta al Reyr del alba se haçe aprissa,
luego missa mayor y la postrera.
A todas las canpanas les abissa,
tocando cada una a su manera,
y ay missa cantada y moçárabe,
aquesta es missa griega y menos grabe
(Bernabé Pons, *op. cit.*, pág. 212).

Sobre el morisco Taybili, *véase* también el estudio de Míkel de Epalza, «Le milieu hispano-moresque de l'Evangile islamisant de Barnabe (XVIe-XVIIe s.)», en *Islamochristiana* VIII (1982), págs. 159-176.

45 No debemos olvidar que los versos desaliñados de Taybili constituyen una polémica anticristiana en toda forma, cosa que ayuda a explicar el tono amargo de invectiva de la obra. El exilado no para mientes en darnos pormenores acerca de los desmanes de la vida licenciosa de los conventos de monjas y frailes y de atacar no sólo las costumbres corruptas de los representantes de la religión de sus enemigos en la fe sino sus dogmas mismos. A un hispanohablante, acostumbrado a una censura de siglos en materia religiosa, le suenan muy extraños por cierto los «atrevidos» versos de Taybili. Recordemos, por vía del ejemplo, aquellos en los que anuncia que nos va a explicar «... cómo Cristo no es dios, / sino criatura criada» (Bernabé Pons, *op. cit.*, pág. 143). Los endecasílabos italianizantes nos parecen —es fuerza admitirlo— algo incómodos cuando se escriben para celebrar la figura del profeta Mahoma, a quien Taybili apostrofa como «Raçulu Alah» o «Mensajero de Dios». Oigamos el primer cuarteto de uno de estos poemas:

Escojido de Dios, de Dios querido,
por el eterno Dios espeçialado,
en todo y sobre todo abentaxado
y a todos los naçidos preferido
(*ibid.*, pág. 147).

46 *Expulsión justificada de los moriscos* (Huesca 1612), en M. García Arenal, *op. cit.*, pág. 229.

47 *Véase* el ensayo de José María Perceval, «Asco y moriscos. Asco y asquerosidad del morisco» (en prensa), en *La Torre* de Puerto Rico, que explora este problema «olfativo» adjudicado a los moriscos. Sobre estos ataques y contraataques teológicos (a veces, «teológicos»), *véase* también F. Márquez Villanueva, «El problema historiográfico de los moriscos», *Bull. Hisp.* LXXXVI (1984), págs. 61-135, y «La criptohistoria morisca (Los otros conversos)», en *Cuadernos Hispanoamericanos* CCCXC (1982), págs. 1-18; así como mi citado Discurso de Ingreso a la Academia Puertorriqueña de la Lengua Española, «Al revés de los cristianos...».

48 Cf. en especial el *Discurso contra los judíos*, traducido del portugués por fray Diego Gavilán Vela, Salamanca 1631, del que se sirve Josette Riandiere La Roche en su excelente estudio «Du discours d'exclusion des Juifs: antijudaisme ou antisémitisme?», en *Les problèmes d'exclusion en Espagne XVIe-XVIIe siécles,* Agustín Redondo (ed.), Publications de la Sorbonne, París 1983, págs. 51-75.

49 Sobre la superchería de estos patéticos plomos proféticos, ya desacreditados por José Godoy y Alcántara desde el siglo XIX (*Historia críptica de los falsos cronicones,* Madrid 1868) cf. Darío Cabanellas, *El morisco granadino Alonso del Castillo,* Granada 1965; Miguel José Haguerty, *Los libros plúmbeos del Sacromonte,* Editora Nacional, Madrid 1980, y L. P. Harvey, «The Moriscos and Don Quixote», Sobretiro del Inaugural Lecture in the Chair of Spanish Delivered at the University of King's College, noviembre 11, 1974.

50 Cf. el *Memorial de don Francisco Núñez Muley,* de 1567, reproducido parcialmente en M. García Arenal, *Los moriscos...,* págs. 47-56.

51 La *casida,* escrita hacia 1501, la reproduce M. García Arenal, *ibid.*, págs. 33-41.

52 *Ibid.*, págs. 43-45.

53 En 1568, como se sabe, estalló en esta comarca de las Alpujarras la célebre rebelión de los moriscos, que tomó por jefe a un descendiente de los omeyas, Fernando de Córdoba y Válor, conocido por el nombre de Abén Humeya. La revuelta fue sofocada en sangre por don Juan de Austria en 1571.

54 En la segunda parte de sus citadas *Guerras civiles de Granada,* Ginés Pérez de Hita describe de manera conmovedora esta escaramuza, que termina con armas prosaicas y con escasa gloria individual para los últimos musulmanes de España.

55 Sobre estos viajes furtivos de los moriscos previos a la expulsión, cf. L. Cardaillac, «Le passage des morisques en Languedoc», en *Annales du Midi* LXXXIII (1971), págs. 259-298, y L. López-y Awilda Irizarry, «Dos itinerarios secretos de los moriscos del siglo XVI (Los manuscritos aljamiados 774 de la Biblioteca Nacional de París y T-16 de la Real Academia de la Historia de Madrid)», en *Homenaje a Álvaro Galmés de Fuentes,* Universidad de Oviedo/Gredos, Madrid 1985, vol. II, págs. 547-532.

56 BNCc 171, citado por Eduardo Saavedra en su *Discurso...,* pág. 157.

57 Sobre la «juventud» de este «Mancebo» o joven de Arévalo, cf. L. P. Harvey, «Castillian Mancebo as a calque of Arabic *'abd* or How the Mancebo de Arévalo got his name», en *Modern*

Philology LXV (1967), págs. 130-132, y L. López-Baralt y M. T. Narváez, «Estudio sobre la espiritualidad popular en la literatura aljamiado-morisca...».

58 M. T. Narváez, *La Tafsira del Mancebo...*, págs. 289-290.

59 Aunque la mayor parte de estos manuscritos se descubre durante el siglo pasado —recordemos el hallazgo de Almonacid de la Sierra— todavía hoy siguen apareciendo códices importantes. En el invierno de 1969 aparecen en el palacio mudéjar de Ocaña una serie de libros árabes, aljamiados y castellano-mudéjares, que han venido estudiando Juan Martínez Ruiz y Joaquina Albarracín Navarro. Entre sus numerosos estudios, cf. su ensayo «Un nuevo texto aljamiado: el recetario de sahumerios en uno de los mss. árabes de Ocaña», en *Revista de Dialectología y Tradiciones Populares* XXX (1974), págs. 3-9, y su reciente libro *Medicina, farmacopea y magia en el Misceláneo de Salomón*, Universidad de Granada, 1987.

60 En Nicolás Eimeric/Francisco Peña, *El manual de los inquisidores,* introducción y notas de Luis Salas-Molino, Muchnik Editores, Barcelona 1983, pág. 74.

61 Para estos infamantes artefactos silenciadores, cf. S. Gilman, *The Spain of Fernando de Rojas...*

62 En *Justa expulsión de los moriscos de España,* Iacomo Maseardo, Roma 1612, págs. 113-114, *apud* Jeanne Vidal, *Quand on brûlait les morisques 1544-1621,* Nîmes 1986, pág. 73.

63 El morisco Al-Rafi', a quien hemos citado extensamente, se refiere con amargura a estas muertes y torturas infamantes a las que se vio sometida su nación. Citamos por la versión de A. Turki:

> Nous sommes restés parmi eux et l'ennemi de la religion brûlait sur le bûcher ceux qui manifestaint des signes de l'Islam et les tourmentait de toute sorte des tortures. Que de musulmans ils ont brûlés, tourmentés, exilés de leur terres et spoliés! (*op. cit.*, pág. 119).

64 En Louis Cardaillac, «Un aspecto de las relaciones entre moriscos y cristianos: polémica y *taqiyya*», en *Actas CLEAM,* pág. 121.

65 Habla nada menos que el morisco Ricote, que poco antes había denunciado con tanta valentía la libertad de conciencia que se podía experimentar en Alemania (*Quijote* II, LIV).

66 El patriarca Ribera pronuncia un famoso sermón en la Seo de Valencia el domingo 27 de septiembre de 1609, cinco días después de promulgado el decreto de la expulsión masiva de los moriscos. Alaba la decisión de Felipe III como «la mayor hazaña que se ha visto en nuestros tiempos, ni leydo en los passados», y concluye que

> ... assí podemos estar seguros de que en todo se verá cumplida essa promessa [de Dios], y que han de ser innumerables los bienes que se han de seguir a esta santa y admirable obra. Honra, porque la mayor honra de todas es la compañía de los fieles; así como la mayor deshonra, e ignominia, es tratar con infieles; porque ni mirallos a la cara lo podéys hazer sin afrentaros, séase quien se fuese, aunque sea Rey (en Fonseca, *Justa expulsión de los moriscos de España,* págs. 234-254. Citamos por F. Márquez Villanueva, «El morisco Ricote o la hispana razón de estado», en *Personajes y temas del Quijote,* Taurus, Madrid 1975, pág. 294).

Acaba de llegar a nuestras manos un ensayo conmovedor de Márquez Villanueva, aún inédito: «El *Nunc dimittis* del patriarca Ribera», en el que el estudioso explora la crisis de conciencia del atribulado titular valenciano y las circunstancias históricas particulares desde las cuales colaboró con la expulsión de los moriscos valencianos. Agradecemos al autor nos enviara copia de su estudio, tan valiente y tan documentado. —El ensayo se ha publicado después como parte del libro *El problema morisco. (Desde otras laderas)*, Ed. Libertarias, Madrid 1991, págs. 196-294.

67 Guadalajara, *Expulsión de los moriscos,* Pamplona 1613, cap. V o VI, pág. 16, *apud* M. Herrero, *Ideas de los españoles...,* pág. 565.

68 Detengámonos en otros testimonios de la salida de España de estos últimos musulmanes. Todavía conmueve el poema de Gaspar de Aguilar, de profundo valor histórico y humano:

Un esquadrón de moras y de moros
va de todos oyendo mil ultrajes;
ellos con las riquezas y tesoros,
ellas con los adornos y los trajes.
Las viejas con tristezas y con lloros
van haciendo pucheros y visajes,
cargadas todas con alhajas viles,
de ollas, sartenes, cántaros, candiles.
Un viejo lleva un niño de la mano,
otro va al pecho de su madre cara,
otro, fuerte varón como el Trojano,
en llevar a su padre no repara
(*apud* Domínguez Ortiz y B. Vincent,
Historia de los moriscos..., pág. 182).

Es el mismísimo Sancho Panza quien da cuenta a su vecino el morisco Ricote de cómo salió al exilio su familia. Nuestro buen escudero con sus «siete dedos de enjundia de cristiano viejo» sobre sus costados no puede evitar darnos una versión conmovedora de la escena:

> ... séte decir que salió tu hija tan hermosa, que salieron a verla cuantos había en el pueblo, y todos decían que era la más bella criatura del mundo. Iba llorando y abrazada a todas sus amigas y conocidas, y a cuantos llegaban a verla, y a todos pedía la encomendasen a Dios y a Nuestra Señora su Madre; y esto, con tanto sentimiento, que a mí me hizo llorar, que no suelo ser muy llorón (*Quijote* II, LIV, Ed. Kapeluz, Buenos Aires 1973, págs. 424-425).

Frente a estos testimonios cristianos, todos invariablemente lacrimosos, es interesante recordar el hecho de que los moriscos mismos intentaron pintar el exilio con tonos optimistas. Hoy nos parece patético su esfuerzo, pues estarían violando repetidamente la realidad histórica del intenso sufrimiento personal de tantos de sus hermanos. Pero es que el mismo intento de idealizar la traumática salida al exilio nos habla de una situación humana de la que los exilados no se pudieron hacer cargo emocionalmente. Está, por otro lado, el hecho de que estos mismos moriscos exilados que reflexionaban sobre el destino de su nación, echada por la fuerza a tierras extrañas, interpretaron los hechos como un acto misericordioso de Dios, que los venía a salvar de las persecuciones que cada día se abatían contra ellos. En todo caso, el optimismo de Taybili hoy nos suena sospechoso. Habla alguien —hoy no es difícil adivinarlo— profundamente herido:

Dejan sus cassas, muebles, muy contentos,
salen por los caminos caminando,
hallando a donde quiera alojamientos,
en su ynçierta salida siempre hablando.
Donde quiera les sobran bastimentos,
el berse entre mußlimeß desseando,
a donde en brebe tiempo se embarcaron,
y en toda Berbería se aloxaron
(*apud* Bernabé Pons, págs. 157-158).

Para otras interpretaciones del destierro morisco de 1609, cf. Anwar Chejne, *Islam and the West. The moriscos,* State University of New York Press, Albany 1983, y los citados estudios de Domínguez Ortiz y B. Vincent, y J. Caro Baroja.

69 Cf. el citado ensayo de L. Cardaillac, «Le passage des morisques en Languedoc».

70 M. García Arenal cita a Boronat y Barrachina, *Los moriscos españoles,* t. II, págs. 725-726, en su citado estudio *Los moriscos...,* pág. 260.

71 Cf. Turki, *op. cit.,* pág. 122. Cierto que el morisco basaba su argumentación en el hecho de que, según él, fue la intercesión del sultán turco Ahmad Khan y del rey de Francia la que logró mover el corazón de Felipe III para decidirse por tal medida histórica, medida que, de otra parte —de nuevo según Al-Rafi'—, hizo que el rey sacara de las cárceles a muchos moriscos, les perdonara la vida y les diera provisiones para el viaje.

72 *Apud* M. García Arenal, *Los moriscos...,* pág. 265.

73 *Persiles,* III, 11, en *Obras completas,* Aguilar, Madrid 1967, págs. 1.662-1.663).

74 Hossein Bouzineb explora a fondo la situación de los moriscos exilados en Marruecos. Muchos moriscos hornacheros se instalaron en la Casba de Rabat (o Salé la Nueva, como antiguamente se le llamaba): allí se hicieron corsarios y llegaron en incursiones hasta Islandia (llegaron a saquear Reikiavik), Terranova, las costas inglesas, etc.

En Fez la situación fue distinta. El célebre historiador Al-Makkarī nos da un dato impresionante: los descendientes de Boabdil tuvieron que recurrir, para su sustento, a la mendicidad, diciendo o cantando *ḥadīces* o tradiciones proféticas. Cf. Aḥmad b. Muḥammad al-Maqqarī, *Nafḥ Aṭ-ṭib min Guṣn Al-Andalus Arratib,* Dar Sader, Beirut 1968, vol. IV, pág. 529 en Bouzineb, «Los moriscos de Marruecos» (en prensa), en las *Actas del Congreso Hispano-Árabe de Teruel,* 1988. Cf. también su importante estudio «Respuestas de jurisconsultos magrebíes en torno a la inmigración de musulmanes hispánicos», en *Hespéris Tamuda* XXVI-XVII, Rabat (1988-1989), págs. 53-66. Agradecemos a su autor me facilitara copia mecanografiada de sus estudios aún inéditos en Rabat (1988).

75 «Trabajos actuales sobre la comunidad de moriscos refugiados en Túnez, desde el siglo XVII hasta nuestros días», en *Actas...,* pág. 430. J. Penella coincide con Epalza en considerar pésimo el recibimiento de los moriscos en Fez, Tlemcen y Marruecos. Sin embargo, advierte que las circunstancias de la acogida de los refugiados en Argel fueron mejoradas por un hecho del que nos da noticia el padre Diego de Haedo, *Topografía de Argel,* 1612, fol. 9. Ya para 1605 había cerca de mil casas de moriscos establecidas allí, y esta pequeña comunidad pudo prestar ayuda a los refugiados del éxodo masivo de 1609 y 1610. Para los avatares del paso de los moriscos por Francia camino a su exilio final de Berbería, añadimos un ensayo más a los que ya venimos citando de L. Cardaillac, «Procès pour abus contre les morisques en Languedoc», Epalza/Petit, págs. 103-113.

76 Cf. J. Penella, «El sentimiento de los moriscos españoles emigrados. Notas para una literatura morisca en Túnez», en *Actas CLEAM,* pág. 453.

77 «Contribution à l'étude des inmigrations andalouses et leur place dans l'histoire de la Tunisie», Epalza/Petit, pág. 55. (Este ensayo es la traducción de su artículo «Toward a Study of Andalusian Inmigration and Its Place in Tunisian History», en *Cahiers de Tunisie* V [1957], págs. 203-252.) Este excelente estudio ofrece un cuadro panorámico muy útil de las sucesivas inmigraciones andaluzas en Túnez, a partir de las primeras en el siglo XIII bajo el reinado de Abū Zakariyya (634-647H/1236-1249 d.C.). Cf. también M. de Epalza, «Trabajos...», y Hasan Abdul-Wahab, «Coup d'oeil général sur les apports ethniques étrangers en Tunisie», Epalza/Petit, págs. 16-20. En general, el texto completo de los *Recueil...* de Epalza/Petit que venimos citando es la obra de consulta más importante publicada jamás sobre la presencia morisca en Túnez.

78 Cf. G. Marçais, «Testour et sa grande mosquée. Contribution à l'étude des Andalouses en Tunisie», Epalza/Petit, págs. 278-284.

79 Cf. el estudio de M. Annabi, «La chéchia tunisienne», Epalza/Petit, págs. 304-307.

80 Sobre estas huellas españolas en la cultura popular de Túnez, *véanse* los estudios de P. Teyssier, «Le vocabulaire d'origine espagnole dans l'industrie tunisienne de la chéchia», Epalza/Pe- págs. 308-316; C. Sugier, «Les coiffes féminines en Tunisie», *ibid.*, págs. 335-340, y F. Skhiri, «Les traditions culinaires andalouses à Testour», *ibid.*, págs. 349-358.

81 «Citibulgaiz» es la españolización del nombre Sīdī Abū al-Gayṯ, conocido también como Abū al-Gayṯ al-Qaššāš. Su apelativo de «Sīdī» (mi señor) se otorgaba a personas honorables en autoridad, profesión cultural o religión. Equivalía a nuestro «don» actual, o a «reverendo» o «santo» si se trataba de una persona piadosa. Cf. M. de Epalza, «Moriscos...», pág. 174. Sobre este personaje histórico, que fue tan crucial para el recibimiento y la aclimatación de los moriscos en Túnez, *véanse* también los trabajos de Tahar ben Achour, «Masîr al Andalusiyin», en *Našrat al-Gam'iya al-Ḥalduniya,* Túnez 1930, págs. 16-26; Muhibbi, *Hulâsat al-âṯâr fī a'ayân al-qarn al-ḥādī'ašar,* vol. I, El Cairo 1284 H./1868 d. C., y H. H. Abdul-Wahab, «Coup d'oeil général...».

82 M. de Epalza y R. Petit citan a O. Kaak, Epalza/Petit, pág. 128.

83 Cf. M. de Epalza, «Moriscos...», pág. 186.

84 «Trabajos...», pág. 431.

85 Cf. Denise Brahimi, «Quelques jugements sur les maures andalouses dans les régences turques au XVIIIe siècle», Epalza/Petit, pág. 143.

86 Cf. J. D. Latham, «Contributions...», págs. 40-41. Nuestro refugiado no fija su residencia en la capital, cf. Oliver Asín, «un morisco...», pág. 420, sino que va a vivir a uno de los pueblos del interior. H. H. Abdul-Wahab, «Coup d'oeil...», divide en tres categorías diferentes al tipo de inmigrantes que llegan a Túnez en el momento de la expulsión: el lugar donde los instalan depende en buena medida de su categoría social e intelectual y de su capacidad para el trabajo. Es curioso que nuestro autor, que sería, sin lugar a dudas, uno de los moriscos más cultos de la diáspora musulmana, no haya ido a parar a la capital. Probablemente habría importantes excepciones al listado que ofrece Abdul-Wahab de la repartición de los moriscos en Túnez. Helo aquí a grandes rasgos:

1. La *elite* de la población inmigrante (intelectuales, ricos, gente urbana en general). Suelen permanecer en la capital.
2. Hortelanos, pequeños industriales, alfareros, sombrereros. Se suelen ubicar en centros creados o acondicionados especialmente para ellos, a no mucha distancia de la capital: Ariana, Djeida, Tebourba, etc.
3. La tercera categoría la componían únicamente los campesinos, que son repartidos al norte, en territorios despoblados pero fértiles, a menudo a orillas del Mejerda. Algunos moriscos de esta categoría, enviados a lugares que a menudo recorrían los nómadas hilalíes y otros grupos que se dedicaban al pillaje, acamparon en los acantilados del río Mejerda para protegerse (Testur, Gala'at al-Andalus). (Cf. *op. cit.*, pág. 18.)

Para información acerca de las ciudades concretas donde acamparon los moriscos, así como el número aproximado que alcanzaron estas poblaciones y los nombres y apellidos que las solían constituir, *véase* J. D. Latham, *ibid.*, págs. 27 y ss.

87 El crítico compara también la situación histórica de los moriscos con la política inglesa moderna: «Hay una comparación moderna instructiva, a mi parecer, en el comportamiento de Uṯmān Dey: el de la política colonial inglesa, especialmente en el establecimiento de un hogar judío en Palestina, bajo su protectorado colonial» (*ibid.*, pág. 431).

88 «Quelques jugéments...». La interpretación de la profesora Brahimi, de los moriscos como clase europeizante en las regencias turcas del Magreb, no impide considerar simultáneamente a los expulsos como criaturas a caballo entre dos culturas, víctimas de una integración cultural a menudo deficiente. Los orgullosos «colonizadores» tuvieron, como veremos en seguida en el caso del autor del S-2, sus angustias e incomodidades secretas de inadaptados.

89 *Colonia trinitaria de Túnez*, I. Bauer (ed.), Tetuán 1932, *apud* Latham, *op. cit.*, pág. 44. Latham ofrece ejemplos de chistes que circulan aun hoy sobre la arrogancia legendaria de estos moriscos, que sin lugar a dudas es considerada caricaturesca en el folclore tunecino moderno.

90 *Relation d'un voyage sur les côtes de Berberie fait par ordre du Roi en 1724 et 1725*, París 1885. Brahimi, *op. cit.*, sospecha que Peysonnel se dio cuenta de que las riquezas de los andaluces encubrían las injusticias cometidas a menudo contra los tunecinos pobres, pero que, como europeo al fin, apreció su estado de progreso y se identificó fácilmente con ellos.

91 Evidentemente, los moriscos se habían acostumbrado a la reducción de impuestos con los que los reciben las autoridades turcas. Después de tres meses de exoneración, un grupo de andalusíes recién llegados se mostró renuente a pagar el impuesto anual de 50.000, y fue azotado y obligado a elegir entre un tributo anual de 30.000 o abandonar el país en cuatro meses. Los moriscos castigados eligieron lo primero, pero apunta Latham que «les sentiments s'exacerbèrent à tel point que l'on peut craindre un éventuel soulèvement andalous» (*op. cit.*, pág. 41).

Ya a la altura del siglo XVIII, los moriscos pagaban tributo sobre las frutas y sobre el alquiler de los lugares de comercio, pero estaban exentos de la colección de impuestos del Bey, que aplicaba al resto de los tunecinos. Este colector de impuestos al servicio del turco estaba, por el contrario, sujeto a los andalusíes, cf. Latham, *ibid.*, pág. 42.

92 Etimológicamente, «algarabía» significa «lengua árabe» (*al-ʿarabiyya*), pero también se usa, como se sabe, en su acepción de gritería confusa o alboroto. Cf. el ensayo de José María Perceval, «Algarabía: ¿lengua o alboroto callejero?», en *Manuscrits. Revista de la Universidad Autónoma de Bellaterra*, Barcelona 1986, págs. 118-123.

93 «Le passage des morisques», pág. 297.

94 Cf. Oliver Asín, «Un morisco...», pág. 420.

95 Cf. Pieri, *op. cit.*, pág. 131.

96 *Ibid.*

97 Sobre el significado exacto de los términos «andaluz», «tagarino» y «aragonés» como lugar de procedencia de los moriscos españoles en el exilio, cf. M. de Epalza, en su Introducción al libro de Bernabé Pons, *El cántico islámico...*, pág. 23.

98 Pieri (*op. cit.*, pág. 132) traduce «maydas» por «cantine d'accueil». Posiblemente la palabra está relacionada con el vocablo árabe *maidān*, que significa lugar abierto, campo, cuadrilátero.

99 En su citado ensayo («Leyes de moros...») Gayangos parece ser inexacto cuando informa que fue Citibulgaiz en persona quien animó a nuestro morisco a escribir su largo tratado misceláneo.

100 Nuestro morisco se sirve mucho del término, muy socorrido en la literatura aljamiado-morisca. Sayj o شيخ significa «sabio» o «jeque».

101 *Véase* nuestra nota 86.

102 Los documentos al respecto, como dejamos dicho, abundan. Oigamos a Al-Haŷarī al Bejarano, autor del ms. D.565 de la Biblioteca de la Universidad de Bolonia:

> En lo que toca al África, desde Marruecos a Túnez, es una región que a mí me parece que se puede llamar purgatorio de forasteros que buscan buen mundo; y tengo por los más desgraciados a los que fueron a Túnez, que, según escribió Mármol en su libro *Descripción de África*, es lugar donde no se habrán hartado los pobres de agua dulce y porque tienen dos plagas: la una de renegados y la otra de alarbes, y lo mismo en Argel y en Tremecén [...]. Y en cualquier parte están mejor que no sujetos a la Inquisición. Lo que toca a Constantinopla y otras partes de Levante, habrá más justicia y mejor gobierno por estar allí la fuerza del

imperio de Oriente y la gente tendrá mejores condiciones por gozar de cielo más frío que el de África, que con el calor se requema la sangre (fols. 155r-155v, *apud* Penella, *op. cit.*, págs. 85-86). Parece que el mismo Al-Haŷarī al Bejarano dejó constancia de su cambio de opinión en una anotación al margen: «En aquel tiempo era así de aquella manera, y el día de hoy» (v. 1.638) «Túnez es el mejor puerto para los de la nación» (*ibid.*).

También el morisco Al-Rafī' se queja solapadamente de la actitud desdeñosa de los tunecinos, quienes se burlan de los alardes de ortodoxia islámica y aun de nobleza profética de los recién llegados. Después de citar alguna de sus burlas, reflexiona y asegura que no va a alargarse más en el tema, «car je ne souhait pas les mettre en évidence, à cause de l'amour que je les porte» (*apud* Turki, *op. cit.*, pág. 116).

Se ha suscitado, por otra parte, una interesante pesquisa en torno a una inscripción en la mezquita de Al-'Alya', en la región de Bizerta al norte del país, en la que supuestamente un morisco deploraba el triste recibimiento que los tunecinos habían reservado a los inmigrantes, sus correligionarios. Latham cita a 'Uṯmān al-Ka'āk, quien da noticia de la inscripción en su estudio «Al-mudun al-Andalusiyya», en Al-Usbū', 16:ii, 1953, pág. 2, col. 2. El texto de la inscripción, nos dice Latham, *op. cit.*, pág. 42, ha sido corroborado por M. Zbiss, de la *Direction des Antiquités de Tunis*, pero el crítico advierte que no lo ha visto en persona. Como resultado, M. de Epalza y R. Petit recomiendan al estudioso Abdelaziz Daoulati que investigue el caso para publicación en el citado *Reçueil*... Daoulati concluye que no hay trazas de «cette étonnante inscription»: nadie admite recordar haberla visto, y el propio S. M. Zbiss sólo tiene el recuerdo vago de una lectura rápida en la que, en efecto, cree haber leído un testimonio negativo de la acogida brindada a los moriscos por su nueva patria islámica. El caso queda pues envuelto en un relativo misterio, en el que no se descarta ni que la inscripción haya podido ser destruida por antipática ni que se trate simplemente de una lectura errada por parte de los autores citados. Daoulati reproduce en su estudio «Inscription à la mosquée andalouse d'el'Aliya», Epalza/Petit, págs. 285-290, una inscripción relativa a la llegada de los moriscos a Túnez, pero en ella le agradece a Dios el haber sacado a los refugiados de la herejía y el haberlos llevado al puerto seguro de Túnez.

103 Pieri, que tan lúcidamente traduce porciones de este texto al francés, no incorpora aquí el emotivo «¡basta!» con el que se autosilencia el autor (*op. cit.*, pág. 134).

104 Nuestro autor se queja no sólo de los vicios a los que se ha entregado la población morisca, sino sobre todo de la envidia que han causado con su exhibicionismo de riquezas. Asegura que las moriscas «más mínimas se adornan con cosas que las reynas desta tierra no llebaban antes de nuestra benida» (fols. 16r-17v). Numerosos testimonios históricos le dan la razón. La morisca Fatima Debrahamdan, andaluza de Túnez, había depositado como garantía de un préstamo que hizo en 1556 las siguientes joyas: collares de perlas barrocas y de oro; seis pendientes de oro; anillos de plata para los pies y anillos de oro con piedras falsas; cf. M. de Epalza, «Moriscos...», pág. 170. También L. Cardaillac nos da noticia de las joyas y las mercancías que llevaban los moriscos cuando desembarcaron en Túnez: «l'or, argent, chaisses, perles, bracelets, bagues, joyeaux, meubles, merchandises». La riqueza del cargamento despierta la codicia de un armador de Agdes, Estienne —de quien ya hemos dado noticia—, que abandona a los moriscos en la costa y leva anclas con todas sus pertenencias. Varias tradiciones andalusíes informan de que los moriscos escondían sus joyas y el oro que habían capitalizado en previsión a la expulsión en pasteles y empanadas como las *banadiŷ*, que aún conservan su nombre de origen hispánico. Cf. Epalza, «Trabajos...», pág. 435. Dentro de este contexto, no es de extrañar que a los familiares del célebre morisco cervantino Ricote les encuentren encima perlas y dinero en oro cuando marchaban al destierro: el autor del *Quijote* no hacía otra cosa que darnos noticia de una práctica muy extendida.

105 Sometemos a nota el romance de Medoro:

Con aquellas blancas manos
que quitaron tantas bidas,
curando Angélica estaba
de Medoro las heridas,
deteniéndole está el alma,
que hasta la muerte enemiga
respeta las blancas manos
y su milagro le admiran;
el moro la está mirando
con enterneçida bista
y Regalando la boz
así le diçe y suspira:
ay, dulçe bida mía,
detén el alma que a salir porfía;
si escribí tu amado nombre
en estas corteças lisas
destos árboles testigos
de tus glorias y las mías
agora questá mi sangre
sobre mi pecho bertida
ynprime como un diamante
letras en el alma escritas;
mira bien cómo las tratas,
que si por Medoro olbidas
tantos Rugeros y Orlandos
muerto yo tu fe confirmas
ay bida dulçe mía,
detén el alma que a salir porfía
(fols. 41v-42r).

Sobre estos romances, *véase* el estudio de Samuel Armistead, «¿Existió un romance de tradición oral entre los moriscos?», en *Actas del Coloquio...*, págs. 211-232.

106 Hay que aclarar que el narrador-protagonista de la novela que venimos citando en el S-2, cuando llega al final de su recorrido por la vida, dice arrepentirse de haber participado en todos los saraos y fiestas donde se vivía licenciosamente y donde se entonaban, con gracia y alegría sin par, estos poemas «hispanófilos». No hay que tomar demasiado a pecho el intento estrechamente moralizante del refugiado, que no puede ocultar su entusiasmo por toda esta literatura que tanto disfrutaría en sus años mozos y que ahora en Túnez está a punto de perder para siempre. Aún más: para un lector avisado, la novela parecería constituir la excusa para hacer una especie de antología o floresta de algunos de los mejores poemas en boga durante el Siglo de Oro. He aquí uno:

Por la puerta del Cambrón
una de las más nombradas
que adornan la gran Toledo,
ynperial çudad despaña, [*sic* por «de España»]
con grande acompañanto [*sic* por «acompañamiento»]
entra el baleroso Bamba
a Reçibir la corona
con su mujer doña Sancha.
Por umildad quiso el Rey

quel alcaydi de su alcáçar
en bez de la espada llebe
delante dél su ayjada.
Hombres, niños y mujeres
por balcones y bentanas
mirando los santos Reyes
les diçen en boçes altas:
¡Toledo, España, por Bamba
y por la Reyna doña Sancha!
Y el Tajo le Responde manso
y ledo, unas beçes: España;
y otras: Toledo.
La melena lleba el Rey
compuesta, Rubia, atusada,
porque no estorbe a los ojos;
peynada y ancha la barba
sobre un bestido morado
con alcarchofas de plata.
A manera de tusón
lleba una cruz colorada.
La Reyna de tela berde
lleba una saya bordada,
el cabello suelto al biento,
la mitad a las espaldas,
donde llega el palafrén.
Cubren el palio las damas
de flores y bendiçiones
y diçen en boçes altas:
¡Toledo, España, por Bamba!
(fols. 38r-38v).

107 Sobre el debatido problema de la maurofilia literaria ha corrido mucha tinta. El estudio pionero ha sido sin duda el de Georges Cirot, «La maurophilie littéraire en Espagne au XVIe siècle», en *Bull. Hisp.* XL (1938), págs. 50-157, 281-296 y 433-447; XLI (1939), págs. 65-85 y 345-351; XLII (1940), págs. 213-227; XLIII (1941), págs. 265-289; XLIV (1942), págs. 96-102, y XLVI (1944), págs. 5-25, y que hoy resulta mucho más actual que las reflexiones de Marcelino Menéndez Pelayo, *Orígenes de la* t. I, CSIC, Santander 1943, pág. ccclxxxvi. Las inteligentísimas observaciones de Claudio Guillén, «Literature as Historical Contradiction: El Abencerraje, the Moorish Novel and the Ecloque», *apud Literature as System*, Princeton University Press, 1971, y de Juan Goytisolo, «Cara y cruz del moro en nuestra literatura», *apud Crónicas sarracinas*, Ruedo Ibérico, Barcelona 1982, pág. 7-25, han ido dando paso a una actitud crítica de «recelo» ante este género, que ya no se viene considerando tan «escapista» e «inocente». María Soledad Carrasco, *The Moorish Novel. El Abencerraje and Pérez de Hita*, Twayne Publishers, Boston 1976; George Shipley, «La obra literaria como monumento histórico: el caso del Abencerraje», en *Journal of Hispanic Philology* II (1978), págs. 102-120; James T. Monroe, *Islam and the Arabs in Spanish Scholarship*, E. J. Brill, Leiden 1970, y sobre todo F. Márquez Villanueva, «El problema historiográfico...», «La criptohistoria morisca...» y «La voluntad de leyenda de Miguel de Luna», en *NRFH* XXX (1981), págs. 358-395, postulan una relectura de las novelitas y pseudohistorias «maurófilas» en términos de una literatura de resistencia que pidió de manera oblicua la reivindicación del morisco oprimido, y que, sobre todo, llevó a cabo la defensa de la convivencia tolerante en la península. Cf. también L. López-Baralt, «Los moriscos tienen la palabra:

la literatura testimonial de una minoría perseguida del Renacimiento español», *apud Religion. Identité et Sources Documentaires sur les Morisques Andalouses*, t. II, Publications de l'Institut Supérieur de Documentation, núm. 4, Túnez 1984, págs. 60-69, y el citado ensayo «Las dos caras de la moneda...».

108 Aquí vale la pena recordar la sorpresa que nos deparó nuestra investigación en torno a la visión estética que tenían los moriscos de sí mismos en su literatura aljamiada de ficción: todos los personajes son de cabello y piel incoloros o rubios. No hay ni un solo morisco moreno ni pelinegro en estas *belles lettres* secretas, a despecho de las fuentes árabes que las inspiraban. Cf. nuestro citado ensayo «La estética del cuerpo...».

109 Curiosamente, Oliver Asín sólo destaca el «afecto fraternal» con el que el refugiado se vio acogido en Túnez, y no menciona sus invectivas desconsoladas contra los tunecinos («Un morisco...», pág. 420). Pieri, por su parte, tampoco advierte el drama interno del autor y en el breve prólogo a su traducción parcial francesa habla exclusivamente de «l'aspect didactique de sa personalité» (*op. cit.*, pág. 130). Sin duda alguna lo tenía, pero eso no era todo.

110 La cultura literaria clásica y española de Taybili merece un estudio aparte. Invoca no sólo a la musa Talía sino a Argos, a Lisipo y a Menippo y a «los sátiros, faunos y silbanos» (*ibid.*, pág. 257), en unos derroches de erudición que a veces tienen resabios claramente gongorinos: «Desde el profundo de la Cithia elada / hasta los ethiopes abrasados, / y quanto alumbra el sol en su jornada / en abitable tieRa y despoblados...» (*ibid.*, pág. 184). Pero acaso el pasaje que más delate su profunda, incluso gozosa, españolidad es aquel en el que recuerda los pescados de su patria, que quién sabe si pudo alguna vez volver a saborear en Túnez:

> *los [peces] que son del sustento Regalados*
> *que salen de la pesca a temporales,*
> *conoçidos de todos y estimados,*
> *como son los juereles y çeçiales,*
> *los sabalos, salmones y lenguados,*
> *los besugos, caballas, calamares,*
> *los meros, las sardinas, los atunes,*
> *sin otros estimados y comunes*
> (*ibid.*, pág. 255).

111 Juan Penella (*op. cit.*) opina que la transcripción en caracteres árabes se abandona en Berbería porque ya no hay necesidad de servirse del alifato para garantizar la clandestinidad de los textos. Penella parece ir en contra de la tesis sostenida por Ottmar Hegyi («El uso del alfabeto árabe por minorías musulmanas y otros aspectos de la literatura aljamiada, resultantes de circunstancias históricas y sociales análogas», *Actas CLEAM*, págs. 147-163) en el sentido de que el alifato se utilizaba en los textos aljamiados no por razones de ocultamiento —la Inquisición tendría buenos lectores de árabe— sino por la dignidad sacra que guardaban para el morisco los caracteres de la lengua de la revelación coránica. Sea como fuere, creemos que el abandono del alifato por los moriscos del exilio requiere aún más estudio: es curioso que dejen de homenajear la escritura arábiga justamente al ir a vivir a países árabes. Acaso la afirmación de identidad islámica que implicaba el uso del alifato ya no les era tan desesperadamente necesaria. Es posible, de otra parte, que los moriscos del exilio estuvieran ya tan aculturados en la hispanidad que ya no entendieran el alifato (hay un largo trecho entre el apogeo de la literatura aljamiada en las primeras décadas del siglo XVI y estas primeras décadas del XVII, y ese largo trecho ha estado plagado de edictos inquisitoriales en los que se prohibía precisamente la lengua árabe). Así lo cree Oliver Asín, «Un morisco...», quien piensa que la profunda españolización de estos hispanomusulmanes tardíos implicaba la pérdida del alifato de la lengua de sus mayores. Hay que matizar, sin embargo, lo dicho por Oliver Asín, ya que escritores del exilio como el autor del S-2 eran muy cultos en lengua y literatura árabe (mucho más, por cierto, que sus correligionarios del XVI que escribían en aljamiado). De seguro estos «eruditos» arabizantes optaron por el castellano como concesión a su público lector: los expulsados, en efecto, llegaron por lo general huérfanos de conocimientos firmes en materia de religión y cultura islámica a sus patrias adoptivas. También Míkel de Epalza, en su citado prólogo a la edición de la obra de Taybili de Bernabé Pons (pág. 2), reflexiona sobre este curioso rechazo al alifato por parte de los moriscos exilados y concluye que éstos sienten la necesidad de emplear el castellano por razones didácticas y por el hecho de manejarse mejor en esta lengua. Me parece curioso que ningún crítico apunte hacia otro hecho, que ya hemos mencionado en estas páginas: los moriscos expulsos escribirían en castellano también por nostalgia. No era cosa de traducir al árabe los poemas de Garcilaso o del Fénix: había que saborearlos por última vez en su castellano original. Gran ironía histórica: el español era ahora la lengua amenazada.

Sobre esta literatura del exilio, cf. los citados trabajos de Epalza, de Oliver Asín y de Hedi Oueslati, «Argel, según el diario inédito de Francisco Ximénez (1718-1720)», en *Sharq-al-Andalus* III (1986), págs. 169-181.

112 Me detengo en el problema neurálgico de esta identidad española de los moriscos expulsados en mi citado ensayo «La angustia secreta...».

113 Cf. J. Penella, «Le transfert des morisques espagnols en Afrique du Nord», Epalza/Petit, págs. 83 y 87.

114 He aquí sus palabras: «Ms. P. Gg. S/2. Su autor, el morisco Alí Pérez, nos dice: "Su divino poder nos sacó de faraones y malditos hereges e inquisidores". Citado por Morgan, en su libro *Mahometism Fully Explained*, vol. II, págs. 295 y ss.» («El sentimiento...», pág. 461). Repite el aserto al pie de la letra en «Littérature morisque...», pág. 196. El morisco Alí Pérez es un escritor bastante conocido: se refieren también a él, aunque sin identificarlo con el autor del S-2, Oliver Asín, «Un morisco...», págs. 414-415, y L. P. Harvey en su tesis doctoral inédita *The Literary Culture of the Moriscos* y en su breve artículo sobre aljamía en la *Encyclopedia of Islam*, pág. 405.

115 *Véase* su *Verdadera historia del Rey don Rodrigo, en la qval se trata la cavsa principal de la pérdida de España, y la conquista que della hizo Miramamolín Almançor, Rey que fve del África, y de las Arabias, y vida del Rey Jacob Almançor. Compuesta por el sabio Alcayde Albucacim Tarif Abentarique, de nación árabe, y natural de la Arabia Pétrea. Nuevamente tradvcida de la lengua aráviga por Miguel de Luna, vezino de Granada, Intérprete del Rey Don Felipe Nuestro Señor, Valencia. En casa de Pedro Patricio Mey junto a San Martín,* MDCVI, vol. II.

116 Cf. la citada tesis doctoral de L. P. Harvey.

117 Sobre este Al-Rafi', *véase* también Abū Djandār, *Muqqadimat al-fatḥ min tārīh Ribāṭ al Fatḥ*, Rabat, 1345 H./1946-1947 d. C., págs. 206-207 y J. D. Latham, «Contribution à l'étude...», págs. 21-63.

118 Pieri, *op. cit.*, pág. 130, advierte también la cercanía en estilo, letra y temas del S-2 y los citados manuscritos de la Biblioteca Nacional de Madrid, aunque los considera textos anónimos.

119 Siempre cabe la posibilidad de que el copista del S-2 eliminara esta grafía del manuscrito original que le proporcionara su autor. Pero eso ya es especular demasiado. Importa decir, por otra parte, que el texto de polémica versificada que edita Bernabé Pons es el único que aparece con la firma de Taybili. El autor discute la posible autoría de Taybili de otras obras (*ibid.*, págs. 181-184).

120 *Apud* P. Boronat y Barrachina, *Los moriscos españoles y su expulsión*, vol. I, Valencia 1901, págs. 633-634.

121 «De la condición, trato, traje, comida, officio, vicio y pestilencia...», págs. 233-234.

122 *El coloquio de los perros*, en *Obras completas...*, pág. 1.021.

123 Cf. su ensayo «Amours et mariage chez les morisques au XVIe siècle», en *Amours légitimes-amours illégitimes en Espagne (XVIe-XVIIe siècles)*, Agustín Redondo (ed.), Publications de la Sorbonne, París 1985, págs. 137 y ss.

124 En *Cuadernos de confesiones de los nuevos convertidos de moros en esta ciudad [Valencia] y de otras partes, así en tiempo del Edicto de Gracia como fuera de él [a partir de 1568]*, A. H. N., Inq., leg. 1786, núm. 11, en Vincent y Carrasco, «Amours...», pág. 144.

125 Otros autores moriscos habrán de protestar a su vez en contra del celibato, como Mahomet Rabadán y Taybili. Oigamos a este último:

Yo digo que en ninguna ley se manda
que el hombre no sse casse. ¿Cómo puede
poner el bil cristiano esta demanda
que su papa en papado les conçede?
Diga por dó les biene o por qué banda
el no cassarse u de a dó proçede.
¡Quánto serbiçio mejor a Dios sería
cassarse aquesta çiega clereçía!
(Bernabé Pons, *op. cit.*, pág. 108).

Con todo, concluye Taybili que acaso sea mejor que esté dispuesta esta obligación, ya que se reproducirán menos los «herejes»:

clérigos, teatinos, frayles y monjas,
que sse esscuse con esto el no ejendrarsse
más ydólatras falsos como esponjas.
Si diçen que lo haçen por preçiarse
de ymitar a los ánjeles, lisonjas
son las que diçen a los que sabemos
sus torpes bidas y las conoçemos
(*ibid.*).

126 Salta a la vista que el manuscrito S-2 era considerado anónimo desde el siglo XVIII, ya por estar acéfalo desde entonces, ya por no indicar el nombre de su autor en el primer folio, si es que este folio se conservaba en época del padre Francisco Ximénez. Tomamos la cita del clérigo de Hedi Oueslati, *op. cit.*, pág. 258. *Véase* también su «Texto de un exiliado morisco en Túnez (siglo XVII)», en *Sharq al-Andalus* IV (1987), págs. 257-261.

127 Manuela Manzanares de Cirre describe el S-2 como un códice «posesión personal de Gayangos», que se conserva hoy en la Biblioteca de la Real Academia de la Historia de Madrid, en *Arabistas españoles del siglo XIX*, Instituto Hispanoárabe de Cultura, Madrid 1971, pág. 98.

128 *Islam and the Arabs in Spanish Scholarschip...*, pág. 72.

129 Agradecemos al siempre generoso colega Míkel de Epalza el habernos llamado la atención sobre el dato.

130 Cf. Manzanares de Cirre, *op. cit.*, pág. 91, que nos recuerda cómo Gayangos altera el orden de los capítulos y de la narración en su traducción de Al-Makkarī. Muchos arabistas lo habrían de criticar por ello, incluyendo a Dozy. Para otro descuido del maestro Gayangos, cf. L. López-Baralt y A. Irizarry, «Dos itinerarios secretos...».

CAPÍTULO III. CRISTIANISMO Y EROS. HISTORIA DE UNA INCOMODIDAD DOS VECES MILENARIA

1 Derrick Sherwin Bailey, *op. cit.*, pág. 232.

2 Queremos hacer constar que, para la redacción del presente capítulo, estamos profundamente endeudados con los estudios de Peter Brown y de Elaine Pagels, y con el libro, también ya citado, de D. S. Bailey, cuyo equilibrado sentido común hemos tenido ocasión de resaltar anteriormente. Cf. también Philippe Ariès y André Béjin (eds.), *Western Sexuality: Practice and Precept in Past and Present Times*, Anthony Forster (trad.), Basil and Blackwell, Oxford 1985, y D. Callan, «Clerical Continence in the Fourth Century: Three Papal Decretals», en *Theological Studies* XLI (1980), págs. 3-50.

3 Como vamos a estar citando con tanta frecuencia el pensamiento directo de los espirituales cristianos, advertimos aquí, sin ánimo de ser exhaustivos, las fuentes principales de las que nos servimos. (Las siglas *PG* corresponden a la *Patrologia Graeca* de J. P. Migne; *PL* a su *Patrologia Latina* y *PL Supp.* a *Patrología Latina Supplementum.*) Sobre san Ambrosio, cf. principalmente su *De institutione virginis, PL* 16, pág. 319, *De virginibus, PL* 16, págs. 197-243, *Exhortatio virginitatis, PL* 16, págs. 347-379, y sus *Epistolae, PL* 16, págs. 913-1.342; de Gregorio Magno, sus *Moralia, PL* 75, págs. 509-1.162, y sus *Epistolae, PL* 77, págs. 431-1.328; de Gregorio Nacianceno, sus *Carmina, PG* 37, págs. 397-1.600, sus *Epistolae,* PG 37, págs. 21-389, sus *Orationes, PG* 35, págs. 395-1.252, y su *Testamentum, PG* 37, págs. 389-396; de Gregorio de Nisa, su *Contra Eunomium, PG* 45, págs. 243-1.122, y sus *Epistolae, PG* 46, págs. 999-1.108; de san Jerónimo, su *Adversus Jovinianum, PL* 23, págs. 221-352, y sus *Epistolae, PL* 22, págs. 25-1.197; de san Juan Crisóstomo, *De virginitate, PG* 48, pág. 533-596; *In illud propter fornicationes, PG* 51, págs. 207-218, y *À une jeune veuve sur le mariage unique,* B. Grillet y G. N. Ettlinger (eds.), *Sources Chrétiennes* 138, Éditions du Cerf, París 1938; de Tertuliano, *Tertuliani opera,* E. Dekkers (ed.), *Corpus Christianorum,* Series Latina I, Brepols, Turnhout 1954, *Ad uxorem,* E. Kroymann (ed.), *Corpus Christianorum* I, *De exhortatione castitatis,* E. Kroymann (ed.), *Corpus Christianorum* II, *De monogamia,* E. Dekkers (ed.), *Corpus Christianorum* II, y *De virginis velandis* (*ibid.*); de san Clemente de Alejandría, su *Opera,* O. Stählin (ed.), *Die griechschen christlichen Schriftsteller des ersten drei Jahrhunderts,* 12, 15, 17, 39, J. C. Heinrichs, Leipzig 1905-1909, traducción inglesa de A. Coxe, *The Ante-Nicene Fathers,* vol. 2, Eerdsman, Grand Rapids, Michigan 1977, sus *Stromata,* H. Chadwick (trad.), en *Alexandrian Christianity,* Westminter Press, Philadelphia 1954. Sobre san Agustín, *véanse* principalmente: *Obras. Edición bilingüe,* t. XII. Tratados morales: Del bien del matrimonio. Sobre la santa virginidad. Del bien de la viudez. De la continencia, etc., edición de los PP. Félix García, Lope Cilleruelo y Ramiro Flórez, BAC, Madrid 1954; y t. XVII, *La ciudad de Dios,* P. José Morán (ed.), BAC, Madrid 1965; y *Confesiones,* Ángel Custodio Vega (ed.), BAC, Madrid 1956; y sobre santo Tomás, su *Suma teológica* (edición bilingüe), t. XV; *Tratado del matrimonio,* BAC, Madrid 1956.

4 Recuerda la misma autora que la idea de utilizar el intercurso sexual sólo para fines de la procreación no era una idea original cristiana. El cristianismo tomó mucho de prestado de la tradición judía y estoica, pero privilegió e institucionalizó estos puntos de vista de manera tal que se convirtieron en inseparables de la fe cristiana (*ibid.*, pág. XVII). También Brown, *op. cit.*, pág. 21, apunta hacia el hecho de que los estoicos entendían que el acto sexual debía ser estrictamente genésico. No se debía hacer el amor por placer, y hasta las posiciones que se adoptaran durante el coito debían ser aquellas en las que la semilla tuviese una mejor oportunidad de quedar implantada en el cuerpo de la futura madre. Según Musonius Rufus, toda otra forma de hacer el amor era «gratuita». Artemidoro se muestra igualmente severo en su *Oneirocritica*: toda licencia excesiva en lo tocante a la cópula implicaba una burla desleal a la naturaleza.

5 Cf. Thomas G. Benedeck, «Beliefs About Human Sexual Function in the Middle Ages and Renaissance», en Douglas Radcliff-Umstead, *Human Sexuality...*, pág. 107, y Bailey, *op. cit.*, pág. 59, que citan la carta de Gregorio el Grande a Agustín de Canterbury, *Epist. xi. 64, resp. ad. dec. interrog.*

6 Sobre Huguccio, cf. James William Spisak, «Medieval Marriage Concepts and Chaucer's Good Old Lovers», en D. Radcliff-Umstead, *Human Sexuality...*, pág. 16.

7 Bailey, *op. cit.*, pág. 22.

8 Cf. san Alberto, *in Sent.* iv. xxvi. a 8; Pedro Lombardo, *Sent.* iv. xxxi. 6, y santo Tomás, *Summa Theol.* iii Suppl. xlix. 6 *resp.*

9 C. II Matiscon. (585), xvii, *apud* Bailey, *op. cit.*, pág. 73.

10 Observa W. H. C. Frend que si las ideas de espirituales como Juliano, obispo de Eclanum y discípulo de Pelagio, hubiesen prevalecido, la visión cristiana del sexo acaso hubiese sido más benévola y tolerante. Juliano, entre otros teólogos que terminaron por ser ideológicamente derrotados, creía que la sexualidad podía ser beneficiosa y que el deseo genésico debía ser respetado como legítimo, Cf. Peter Brown, «The Devil and the Flesh [Review]. The Body and Society: Men, Women and Sexual Renunciation in Early Christianity», en *The New York Review of Books,* 2 feb. 1989, págs. 39-41.

11 Uno de los estudios más importantes escritos hasta la fecha acerca del Cantar, que ya no se viene atribuyendo a Salomón, es el de Marvin H. Pope, *The Song of Songs. A New Translation with Introduction and Commentary,* The Anchor Bible, Doubleday, Nueva York 1977.

12 *The First Epistle of Saint Paul to the Corinthians,* Epworth Press, Londres 1962, pág. 147.

13 Hoy casi todos los estudiosos sospechan que esta notoria ambigüedad de las enseñanzas de san Pablo se puede explicar además a la luz del hecho de que no todas sus cartas parecen ser auténticas. Brown, *op. cit.*, págs. 57-58, y Pagels, *op. cit.*, págs. 23-25, consideran que algunas de las cartas atribuidas al apóstol en realidad las recopilaron sus seguidores en las dos generaciones que siguieron a su muerte. Es curioso cómo muchos de estos discípulos deseaban presentar a san Pablo, un pensador que se había identificado de tal modo con el ideal de una vida célibe entregada a Cristo, como un hombre a quien le importaba validar las estructuras del matrimonio. La Carta a los Efesios, según Brown, «handsomely corrects the chill tone of Paul's answer to the Corinthians» (pág. 57), mientras que, para Pagels, «the conservative Paul of Timothy directly contradicts the advise Paul gives in I Corinthians, where he urges virgins and widows to remain unmarried... Thus, where the authentic Paul declares in his letters to the Corinthians "I wish that all were as I myself am", voluntarily celibate, the "Paul" of I Timothy urges mariage and family upon men and women alike» (pág. 25). Aclaremos que aún se disputa la autenticidad de algunas de estas cartas, pero ciertamente da mucho que pensar la posibilidad de este san Pablo «domesticado» por unos seguidores insatisfechos.

14 Brown, *op. cit.*, pág. 55.

15 Romanos VII, 18-24. Advertimos que continuamos citando la Biblia por la edición de la Biblioteca de Autores Cristianos (BAC), Madrid 1975.

16 *Op. cit.*, pág. 39.

17 *Véase* también Philippe Ariès, «St. Paul and the flesh», en *Western Sexuality...*, págs. 36-39.

18 *Op. cit.*, pág. 14. Importa decir que casi todos los estudiosos contemporáneos del desarrollo de la ética sexual cristiana parecen coincidir con esta actitud de Bailey.

19 Y decimos «poco paulino» por su reverencia al sexo conyugal legítimo, porque la espiritualidad ortodoxa islámica y cristiana sí coinciden en penalizar a los adúlteros, a los fornicarios y a los homosexuales. Oigamos a san Pablo (1 Cor. 6, 9-10): «No os engañéis: ni los fornicarios, ni los adúlteros, ni los afeminados, ni los sodomitas, ni los ladrones, ni los avaros, ni los ebrios, ni los maldicientes, ni los rapaces poseerán el reino de Dios.»

20 Importa recordar que la virginidad y la continencia se solía asociar antiguamente con las mujeres, y los cristianos comienzan a exigirla también de los hombres. Las mujeres célibes de estos primeros siglos de la cristiandad adquieren, por su parte, un poder y una influencia especial. Ahí está la virgen y mártir Tecla, seguidora de san Pablo, que cautiva la imaginación de toda una época con su renuncia heroica al matrimonio. Sus seguidoras no se quedarán atrás: curiosamente, el celibato de muchas de estas mujeres (en especial, de las viudas) las hace independientes, itinerantes y adineradas, y las dota de cierto poder real dentro de la Iglesia. Van a establecer un marcado contraste con su contrapartida, las mujeres judías, destinadas a colaborar en la sucesión biológica de Israel pero apartadas de la vida eclesiástica del pueblo elegido. Recordemos la célebre frase de aquel rabino que aseguró que era mejor quemar la Tora que dejar que la tocara una mujer.

21 Athenagoras, *A Plea for Crhistians,* en B. P. Pratten (trad.), *The Ante-Nicene Fathers,* Eerdmans, Grand Rapids, Michigan 1977, vol. 2, pág. 146.

22 Cf. Geza Vermes, *Jesus the Jew,* Fortress Press, Philadelphia 1981, pág. 101.

23 Tertuliano pensaba que la sexualidad, como se enfriaba con la edad, debería reprimirse voluntariamente al final de la vida, para capacitar al cristiano a recibir mejor el espíritu. Con todo, advertía que la atracción sexual era particularmente insidiosa y nunca quedaba del todo vencida, ya que era ingrediente *sine qua non* de la persona humana.

24 Cf. el *Discurso a los griegos* de Tatiano (traducción inglesa de J. E. Ryland), en *The Ante-Nicene Fathers,* vol. 2.

· **25** *Op. cit.,* pág. 96.

26 Sobre Valentinus y los gnósticos, cf. F. M. M. Sagnard, *La gnose valentinienne et le témoignage de Saint Irenée,* Études de philosophie médiévale 26, J. Vrin, París 1947; B. Layton (ed.), *The Discovery of Gnosticism,* vol. I: *The School of Valentinus,* Brill, Leyden 1980, y Elaine Pagels, *The Gnostic Gospels,* Random House, Nueva York 1979.

27 Cf. Brown, *op. cit.,* págs. 108 y ss.

28 Brown insiste en que, pese a la renuncia del cuerpo, que fue esencial a los postulados gnósticos, éstos toleraban bien a sus adeptos casados:

> For the redeemed, the body was no longer a place of danger... the most intense relationships —marriage, love and parenthood— were not shocking or repugnant to them. The believer read them as signs [which] referred back to processes and sensations that happened with true intensity at their «root», in the vibrant life of a purely spiritual world (*op. cit.,* pág. 119).

De otra parte, Brown y E. Pagels (sobre todo en sus *Gnostics Gospels*) subrayan la importancia que las doctrinas gnósticas dieron a la figura de la mujer en el Evangelio. María Magdalena, por ejemplo, surge como una de las discípulas más destacadas y más cercanas a Jesús. En términos teóricos o «míticos», esta intimidad del Maestro con Magdalena se interpretaba en términos de la reabsorción de la mujer al principio masculino superior, el hombre. Huelga decir que estos planteamientos fueron muy mal vistos y les granjearon a los gnósticos la acusación de inmoralidad sexual.

29 Citamos a Brown, *op. cit.,* pág. 197. Para el maniqueísmo, cf. también S. N. C. Lieu, *Manicheism in the Later Roman Empire and Medieval China,* Lancaster University Press, 1985, y Han J. W. Drijvers, «Conflict and Alliance in Manicheism», en H. G. Kippenberg (ed.), *Struggles of Gods, Religion and Reason* XXXI (1984), Berlín, Nueva York y Amsterdam, págs. 99-124.

30 Sobre el momento de la vida en el que san Agustín oró con estas palabras, cf. los comentarios del padre Angel Custodio Vega a la edición de *Las confesiones* de la BAC, Madrid 1956, pág. 237.

31 Elizabeth M. Clark estudia con seriedad y rigor el delicado tema de las posibles reminiscencias maniqueas en san Agustín, en «Vitiated Seed and Holy Vessels: Augustine's Maniquean Past», en *Ascetic Piety and Women's Faith,* q.v., págs. 291-349, pero, curiosamente, Brown admite con toda candidez «I am, as yet, uncertain on this issue», (*op. cit.,* pág. 415).

32 *Op. cit.*, pág. 42.

33 *Op. cit.*, pág. 223.

34 Hoy nos parece curioso recordar que san Clemente de Alejandría (*Strom.* 3.7.59) daba por sentado que el cuerpo perfectamente equilibrado de Cristo no defecaba.

35 No siempre se combatía eficazmente: Brown recuerda que los lapsos sexuales «were a fact of desert life» (*op. cit.*, pág. 230). Se tiene noticia de monjes que se convierten en padres, de viejos que hostigaban a los novicios, de casos de bestialismo con los burros del monasterio.

36 *Op. cit.*, pág. 235.

37 Cf. *La escala del divino ascenso, PG* 88.623-1.164. La traducción inglesa, *The Ladder of Divine Ascent*, se debe a Luibheid y N. Russell, Paulist Press, Nueva York 1982, pág. 169.

38 Las anécdotas, que tomamos de P. Brown, *op. cit.*, pág. 242, aparecen en los *Anonymous Apothegma: Ms. Coislin 126*, F. Nau (ed.), «Histoire des solitaires égyptiens (ms. Coislin 126, fol. 156f)», en *Revue de l'Orient Chrétien* XIII (1908), pág. 56 e *ibid.*, LII (1907), pág. 17.

39 *Op. cit.*, pág. 139.

40 *Op. cit.*, pág. 102.

41 Referimos al lector al ensayo de Michel Foucault, «The battle for chastity», en *Western Sexuality...*, págs. 14-26, en el que el estudioso explora la defensa de la ética sexual casta que lleva a cabo Casiano en sus *Instituciones*.

42 Seguimos de cerca a E. Pagels, *op. cit.*, pág. 29.

43 Y todo esto, a despecho de que san Clemente no veía con malos ojos la idea de un clero y de unos líderes espirituales casados.

44 Un *ḥadīẓ* es una anécdota o dicho tradicional atribuido a Mahoma.

45 Ya tendremos ocasión de referirnos más detenidamente a este hermoso *ḥadīẓ*.

46 *Op. cit.*, pág. 139.

47 Cf. *De principiis*, en H. Crouzel y M. Simoneti (eds.), *Origène: Traité; des Principes*, Sources Chrétiennes 252, 253, 268, 312, Éditions du Cerf, París 1978-1984. La traducción inglesa es de G. W. Butterworth: *Origen. On First Principles*, Harper and Row, Nueva York 1966.

48 *Op. cit.*, pág. 170.

49 Brown, *op. cit.*, pág. 168, advierte que no todos los estudiosos están de acuerdo en que Orígenes procedió literalmente a esta operación mutilante. H. E. Chadwick, en su citado *Early Christian Thought*, no se encuentra convencido.

50 Brown, *op. cit.*, pág. 168, cita al efecto, entre otros, el estudio de Aline Rouselle: *Porneia: de la maîtrisse du corps à la privation sensorielle*, Presses Universitaires de France, París 1983, págs. 158-164, y comenta que la autora «takes us into a world little dreamed of by most commentators».

51 Cf. *On Virginity*, M. Aubineau (ed.), *Grégorie de Nysse: Traité de la Virginité*, Sources Chrétiennes 119, Éditions du Cerf, París 1961. Traducción inglesa de V. W. Callahan, *Gregory of Nyssa: Ascetical Works*, Fathers of the Church 58. Fathers of the Church, Nueva York 1967.

52 *Op. cit.*, págs. 285-304.

53 *Op. cit.*, pág. 309.

54 *Homiliae in Matthaeum*, 89.4:786, *PG* 57, págs. 13-472, Prevost (trad.), *Library of Nicene and Post-Nicene Fathers*, vol. 10, Eerdmans, Grand Rapids, Michigan 1978.

55 *De virginitate, PG* 48, págs. 533-596; H. Musurillo y B. Grillet (eds.), *Jean Chrysostome: La virginité*, Sources Chrétiennes 125, Éditions du Cerf, París 1966. Traducción inglesa de Sally R. Shore, *John Chrysostom: On Virginity. Against Remarriage*, Edwin Mellen Press, Nueva York 1983.

56 *Op. cit.*, pág. 308. Brown cita el *De virg.* 19.I, pág. 156, y el *Ps-Lucian. Amores* 35 en *M.D.* MacLeod (ed.), *Lucian*, 8:208.

57 Cf. Brown, *op. cit.*, pág. 317.

58 En *PL* 15, págs. 1.603-1.945. M. Adriaen (ed.), *Corpus Christianorum*, Series Latina 14, Brepols, Turnhout 1957, *apud* Brown, *op. cit.*, pág. 350.

59 La cita Brown, *op. cit.*, pág. 362.

60 San Ambrosio se pregunta, con un tono en el que podemos adivinar la angustia, *Epistola* 63. 13-14:1244 AB, *apud* Brown, *op. cit.*, pág. 361, cómo puede la sensualidad devolvernos al Paraíso, si fue ella misma la que nos arrebató sus placeres. Estamos en las antípodas de la teología de nuestro anónimo autor del «Kāma Sūtra español», que piensa que justamente es el placer lo que nos devuelve a Dios.

61 *Op. cit.*, pág. 362.

62 *Epistola* 42.2:1172 B, *apud* Brown, *op. cit.*, pág. 360.

63 *Op. cit.*, pág. 49. Bailey nos recuerda a su vez que también Tertuliano se detiene de manera morbosa en las experiencias libidinosas previas a su conversión, *De poenit.* iv: la virulencia con la que se autocondena explica por sí misma la vehemencia con la que habrá de equiparar la castidad marital con la fornicación (*De res. carn. lit.*).

64 Helvidio o Helvidius argumentaba a favor del matrimonio que la madre de Jesús no fue perpetuamente virgen y que había contraído matrimonio, mientras que Vigilantio o Vigilantius declaraba que una clerecía casada beneficiaría a la Iglesia, cuyos abusos (reliquias, conducta escandalosa) censura. Ambos fueron duramente condenados por san Jerónimo. Cf. Bailey, *op. cit.*, págs. 27-28.

65 Bailey, *op. cit.*, pág. 27.

66 Cf. *PL* 23, págs. 221-352.

67 *Adam, Eve...*, pág. 95.

68 Así la declara Siricus. Pagels, *ibid.*, pág. 92.

69 Sobre Joviniano, *véase* también David Hunter, «Resistance to the Virginal Ideal in Later Fourth-Century Rome: the Case of Jovinian», en *Theological Studies* 48 (1987), págs. 45-64, y W. Haller, *Iovinianum: Die Fragmente Seiner Schriften, die Quellen zu seiner Geschichte, sein Lebenn und seine Lehre. Texte und Untersuchungen* 17.2, Leipzig 1897.

70 *Op. cit.*, pág. 376.

71 Cf. la *Epistola de castitate* 10.6, en *PL Supp.* 1483, escrita por un seguidor de Pelagio. Brown, *op. cit.*, pág. 377.

72 Cf. la edición bilingüe latino-francesa de *Les confessions, Oeuvres de Saint Augustin* XIII, Desclée de Brouwer, París 1962, y la citada edición de la BAC, Madrid 1956.

73 *Confesiones* VI, 15, 25, BAC, pág. 181.

74 Cf. *De gubernatione Dei*, 7, 16, 65, *CSEL*, 8, pág. 176, Pauly (ed.), *apud* F. Van der Meer, *Augustine the Bishop. Church and Society at the Dawn of the Middle Ages*, Harper Torchbooks, Harper and Row, Nueva York y Evanston 1961, pág. 180.

75 *Conf.* III, 1, 1 (BAC, pág. 102), pág. 103. Tanto Giovani Papini, *Saint Augustin*, Plon, París 1930, págs. 25-28, como Efigenio Amezúa, *La erótica española...*, pág. 63, apuntan hacia el posible sentido homosexual de la frase citada. Vale la pena acudir aquí al pasaje en el original latino, que conserva la ambigüedad en torno al tipo de amigo que Agustín confiesa haber ofendido con su lujuria:

> *Amare et amari dulce mihi erat magis, si et amantis corpore fruerer uenam igitur amicitiae coinquinabam sordidus concupiscentiae candoremque eius obnubilabam de tartaro libidinis, et tamen foedus atque inhonestu, elegans et urbanus esse gestiebam abundanti uanitate (Les confessions...,* pág. 364).

76 Cf. Brown, *op. cit.*, pág. 396.

77 *Contra Julianum PL* 44, págs. 641-880. Traducción inglesa por W. A. Schuhmacher, *Against Julian*, Fathers of the Church 35, Fathers of the Church, Inc., Nueva York 1957. Cf. Brown, *op. cit.*, pág. 408.

78 *Ibid.*, pág. 422.

79 San Agustín no fue el único atormentado con estas poluciones seminales involuntarias: también Casiano, *De Institutis* VI, 11, se manifestó en contra de ellas, y hoy nos parece curioso pensar que tampoco él las consideraba verdaderamente «involuntarias» ni libres de pecado.

80 *Ibid.*, pág. 185.

81 *Ibid.*, pág. 422.

82 Cf. en especial *La ciudad de Dios*, en *Obras de San Agustín...*, vol. XVII, pág. 87.

83 *Op. cit.*, pág. 57.

84 Cf. en especial *Obras de San Agustín...*, vol XII.

85 *Adam, Eve...*, pág. 111.

86 *Civitas Dei* XIV, 26, *apud* BAC, pág. 112. He aquí la traducción española:

> Dios nos libre de creer que en tal facilidad de mandatos y en tamaña felicidad los hombres no podrían engendrar sin el morbo de la libido. Estos miembros, como los demás, se moverían al arbitrio de la voluntad, y el marido se hundiría en el regazo de la esposa con tranquilidad de ánimo, sin el estímulo del ardor libidinoso y sin la corrupción de la integridad corporal.

San Agustín incluso creía que la integridad virginal de la esposa se debió de preservar en su hipotético paraíso; «Entonces el semen viril pudo ser inyectado en la esposa sin perder su integridad, al igual que ahora la virgen puede tener la menstruación sin violarla. Aquél podía inyectarse por el mismo conducto por donde pueden ser arrojados los menstruos» (*ibid.*).

No es de extrañar que el Obispo de Hipona se excusara en su *Ciudad de Dios* de que su tema —la libido— podría herir a más de un oído casto. Así sería, ya que muchos traductores del texto omiten pasajes como los XIV, 17, sobre la vergüenza de la carne en el paraíso terrenal. El traductor de la versión bilingüe de *La ciudad de Dios* que manejamos, padre José Morán Osa, pide indulgencia (vol. XVII, pág. 121, nota 49) por traducir estos pasajes que otros estudiosos dejan sin traducir.

87 *Adam, Eve...*, pág. 109.

88 La noción de este débito matrimonial, en la que los esposos se contemplan como «acreedores» o «deudores» sexuales, puede trazarse, según Jean-Louis Flandrin, a san Pablo (1 Cor. 7, 2-4). Allí el apóstol enseña que los cuerpos de los esposos se pertenecen mutuamente, y la idea del «débito» resultante se habría de repetir una y otra vez en el pensamiento cristiano de los primeros siglos. Cf. Flandrin, «Sex in Married Life in the Early Middle Ages: the Church's Teaching and Behavioural Reality», en *Western Sexuality...*, págs. 117 y ss.

89 *De bono coniugali* VI, 6, *apud Obras de San Agustín*, BAC, vol. XII, págs. 56-57.

90 Estamos siguiendo a Bailey, *op. cit.*, págs. 58 y ss.

91 Cf. Brown, *op. cit.*, pág. 418.

92 *La ciudad de Dios* XIV, 16, *apud* BAC, vol. XVII, pág. 95.

93 *La ciudad de Dios* XXII, 24, *ibid.*, págs. 757-758.

94 De este último asunto se ocupa principalmente en *La ciudad de Dios* que hemos venido citando.

95 El *Contra Julianum* es tan sólo uno de sus escritos polémicos para acallar al disidente.

96 Importa recordar que, pese a su negativismo usual en materias nupciales, san Agustín defiende a las esposas de los cónyuges infieles, y las anima a no tolerar la situación y a denunciar a los esposos descarriados ante las autoridades eclesiásticas. Cf. principalmente los *Sermones* 392, 4 y 5 y 332, 4.

97 *Op. cit.*, pág. 426.

98 *Op. cit.*, pág. 59.

99 Y decimos «enamorado» con toda intención. En su aún imprescindible *Mysticism*, Dutton & Co., Nueva York, 1961, Evelyn Underhill explora el hecho de que los místicos auténticos, por temperamento natural, son particularmente proclives al amor, incluso al amor humano. Son en el fondo los «profesionales del amor», y en Occidente, hijos de su tradición al fin y al cabo, subliman esa inclinación amorosa en pro de un celibato estricto. Cierto que aún podemos ver las huellas de ese temperamento enamorado en los castos amores de san Francisco y santa Clara, santa Teresa de Jesús y Gracián, y entre tantas otras «parejas» de espirituales. En el misticismo islámico, cabe recordar el caso de Rūmī y Shams Tabrizī.

100 *Op. cit.*, pág. 133.

101 *Ibid.*

102 *Ibid.*, págs. 137-138.

103 Cf. Jo Ann MacNamara, «Chaste Marriage and Clerical Celibacy», en Vern L. Bollough y James Brundage (eds.), *Sexual Practices and the Medieval Church*, Prometheus Books, Buffalo, Nueva York 1982, págs. 22-33.

104 *Ibid.*, pág. 133.

105 Al prologar la importante colección de ensayos que agrupan P. Ariès y A. Béjin bajo el título de *Western Sexuality*, colección que hemos tenido la oportunidad de citar en varias ocasiones, Peter Laslett confiesa que el resultado de estos esfuerzos comunes de investigación lo lleva a concluir que:

> One of the most valuable lessons we are taught is that Christian doctrine, never uniform in any case, failed almost entirely to control Western sexual expression. To read back from clerical commands, adjuration and theoretical reflection to what actually went on between lover and lover, man and wife in the so-called Christian centuries is to get nowhere, as Jean Louis Flandrin [*op. cit.*] has always insisted (pág. ix).

No puedo estar totalmente de acuerdo con los distinguidos colegas. Si bien es muy difícil calibrar con exactitud lo que realmente pasaba en la privacidad de estas alcobas medievales, no es ya tan complicado leer los penitenciales, con sus abundantes castigos y ceremonias de reconciliación para los cristianos que transgredían las órdenes de su Iglesia, muy en particular en lo tocante a la vida sexual. Aquellos mandatos morales tan insistentes y tan severos, sí que parecieron tocar estas vidas, al menos, muchas de ellas, de manera directa: los penitentes se habían de personar en las ceremonias de reconciliación, y es de imaginar la impresión que quedaría grabada en el ánimo de estos humillados penitentes públicos. Me parece increíble que tantas y tan prolongadas enseñanzas antieróticas no afectaran a la conciencia de aquellos cristianos del Medioevo, no importa el tipo de transgresión sexual que cometieran. Si todavía en el siglo XX esta antigua pedagogía sexual

—verdadera *pedagogie du peur*— ha gravitado fuertemente sobre las conciencias cristianas, qué no habrá sido en los siglos medios.

106 Muchos dolores de cabeza que habría de dar por cierto este paradigma, incómodo sin duda para la dignificación de la vida sexual legítima y para la reflexión teórica acerca de las nupcias cristianas. Cf. Penny S. Gold, «The Marriage of Mary and Joseph in the Twelfth-Century Ideology of Marriage», en V. Bullough y J. Brundage, *Sexual Practices...*, págs. 102-117.

107 *Ibid.*, págs. 164-165.

108 *Ibid.*, pág. 135.

109 *Suma teológica,* III Supl. xlix i resp. Añade *rationem deprimit propter carnalem delectationem* en su *Tratado del matrimonio, Suma teol.* XV Supl., q. 64 a. 5. Estaremos citando por la edición bilingüe latino-española de la *Suma* de la BAC, Madrid 1956.

110 *Suma teol.* III, Supl. xlix 6 resp. Salta a la vista que el placer causó problemas teológicos a estos primeros pensadores del cristianismo. A pesar de haber dicho en su *Tratado del matrimonio* que la naturaleza humana ha sido creada buena por Dios (*[quod] natura corporalis sit a Deo bona instituta*), santo Tomás no tiene reparos en añadir:

> El apóstol [...] no prohibió el acto matrimonial, como tampoco prohibió las cosas al decir: «Los que disfrutan del mundo, como si no disfrutasen», sino que en ambos casos prohibió el goce [*sed in utroque fruitionem prohibuit*], como lo patentiza el mismo modo de hablar, toda vez que no dijo «no disfruten» o «no posean»; sino «como si no disfrutaran» o «como si no poseyeran» (Supl. q. 41 a. 3).

Nuestro teólogo también se las arregla en su *Tratado de los vicios y pecados* para afirmar que el pecado original se transmite a través del acto sexual aun al margen del placer:

> El placer carnal que transmite el pecado original no es el actual, pues suponiendo que por virtud divina se concediera a uno no sentir el menor placer de ese género en el acto de generación, transmitiría, sin embargo, a su descendencia el pecado original. Hay que entender esa concupiscencia como hábito... (*Suma teol.*, V, 1-2 q. 82 a. 4, vol. V, BAC, Madrid 1954).

111 *Suma teol.*, XV Supl. q. 49 a. 5.

112 *Ibid.*

113 *Op. cit.*, Supl. o 49 a. 5.

114 Supl. q. 41 1. 3.

115 Es curioso, a la luz de todas estas ideas que venimos explorando, considerar la profunda tolerancia de santo Tomás para la prostitución. Apoyándose en san Agustín, la acepta como un mal necesario que evita otros peores. La prostitución es *licitam turpitudinem* (la frase es agustiniana) que ayuda a mantener pura la sociedad y protege la virtud femenina. Todo ello tiende a intensificar el androcentrismo inherente a la tradición cristiana, y ofrece la inequívoca semblanza de un *double standard* moral (*Suma teol.* II-III x.11).

Nuestro teólogo, como en general los Padres de la Iglesia, se hace eco, de otra parte, de la antigua misoginia aristotélica en la que nos detuvimos en nuestro primer capítulo. En su caso, santo Tomás rechaza la idea de que la mujer debe ser compañera del hombre en todas las empresas de la vida, ya que para ello un varón le sería más útil al esposo: la hembra debe ser compañera del varón tan sólo en el acto generativo, para el que es indispensable. Su sujeción al varón como cabeza de la pareja es ontológica, porque en él predomina la razón, y su superioridad queda demostrada incluso en el acto del coito en el que el varón lleva la parte más activa, esto es, la más noble, mientras que ella es pasiva y sumisa (*Suma teol.* I xcii 3 resp.). Es obvio que la antropología aristotélica aún domina el pensamiento tomista: el varón es el ser perfecto y la hembra es una criatura «defectuosa» o «bastarda» (*mas occasionatus*) en su naturaleza (*De gen animal.* ii.3).

116 Sobre la institución del matrimonio como sacramento hacia el siglo XIII y sobre cómo se efectuaban estas bodas cristianas primitivas, cf. Philippe Ariès, «The Indissoluble Marriage», en *Western Sexuality...*, págs. 140-157.

117 «... en la actividad humana son contrarios las obras de la carne y los frutos del espíritu» (*Suma teol.* V 1-2 q. 70 a. 4).

118 Sobre el pensamiento erasmista en lo que concierne al matrimonio, cf. E. V. Telle, *Erasme de Rotterdam et le septième sacrament,* Ginebra 1954; F. López Estrada, «Textos para el estudio de la espiritualidad renacentista: el opúsculo Sermón de loor del matrimonio de Juan de Molina (Valencia, por Jorge Costilla, 1528)», en *Revista de Archivos, Bibliotecas y Museos* LXI (1955), págs. 489-531, y F. Márquez Villanueva, *Personajes y temas...*, págs. 59 y ss.

119 *El Enquiridion o Manual del caballero cristiano,* Dámaso Alonso (ed.), Prólogo de Marcel Bataillon, CSIC, Madrid 1971, pág. 380.

120 *Personajes y temas...*, pág. 69.

121 Márquez Villanueva observa, *ibid.*, págs. 64-65, que Erasmo lleva a cabo una defensa de los derechos de la mujer dentro del matrimonio, a menudo violados por el hombre con sus excesos e infidelidades. Pero aun esta actitud es estrictamente agustiniana, ya que el Obispo de Hipona dejó dicho exactamente lo mismo en sus *Sermones.*

122 *Appeal to the Ruling Classes,* B. L. Wolf (trad.), en *Reformation Writings of Martin Luther,* Londres 1957, pág. 161.

123 *Letter to Wolfgang Reissenbusch, Letters of Spiritual Counsel,* T. G. Tappert (ed. y trad.), Londres 1955, pág. 273. Cf. Bailey, *op. cit.*, pág. 168.

124 *Apud* Bailey, *op. cit.*, pág. 168.

125 *Predigt von ehelichen Leben. Werke,* Ed. Erlangen, XVI, pág. 152, *apud* Bailey, *op. cit.*, pág. 169.

126 *Predigt...*, pág. 531, *apud* Bailey, *ibid.*, pág. 170.

127 *Apud* Werke, xxxi, pág. 72; Bailey, *op. cit.*, pág. 171.

128 *Predigt...*, *apud* Werke, xvi, pág. 541; Bailey, *ibid.*

129 *Hochzeitpredigt* on Heb. xiii 4, *Werke* ii, pág. 520, *apud* Bailey, *ibid.*

130 *Letter to Wolfgang Reissenbusch, apud Letters of Spiritual Counsel,* pág. 274. Cf. Bailey, *ibid.*

131 *Apud* Bailey, *ibid.*, pág. 172.

132 *Op. cit.*, pág. 172.

133 *Ibid.*

134 *Ibid.*, pág. 178.

135 *Ibid.*

136 Ambos reformadores, aunque aceptaban la sumisión de la mujer al hombre, creían que este estado de cosas no la incapacitaba en teoría para el ministerio religioso.

137 *Op. cit.*, págs. 180-181.

138 *The Rule...*, ii.3, en *Works,* vol. III, Londres 1847-1856, págs. 62-64, *apud* Bailey, *op. cit.*, pág. 209.

139 *Op. cit.*, pág. 208.

140 El pensamiento teológico en torno a lo sexual ha sido impermeable a verdadero cambio en la historia de la Iglesia, al menos en lo que toca al pensamiento oficial (el extraoficial es otra cosa).

No es difícil concluir que encíclicas papales contemporáneas como la *Humana vitae* se insertan de lleno en esta tradición cristiana secular —o más bien milenaria— a la que venimos haciendo referencia.

141 Sobre la penitencia como sacramento, cf. Severino González Rivas, *La penitencia en la primitiva Iglesia española. Estudio histórico, dogmático y canónico de la penitencia en la Iglesia española, desde sus orígenes hasta los primeros tiempos de la invasión musulmana*, Salamanca 1949, págs. 168 y ss., y H. C. Lea, *A History of Auricular Confession and Indulgences in the Latin Church*, 3 vols., Philadelphia 1896.

142 No todos los estudiosos fechan con igual exactitud la vida histórica de la literatura penitencial: Danielle Jacquart y Claude Thomasset optan por las fechas comprendidas entre el siglo VI y el IX. Cf. su *Sexualité et savoir médicale au Moyen Age...*, pág. 121.

143 «Notes pour servir a l'histoire des collections canoniques. V. Iudica Theodori. VI. Pénitentiels espagnols», en *Revue Historique de Droit Français et Étranger* 4th ser 10 (1931), págs. 95-131. El ensayo de Le Bras es indispensable para el conocimiento de las fuentes manuscritas y de los textos de estas antiguas colecciones canónicas en las bibliotecas europeas.

144 Cf. su citado *Sex and the Penitentials.*

145 *Op. cit.*, pág. 121.

146 Los penitenciales hacían referencia al acto con frases como *per se ipsum fornicare*; *a propriis membris se ipsum violaverit.* Cf. el Penitencial de Columbanus, *apud* Payer, *op. cit.*, pág. 46.

147 Sobre el *Poenitentiale Pseudo-Romanorum*, cf. James William Spisak, «Medieval Marriage Concepts...», págs. 15-26.

148 Para una visión general del tema, cf. John T. McNeil y Helena M. Gramer (trad.), *Medieval Handbooks of Penance*, Nueva York 1965.

149 «To speke of wo that is in mariage: the Marital Arts in Medieval Europe...», pág. 8.

150 *Ibid.*, pág. 5.

151 Payer, *op. cit.*, pág. 117, nos da la noticia de que no es sino hasta la aparición del Penitencial de san Huberto a mediados del siglo IX cuando se censura directamente la prostitución.

152 Como se sabe, tampoco la antigüedad clásica tenía una noción clara de la condición homosexual, sino de los actos sodomíticos como tales. Cf. Paul Veyne, «Homosexuality in Ancient Rome», en *Western Sexuality...*, págs. 26-35.

153 Cf. Payer, *op. cit.*, pág. 50.

154 *Op. cit.*, pág. 127.

155 *Penitential of Vinnian*, L. Bieler, *The Irish Penitentials*, appendix D. A. Binchy, Scriptores Latini Hiberniae 5, Dublín 1963, pág. 92.

156 Los Cánones de Teodoro permiten a la mujer, de otra parte, el tomar otro marido si el suyo fuera impotente. Cf. Payer, *op. cit.*, pág. 35.

157 *Op. cit.*, pág. 127.

158 Palmer, *op. cit.*, pág. 5.

159 Cf. Payer, *op. cit.*, pág. 29.

160 *Op. cit.*, pág. 432.

161 En general la contracepción se condenaba de manera indirecta, salvo excepciones como la del Penitencial de Vinnian, que es muy concreto en su interdicto al respecto.

162 Cf. Payer, *op. cit.*, pág. 28.

163 Palmer, *op. cit.*, pág. 3.

164 *Op. cit.*, págs. 115-116.

165 Sobre esta tradición penitencial española, *véanse* también: F. R. Otazo, *El Penitencial Silense*, Madrid 1928; S. González Rivas, «Los penitenciales españoles», en *Estudios Eclesiásticos* XVI (1942), págs. 73-98; y J. P. de Urbel y L. V. de Parga, «El Penitencial de Córdoba», en *Anuario de Historia del Derecho Español* XIV (1942-1943), págs. 5-32.

166 Cf. González Rivas, *op. cit.*, págs. 95 y ss.

167 Este penitencial ha sido publicado varias veces: en el siglo XVIII, por F. de Berganza; en 1928, por F. Romero Otazo; en 1929, por Menéndez Pidal. Citamos por la edición de González Rivas, contenida en un Apéndice del estudio que venimos citando.

168 *Apud* González Rivas, *op. cit.*, págs. 177-179.

169 Cf. González Rivas, *op. cit.*, pág. 145.

170 *Liber Ordinum*, 199-204, *apud* González Rivas, *op. cit.*, págs. 109-110.

171 *Op. cit.*, pág. 123.

172 Cf. «Appendix: Medieval Canon Law and Its Sources», en V. Bullough y J. Brundage (eds.), *Sexual practices...*, págs. 219-223.

173 «Concubinage and Marriage in Medieval Canon Law», en V. Bullough y J. Brundage, *Sexual Practices...*, pág. 121.

174 Cf. también, del estudioso J. A. Brundage, «Adultery and Fornication: a Study on Legal Theology», en V. Bullough y J. Brundage, *Sexual Practices...*, págs. 129-134.

175 *The Rule...*, ii 3, *Works*, ii, págs. 62-64, en: Bailey, *op. cit.*, pág. 207.

176 *Ibid.*

177 *Ibid.*

178 No se nos escapa, naturalmente, el encendido erotismo de esta literatura relativamente «continente», que «cultivaba la excitación», como bien señalan Jacquart y Thomasset, *op. cit.*, pág. 132. Para un análisis en profundidad de estas prácticas sensualísimas del *concubitu sine actu* de que hacían gala los trovadores, cf. A. Denomy, «Fin Amors: the Pure Love of the Troubadours...», y René Nelli, *L'érotique des troubadours*, Privat, Toulouse 1963. Algunos de estos estudios comparten la sospecha —y nosotros con ellos— de que las curiosas prácticas de los trovadores bien pudieron tener una deuda significativa con el saber erótico árabe. Sobre esto tendremos bastante más que decir próximamente, y por ahora nos limitaremos a consignar los nombres de Jacquart y Thomasset y de P. Dronke, *Medieval Latin and the Rise of the European Love-Lyric*, Clarendon Press, Oxford 1968, como adeptos a esta teoría de la posible impronta árabe en la temprana poesía provenzal europea.

179 Cf. Douglas Radcliff-Umstead, «Erotic Sin in the Divine Commedy», en *Human Sexuality...*, págs. 41-96.

180 «Medieval Marriage Concepts and Chaucer's Good Old Lover», en *Human Sexuality...*, pág. 19.

181 Son muchos los escritores que muestran una clarísima conciencia de estas enseñanzas eclesiásticas oficiales en lo tocante al matrimonio. Alanus de Insulis, por ejemplo, aludirá a la misma idea que acabamos de ver en Chaucer, en torno a que el amar ardientemente a su mujer puede entrañar pecado (*Epítome del arte de la predicación*, XLV). Pedro Lombardo dirá lo mismo en sus *Sentencias* IV, xxxi.

182 Chaucer parece haber tenido bastante noticia, sin embargo, de algunos puntos de la erotología oriental, como el concepto del *amor hereos* o enfermedad de amor; que, según Michael Mc Vaugh, «Tractatus de amore heroico de Arnaldi de Vilanova», en *Opera Medica Omnia*, Barcelona 1985, págs. 13 y ss., pasa a Occidente a través del *Viaticum* de Constantino el Africano. El maestro de la Escuela Salernitana no hace sino traducir o adaptar del árabe el *Ẓad al-musāfir* de Ibn al-Jazzār. Ya sabemos, sobre todo a través de estudios como el de Dorothee Metlitski, lo arabizantes que fueron los miembros de la *intelligentsia* inglesa del Medievo. Cf. *The Matter of Araby in Medieval England,* Yale University Press, New Haven 1977.

183 Empleamos el antiguo refrán, que nos consta se ha utilizado con ironía para subrayar las diferencias que guarda España frente a Europa, con un respeto y con un entusiasmo muy grandes. Es difícil no admitir que a menudo España se ha mostrado a contracorriente cultural del resto del continente: pero ello se debe a su historia, que sin duda ha sido distinta en muchos sentidos de la europea —Américo Castro nos lo tiene demostrado de sobra en su *Realidad histórica de España*—. Por ello mismo España ha sido extraordinariamente original en su expresión cultural, de la que este tratado erótico que hoy editamos no es excepción.

184 Citamos por la edición bilingüe *Tratato d'amore. Testo latino del sec. XIII con due traduzioni toscane inedita del sec. XIV, a cura di Salvatore Battaglia,* Perella-Roma 1947, pág. 172. Cf. también la traducción inglesa que ya tuvimos ocasión de citar, *The Art of Courtly Love,* preparada por John Jay Parry.

185 Cf. el prólogo a su citada traducción de *El collar de la paloma* de Ibn Ḥazm de Córdoba, pág. 68.

186 Debemos dejar en claro que el Capellán se contradice continuamente en su libro, y que, en ello, guarda otro misterioso parentesco con sus antecesores árabes, que acostumbran a proponer simultáneamente la alegría erótica y la moraleja pía. Así hace, por ejemplo, Ibn Ḥazm de Córdoba. Para este aspecto de la obra del Capellán, cf. Francisco Márquez Villanueva, «El buen amor», en *Relecciones de literatura medieval,* Universidad de Sevilla, Sevilla 1977, págs. 45-73, y el citado estudio de A. J. Denomy «Fin Amors: The Pure Love of the Troubadours...».

187 *Pamphilus de amore,* Ed. Bosch, Col. Erasmo, textos bilingües, Barcelona 1977, págs. 167-168. He aquí la versión española del pasaje:

> *Galatea.* ¡Pánfilo, quítame las manos de encima! ... ¡te estás cansando en vano! ¡De nada te sirve tu acoso! ... ¡Lo que pretendes ... no puede ser! ¡Pánfilo, retira esas manos! ... ¡De mala manera estás ofendiendo a una amiga! ... ¡A punto está de volver la vieja! ¡Pánfilo, retira esas manos! ... (685) ¡Ay de mí! ¡Qué escasas fuerzas tiene la mujer! ¡Con qué facilidad neutralizas mis dos manos!... ¡Pánfilo! ¿Por qué aplastas mis pechos con tu pecho? ... ¡Manosearme así ... es un crimen, una profanación! ... ¡Déjame estar ... o me pongo a chillar! ... ¿Qué haces? Es malo que me destapes ... ¡Ay, pobre de mí! (690) ¿Cuándo volverá esa vieja traidora? ¡Levántate, por favor! ... ¡El vecindario está oyendo nuestras voces! ... ¡La vieja que me ha entregado a ti no ha obrado nada bien! ... ¡Nunca más me ha de volver a encerrar contigo este recinto, ni la vieja volverá a engañarme como acaba de hacerlo! ... (695) ¡Saldrás vencedor en este asalto a pesar de mi resistencia, pero el amor entre nosotros queda definitivamente roto!

188 *Rabelais and his World,* Helène Iswolsky (trad.), MIT Press, Cambridge, Mass./Londres 1968.

189 Cf. Jacquart y Thomasset, *op. cit.,* pág. 154, y J. Batany, *Approches du Roman de la rose,* Bordas, París 1973.

190 Cierto que, como apunta el padre Mandonnet en su estudio *Siger de Brabant et l'averroïsme latin au XIIIe siècle,* Fribourg en-Brisgau, 1899, aquel París efervescente de fines del siglo XIII se dejó seducir por el influjo averroísta, con las importantes revisiones ideológicas que implicaba, y que iban desde una escéptica ironía frente a las enseñanzas eclesiásticas al uso, hasta la arriesgada idea de pensar que «la fornication n'est pas un péché» (pág. CLXXXIV). Es justamente en este ambiente en el que se forma Jean de Meung, y sus consecuencias son evidentes, por tanto, en el *Roman de la rose.* No deja de ser interesante que estos acercamientos, todavía tímidos por cierto, a la concepción de una sexualidad desculpabilizada, están aureolados por una fuerte impronta musulmana. Con todo, ninguno de estos tratados de amores llegará a la celebración espiritual sin ambages del amor sexual que lleva a cabo nuestro anónimo morisco en el siglo XVII.

191 Los libros y tratados eróticos del renacimiento y, en especial, del siglo XVIII —pensemos en los *Dialogues of Luisa Sigea* de Chorier y el comentario de Friederich-Karl Forberg al *Hermafroditus* de Beccadelli— obedecen, en general, a estas directrices que venimos señalando. Estamos de acuerdo con Alan Hull Walton, cuando los caracteriza como *ephemeral boudoir erotica,* en los que

> there are neither moral nor religious considerations; nor are there implications that sex may well partake of the quality of a sacrament, or that, properly understood and experienced, it may become a means of experiencing that symbolic ecstasy wherein duality becomes unity (*The Perfumed Garden of the Shaykh Nefzawi...*, pág. 42).

Walton concluye que esta actitud es la que desemboca en obras como las del marqués de Sade, que alaba las delicias de la tortura, el dolor y las distintas manifestaciones del vicio. En el siglo XX —continúa Walton— los erotólogos occidentales escriben manuales científicos, pero fríos, sobre técnicas del amor a secas.

192 Para una visión panorámica del tema desde otros ángulos, cf. la citada *Historia de la sexualidad* de Michel Foucault.

193 Aunque implica un enfoque radicalmente distinto del que venimos llevando aquí, referimos al lector al estudio reciente de Paul Julian Smith, *The Body Hispanic. Gender and Sexuality in Spanish and Spanish American Literature,* Clarendon Press, Oxford 1989. Smith explora textos españoles e hispanoamericanos a la luz de las teorías modernas acerca de la sexualidad: Julia Kristeva, Luce Irigaray, Barthes, y Lacan.

194 «Les vers finaux en espagnol dans les *muwassahs* hispanohébraïques: une contribution à l'histoire de *muwassah* et à l'étude du vieux dialecte espagnole "mozárabe"», en *AA* XIII (1948), págs. 299-348.

195 La bibliografía sobre el tema es interminable, y la recoge hasta el año 1977 Richard Hitchcock, *The Kharjas: a Critical Bibliography,* Grant and Cutler, Londres 1977, quien por cierto fue uno de los primeros estudiosos recientes en proponer dudas sobre la lectura que se le había venido haciendo a las jarchas («Some Doubts about the Reconstruction of the Kharjas», en *BHS* L (1973), págs. 109-119). Sin duda los trabajos pioneros de Julián Ribera, A. R. Nykl, Dámaso Alonso, Leo Spitzer, Emilio García Gómez, Ramón Menéndez Pidal —y tantos otros— están siendo puestos al día por James T. Monroe, Samuel Armistead, Consuelo López-Morillas, Margit Frenk, John Solá-Solé, Alan Jones, Juan Corominas, Keith Whinnom, Gerold Hilty, y Vicente Cantarino, entre otros estudiosos. Las polémicas críticas, que han propiciado congresos internacionales (Exeter, Madrid) y que han dado fama a algunas revistas eruditas como *La Coronica,* se leen como una apasionante novela por entregas. Y, una vez más, el lector no puede evitar llegar a la conclusión de que aún falta mucho para que sepamos cosas definitivas sobre esta primitiva lírica española.

196 *Las jarchas romances de la serie árabe en su marco,* Seix Barral, Barcelona 1975, págs. 112-113.

197 Mucho que los poetas árabes poetizaron con el *leit motiv* de las alhajas, por cierto. Uno de los más hermosos tópicos literarios en este sentido es el del «frío de las joyas»: los amantes se juntan de noche, y el enamorado sabe cuándo es el alba —la triste hora de la separación— por el frío que siente en las joyas de la enamorada que tiene entre los brazos. Cf. E. García Gómez, «El frío de las joyas», en *AA* XIV (1949), págs. 463-466.

198 No hemos podido manejar el original árabe de este texto, y por tanto, citamos por la versión inglesa, *The Glory of the Perfumed Garden...*, pág. 302:

> Listen, fellow, get on with the job we're here for. Fasten my waist-band round my neck like a necklace, push my knees right up to my jugular vein, get my anklets meeting my ear-rings, and do the job!

La versión de la muchacha del tratado de Al-Bagdādī es más modesta, ya que sólo hace alusión a la posición sexual y no a las joyas que la identifican. Citamos por la traducción francesa de René R. Khawam, *Les fleurs écclatantes dans les baisers et l'accolement,* Éditions Albin Michel, París 1973, pág. 37.

Par Dieu, au-dessus de toi
ô verdoyant, lève mes jambes;
fais que les doigts de mes pieds
viennent derrière les lobes de mes oreilles.

Debemos estar ante un verdadero lugar común de la poesía árabe, ya que García Gómez también añade otros ejemplos similares que ha podido documentar en versos clásicos y hasta en moaxajas, *op. cit.,* págs. 112-113.

199 Manuel Alvar, *Poesía española medieval,* Planeta, Madrid 1969, pág. 10.

200 Cf. la jarcha XXIIa de García Gómez, *op. cit.,* págs. 211.

201 Alvar, *op. cit.,* pág. 11.

202 Ya hemos tenido ocasión de citar algunos de estos estudios: Efigenio Amezúa, *La erótica española en sus comienzos...;* Juan Victorio (ed.), *El amor y el erotismo en la literatura medieval...;* José María Díez Borque, *Poesía erótica...;* Pierre Alzieu *et al., Poesía erótica del Siglo de Oro,* Ed. Crítica, Barcelona 1984, y Vicente Reynal, *El lenguaje erótico medieval a través del Arcipreste de Hita,* Playor, Madrid 1988, entre otros.

203 *Op. cit.,* págs. 35-36.

204 Victorio, *op. cit.,* pág. 192.

205 *Ibid.,* págs. 122-123.

206 Muy en la línea del pasaje que acabamos de ver, Alfonso X legisla sobre los «que facen el pecado que dicen sodomítico», y deja dicho que cualquier vecino del pueblo los puede delatar, «et si les fuese probado, deben morir por ende» (*Partidas,* t. XXI, l. II, *apud* Victorio, *op. cit.,* pág. 132). Remitimos al lector interesado en este tema de la homosexualidad en el temprano pensamiento europeo al libro de John Boswell, *Christianity, Social Tolerance and Homosexuality. Gay People in Western Europe from the Beginning or the Christian Era to the Fourteenth Century,* The University of Chicago Press, Chicago/Londres 1980.

207 Cf. el ensayo de E. Michael Gerli, «Siervo libre de amor and the Penitential Tradition», en *Journal of Hispanic Philology* XII (1988), págs. 93-101.

208 *Op. cit.,* pág. 51.

209 Citamos a Menéndez Pidal por Victorio, *op. cit.,* pág. 10.

210 *Ibid.*

211 *Ibid.,* pág. 11.

212 Citamos por la edición del *Libro de buen amor* de Jacques Joset, Espasa-Calpe, Madrid 1981, págs. 13-14.

213 *Realidad histórica de España,* Porrúa, México 1954, págs. 387-388.

214 Diferimos con todo respeto de nuestro querido colega Jacques Joset, que entiende que el ensayo de García Gómez que encabeza su traducción de *El collar de la paloma* —y que ya hemos citado— dio «el golpe de gracia» y «disparó en el mismo centro de la construcción mudéjar edificada por don Américo» (*Nuevas investigaciones sobre el Libro de buen amor,* Cátedra, Madrid 1988, pág. 60). García Gómez corrige a Castro en lo que concierne al cultísimo Ibn Ḥazm como fuente directa del libro de Juan Ruiz, pero no descarta ni su mudejarismo ni su impronta cultural islámica, que considera significativa.

215 Prólogo a la traducción de *El collar de la paloma*, pág. 81.

216 *El collar de la paloma*, pág. 272.

217 *Ibid.*, págs. 99-100.

218 Esto lo estudia Raphael Patai en su *The Arab Mind*, Scribner, Nueva York 1973, y también insistimos en ello en nuestro libro *San Juan de la Cruz y el Islam*, Colegio de México/Universidad de Puerto Rico 1985/Hiperión, Madrid 1990. La lengua árabe, con la ambigüedad forzosa que otorgan las raíces trilíteras no vocalizadas a los conceptos múltiples —y paradójicos— que se derivan de ellas, proporciona de entrada al hablante de la lengua una capacidad especial para aceptar la simultaneidad de contrarios. Podríamos decir, metafóricamente hablando, que la lengua árabe es una lengua «antiaristotélica», ya que permite el que las palabras signifiquen simultáneamente las cosas más distintas. Creo que esta capacidad de la lengua para la ambigüedad se refleja claramente en muchos textos literarios árabes.

Ya he explorado en mi citado libro sobre *San Juan y el Islam* la posible impronta del reformador carmelita en este sentido, que maneja una lengua poética y una prosa en total estado de disponibilidad y capaz de significar las cosas más diversas. Sólo a un Ibn ʻArabī o a un Ibn al-Fāriḍ se le habrían ocurrido desmanes místicos como éstos. Algún día sabremos más sobre la hondura de la impronta literaria árabe en España.

219 A los ensayos pioneros de Américo Castro sobre la posible impronta literaria islámica del *Libro de buen amor* han sucedido las importantes contribuciones de Francisco Márquez Villanueva, Richard Kinkade, Julio Rodríguez Puértolas, Dámaso Alonso, Juan Vernet, Juan Martínez Ruiz, Joaquín Lomba, entre otros. También nosotros hemos añadido algo a estos estudios comparativos del Arcipreste y los árabes. No hay que olvidar, de otra parte, que eruditos de tendencias más bien eclécticas como Félix Lecoy tampoco desdeñan la posibilidad de numerosas fuentes orientales para Juan Ruiz, sobre todo en lo que a los relatos de la obra se refiere. Conviene aclarar que los estudiosos que proponemos huellas islámicas en la obra de Juan Ruiz hacemos justamente eso y no otra cosa; creo que a nadie se le ocurriría inscribir a Juan Ruiz dentro de la literatura árabe, como sugiere Joset en su paralelo con Augusto Roa Bastos y la literatura guaraní (sus rasgos guaraníes no lo hacen pertenecer a la literatura guaraní). Claro que no y claro que el Arcipreste es muchísimo más occidental que oriental. Pero su impronta árabe es determinante para entender la obra (de la misma manera que el elemento guaraní lo es para entender a Roa Bastos y el quechua para entender a César Vallejo y a José María Arguedas). Creo que está suficientemente demostrado que Juan Ruiz hace incursión una y otra vez en la cultura de sus vecinos musulmanes, hasta el punto de que, merced a esta acumulación de elementos arabizantes, sentimos en la obra —y cito a Dámaso Alonso— «un fermento, que no existe en Chaucer ni en Boccaccio, un no sé qué otra cosa» («La bella de Juan Ruiz, toda problemas», en *De los siglos oscuros al siglo de oro*, Gredos, Madrid 1964, pág. 86). No nos parece, de otra parte, que el semitismo de Juan Ruiz sea un «valor en baja» como propone el colega Joset. Creo que cada día iremos sabiendo más de la impronta semítica de nuestro autor. Difícil que no la tuviera, él que sabía rimar en árabe dialectal perfecto: Joset no está del todo seguro de que la mora hable a Trotaconventos en árabe dialectal («le contesta, aparentemente, en árabe coloquial», *Nuevas investigaciones...*, pág. 60), pero le podemos asegurar que sí. Algo tuvo que haber sabido Juan Ruiz de la cultura de una gente cuya lengua parece que al menos chapurreó. (Creo que no es descabellado pensar que muy pocas personas podrían versificar adecuadamente en una lengua que les resultase totalmente ajena.) Importa señalar, de otra parte, que otros estudiosos también cuestionan la cercanía del Arcipreste a fuentes orientales —Jacques Joset se ocupa de ello en su citado ensayo (págs. 59 y ss.)—. Como queda tanto por hacer en este sentido, es de desear que los futuros estudios comparatistas se sigan llevando a cabo con ánimo científico y no polémico.

220 Hemos tenido ocasión de ver cómo Andreas Capellanus guardaba una actitud bastante ambigua frente al amor en su tratado, pero nunca llega a los extremos de pensamiento simultáneo del Arcipreste de Hita o de sus antepasados árabes.

221 Citamos el fragmento «El verano» por la edición de Victorio, *op. cit.*, pág. 213. Para el texto original latino, cf. Luis Antonio de Villena, *Dados, amor y clérigos,* Cupsa, Madrid 1978, págs. 184-185. Cf. también al respecto Alison Goddard Elliott, «The Latin Poems from Ripoll», en *Mittellateinisches Jahrbuch* XV (1980), págs. 112-120.

222 *Op. cit.*, pág. 13.

223 Cf. Díez Borque, *op. cit.*, y Margit Frenk, *Corpus de la antigua lírica popular.* Cf. también, de la insigne estudiosa, *Lírica española de tipo popular* y *Estudios sobre lírica antigua.*

224 *Op. cit.*, págs. XXIII-XXIV.

225 *Ibid.*, pág. IX.

226 O. Paz, *Conjunciones y disyunciones,* pág. 95.

227 Esta lírica popular, como todos recordamos después de los estudios de Dámaso Alonso y, sobre todo, de Bruce Wardropper, *Historia de la poesía lírica popular a lo divino en la Cristiandad occidental,* Revista de Occidente, Madrid 1958, se transformó a lo divino innumerables veces en el caso tanto de España como de Europa. En un reciente ensayo, Margit Frenk observa, con su acostumbrada agudeza, que en el caso de muchos de estos poemitas sometidos al arte del *contrafactum*

> da la impresión de que el poeta lo que ha querido no es reemplazar el texto, muy profano [...], sino, en todo caso, añadirle un grano de espiritualidad, como para que también la religión haga acto de presencia en la fiesta popular. Da la impresión de que, al componer estas parodias divinas, los poetas se identificaron plenamente con el espíritu de la fiesta. De ahí estas mezclas, para nosotros tan extrañas, de lo divino con lo profano («Lírica popular a lo divino», en *Edad de Oro* VIII, Universidad Autónoma de Madrid, 1989, pág. 113).

En efecto, hay una curiosa simbiosis de libertad amorosa laica con el tema del amor divino. Podemos observar simbiosis semejantes en la poesía del Siglo de Oro en lo tocante a la imagen del Cristo que se erotiza al fundirse con el personaje del esposo del Cantar de los cantares. Muchísimos poetas —Lope en especial— le cantaron a este Cristo de cabellos de oro y hermosura sin par. Más extraño aún, a veces esta belleza física de Cristo se asocia al cuerpo martirizado y sangrante de su condición de crucificado. La imagen simbiótica del Salvador erotizado de las letras áureas aún merece un estudio a fondo. Por lo pronto cabe decir que se trata de una situación a todas luces distinta de la simbiosis erótico-espiritual que veremos en el «Kāma Sūtra español»: recordemos que, por definición, Jesucristo representa la castidad pura a la que no se deberían añadir, en principio y por principio, atributos de deseabilidad sexual.

228 Debemos aclarar que no todos los poemas reunidos en antología por Alzieu *et al.*, responderían al epíteto de franca o desenfadada sensualidad. Los hay muy maliciosos, incluso sombríos, con claros asomos de una obscenidad contestataria que parece preludiar a Quevedo.

229 *Carajicomedia. Texto facsimilar,* Playor, Madrid 1981.

230 *Ibid.*, pág. 49.

231 Varo cree, en efecto, que se trata de un autor colectivo. Postula, de otra parte, la idea de que la *Carajicomedia,* en su intención contestataria, defiende el placer sexual, repudia la moral institucional desprestigiada y delata, por último, un subrepticio inconformismo contra el poder político. Señala además que es inusitado el sentido de libertad y desenfado con el que la obra juega con el tema prohibido de la homosexualidad, «sin complejos de culpa y sí con concienzudo goce carnal homosexual» (págs. 68-69). Aquí ya no estamos tan seguros, ya que la escena homosexual la protagoniza san Hilario con el demonio, y francamente no se nos antoja tan libre de culpa ni tan saludablemente gozoso el que se elija nada menos que un diablo para ejecutar el acto sodomítico.

232 El personaje de Melibea ha hecho correr muchísima tinta, sobre todo en los estudios celestinescos recientes, pero me parece justo recordar aquí al menos uno de los ensayos pioneros en este sentido, el de Salvador de Madariaga: «Discurso sobre Melibea», en *Sur* (1941), págs. 38-69.

233 *La Celestina,* Alianza Editorial, Madrid 1983, pág. 206.

234 *Ibid.,* pág. 207.

235 *Ibid.,* pág. 225.

236 *Ibid.,* pág. 231.

237 De otra parte, parece que Rojas tuvo noticia de otra modalidad de la condición del enamorado, el *amor hereos* o enfermedad de amor, que ya apuntamos conoció también Chaucer, y que pasa a Occidente a través del maestro salernitano Constantinus Africanus, cuyo *Viaticum* es una adaptación de un original árabe. Cf. en este sentido el ensayo de Michael Solomon «Calisto's Ailment: Bitextual Diagnostics and Parody in Celestina», en *Revista de Estudios Hispánicos,* Vassar, XXIII (1989), págs. 41-64, y, para los orígenes árabes de la modalidad amorosa, Hans Hinrich Biesterfeldt y Dimitri Gutas, «The Malady of Love», en *Journal of the American Oriental Society* CIV (1984), págs. 21-25.

238 En su estudio clásico *La Celéstine selon Fernando de Rojas,* París 1961.

239 Cf. *The Art of La Celestina,* The University of Wisconsin Press, Madison 1956, y el citado *The Spain of Fernando de Rojas.*

240 Cf. sobre todo *La originalidad artística de La Celestina,* Eudeba, Buenos Aires 1962.

241 Recordemos que cuando el suegro de Rojas, Álvaro de Montalbán, es acusado de judaizar, reclama la asistencia legal de su yerno, Fernando de Rojas. Pero el Santo Oficio le responde con un amenazante «búsquese a alguien sin sospecha» (cf. Gilman, *The Spain...,* pág. 82).

242 Entre tantos otros estudios, cf., por ejemplo, el enfoque socioeconómico de José Antonio Maravall, *El mundo social de la Celestina,* Gredos, Madrid 1972, y, para nuevos enfoques, Joseph T. Snow, «La Celestina. El estado de la cuestión», en *Ínsula,* núm. 497, abril 1988, págs. 17-18.

243 Resulta interesante advertir que los pasajes moralizantes de *La Celestina* a menudo se resienten de evidentes caídas estéticas, mientras que el estilo se torna vigoroso y elocuente en aquellos pasajes de la obra que más peligrosos pueden resultar, ideológicamente hablando, como el prólogo de Rojas, los parlamentos amorosos de Melibea y el monólogo final de Pleberio.

244 Conviene recordar aquí algo que ya dejamos dicho en nuestro segundo capítulo: *La Celestina* fue leída como texto disidente por aquel morisco aljamiado que hoy conocemos bajo el seudónimo de el Mancebo de Arévalo. Así lo demuestra María Teresa Narváez en su ensayo sobre la inclusión del prólogo de *La Celestina* en la *Tafsira* del Mancebo: un lector del siglo XVI se adelantó cuatro siglos a la lectura de la *Tragicomedia* de Stephen Gilman. (Una lástima que mi antiguo y llorado maestro no alcanzara a saberlo.)

245 «Notas sobre La lozana andaluza», en *Disidencias,* Seix Barral, Barcelona 1977, pág. 37.

246 Cf. sus *Orígenes de la novela.* Citamos por Goytisolo, *op. cit.,* pág. 38.

247 Hoy la lista bibliográfica de *La lozana* es amplísima, y recordamos aquí tan sólo algunos de los críticos más destacados: Bruno Damiani, F. Márquez Villanueva, Claude Allaigre, Augusta Folley, A. Vilanova, S. Serrano Poncela, José Hernández Ortiz, Francesco Ugolini, J. M. Díez Borque, Eugenio Asensio, Mansella Frontini, Bruce Wardropper, Mario Baratto, Pamela S. Brakhage, M. Criado de Val, Tatiana Bubnova, Mercedes Paglialunga de Tuma, y Louis Imperiale, entre tantos otros.

248 Louis Imperiale ha escrito una tesis bajo mi dirección en la que lleva a cabo un importante estudio comparativo de la obra de Delicado y los *Ragionamenti* de Aretino (Dpto. de Literatura Comparada, Universidad de Puerto Rico, Río Piedras 1987); y acaba de publicar su estudio *El* *contexto dramático de La lozana andaluza,* The Catholic University of America, Potomac, Maryland 1991.

249 Precisamente esta manera de cocinar los hormigos torcidos que tenía la Lozana terminó por convencer rápidamente a las judías españolas de Roma de que la andaluza recién llegada era *«de nostris»*.

250 Preparamos un estudio sobre el «pirandellismo» en *La lozana andaluza,* que es, sin duda, uno de los más singulares en la larga lista de los escritores peninsulares que han experimentado —tantos siglos antes que Luigi Pirandello— con el importante recurso literario en el que el texto adquiere conciencia de su propia factura. Es curioso en este sentido que Wilma Newberry, en su estudio *The Pirandellian Mode in Spanish Literature,* State University of New York Press, Albany 1973, comience por Cervantes e ignore el caso de Francisco Delicado.

251 Mamotreto XLII, *op. cit.,* pág. 175.

252 Como se sabe, Delicado escribe un tratado en el que celebra su supuesta curación «milagrosa» de la sífilis con palo de guayaco o «palo santo»: *El modo de adoperare el legno de India occidentale.* Lo felicitó paternalmente por su texto el papa Clemente VII.

253 Nemoroso se conmueve ante su propio recuerdo: «Acuérdome, durmiendo aquí algún hora, / que despertando, a Elisa vi a mi lado».

254 Citamos por Parker, *op. cit.,* págs. 45-46.

255 Antonio Rey abunda en el estudio de «El erotismo en la novela cortesana», en *Edad de Oro* IX, págs. 271-288, y ofrece importantes contrastes entre las novelas que se podían publicar en la España inquisitorial y las que en cambio veían la luz en Francia, que gozaban casi invariablemente de un marco de mayor libertad literaria.

256 Entre ellas, la estremecedora semejanza entre el «Cántico» de San Juan y el Cantar de los cantares, que estaba, como se sabe, prohibido manejar en la lengua vernácula. Cundía la sospecha de que las encendidas liras del reformador fueran una simple excusa para manejar y comentar el epitalamio bíblico en «refundición» española.

257 Sobre este encendido verbo *gozar, véase* Christopher Maurer, «Soñé que te... ¿dirélo?», en *Edad de Oro IX,* pág. 159. Un caso curiosísimo en el que una mujer propone el mismo «gocémonos» de san Juan de la Cruz a un varón es el caso de la «inmunda» Rosamunda del *Persiles* (I, 19) de Cervantes. Pero Rosamunda es una mujer ninfomaníaca que recibe todo el repudio del narrador y de los personajes que la circundan. Salta a la vista que san Juan es mucho más arriesgado que Cervantes en su uso de la sobrecogedora frase, pero aun él tuvo que traducirla «a lo divino» en sus glosas espiritualizantes. Aquella muchacha de las jarchas que pedía con desenfado el amor sexual ha quedado irremediablemente atrás: estamos en la España inquisitorial de los siglos dorados y no podía ser de otro modo.

258 Sobre estos temas José C. Nieto ha escrito su *Místico, poeta, rebelde, santo: en torno a san Juan de la Cruz,* Fondo de Cultura Económica, México/Madrid/Buenos Aires, y su *San Juan de la Cruz, poeta del amor profano,* El Escorial 1988, que por cierto ha sido considerado como particularmente polémico por la crítica.

259 El citado *San Juan de la Cruz y el Islam.* Ahí me ocupo de otros pasajes significativos de la poesía de san Juan en lo que concierne al erotismo. Parece que aquel extraño «Y pacerá el Amado entre las flores» puede bien descender de un versículo del Cantar que ha sido decodificado por algunos hebraístas expertos como una alusión al sexo oral. Cf. el citado estudio *The Song of Songs,* de Marvin Pope. Francamente es difícil saber en este caso particular cuánta conciencia tuvo el santo del erotismo gráfico del versículo epitalámico que estaba imitando, pero sí podemos concluir que no disuena de otros préstamos eróticos que ha hecho de las «margaritas preciosas» del libro de toda su vida. Recordemos que amó tanto los encendidos versículos bíblicos que murió escuchándolos.

260 También Juan Goytisolo ha meditado recientemente sobre la condición de marginado literario de nuestro santo, en su novela *Las virtudes del pájaro solitario*. Cf. mi ensayo al respecto: «Inesperado encuentro de dos Juanes de la literatura española: Juan Goytisolo y san Juan de la Cruz», en *Quimera* 73 (feb. de 1988), págs. 55-60. Una versión más extensa apareció en las *Actas del II Seminario Internacional Sobre la Obra de Juan Goytisolo* de Almería: *Escritos sobre Juan Goytisolo*, Instituto de Estudios Almerienses, Almería 1990, págs. 135-146.

261 Es aleccionador contrastar el caso de san Juan de la Cruz con su contrapartida islámica, el murciano Ibn 'Arabī (siglo XIII). En su *Tarŷumān al-Ašwāq* o *Intérprete de los deseos* el poeta místico musulmán dedica unas apasionadas odas de amor a Niẓām, y luego pasa a comentarlas a un nivel espiritual en la glosa que le adjunta al poema. Sólo que Ibn 'Arabī —y en esto se aleja completamente de san Juan— pide que el lector respete y asuma simultáneamente ambos niveles de su texto: el erótico y el místico. (Buen árabe a fin de cuentas, Ibn 'Arabī no se siente ofendido por la unión íntima de lo espiritual y lo carnal.)

En ánimo de ser justos, sin embargo, conviene recordar que san Juan y aun santa Teresa se muestran admirablemente comprensivos ante la sexualidad humana latente que a veces hace su súbita aparición en los momentos más altos de la experiencia contemplativa. La naturalidad con la que ambos santos enfrentan el sexo en estos casos delata un saludable equilibrio emocional. Oigamos a san Juan cuando nos habla de que

> muchas veces acaece que en los mismos ejercicios espirituales, sin ser en manos de ellos [los principiantes], se levantan y acaecen en la sensualidad movimientos y actos torpes [...] porque, como gusta al espíritu y el sentido, con aquella recreación se mueve cada parte del hombre a deleitarse según su porción y propiedad; porque entonces el espíritu se mueve a recreación y gusto de Dios, que es la parte superior; y la sensualidad, que es la parte inferior, se mueve a gusto y deleite sensual, porque no sabe ella tener y tomar otro, y toma entonces el más conjunto a sí, que es el sensual torpe. Y así, acaece que el alma está en mucha oración con Dios según el espíritu, y, por otra parte, según el sentido siente rebeliones y movimientos y actos sensuales pasivamente. Lo cual muchas veces acaece en la Comunión que, como en este acto de amor recibe el alma alegría y regalo, porque se le hace este Señor, pues para eso se da, la sensualidad toma también el suyo, como habemos dicho, a su modo. Que, como, en fin, estas dos partes son un supuesto, ordinariamente participan entrambas de lo que la una recibe, cada una a su modo; porque, como dice el filósofo, cualquiera cosa que se recibe está en el recipiente al mismo modo del recipiente. Y ansí en estos principios, y aún cuando ya el alma está aprovechada, como está la sensualidad imperfecta, recibe el espíritu de Dios con la misma imperfección muchas veces. Que cuando esta parte sensitiva está reformada por la purgación la noche oscura que diremos, ya no tiene ella estas flaquezas; porque no es ella quien recibe ya, más antes está recebida ella en el espíritu; y ansí lo tiene todo entonces al modo del espíritu [*Noche oscura*, I, 4, en *Obras completas de san Juan de la Cruz*, Luce López-Baralt y Eulogio Pacho (eds.), Alianza Editorial, Madrid 1991, págs. 436-437].

Santa Teresa coincide con las explicaciones de san Juan casi al pie de la letra cuando dirige espiritualmente a su hermano Lorenzo de Cepeda en este punto tan delicado:

> En lo de estos movimientos sensuales, para provocarlo todo se lo dije, que bien veo no hace y que es lo mejor no hacer caso dellos. Una vez me dijo un gran letrado que había venido a él un hombre afligidísimo, que cada vez que comulgaba venía en una torpeza grande (más que eso mucho) y que le habían mandado que no comulgase sino de año en año, por ser de obligación. Y ese letrado, aunque no era espiritual, entendió la flaqueza; y díjole que no hiciese caso de ello, que comulgase de ocho en ocho días, y como perdió el miedo quitósele. Ansí que no haga vuestra merced caso de eso (Carta 178, A don Lorenzo de Cepeda, fechada en Toledo, 10 de febrero de 1577, *apud* Santa Teresa de Jesús, *Obras completas*, BAC, Madrid 1976, pág. 852).

Casiano también nos da noticia del fenómeno de esta sexualidad despertada por las prácticas pías o contemplativas de sus dirigidos espirituales. En uno de esos casos, un monje experimenta poluciones seminales nocturnas cada vez que va a comulgar. Se determina que es el demonio quien le propicia estas experiencias para alejarlo de sus prácticas espirituales, y, por ende, se le aconseja que continúe recibiendo el sacramento en la misa. Será la mejor manera de vencer al demonio. Así lo hace el penitente y sus poluciones desaparecen para siempre. Cf. al respecto M. Foucault, «The Battle for Chastity...», pág. 23.

262 Cf. su comentario al Cantar de los cantares, en *Obras completas castellanas de fray Luis de León*, vol. I, BAC, Madrid 1957, y en particular su indignado alegato contra la posible sensualidad del epitalamio en *Respuesta de fray Luis de León. Estando preso en la cárcel, ibid.*, págs. 211-218.

263 *Ibid.*, págs. 144 y 159. No cabe duda de que la imagen del colmillo del elefante también parece hacer una alusión al órgano generativo del esposo de los Cantares, pero la mayoría de las traducciones son consistentes en referirse aquí al vientre y no al sexo del protagonista.

264 Fray Luis fue sin duda un extraordinario traductor del hebreo. Cuando comparamos su traducción del epitalamio, incluso de aquellos pasajes más sensuales que tanto lo mortificarían, con el original hebreo y con versiones modernas rigurosamente científicas como la de Marvin Pope, *The Song of Songs. A New Translation with Introduction and Commentaries*, The Anchor Bible, Doubleday, Nueva York 1977, advertimos lo impecable de su labor. Sobre su labor como escriturario, cf. el reciente estudio de Colin Peter Thompson, *The Strife for Tongues. Fray Luis de León and the Golden Age of Spain*, Cambridge University Press, 1988.

265 George Haley ha reflexionado a su vez sobre el tema del erotismo de fray Luis en su reciente ensayo «La triple invasión: La Profecía del Tajo de fray Luis de León», en *Edad de Oro* IX, págs. 93-112. Un estudio abarcador y de fondo del erotismo del insigne salmantino está aún por hacerse, y a juzgar por estas primicias que nos da Haley en torno a la anécdota sexual de la violación de La Cava que inicia la «Profecía del Tajo», y por los fuertes sobretonos eróticos que subyacen en las conversaciones entre los protagonistas de *Los nombres de Cristo*, éste prometería mucho.

266 *Personajes y temas...*, pág. 70.

267 P. W. Bomli nos habla del tenue feminismo de los autores más arriesgados del Renacimiento español en su citado estudio *La femme dans l'Espagne du Siècle d'Or*: a lo más que llegan es a postular el derecho de la joven a elegir marido y a defender su honor, pero nunca el derecho a cultivar su inteligencia. Cf. también en este sentido María Teresa López Beltrán *et al.*, *Realidad histórica e invención literaria en torno a la mujer*, Diputación Provincial de Málaga 1987, y el artículo, al que también ya hemos hecho alusión, que escribí, en colaboración con Luisa Piamontese y Claire Martin de Yale University: «Un morisco astrólogo, experto en mujeres (ms. Junta XXVI)», en *NRFH* XXXVI (1988), págs. 261-176.

268 No perdamos de vista que la censura —y su irremediable contrapartida, la autocensura— ya estaba operando en la España renacentista: F. López Estrada y F. Márquez Villanueva recuerdan, *Personajes y temas...*, pág. 69, que el bachiller Juan de Molina suprime en su *Sermón* un pasaje del *Encomium matrimonii* de Erasmo, en el que el holandés habla elogiosamente de la voluptuosidad matrimonial.

269 «La misoginia y el feminismo en la literatura castellana», en *Revista de Filología Hispánica* III (1941), págs. 219-232.

270 Curiosamente, un comentario misógino de uno de los criados de Calisto basta al ensayista para declarar antifeminista a Rojas. A la luz del conjunto de la tragicomedia, y sobre todo en atención al personaje de Melibea, no podemos compartir del todo la opinión de Ornstein.

271 Además del citado ensayo de Juan Goytisolo, han escrito sobre el feminismo de Zayas, entre otros, Sandra M. Foa, *Feminismo y forma narrativa. Estudio del tema y las técnicas de María de Zayas y*

Sotomayor, Albatros, Hispanófila, Valencia 1979, y, más recientemente, Paul Julian Smith, «Writing Women in Golden Age Spain: Saint Teresa and María de Zayas», en *Modern Language Notes* CII (1987), págs. 220-240 y su citado *The Body Hispanic...;* Elizabeth J. Ordóñez, «Woman and her Text in the Works of María de Zayas and Ana Caro», en *Revista de Estudios Hispánicos* XIX (1985), págs. 3-15, y M. Rich Greer, «Teoría psicoanalítica y estructura narrativa en María Zayas» (ponencia leída en el II Congreso Internacional Siglo de Oro, Salamanca/Valladolid, 1990: agradecemos a la autora que nos facilitara copia mecanografiada de la misma).

272 Paul Julian Smith estudia tanto a santa Teresa de Jesús como a María de Zayas desde el ángulo del feminismo teórico de Julia Kristeva y Luce Irigaray. No deja de ser curiosa la sinceridad con la que Smith acepta la frecuente ininteligibilidad de ambas estudiosas modernas que interpreta como un desafío feminista a la «claridad» represiva del discurso masculino «If Julia Kristeva and Luce Irigaray are often difficult to follow it is partly because they share a mistrust of that univocal and repressive "clarity" of both style and perspective that seeks to enforce its will on the passive reader» (pág. 18). Curiosamente, muchos teóricos modernos son tan oscuros en su exposición como nuestras feministas, y me intrigaría saber cómo Smith interpreta su misterio y opacidad ideológicos y estilísticos.

273 Uno de los primeros en señalar la importancia de estas cartas de Teresa a Gracián en el terreno afectivo fue Gerald Brennan, *St. John of the Cross. His Life and Poetry,* Cambridge University Press, 1973, Juan José Hernández explora más detenidamente el tema en su tesis doctoral sobre santa Teresa (Universidad de Puerto Rico, 1988, inédita).

274 «Textos para el estudio de la espiritualidad renacentista: el opúsculo Sermón en loor del matrimonio de Juan de Molina (Valencia, por Jorge Costilla, 1528)», en *Revista de Archivos, Bibliotecas y Museos* LXI (1955), págs. 489-531.

275 *Op. cit.,* pág. 62.

276 Cf. también el estudio de M. Bataillon, «Cervantes y el matrimonio cristiano», en *Varia lección de clásicos españoles,* Gredos, Madrid 1964, págs. 238-255.

277 Cf. A. Castro, «El celoso extremeño, de Cervantes», en *Hacia Cervantes,* Taurus, Madrid 1967, págs. 420-450, y M. Molho, «A propos du Celoso extremeño», en *Le Texte familial (Textes Hispaniques),* Universidad Tolouse-Le Mirail, 1984, págs. 59-70.

278 *Ibid.,* pág. 422. La escena, redactada —hay que admitirlo— con inverosimilitud y torpeza, no puede no recordarnos aquellas películas dobladas de la España de la posguerra, en las que, por hacerlas más castas, la censura convertía sus tramas en asuntos delirantes. En una, los amantes adúlteros, para no parecerlo, se convirtieron en la versión doblada en hermanos, con lo que la película terminó por proponer —*malgré elle*— a aquel público casto por edicto algo terrible: que los hermanos se amaban con pasión incestuosa. Curioso lo que hace la censura a veces con las obras de arte: llama más la atención sobre lo que se quiere censurar que al contrario.

279 Cf. su «El erotismo en el Quijote», en *NRFH* XXVI (1977), págs. 468-479.

280 Cf. también en este sentido el ensayo de Ruth El-Saffar, «Sex and the Single Hidalgo: Reflections on Eros in Don Quijote», en *Studies in Honor of Elias Rivers, Scripta Humanistica,* The Catholic University of America, Washington 1989, págs. 76-93.

281 Cf. M. Molho, «Doña Sancha (*Quijote* II, 60)», en *Homenaje a José Manuel Blecua,* Gredos, Madrid, págs. 447. Molho vuelve a desarrollar el tema de los azotes en la novelea cervantina en su ensayo «Pegan a un niño. El caso Andrés» (conferencia leída en la Universidad de Puerto Rico, 1990).

282 Recordemos que se trata de «perros», que era la palabra que se usaba en el Siglo de Oro para aludir a los musulmanes. En este mismo sentido la habrá de usar una y otra vez Cervantes, que alude como «galgo» al autor árabe Cide Hamete Benengeli y como «canes» a los moros que persiguen a Melisendra y a Gaiferos en el retablo de Maese Pedro. Éste es otro tema cervantino que merece estudio, máxime a la luz de los roces que acaso tuviera Cervantes en Argel con la experiencia homosexual a manos justamente de sus captores árabes. Cf. en este sentido las recientes biografías de Jean Canavaggio, *Cervantes*, Espasa-Calpe, Madrid 1987, y Rosa Rossi, *Ascoltare Cervantes*, Ed. Riuniti, Roma 1987.

283 Recordemos tan sólo algunos de los estudios más recientes de estos críticos: de Redondo, «Las dos caras del erotismo en la primera parte del Quijote», en *Edad de Oro* IX, págs. 251-269; de El Saffar, «In Praise of What is Left Unsaid: Thoughts on Women in Don Quixote», en *Modern Language Notes* 103 (1988), págs. 137-148, y de Monique Joly, «El erotismo en el Quijote: la voz femenina», en *Edad de Oro* IX, págs. 137-148. Aunque no se detiene específicamente en el arte cervantino, es también muy iluminador en ensayo de Javier Huerta Calvo, «Risa y eros. Del erotismo en los entremeses», en *Edad de Oro* IX, págs. 113-123.

284 Muchos otros críticos recientes también lo han hecho. Cf., entre otros, los ensayos de Antoine Morel D'Arleux, «Obscenidad y desengaño en la poesía de Quevedo», en *Edad de Oro* IX, págs. 181-194, y el ya citado estudio de C. Maurer, «Soñé que te... ¿diréIo? El soneto del sueño erótico en los siglos XVI y XVII».

285 En *Disidencias*, págs. 117-135.

286 Cf. su *Introducción al pensamiento picaresco*, Anaya, Salamanca 1970.

287 «Quevedo», pág. 120.

288 *Ibid.*, pág. 128.

289 *Disidencias*, págs. 63-115 y 171-192.

290 En *Crónicas sarracinas*, Ruedo Ibérico, Barcelona 1982, págs. 73-86.

291 «El mundo erótico...», pág. 88.

292 En esta interesante y eruditísima enciclopedia, cuyas entradas van desde *Freud* al *Informe Kinsey*, de *Sara Montiel* a *Abul Qasim de Bagdad* y hasta la *abstinencia* y la *adolescencia*. Cela hace gala de una actitud iconoclasta y burlona que hubiera agradado a su admirado Quevedo. Esta obra, al igual que tantas de las de su mentor barroco, parece la esperada «explosión» erótica característica de quienes han estado bajo una censura estricta. Recordemos que éste fue el caso precisamente de ambos escritores.

293 Y decimos esto porque, en ánimo de ser justos, hay que recordar el erotismo sano y gozoso y sobre todo venerable de poetas contemporáneos como Jorge Guillén, Pedro Salinas y Vicente Aleixandre. En este sentido García Lorca merecería también un estudio aparte, aunque hay más sombras y más misterio en su poesía erótica y homoerótica.

294 Julia Kushigian se ha ocupado del fenómeno del orientalismo de O. Paz y de otros escritores hispanoamericanos. Cf., entre otros, sus «Ríos en la noche: fluyen los jardines: Orientalism in the Works of Octavio Paz», en *Hispania* IV (1987), págs. 776-786, y su libro *Orientalism on the Hispanic Tradition*, University of New Mexico Press, Alburquerque 1991.

295 Recordemos en este sentido la obra ecléctica y cultísima de Jorge Luis Borges, quien ha meditado en su ensayo «El escritor argentino y la tradición», en *Discusión*, Emecé, Buenos Aires 1961, págs 151-162, sobre el hecho de que el hispanoamericano, justamente porque no tiene una cultura constituida verdaderamente tradicional, canibaliza las aportaciones culturales de cualquier civilización sin la beatería ni la precaución con que lo haría un autor europeo. En pocos de ellos vemos, en efecto, la amalgama alucinante de las sagas nórdicas con la literatura rabínica a la que se une con toda naturalidad la poesía persa y los *haiqus* japoneses y los tempranos heresiarcas cristianos. Recordemos, de otra parte, que Carlos Fuentes hace gala de un eclecticismo gozoso semejante en *Terra nostra* por no mencionar el obvio disfrute del García Márquez de los *Cien años de soledad* con los escritores sánscritos y los vendedores ambulantes árabes. Lo mismo cabría decir de aquel lector voraz que fue Alejo Carpentier y de Severo Sarduy, que con tanta alegría baraja la literatura del Nepal junto a la francesa y la de su añorada Cuba natal. Otro tanto de los nicaragüenses Rubén Darío y Ernesto Cardenal: de todos es conocida la cultura abismal y heterodoxa de Rubén, pero su compatriota no se queda atrás en obras como su reciente y espléndido *Cántico cósmico,* Ed. Nueva Nicaragua, Managua 1989, en el que hace suyas todas las manifestaciones místicas de Oriente y Occidente. Parece que Umberto Eco ha aprendido algo de sus colegas hispanoamericanos en su propia manera de hacer arte, a su vez notoriamente ecléctica. Importa decir, de otra parte, que numerosos escritores españoles contemporáneos no cabrían ya en el «ensimismamiento hispano» al que aludía Goytisolo; pensemos —por recordar aquí sólo unos pocos nombres— en Julián Ríos, en José Ángel Valente, y en Luis Antonio de Villena.

296 «El lenguaje del cuerpo...», pág. 174.

297 Todavía está por hacerse un estudio de conjunto sobre el erotismo en la literatura hispanoamericana, que sería muy interesante contrastar con lo que venimos diciendo aquí de la peninsular. Por lo pronto, en lo que a la literatura de la colonia peruana se refiere, Mercedes López-Baralt ha señalado con enorme acierto las puntualizaciones eróticas del indio Guamán Poma de Ayala, que escribe un tratado sobre el «buen gobierno» que desea para su nación sojuzgada. El autor, que entrevera su castellano de quechua, satiriza los *mores* sexuales de tantos sacerdotes injustos como parece que conoció en su Perú virreinal. Lo hace de manera solapada, tanto en su texto escrito como en su texto gráfico. Cf. M. López-Baralt, «La estridencia silente: oralidad, escritura e iconografía en la Nueva Corónica de Guamán Poma», en *La Torre (N. E.)* III (1989), págs. 609-649 y «Sobre frutas y aves: bodegones coloniales en la Nueva Corónica de Guamán Poma», en prensa en la *Revista de Estudios Hispánicos* de la Universidad de Puerto Rico.

298 Debemos a Milagros Torres un ensayo muy incisivo sobre el flagrante erotismo del Lope aún relativamente juvenil: «Algunos aspectos del erotismo en el primer teatro de Lope», en *Edad de Oro* IX, págs. 323-333. Es tan sugerente el estudio que no podemos sino desear que la autora lo extienda al resto del teatro lopesco. (Enorme empresa sin duda, pero sería de veras iluminadora.)

CAPÍTULO IV. ENTRE ORIENTE Y OCCIDENTE. LAS LECTURAS DEL DEÁN DE CÁDIZ O DE CÓMO LOS LIBROS EROTOLÓGICOS ORIENTALES CIRCULARON EN EUROPA

1 *Cantigas d'escarnho e de mal dizer dos cancioneiros medievais galego-portugueses,* Ed. Galaxia, Coimbra 1970, pág. 42. Citamos por Francisco Márquez Villanueva, «Las lecturas del Deán de Cádiz», en *Cuadernos Hispanoamericanos* 395 (1983), págs. 331-345, refundido en *Studies on the Cantigas de Santa María: Art, Music and Poetry. Proceedings of the International Symposium on the Cantigas de Santa María,* I. J. Kotz y J. E. Keller (eds.), Hispanic Seminary of Mediaeval Studies, Madison 1987, págs. 329-354, bajo el título de «Las lecturas del Deán de Cádiz en una cantiga de mal dizer». Agradezco a mi admirado colega Márquez Villanueva el que me facilitara una copia mecanografiada de su ensayo cuando aún se encontraba inédito. He aquí el resto de la cantiga:

E ainda vos end'eu mais direi:
macar no leito muitas el ouver,
por quanto eu de sa fazenda sei,
conos livros que ten, non á molher
a que non faça que semelhen grous
os corvos, e as anguias babous,
por força de foder, se x'el quiser.

Ca non a mais, na arte de foder,
do que e nos livros que el ten jaz;
e el á tal sabor de os leer,
que nunca noite nen día al faz;
e sabe d'arte do foder tan ben,
que conos seus livros d'artes, que el ten,
fod'él as mouras cada que lhi praz.

E mais vos contarei de seu saber,
que conos livros que él ten i faz:
manda-os ante si todos trager,
e pois que fode per eles assaz,
se molher acha que o demo ten,
assi a fode per arte e per sen,
que saca dela o demo malvaz.

E, con tod'esto, ainda faz al
conos livros que ten, por boa fe:
se acha molher que aja o mal
deste fogo que de Sam Marçal é,
assi a avai per foder encantar
que, fodendo, lhi faz ben semelhar
que é geada ou nev'e non al
(Márquez, *op. cit.*, pág. 332).

2 *Alfonso X of Castille. Patron of Literature and Learning*, Clarendon Press, Oxford 1951, pág. 106, *apud* Márquez, «Las lecturas...», pág. 336.

3 *A History of the Arabs. From the Earliest times to the Present*, Mac Millan St. Martin's Press, Nueva York 1968, pág. 685.

4 *L'esprit courtois en Orient dans les cinq premiers siècles de l'Hegire*, Ed. G.-P. Maisonneuve et Larose, Paros 1968, pág. 21.

5 Cf. *La historia de la Donzella Teodor. Ein Spanisches Volksbuch Arabischen Ursprungs*, Akademie der Wissenchaften und der Literatur, Mainz 1962, editada por Walter Mettman; y José Vázquez Ruiz, «Una nueva versión árabe del cuento de la Donzella Teodor», en *Miscelánea de Estudios Árabes y Hebraicos* I (1952), págs. 149-153.

6 «La Doncella Teodor. Un cuento de Las mil y una noches, un libro de cordel y una comedia de Lope de Vega», en *Estudios y discursos de crítica histórica y literaria*, Santander 1941, pág. 237. Añadimos como nota curiosa un dato que parece transparentar una antigua rencilla del maestro santanderino para con la literatura árabe: en este ensayo, Menéndez Pelayo llega al extremo de comentar que los pueblos árabes carecen de imaginación. Ni siquiera *Las mil y una noches* son una excepción a la regla: todo, según él, lo toman prestado de persas e indios (*op. cit.*, pág. 219). Miguel de Cervantes no estaría de acuerdo con el ilustre hispanista: no tenemos más que recordar el «terror» instintivo de don Quijote ante los posibles excesos de la imaginación de su supuesto autor Cide Hamete Benengeli, que quitan la tranquilidad al personaje desde el instante mismo en que se entera de que es nada menos que un agareno de imaginación febril quien tiene a cargo el narrar su vida, sus amores y sus aventuras.

7 Mettman, *op. cit.*, pág. 117; Márquez Villanueva, *op. cit.*, págs. 343-344.

8 Deseo expresar mi más profunda gratitud al colega Solomon, que me facilitó las galeradas de su libro, que acaba de ver la luz en estos momentos en el Hispanic Seminary of Medieval Studies de Madison, Wisconsin (1990). El profesor Solomon, con una generosidad verdaderamente excepcional, me prestó una ayuda invaluable con las fuentes bibliográficas de este capítulo. Mi gratitud especial también a mi hermana y colega, Mercedes López-Baralt, que durante su estadía como profesora visitante en la Universidad de Emory en Atlanta hizo posible que obtuviera a tiempo las fotocopias de estos textos.

9 Adelantamos también —porque tendremos ocasión de irlo viendo con los textos a mano— que parece quedar incólume la originalidad del tratado erótico del anónimo Refugiado de Túnez en lo que a su encendida espiritualidad se refiere.

10 *Constantini Liber de coitu. El tratado de andrología de Constantino el Africano,* estudio y edición crítica de Enrique Montero Cartelle, Santiago de Compostela 1983, pág. 66.

11 *Chronica monast. Casinensis,* MGH Scriptores VII, 728, *apud* Montero Cartelle, *op. cit.,* pág. 20.

12 Cf. su importante estudio *Sexualité et savoir médicale au Moyen Age,* Presses Universitaires de France, París 1985, pág. 161.

13 *Op. cit.,* pág. 24.

14 Como se sabe, los árabes tradujeron e hicieron suya desde muy temprano la tradición médica griega. El importantísimo texto *Sobre las partes afectadas* (*De locis affectis*), que Galeno redactaría hacia el siglo II de la era cristiana, se vierte al árabe y de ahí al hebreo en plena Edad Media. Por cierto que aún conmueve la modernidad de Galeno, con sus intuiciones sobre la «histeria» que produce la retención del semen (tanto «masculino» como «femenino») en los continentes. Cf. *On the Affected Parts. Translation from the Greek with Explanatory Notes by Rudolph E. Siegel, M. D.,* S. Karger-Basel-München-París-Londres-Nueva York-Sydney 1976.

15 Claro que estas declaraciones en primera persona las puede estar traduciendo directamente de su fuente árabe original.

16 *Liber minor de coitu. Tratado menor de andrología. Anónimo salernitano,* edición crítica, traducción y notas de E. Montero Cartelle, Universidad de Valladolid, 1987.

17 *Ibid.,* págs. 16-17.

18 *Ibid.,* pág. 16.

19 Algo sugiere al final de su tratado *Sobre las partes afectadas* en torno a lo beneficioso de algunos alimentos para la excitación sexual, pero no ofrece ninguna descripción o receta de los mismos ni se detiene en su funcionamiento.

20 El *Canon* tiene cinco libros, cada uno con distintas subdivisiones. Entre los asuntos que explora está la descripción del cuerpo humano su constitución, miembros, temperamentos, facultades y enfermedades, así como los medicamentos farmacológicos para el tratamiento de distintas enfermedades.

21 Su versión medieval ve la luz en Milán en 1473.

22 Cf. Soheil M. Afnan, *Avicenna. His Life and Works,* George Allen y Unwin LTP, Londres 1958, pág. 205.

23 *Canon,* liv. III, fen. 21, tr. 1, c. 9, *apud* Jacquart y Thomasset, *op. cit.,* pág. 181.

24 La cita es del comentario de Foligno al *Canon,* editado en Venecia en 1520. Cf. Jacquart y Thomasset, *op. cit.,* pág. 183.

25 Ed. Lyon, 1498, *apud* Jacquart y Thomasset, *op. cit.,* pág. 182.

26 *Rosa anglica,* Michel Mauger, Augsburg 1595; pág. 555, *apud* Jacquart et Thomasset, *op. cit.,* pág. 182.

27 *Rosa anglica,* pág. 557, *apud* Jacquart y Thomasset, *op. cit.,* pág. 183.

28 Cf. Muḥammad b. 'Abdallah b. al-Jatib, *Kitāb al-Wuṣūl li-ḥfẓ al-ṣiḥḥa fī-l-fuṣūl,* edición, estudio y traducción de María de la Concepción Vázquez de Benito, Universidad de Salamanca, 1984, pág. 153, y Antonio Arjona Castro, *La sexualidad en la España musulmana,* Universidad, Córdoba 1985, pág. 107.

29 He aquí algunas de sus aportaciones noveles a las enseñanzas del *Canon: Tertio debet vir mulierem tangere ut circa mamillas et leviter et specialiter capita mamillarum oscula nungere, Practica maior, ibid., apud* Jacquart y Thomasset, pág. 184.

30 Cf. Jacquart y Thomasset, *op. cit.,* pág. 185.

31 «Human Sexuality in Twelfth-through Fifteenth-Century Scientific Writings» en Vern L. Bullough y James Brundage (eds.), *Sexual Practices...,* pág. 203.

32 *Tractatus de matricibus,* f. z4 verso, *apud* Lemay, *op. cit.,* pág. 281.

33 *Tractatus de matricibus,* f. z4 verso, *apud* Lemay, *op. cit.,* pág. 202.

34 De ellos nos da noticia, una vez más, Lemay, *op. cit.,* págs. 202-203.

35 Comentario al *De secretis mulierum,* f E6 verso, *apud* Lemay, *op. cit.,* pág. 281.

36 *Summa conservationis,* f. i3vb, *apud* Lemay, pág. 202.

37 *Ibid.*

38 Comentario al *De secretis mulierum,* f. E6 verso, *apud* Lemay, *op.cit.,* pág. 281.

39 Cf. Arnaldo de Vilanova, *Escritos condenados por la Inquisición,* introducción, traducción y notas de Elena Cánovas y Félix Piñero, Editora Nacional, Madrid 1976.

40 *Ibid.,* pág. 38.

41 Cf. Arnau de Vilanova, *Obres catalanes. Volum II: Escrits mèdics,* al cuidado del padre Miquel Batllori, S. J. Prólogo de Joaquim Carreras i Artau, Ed. Barcino, Barcelona 1947, págs. 19 y ss.

42 Citamos por la edición contenida en *Hec sunt opera... recognita ac emendata,* Lyons 1509, que es la que usa Lemay en su citado ensayo. La autora no indica si se trata de la refundición latina de Albenzoar, que consignan Batllori y Carreras bajo el título de *Liber de conservatione corporis humani et regimine sanitatis* de Abū-l-Ala Zūhr, *op. cit.,* pág. 20.

43 *De regimine...,* fol. 213, *apud* Lemay, pág. 202.

44 *De coitu,* en *Hoc sunt opera...,* fol. 27, *apud* Lemay, pág. 203. Debe tratarse del mismo texto que reseñan Batllori y Carreras en la pág. 36 de su citado estudio.

45 Cf. Batllori y Carreras, *op. cit.,* pág. 75. Los eruditos estudian exhaustivamente los tratados de higiene del maestro catalán, que tenemos documentados en distintas versiones de su obra. No se conoce el original de esta versión romanceada que citamos, aunque los estudiosos indican su evidente tradición grecoárabe. Posiblemente el propio Arnaldo se sirvió para su confección de textos que ya había trabajado anteriormente, como su propia traducción latina de Albenzoar.

46 *Obres catalanes,* vol. II, pág. 131.

47 Que también nos alecciona en lo tocante al *amor hereos* o a la enfermedad de amor que aqueja al enamorado que se obsesiona con el objeto de su pasión hasta el punto de perjudicar su salud. Michael R. MacVaugh no tiene dudas en atribuir el *Tractatus de amore heroico* a Arnaldo, que debió de escribir hacia 1280, sirviéndose, una vez más, de fuentes grecoárabes. Cf. *Arnaldi de Vilanova. Opera omnia. Tractatus de amore heroico. Epistola de dosi tyriacalium medicinarum.* Eddidit Michael R. MacVaugh, Seminarium Historiae Medicae Cantabricense, Barcelona 1985.

48 Los europeos no fueron los únicos en dejarse influir por la medicina árabe. Lo mismo sucedió con la medicina judía, que casi podemos considerar parte de esta tradición árabe que venimos explorando. Uno de los casos más importantes en este sentido es el del *Fi-l-Yima* o *De coitu,* atribuido al célebre sabio cordobés del siglo XII Moisés Maimónides. Morris Gorlin edita y traduce algunas de las versiones de estos tratados adjudicados al filósofo hispanohebreo en su *Maimonides «On Sexual Intercourse». Fi'l Jima,* Rambash Publishing Co., Brooklyn, Nueva York 1963. Algunos de estos tratados están escritos en árabe y con las invocaciones iniciales a Alá, por lo que es fácil deducir que se trata de una refundición árabe de lo que acaso escribiría Maimónides en un original que sería, de otra parte, también en árabe, ya que casi todos sus escritos de esta materia figuran en esta lengua. Se conservan otras versiones en árabe transliterado con caracteres hebreos: como quiera que sea, la tradición islamizante de estos opúsculos médico-eróticos, fuertemente influidos por el *Canon* de Avicena, es palmaria. Debemos apuntar que casi siempre la sabiduría de estos tratados atribuidos a Maimónides se reduce a afrodisíacos, masajes y recetas para propiciar el coito, y que no incluyen instrucciones sobre la técnica propia del «arte» de amar. Jacquart y Thomasset subrayan, por su parte, y me parece que con razón, el hecho de que este *De coitu* atribuido a Maimónides establece un vínculo importante entre la dimensión física y psíquica del acto sexual: el estado de ánimo y los pensamientos que excitan o que deprimen el deseo, entre otros factores. Pero debemos añadir a la observación de los colegas que sobre estas cosas también tuvieron mucho que decir los galenos árabes, sobre todo el citado Ibn al-Jatib.

49 Cf. *Constantini Liber de coitu...,* pág. 24.

50 Citamos a Jacquart y Thomasset, *op. cit.,* pág. 105.

51 Cf. *ibid.*

52 Jacquart y Thomasset dan detalles de ello (pág. 177).

53 Fue editado por J. Schott en Estrasburgo en 1564.

54 El congreso se celebró en la Universidad de Princeton (octubre de 1985). Las actas se publicaron en el volumen *Américo Castro: the Impact of his Thought. Essays to Mark the Centenary of his Birth,* Ronald E. Surtz, Jaime Ferrán y Daniel P. Testa (eds.), The Hispanic Seminary of Medieval Studies, Madison, Wisconsin 1988. El ensayo de Menocal se encuentra entre las páginas 183-190.

55 Una vez más, agradezco al colega su generosidad por facilitarme las galeradas de su texto, aún inédito al momento de redactar estas páginas. Apareció, como dejé dicho (*véase* nota 8), en 1990.

56 *Speculum al joder. Tratado de recetas y consejos sobre el coito,* Pequeña Biblioteca Calamvus Scriptorius, 1978.

57 A. Cardoner i Planas en su *Història de la Medicina a la Corona d'Aragó,* Ed. Scientia, Barcelona 1973, pág. 56, considera que el *Speculum* es una traducción del árabe o del hebreo. Cf. Vicens, *op. cit.,* pág. 9. E. Montero Cartelle acaba de publicar al respecto el ensayo «Sobre el origen árabe del Speculum al foderi catalán y su relación con el *Liber minor de coitu* salernitano», en *Anuari de Filologia* XIV (1991) págs. 71-80.

58 *Ibid.,* pág. 16.

59 Citamos por las galeradas del *Mirror of coitus (Speculum al foderi)* de Solomon, pág. xiii.

60 *Op. cit.,* pág. xi.

61 Solomon advierte que el *Speculum* es original en esta distinción entre los factores fisiológicos y psicosomáticos del amor, y se detiene en su posible relación con el *amor hereos* o enfermedad de amor al que ya hemos hecho referencia (*op. cit.,* pág. vi).

62 *Op. cit.,* pág. 47. La autora ofrece el original catalán en la pág. 46, y Solomon, en la pág. 79 de su citada edición.

63 Cf. su sugerente ensayo «La bella de Juan Ruiz, toda problemas», en *De los siglos oscuros al de oro,* Gredos, Madrid 1964, págs. 86-99.

64 En su capítulo «Aquí fabla de la respuesta que Don Amor dio al Arcipreste» (vv. 423 y ss.).

65 Referimos al lector al conmovedor ensayo de Maurice Molho, «Una cosmogonía antisemita: Érase un hombre a una nariz pegado», en *Quevedo in Perspective*, Proceedings from the Boston Quevedo Symposium, oct. 1980, págs. 57-79.

66 Refiero al lector a mis ensayos «Juan Ruiz y el Šeyj Nefzāwī "elogian" a la dueña chica», en *La Torre* I (1987), págs. 461-472, y «La estética del cuerpo entre los moriscos o de cómo la minoría perseguida pierde su rostro» (en prensa) en Publications de la Sorbonne.

67 Solomon, *op. cit.*, pág. 79.

68 Una vez más refiero al lector a mi ensayo «Juan Ruiz y el Šeyj Nefzāwī "elogian" a la dueña chica».

69 Solomon lo recuerda, *op. cit.*, pág. ix.

70 Solomon, *op. cit.*, pág. 58.

71 Citamos por la edición en prensa de Solomon, *op. cit.*, pág. 87.

72 Jacquart y Thomasset, perplejos ante tal novedad cultural, comentan que «Le *Speculum* s'éligne insensiblement de la médicine pour rejoindre Ovide ou le monde des *Milles et une nuits*» (*op. cit.*, pág. 189).

73 Alfonso X, a través de su Deán, nos habla, como hemos dicho, de «libros de foder». Con esta misma frase comienza el anónimo catalán su tratado: «Dix Albufamet que con sie cosa que los libres [que] parlen en molt foder són molts atrobats...» (Solomon, *op. cit.*, pág. 47).

74 Agradezco una vez más a los colegas Michael Solomon y María del Carmen Simón Palmer, del Consejo Superior de Investigaciones Científicas de Madrid, que tanto nos han orientado en estos temas.

75 La ha editado para el Hispanic Seminary of Medieval Studies de Madison, Wisconsin (1987), en forma de microficha, y la cita proviene de la página 5 de su breve introducción. Por cierto que la Universidad de Madison, en colaboración con la Universidad de Salamanca, está llevando a cabo una formidable labor de edición de numerosos códices de estos temas, la mayoría de los cuales se encontraba en ediciones *princeps*.

76 También para el Hispanic Seminary of Medieval Studies de Madison, Wisconsin (1989).

77 Lilio, fol. 167v, *apud* Solomon, *op. cit.*, pág. xiv.

78 María Teresa Herrera edita el texto a su vez para el Hispanic Seminary of Medieval Studies de Madison, Wisconsin (1987).

79 La investigadora lo ofreció en un congreso sobre el erotismo celebrado en Madrid en 1989, bajo la dirección de Pablo Jauralde, que se vertió en las actas de *Edad de Oro* IX, que ya hemos tenido la oportunidad de citar. Agradecemos a la autora que nos facilitara la copia mecanografiada de su ensayo cuando aún se encontraba inédito (apareció entre las páginas 289-295 del citado volumen).

80 Fue impresa en Lovaina, por Rutgero Rescio.

81 Simón, *op. cit.*, pág. 294.

82 Lo hizo en su *Examen de ingenios*. Es Otis Green quien nos corrobora que Cervantes debió de haber leído al ilustre médico. Cf. «El ingenioso hidalgo», en *Hispanic Review* XXV (1957), págs. 175-193.

83 No falta ninguna página, sólo falta el capítulo. Coinciden con nosotros los bibliotecarios del ISOC de Madrid que me ayudaron a localizar el libro en que se debe de tratar de una censura al momento mismo de la edición.

84 Angel Alcalá, «Control inquisitorial de humanistas y escritores», en A. Alcalá *et al.*, *Inquisición* *española y mentalidad inquisitorial,* Ariel, Barcelona 1984, pág. 305. Cf. también Antonio Márquez, *Literatura e Inquisición en España, 1478-1814,* Taurus, Madrid 1980.

85 «Notas sobre brujería y sexualidad y la Inquisición», en Alcalá *et al., op. cit.,* pág. 235.

86 Cf. Alcalá, *op. cit.,* págs. 305-308.

87 «Sexualidad e Inquisición», en *Historia XVI: Artículos monográficos: La Inquisición,* 1986, pág. 75.

88 Curiosamente, justamente por estos mismos años la Inquisición se ceba en procesos «contra la inmoralidad», y Madrid, con sus abundantes burdeles, tiene la fama de ser una capital francamente licenciosa. Esta opinión le merece al inglés Francis Willughby (1673), que cree que sus habitantes son los más extremos en fornicación de toda Europa. Muchos extranjeros comparten este punto de vista. Cf. Kamen, «Sexualidad...», pág. 76.

89 Citamos por A. Márquez, «El léxico de los primeros alumbrados. Historia y tipología», en *En torno a la mística,* María Jesús Mancho Duque (ed.), Universidad de Salamanca, 1989, pág. 62.

CAPÍTULO V. LOS LIBROS DE AMOR DE ORIENTE. LA CONTEXTUALIDAD LITERARIA DEL «KĀMA SŪTRA ESPAÑOL»

1 *Entre monjes y musulmanes. El conflicto que fue España,* Alhambra, Madrid 1978, pág. 78.

2 *Ibid.,* pág. 80.

3 *Ibid.* Cantarino remite al estudio de Norman Daniel, *Islam and the West. The Making of an Image,* Londres 1975, págs. 96-102 y 135-161.

4 Para los musulmanes —y citamos a Cantarino— «la postura ética del cristianismo es innecesaria e injustificada exageración» (*op. cit.,* pág. 83).

5 Dejamos claro que nos estamos refiriendo a la concepción de la sexualidad tal y como la entendían las autoridades cristianas fundamentalmente en la época en que el morisco escribía su tratado erótico. Todos sabemos que después del Concilio Vaticano II las cosas han cambiado bastante en este sentido: ya se admite que el placer sexual es al menos uno de los fines lícitos del matrimonio. Sin embargo, ciertas ideas sobre el pecado original y sus consecuencias espirituales —y sexuales— han quedado incólumes. Es por ello por lo que prácticas como la contracepción aún se encuentran prohibidas a nivel eclesiástico oficial.

6 En su citado estudio *La erótica española en sus comienzos,* pág. 9.

7 *La sexualidad en el Islam,* pág. 146.

8 Abu Hamid Al-Ghazali, *Ihya 'Ulum ad-din,* Al-Makbata at Tiyariya al-Kubra, El Cairo, s. f., pág. 25; *apud* Fatima Mernisi, *Sexe-Idéologie-Islam,* vol. 1, pág. 7. (La traducción al castellano es nuestra.) Agradezco muy de veras a mis amigos Lourdes y 'Aziz Filali que me facilitaran el estudio de Mernisi en Rabat.

9 Cf. Mernisi, *op. cit.,* vol. 2, pág. 38.

10 El Corán, Juan Vernet (trad.), *op. cit.,* pág. 364.

11 *Op. cit.,* pág. 51.

12 Mernisi recuerda otro punto interesante al respecto que trae Algazel en su *Ihyā'* que nos puede resultar también algo curioso a los occidentales: «Dans la theorie musulmane, la civilization est la consequence de la satisfaction de l'energie sexuelle. Le travail n'est pas le résultat d'une frustration sexuelle mais d'une sexualité satisfaite, vécu de façon harmonieuse» (*op. cit.,* vol. I, pág. 32). De igual manera, hasta para el trabajo intelectual y para la vida religiosa misma la atisfacción carnal es positiva y no negativa.

13 Al-Ghazâlî, *Le livre des bons usages en matière de mariage (Extrait de l'Ihya' 'Oulum ed-Dîn ou: Vivification des Sciences de la foi)*, traducción francesa anotada de L. Bercher y G.-H. Bousquets, A. Maisonneuve, París 1953, pág. 28.

14 Prólogo a la edición de *The Perfumed Garden of Shaykh Nefzawi* traducida por sir Richard Burton, que ya hemos citado, Neville Spearman, Londres 1963, pág. 52.

15 *The Meaning of the Glorious Koran*, Nueva York 1954, págs. 405-406.

16 Mernisi cita el *Ihyā'*, *op. cit.*, vol. I, pág. 22.

17 Bouhdiba, *op. cit.*, pág. 143. Detalla más el teórico: «El amor es, pues, la mitad de la fe. [...] La mujer no es un bien poseído por el hombre, ni un mal en ella misma y, todavía menos, un medio de disfrute u objeto de placer para el hombre. Y el hombre a su vez no es un bien poseído por la mujer, ni un mal menor para ésta, ni objeto de placer o de simple disfrute. Lo que realmente cuenta es la relación de afecto que los une» (*ibid.*).

18 Es curioso advertir que los musulmanes son conscientes de que, como criaturas humanas, han nacido del placer y la felicidad sexuales. Hay un «expresivo *ritornello* tunecino» —las palabras son de Bouhdiba— que reza: «nuestra comunidad ha sido creada por la pasión amorosa» (*op. cit.*, pág. 154). Un cristiano recordaría aquí más bien aquello del «parir con dolor» mediante el cual fuimos traídos al mundo.

19 Las palabras son de Bouhdiba, *op. cit.*, pág. 150.

20 Recordemos que tanto en el antiguo mundo árabe, como en el hindú, se toleraban los matrimonios plurales y las esclavas concubinas, y el varón precisaría de afrodisíacos y de literatura erótica que lo ayudaran a estar a la altura de los reclamos de su vida sexual, exageradamente intensa.

21 «Beliefs About Human Sexual Function in the Middle Ages...», pág. 111.

22 *La sexualidad en la España musulmana*, pág. 10.

23 Radcliffe Umstead, «Erotic sin...», págs. 42-43, recuerda que en la Edad Media se acuñan cuatro términos para la pasión sexual pervertida: *libido*, *cupiditas*, *concupiscentia* y *luxuria*. Es interesante observar que estas palabras de tan fuerte carga erótica se entienden como transgresiones morales en la Edad Media europea, y que su contrapartida árabe las integra de lleno con más comodidad dentro de su concepción carnal (muy legítima por cierto) del matrimonio.

24 Continúa Bouhdiba: «No se trata de desembarazarse de lo sexual como de un fardo. Es necesario perderse en la voluptuosidad, prolongar el tiempo. De ahí la importancia del juego y de los pasos previos a la copulación. La mujer que va al *hammam*, la que pasa largas horas preparando los platos más variados, [...] más ingeniosamente compuestos, el hombre que va al mercado, para comprar vituallas, bebidas, sedas, perfumes, no están haciendo otra cosa que prepararse a las inmensas noches de amor» (*op. cit.*, pág. 242).

25 Citamos por Mernisi, *op. cit.*, vol. I, pág. 20. Algazel llega más lejos al equiparar, para todos los fines, la sexualidad del hombre con la de la mujer. Oigamos una vez más a Mernisi: «Imam Ghazali insiste sur la ressemblance entre la sexualité de l'homme et celle de la femme, comme le montre clairement le fait qu'il accorde à la femme l'expression incontestée de la sexualité phalique, à savoir l'ejaculation. La différence entre les sexes se trouve ainsi réduite à une simple différence de rythme de l'éjaculation, beaucoup plus lente chez la femme que chez l'homme» (*ibid.*, pág. 18). Añadamos a Mernisi que no es sólo Algazel quien piensa así, sino todos los erotólogos y médicos árabes de la antigüedad. Según Ibn Saad, *Kitāb al-Tabaqat al Kūbrā*, Dar Beyrouth, Beirut 1958, a la mujer se le atribuía incluso la eyaculación nocturna, y la capacidad de ver lo mismo que el hombre durante el sueño.

26 Traducimos el *ḥadīz* sirviéndonos de la versión que da de él G.-H. Bousquets en *L'éthique sexuelle de l'Islam*, G.-P. Maisonneuve y Larose, París 1966, pág. 46.

27 *Ibid.*

28 Citamos a Emilio García Gómez, en su citada edición de *El collar de la paloma* de Ibn Ḥazm de Córdoba, pág. 65.

29 *Historia del pensamiento en el mundo islámico,* Alianza Editorial, Madrid 1981, vol. II, pág. 55.

30 He aquí el fragmento de la azora XII, 31: «... cuando le vieron [a José] le alabaron, se cortaron las manos sin darse cuenta y exclamaron: "¡Dios nos guarde! ¡Esto no es un hombre! ¡Es un ángel noble!"» (*apud* Vernet, *op. cit.,* pág. 237).

31 Bouhdiba subraya, a su vez, la aguda sensibilidad de los árabes hacia la belleza que se capta por cada uno de los sentidos. Ahí está la mirada: «Cómo mirar y cómo ser mirado son objeto de aprendizaje preciso y minucioso que forma parte integrante de la socialización de lo musulmán». Está la «mirada lícita» (*al nadhar al muba'*) y su contrario, el *zinā'* [fornicación] o adulterio del ojo (*zina ul 'ayni*) (*op. cit.,* págs. 62-64). Por eso seguramente un antiguo poeta anónimo de nombre desconocido que cita Nefzāwī en *La gloria del jardín perfumado* cantó: «Somos una nación tan fuerte que podemos doblar el acero, pero sucumbimos ante los grandes ojos negros» (Neville Spearman, Londres 1975, pág. 21; la traducción es nuestra). Por cierto que los versos recuerdan aquel fandango que lanza su queja «Ni los corregidores / tienen poderes / para los ojos negros / de las mujeres». Bouhdiba continúa su exploración de esta hipersensibilidad árabe y se detiene también en el caso del oído. El mismo Corán «hace precisas recomendaciones sobre el ruido de los anillos de los pies (*khalkhal*). El *zina* [fornicación] de la oreja (*zina ul udhumi*) no es menos reprensible que el *zina* del ojo». Por todo ello, al musulmán le estará vedado deleitarse con la voz armoniosa de una mujer extraña, y de ahí la antigua costumbre según la cual si un hombre llama a la puerta de una casa en la que se encuentra una mujer sola, ésta debe contentarse con batir sus palmas (*op. cit.,* págs. 64-65).

32 Cf. J. M. Cowan, *Arabic-English Dictionary,* Spoken Language Services Inc., Ithaca, Nueva York 1976, págs. 310-311.

33 Citamos por la traducción de García Gómez de *El collar de la paloma,* págs. 99-100.

34 Por cierto que los intérpretes modernos del Corán entienden este paraíso en términos simbólicos. Nos explicaba el doctor Jaffri, nuestro profesor de historia del pensamiento islámico en la Universidad Americana de Beirut (1971), el sentido metafórico de este paraíso gozoso, donde todos los bienaventurados, tanto los hombres como las mujeres, que por cierto no se mencionan *ex profeso* en el contexto coránico, encontrarían la felicidad ultramundana. Recuerdo que, insistiendo en el carácter puramente simbólico de las descripciones de este Jardín celestial, Jaffri subrayaba el hecho de que él, como oriundo de Pakistán, tierra húmeda y lluviosa, no concebía como particularmente agradable la insistencia del libro revelado en las sombras frescas y en las abundantes aguas que prometía Alá a sus elegidos. Nunca olvidaré el enojo contestatario de algunos compañeros de clase sauditas ante mi antiguo maestro, que insistían en una interpretación puramente literal y fundamentalista del Corán. (Tanto los compañeros de estudio sauditas como el doctor Jaffri eran musulmanes devotos, pero la manera de interpretar su libro revelado era muy distinta en cada caso.)

35 Citamos a Sūyūtī a través de Bouhdiba, *op. cit.,* págs. 27-28. Respetamos la transliteración del *Kitab...* de Sūyūtī según la ofrece Bouhdiba.

36 *La escatología musulmana en la Divina Comedia,* Instituto Hispano-Árabe de Cultura, Madrid 1971, pág. 205.

37 *Ibid.,* pág. 203. A Miguel Asín no se le ocultan las raíces próximas que esta *donna angelicata* tiene en la literatura provenzal, en el *dolce stil novo,* en las teorías universales del amor espiritualizante inspirado por una mujer, e incluso en el temperamento híbrido de Dante, a caballo entre el misticismo y la sensualidad, pero —y volvemos a citar al maestro—: «todas estas explicaciones que se han dado y que nadie pretende negar, serán, si se quiere, la clave de la psicología, del proceso espiritual, interno, del poeta, pero dejan inexplicado el enigma concreto de la forma literaria,

externa, bajo la cual se reveló en este episodio del paraíso terrestre aquella psicología» (pág. 204). Los ejemplos que Miguel Asín expone al efecto son verdaderamente impresionantes para cualquier lector objetivo.

38 Citamos por un ensayo de Manuela Manzanares de Cirre, «El otro mundo en la literatura aljamiado-morisca», en *HR* XLI (1973), pág. 607.

39 Cf. Josy Eisenberg, *La supervivencia según el judaísmo, apud* Bouhdiba, *op. cit.*, pág. 127.

40 «Erotic sin...», pág. 82.

41 «Quevedo: la obsesión excremental», en *Disidencias...*, pág. 121.

42 Recordemos en este sentido a Hallāŷ, a Nūrī de Bagdad, a Rūmī, a Ibn 'Arabī, y al mismo Algazel. Michael Sells —por citar tan sólo un teórico reciente— ha reflexionado sobre estas honduras místicas inenarrables y al margen de todo lenguaje en dos ensayos espléndidos: «Ibn'Arabī's Garden Among the Flames: a Reevaluation», en *History of Religions* XXIII (1984), págs. 287-315, y «Ibn 'Arabi's Polished Mirror: Perspective Shift and Meaning Event», en *Studia Islamica* LXVI (1988), págs. 121-149.

De otra parte, es interesante recordar que los místicos occidentales —en especial los españoles— no parecen haber sido ajenos a una importante impronta musulmana en lo que a la imaginería plástica mística se refiere. La noche oscura del alma, los siete castillos concéntricos de la contemplación, las lámparas de fuego que son los atributos de Dios que alumbran al alma extática, las azucenas del dejamiento, entre tantos otros símbolos místicos, los preludiaron los sufíes mucho antes que san Juan de la Cruz y santa Teresa de Jesús (cf. mi libro, ya citado, *San Juan de la Cruz y el Islam*; y mi ensayo «Simbología mística musulmana en san Juan de la Cruz y en santa Teresa de Jesús», en *NRFH* XXX (1981), págs. 21-91.

43 Bouhdiba, *op. cit.*, págs. 133 y 128.

44 Prólogo a la traducción inglesa de sir Richard Burton de *El jardín perfumado* o *The Perfumed Garden* de Nefzāwī, pág. 36.

45 *Enciclopedia del erotismo*, vol. I, pág. 77.

46 *The Perfumed Garden*, pág. 71 (la traducción es nuestra).

47 Hitti dirime estas ideas en su citado *History ot the Arabs*.

48 Mernisi explora también con detalle —y con mucha valentía por cierto— la relación, a veces bastante atormentada, que Mahoma tuvo con sus coesposas, *op. cit.*, vol. I, págs. 38 y ss.

49 *La cultura de los árabes*, Siglo XXI Editores, México 1989, pág. 253.

50 Recuerdo lo bien que el público libanés solía entender obras teatrales de Federico García Lorca como *La casa de Bernarda Alba*, totalmente dependiente de un código de honor estricto con el que se identificaban de cerca.

51 Patai transcribe el curioso comentario del escritor argelino Mouloud Feraoun: «To date, social life, manners, customs had as their essential objective the *kalous*, safeguarding of the woman's sex. They [the men] consider this as inalienable, and their honor was buried in the vagina as if it were a treasure more precious than life...» (*op. cit.*, pág. 126). Hay que decir que Lope de Vega y Calderón hubieran estado más o menos de acuerdo. Aun cuando pudieran criticar los estrictos códigos de honor de su época —Lope lo hará en más de una ocasión— lo cierto es que este tipo de regla de honor pesaba sobre su sociedad renacentista de manera definitiva.

52 Antaki ofrece una bibliografía muy útil sobre el tema de la mujer musulmana a la que remitimos al lector (*op. cit.*, pág. 278).

53 Cf. el citado estudio de Wilhelm Hoenerbach: «Notas para la caracterización de Wallāda»; y Henri Pérès, *Esplendor de Al-Andalus*, Mercedes García Arenal (trad.), Hiperión, Madrid 1983.

54 Acaba de ver la luz un importante conjunto de estudios sobre el tema: *La mujer en Al-Andalus,* editado por María José Viguera, Ediciones de la Universidad Autónoma de Madrid/Editoriales Andaluzas, Sevilla 1990. Cf. también Elizabeth Warnock Fernea, *An Ethnology of an Iraqui Village,* Doubleday, Nueva York 1965, y la novela-reportaje de Françis Bonjean, *Confidences d'une fille de la nuit,* Éditions Marrocaines, Tánger 1968.

55 *Diwān de las poetisas del Al-Andalus,* Hiperión, Madrid 1986.

56 Patai comenta al respecto, por cierto, que la actitud hacia la homosexualidad era más liberal en los países árabes que en Occidente, al menos hasta la irrupción del movimiento de liberación gay. Señala además el estudioso que «the active homosexual role in particular is thought of [by the Arabs] as compatible with virile masculinity» (*op. cit.,* pág. 143).

57 Acaba de ver la luz una espléndida traducción inglesa de estas antiguas odas: *Desert Tracings. Six Classic Arabian Odes by 'Alqama, Shánfara, Labíd, 'Antara, Al-A'sha and Dhu al-Rúmma,* traducción e introducción de Michael A. Sells, Wesleyan University Press, Middletown, Connecticut 1989.

58 *L'esprit courtois en Orient das le cinq premiers siècles de l'Hégire,* pág. 434.

59 *Véanse* los estudios de Mohammed Ferid Ghazi, «Un groupe social: "les raffinés" (*ẓurafā'*)», en *Studia Islamica* X (1959), págs. 39-71, y de Lois Anita Giffen, *Theory of Profane Love Among the Arabs,* University of London, 1971.

60 El *Kitāb al-ẓahra* (o *zuhra*) ha sido traducido bien como el *Libro de la flor* (*zahra*) bien como el *Libro de Venus* (*zuhra*). La raíz árabe *z-h-r* (زهر) da pie a las dos versiones cuando no está vocalizada, y ambas casan bien con las refinadas intenciones amorosas de Ibn Dā'ūd.

61 También popularizaron el tema del amor mártir Abū Muḥammad Yâ'far As-Sarrāŷ (*Maṣāri al-'Uššāq*) y Abū'l-Faraŷ (*Ḏamm al-Hawā*). Cf. L. A. Giffen, *Theory...,* págs. 108-109.

62 Para un estudio acerca de las características religiosas del amor udrí, *véase* A. H. Kinany, *The Development of Gazal* [sic] *in Arabic Literature,* Syrian University Press, Damasco 1951, págs. 270 y ss.

63 *El collar de la paloma,* pág. 68.

64 Sobre estas *qiyān, véase* Al-Yâḥiẓ, «Risālat al-qiyān», en *Thalāth Rasā'il,* J. Finkel (ed.), Maṭba'at as-Salafiyya, El Cairo, 1382 H./1962-1963 d. C., págs. 54-76, y Charles Pellat, «Les esclaves-chanteuses de Ǧāḥiẓ», en *Arabica* X (1963), págs. 121-147.

65 Para más detalles acerca de esta vida lujosa y decadente de los califatos (incluyendo el de Córdoba), *véase* el capítulo primero de mi citado libro *Huellas del Islam en la literatura española. De Juan Ruiz a Juan Goytisolo.*

66 Tuve la oportunidad de asistir a un emocionante homenaje a Ziryab, con motivo de la celebración de los mil doscientos años de la Mezquita de Córdoba, en el que participaron orquestas de música andalusí de Marruecos y de Argel.

67 Darío Cabanellas, *El morisco granadino Alonso de Castillo,* pág. 168, nos da noticia de que el licenciado Castillo guarda una obra en arábigo encontrada en una cueva de las Alpujarras, titulada *Taúco el-Hamen,* que quiere decir «pecho de la paloma». Sospecha Francisco Márquez Villanueva en su citado ensayo «Las lecturas del Deán de Cádiz», pág. 338, que debe tratarse de *El collar de la paloma* de Ibn Ḥazm: de ser cierto, habría circulado la obra, sin duda popularísima, hasta el ocaso mismo de la cultura musulmana en la península. Es probable que así fuera. Sin embargo, dado el deterioro de la cultura de los moriscos de los últimos tiempos, sólo un reducido número de la casta marginada podría aún entregarse al disfrute de la literatura exquisita del teórico de amor cordobés.

68 No todos los sufíes neoplatónicos admitían los beneficios espirituales de la unión sexual. Abū Bakr Muḥammad b. Zakarīyya' ar-Rāzī (251/865-313/925), en un capítulo sobre el acto sexual inserto en su *At-Tibb ar-Rūhanī,* traducido al inglés por A. J. Arberry bajo el título *The Spiritual*

Physick of Rhazes, Wisdom of the East Series, John Murray, Londres 1950, denigra el amor carnal, que considera el apetito más reprehensible del hombre racional.

69 En Henri Pérès, *Esplendor de Al-Andalus*, pág. 425.

70 *Ibid.*, pág. 416.

71 *Ibid.*, pág. 414.

72 *Ibid.*, págs. 425 y 426.

73 *Ibid.*, pág. 425.

74 Sobre estos poetas, *véanse* también James T. Monroe, «Hispano-Arabic Poetry During the Caliphate of Córdoba», en *Arabic Poetry. Theory and Development*, G. von Grünebaum y Otto Harrassowitz (eds.), Wiesbaden 1973, págs. 125-154, y *Hispano-Arabic Poetry. A Student Anthology*, University of California Press, Berkeley/Los Ángeles/Londres 1974, así como Vicente Cantarino, «Aproximación al estudio del tema del amor en la poesía hispanoárabe de los siglos XII y XIII», en *Awrāq* I (1978), págs. 12-28.

75 Oigamos a Menocal: «*Ṭaraba* meant «to sing», and sing poetry, *tarab* meant «song», and in the spoken Arabic of the Iberian peninsula it would have come to be pronounced *trob*; the formation of the Romance verb through addition of the *-ar* suffix would have been standard» (*The Arabic Role in Medieval Literaty History*, University of Pennsylvania Press, Philadelphia 1987, pág. xi).

76 *Kāma Kalpa or the Hindu Ritual of Love*, D. B. Taraporevala Sons & Co., 11.ª ed. india, Bombay 1959, pág. 139.

77 Vātsyāyana, *The Kama Sutra. A Complete and Unexpurgated Edition of this Celebrated Hindu Treatise on Love*, Éditions de la Fontaine d'Or, París 1960, pág. 16. Advertimos que existen varias traducciones del *Kāma Sūtra* al inglés, de las que en general se sirven las traducciones en lengua española. No siempre los textos indican el nombre de su traductor. He aquí algunas de estas versiones traducidas: Vātsyāyana, *Kama Sutra. The Classic Hindu treatise on Love and Social Conduct*, sir Richard Burton (trad.), Dutton, Nueva York 1962; Vāstyāyana, *Kama Sutra. The Hindu Ritual of Love. Complete and Unexpurgated*, Castle Books, Nueva York, 1963; Anónimo, *Kama Sutra*, Francisco Gironella (trad.), A. T. E., Barcelona 1973; Anónimo, *Kama Sutra y Ananga Ranga*, León-Ignacio (trad.), Plaza y Janés, Barcelona 1987; Vātsyāyana, Kalyana Malla, Nefzawi, *Kama Sutra, Ananga-Ranga, El jardín perfumado*, edición española basada en la versión inglesa de sir Richard Burton y F. F. Arbuthnot, Plaza y Janés, Barcelona 1988; Juan B. Bergua (ed.), *Libros de amor de Oriente. Los Kama Sutra (Manual de erotología hindú), El Ananga-Ranga (Tratado hindú del amor conyugal), seguidos de La flor lasciva, El Libro de la voluptuosidad y de El Ktab (Libro musulmán de las leyes secretas del amor), publicado por primera vez en español*, traducción, notas y apéndices de Juan B. Bergua, Clásicos Bergua, Madrid 1974.

78 Para Algazel, *Iḥyā'*, pág. 62, la mujer ideal debe ser de grandes ojos (*'ayna*), de negras pupilas y de piel clara, y debe amar apasionadamente a su marido. Tanto Nefzāwī, *op. cit.*, pág. 21, como Vātsyāyana entran en más pormenores eróticos cuando describen a su fémina paradigmática. Es interesante señalar que el tratadista indio no se limita a los encantos físicos del arquetipo femenino: además de tener el rostro de luna, los ojos de gacela, el cuello hermoso y el sexo como el capullo de loto entreabriéndose, la *Padmini* o «mujer loto» ha de ser inteligente, religiosa y cortés. Cf. *Kāma Sūtra*, págs. 11-12. En seguida viene a la mente el caso del *Speculum al foderi*, que también hace gala de un interesantísimo canon estético femenino en el que ya nos hemos detenido (cap. IV).

79 No deja de ser curiosa la coincidencia del truco de la alcahueta del *Kāma Sūtra* con el de Celestina en la tragicomedia que lleva su nombre. Vātsyāyana aconseja al enamorado fingirse enfermo, y, mediante la ayuda de una alcahueta, procurar que su amada lo visite y sobre todo que le proporcione o le prepare personalmente su medicamento: no estamos muy lejos del dolor de muelas de Calisto y del cordón remedial de Melibea. Cf. *Kāma Sūtra*, págs. 150-151.

80 *Libros de amor...*, pág. 13.

81 *Kāma Sūtra,* págs. 16-17. Citamos por la versión inglesa de las Éditions de la Fontaine d'Or, que es una de las versiones más completas. Las traducciones españolas son, en la mayoría de los casos, abreviadas, derivativas e incompletas. (La traducción del inglés de la cita es nuestra.)

82 *Conjunciones y disyunciones,* pág. 103.

83 *Kāma Kalpa...,* pág. 75.

84 También la literatura erótica de la antigua China parece participar de esta armónica conjunción de lo erótico y lo espiritual. Suzanne Cahill advierte a los lectores occidentales de estos poemas que se trata de textos «both sexual and religious» [«Sex and the Supernatural in Medieval China: Cantos on the Trascendent who Presides Over the River», en *JAOS* CV (1985), pág. 198]. Ante esto, parece que no es osado suponer que la coexistencia de lo sexual con lo sagrado es una invención oriental.

Octavio Paz, sirviéndose del estudio de R. H. Van Gulik, *Sexual Life in Ancient China,* también nos orienta sobre lo abundante que fue este tema erótico en las letras chinas. Los seis *Tratados del lecho* del período Han desaparecieron por el celo de los neoconfucianos y la pudibundez de la dinastía Manchú. Han llegado a nosotros, sin embargo, tratados de la dinastía Sui, T'ang y Ming: el nombre colectivo de estas obritas es *Fang-nei* (literalmente «dentro de la cama») y *Fang-shi* («el asunto de la cama»). Se trataba de libros sumamente populares, ilustrados, que constituían una suerte de manuales de uso común, principalmente entre los recién casados y solteros de ambos sexos. Solían tener un formato didáctico de preguntas y respuestas. Cf. Paz, *op. cit.,* págs. 96-97.

85 Resulta curiosa la razón que da el editor León-Ignacio para no considerar pornográfico el *Kāma Sūtra*: el texto, tan calculado que clasifica a hombres y mujeres de acuerdo con especies, «es lo más opuesto a la pornografía, ya que tiene la misma emotividad que un tratado de avicultura»; está redactado «igual que si se tratara de un manual de botánica o de relojería» (*Kama Sutra. Ananga Ranga...,* pág. 18). Creo que las razones para la condición respetable del antiguo manual de amores hindú es mucho más compleja de la que expone el prologuista citado.

86 No deja de ser interesante reflexionar que los occidentales, acostumbrados a considerar como inaceptable o «pecaminosa» casi cualquier manifestación, incluso artística, de la sexualidad, tengamos serias dificultades en distinguir la venerabilidad de tratados serios como el *Kāma Sūtra* o el *Ihyā'* de Algazel, de otros puramente pornográficos o lúdicos como los de un Sūyūtī o los de un Al-Tīfāŷī. Solemos imponer a todos estos textos por igual nuestras propias coordenadas de pensamiento, en las cuales en general el sexo no está bien visto, y transformamos indefectiblemente los tratados orientales que pasan por nuestras manos. Sobre esta dimensión de la lectura, mediante la cual un lector impone sus propias coordenadas culturales al texto que lee, desvirtuándolo por completo, ha escrito Jacques Leenhardt un importante ensayo: «Toward a Sociology of Reading», en *The Reader in the Text. Essays on Audience and Interpretation,* Susan Suleiman y Inge Crossman (eds.), Princeton University Press, 1980, págs. 205-224.

87 Cf. *Kāma Kalpa...,* págs. 75-76.

88 Bergua, *op. cit.,* págs. 19-20, pormenoriza aún más estas *trivagas*: el *dharma* es la obediencia al mandamiento de los *shastra* o Escritura Santa de los indios, de cumplir con ciertas obligaciones y de inhibirse de otras como comer carne. El *artha* es la adquisición de industria, tierra, oro, ganado, riqueza y amigos. Implica, por otra parte, la protección y acrecentamiento de lo adquirido. *Kāma,* por último, es el deleite de los objetos percibidos por los cinco sentidos: oído, tacto, vista, paladar y olfato, asistidos del espíritu unido, es decir, del alma. Uno de los propósitos que se persigue en el *kama* es el establecer un contacto especial entre el órgano del sentido y su objeto: la conciencia del placer que de aquí se alcanza es lo que se llama precisamente *kāma.* Esto es precisamente lo que enseña el *Kāma Sūtra,* o *Aforismos sobre el amor. Véase* también Ludo Rocher, «The Kamasutra: Vatsyayana's Attitude Towards Dharma and Dharmasastra», en *JAOS* CV (1985), págs. 521-530.

89 León-Ignacio, *op. cit.,* pág. 17, comenta que el *Kāma Sūtra* tiene como uno de sus fines el conseguir ciudadanos sexualmente satisfechos, para así evitar el gran mal del adulterio. Lo considera un texto que celebra el amor dentro del matrimonio. Octavio Paz, por su parte, explica que, a diferencia de los tratados chinos, el manual amatorio de Vātsyāyana no es un tratado de relaciones conyugales exclusivamente, sino que abarca toda la gama del comercio carnal entre hombres y mujeres, incluyendo la seducción de muchachas solteras, cortesanas, viudas y casadas. «El tema del libro es francamente el placer y más bien en la calle que en el hogar. El placer concebido como un arte y como un arte de gente civilizada» (*op. cit.*, pág. 102).

90 *Kāma Sūtra*, pág. 80. (La traducción es nuestra.)

91 El *Kāma Sūtra* fue introducido en Occidente hacia 1880, gracias a la traducción inglesa de sir Richard Burton.

92 Cf. Bergua, *op. cit.*, págs. 5-6, y Thomas, *op. cit.*, págs. 75-76.

93 La información es de Bergua, *op. cit.*, págs. 6-9.

94 León-Ignacio nos informa acerca de la historia de las traducciones al inglés del texto (*op. cit.*, págs. 11-12). Según Bergua, la suya es la primera traducción al español, aunque debe de estar basada en estos textos ingleses (*op. cit.*, pág. 9).

95 Bergua, *op. cit.*, págs. 273-274.

96 *Ibid.*, pág. 189.

97 En su prólogo a la citada edición inglesa (1963) de *The Perfumed Garden*, pág. 27.

98 Hay distintas versiones del texto en árabe, como la ya citada de El Cairo, Al-Makbāta al-Tiŷariya al-kūbrā, s. f., y una versión francesa: la también citada *Le libre des bons usages en matière de mariage. Extrait de l'Ihya. 'Ouloum ed-dîn ou Vivification des Sciences de la foi*. En seguida nos referiremos al estudio que Miguel Asín llevó a cabo sobre esta obra.

99 En mi edición de los *Šādilīes y alumbrados* de Miguel Asín, Hiperión, Madrid 1990, señalo el hecho de que el admirado maestro, sobre todo en sus primeras obras, pero a excepción de *La escatología musulmana en la Divina Comedia*, tendía a estudiar los textos árabes desde presupuestos cristianos, o buscando las huellas del cristianismo que hubiera podido haber en los mismos. De ahí títulos sugerentes como *El Islam cristianizado* y *Algazel y su sentido cristiano* (el subrayado es nuestro).

100 Šayj (شيخ) es título honorífico que equivale a «anciano venerable», «maestro», «jeque».

101 Tenemos una versión impresa del texto en árabe, entre las muchas que existen hoy, *Rawḍ al-'Atīr*, Maktabatu al-Manār, Túnez, s. f., así como distintas versiones en lenguas occidentales. He aquí algunas de las más importantes. Además de la ya citada de sir Richard Burton, existe otra edición de esta misma traducción, menos anotada, y publicada por Castle Books, Nueva York 1964. En francés aparece bajo el título de *Le jardin perfumé*, y forma parte de la colección *Le livre d'amour de l'Orient*, Bibliothèque des Curieux, París 1922. Acaba de aparecer la edición española, aunque derivada de las versiones inglesas, en el citado *Kama Sutra. Ananga-Ranga. El jardín perfumado. Clásicos de la literatura erótica oriental*. De otra parte, también contamos con una versión inglesa de la continuación de *El jardín perfumado*, atribuida a Nefzāwī (el traductor translitera «Nafzawi»): *The Glory of the Perfumed Flower. The Missing Flowers* (el prologuista del texto sólo firma: H. E. J., y el libro se publica, como ya adelantamos en otro lugar, en Neville Spearman, Londres 1975).

La historia de las primeras traducciones de *El jardín perfumado* se lee como una novela. Hacia 1876 ya estaba la obra vertida al francés, y es entonces cuando cae en manos de Guy de Maupassant, que la hace reproducir en 1884. De esta versión es de donde sir Richard Burton la traduce anónimamente al inglés (1886), y sólo más tarde, del árabe original (1888). Cuando muere, su viuda quema el manuscrito. El primer traductor había eliminado el capítulo sobre la homosexualidad, que aparentemente Burton quería restituir (*The Glory...*, págs. 2 y ss.).

102 El dato es del prologuista de *The Glory...*, pág. 13. Dado lo poco conocida que es aún la figura de Nefzāwī, los estudiosos no se han puesto de acuerdo en lo que concierne a las fechas exactas de su vida. El coeditor de la edición citada de sir Richard Burton (pág. 7), Alan Hull Walton, aunque propone la fecha tardía del siglo XVI para la vida del erotólogo, acepta en una nota al pie que, a la luz de las investigaciones (entonces recientes) de estudiosos como C. F. Seybold, *El jardín perfumado* se debió de escribir entre 1394 y 1433.

103 A pesar del despliegue de sabiduría erótica y de refinamiento cultural del que hace gala Nefzāwī, es tal la dificultad que hemos tenido los occidentales para con estos textos de amor de Oriente, que el anónimo prologador de la edición francesa que citamos se refiere a los árabes como «un peuple encore dans l'enfance en ce qui concerne l'art d'aimer» (pág. 7).

104 Acaso le llegó al morisco el texto de algún imitador de Nefzāwī, o una versión anónima de *El jardín perfumado.*

105 Sobre Al-Waglīsī al-Magrabī, *véase* Carl Brockelmann, *Geschichte der Arabischen Litteratur,* en *Suppl.* II, Leiden 1938, págs. 351-352.

106 Consigno mi agradecimiento profundo a tantos colegas como me ayudaron en la difícil tarea de dar con las obras de Zarrūq: a Annemarie Schimmel, de Harvard, que me orientó y me puso en contacto con el profesor Fritz Meier, a quien debo mi conocimiento de la única biografía existente de Zarrūq; y a L. P. Harvey, de Londres, que pudo fotocopiar el elusivo texto biográfico de Ali Fahmi Kushaim, al que ya nos hemos referido (*Zarrūq the Sūfī. A Guide in the Way and a Leader to the Truth*). Este estudio me dio a su vez acceso a la información de los códices inéditos de Zarrūq. Fue mi colega Hossein Bouzineb, de la Universidad de Rabat, quien ubicó los textos de la *Naṣīḥa* y del *Šarḥ* en la Biblioteca de la Universidad de Rabat, y con quien traduje luego al español ambos tratados. Consuelo López Morillas, de la Universidad de Bloomington en Indiana, me envió una rarísima copia de una litografía de la *Naṣīḥa al kāfiyya* que había en la biblioteca de su universidad; y Jesús Riosalido, hoy honorable embajador de España en Siria, y antes director del Instituto Hispano-Árabe de Cultura, me hizo llegar copias fotostáticas de la *Naṣīḥa,* y de varios tratados manuscritos en que la comentaban, procedentes de la Biblioteca de El Cairo. Sin esta ayuda indispensable, que agradezco con toda el alma, no me hubiera sido posible escribir estas páginas en torno a la fuente literaria principal de nuestro morisco anónimo.

107 Carta del 7 de enero de 1986.

108 Carta del 11 de febrero de 1987.

109 Tomamos principalmente nuestros datos de los siguientes estudios: la citada biografía de Kushaim; C. Brockelmann, *Geschichte des Arabischen Litteratur,* págs. 360-362; y Muhammed Ben Cheneb, *Étude sur les personnages mentionnés dans l'Idjaza du Cheikh 'Abd el-Oâdir el Fâsy,* extracto del tomo IV, *Actes du XIVe Congrès International des Orientalistes,* París 1907, págs. 99-101.

110 Continúa Kushaim: «Although the derivation does not correspond with Arabic etymology it is obvious that the nickname has its roots from the word *azraq* (blue)» (*op. cit.,* pág. 10).

111 *Apud* Kushaim, *op. cit.,* pág. 32.

112 *Šāḏilīes y alumbrados,* pág. 101.

113 El término *wazifa* se usa para el oficio diario o para una porción del Corán que debe ser leída por musulmanes piadosos. El *Wazifa* de Zarrūq contiene versos coránicos, así como oraciones atribuidas al profeta, y es un texto sencillo y claro. Cf. Kushaim, *op. cit.,* págs. 134 y ss.

114 Kushaim se refiere a este texto en la página 58 de su catálogo (*op. cit.*).

115 El propio Zarrūq escribe un comentario a su *Naṣīḥa,* contenido en la Biblioteca de Rabat 747 Q, que no hemos tenido la oportunidad de leer.

116 En su *Catálogo de los manuscritos árabes existentes en la Biblioteca Nacional de Madrid,* Imp. Manuel Tello, Madrid 1889, F. Guillén Robles alude al ms. Gay. 209-CLXXVI, aparentemente atribuido a «Azzabag» (¿aquel erotólogo «Aṣbag» que cita el refugiado de Túnez? Este «Azzabag», a su vez, parece comentar el texto de un autor llamado «Abdul Abbas Ahmed ben Muh. Alfasi Aljazza Zarruq», que debe de ser, sin lugar a dudas, nuestro erotólogo marroquí. Recordemos que, aun cuando se trate del mismo Zarrūq que venimos estudiando, eso no significa necesariamente que sus textos circularan en España. La catalogación del manuscrito nos deja ver que perteneció a la colección de Gayangos, y ya explicamos (cap. I) que el ilustre bibliófilo adquirió casi todos sus manuscritos en Oriente.

117 Julián Ribera y M. Asín Palacios nos dan noticia de este Compendio del *Iḥyā'* contenido en el ms. XXI de la Biblioteca de la Junta. *Manuscritos árabes y aljamiados de la Biblioteca de la Junta,* Madrid 1912, págs. 95 y ss.

118 Vicente Cantarino, *op. cit.*, pág. 79, y C. Brockelmann, *op. cit.*, vol. I, págs. 127 y ss., nos dan noticia de este autor.

119 Bergua, quien edita este texto en su citada antología, explica que es muy poco lo que se sabe de este autor tardío.

120 Bergua, *op. cit.*, pág. 462.

121 «William of Saliceto», pág. 171.

122 Se traduce al hebreo rápidamente. *Véase* la citada edición inglesa de Morris Gorlin, Rambash Publishing Co., Brooklyn, Nueva York 1961.

123 Danielle Jacquart y Claude Thomasset, en su citado libro *Sexualité et savoir médical au Moyen Age,* son quienes nos dan noticia de muchos de estos galenos erotólogos (págs. 169 y ss.).

124 Su obra, titulada *Rušd al-labīb ilā mu'ašarat al-ḥabīb,* ha sido objeto de una traducción al alemán, según indican Jacquart y Thomasset, *op. cit.*, pág. 173.

125 Para la historia de estos médicos musulmanes, consúltese también M. Ullmann, *Die Medizin im Islam,* Brill, Leyde-Colonia 1970.

126 Cf. Ibn al-Jaṭīb, *Libro de la higiene* o *Kitāb al-wuṣūl li-ḥifẓ al-ṣiḥḥa fī-l-fuṣūl...*, pág. 20. Cf. también del mismo autor, *El libro del 'Amal man Tabba lī-man nabba (El libro del que emplee sus conocimientos médicos en beneficio del que se ame)*, edición del árabe de María Concepción Vázquez de Benito, Salamanca 1972.

127 Arjona Castro, *La sexualidad en la España musulmana,* pág. 105.

128 Nuestro médico, sin embargo, aunque no se detiene en ello, alude de pasada a las prácticas sodomíticas (entonces no las llamaban, ciertamente, homosexuales) y las da por sentado. En un pasaje en el que prescribe ciertas medicinas, vestidos, etc., que son beneficiosos según la estación del año, dice sobre el coito: «Se yacerá con adolescentes, mujeres delgadas, irascibles y esclavas nubias» (Vázquez de Benito, *op. cit.*, pág. 234). Ya nos hemos detenido en el hecho de que, a despecho de las prohibiciones coránicas, los árabes, como todos los pueblos de la historia, tuvieron sus propias vivencias al margen de su libro revelado.

129 Ya hemos citado su ensayo «Human sexuality in Twelfth-through Fifteenth Century Scientific Writings»; la cita pertenece a la página 187.

130 Los ejemplos son de Lemay, *op. cit.*, pág. 195.

131 Hemos editado un manuscrito aljamiado de suertes, que contiene un importante tratado astrológico, en el que se estudia el destino de hombres y mujeres por separado. El morisco aljamiado que refunde el original árabe resulta un inesperado feminista *avant la lettre,* ya que favorece a las féminas en todos los renglones de la existencia. Sin embargo, resulta muy parco en cuanto a la vida sexual de sus clientes se refiere. Di una primicia de este tratado astrológico, en colaboración con dos alumnas de Yale, Luisa Piemontese y Claire Martin, en el citado estudio «Un morisco astrólogo, experto en mujeres (ms. Junta XXVI)».

132 Sobre estos astrólogos y sus obras latinizadas, cf. Lynn Thorndike, *History of Magic and Experimental Science,* Nueva York 1929; Juan Vernet, *La cultura hispanoárabe en Oriente y Occidente,* Ariel Historia, Barcelona 1978; y, para una visión general de conjunto, mi ensayo «Sobre el signo astrológico del Arcipreste de Hita», en *Huellas del Islam,* págs. 43-58.

133 Juan Vernet nos habla de algunos de estos médicos en su citado libro *La cultura hispanoárabe en Oriente y Occidente,* mientras que Luis García Ballester se ocupa de la ciencia médica hispanomusulmana en su etapa más tardía: la de los moriscos. Cf. sus estudios *Los moriscos y la medicina. Un capítulo de la medicina y la ciencia marginadas en la España del siglo XVI,* Ed. Labor, Barcelona 1984, y *Medicina, ciencia y minorías marginadas: los moriscos,* Universidad de Granada, 1987.

134 Para el estudio del impacto de Said en la obra de Juan Goytisolo, cf. mi ensayo «Hacia una lectura "mudéjar" de Makbara», en *Huellas del Islam,* págs. 181-209.

135 *Structural Poetics,* Cornell University Press, 1975.

136 Estamos citando estos primeros títulos por Bouhdiba, y respetamos su sistema de transliteración: de ahí las variantes con nuestro propio sistema, que es el de la Escuela de Estudios Árabes de Madrid.

137 Ya hemos señalado el problema con la datación de este texto: Bouhdiba lo supone del siglo XVI, aunque, a la luz de las otras autoridades que ya hemos citado, parece que es anterior.

138 Jacquart y Thomasset también citan una edición alemana del texto, de 1970, y traducen el título completo por *Sur ce qui est utile aux femmes et aux hommes dans l'excercise des rapports sexuels, sur ce qui est bénéfique, ce qui est nuisible.* Señalan como dato interesante el hecho de que el autor insista en la sensibilidad de los senos de la mujer, que el hombre debe acariciar durante el juego amoroso. Al-Tīfāŷī parece basarse en la asociación antigua de la conversión del fluido menstrual en la leche materna (*op. cit.,* págs. 172-173).

139 Tomamos los datos de su traductor, René Khayam: *Nuits de noces. Ou comment humer le doux breuvage de la magie licite,* Éditions Albin Michel, París 1972, pág. 9. Khayam translitera el nombre de Al-Sūyūtī a la francesa: «Al-Souyouti».

140 Ya hemos citado su texto *Les fleurs éclatantes dans les baisers et l'accolement.*

141 *Op. cit.,* pág. 30. (Las traducciones de las citas son nuestras.)

142 Los paralelos entre los niveles de autoría en este texto, en el que intervienen simultáneamente los «narradores» más diversos, recuerda poderosamente los experimentos narrativos del *Quijote* de Cervantes. Dedicaré al fenómeno un estudio aparte.

143 Algún día sabremos más acerca de los paralelos de estas obras erotológicas y la literatura española. El truco de Calisto con el halcón, gracias al cual tiene acceso a Melibea en *La Celestina,* lo anticipa Al-Bagdādī con la sola diferencia de que su joven y enamorado protagonista usa palomas en vez de un halcón. Pero el truco —y los resultados— son los mismos en ambas obras.

144 Cf. la edición de Bergua, *op. cit.*

145 Para la historia de estas traducciones, y de las ediciones árabes, cf. el estudio introductorio de Juan Vernet a su traducción de *Las mil y una noches,* Ed. Planeta, Barcelona, 3 vols., 1964, 1965 y 1967.

146 *Las mil y una noches,* J. C. Mardruz (trad.), Compañía General de Ediciones, México 1967, vol. I, págs. 371-372.

147 Ha sido publicado por Biblioteca Erótica, Ediciones Temas de Hoy, Madrid 1990, 4.ª ed., siguiendo la edición inglesa de 1987.

148 Coincidimos con Ottmar Hegyi, que considera que los moriscos emplearon el alifato no tanto por razones de secretividad (la Inquisición disponía de expertos en dicha lengua que hubieran podido decodificar fácilmente los textos secretos) sino más bien por razones de apego religioso y cultural al lenguaje sagrado de la revelación. Cf. su citado ensayo «El uso del alfabeto árabe por minorías musulmanas y otros aspectos de la literatura aljamiada, resultantes de circunstancias históricas y sociales análogas». Para más detalles bibliográficos sobre esta literatura híbrida del Siglo de Oro, *véase* mi citado libro *Huellas del Islam,* especialmente la segunda edición (1989).

149 María Teresa Narváez y la que escribe postulamos que el apelativo de «Mancebo» delata ciertamente la edad juvenil del escritor, mientras que nuestro colega L. P. Harvey cree que se trata de un piadoso título honorífico, «Castilian Mancebo as a qalque of Arabic *'abd...*».

150 Ya hemos tenido ocasión de citar sus estudios (cap. II). *La Tafsira,* como recordaremos, la edita M. T. Narváez como tesis doctoral para el Departamento de Estudios Hispánicos de la Universidad de Puerto Rico (1988).

151 El Mancebo (o su copista) repite este texto a partir del folio 330r. Citamos siempre por la edición de M. T. Narváez, de quien esperamos un artículo que explore más a fondo este tema erótico en el Mancebo.

152 Por cierto que el Mancebo cita mucho a Algazel, sólo que lo hace con notable descuido y de manera muy general, por lo que es difícil determinar qué obras fueron exactamente las que leyó del maestro sufí, si leyó alguna.

153 María Teresa Narváez estudia estos «Preceptos para la vida cotidiana: ética, moral y buenas costumbres en un capítulo de La Tafsira del Mancebo de Arévalo», en *Homenaje a Álvaro Galmés de Fuentes,* Gredos, Madrid/Universidad de Oviedo, 1985, t. II, págs. 621-630.

154 Al lector lego en asuntos aljamiados le extrañará el léxico y la sintaxis del Mancebo de Arévalo: asegura M. T. Narváez —y estoy con ella— que es el escritor más extraño del *corpus* aljamiado en lo que a la lengua y al estilo se refiere. Nótese, de otra parte, que siempre respeto el sistema de transliteración del aljamiado de cada experto: de ahí las variantes.

155 Citamos por la versión manuscrita del colega Bouzineb, a quien agradecemos mucho nos la facilitara en Rabat (págs. 163-164).

156 F. Guillén de Robles llevó a cabo las primera ediciones españolas de estas leyendas, que ahora se comienzan a transliterar de manera más científica. Cf., entre otros, sus *Leyendas moriscas,* Imprenta y Fundición de M. Tello, Madrid 1886.

157 En su tesis doctoral para la Universidad de Oviedo, aún inédita y titulada *Libro de los castigos. (Ms. aljamiado núm. 8 de la Biblioteca de la Junta). Edición, introducción, estudio lingüístico, glosario y notas de María Josefa Fernández Fernández* (1987). Agradezco la noticia de este texto a L. P. Harvey y a Antonio Vespertino Rodríguez, que con su usual generosidad me hicieron llegar los folios transliterados que eran pertinentes al tema que me ocupa.

158 *Al-Jumu'a*: viernes.

159 *Tahararán*: lavarán, harán ablución.

160 *Ṭahur:* ablución.

161 *Ḫaleqa*: cría.

162 *Almalaque*: ángel.

163 *D-iça*: (dic.): debe referirse a la frase «de aquí al día del juicio», que es un aragonesismo muy socorrido en los textos aljamiados.

164 Fol. 20v. Citamos por la transliteración de M. J. Fernández, *op. cit.,* pág. 144, omitiendo la indicación de nota a pie y las barras de separación de línea y folio para facilitar la lectura. Hemos ofrecido por nuestra cuenta la traducción de algunos términos para aclarar, una vez más, el sentido del texto.

165 Fols. 250v-251r. Volvemos a citar por la edición de M. J. Fernández (págs. 308-309) aligerándola levemente.

166 Sobre estos temas, cf. nuestro citado ensayo «La estética del cuerpo entre los moriscos o de cómo la minoría perseguida pierde su rostro».

167 Ya hemos aludido a este Discurso de Inauguración, publicado en las *Memorias de la Real Academia Española.* La cita pertenece a la página 150.

CAPÍTULO VI. EL «KĀMA SŪTRA ESPAÑOL»: UN TRATADO SOBRE LOS BUENOS USOS DEL MATRIMONIO ISLÁMICO

1 Ilse Lichtenstadter, *Introduction to Classical Arabic Literature,* Schocken Books, Nueva York 1976, opina que el término *adab* puede derivar de la voz sumeria *é-dub-ba-a,* que significaba «escuela» o «universidad» (pág. 110). Anwar Chejne, por su parte, matiza admirablemente las connotaciones múltiples que el vocablo tiene en árabe:

> The word *adab* has several connotations in Arabic. It may means education or the broad knowledge ordinarily expected from a cultured man-ruler, vizier, chamberlain, secretary, boon-companion, and the like. In this connection, the term *adab* appears generally with *'ilm* (knowledge), the combination indicating the form and content of an education. By and large, this education comprises the religious discipline, knowledge of Arabic grammar and lexicography, poetry, history, wisdom literature, epistolary writings, anecdotes, stories, games, sports, and some knowledge of the speculative and natural sciences. Philologists have been responsible for developing the *adab* genre through collecting the best of prose and poetry for the purpose of increasing linguistic dexterity and eloquence. *Adab* is defined as the «expert knowledge of the poetry and history of the Arabs as well as the possession of some knowledge regarding every science» [Ibn Khaldun, *Al-Muqqadimah,* vol. 3, F. Rosenthal (trad.), Nueva York 1958, págs. 339-341]. Aside from this educational connotation, *adab* also refers to the etiquette of drinking, dressing and other behaviour (*Muslim Spain. Its History and Culture,* The University of Minnesota Press, 1974, pág. 198).

No deja de ser curiosa, de otra parte, la coincidencia que advierte Francisco Márquez Villanueva entra la voz árabe *adab* y nuestra voz española *educación*: «... el concepto de *adab,* "educación", en coincidencia (probablemente pseudomórfica) con nuestro sema popular, cuando lo usamos no para referirnos a conocimientos formales, sino al hallarse la persona en posesión de superiores cualidades de urbanidad y trato humano» (cf. las citadas «Lecturas del Deán de Cádiz», pág. 337).

2 En términos generales, nuestro autor suprime ciertos pasajes que se suelen repetir en algunos de estos antiguos tratados erotológicos, a saber: la alcahueta, los afrodisíacos, las recetas mágicas, la descripción de perfumes, alimentos y ropas delicadas favorecedoras del coito. En una palabra: todo aquello que pueda sonar mundano o que linde con lo libertino queda excluido del texto del «Kāma Sūtra español», que en su castidad sigue muy de cerca el espíritu rígido de Algazel.

3 Cf. el citado ensayo «Un morisco de Túnez, admirador de Lope», págs. 447-448.

4 Sobre esta comedia de Lope tiene Francisco Márquez Villanueva un hermoso estudio que ofreció como conferencia en la Universidad de Puerto Rico (1988).

5 Ya hemos citado esta Ponencia Plenaria que ofreció en el Congreso General de la Asociación Internacional de Hispanistas (Venecia 1980).

6 Recordemos, entre otros, los versículos XVII, 32, y XXIV, 2-3, en los que se recomienda para los adúlteros —para cada uno de ellos— la terrible pena de cien azotes.

7 El Corán permitía al varón la cohabitación sexual con las esclavas de su propiedad. La ley islámica regulaba estas relaciones, y estipulaba, por ejemplo, que el amo que adquiría una esclava no podía cohabitar con ella inmediatamente, tenía que esperar a que fuera núbil, y, si lo era, esperar a que tuviera una vez sus reglas. En caso de que la esclava se hallara enferma, debía abstenerse de todo contacto con ella hasta su curación, o hasta ocho meses lunares (cf. el ya citado estudio de Antonio Arjona Castro, *La sexualidad en la España musulmana,* pág. 61). Muchos tratados erotológicos como el *Ktab* recordaban estas leyes para la protección de las esclavas-concubinas. El cristianismo, por su parte, no admitió el uso sexual de las esclavas por parte del amo varón: santo Tomás de Aquino nos dice en su *Tratado del matrimonio*: que el amo «no tiene dominio [sobre la esclava] respecto a la cópula carnal» (Supl. q. 65 a. 3, pág. 579). Eso sí, los Padres de la Iglesia se mostraron muy benévolos —ya lo hemos comentado— no sólo para con las esposas múltiples sino para con las concubinas adicionales sobre las que ejercían posesión los Padres antiguos.

8 Cito el *Libre des bons usages en matière de mariage,* pág. 52. En cada caso iré traduciendo las citas al español.

9 *Op. cit.,* pág. 384.

10 Como dejé dicho, traduzco las citas al español en todos los casos.

11 Comparemos estructuralmente los puntos principales que ofrecen Algazel y el morisco en relación a las dotes de la candidata a matrimonio. Por el esquema salta a la vista que el tratadista español abrevia al maestro sufí y altera el orden de las cualidades enumeradas.

Algazel	Autor morisco
La esposa debe ser:	*La esposa debe ser:*
piadosa	temerosa de Dios, obediente
tener buen carácter	hermosa
hermosa	virgen (y fecunda)
la dote debe ser moderada	la dote debe ser moderada
fecunda	buen linaje
virgen	debe escoger bien al esposo
buen linaje	
sin parentesco cercano con el marido	
debe escoger bien al esposo	

12 *Op. cit.,* págs. 50 y ss.

13 He aquí sus palabras: «se dan casos en los cuales hay matrimonio sin proferir palabras, como sucede cuando la joven, al ser entregada por sus padres al marido, calla porque el rubor le impide hablar» (Supl. q. 45 a. 2, pág. 243). Para la legislación acerca de estas antiguas bodas cristianas, hecha por Tertuliano, Constantino y Justiniano, cf. Bailey, *op. cit.,* pág. 76. También Philippe Ariès tiene un importante ensayo acerca de la institución y práctica del matrimonio medieval, que se llevaba a cabo, en sus principios, con una ceremonia muy laxa que aún no era sacramental («The Indissoluble Marriage», en *Western Sexuality...,* págs. 140-157).

14 *Op. cit.,* nota 112, pág. 124.

15 Aunque Algazel no nos habla pormenorizadamente de estos instrumentos musicales, ni de otros detalles del festejo nupcial, sí alude de paso al uso del tamboril en este tipo de fiesta (*op. cit.,* pág. 68).

16 Traducimos este pasaje del *Šarḥ,* algo complicado, según el manuscrito 2207 de la Biblioteca de la Universidad de Rabat (fol. 24).

17 La leyenda ocupa los folios 83v-85v.

18 Ni yo ni ninguno de los muchos y generosos colegas que he consultado al respecto hemos podido dar con este misterioso término de «casfa'ali», que el copista transcribe con *'ayn* en árabe: *«casfaعli»*. Debe tratarse, por el contexto, de una pieza de tela o de cuero en la que la viuda envuelve su compra. El término se repite mucho en el relato.

19 Cf. Carrasco y Vincent, «Amour et mariage chez les morisques....», págs. 137 y ss.

20 El Corán autoriza esta poligamia (azora IV, 126 y ss.) siempre y cuando el trato a las coesposas sea absolutamente igualitario. A Mahoma, por excepción, se le autorizó más flexibilidad en su vida matrimonial (azora XXXIII, 49 y ss.).

21 Parece redundante la repetición de «lepra», que aparece una vez como arabismo y otra en perfecto castellano. Acaso el morisco esté pensando en distintas versiones de la enfermedad que se nos escapan aquí. Por cierto que Jacquart y Thomasset, *op. cit.*, págs. 251 y ss., advierten la flexibilidad del término «lepra» según se utilizó a lo largo de la Edad Media: muchas enfermedades se englobaban indiscriminadamente bajo este vocablo temible que, para colmo, no se distinguía con claridad de las enfermedades venéreas. Acaso la ambigüedad lingüística de nuestro morisco tenga algo que ver con todo esto. Parece, sin embargo, que tanto Oriente como Occidente manejaron la «lepra» y el *baraṣ* con un criterio notablemente fluido. Además, los leprosos tenían fama de ser particularmente proclives al deseo sexual (el dato es de Rufo de Éfeso), detalle que los hacía aún más repulsivos a la comunidad que, casi invariablemente, los apartaba de sí.

Los tratados de tema erótico mantienen, sin embargo, distintos puntos de vista sobre la posibilidad de tener intercurso sexual con una persona aquejada de lepra. El *Kāma Sūtra* hindú no la permite, y ya vemos que el morisco también la desaconseja. Santo Tomás de Aquino, en cambio, nos enseña que la lepra no impide el matrimonio, pues los leprosos «libremente pueden pagar el débito» (*Tratado del matrimonio*, Supl. q. 52 a. 1, pág. 337). Cree el teólogo que la mujer debe tener relaciones sexuales con el marido leproso aunque no está, sin embargo, obligada a vivir con él, no hay igual peligro de contagio en el simple coito que en la convivencia prolongada.

22 El citado *Ktab* es notoriamente liberal en estos casos: si alguna enfermedad ginecológica impide la penetración normal, y si el marido no tiene una segunda mujer entonces puede practicar la sodomía con su esposa. El autor apela y alude a la compasión de Dios en estos casos (*op. cit.*, pág. 396).

23 *Op. cit.*, vol. II, pág. 45.

24 *La gloria del jardín perfumado*, pág. 164. (La traducción es nuestra.)

25 Mernisi deduce que en la costumbre de la repartición de las noches está implícita la idea de que muchos hombres se satisfacen con cuatro mujeres como mínimo, mientras que la mujer debe satisfacerse con un hombre, o incluso con un cuarto de hombre. «On peut demander si la peur de la situation inverse —une femme avec quagre maris— n'est pas à l'origine de l'hypothèse selon laquelle les femmes sont insatiables» (*op. cit.*, vol. I, pág. 34).

26 La leyenda se encuentra entre los folios 87r-88r del S-2, y en las páginas 156 y ss. de *La gloria del jardín perfumado*.

27 Nefzāwī atribuye la leyenda o *ḥadīẕ* a Muḥammad ibn Ma'n (pág. 156).

28 *Op. cit.*, pág. 157. (La traducción es mía en todos los casos.)

29 Aunque Algazel no narra esta leyenda «feminista», sí se ocupa en su *Iḥyā'* de asegurar al lector acerca de la necesidad que tienen todos, incluso el contemplativo, de casarse: «Ibn Zarrūq Abbas ha dicho: [...] "la devoción del contemplativo no está completa hasta que se haya casado [...] el corazón del hombre no puede tener una serenidad completa a causa de la violencia del deseo carnal, a menos que el hombre se case; [...] la devoción no podrá ser plena hasta que el corazón esté libre de problemas"» (*op. cit.*, pág. 10). Está de acuerdo el anónimo autor de *Ktab*, que sólo exceptúa de una vida sexual normal y activa a los creadores o a los sabios, a quienes su condición de «eyaculadores cerebrales» exceptúa de caer en aberraciones naturales (*op. cit.*, pág. 495). Las enseñanzas cristianas antiguas no pueden ser más distintas. San Juan Crisóstomo (In epist. I ad Cor. xix. 3) asegura que la oración se perfecciona con la continencia; mientras que san Alberto Magno (In Sent. IV, xxvi 7) enseña que, aunque la delectación del coito no es en sí mala, nos hace perder de vista momentáneamente el Sumo Bien y nos distrae de la contemplación de Dios (cf. Bailey, *op. cit.*, págs. 47 y 137).

30 He aquí dos pasajes muy significativos en torno a la codicia femenina. El primero describe la atracción tradicional de la mujer por los dulces:

> ... bido una alameda de hermosos álamos donde al pie dellos abía dibersas tablas de ynfinitas colaçiones, adonde acudían los galanes a conprar para Regalar a sus damas, que presentes tenían, y como anzuelos los tiraban y como en Redes los coxían y con sus melindres haçían gastar y traerles los dulçes, que después de haber bebido de las cristalinas aguas se deshaçían en puro arrepentimiento, pues ellas no perdían nada y a ellos les faltaba lo que se llebó el biento (fol. 29r).

El anónimo morisco se queja ahora de la afición de las féminas por las joyas: si regalan alguna como prenda a un galán, es porque esperan otra mucho más valiosa a cambio:

> ... dixo ella: «A más ber, y perdonadme que no puedo detenerme porque me espera mi jente». Dijo él: «No puedo dejar de deteneros porque ese coraçón me a dado notables zelos, porque lo llebáys sobre buestro pecho». Dixo ella: «Pues tomad el coraçón, porque soseguéys el buestro». Y quitándoselo, que era de oro, se lo dio y se fue, con que quedó satisfecho y faboreçido y traçando de su coRespondençia, la cual por çiento, con más bentaxas que el que ynbía al Pirú sus mercaderías. Y así traçaba de ynbialle el balor doblado en una joya de diamantes y le pareçía poco para pagar un coraçón que se dio con tal liberalidad... (fol. 30r).

31 Cuando el autor dilucida el punto de que el marido no debe sustentar a sus mujeres con medios obtenidos ilegalmente, cita el caso de las esposas de los compañeros del profeta, que renunciaban a dichos bienes *ḥarām*. Las mujeres que les fueron contemporáneas al escritor y a sus oyentes, en cambio, ya no eran tan abnegadas: «y las mujeres deste débil tiempo no tienen esta consideraçión, sino sólo apeteçen el tener, y el fin sea el que fuere» (fol. 83v).

32 En sus *Leyendas aljamiado-moriscas sobre personajes bíblicos*, CLEAM, Gredos, Madrid 1983, págs. 247-250.

33 La leyenda tiene, en efecto, un fundamento doctrinal claramente coránico, ya que la azora XXIV fustiga de manera especial a los que atestiguan en contra de una mujer honrada: «A los que calumnian a las mujeres honradas y no pueden luego presentar cuatro testigos, dales ochenta azotes y no volváis jamás a aceptar su testimonio; ésos son los perversos». La azora XXXIV, 23, es aún más dura: «Los que calumnian a las mujeres honradas, que descuidan las apariencias pero son creyentes, malditos serán en este mundo y en la última vida. Tendrán un terrible castigo» (citamos por la traducción española del Corán de Vernet, *op. cit.*, págs. 361 y 363).

34 *Tratado del matrimonio*, Supl. q. 59 a. 1, pág. 470. El anónimo autor del *Ktab*, por su parte, parece no estar de acuerdo del todo con el morisco, ya que desaconseja la cohabitación con la esclava pagana (*op. cit.*, pág. 417).

35 *Op. cit.*, págs. 400 y ss.

36 *Op. cit.*, págs. 111-112.

37 Una vez más, el S-2 parece estar cerca de este texto, en el que su anónimo autor insta apasionadamente a las féminas a no ser celosas: «¿Qué pueden ser para vosotras las tres noches consecutivas que vuestro marido debe consagrar a la viuda o a la mujer repudiada que vuelve a desposar? Igualmente, y si sois prudentes y comprensivas, ¿podríais tener celos de las siete noches consecutivas que debe consagrar a la virgen con la que haya decidido, previo matrimonio, adornar su hogar? ¿No son todo ello hechos y favores de los que antes que ellas vosotras habéis gozado ya? (*op. cit.*, pág. 492). De otra parte, indica el autor que la primera esposa tiene derecho a cumplidos y atenciones especiales de parte de las otras y del mismo marido.

38 Lo tiene documentado en una antología de Abū Tammain titulada *Valentía marcial, op. cit.*, pág. 262.

39 *Op. cit.*, pág. 262. (La traducción es mía.)

40 Oliver Asín sospecha que el autor morisco silencia el nombre de Lope «sin duda por escrúpulos religiosos» («Un morisco...», pág. 419).

41 O que acaso copia de alguna obra española impresa que tiene en su poder. Lo cierto es que en su edición de las *Rimas* de Lope de Vega, Palabra y Tiempo, XIV, Madrid 1963, Gerardo Diego ofrece una versión idéntica a la que acabamos de editar aquí, sólo que naturalmente, en versión moderna, pág. 169.

Son tantas las obras de Lope a las que alude el morisco que ni siquiera Oliver Asín, que ha identificado tantas (*op. cit.*, págs. 433 y ss.) admite haber podido «identificarlas todas», pág. 443.

42 Interesa observar que el morisco, que tan severo se mostró con las joyas de sus correligionarias moriscas de carne y hueso y de las damas ficticias de su novela, se regocija ahora con las joyas celestiales que todos habrán de usar con tanta felicidad imperturbable.

43 Desde el punto de vista estructural, el morisco parece incluir la posibilidad que tiene el marido de reprender a su esposa si ésta lo desobedece entre una de las «obligaciones» del marido para con su mujer: «Después de haber dicho las obligaciones que tiene el marido a la mujer se dirán las que tiene la mujer al marido» (fol. 92v). Sin embargo, he preferido explorarlas bajo el encasillado que titulo «Sobre la obediencia que debe la mujer al marido», ya que el castigo conyugal era permisible tan sólo si de una insubordinación femenina se trataba.

44 Transliteramos «ʿanqui», exactamente igual que lo hace el copista, con su *ʿayn* árabe junto a las demás letras latinas, y así en todos los casos.

45 Citamos por la aludida tesis doctoral (pág. 144). En el capítulo V ya habíamos aclarado en nota el significado de muchos de los vocablos arabizantes del pasaje.

46 *Ibid.*, pág. 129.

47 Nuestro morisco casi nunca hace gala de refinamientos literarios excesivos, y, por ello, se encuentra más cerca —en general, porque hay excepciones— del casto Algazel. También, interesantemente, del tardío *Ktab,* que es un libro bastante «casero» sobre las artes amatorias. El anónimo autor alaba el coito en términos bastante parecidos a los del exilado:

> Habéis igualmente oído [...] cómo el Dios [...] que ha asegurado la perpetuidad de las especies y de variedades estableciendo una ley natural sabia y bien ordenada, de acuerdo con la cual unió al coito, llave de la generación, los placeres más vivos y más dulces, reminiscencia del paraíso, que el orgullo y la rebelión de los ángeles nos hicieron perder. Cebó, además, estos placeres mediante los cuales encadena a los hombres, fácilmente inclinables a la desobediencia, al cumplimiento de su ley, *Creced y multiplicaos,* llave maestra de la generación (*op. cit.*, pág. 413).

48 Sūyūṭī, *op. cit.*, 144-145. (La traducción es mía.)

49 Zarrūq nos suena más licencioso, sin embargo, en la relativa tolerancia con la que aborda el tema de lo que hoy consideraríamos «perversiones sexuales», como el sexo con animales o con muertos.

50 Nefzāwī va a repetir consejos parecidos en su *Gloria del jardín perfumado*, págs. 216-217.

51 Va a repetir bastante de cerca, y con un gran sentido común, lo dicho por los erotólogos anteriores (*op. cit.*, pág. 382).

52 Para estos consejos, *véase* el *Ananga Ranga*, págs. 268 y ss.

53 Lo hace en *El jardín perfumado*, pág. 22.

54 El *Ananga Ranga* nos ofrece menos posiciones, pero sus subdivisiones son complicadísimas. Por ejemplo, la posición titulada *uttana-bancha*, en la que la mujer se acuesta de espaldas, tiene once subdivisiones o variantes, y la *purushayita-banda*, en la que es el hombre el que se acuesta con la mujer encima, tiene tres. Kalyana Malla recomienda esta última postura para cuando el hombre agotado de cansancio se encuentre incapaz de esfuerzos musculares y cuando la mujer «llena aún del agua vital, no esté satisfecha» (págs. 282-283).

55 Ibn al-Jatib anuncia que «las formas del coito son múltiples. A saber, de cuclillas (posición genupectoral), como se ponen erectos los animales y entrelazados sentándose; inclinados sobre el rostro y en paralelo y levantando una sola de las piernas; de pie y alzándose la mujer, etc. Sólo supera el yacer sobre el vientre el apoyarse sobre las extremidades, porque es más apropiada y fácil la rectitud de los órganos de contracción y el ejercicio de la parte frontal. Además, se suceden también miradas, señales, conversaciones, [...] y guiños que despiertan el deseo...» (*Libro de la higiene*, pág. 155).

El anónimo *Ktab*, por su parte, se contenta con describir una decena de posturas (págs. 387-389), pero no condena ninguna experimentación en este sentido, declarando las distintas posiciones «simples jugueteos amorosos» (pág. 389).

56 He aquí el texto de Vātsyāyana:

> Cuando una mujer se coloca en sus manos y pies como un cuadrúpedo, y su amante la monta como un toro, se llama «el ayuntamiento de la vaca». En esta postura todo lo que ordinariamente se hace sobre el pecho se debe hacer sobre las espaldas (*op. cit.*, págs. 102-103).

57 También el anónimo autor del *Ktab* aprobará esta posición (pág. 388).

58 Es curioso que Nefzāwī, que tan crítico se muestra en su *Jardín perfumado* ante muchas de las posiciones indias, no diga nada negativo de ésta.

59 El cadí de Túnez se opone, por ejemplo, a la posición en la que la mujer se acuesta con las piernas sobre el pecho y una almohada bajo las nalgas: «Esta posición es dolorosa para la mujer [...] y, por tanto, no se debe adoptar, a menos que el miembro del hombre sea corto o blando» (*El jardín...*, pág. 46).

60 A pesar de todas estas precauciones, Nefzāwī recomienda esta posición cuando el parejo masculino es obeso (*El jardín...*, pág. 53). Sin embargo, en *La gloria del jardín...*, pág. 226, rechaza la postura de plano.

61 Sobre este punto de vista masculino desde el cual están escritos los libros de erotología musulmana, cf. G.-H. Bousquets, *Éthique sexuelle...*, pág. 111. El Corán también parte de una perspectiva viril cuando contempla la vida sexual del hombre, e incluso cuando imagina un paraíso con huríes sempiternamente virginales para deleite de los hombres bienaventurados, pero nada deja explicitado acerca del placer celestial que aguarda a las mujeres que se salvan. Ya hemos señalado, sin embargo, que muchos exegetas musulmanes modernos hacen una interpretación simbólica y no literal de estos pasajes ultramundanos.

62 Cf. *op. cit.*, pág. 121.

63 Arjona comenta con razón que «Ibn al-Jatib es [...] un adelantado cuando se preocupa de inculcar a las gentes de su tiempo que dicho placer [del coito] debe ser compartido por la mujer en igualdad de derechos que el varón» (*op. cit.*, pág. 110). En efecto, el galeno-erotólogo pide al varón que satisfaga la necesidad de la mujer más que la suya propia y que, incluso la anteponga; de lo contrario, sobrevienen muchos males en el matrimonio (*Libro de la higiene*, pág. 156).

64 El citado estudioso Walton en el prólogo a su edición inglesa de *El jardín perfumado* nos ofrece interesantes pormenores al respecto.

> An Arab [...] has cultivated the special art of delaying the male orgasm. This practice is known as *Imsák*, and is described by sir Richard Burton in one of the footnotes of his *Arabian Nights* (vol. V, pág. 76): «[...] the essence of the retaining art is to avoid over-tension of the muscles and to pre-occupy the brain [...]. Europeans ignoring the science are contemptuosly compared with village-coks by Hindu women» (*op. cit.*, pág. 30).

De esa misma metáfora despectiva del hombre inexperto en amores como «gallo» se va a servir también Zarrūq (*Šarḥ*, fol. 151v).

65 Como dejamos dicho, casi todos los erotólogos orientales dan por sentado que la mujer «derrama», «eyacula» (cf., por ejemplo, el *Iḥyā'* de Algazel, pág. 126). Sin embargo, el hindú Vātsyāyana admite no estar del todo seguro de que esto sea así (*op. cit.*, págs. 68-69). Advertimos en el *Kāma Sūtra* un esfuerzo sincero por intentar entender la sexualidad femenina: el tratadista no alcanza a desentrañar todos sus misterios y lo confiesa con absoluto candor.

Es curioso recordar en este sentido que los hindúes creían que el clítoris estaba ligado a la arteria llamada *mada-vahi* (espermática), que provocaba la emisión de la esperma en la mujer (cf. Bergua, *op. cit.*, pág. 220). Recordemos, por último, que la creencia en el orgasmo femenino como «derramamiento de humor» la compartieron los antiguos médicos de Europa con sus colegas orientales.

66 Parece que las autoridades musulmanas están divididas en cuanto a la permisibilidad de la práctica del coito interrumpido. Bouhdiba entiende que el islam no lo censura, y cita un *ḥadīẓ* en el que Mahoma recomienda la práctica, diciendo que si Dios decidía traer un alma al mundo, se las habría de arreglar a despecho de los impedimentos que pusieran los seres humanos: «Aquello que Dios ha decidido [...] llegará de todas maneras» (*op. cit.*, pág. 194).

Añade Bouhdiba, de otra parte, que el aborto es legal en el islam a condición de que el feto no haya comenzado a formarse (pasados 120 días del embarazo): «Ello confirma que la procreación no sea, en el islam, el fin del acto sexual, el cual posee un valor en sí. El *fiqh* legitimiza a la vez el deseo sexual y el rechazo del niño...» (*ibid.*, pág. 194).

Arjona, por su parte, explica que el *coitus interruptus*, llamado en árabe *saraqa* (sustraer fraudulentamente), está prohibido en el islam. Sin embargo, cita el mismo *ḥadīẓ* que Bouhdiba en el sentido de que si Dios decide que una criatura ha de nacer, así será. También cita a otras autoridades musulmanas que opinan que si la mujer consiente en el coito interrumpido, entonces es lícito (*op. cit.*, pág. 67).

67 Citamos, como siempre, por la traducción española del Corán de Juan Vernet (pág. 689).

68 *Apud* Vernet (trad.), Corán, pág. 375.

69 El morisco no repite este curioso conjuro, pero debe de haber estado familiarizado con él, ya que abundan las «recetas» o «hechizos» de este tipo, entre mágicos y religiosos, en la literatura aljamiada que le fue contemporánea en la península.

70 Los musulmanes antiguos tomaron muy a pecho la posibilidad de la irrupción del demonio en estos momentos tan delicados para la pareja. Bouhdiba nos recuerda que este Iblīs o diablo, que, según la leyenda, tenía el poder de habitar el cuerpo de los hombres y de pasearse por él a voluntad, circulando por sus cuarenta venas, advierte al profeta en el *Lisān al 'arab* que todo hombre que se acueste con su mujer habiendo omitido el protegerse contra mí, invocando el nombre de Dios, pues bien, a ésos yo me uniré acostándome con su mujer al mismo tiempo que ellos y así el niño que nazca me será sumiso y obediente (*op. cit.*, pág. 104).

En el *Ktab* el coito orante previene contra la entrada de los *ŷinns* (genios) y espíritus que solían, según nuestro anónimo autor, alojarse en la matriz para hacer engendrar seres raquíticos o contrahechos (*op. cit.*, pág. 389).

71 *Op. cit.*, págs. 381 y ss.

72 Fatima Mernisi nos da noticia de otros adicionales, *op. cit.*, vol. II, pág. 43.

73 Al Sūyūtī, *op. cit.*, pág. 21. (La traducción es nuestra.)

74 Citamos por Benedeck, *op. cit.*, pág. 104.

75 *Ibid.*, págs. 104-105.

76 *Op. cit.*, pág. 461. (La traducción es nuestra.)

77 El lugar común alcanzó a Juan Huarte de San Juan, que lo repite *verbatim* en su *Examen de ingenios*, tan leído por Cervantes. En el capítulo «Donde se declara qué diligencias se han de hacer para que salgan varones y no hembras», el ilustre médico culmina sus abundantes disquisiciones científicas al respecto aconsejando «procurar que la simiente caiga en el lado derecho del útero» (*Examen de ingenios*, Librería de los Sucesores de Hernando, vol. LXV, Madrid 1922).

78 Nefzāwī repite su consejo en *La gloria...*, pág. 227.

79 Al contrario que el morisco, Nefzāwī no favorece el lavado inmediato del órgano generativo masculino. «Evita lavar tu miembro después de la cópula, porque pueden producirse chancros» (*El jardín...*, pág. 65).

80 Citamos de nuevo a Bouhdiba, *op. cit.*, pág. 251.

81 *La vie quotidienne des musulmans au Moyen Age. X^e au XIIIe siècles*, Hachette, París 1964, págs. 175 y ss.

82 Cf. Bouhdiba, *op. cit.*, pág. 256.

83 Bouhdiba nos da noticia de consejos en ambos sentidos (*op. cit.*, pág. 63), mientras que el anónimo autor del *Ktab* no sólo aconseja a la mujer ser muy casta en su vida matrimonial, sino que recuerda un *ḥadīẓ* según el cual el profeta dijo: «Cuando os acerquéis a vuestras mujeres, cubríos uno y otro tanto cuanto os sea posible, pues las miradas enervan el alma y debilitan las facultades» (*op. cit.*, pág. 490).

El más mundano Al-Sūyūtī no está de acuerdo. Nos narra el encuentro de Ibn Sirine con un hombre que le pregunta: «¿Puede el hombre tratar a su mujer de manera indecente». A lo que responde: «La manera más indecente es la que procura más placer» (*op. cit.*, pág. 109).

84 *Op. cit.*, págs. 122-123. Vātsyāyana, con un notable sentido común, aclara que el hombre debe decidir si esta particular práctica sexual le resulta agradable a su sensibilidad, así como si las circunstancias y el lugar donde la lleva a cabo son propicias: en ese caso no será inapropiado que haga uso de ella.

85 En *La gloria...*, vamos a ver idéntico consejo (pág. 247).

86 Aunque, como pudimos ver en el tratado erótico de este último, ambas tendencias coexisten. Después de ilustrarnos las más pintorescas peripecias homosexuales, pasa a redactar en verso su «severa» advertencia contra este «pecado» (*op. cit.*, pág. 16).

87 Azora II, 22, *apud* Vernet, *op. cit.*, pág. 38.

88 Vernet, *op. cit.*, págs. 360-361. *Véanse* también la azora XXIV, 3-10 y la XVII, 32-34: «No os acerquéis al adulterio: es una torpeza y un pésimo camino» (*ibid.*, pág. 386).

89 Cf. *Theory of Profane Love...*, pág. 124.

90 Decimos «contemporánea» porque ya sabemos de aquellos «engaños y asayamientos de las mujeres» tan orientales, que pasaron a la literatura peninsular en plena Edad Media.

91 No deja de ser curioso, de otra parte, que los tratadistas musulmanes, que tanto defienden las prerrogativas y los derechos sexuales de la mujer, la emprendan ahora contra lo que consideran su libido excesiva. En el fondo le rinden un inesperado tributo: los autores de este *adab* sexual consideran que la mujer es más apta para el placer erótico que el hombre. Declara Nefzāwī «Las mujeres se encuentran más favorecidas que el hombre en lo que a expresar su pasión por el coito se refiere. Es de hecho su especialidad, y para ellas, siempre completamente placentero. Los hombres, sin embargo, corren muchos riesgos al abandonarse sin reservas a los placeres del amor» (*El jardín...*, pág. 107). (Ya adelantamos que en estudio aparte nos hemos detenido en el hecho de que, entre todas estas féminas potencialmente lujuriosas, la bajita es, según Nefzāwī y Juan Ruiz, la que se lleva la palma.) Por todas estas razones, las leyendas insertas en los tratados eróticos musulmanes tienden a prevenir al hombre contra las artimañas femeninas.

Fatima Mernisi explora este cliché literario de la mujer como capaz de vencer y de engañar al hombre no por la fuerza, sino por la intriga y el truco. Muchos autores musulmanes explicitan esta situación: 'Abbās Maḥmud al-Aqqad, por ejemplo, propone que la mujer sexualmente activa ejerce una atracción fatal para el hombre, al que succiona su voluntad y reduce a un papel pasivo y sumiso (Mernisi, *op. cit.*, vol. I, págs. 24-25). Recordemos que Al-Bagdādī dedica sus *Flores resplandecientes* a estas aventuras «picarescas» femeninas, y presenta al hombre como un personaje manipulable y risible. Con todo, se trata de narraciones gozosas, llenas de admiración y de camaradería para la extraordinaria inventiva femenina.

92 Carl Brockelman hace referencia a las versiones manuscritas de la obra del Samarqandī en su citada *Geschichte der Arabischen Litteratur*, vol. I, pág. 195.

93 «Dos manuscritos aljamiados inéditos», en *Modern Philology* LXII (1964), págs. 130-136, y «El capítulo de racontaciones del Libro del Samarkandi», en *Actas CLEAM*, págs. 237-258.

94 En un ensayo pionero de 1933, Ángel González Palencia nos da noticia de que Manuela Manzanares, entonces alumna de la Escuela de Estudios Árabes, se encontraba en el proceso de preparar una edición completa de la versión castellana del libro del Samarqandī, versión que, lamentablemente, parece no llegó a realizar. (El estudioso alude a los dos manuscritos, el núm. 6 de la Junta y el «Gg 1 de la Biblioteca Nacional de Madrid», que con toda probabilidad cambió luego su numeración a «4871» («Precedentes islámicos de la leyenda de Garín», en *AA* I [1933], pág. 341).

Juan Carlos Busto, por su parte, dio noticia en el IV Simposio de Estudios Moriscos, Túnez 1988, de que prepara la edición completa del manuscrito de la BNM, que contiene el *Tambih al-Gāfilīn*, y que aguardamos con impaciencia. El estudioso ha adelantado, entre otras cosas, que en este texto del Samarqandī se encuentran leyendas que aparecerían luego en textos españoles como el *Conde Lucanor*.

95 Manzanares no nos indica, por cierto, cuál de los dos manuscritos aludidos está editando. Acaso esté llevando a cabo una edición crítica corta de ambos, ya que en su ensayo de Gredos apunta hacia el hecho de que uno de los códices, el de la Junta, se encuentra en muy mal estado (pag. 238).

96 Manzanares, en su estudio «El capítulo...», pág. 249, nos recuerda que Chauvin, *Bibliographie des ouvrages arabes ou relatifs aux arabes publies dans l'Europe chrétienne de 1810 à 1885* (12 vols.), Imp. H. Vaillant, Liège 1892-1922, dice que el «cuento del cestero» está tomado del libro *Cosas de Israel* de Wahb ibn Mounabbih.

97 Otras leyendas aljamiadas se hacen eco de la belleza masculina de José, y resulta interesante al lector moderno ver cuáles eran esos rasgos físicos tan celebrados que la imaginación de los musulmanes tardíos y de los moriscos adjudica al personaje. Recordemos que en el Corán se celebra esta apostura de José, pero no se describe. He aquí la versión de una leyenda aljamiada, según la cual el patriarca era:

> un mancebo de hermosa cara, de muy hermosos oyos, afilada nariz, de muy hermosos dientes, desbarbado, d'ancha frente, tiene blancura como bermejura, [...] su garganta es una perla obrada muy embastecido de brazos, muy sutil de palmas, largo el palmo, redonda la cara... (*apud* F. Guillén Robles, *Leyenda de José, hijo de Jacob*, Imprenta del Hospicio Provincial, Zaragoza 1880, pág. 69).

98 Manzanares, «Dos manuscritos...», pág. 134.

99 Nuestro original figura en el texto del *Tambih al-Gāfilīn,* Matba'atu Dār Iḥyā'i Al-Kutubi al-'Arabiyyati, s. f.

100 Nikita Elisséff nos da noticia de las versiones de *Las mil y una noches,* tanto árabes como europeas, que incorporan la leyenda, en su útil estudio *Thèmes et motifs des Mille et une nuits. Essai de classification,* Institut Français de Damas, Beirut 1949.

101 Entre otras, hemos cotejado la versión de sir Richard Burton, *The Book of the Thousand and One Nights,* The Heritage Press, Nueva York 1962, vols. III y IV, págs. 1.858-1.863.

102 Leyendas semejantes abundan de manera extraordinaria en la literatura árabe. Emilio García Gómez ofrece a Manuela Manzanares la noticia de una nueva versión contenida en *El collar de la paloma* durante el Congreso de Literatura Aljamiada de Oviedo, y su contribución aparece recogida en las *Actas, op. cit.*, págs. 257-258.

103 *Véanse* también sus citadas *Leyendas moriscas* y su *Leyenda de Alejandro Magno,* Imprenta del Hospicio Provincial, Zaragoza 1888.

104 Aunque Galmés de Fuentes edita otro tipo de relato fabuloso —las narraciones épico-caballerescas del *Libro de las batallas,* CLEAM, Gredos, Madrid 1975, y la novela caballeresca de origen occidental *Historia de los amores de París y Viana,* CLEAM, Gredos, Madrid 1970— se impone que citemos aquí sus trabajos pioneros, ya que la fantasía desbordada de los textos que ofrece por primera vez al lector no deja de guardar relación con la de las leyendas aljamiadas editadas más recientemente. De otra parte, Galmés ha dado con el original árabe de varias leyendas europeas; ahí están sus estudios «Un conte d'al-Ghazali et le fabliau français Du vilain asnier», en *Romance Philology* XXXIX (1985), págs. 198-205; «Le "mythonothème" des lions dans la poésie épique romane et la tradition arabe», en *Actes du IXe Congrès International de la Societé Rencesvals pour l'Étude des Epopées Romanes,* Mucchi Editore, Padua-Venecia 1982, págs. 297-320, «La leyenda de los Infantes de Salas y la tradición árabe», en *Actas de las Jornadas de Cultura Árabe e Islámica,* Instituto Hispano-árabe de Cultura, Madrid 1981, págs. 365-388, entre otros. También se ha encargado de estas antiguas leyendas M. Manzanares de Cirre en otro ensayo titulado «Las cien doncellas: trayectoria de una leyenda», en *PMLA* LXXXI (1966), págs. 179-184.

105 *Cinco leyendas y otros relatos moriscos,* CLEAM, Gredos, Madrid 1981.

106 *El manuscrito misceláneo 774 de la Biblioteca Nacional de París. Leyendas, itinerarios de viajes, profecías sobre la destrucción de España y otros relatos moriscos,* CLEAM, Gredos, Madrid 1982.

107 Ya hemos tenido ocasión de citar sus *Leyendas aljamiadas y moriscas sobre personajes bíblicos.*

108 Publicado en el *Homenaje a Menéndez Pidal,* vol. I, Editorial Hernando, Madrid 1925, págs. 377-388.

109 *Revista Canadiense de Estudios Hispánicos,* VI (1981), págs. 43-66.

110 *Langues et Littératures. Publications de la Faculté des Lettres et des Sciences Humaines* V, Rabat 1986, págs. 67-83.

111 «El interés literario en los estudios aljamiado-moriscos», en *Actas CLEAM,* pág. 202.

112 *Islam and the West...*, pág. 133.

113 Es interesante observar que el autor se limita a esta breve mención de pasada del divorcio, y no deja nada dicho sobre el repudio, del que sí se ocupan Zarrūq y Algazel y muchos tratadistas expertos en cuestiones nupciales.

114 La versión del soneto que encontramos en el ms. S-2 es casi idéntica a la que ofrece R. Foulché-Delbosc, «237 Sonnets», en *Revue Hispanique* XVII (1980) pág. 534, con estas únicas variantes: en el primer verso del segundo cuarteto, Delbosc trae «Es uaso de bondad y birtud lleno» en vez de «Es baso de bondad, de birtud lleno»; y, en el primer verso del terceto final, leemos «Tan presto da salud como maltrata», donde el morisco dice «Tan presto tiene amor como maltrata». Aunque sin ánimo alguno de ser exhaustivos, vale la pena consignar la versión del soneto, tan distinta, que ofrece Gerardo Diego en su citada edición de las *Rimas* de Lope:

Es la mujer del hombre lo más bueno
y locura decir que lo más malo,
su vida suele ser y su regalo,
su muerte suele ser y su veneno.

Cielo a los ojos cándido y sereno
que muchas veces al infierno igualo,
por raro al mundo su valor señalo,
por falso al hombre su rigor condeno.

Ella nos da su sangre, ella nos cría,
no ha hecho el cielo cosa más ingrata,
es un ángel y a veces una arpía.

Quiere, aborrece, trata bien, maltrata,
y es la mujer al fin como sangría
que a veces da salud y a veces mata
(*op. cit.*, pág. 267).

Para un estudio sobre los poemas tradicionales incluidos en el manuscrito S-2, *véase* el citado ensayo de Samuel Armistead, «¿Existió un romancero de tradición oral entre los moriscos?».

EDICIÓN DEL TEXTO DEL «KĀMA SŪTRA ESPAÑOL»

1 En su citada edición de una leyenda del S-2, en sus *Leyendas aljamiadas...*, págs. 247-250.

2 En su citada edición del *Cántico islámico del morisco hispanotunecino Taybili*, que presenta la misma *R*.

3 En su citado ensayo «Un morisco de Túnez...».

4 El copista o el autor siempre escribirán «apetite» por «apetito».

5 En adelante suprimiremos las comillas de parlamento que el anciano paradigmático dirige al narrador-protagonista, ya que buena parte del «Kāma Sūtra español» parecería estar dictado por él. (El autor, sin embargo, no siempre es consistente con sus voces narrativas.)

6 Más bien debería decir «teme caer en pecado», dada la proclividad que presenta este candidato a la vida nupcial.

7 El morisco se refiere a las distintas opiniones legales que ha merecido el caso: es evidente que ha leído bastante acerca de la ley islámica, aunque decida no pasar toda esta información técnica a sus lectores u oidores.

8 El sentido parece ser que el matrimonio entonces «es de ningún provecho».

9 Ikram Antaki nos explica el significado de esta dote dividida en dos partes:

> El hombre tendrá que pagar una dote —*mahr*— que será dividida en dos partes: una parte «adelantada» —*muqaddam*— a la hora del contrato, y la otra «atrasada» —*mu'akhar*—, cuya cantidad, definida en el contrato, deberá ser pagada en caso de «alguno de los dos fines odiados por Dios» —el divorcio o la viudedad— a la mujer para asegurar su futuro. La parte ofrecida como «adelantada» es siempre mínima (*op. cit.*, pág. 249).

10 Es decir, «es ninguno su valor» o «no es válido el matrimonio».

11 Si la mujer es viuda o divorciada, era preciso asegurarse de que no había quedado encinta del marido anterior, por lo que no podía contraer nuevo matrimonio hasta pasados tres períodos menstruales (cf. Antaki, *op. cit.*, pág. 254). Algazel, a quien está siguiendo el morisco bastante de cerca, también deja claro que esta *'idda* o «retiro de continencia» es indispensable para las nuevas nupcias (*Iḥyā'*, págs. 50-51).

12 El sentido no está aquí del todo claro, pero podemos inferir que es necesario que la mujer asegure que ha pasado el período ritual de los tres meses antes de casarse. Antaki también nos da noticia del hecho de que «Según las diversas escuelas [de ley islámica] el plazo máximo de un embarazo va de dos a cinco años, justificando esta originalidad biológica por la encantadora "teoría del niño dormido". Así, una mujer que resulta embarazada en la ausencia de su marido no puede ser legalmente acusada de *zina* [adulterio]» (*op. cit.*, pág. 241). El autor morisco debe de estar pensando probablemente en este lapso de años de un posible «embarazo de niño dormido».

13 El citado *Iḥyā'* de Algazel, en efecto, detalla más todo este contorno legal de las bodas, aunque hay que decir que el morisco debe de haber leído aún otros tratados legales al efecto. Recordemos que estamos ante un jurisconsulto por derecho propio: sus lecturas y su *expertise* en el asunto permiten que consideremos como tal a nuestro autor anónimo.

14 Advirtamos que aún continúa hablando el anciano venerable a su alumno, el narrador-protagonista, tras el que no es difícil adivinar que se solapa el autor del texto. De otra parte, parece también, ya que no se vuelve a insistir en la figura alegórica de la Razón, que ahora quien explica el texto a su público lector u oyente es el narrador mismo, convertido en un venerable jurisconsulto. Esta coextensividad de los planos narrativos es, como dejamos dicho, típica de la literatura árabe.

15 El autor coincide con Algazel, que considera «recomendable» celebrar la boda (*op. cit.*, págs. 66 y ss.), aunque salta a la vista que tiene ante su consideración otras opiniones legales al respecto. Una vez más, decide no exponerlas en detalle a su público.

16 Ya indicamos (cap. VI) que se trata de 'Abd al-Raḥmān b. 'Awf, muerto hacia 31 H./652 d. C., uno de los diez compañeros a quienes el profeta promete el Paraíso. Algazel cita la misma anécdota (*op. cit.*, págs. 67 y ss.).

17 Nótese la alternancia entre la *j* y la *x*: «dijo» y «dixo».

18 Algazel atribuye a Mahoma un *ḥadīẓ* o tradición profética al efecto: «Este banquete nupcial es, el primer día, una obligación; el segundo, una costumbre tradicionalmente recomendada; y el tercero, es buscar que comenten sobre ti» (*op. cit.*, pág. 67). El morisco debe de haber tenido esto en mente cuando circunscribe la fiesta de bodas a un día.

19 La frase en árabe aparece incompleta (falta *'anhu*: «sobre él»), pero traducimos según el espíritu de la frase, que ha sido repetida antes en el texto.

20 Se refiere a la muerte de Mahoma, que no hubiera aprobado el rechazo a los pobres en una solemnización nupcial.

21 A. Oliver Asín identifica a este «Ibnurost» con Abū-l-Walīd Muḥammed ben Rušd, el abuelo de Averroes («Un morisco...», pág. 446).

22 El autor se refiere a la prohibición musulmana para con las imágenes o estatuas.

23 Se refiere a aquellos que acuden y son rechazados a la puerta de entrada.

24 Advirtamos, una vez más, cuánto ha leído nuestro autor en el campo de la jurisprudencia musulmana para poder redactar su tratado matrimonial. Definitivamente, no se circunscribe aquí a Algazel ni a ningún otro experto único.

25 Ahora el autor pasa, como ya hemos señalado, a lucir sus conocimientos musicales, que se le han «arabizado» en Berbería.

26 Una vez más, el morisco lee tratados por cuenta propia, ya que Algazel no deja nada dicho sobre este asunto de los instrumentos musicales en su *Iḥyā'*.

27 Al copista se le olvidó el vocablo «con», y lo añade en el margen con letra muy pequeña.

28 Por excepción, encontramos «deue» en lugar de «debe».

29 El autor pasa de súbito al plural, aunque es después cuando se ocupará del caso de los matrimonios con más de una esposa.

30 Si la esposa sospecha que el dinero con el que el marido la mantiene es de procedencia ilegítima, puede rehusar depender del mismo. Algazel lo explica también, y el autor morisco ofrecerá otros detalles unos folios más adelante.

31 Ya hemos indicado (cap. VI) que esta misma leyenda se encuentra en *La gloria del jardín perfumado* de Nefzāwī.

32 Recordemos que en el islam la transgresión de la embriaguez se encuentra aún más sancionada que en el cristianismo, ya que el Corán veda el consumo de bebidas embriagantes.

33 El copista oscila entre «darhames» y «darhamas».

34 Ninguno de los generosos colegas, aljamiadistas y arabistas, a quienes he consultado este curioso vocablo, que el morisco repite varias veces, ha podido iluminarme acerca de su sentido exacto. Se trata, como es obvio, de un arabismo que el copista translitera conservando la *'ayn,* y que parece hacer referencia a un tipo de tela o lienzo o cuero curtido.

35 Advirtamos que la hibridez cultural de nuestro morisco también se refleja en sus monedas: mezcla los escudos de su patria española con los «darhames» de su nuevo país musulmán.

36 En este caso, al borracho, que había violado el mandato coránico contra ingerir alcohol.

37 Una vez más, salta a la vista la diversidad de opiniones legales que maneja nuestro autor, que da muestras de haberse convertido en un verdadero alfaquí o jurisconsulto.

38 El autor habla del divorcio brevemente, pero es curioso observar que no se detiene en el repudio, del que todos los jurisconsultos y erotólogos musulmanes tienen algo que decir.

39 Nuestro autor se va a detener en esta posibilidad que tiene el marido musulmán de matrimoniarse con un máximo de cuatro esposas, si es que las puede mantener y atender a todas por igual. Es posible que aborde el tema del matrimonio plural con bastante detalle, porque su público lector, constituido en su enorme mayoría por moriscos aún europeizados, no estaría muy enterado de los avatares de esta complicada vida en común que el Corán permite por excepción. Sin embargo, es curioso observar que todas las leyendas ilustrativas que adjunta el autor a lo largo de su tratado hacen referencia a la pareja matrimonial, es decir, a un hombre casado con una sola mujer. En esto no hay excepción en el códice.

40 El refugiado se refiere al hecho de que es «hereje» o «mal musulmán» quien opine que se pueden tener varias mujeres sin serias obligaciones legales, económicas, emocionales y sexuales hacia ellas.

41 Se llama «peregrinaje menor» a La Meca porque no requiere ser llevado a cabo en un momento particular del año y porque implica menos ceremonias rituales que el *haŷŷ* o peregrinaje oficial.

42 Ikram Antaki, *op. cit.*, págs. 255-256, explica que hay varias enfermedades que pueden hacer nulo el matrimonio: la ceguera, alguna enfermedad del cuero cabelludo o algún vicio de orden sexual de parte de la mujer. Si alguna de las dos partes sufre de lepra o de elefantiasis, o de locura, también hay causa para el divorcio. Es posible que el morisco distinga entre el «albaraz», que es, técnicamente, «lepra», y la «lepra» como voz española, porque esté pensando, en un caso, en la lepra como enfermedad tradicional, y, en el otro, como enfermedad de la piel, acaso menos temible que este mal tan generalizado y tan antiguo en la humanidad.

43 Ya hemos dejado dicho (cap. VI) que la leyenda se encuentra en *La gloria del jardín perfumado* de Nefzāwī, con todo y los versos que va eliminando pero indicando el autor morisco.

44 Una vez más, Nefzāwī trae los versos completos en su *Gloria del jardín perfumado.*

45 Nefzāwī especifica las azoras a las que tan rápidamente alude el morisco (cf. el cap. VI).

46 Adviértase, una vez más, lo copioso de las lecturas legales del autor morisco.

47 Aquí, como advertimos antes (cap. VI), parece que se le «extravían» las fuentes al autor y a sus autoridades, pero su sinceridad al exponer dicha dificultad erudita da buena cuenta de su seriedad como investigador del tema que se encuentra explicitando.

48 Adviértase la construcción sintáctica arabizante de esta oración.

49 La anécdota la trae Algazel en su *Ihyā'*, como dejamos dicho (cap. VI).

50 El «poeta» es, naturalmente, Lope de Vega, que viene aquí a «aliviar» los celos de las coesposas del hogar múltiple musulmán. Sobre este soneto, cf. el cap. VI.

51 Tampoco en este caso nos las explicita el morisco jurisconsulto, pero sabemos que no las toma de Algazel, que nada dice al respecto.

52 El término de tiempo varía según los distintos expertos en ley islámica (cf. cap. VI).

53 Ya hemos señalado que este pasaje, que hoy recibimos con suprema incomodidad de lectores modernos y que consideramos como un caso de violencia doméstica, se inspira en el Corán (azora IV, 34) y en numerosos tratados de ley musulmana. La permisibilidad de castigar físicamente a una mujer desobediente no es patrimonio de la filosofía conyugal de Oriente, pues, como dejamos dicho (caps. I y VI), también santo Tomás de Aquino lo aconseja en su *Tratado del matrimonio.* Muchos penitenciales, que tanto contribuyeron a codificar la ética conyugal en la Europa de los siglos medios, hacen, asimismo, gala de la recomendación de la violencia física contra la mujer. El morisco no está solo en su crueldad marital, que parece ser la norma en la cultura tanto Oriental como Occidental, en las que se forma.

54 Como de costumbre, es obvio que el morisco ha leído más sobre el caso de lo que ofrece a los humildes lectores u oidores que le fueron contemporáneos.

55 Es la primera vez que cita directamente al autor del *Ihyā'*, pero sabemos que lo ha venido siguiendo desde el principio.

56 En este caso el morisco (o su copista) no escribe en árabe la frase sino que la translitera en caracteres occidentales.

57 Algazel no narra la anécdota del árbol caminante, pero sí la moraleja final sobre la obediencia de la mujer a su marido.

58 Llámase «tacbira o atacbira del alihram la que señalaba el comienzo de la oración» (P. Longás, *op. cit.*, pág. 313).

59 Se entiende, mediante el acto sexual, si es que la necesitara para ello porque tema caer en la fornicación.

60 El copista olvidó el «no» y lo añade sobre la palabra «que».

61 Es interesante observar que cuando hay divergencia en la opinión de los alfaquíes, el morisco no toma partido y deja al lector la opción de tomar su propia decisión al respecto.

62 Algunos de estos ejemplos aparecen anticipados en el *Iḥyā'* de Algazel.

63 En estas «bienaventuranzas» de su «perfecta casada», el morisco sigue, aunque con variantes, el espíritu de un *ḥadīẓ* muy socorrido, en el que, según 'Alī, Mahoma bendijo la unión conyugal con numerosos premios espirituales. Cf. los caps. V y VI para el texto íntegro de la aludida tradición profética.

64 «Bitriyes» viene de *bitrā'* o *batrā'* —Petra—: los edomitas y nabateanos que fueron los habitantes de la antigua ciudad, que hoy se encuentra en ruinas.

65 La anécdota la cuentan, con distintas variantes, Nefzāwī, *La gloria del jardín perfumado*, y Algazel, *Iḥyā'*.

66 El morisco parece que se dirige ahora a sus hermanos moriscos, que tendrían, en muchos casos, padres que se habían pasado al cristianismo en su país natal. No nos debe asombrar demasiado la dureza en la que declara condenados a los «erexes»: así mismo pensaba el usualmente compasivo don Quijote, que todos los «paganos» se condenaban sin remedio. Estamos, al parecer, ante el lugar común de la intolerancia religiosa de la época, que fue tan intensa.

67 Aquí comienza propiamente el tratado sobre el acto sexual, inspirado mayormente en la *Naṣīḥa al kāfiyya* y el *Šarḥ al Waglīsiyya* del sufī de Fez Aḥmad Zarrūq. Cf. el cap. VI.

68 Ya hemos tenido ocasión de explicar que el Corán permite el matrimonio con las esclavas bajo ciertas circunstancias:

> ... casaos con las mujeres que os gusten, dos, tres o cuatro. Si teméis no ser equitativos, casaos con una o con lo que poseen vuestras diestras, las esclavas. Esto es lo más indicado para que no os apartéis de la justicia [azora IV, 3, *apud* El Corán, J. Vernet (trad.), pág. 77].

El libro revelado deja, sin embargo, muy en claro que si la esclava desea mantenerse célibe o adquirir su libertad, el hombre habrá de respetarla:

> Tengan continencia quienes no encuentran esposa, hasta que Dios les ayude con su favor. A quienes, de entre los que vuestras diestras poseen, deseen una escritura de franquicia, concedédsela, si sabéis que en ellos hay bien. ¡Dadles parte de la riqueza de Dios! ¡Si desean ser mujeres honradas, no obliguéis a vuestras esclavas a prostituirse para conseguir lo que ofrece la vida mundana! Quien las obligue será el único culpable, pues Dios será indulgente y misericordioso con ellas después de su violación (*ibid.*, págs. 364-365).

69 Ya dejamos dicho que Algazel comienza su *Iḥyā'*, y Nefzāwī su *Jardín perfumado*, con celebraciones semejantes sobre los beneficios del placer sexual, que nos dirigen a la vida espiritual y contemplativa de Dios.

70 En los capítulos V y VI hice larga referencia al sufī de Fez Aḥmad Zarrūq, autor del *Šarḥ al Waglīsiyya* y de la *Naṣīḥa al-kāfiyya*, tratados en los que, en efecto, el maestro marroquí explora el tema de la sexualidad humana. Ofrecemos una traducción del árabe de los pasajes pertinentes de ambos tratados de Zarrūq como apéndice del presente libro.

71 Ya señalamos que en esta subdivisión tripartita el morisco sigue de cerca el *Šarḥ* de Zarrūq.

72 Este grupo de los Ansar (انصر) se había hecho noble defendiendo al profeta de sus enemigos en los primeros años del islam. Cf. P. Hitti, *op. cit.*, págs. 116-117 y 140.

73 La «tayfa» o grupo de los «Muhacharin» o Muhāŷirūn eran los «emigrantes» de La Meca, que alegaban pertenecer a la tribu del profeta y ser de los primeros que aceptaron su misión. Cf. P. Hitti, *op. cit.*, págs. 116 y 140.

74 La anécdota, por cierto, no está en los textos de Aḥmad Zarrūq, por lo que el morisco consulta otra fuente o añade información que conoce de oídas.

75 Nos seguimos guiando por la versión española del Corán de J. Vernet, *op. cit.*, pág. 38.

76 Advirtamos cómo el morisco sigue manejando diversas opiniones teológico-legales a cada paso de su disertación matrimonial.

77 Zarrūq es uno de los pocos jurisconsultos a quienes el morisco cede continuamente la palabra. Salta a la vista que lo está traduciendo directamente del texto árabe original, para beneficio de su público de refugiados. En este caso, está citando el *Šarḥ al Waglīsiyya*, en un pasaje que corresponde al folio 153r de nuestro códice 1424 D Rabat.

78 El autor (o su copista) oscilan entre «dello» y «de ello».

79 Cf. el cap. VI para un análisis comparativo entre el S-2 y sus fuentes orientales en lo que a las posiciones para el coito se refiere.

80 Lo dice, en efecto, en el *Šarḥ*, en el folio 151 del citado códice 1424 D Rabat. El morisco ha estado leyendo unos folios más adelante y ahora vuelve al principio del tratado de Zarrūq sobre el acto sexual: es decir, que rearregla la estructura del texto de su maestro sufí para fines de su propio tratado. Ya adelantamos que el refugiado nunca copia servilmente sus fuentes.

81 Esto, a fin de que el varón no eyacule prematuramente.

82 Se trata de un *ḥadīẕ* o tradición profética que también usa Algazel en su *Iḥyā'*, *op. cit.*, pág. 84, y del que, a su vez, se sirve Zarrūq.

83 En el cap. VI discutimos esta antigua costumbre, muy socorrida en los textos griegos y orientales antiguos, y que incluso se hizo presente en los textos médicos españoles del Renacimiento, como el *Examen de ingenios* de Juan Huarte de San Juan.

84 Las plegarias que entreveran el acto amoroso las hereda el morisco principalmente de Zarrūq y de Algazel, como exploramos en el cap. VI.

85 Traducimos según la versión coránica de Vernet, *op. cit.*, pág. 375.

86 Hay momentos en los que el copista olvida la cedilla, como ahora, que escribe «muctahap» por «muçtahap». Preferimos, en general, unificar la transcripción en el texto e indicar los olvidos, para que la lectura resulte menos caótica.

87 La azora XXIV, 31 exhorta a la mujer a tener un recato extremo en el vestir:

> Di a las creyentes que bajen los ojos, oculten sus partes y no muestren sus adornos más que en lo que se ve. ¡Cubran su seno con el velo! No muestren sus adornos más que a sus esposos, o a sus hijos, o a los hijos de sus esposos, o a sus hermanos, o a los hijos de sus hermanos, o a los hijos de sus hermanas, o a las mujeres, o a los esclavos que posean, o a los varones, de entre los hombres, que carezcan de instinto, o a las criaturas que desconocen las vergüenzas de las mujeres; éstas no meneen sus pies de manera que enseñen lo que, entre sus adornos, ocultan. Todos volverán a Dios. ¡oh creyentes! Tal vez seáis bienaventurados (*apud* Vernet, *op. cit.*, pág. 364).

88 Adviértase cómo la sintaxis árabe vuelve a transparentarse en la prosa castellana del refugiado.

89 Ya dejamos dicho que en estas «libertades eróticas» que se toma aquí el refugiado se aparta de Zarrūq, que nada apunta al efecto.

90 El «valiente» a quien cita aquí el refugiado es un tradicionista cordobés muerto en 1004 (cf. A. Oliver Asín, *op. cit.*, pág. 446). Desconozco si Aṣbag redactó su tratado erótico en España o fuera de ella, aunque ya dejé dicho que Guillén de Robles parece atribuir el ms. Gg. 209 a un tal «Assabag». Sea como fuere, todo parece indicar que en la península se escribió mucho más sobre el tema del erotismo de lo que sabemos hasta ahora.

91 En efecto, nuestro refugiado es uno de los pocos erotólogos al estilo oriental que se anima a defender el sexo oral, que ni Algazel ni Zarrūq promueven. Vātsyāyana en su *Kāma Sūtra* es uno de los pocos expertos en amores que coincide aquí con el morisco.

92 Nótese que el refugiado ya habla por cuenta propia, y no atribuye lo dicho a Zarrūq.

93 El morisco coincide con casi todos sus colegas erotólogos en este punto del comercio anal.

94 Aquí se refiere a la azora II, 223, que citó antes.

95 Cf. la citada azora II, 222, en torno a la menstruación.

96 No deja de ser curioso que el morisco, exhibiendo una lamentable intolerancia religiosa, insista tanto en la noción de «hereje», en este caso, para las cristianas o judías con las que el musulmán podía perfectamente convivir matrimonialmente. El islam considera a estas religiones como reveladas, y llama a sus seguidores «la gente del libro», por haber recibido su fe en una revelación que luego adquirió forma escrita. Ya sabemos que la religión musulmana incorpora muchos personajes sacros de ambos testamentos, y que observa un profundo respeto teológico por Abraham, Moisés, Jesús y María. La extrema intolerancia del morisco parece en este caso el producto de su larga vivencia española en unos años donde se exacerbó justamente el conflicto religioso. El enfrentamiento de ambas comunidades religiosas —la cristiana y la morisca— dio pie, en efecto, a un vocabulario intolerante que aún podemos rastrear en las polémicas acerbas que se dirigieron mutuamente los dos grupos religiosos enfrentados. Cf. nuestro cap. II al respecto.

97 Estas últimas instrucciones, que no se encuentran en los tratados de Zarrūq, las hemos documentado en la colección de *ḥadīces* titulada *Al Fatawa al-Hindya* (vol. I), págs. 36-40, de 'Ainī (ed. Bulaq, 1310 H; *apud* Abdelwahab Bouhdiba, *op. cit.*, pág. 87), que lo repiten casi al pie de la letra: «El marido podrá besarla [a la mujer que atraviesa su período], extenderse junto a ella y disfrutar del conjunto de su cuerpo, salvo la parte de éste comprendida entre el ombligo y las rodillas». Es curioso que Zarrūq no se sirva de este pasaje, ya que coincide de cerca con los *Fatawa Hindya* en otros pasajes de sus tratados jurídico-religiosos.

98 Una vez más, nuestro morisco demuestra ser más arriesgado que sus fuentes orientales más socorridas, que omiten comentario sobre esta conducta desinhibida por parte de la esposa.

99 También dejamos dicho que el morisco coincide en esta noción de la mujer libertina en la cama y recatada en la calle con el Arcipreste de Hita (cf. cap. VI).

100 Ya hemos señalado (cap. VI) el hecho de que el Corán condena el adulterio en distintas azoras, señalando el castigo que indica precisamente el morisco.

101 Aquí comienza un relato ejemplificante, del hombre que prefirió la muerte al adulterio. Lo hemos podido documentar en el *Tambih al-Gāfilīn* del Samarqandī y en las noches 468-470 de *Las mil y una noches,* aunque nuestro morisco tiene variantes de interés con respecto a ambos autores. Acaso relató la anécdota de memoria (cf. cap. VI).

102 Ahora la «perla» se convierte en «piedra preciosa». En las versiones del Samarqandī (tanto en árabe como en aljamiado) y en *Las mil y una noches,* se trata siempre de una *al-yaqūt* o «alyaquta», es decir, una piedra preciosa que en general se suele traducir como «rubí».

103 Sobre las leyes que rigen el divorcio, *véase* la azora II, 226-232.

104 Sobre este soneto como «broche de oro» del «Kāma Sūtra español», cf. el cap. VI.

105 Con este soneto da nuestro morisco por terminada su lección sobre el amor humano, y pasa entonces a hablar de otras obligaciones rituales musulmanas como la ablución. Salta a la vista que le habla a un público que no alcanza aún a entender del todo estas enseñanzas, que no pudieron practicar, de seguro, en su tierra española de origen. Veamos el tono magisterial con el que abre el nuevo tratado:

> Agora después de casado, y tu coraçón sosegado de las ynçitaçiones del pecado y del mundo olbidado, conbiene que acudas a lo que Dios te a mandado, y es de lo que en tu bida mal enpleada estabas discuydado; y te labes y linpies de las tormentas que por ti an pasado... (fol. 104v).

GLOSARIO

1 Longás, *Vida religiosa de los moriscos*...; A. R. Nykl, «A Compendium of Aljamiado Literature: El Rekontamiento del Rey Alisandere», *Revue Hispanique* LXXVII, págs. 409-611, y J. Ribera y M. Asín Palacios, *Manuscritos árabes y aljamiados*...

2 Indicamos los títulos de estos estudios en la bibliografía: A. Galmés de Fuentes, Ottmar Hegyi, Antonio Vespertino Rodríguez, Mercedes Sánchez Álvarez, Karl I. Kobbervig, etc.

3 *Aljamiadotexte* (2 vols.), Frans Steiner, Wiesbaden 1974.

4 *The Our'ān in Sixteenth Century Spain*, Thamesis Books Ltd., Londres 1982.

5 *Morisques et Chrétiens*...

APÉNDICE I. TRADUCCIÓN DE LA *NAṢĪḤA AL-KĀFIYYA* O *RECOMENDACIÓN CUALIFICADA*

1 Como de costumbre, nos servimos de la traducción española del Corán de Juan Vernet, *op. cit.*, pág. 228.

2 Vernet, *ibid.*

3 La prohibición se extiende, por ejemplo, a las mujeres que están emparentadas en grado cercano con el varón, así como a las mujeres en estado de *'idda*, es decir, las que se encuentran observando el plazo de viudez o divorcio (tres meses), o de embarazo (hasta el parto más cuarenta días). Tampoco puede el varón tener más de las cuatro esposas máximas permitidas, ni casarse simultáneamente con dos hermanas, ni con una mujer y su tía. Cf. Ikram Intaki, *op. cit.*, págs. 243 y ss.

4 Zarrūq hace referencia a la historia del patriarca José, victimizado por su belleza con el acoso de las mujeres, sobre todo, de Zulayja, la mujer de Putifar al-'Azīzu (azora XII, 1 y ss.). Cf. Vernet, *op. cit.*, págs. 234 y ss.

5 Se entiende que la sodomía con la esposa legítima no es tan grave como la sodomía con un hombre o con una mujer prohibida.

6 Vernet, *op. cit.*, pág. 38. Recordará el lector lo mucho que el refugiado de Túnez hace uso de esta azora coránica.

7 Obsérvese que es el mismo verso que cita Zarrūq en el *Šarḥ al-waglīsiyya* en torno al tema de la masturbación.

8 Compara la masturbación con labrar la tierra con el escarificador o instrumento agrícola que sirve para cortar la tierra sin revolverla.

9 En ambas aleyas, Dios bendice a los bienaventurados, «que cubren sus vergüenzas, excepto ante sus mujeres, o lo que poseen sus diestras [esclavas]» (cf. Vernet, págs. 350 y 621).

10 Zarrūq parece hacer referencia a la azora que acaba de citar, que pide al varón no descubra su desnudez sino ante sus esposas o «lo que poseen sus diestras», es decir, las esclavas.

11 Aquí hay una curiosa ambigüedad causada por la naturaleza misma de la lengua árabe. Zarrūq emplea la voz f-r-ŷ (فرج), que podría vocalizarse de dos maneras. Si vocalizamos *farŷ*, podemos traducir por «sexo femenino» o «vagina»; término que el tratadista ha ido utilizando a lo largo de su texto; si, en cambio, optamos por la variante *faraŷ*, entonces tenemos el sentido de «alegría, libertad, relajación, ausencia de sufrimiento». La frase puede, pues, leerse: «Ayuda a proteger el sexo [femenino]...», o bien «ayuda a proteger el estado de relajación [o de alegría]...». Hemos optado por la primera opción, ya que el tratado entero se dedica al tema de la sexualidad. Recordemos, sin embargo, que los matices de la raíz árabe siempre están presentes en la conciencia de un lector de esta lengua, por lo que son perfectamente compatibles— más aún, coextensivos y simultáneos— el sexo y la alegría distendida.

12 Vernet, *op. cit.*, pág. 693.

13 *Ibid.*, pág. 657.

14 Traducimos por «humor espermático» el *mā'* (literalmente, «agua»), que se suponía «eyaculaba» la hembra en el momento culminante del acto.

15 Se trata de un *ḥadīṯ* o tradición profética que repite Algazel y el refugiado de Túnez.

16 La aleya completa reza: «Él es quien ha creado, a partir del agua, un mortal en el que ha colocado genealogía y alianza. Tu Señor es Todopoderoso» (*apud* Vernet, *op. cit.*, pág. 375). Se trata de un pasaje coránico muy citado también por el refugiado de Túnez.

17 Hace alusión a la azora II, 226 y ss. (*apud* Vernet, *op. cit.*, págs. 38 y ss.).

18 Vernet, *op. cit.*, pág. 690.

19 *Ibid.*, pág. 670.

20 *Ibid.*, pág. 241.

21 El sentido que se desprende del original árabe es «si ella le ofrece resistencia u oposición».

22 Aunque aquí el pasaje no es completamente claro, el sentido no es difícil de adivinar, si tenemos en cuenta lo socorridos que eran estos sortilegios en la cultura popular árabe y morisca. Las citadas azoras deberían escribirse sobre un papel, y luego este papel (o estos papeles) se introducían en el agua, de manera que la tinta se diluyera en el líquido y formara parte de él. Así, el candidato a la bendición de turno, al beberse el agua, ingería también las palabras sagradas, con lo que quedaba debidamente protegido.

APÉNDICE II. TRADUCCIÓN DEL *ŠARḤ AL-WAGLĪSIYYA* O *COMENTARIO A LA GUAGLĪSIYYA*

1 Es interesante observar aquí que Zarrūq se sirve del término *adab*, sobre el que hemos dicho tanto en el cap. VI, para hablar de las «normas de la sexualidad». El sentido de la frase original admite entonces el matiz de la «cultura» o la «educación»; incluso, del «arte» de la sexualidad. Para fines de claridad, sin embargo, hemos preferido traducir este *adab* como «normas» de la sexualidad.

2 En este caso perdemos en la traducción española el sentido de delicadeza del original árabe, que alude al hecho de que el esposo debe ir tocando los puntos sensibles de su cónyuge a la manera de un pintor, que va marcando o dibujando puntos con un pincel de punta finísima.

3 Aunque nuestro morisco no sigue a su maestro en estos consejos últimos, debemos insistir en que Zarrūq hace tradición aquí con numerosos erotólogos orientales que reglamentan las mismas instrucciones. Un caso de excepción es Vātsyāyana, quien en su *Kāma Sūtra* aconseja un tipo de beso específico (el beso llamado *milita*) para lograr la reconciliación de la pareja. El marido debe imprimir con fuerza sus labios sobre los de la mujer, y mantener las dos bocas unidas hasta que el malhumor haya pasado (*op. cit.*, págs. 271-272).

4 El morisco tradujo con más cariño: «porque procede de esto el quererse mucho». Ése es el sentido emocional de la frase de Zarrūq, que hemos preferido traducir literalmente.

5 Traducimos el término original *mā'* («agua») por «humor», tal como lo hace el morisco, porque, en efecto, la palabra «humor» se acerca más al sentido antiguo que tenía lo que hoy denominaríamos «semen».

6 Recordemos que todos estos erotólogos consideraban que la mujer eyaculaba y emitía un humor semejante al del hombre en el momento de su orgasmo.

7 Literalmente, «que derrame su agua».

8 El refugiado traduce aquí: «Y esto, por bía de costumbre...».

9 Zarrūq cita la azora XXV, 54 del Corán. Traducimos, como siempre, por la versión castellana del Corán de Juan Vernet, *op. cit.*, pág. 375.

10 En el original, *karāma*: «gracia, milagro, carisma».

11 Zarrūq se refiere a las esclavas, con las que, bajo ciertas circunstancias, el Corán permitía las relaciones sexuales. El refugiado sigue al contemplativo marroquí en esta permisibilidad legal referente a la vida sexual del varón.

12 En el ms. 2207 D, fol. 24, la cita se atribuye a Ibn al-Ŷallāb.

13 En el ms. 2207 D, fol. 24, Zarrūq cita a Al-Falānī.

14 Para que una mujer pueda ser considerada en estado de pureza, debe contar tres días a partir del último día de su regla menstrual, si ésta dura menos de trece días. (La duración legal de las reglas, según los *Fatawa Hindya*, vol. I, págs. 36-37, *apud* Bouhdiba, pág. 85, eran un mínimo de tres días con sus noches y un máximo de diez días con sus noches.)

15 En el ms. 2207 D: «si su costumbre es de trece días, pues no tiene que añadir más de dos días; y si es de catorce días, añada sólo un día». En ambos manuscritos, el sentido del pasaje parece algo enigmático, aunque sigue en términos generales a los *Fatawa Hindya*. Salta a la vista que Zarrūq está dando a su lector instrucciones detalladas acerca de cómo adecuar la vida sexual al ciclo de cada mujer. Ya hemos dejado dicho que el morisco no sigue a su mentor en estos complicados cómputos matemáticos.

A partir de este pasaje, de otra parte, se separan ambos manuscritos y cada uno toma un rumbo diferente. Es importante que tengamos esto en cuenta cuando pensemos en la lectura que el morisco estaría haciendo de Zarrūq, ya que deben de haber circulado versiones manuscritas distintas del *Šarḥ* y de la *Naṣīḥa*.

16 Aquí no podemos saber a ciencia cierta a qué autoridad hace referencia Zarrūq. El último experto que citó en el ms. 1424 D fue, como recordará el lector, Al-Falānī, pero ahora estamos ante un cambio abrupto de tema. Del asunto de la regla menstrual pasa a la dilucidación de la eyaculación masculina. Salta a la vista que estamos manejando manuscritos desaliñados que posiblemente fueron copiados con descuido. Claro que no podemos descartar que la cita sea, en efecto, de Al-Falānī, pero tampoco podemos garantizarlo.

17 Es obvio que aquí falta algo para completar el sentido de la frase: puede tratarse de alguna interpolación o error del copista, que omitiera alguna información, ya que el cambio brusco de tema en este momento del códice nos permite sospechar que el original ha sufrido algún trastorno.

18 Nótese la distinción, difícil de conllevar en una traducción española, entre las distintas clases de purificación ritual: el *gusl* hace referencia a la ablución ritual mayor, en la que se lava todo el cuerpo, mientras que el *waḍū'* o alguado es la purificación o lavado que se suele hacer antes de la oración.

19 Una vez más, es tan sólo conjetural el atribuir estas enseñanzas a Al-Falānī (*véase* nota 16).

20 Zarrūq se refiere a una penetración en la que el miembro se introduce al punto de que desaparezca el glande o al punto de que quede oculto el anillo de la circuncisión. En estos complicados pormenores, Zarrūq parece coincidir con alguna de las enseñanzas del tratado sobre *ḥadīces* o tradiciones proféticas de 'Ainī, *Al fatawa al-Hindya* (6 vols.), Ed. Bulaq, 1310 H., del que Abdelwahab Bouhdiba nos da noticia en detalle *op. cit.*, págs. 83 y ss.

21 Se refiere a una mujer que no sea prostituta.

22 Aunque hoy nos parezca excéntrico, Zarrūq puede estar refiriéndose a un hermafrodita. Leemos en los *Fatawa Hindya* que «Un hombre que practique la introducción en el sexo de un verdadero hermafrodita deberá lavarse» (vol. I, pág. 16, *apud* Bouhdiba, pág. 84). Hasta el Mancebo de Arévalo hará referencia en su *Tafsira* a estas hipotéticas relaciones sexuales con hermafroditas, que, a todas luces, contemplaba como posibilidad real la antigua tradición jurídica islámica.

23 En estas curiosas instrucciones, que contemplan la ejecución de las abluciones en caso de sodomía (que ya sabemos que el Corán prohíbe), y en el caso más extremo aún de relaciones necrofílicas, Zarrūq parece seguir (o coincidir) con el citado *Al fatawa al-Hindya,* que se ocupa exactamente de los mismos asuntos (cf. vol. I, págs. 14, 15 y 16, *apud* Bouhdiba, *op. cit.*, págs. 83 y ss.). Ni Algazel, nī Nefzāwī, ni nuestro morisco abordan estas situaciones tan especiales.

24 Zarrūq parece referirse a la longitud del miembro masculino. Si es introducido durante el acto sexual, se considera entonces que ha habido «ocultación del pene».

25 Aquí el texto vuelve a estar oscuro, ya que se añade una mención de la ablución o *gusl* que no tiene ningún sentido dentro de la oración.

26 El morisco vuelve a retomar las instrucciones de Zarrūq en este punto.

27 En el original, la voz *bārikat* hace referencia, literalmente, al momento en que el camello se pone sobre su pecho o se echa. El morisco traduce por «no la pongas en cuatro pies», que nos parece acertado en este caso.

28 Sobre esto ya ha tenido ocasión de hablar Zarrūq anteriormente.

29 Una vez más Zarrūq parece coincidir de cerca con los *Fatawa Hindya,* que explicitan a su vez este tipo de cómputos del ciclo mensual de la mujer. Allí leemos que

> La duración legal de las reglas será de un mínimo de tres días y tres noches y un máximo de diez días y diez noches... El período de pureza entre las reglas deberá durar un mínimo de quince días... (*Fatawa Hindya,* vol. I, págs. 36-37, *apud* Bouhdiba, *op. cit.*, pág. 85).

Los «catorce» o «quince» días de los que habla Zarrūq deben hacer entonces referencia al período de pureza entre las reglas, que debe durar este mínimo de días.

APÉNDICE III. TRADUCCIÓN DE LA LEYENDA DEL HOMBRE QUE PREFIRIÓ LA MUERTE AL ADULTERIO «CAPÍTULO DE LAS RECONTACIONES» DEL *TAMBIH AL-GĀFILĪN* O *ADVENIMIENTO DE LOS DESCUIDADOS* DEL SAMARQANDĪ

1 Tomamos el árabe original del *Tambih al-Gāfilīn,* Matba'atu Dar Ihyai, Al-Kutubi al-'Arabiyyati, s. f., págs. 225-226. El título del cuento, «El hombre que prefirió la muerte al adulterio» es nuestro. La versión aljamiada se titula «Del hermoso mancebo que vendía capazos»; y la de *Las mil y una noches,* «El devoto cestero y su esposa». La leyenda, tal como aparece en el ms. S-2, carece de título.

2 El Samarqandī no identifica a este «alfaquí» narrador al principio de su cuento, que queda transformado en «el mensaŷero de Allah» en la versión aljamiada; sustituido por la narradora Scheherezade en *Las mil y una noches,* y eliminado en la versión del refugiado de Túnez. En el caso del ms. S-2, cabría pensar que el narrador pudiera ser el mismo viejo sabio representante de la Razón, que ofrece al narrador-protagonista la totalidad del tratado matrimonial. Ya veremos que será más tarde cuando el Samarqandī identifique a su narrador —o lo sustituya por otro.

3 La versión aljamiada lo traduce por «capazos».

4 Nos vemos precisados, exactamente igual que el autor morisco, a añadir esta frase para mayor claridad del texto, que en el original se limita al socorrido «Dijo» (*qālat*).

5 Ninguna otra de las versiones que conozco hace referencia a este proyectado festín erótico —verdadero *group sex*— que las damas proyectaban llevar a cabo con su apuesto prisionero.

6 Para flexibilizar un poco el texto en castellano, vamos variando los verbos «dijo» (*qāla*; *qālat*) que se repiten fatigosamente a lo largo del original árabe.

7 Estos curiosos «setenta años» se repiten en el texto aljamiado, que traduce el original árabe con bastante exactitud. Debe tratarse de un número simbólico, como dejamos dicho (cap. VI), ya que el cestero debe haber sido un hombre apuesto y, de seguro, relativamente joven.

8 Es ahora cuando el Samarqandī identifica a su narrador —o cuando interpone otro, muy a la usanza y al gusto árabes—. Se trata del mismo Mahoma o Mensajero de Dios, con lo que el cuento del cestero se convierte automáticamente en un *ḥadīẓ* o tradición profética. Ya dejamos dicho (nota 2) que la versión aljamiada identifica al narrador con Mahoma desde el principio del relato.

9 Traducimos el *yaqūt* por «rubí», porque es la traducción más usual, aunque, en teoría, este corindón o alúmina cristalizada puede ser una piedra preciosa de distintos colores.

APÉNDICE IV. VERSIÓN ALJAMIADA DEL RELATO DE SAMARQANDĪ ACERCA DEL HERMOSO MANCEBO QUE VENDÍA CAPAZOS

1 Tomamos nuestra versión aljamiada de Manuela Manzanares de Cirre, que edita los mss. Junta VI y Biblioteca Nacional de Madrid 4871 en su breve ensayo «Dos manuscritos aljamiados inéditos», en *Modern Philology* LXII (1964), pág. 134. La estudiosa indica que translitera la «pág. 317v», pero no hemos podido determinar a cuál de los dos códices se refiere, ni si los funde ambos en su edición.

2 Manuela Manzanares a menudo omite los acentos: suplimos los que nos parecen indispensables para leer el texto con un poco más de comodidad.

3 Aunque no tenemos el manuscrito aljamiado original delante, sospechamos que habría que transliterar «resibir» por «rresibir», tal como hace la estudiosa en el caso de «rresiba». Esto, a menos que el copista haya olvidado el signo de *tašdīd*. En todo caso, como salta a la vista, respetamos el sistema de transliteración del aljamiado de la colega Manzanares de Cirre.

4 Hasta aquí edita Manuela Manzanares el relato del hermoso mancebo que vendía capazos. Añade en un aparte: «La segunda parte del cuento, que no insertamos por no hacer este artículo demasiado largo, se enlaza con otra leyenda sobre la virtud recompensada. Esta primera parte nos ofrece, simplificados y mezclados, elementos de la leyenda de José, que se encuentran en el Corán, la *Disciplina Clericalis* y el *Poema de Yúçuf*» (pág. 134).

APÉNDICE V. «UN MATRIMONIO JUDÍO ASCETA» (VERSIÓN DE *LAS MIL Y UNA NOCHES* DE LA LEYENDA DEL CESTERO QUE PREFIRIÓ LA MUERTE AL ADULTERIO)

1 En *Las mil y una noches*, vol. II, Planeta, Barcelona 1965, noches 468-470, 497-501. Agradezco al profesor J. Vernet el que me permitiera reproducir su traducción como apéndice.

2 Mi admirado colega Vernet traduce, de seguro, el *yaqūt* del original por «jacinto». Ya hemos señalado antes que el *yaqūt* es el corindón o alúmina cristalizada, es decir, una piedra fina muy dura que puede tener diversos colores. He traducido, en el caso del relato del Samarqandī, el *yaqūt* por «rubí», sencillamente porque ésta es la traducción más socorrida entre los mismos árabes. Pero soy muy consciente de la ambigüedad que implica la voz tanto en árabe como en castellano.

BIBLIOGRAFÍA

En la presente bibliografía respetamos las distintas transcripciones de las lenguas orientales, así como las distintas versiones de los nombres propios que hace cada estudioso, por lo que el lector encontrará variantes tales como «Al-Nefzāwī», «Nefzawi», «Nafzawi» y «Nefzaoui»; «San Juan Clímaco» y «John Climacus». De otra parte, también hemos respetado el espinoso problema de la anonimia de ciertas obras, y hemos alfabetizado tomando en consideración las diferencias que en este sentido guardan entre sí los investigadores. Ésta es la razón por la cual hay veces en que el *Kāma Sūtra* se atribuye a Vātsyāyana, y otras en que aparece anónimo. Abreviamos las siguientes obras de cita frecuente:

AA: Al-Andalus.
Actas CLEAM: Actas del coloquio internacional sobre literatura aljamiada y morisca.
BHS: Bulletin of Hispanic Studies.
Bull. Hisp.: Bulletin Hispanique.
Edad de Oro: El erotismo y la literatura clásica española. IX Edición del Seminario Internacional sobre Literatura Española y Edad de Oro. *Edad de Oro,* Pablo Jauralde Pou (dir.).
Epalza/Petit: EPALZA, Míkel de, y PETIT, Ramón: *Recueil d'Études sur les moriscos andalous en Tunisie.*
HR: Hispanic Review.
JAOS: Journal of the American Oriental Society.
MLN: Modern Language Notes.
NRFH: Nueva Revista de Filología Hispánica.
PL: Patrologia Latina (Migne).
PG: Patrologia Graeca (Migne).
PL Supl: Patrologia Latina, Supplementum.
Radcliff-Umstead: RADCLIFF-UMSTEAD, Douglas (ed.), *Human Sexuality in the Middle Ages and Renaissance.*
RHM: Revue d'Histoire Maghrebine.

MANUSCRITOS

I. En árabe

A) Biblioteca de la Universidad de Rabat, Marruecos

Ms. 1424 D, *Šarḥ al-Waglīsiyya* de Aḥmad Zarrūq.

Ms. 2207 D, *Al-Ŷamī' li-ŷumalin min al-fawā'id wa al-manāfi'* (códice misceláneo que incluye el *Šarḥ al-Waglīsiyya* de Aḥmad Zarrūq).

Ms. 1663 D, *Naṣīḥa al-Kāfiyya* de Aḥmad Zarrūq.

B) Biblioteca Nacional de El Cairo

Ms. 2514, *Naṣīḥa al-Kāfiyya* de Aḥmad Zarrūq.

C) Biblioteca de Berlín

Ms. Berlín 1001. Atribuido a Abū Ma'šar: «Horóscopo de las natividades de los hombres y las mujeres». (El título descriptivo es nuestro, ya que el códice se encuentra acéfalo.)

II. En aljamiado, y aljamiado y árabe

A) Biblioteca de la Escuela de Estudios Árabes (Instituto Miguel Asín) de Madrid. Antigua Biblioteca de la Junta

Ms. LXII, *Tafsira* del Mancebo de Arévalo.

Ms. XXVI, «Exte ex alquiteb quextá en él el conto de Dulcarnáin». Anónimo.

B) Biblioteca de la Real Academia de la Historia de Madrid

Ms. T-16, consta de dos manuscritos aljamiados independientes encuadernados como uno solo; uno es un recetario morisco y el otro un itinerario clandestino para regresar de Venecia a España.

III. En castellano

Ms. G S-2, Biblioteca de la Real Academia de la Historia de Madrid. (Códice misceláneo anónimo y acéfalo, que contiene el tratado erótico que titulo «Un Kāma Sūtra español».)

IV. En latín

Ms. Latin 1673, Bibliothèque Nationale de Paris, *Tacuinum sanitatis*.

Ms. Latin 7148, Bibliothèque Nationale de Paris, *De secretis mulierum*.

V. En catalán

Ms. 3356, Biblioteca Nacional de Madrid, *Speculum al foderi* (fols. 35r-45v).

Actas del Coloquio internacional sobre literatura aljamiada y morisca, Álvaro Galmés de Fuentes (dir.), CLEAM, Gredos, Madrid 1978.

Ananga Ranga, Traité hindu de l'amour conjugal, introducción y notas de B. de Villeneuve, en *Le livre d'amour de l'Orient,* I parte, Bibliothèque des Curieux, París MCMX.

Carajicomedia (texto facsimilar), Carlos Varo (ed.), Colección Nova Scholar, Playor, Madrid 1981.

Compendio de la humana salud (I-15, Biblioteca Nacional, Madrid), María Teresa Herrera (ed.), Universidad de Salamanca/Madison, Wisconsin 1987.

El erotismo y la literatura clásica española, IX Edición del Seminario Internacional sobre Literatura Española y Edad de Oro. *Edad de Oro.* Pablo Jauralde Pou (dir.), vol. IX, Ediciones de la Universidad Autónoma de Madrid/Universidad Internacional Menéndez Pelayo, 1990.

El Corán, Juan Vernet (trad.), Planeta, Barcelona 1967.

El Ktab, en *Libros del amor de Oriente,* Juan B. Bergua (ed.), Clásicos Bergua, Madrid 1974.

Encyclopedia of Islam, Bernard Lewis *et al.* (eds.), Brill, Leiden/Luzac & Co., Londres 1968.

«Historia de los dos enamorados Ozmín y Daraja», en *Guzmán de Alfarache* de Mateo Alemán, *La novela picaresca española,* A. Valbuena Prat (ed.), Aguilar, Madrid 1966.

Homenaje a Álvaro Galmés de Fuentes, vol. II, Gredos, Madrid/Universidad de Oviedo, 1985.

Kama Sutra, Francisco Gironella (trad.), Barcelona 1973.

Kama Sutra, Ananga-Ranga, El jardín perfumado, ilustrados. Clásicos de la literatura erótica oriental, traducción española basada en la traducción inglesa de sir R. Burton y F. F. Arbuthnot, Plaza y Janés, Barcelona 1988.

Kama Sutra y Ananga-Ranga, León Ignacio (trad.), Plaza y Janés, Barcelona 1973.

Las mil y una noches (3 vols.), traducción española de la francesa de J. C. Mardruz, Copia General de Ediciones, México 1967.

Las mil y una noches (3 vols.), traducción, introducción y notas de Juan Vernet, Planeta, Barcelona 1964, 1965, 1967.

Le livre d'amour de l'Orient, Ananga-Ranga. La fleur lascive orientale. Le livre de la volupté, introducción y notas de B. de Villeneuve, Bibliothèque des Curieux, París MCMX.

Liber minor de coitu. Tratado menor de andrología [atribuido a un «anónimo salernitano»], edición crítica, traducción y notas de Enrique Montero Cartelle, Universidad de Valladolid, 1987.

Mirror of coitus (Speculum al foderi), Michael Solomon (ed.), Hispanic Seminary of Medieval Studies, Madison, Wisconsin 1990.

Pamphilus de amore, Ed. Bosch, Col. Erasmo-Textos Bilingües, Barcelona 1977.

Sagrada Biblia, versión directa de las lenguas orientales por Eloíno Nácar Fuster y Alberto Colunga, BAC, Madrid MCMLXXV.

Speculum al joder. Tratado de recetas y consejos sobre el coito (cod. BNM, núm. 3356, fols. 35-54), transcripción, traducción y prólogo de Teresa Vicens, Pequeña Biblioteca Calamvs Scriptorivs, Barcelona/Palma de Mallorca 1978.

The Book of the Thousand and One Nights, vols. III y IV, sir Richard Burton (trad.), The Heritage Press, Nueva York 1962.

The Holy Qur'ān, traducción y comentarios de Yusuf Ali, McGregor & Warner Inc., USA 1946.

The Koran Interpreted, edición y traducción de Arthur J. Arberry, Oxford University Press, Londres 1964.

The Song of Songs. A New Translation with Introduction and Commentary, Marvin H. Pope (trad.), The Anchor Bible, Nueva York 1977.

AA.VV.: *Léxico sucinto del erotismo,* Anagrama, Barcelona 1974.

Abbas Mahmoud al-Aqqad: *The Women in the Koran,* Dār al-Hilāl, El Cairo s. f.

ABDUL-WAHAB, Hasan Husni: «Coup d'oeil général sur les apports ethniques étrangers en Tunisie», en Epalza/Petit, págs. 16-20.

ADAMS, J. N.: *The Latin Sexual Vocabulary,* Baltimore 1982.

AFNAN, Soheil M.: *Avicenna. His Life and Works,* George Allen and Unwin Ltd., Londres 1958.

AFRICANUS, Leo: *A History and Description of Africa,* John Perry (trad.), Burt Franklin, Nueva York s. f.

Agustín de Tagaste, san: *Confesiones,* BAC, Madrid 1956.

——: *Confesiones,* Ángel Custodio Vega (ed.), o.s.a., BAC, Madrid 1956.

——: *Contra Julianum, PL* 44, págs. 641-880, traducción inglesa de W. A. Schuhmaker, *Against Julian,* Fathers of the Church 35, Fathers of the Church Inc., Nueva York 1957.

——: *La ciudad de Dios,* en *Obras de San Agustín,* edición bilingüe española-latina, vol. XVII, José Morán (ed.), o.s.a., BAC, Madrid 1965.

——: *Les confesions,* edición bilingüe latino-francesa, en *Œuvres de Saint Augustine* XIII, Desclée de Brouwer, París 1962.

——: *Sermones, PL* 38, 39.

——: *Tratados morales: Del bien del matrimonio. Sobre la santa virginidad. Del bien de la viudez. De la continencia* (etc.), en *Obras...,* vol. XII, PP. Félix García, Lope Ciruelo y Ramiro Flores (eds.), BAC, Madrid 1954.

'Aini: *Al fatawa al-Hindya,* 6 vols., Ed. Bulaq, El Cairo 1310 H.

AL-BAGHDADI, Ali: *Les fleurs éclatants dans le baisers et l'accolement,* traducción completa de los manuscritos árabes de René R. Khawam, Éditions Albin Muchel, París 1973.

AL-GHĀZZALĪ, Abū Ḥamid Muḥammad: *Ihyā' 'ulum ad-dīn,* Al-Makbata al-Tiŷāra al-kūbrā, El Cairo s. f.

——: *Le livre de bon usages en matière de mariage. Extrait de l'Ihyā' 'Ouloûm ed-Dîn ou: Vivification des Sciences de la foi,* L. Bercher y G.-H. Bousquets (trads.), A. Maisonneuve, París/J. Thornton and Son, Oxford 1953.

AL-MAKHZOUMI, Haroun: *Las fuentes del placer. El nuevo Kamasutra árabe,* Ed. Temas de Hoy, Madrid 1990.

AL-NEFZĀWĪ, Muḥammad ibn Muḥammad: *Rawḍ-al-'aṭīr,* Ed. Maktabat al-manār, Túnez s.f.

AL-SĀ'ĀTĪ, Aḥmad 'Abd-al-Raḥmān: *Kitāb tanwīr al-af'idat al-zakiyyah,* El Cairo 1333 H./ 1915 d. C.

AL-SAMARQANDĪ, Naṣr ibn Muḥammad ibn Ibrahīm: *Tambih al-Gāfilīn,* Ed. Al-kutubi al-'arabiyyati, El Cairo s. f.

AL-SOUYOUTI, 'Abd al-Rahman ibn Ali-Bakr: *Nuits de noces, ou comment humer le doux breuvage de la magie licite,* René Khawam (trad.), Éditions Albin Michel, París 1972.

AL-TIFACHI, Ahmad: *Les délices des coeurs,* traducción completa de los manuscritos originales de René R. Khawam, Éditions Phébus, París 1981.
AL-TARMIDĪ, Abbi 'Īssā: *Sunān at-Tarmidī,* Al-Maktaba as Salafiya, Medina, vol. III, s. f.
Al-Ŷahīz: «Risālat al-qiyān», en J. Finkel (ed.), *Thalāth Rasā'il,* Maṭba'at al-Salafiyya, El Cairo 1382 H./1962-1963 d. C., págs. 54-76.
ALCALÁ, Ángel: «Control inquisitorial de humanistas y escritores», en Ángel Alcalá *et al., Inquisición española y mentalidad inquisitorial,* Ariel, Barcelona 1984, págs. 288-314.
ALCALÁ, Ángel *et al.*: *Inquisición española y mentalidad inquisitorial,* Ariel, Barcelona 1984.
ALDANA, Francisco de: *Epistolario poético completo,* A. Rodríguez Moñino (ed.), Madrid 1978.
Alfonso X: *Cantigas d'escarnho e de mal dizer dos cancioneiros medievais galego-portugueses,* Ed. Galaxia, Coimbra 1970.
ALONSO, Dámaso: «La bella de Juan Ruiz, toda problemas», en *De los siglos oscuros al de oro,* Gredos, Madrid 1964, págs. 86-99.
ALVAR, Manuel: *Poesía española medieval,* Planeta, Madrid 1969.
ALZIEU, Pierre *et al.*: *Poesía erótica del Siglo de Oro,* Crítica, Barcelona 1983.
Ambrosio de Milán, san: *De institutione virginis, PL* 16, pág. 319.
——: *De virginibus, PL* 16, págs. 197-243.
——: *Epistolae, PL* 16, págs. 913-1.342.
——: *Exhortatio virginitatis, PL* 16, págs. 347-379.
——: *Expositio in Evangelium Secundum Lucam, PL* 15, págs. 1.603-1.945, M. Adriaen (ed.), *Corpus Christianorum,* Series Latina XIV, Brepols, Turnhout 1957.
AMEZÚA, Ifigenio: *La erótica española en sus comienzos,* Fontanella, Barcelona 1974.
ANNABI, M.: «La chéchia tunisienne», Epalza/Petit, págs. 304-307.
ANTAKI, Ikram: *La cultura de los árabes,* Siglo XXI, México 1989.
ARANDA DONCEL, Juan: *Los moriscos en tierras de Córdoba,* Publicaciones del Monte de Piedad y Caja de Ahorros de Córdoba, 1984.
ARENAL, Electa, y SABAT-RIVERS, Georgina: *Literatura conventual femenina: Sor Marcela de San Félix, hija de Lope de Vega,* Promociones y Publicaciones Universitarias, Barcelona 1988.
ARIÈS, Philippe: «St. Paul and the Flesh», en P. Ariès y A. Béjin (eds.), *Western Sexuality...,* págs. 36-39.
——: «The Indissoluble Marriage», en P. Ariès y A. Béjin (eds.), *Western Sexuality...,* Basil Blackwell, Nueva York 1986, págs. 140-159.
ARIÈS, Philippe, y BÉJIN, André (eds.): *Western Sexuality. Practice and Precept in Past and Present Times,* Basil Blackwell, Nueva York 1986.
ARIÈS, Philippe, y DUBY, George (eds.): *A History of Private Life. Revelations of the Medieval World,* The Belknap Press of Harvard University Press, Cambridge, Mass., y Londres 1988.
Aristotle: *Generation of Animals. With and English Translation by A. L. Peck,* Harvard University Press/Cambridge, William Heineman Ltd., Londres 1953.
ARJONA CASTRO, Antonio: *La sexualidad en la España musulmana,* Promi, Córdoba 1985.
ARMISTEAD, Samuel G.: «¿Existió un romancero de tradición oral entre los moriscos?», en *Actas CLEAM,* págs. 211-232.
ASÍN PALACIOS, Miguel: *Algazel. Dogmática, Moral, Ascética,* Tipografía y Librería de Comas Hermanos, Zaragoza 1901.

——: «El original árabe de la novela aljamiada El baño de Zarieb», en *Homenaje a R. Menéndez Pidal,* vol. I, Hernando, Madrid 1925.

——: *Escatología musulmana en la Divina Comedia,* Instituto Hispano-Árabe de Cultura, Madrid 1971.

——: *La espiritualidad de Algazel y su sentido cristiano* (4 vols.), publicación de la Escuela de Estudios Árabes de Madrid y Granada, Madrid 1934.

——: *Šāḏilīes y alumbrados,* estudio introductorio de Luce López-Baralt, Hiperión, Madrid 1990.

ASKEW, Melvin: «Courtly Love: Neurosis as Institution», en *Psychoanalitic Review* LII (1965), págs. 19-29.

Atenágoras: *Athenagoras. A Plea for Christians,* en B. P. Pratten (ed.), *The Ante-Nicene Fathers,* vol. 2, Eerdmans, Gran Rapids, Michigan 1977.

'ATIYEH, Aḥmad Zakī: *Šarḥ al-ḥikāmī al-'ataiyatī li-qudwatī al-salikīn,* Libia, 1391 H./1971 d. C.

AVELEYRA, María Teresa: «El erotismo en don Quijote», en *NRFH* XXVI (1977), págs. 468-479.

Avicena: *Canon,* Gérard de Crémone (trad.), P. de Lavagnie, Milán, lib. III, 1473.

——: *Canonis medicinae,* Ed. Carame, Romae MDXCII.

AVIÑÓN, Juan de: *Sevillana medicina* (Burgos 1545), Eric W. Naylor (ed.), Hispanic Seminary of Medieval Studies, Madison, Wisconsin 1987.

BAILEY, Derrick Sherwin: *Sexual Relations in Christian Thought,* Harper and Brothers Publishers, Nueva York 1959.

BAJTIN, Mijail: *Rabelais and his World,* Helène Iswolsky (trad.), MIT Press, Cambridge, Mass./Londres 1968.

BALDWIN, B: «Eros in Graeco-Roman Society and Literature», en *Eros and Literature* I-II (1968), págs. 27-42.

BARNES, D.: *Tertullian: A Historical and Literary Study,* Oxford 1971.

BATAILLE, Georges: *L'Erotisme,* Éd. de Minuit, París 1957.

BATAILLON, Marcel: «Cervantes y el matrimonio cristiano», en *Varia lección de clásicos españoles,* Gredos, Madrid 1964, págs. 238-255.

——: *La Célestine selon Fernando de Rojas,* París 1961.

——: «La desdicha por la honra: génesis y sentido de una novela de Lope», en *Varia lección de clásicos españoles,* Gredos, Madrid 1964, págs. 373-418.

BATANY, J.: *Approches du Roman de la rose,* Bordas, París 1973.

BEINART, Haim: *Los conversos ante el Tribunal de la Inquisición,* Riopiedras Ediciones, Barcelona 1983.

BEN ACHOUR, Tahat: *Masîr al-Andalussiyyin (Našrat al-Ŷam'iyya al-Ḥalduniya,* Túnez 1930.

BEN CHENEB, Muhammad: «Étude sur les personnages mentionnés dans l'Idjâza du Cheikh 'Abd el Qâdir el Fâsy», en *Actes du 14e Congrès des Orientalistes,* IV, París 1907, págs. 265-267.

BENEDECK, Thomas G.: *Beliefs About Human Sexual Function in the Middle Ages and Renaissance,* en Radcliff-Umstead, págs. 96-116.

BENNAASSAR, Bartolomé: *L'homme espagnol, attitude et mentalité du XVIe siècle,* Hachette, París 1975.

BERGER, Sidney E.: «Sex in the Literature of the Middle Ages: The Fabliaux», en V. L. Bullough y J. Brundage (eds.), *Sexual Practices...,* págs. 162-175.

BERGUA, Juan B. (ed.): *Libros del amor del Oriente. Los Kama Sutra (Manual de erotología hindú), el Ananga-Ranga (Tratado hindú del amor conyugal), seguidos de La flor lasciva, El libro de la voluptuosidad y.de El Ktab (Libro musulmán de las leyes secretas del amor, publicado por primera vez en español)*, traducción, noticias preliminares, notas y apéndices de Juan B. Bergua. Clásicos Bergua, Madrid 1974.

BERNABÉ PONS, Luis F.: *El cántico islámico del morisco hispanotunecino Taybili,* Institución Fernando el Católico, Zaragoza 1988.

BIEDER, L.: *The Irish Penitentials,* Appendix D. A. Binchy, Scriptores Latini Hiberniae 5, Dublín 1963.

BIESTERFELDT, Hans Hinrich, y GUTAS, Dimitri: «The Malady of Love», en *Journal of the American Oriental Society* CIV (1984), págs. 21-25.

BLÁNQUEZ FRAILE, Agustín: *Diccionario latino-español,* Sopena, Barcelona 1954.

BOMLI, Pierre: *La femme dans l'Espagne du Siècle d'Or,* Martinus Nijhoff, La Haya 1950.

BONJEAN, Françis: *Confidences d'une fille de la nuit,* Éditions Marrocaines, Tánger 1968.

BORGES, Jorge Luis: «El escritor argentino y la tradición», en *Discusión,* Emecé, Buenos Aires 1961, págs. 151-162.

BORONAT Y BARRACHINA, Pascual: *Los moriscos españoles y su expulsión* (2 vols.), Valencia 1909.

BØRRENSEN, Kari Elizabeth: *Subordination and Equivalence: The Nature and Role of Women in Augustine and Thomas Aquinas,* Charles S. Talbot (trad.), Washington D. C. 1981.

BOSWELL, John: *Christianity, Social Tolerance and Homosexuality. Gay People in Western Europe from the Beginning of the Christian Era to the Fourteenth Century,* The University of Chicago Press, Chicago/Londres 1980.

BOUHDIBA, Abdelwahab: *La sexualidad en el Islam,* Rafael Fauquié (trad.), Monte Ávila Editores, Caracas, Venezuela 1980.

BOUSQUETS, George-Henri: *L'éthique sexuelle de l'Islam,* G. P. Maisonneuve y Larose, París 1966.

BOUZINEB, Hossain: «Los moriscos de Marruecos», en prensa, *Actas del Congreso Hispano-Árabe de Teruel,* 1988.

——: «Respuestas de jurisconsultos magrebíes en torno a la inmigración de musulmanes hispánicos» (copia mecanografiada inédita).

——: «Las leyendas aljamiadas de carácter maravilloso: un aspecto de la literatura morisca», en *Langues et Littératures* V (1986), Rabat, págs. 67-83.

BRAHIMI, Denise: «Quelques jugements sur les maures andalous dans les régences turques au XVIIIe siècle», en Epalza/Petit, págs. 135-149.

BRAMON, Dolors: *Contra moros y judíos,* Ed. Península, Barcelona 1986.

BRENNAN, Gerald: *St. John of the Cross. His Life and Poetry,* Cambridge University Press, 1973.

BROCKELMAN, Carl: *Geschichte der Arabitschen Litteratur, Supl.* II (3 vols. y suplementos), Brill, Leiden 1937-1938.

BROWN, Peter: *The Body and Society: Men, Women and Sexual Renunciation in Early Christianity,* Columbia University Press, 1989.

BRUNDAGE, James A.: «Adultery and Fornication: A Study in Legal Theology», en V. L. Bullough y J. Brundage (eds.), *Sexual Practices...,* págs. 129-134.

——: «Concubinage and Marriage in Medieval Canon Law», en V. L. Bullough y J. Brundage (eds.), *Sexual Practices...,* págs. 118-128.

——: «Sex and Canon Law: A Statistical Analysis of Samples of Canon and Civil Law», en V. L. Bullough y J. Brundage (eds.), *Sexual Practices...*, págs. 89-101.

——: *Sex and Power in the Middle Ages*, University of Chicago Press, 1990.

BULLOUGH, Vern L.: «The Sin Against Nature and Homosexuality», en V. L. Bullough y J. Brundage, *Sexual Practices...*, págs. 55-71.

BULLOUGH, Vern L., y BRUNDAGE, James (eds.): *Sexual Practices & the Medieval Church*, Prometheus Books, Buffalo, Nueva York 1982.

——: «Appendix: Medieval Canon Law and Its Sources», en V. L. Bullough y J. Brundage (eds.), *Sexual Practices...*

BUNES, Miguel Ángel de: *Los moriscos en el pensamiento histórico*, Cátedra, Madrid 1983.

BUSTO CORTINA, Juan Carlos: «Un cuento morisco procedente del *Kitāb* de Samarkandī en el Conde Lucanor y en otros ejemplarios medievales», en prensa en las *Actas del IV' Symposium d'Études Morisques*, Zaghouan, Túnez 15-19 de marzo 1989.

CABANELLAS, Darío: *El morisco granadino Alonso del Castillo*, Patronato de la Alhambra, Granada 1965.

CAHILL, Suzanne: «Sex and the Supernatural in Medieval China: Cantos on the Tascendent Who Presides Over the River», en *Journal of the American Oriental Society* CV (1985), págs. 197-220.

CALLAM, D.: «Clerical Continence in the Fourth Century: Three Papal Decretals», en *Theological Studies* LXI (1980), págs. 3-50.

CANAVAGGIO, Jean: *Cervantes*, Espasa-Calpe, Madrid 1987.

CANTARINO, Vicente: «Aproximación al estudio del tema del amor en la poesía hispanoárabe de los siglos XII y XIII», en *Awrāq* I (1978), págs. 12-28.

——: *Entre monjes y musulmanes. El conflicto que fue España*, Alhambra, Madrid 1978.

CAPELLANO, Andrea: *Trattato d'amore. Testo latino del sec. XII con due traduzioni toscane inedite del sec. XIV*, Salvatore Battaglia (ed.), Perella, Roma 1947.

CAPELLANUS, Andreas: *De amori libri tres*, Amadeo Pagés (ed.), Sociedad Castellonense de Cultura, Castellón de la Plana 1929.

——: *The Art of Courtly Love*, introducción, traducción y notas de John Jay Perry, Columbia University Press, Nueva York 1941.

CARBÓN, Damián: *Libro del arte de las comadres o madrinas y del regimiento de las preñadas y paridas*, Hernando de Cansoles, Mallorca 1541 (Biblioteca Nacional de Madrid R 1322).

CARDAILLAC, Louis (ed.): *Les morisques et leur temps*, Coloquio internacional, 4-7 de julio 1981, Montpellier, Éditions du Centre National de la Recherche Scientifique, París 1983.

——: «Le pasage des morisques en Languedoc», en *Anales du Midi* LXXXIII (1971), págs. 259-298.

——: *Morisques et Chrétiens. Un affrontement polémique (1492-1640)*, Klincksieck, París 1977.

——: «Proces pour abus contre les morisques en Languedoc», en Epalza/Petit, págs. 103-113.

——: «Un aspecto de las relaciones entre moriscos y cristianos: "polémica y *taqiyya*"», en *Actas CLEAM*, págs. 107-122.

CARDENAL, Ernesto: *Cántico cósmico*, Ed. Nueva Nicaragua, Managua 1989.

CARDONER Y PLANAS, A., *Història de la medicina a la Corona d'Aragó*, Ed. Scientiae, Barcelona 1973.

CARO BAROJA, Julio: *Los moriscos del reino de Granada,* Istmo, Madrid 1975.
CARO ROMERO, Joaquín: *Antología de la poesía erótica española de nuestro tiempo,* Ruedo Ibérico, París 1973.
CARRASCO URGOITI, María Soledad: *The Moorish Novel. El Abencerraje and Pérez de Hita,* Twayne University Publishers, Boston 1976.
——: *El problema morisco en Aragón a comienzos del reino de Felipe II,* Madrid 1969.
CARRASCO, Raphaël, y VINCENT, Bernard: «Amours et mariage chez les morisques au XVIe siècle», en Agustín Redondo (ed.), *Amours légitimes-amours illégitimes en Espagne (XVIe-XVIIe siècles),* Publications de la Sorbonne, París 1985, págs. 133-146.
CASIANO, Juan: *De institutis coenobiorum,* traducción inglesa de Edgar C. S. Gibson, *Library of the Nicene and Anti-Nicene Fathers,* vol. II, Christian Literature Company, Nueva York 1984.
CASTRO, Américo: «Cervantes y la inquisición», en *Hacia Cervantes,* Taurus, Madrid 1967, págs. 213-221.
——: «El celoso extremeño», en *Hacia Cervantes,* Taurus, Madrid 1967, págs. 420-450.
——: *La realidad histórica de España,* Porrúa, México 1954.
CELA, Camilo José: *Enciclopedia del erotismo* (4 vols.), Sedmay Ediciones, Madrid s. f.
CERVANTES SAAVEDRA, Miguel de: «El coloquio de los perros», en *Obras completas,* Aguilar, Madrid 1967.
——: *El Quijote* (2 vols.), estudio preliminar de Celina Sabor de Cortázar, y edición de Martín de Riquer, Kapeluz, Buenos Aires 1973.
——: *Los trabajos de Persiles y Sigismunda,* en *Obras completas,* Aguilar, Madrid 1967.
CHAUCER, Geoffrey: *The Works of G. Chaucer,* F. N. Robinson (ed.), Boston 1957.
CHAUVIN, Victor: *Bibliographie des ouvrages arabes ou rélatifs aux arabes publiés dans l'Europe chrétienne de 1810 à 1885* (12 vols.), Imp. H. Vaillant, Liège 1892-1922.
CHEJNE, Anwar: *Ibn Hazm,* Kazi Publications, Chicago 1982.
——: *Islam and the West. The Moriscos,* State University of Nueva York Press, Albany 1983.
——: *Muslim Spain. Its History and Culture,* The University of Minnesota Press, 1974.
CIROT, Georges: «La maurophilie littéraire en Espagne au XVIe siècle», en *Bull. Hisp.* XL (1938), págs. 50-157, 281-296, 433-447; XLI (1939), págs. 65-85, 345-351; XLII (1940), págs. 213-227; XLIII (1941), págs. 265-289; XLIV (1942), págs. 96-102; XLVI (1944), págs. 5-25.
CLARK, Elizabeth A.: *Ascetic Piety and Women's Faith; Essays on Late Ancient Christianity,* Edwin Mellen Press, Nueva York y Toronto 1986.
——: «Vitiated Seeds and Holy Vessels: Augustine's Manichean Past», en *Ascetic Piety and Women's Faith,* Edwin Mellen Press, Nueva York y Toronto 1986, págs. 291-349.
Clemente de Alejandría, san: *Stromata III* y *VII,* en *Alexandrian Christianity,* H. Chadwock (trad.), Westminster Press, Philadelphia 1954.
——: *Opera,* O Stählin (ed.), *Die griechischen christlichen Schriftsteller der ersten drei Jahrhunderte,* págs. 12, 15, 17, 39, J. C. Heinrichs, Leipzig 1905-1909, traducción inglesa y edición de A. C. Coxe, *The Ante-Nicean Fathers,* vol. 2, Eerdmans, Grand Rapids, Michigan 1977.
COLIN, G.: «Sayyīdī Aḥmad Zarrūq», en *Revista della Tripolitania* II (1925), págs. 23-34.
Constantino el Africano: *Constantini Liber de coitu. El tratado de andrología de Constantino el Africano,* Enrique Montero Cartelle (ed.), Santiago de Compostela 1983.

COROMINAS, Joan, y PASCUAL, José A.: *Diccionario etimológico castellano e hispánico,* Gredos, Madrid 1980.

CORRIENTE, Federico: *Diccionario árabe-español/español-árabe* (2 vols.), Instituto Hispano-Árabe de Cultura, Madrid 1977.

COWAN, J. M.: *Arabic-English Dictionary,* Spoken Languages Services, Ithaca, Nueva York 1976.

COXE, A. C. (ed.): *The Ante-Nicene Fathers* vol. 2, Eerdmans, Grand Rapids, Michigan 1977.

CRUZ HERNÁNDEZ, Miguel: *Historia del pensamiento en el mundo islámico* (2 vols.), Alianza Editorial, Madrid 1981.

CUEVAS, Cristóbal: «Sobre la filosofía del amor en el Siglo de Oro. (A propósito de un libro de A. A. Parker)», en *Ínsula* 497 (1987), pág. 7.

CUITANOVIC, Dinko *et al.*: *La idea del cuerpo en las letras españolas (siglos XIII al XVII), Cuadernos del Sur,* Bahía Blanca 1973.

CULLER, Jonathan: *Structural Poetics,* Cornell University Press, Ithaca, Nueva York 1975.

DAGORN, René; LOSADA, Teresa, y VILLUENDAS, Victoria: «Un nuevo fondo de manuscritos árabes fragmentarios de la Biblioteca Nacional de Madrid», en *AA* XLII (1977), págs. 123-166.

DANIEL, Norman: *Islam and the West. The Making of an Image,* Londres 1975.

DAOULATLI, A.: «Inscription à la mosquée andalouse d'el 'Aliya», en Epalza/Petit, págs. 285-290.

DAVENPORT, J.: *Aphrodisiacs and Love Stimulants,* L. Stuart, Nueva York 1966.

DEDIEU, Jean-Pierre: «Le modèle sexuel: la défense du mariage chrétien», en *L'Inquisition espagnole,* Hachette, París 1979, págs. 3_3-326.

DELANEY, P.: «Constantinus Africanus *De coitu*: A Translation», en *Chaucer Review* IV (1970), págs. 55-65.

DENOMY, A. J.: «Fin Amors: The Pure Love of the Troubadours, its Amorality and Possible Sources», en *Medieval Studies* VII (1945), págs. 139-207.

——: «The *De amore* of Andrea Capellanus and the Condemnation of 1277», en *Medieval Studies* VIII (1946), págs. 107-149.

——: «Concerning the Accesibility of Arabic Influences to the Earliest Provençal Troubadours», en *Medieval Studies* XV (1953), págs. 147-158.

DÍAZ Y DÍAZ, M. C.: «Para un estudio de los penitenciales hispanos», en *Mélanges offerts à E. R. Labande,* Poitiers 1974, págs. 217-222.

DÍEZ BORQUE, José María: *Poesía erótica,* Ed. Siro, Madrid 1977.

DIMOCK, E. C.: *The Place of the Hidden Moon: Erotic Mysticism in the Vaisnava-sahajiyā,* Chicago/Londres 1966.

DIRKS, Nicholas B.: *The Construction of Homosexuality,* The University of Chicago Press, Illinois 1958.

DJANDAR, Abū: *Muqqadimat al-fatḥ min tārīḫ Ribāṭ at-Fatḥ,* Rabat, 1345 H./1946-1947 d. C.

DOMINGO, Xavier: *Erótica hispánica,* Ruedo Ibérico, París 1972.

——: *Érotique de l'Espagne,* Jean-Jacques Paucet (ed.), París 1967.

DOMÍNGUEZ ORTIZ, Antonio, y VINCENT, Bernard: *Historia de los moriscos. Vida y tragedia de una minoría,* Biblioteca de la Revista de Occidente, Madrid 1978.

DRIJVERS, Han J. W.: «Conflict and Alliance in Manicheism», en H. G. Kippenberg

(ed.), *Struggles of Gods, Religion and Reason* XXXI, Moutton, Berlín, Nueva York y Amsterdam 1984, págs. 99-124.
DRONKE, P.: *Medieval Latin and the Rise of European Love-Lyric*, Clarendon Press, Oxford 1968.
DUTTON, Brian: «Hurí y midons: el amor cortés y el paraíso musulmán», en *Filología* XIII (1968-1969), págs. 151-164.
EIMERIC, Nicolau, y PEÑA, Francisco: *El manual de los inquisidores*, introducción y notas de Luis Sala-Molinos, Muschnick Editores, Barcelona 1983.
EL-SAFFAR, Ruth: «In Praise of What is Left Unsaid: Thoughts on Women and Lack in don Quixote», en *MLN* 103 (1988), págs. 205-222.
——: «Sex and the Single Hidalgo: Reflections on Eros in Don Quijote», en *Studies in Honor of Elias Rivers*, Scripta Humanistica, The Catholic University of America, Washington 1989, págs. 76-93.
ELISSÉEF, Nikita: *Thèmes et motifs des Mille et une nuits. Essai de classification*, Institut Français de Damas, Beirut 1949.
ELLIOTT, Alison Goddard: «The Latin Poem from Ripoll», en *Mittellateinishes Jahrbuch* XV (1980), págs. 112-120.
EPALZA, Míkel de: «Arabismos en el manuscrito castellano del morisco tunecino Aḥmad al-Ḥanafī», en *Homenaje a A. Galmés de Fuentes*, Gredos, Madrid/Universidad de Oviedo, 1985, págs. 515-528.
——: «Le milieu hispano-moresque de l'Evangile islamisant de Barnabe (XVIe-XVIIIe siècle)», en *Islamochristiana* VIII (1982), págs. 159-176.
——: «Les Ottomans et l'insertion au Maghreb des Andalouses expulsés d'Espagne au XIIe siècle», en *RHM* XXI-XXXII (1983), págs. 165-173.
——: «Moriscos y andalusíes en Túnez durante el siglo XVII», en *AA* XXXIV (1969), págs. 247-327. Traducido al francés en Epalza/Petit, págs. 150-186.
——: «Nuevos documentos sobre descendientes de moriscos en Túnez en el siglo XVII», en *Studia Historica et Philologica in honorem M. Batllori*, Roma 1984, págs. 195-228.
——: «Sobre un posible autor español del Evangelio de Barnabé», en *AA* XXVIII (1963), págs. 479-491.
——: «Trabajos actuales sobre la comunidad de moriscos refugiados en Túnez, desde el siglo XVII a nuestros días», en *Actas CLEAM*, págs. 427-446.
EPALZA, Míkel de, y PETIT, Ramón: *Recueil d'Études sur les moriscos andalous en Tunisie*, Instituto Hispano-Árabe de Cultura, Madrid/Centre d'Études Hispano-Andalouses, Túnez 1973.
Erasmo de Rotterdam: *El Inquiridion o Manual del caballero cristiano*, edición de Dámaso Alonso y prólogo de Marcel Bataillon, CSIC, Madrid 1971.
FAHMY, Mansour: *La condition de la femme dans la tradition et l'evolution de l'islamisme*, Librairie Félix Alcan, París 1913.
FERNÁNDEZ FERNÁNDEZ, María Josefa: *Libro de los castigos. (Ms. aljamiado núm. 8 de la Biblioteca de la Junta.) Edición, Introducción, estudio lingüístico, glosario y notas de M. J. Fernández*, tesis doctoral inédita, Universidad de Oviedo, 1987.
FLANDRIN, Jean-Louis: «Sex in Married Life in the Early Middle Ages», en P. Ariès y A. Béjin (eds.), *Western Sexuality...*, págs. 114-129.
FOA, Sandra M.: *Feminismo y forma narrativa. Estudio del tema y las técnicas de María de Zayas y Montemayor*, Albatros Ediciones, Hispanófila, Valencia 1979.

FONSECA, Gregorio: «Relación y ejercicio espiritual sacado y declarado por el Mancebo de Arévalo en nuestra lengua castellana, tesis doctoral inédita, Universidad de Oviedo, 1987.

FOUCAULT, Michel: *Historia de la sexualidad* (2 vols.), Siglo XXI, Madrid 1987.

——: «The Battle for Chastity», en P. Ariès y A. Béjin (eds.), *Western Sexuality...*, págs. 14-26.

FOULCHÉ-DELBOSC, R.: «237 Sonnets», *Revue Hispanique* XVII (1980), págs. 28-41.

FRANTZ, David O.: *Festum voluptatis. A Study of Renaissance Erotica,* Ohio State University, 1988.

FREND, W. H. C.: «The Devil and the Flesh. Review of: The Body and Society: Men, Women and Sexual Renunciation in Early Christianity, by Peter Brown», en *The New York Review for Books,* 2 de febrero 1989, págs. 39-41.

FRENK, Margit: *Corpus de la antigua lírica popular hispánica (siglos XV al XVII),* Castalia, Madrid 1987.

——: *Estudios sobre lírica antigua,* Castalia, Madrid 1978.

——: «Lectores y oidores. La difusión oral de la literatura del Siglo de Oro», Conferencia Plenaria, VIII Congreso Internacional de Hispanistas, Venecia 1980.

——: *Lírica española de tipo popular. Edad Media y Renacimiento,* Cátedra, Madrid 1986.

——: «Lírica popular a lo divino», en *Edad de Oro* VIII, Universidad Autónoma de Madrid, 1989, págs. 107-116.

FREUD, Sigmund: *Sexuality and the Psychology of Love,* Collier Books, Nueva York 1963.

——: *Three Contributions to the Theory of Sex,* Dutton & Co., Nueva York 1909.

GABRIELLI, Francesco: *La literatura árabe,* Losada, Buenos Aires 1971.

GADDESDEN, Jean de: *Rosa anglica,* Michel Mauger, Augsburg 1595.

Galeno: *De usu partium,* en *Galeni opera,* vol. IV, C. G. Kühn (ed.); traducción inglesa de M. T. May: *Galen: On the Usefulness of the Parts of the Body,* Cornell University Press, Ithaca 1968.

——: *On the Affected Parts,* Rudolph E. Siegel (trad.), S. Karger-Basel-Múnich-París-Londres-Nueva York-Sidney 1976.

GALMÉS DE FUENTES, Álvaro: «El interés literario en los estudios aljamiado-moriscos», en *Actas CLEAM,* págs. 189-210.

——: *Historia de los amores de Paris y Viana,* CLEAM, Gredos, Madrid 1970.

——: *Actas del coloquio internacional sobre literatura aljamiada y morisca,* CLEAM, Gredos 1972.

——: *El libro de las batallas* (2 vols.), CLEAM, Gredos, Madrid 1975.

——: «La Leyenda de los Infantes de Salas y la tradición árabe», en *Actas de las Jornadas de Cultura Árabe e Islámica,* Madrid 1981, págs. 366-388.

——: «Le mythothème des lions dans la poésie épique romane et la tradition arabe», en *Essor et Fortune de la Chanson de Geste dans l'Europe et l'Orient Latin,* Mucchi Editore, Padua/Venecia 1982, págs. 298-320.

——: «Un conte d'Al-Ghazali et le fablieu français Du vilain asnier», en *Romance Philology* XXXIX (1985), págs. 198-205.

GARCÍA ARENAL, Mercedes: *Inquisición y moriscos. Los procesos del Tribunal de Cuenca,* Siglo XXI, Madrid 1978.

——: *Los moriscos,* Editora Nacional, Madrid 1975.

——: «Nota a las traducciones manuscritas de F. Ximénez en la Real Academia de la Historia», en *Al-Qantara* VI (1985), págs. 525-533.
GARCÍA ARENAL, Mercedes, y LEROY, Beatriz: *Moros y judíos en Navarra en la Baja Edad Media*, Hiperión, Madrid 1984.
GARCÍA BALLESTER, Luis: *Los moriscos y la medicina. Un capítulo de la medicina y la ciencia marginal en la España del siglo XVI*, Labor, Barcelona 1984.
——: *Medicina, ciencia y minorías marginadas: los moriscos*, Universidad de Granada, Granada 1987.
GARCÍA CÁRCEL, Ricardo: *Orígenes de la Inquisición Española. El Tribunal de Valencia, 1478-1530*, Península, Barcelona 1985.
GARCÍA GÓMEZ, Emilio: «El frío de las joyas», en *AA* XIV (1946), págs. 463-466.
——: *Las jarchas romances de la serie árabe en su marco*, Seix Barral, Barcelona 1975.
GARULO, Teresa: *Diwān de las poetisas de Al-Andalus*, Hiperión, Madrid 1986.
GAYANGOS, Pascual de: *Leyes de moros y Suma de los principales mandamientos y devedamientos de la Ley y la Çunna, por Içа ben Gebir*, en *Memorial Histórico Español* V, Madrid 1853.
——: «Language and Literature of the Moriscos», en *British and Foreign Review* VIII (1839), págs. 63-95.
GERLI, Michael E.: «Siervo libre de amor and the Penitential Tradition», en *Journal of Hispanic Philosophy* XII (1988), págs. 93-101.
GHAZI, Mhmmed Ferid: «Un group social: "les raffinés" (*ẓurafā'*)», en *Studia Islamica* X (1959), págs. 39-71.
GIFFEN, Lois Anita: *Theory of Profane Love Among the Arabs. The Development of the Genre*, New York University/University of London Press, 1971.
GIL, Pablo: *Textos aljamiados*, Zaragoza 1988.
GILMAN, Stephen: *The Art of la Celestina*, The University of Wisconsin Press, Madison 1956.
——: *The Spain of Fernando de Rojas*, Princeton University Press, 1972. [Existe edición en castellano: *La España de Fernando de Rojas. Panorama intelectual y social de La Celestina*, Taurus, Madrid 1978, traducción castellana revisada por el autor.]
GODOY Y ALCÁNTARA, José: *Historia de los falsos cronicones*, Madrid 1968.
GOLD, Penny S.: «The Marriage of Mary and Joseph in the Twelfth-Century Ideology of Marriage», en V. L. Bullough y J. Brundage (eds.), *Sexual Practices...*, págs. 102-117.
GONZÁLEZ PALENCIA, Ángel: «Precedentes islámicos de la leyenda de Garín», en *AA* I (1933), págs. 335-355.
GONZÁLEZ RIVAS, S.: *La penitencia en la primitiva Iglesia española. Estudio histórico, dogmático y canónico de la penitencia en la Iglesia española, desde sus orígenes hasta los primeros tiempos de la invasión musulmana*, Salamanca 1949.
——: «Los Penitenciales españoles», en *Estudios Eclesiásticos* XVI (1942), págs. 73-98.
GORDON, Bernard de: *Lilium medicine*, G. Rouillom (ed.), Lyon 1550.
GORDONIO, Bernardo de: *Lilio de medicina*, John Cull y Cinthia M. Wasick (eds.), Hispanic Seminary of Medieval Studies, Madison, Wisconsin 1989.
GOYTISOLO, Juan: «Cara y cruz del moro en nuestra literatura», en *Crónicas sarracinas*, Ruedo Ibérico, Barcelona 1982, págs. 7-25.
——: «El lenguaje del cuerpo (sobre Octavio Paz y Severo Sarduy)», en *Disidencias*, Seix Barral, Barcelona 1972, págs. 171-192.
——: «El mundo erótico de María de Zayas», en *Disidencias...*, págs. 63-115.

——: *Las virtudes del pájaro solitario,* Seix Barral, Barcelona 1988.
——: «Notas sobre La lozana andaluza», en *Disidencias...,* págs. 36-71.
——: «Quevedo: la obsesión excremental», en *Disidencias...,* págs. 117-135.
——: «Sensualidad y fanatismo. La creación de una imagen», en *Crónicas sarracinas,* Ruedo Ibérico, Barcelona 1982, págs. 73-86.
GREEN, Otis: «El ingenioso hidalgo», en *HR* XXV (1957), págs. 175-193.
Gregorio Magno, san: *Epistolae,* en *PL* 77, págs. 431-1.328.
——: *Moralia,* en *PL* 75, págs. 509-1.162.
Gregorio Nacianceno, san: *Carmina,* en *PG* 37, págs. 397-1.600.
——: *Epistolae,* en *PG* 37, págs. 21-389.
——: *Orationes,* en *PG* 35, págs. 395-1.252.
——: *Testamentum,* en *PG* 37, págs. 389-396.
Gregorio Niseno, san: *Contra Eunomium,* en *PG* 45, págs. 243-1.122.
——: *De virginitate,* traducción inglesa de V. W. Callaham, *On Virginity,* en *Gregory of Nyssa: Ascetical Works,* Fathers of the Church, Nueva York 1967.
——: *Epistolae,* en *PG* 46, págs. 999-1.108.
GRIMAL, P.: *L'amour à Rome,* Hachette, París 1963.
GUILLÉN DE ROBLES, F.: *Catálogo de los manuscritos árabes existentes en la Biblioteca Nacional de Madrid,* Imprenta Manuel Tello, Madrid 1889.
——: *Leyenda de Alejandro Magno,* Imprenta del Hospicio Provincial, Zaragoza 1888.
——: *Leyendas moriscas* (3 vols.), Madrid 1985.
——: *Leyenda de José, hijo de Jacob,* Imprenta del Hospicio Provincial, Zaragoza 1888.
GUILLÉN, Claudio: «Literature as Historical Contradiction: El Abencerraje, The Moorish Novel and the Ecloque», en *Literature as System,* Princeton University Press, 1971.
GUNTHER, R.: *The Greek Herbal of Dioscorides,* Hafnar Co., Nueva York 1959.
HAGERTY, Miguel José: *Los libros plúmbeos del sacromonte,* Editora Nacional, Madrid 1980.
HALLER, W.: *Iovinianum: Die Fragmente seiner Shriften, die Quellen zu seiner Geschichte, sein Leben und seine Lebre, Texte und Untersuchungen,* Leipzig 1897.
HALLEY, George: «La triple invasión: la Profecía del Tajo», en *Edad de Oro,* págs. 93-112.
HALPERIN, David M., WINKLER, John, y ZAITLIN, Froma (eds.): *Before Sexuality. The Construction of Erotic Experience in the Ancient Greek World,* Jeffrey Henderson, University of Southern California, 1990.
HANRAHAN, Thomas: *La mujer en la novela picaresca española,* José Porrúa Turranzas, Madrid 1967.
HARVEY, L. P.: «Aljamía», en *The Encyclopedia of Islam,* I, Londres 1960, págs. 401-405.
——: «Castilian Mancebo as a qalque of Arabic 'abd or How theMancebo de Arévalo Got his Name», en *Modern Philology* LXV (1967), págs. 130-132.
——: «El Mancebo de Arévalo y la literatura aljamiada», en *Actas CLEAM,* págs. 21-48.
——: «Oral Composition and the Performance of Novels of Chivalry in Spain», en J. J. Duggan (ed.), *Oral Literature. Seven Essays,* Edimburgo/Londres 1979, págs. 84-110.
——: «Textes de littérature religieuse des moriscos tunisiens», en Epalza/Petit, págs. 199-204.
——*The Literary Culture of the Moriscos. 1492-1609. A Study Based on the Extant Manuscripts in Arabic and Aljamía* (2 vols.), tesis doctoral inédita, Oxford University, 1958.

——: «The moriscos and Don Quixote», conferencia en The University of London, King's College, 11 de noviembre 1984 (fotocopia).
——: «Un manuscrito aljamiado en la Biblioteca de la Universidad de Cambridge», en *AA* XXII (1958), págs. 49-74.
——: «Ŷūse Banegas: un moro noble en Granada bajo los Reyes Católicos», en *AA* XXI (1956), págs. 297-302.
HEGYI, Ottmar: *Cinco leyendas y otros relatos moriscos,* CLEAM, Madrid 1981.
——: «El uso del alfabeto árabe por minorías musulmanas y otros aspectos de la literatura aljamiada, resultante de circunstancias históricas y sociales análogas», en *Actas CLEAM,* págs. 147-164.
——: «En torno a la leyenda de Tamîm ad-Dâr» (en prensa), *IV Symposium d'Études Morisques,* Zaghouan, Túnez, 15-19 de marzo 1989.
HÉRING, J.: *The First Epistle of St. Paul to the Corinthians,* Epworth Press, Londres 1962.
HERNÁNDEZ, Juan José: *La imagen de Santa Teresa de Jesús en la literatura del Siglo de Oro,* tesis doctoral inédita, Universidad de Puerto Rico, 1988.
HERRERO, María Teresa (ed.): *Compendio de la salud humana* (I-15, Biblioteca Nacional de Madrid), Hispanic Seminary of Medieval Studies, Madison, Wisconsin 1987.
HERRERO, Miguel: *Ideas de los españoles del siglo XVII,* Gredos, Madrid 1966.
HISPANO, Pedro: *Tesoro de los pobres. Refundición de Arnaldo de Vilanova,* Burgos 1524. (Biblioteca Nacional de Madrid R 13136.)
HITCHCOCK, Richard: «Some Doubts About the Reconstruction of the Kharjas», en *BHS* L (1973), págs. 109-119.
——: *The Kharjas: a Critical Bibliography,* Grant & Cutler, Londres 1977.
HITTI, Philip: *A History of the Arabs. From the Earliest Times to the Present,* McMillan St. Martin's Press, Nueva York 1968.
HOENERBACH, Wilhelm: «Notas para la caracterización de Wallada», en *AA* XXVI (1971), págs. 467-473.
HUART, Clément: *Literatura árabe,* Ed. Arábigo-española «El Nilo», Buenos Aires 1947.
HUARTE DE SAN JUAN, Juan: *Examen de ingenios,* BAE LXV, Madrid 1873, págs. 403-520.
HUERTA CALVO, Javier: «Risa y eros. Del erotismo en los entremeses», en *Edad de Oro* IX, págs. 112-123.
HUISMA, A. J. W.: *Les manuscrits arabes dans le monde,* Leiden 1967.
HUNTER, David: «Resistance to the Virginal Ideal in Late Fourth-Century Rome: the Case of Jovinian», en *Theological Studies* XLVIII (1987), págs. 45-64.
IBN AL-JAṬĪB, Muḥammad b. 'Abdallah: *El libro del 'Amal man Tabba liman Nabba (El libro del que emplea sus conocimientos médicos en beneficio del que ama),* María Concepción Vázquez de Benito (ed.), Salamanca 1972.
——: *Libro de la higiene o Kitāb al-wuṣūl li-ḥifẓ al-ṣiḥḥa fī-l-fuṣūl,* edición, estudio y traducción de María Concepción Vázquez de Benito, Universidad de Salamanca, Salamanca 1984.
——: *Libro del cuidado de la salud durante las estaciones del año o Libro de la higiene,* María Concepción Vázquez de Benito (trad.), Universidad de Salamanca, 1984.
IBN 'ARABĪ, Muḥyi'ddīn: *Al-Waṣāya,* Dār al-Imanī, Beirut, Damasco s. f.
Ibn Ḥazm de Córdoba: *El collar de la paloma,* versión de E. García Gómez, Alianza Editorial, Madrid 1971.
Ibn Khaldun: *Al Muqaddimah,* Franz Rosenthal (trad.), Nueva York 1958.

Ibn Saad: *Kitāb at-Tabaqat al-Kūbrā,* Dar Beyrouth, Beirut 1958.
Ibn Said, 'Arib: *El libro de la generación del feto, el tratamiento de las mujeres embarazadas y de los recién nacidos,* A. Arjona Castro (trad.), Córdoba 1983.
IMPERIALE, Louis: *El contexto dramático de La lozana andaluza,* Scripta Humanistica, The Catholic University of America, Potomac, Maryland 1991.
JACQUART, Danielle, y THOMASSET, Claude: *Sexualité et savoir médical au Moyen-Age,* Presses Universitaires de France, París 1985.
JARANA, Juan de: *Problemas o preguntas problemáticas, ansí de amor como naturales,* Rutgero Rescio, Lovaina 1544.
Jerónimo, san: *Adversus Jovinianum,* en *PL* 23, págs. 221-352.
——: *Epistolae,* en *PL* 22, págs. 325-1.197.
JOHNSON, Carrol B.: «La sexualidad en el Quijote», en *Edad de Oro* IX, págs. 125-136.
——: *Madness and Lust. A Psychoanalytical Approach to Don Quixote,* University of California Press, Berkeley y Los Ángeles 1983.
JOLLY, Monique: «El erotismo en el Quijote: la voz femenina», en *Edad de Oro* IX, págs. 137-148.
JOSET, Jacques: *Nuevas investigaciones sobre el Libro de buen amor,* Cátedra, Madrid 1988.
Juan Clímaco: *The Ladder of Divine Ascent* en *PG* 88, págs. 623-1.164, traducción inglesa de C. Luibheid y N. Russel, Paulist Press, Nueva York 1982.
Juan Crisóstomo, san: *À une jeune veuve sur le mariage unique,* B. Grillet y G. N. Ettlinger (eds.), en *Sources Chrétiennes* 138, Éd. du Cerf, París 1938.
——: *De virginitate,* en *PG* 48, págs. 553-596; Sally R. Shore (trad.), John Chrysostom: *On Virginity, Against Remarriage,* Edwin Mellen Press, Nueva York 1983.
——: *Homiliae in Mattaeum,* en *PG* 57, págs. 13-472; G. Prevost (trad.), *Library of Nicene Fathers and Post-Nicene Fathers,* vol. X, Eerdmans, Grand Rapids, Michigan 1978.
——: *In illud propter fornicationes,* en *PG* 51, págs. 207-218.
Juan de la Cruz, san: *Obras completas de San Juan de la Cruz,* Luce López-Baralt y Eulogio Pacho (eds.), Alianza Editorial, Madrid 1991.
KAMEN, Henry: *La Inquisición española,* Grijalbo, Barcelona-México 1972.
——: «Notas sobre la brujería y sexualidad y la Inquisición», en A. Alcalá *et al., Inquisición...,* págs. 226-236.
——: «Sexualidad e Inquisición», en *La Inquisición, Historia 16,* Especial X Aniversario, Madrid 1986, págs. 75-80.
——: *Una sociedad conflictiva: España, 1469-1714,* Alianza Editorial, Madrid 1983.
KELLER, John E.: *Alfonso X of Castille. Patron of Literature and Learning,* Clarendon Press, Oxford 1951.
——: *Motif-Index of Medieval Spanish Exempla,* University of Tennessee Press, Knoxville 1949.
KERNES, J. F.: *The Theology of Marriage: The Historical Development of Christian Attitudes Toward Sex and Sanctity of Marriage,* Nueva York 1946.
KHUSHAIM, Ali Fahmi: *Zarrūq. A Guide in the Way and a Leader to the Truth,* General Co. for Publication, Trípoli, Libia s. f./Londres 1976.
KINNANY, A. Kh.: *The Development of Gazal in Arabic Literature,* Syrian University Press, Damasco 1951.
KOBBERVIG, Karl: «Un cuento aljamiado y dos originales árabes», en *Revista Canadiense de Estudios Hispánicos* VI (1981), págs. 43-65.

KONTZI, Reinhold: *Aljamiado-texte* (2 vols.), Steiner, Wiesbaden 1974.
KUSHIGIAN, Julia: *Orientalism in the Hispanic Tradition,* University of New Mexico Press, Alburquerque 1991.
——: «Ríos en la noche: fluyen los jardines: Orientalism in the Work of Octavio Paz», en *Hispania* IV (1987), págs. 776-786.
LAÍN ENTRALGO, P.: *Historia universal de la medicina,* vol. III: *La medicina en el Medioevo árabe,* Heinrich Schipperges, Madrid 1970.
LARCO HOYLE, Rafael: *Checan. Essai sur les représentations érotiques du Pérou précolombien,* Les Éditions Nagel, Ginebra/París/Múnich 1965.
LATHAM, J. D.: «Towards a Study of Andalusian Inmigration and its Place in Tunisian History», en *Cahiers de Tunisie* V (1957), págs. 203-252.
LAYTON, B. (ed.): *The Discovery of Gnosticism,* vol. I: *The School of Valentius,* Brill, Leiden 1980.
LE BRAS, G.: «Notes pour servir à l'histoire des collections canoniques. V. Iudica Theodori. VI. Pénitentiels espagnols», en *Nouvelle Revue Historique de Droit Français et Étranger* X (1931), págs. 95-131.
LEA, H. C.: *A History of Auricular Confession and Indulgences in the Latin Church* (3 vols.), Philadelphia 1896.
LEENHARDT, Jacques: «Toward a Sociology of Reading», en *The Reader in the Text. Essays on Audience and Interpretation,* Susan L. Suleiman e Inge Crosman (eds.), Princeton University Press, 1980, págs. 205-224.
LEMAY, Helen Rodnite: «Human Sexuality in Twelfth through Fifteenth-Century Scientific Writings», en V. L. Bullough y J. Brundage (eds.), *Sexual Practices...,* págs. 187-205 y 278-280.
——: «William of Saliceto on Human Sexuality», en *Viator* XII (1981), págs. 165-181.
LEWIS, Bernard *et al.* (eds.): *Encyclopedia of Islam.* Brill, Leiden/Luzac & Co., Londres 1968.
LICHTENSTADTER, Ilse: *Introduction to Classical Arabic Literature,* Schocken Books, Nueva York 1976.
LIDA DE MALKIEL, María Rosa: *La originalidad artística de la Celestina,* Eudeba, Buenos Aires 1962.
LIEU, S. N. C.: *Manicheism in the Later Roman Empire and Medieval China,* Manchester University Press, Manchester 1985.
LONGÁS, Pedro: *Vida religiosa de los moriscos,* Imprenta Ibérica, Madrid 1915.
LÓPEZ-BARALT, Luce: «Al revés de los cristianos: la España invertida de la literatura aljamiado-morisca», Discurso de Inauguración del Año Académico en la Academia Puertorriqueña de la Lengua Española, 1988. (En prensa en el *Boletín de la Academia.*)
——: «Crónica de la destrucción de un mundo: la literatura aljamiado-morisca», en *Huellas del Islam...,* págs. 119-148.
——: «El extraño caso de un morisco maurófilo», en *Homenaje a Juan Marichal,* Anthropos, Madrid 1990, págs. 171-183.
——: «El oráculo de Mahoma sobre la Andalucía musulmana de los últimos tiempos en un manuscrito aljamiado-morisco de la Biblioteca Nacional de Madrid», en *HR* LII (1984), págs. 41-57.
——: «Hacia una lectura mudéjar de Makbara», en *Huellas del Islam...,* páginas 181-209.

——: «Historia del hombre que prefirió la muerte al adulterio (leyenda morisca del ms. S-2 BRAH», en *Revista de Estudios Hispánicos* XII (1985), págs. 93-102.

——: *Huellas del Islam en la literatura española. De Juan Ruiz a Juan Goytisolo,* Hiperión, Madrid 1989 (2.ª ed.; versión árabe: C.E.R.O.M.D.I., Zaghouan, Túnez/Universidad de Puerto Rico, 1990.

——: «Inesperado encuentro de dos Juanes de la literatura española: Juan Goytisolo y san Juan de la Cruz», en *Quimera* LXXIII (1988), págs. 55-60. Reproducido, en versión más extensa, en: *Escritos sobre Juan Goytisolo,* Instituto de Estudios Almerienses, Almería 1990, págs. 135-146.

——: «Juan Ruiz y el Šeyj Nefzāwī elogian a la dueña chica», en *La Torre (N. E.)* I (1987), págs. 461-472.

——: «La angustia secreta del exilio: el testimonio de un morisco de Túnez», en *HR* LL (1987), págs. 41-57.

——: «La estética del cuerpo entre los moriscos o de cómo la minoría perseguida pierde su rostro», en A. Redondo (ed.), *Le corps dans la societé espagnole du XVIe et XVIIe siècles,* Publications de la Sorbonne, París 1990, págs. 335-348.

——: «Las dos caras de la moneda: el moro en la literatura española renacentista», en *Huellas del Islam...,* págs. 149-180.

——: «Los moriscos tienen la palabra: la literatura testimonial de una minoría perseguida del Renacimiento español», en *Religion, Identité et Sources Documentaires sur les Morisques Andalouses* II (1984) Túnez, págs. 60-70.

——: *San Juan de la Cruz y el Islam,* Colegio de México/Universidad de Puerto Rico, 1985.

——: «Simbología mística musulmana en san Juan de la Cruz y en santa Teresa de Jesús», en *NRFH* XXX (1981), págs. 21-91.

——: «Sobre el signo astrológico del Arcipreste de Hita», en *Huellas del Islam...,* págs. 43-58.

——: «Un olvido de Lope de Vega», en *La ínsula sin nombre. Homenaje a Nilita Vientós Gastón, José Luis Cano y Enrique Canito,* Ed. Orígenes, Madrid 1990, págs. 127-136. Versión extensa (en prensa) en el *Journal of Hispanic Philology.*

LÓPEZ-BARALT, Luce, e IRIZARRY, Awilda: «Dos itinerarios moriscos secretos del siglo XVI: el ms. 774 París y el ms. T-16 BRAH», en *Homenaje a Álvaro Galmés de Fuentes,* Gredos, Madrid 1985, págs. 547-582.

LÓPEZ-BARALT, Luce, y MÁRQUEZ VILLANUEVA, Francisco (eds.): *Erotismo en las letras hispánicas. De la Edad Media a nuestros días,* número especial de la *NRFH* (en prensa).

LÓPEZ-BARALT, Luce, y NARVÁEZ, María Teresa: «Estudio sobre la espiritualidad popular en la literatura aljamiado-morisca del siglo XVI. La Mora de Úbeda, el Mancebo de Arévalo y san Juan de la Cruz», en *Revista de Dialectología y Tradiciones Populares* XXVI (1981), págs. 17-51.

LÓPEZ-BARALT, Luce; PIEMONTESE, Luisa, y MARTIN, Claire: «Un morisco astrólogo, experto en mujeres (ms. Junta XXVI)», en *NRFH* XXXVI (1988), págs. 261-276.

LÓPEZ-BARALT, Luce, y VENIER, Marta Elena (eds.): número especial Hispano-Semítico, *NRFH* XXX (1981), núms. 1 y 2.

LÓPEZ-BARALT, Mercedes: «La estridencia silente: oralidad, escritura e iconografía en la Nueva corónica de Guamán Poma», *La Torre (N. E.)* XII (1989), págs. 609-649.

LÓPEZ BELTRÁN, María Teresa, *et al.*: *Realidad histórica e invención literaria en torno a la mujer*, Diputación Provincial de Málaga, 1987.
LÓPEZ ESTRADA, Francisco: «Textos para el estudio de la espiritualidad renacentista: el opúsculo Sermón en loor del matrimonio de Juan de Molina (Valencia, por Jorge Costilla, 1528)», en *Revista de Archivos, Bibliotecas y Museos* LXI (1955), págs. 489-531.
LÓPEZ-MORILLAS, Consuelo: *The Qur'an in Sixteenth Century Spain. Six Morisco Versions of Sura 79*, Tamesis Books Ltd., Londres 1982.
Luis de León, fray: *Obras completas castellanas*, Félix García (ed.), BAC, Madrid 1957.
——: *Respuesta de fray Luis de León. Estando preso en la cárcel*, en *Obras completas...*, págs. 211-218.
Luis de León, fray (trad.): *Cantar de los cantares*, en *Obras completas*, BAC, Madrid 1967.
LUNA, Miguel de: *La verdadera historia del Rey don Rodrigo, en la qval se trata la cavsa principal de la pérdida de España, y la conquista que della hizo Miramamolín Almançor, Rey que fue del África, y de las Arabias, y vida del Rey Iacob Almançor.* Compuesta por el Sabio Abulçacim Tarif Abentarique, de nación árabe, y natural de la Arabia Pétrea. Nuevamente tradvcida de la lengua aráuiga por Miguel de Luna, vezino de Granada, Intérprete del Rey Don Felipe Nuestro Señor. Valencia, en casa de Pedro Patricio Mey junto a S. Martín, MDCVI.
LUTHER, Martin: *Appeal to the Ruling Classes*, B. L. Wollf (trad.), Londres 1952.
——: *Letters to Wolfgang Reissenbusch (Letters of Spiritual Counsel)*, edición y traducción de T. G. Tappert, Londres 1955.
MACLEAN, Ian: *The Renaissance Notion of Women*, Cambridge University Press, 1980.
MCNAMARA, Jo Ann: «Chaste Marriage and Clerical Celibacy», en V. L. Bullough y J. Brundage (eds.), *Sexual Practices...*, págs. 22-33.
MADARIAGA, Salvador de: «Discurso sobre Melibea», en *Sur* (1941), págs. 38-69.
MADOZ, Z.: «Una nueva recensión del Penitencial Vallicellanum I», en *Analecta Sacra Tarraconensia* XVIII (1945), págs. 27-58.
MAIMONIDES, Moses: *On Sexual Intercourse. Fi 'l-jima*, traducido del árabe con una introducción y comentario de Morris Gorlin, Ramvach Publ., Brooklyn, Nueva York 1961.
MANDONNET, P.: *Siger de Brabant et l'averrooïsme latin du XIIIe siècle*, Fribourg-en-Brisgau 1899.
MANZANARES DE CIRRE, Manuela: *Arabistas españoles del siglo XIX*, Instituto Hispano-árabe de Cultura, Madrid 1971.
——: «Dos manuscritos aljamiados inéditos», en *Modern Philology* LXII (1964), págs. 130-136.
——: «El capítulo de racontaciones del Libro del Samarkandi», en *Actas CLEAM*, págs. 237-258.
——: «El otro mundo en la literatura aljamiada morisca», en *HR* XLI (1973), págs. 599-608.
——: «Las cien doncellas: trayectoria de una leyenda», en *PMLA* LXXXI (1966), págs. 176-184.
MARAÑÓN, Gregorio: *Tres ensayos sobre la vida sexual*, Biblioteca Nueva, Madrid 1929.
MARAVALL, José Antonio: *El mundo social de la Celestina*, Gredos, Madrid 1972.
MARÇAIS, G.: «Testour et sa grande mosquée. Contribution à l'étude des Andalous en Tunisie», en Epalza/Petit, págs. 278-284.

MÁRQUEZ, Antonio: «El léxico de los primeros alumbrados. Historia y tipología», en M. J. Mancho Duque (ed.), *En torno a la mística,* Universidad de Salamanca, 1988, págs. 57-64.

MÁRQUEZ VILLANUEVA, Francisco: «El buen amor», en *Relecciones de literatura medieval,* Universidad de Sevilla, Sevilla 1977, págs. 45-73.

——: «El problema historiográfico de los moriscos», en *Bull. Hisp.* LXXXVI (1984), págs. 61-175.

——: «La criptohistoria morisca (los otros conversos)», en *Cuadernos Hispanoamericanos* CCCXC (1982), págs. 517-534.

——: *Literatura e Inquisición en España. 1478-1814,* Taurus, Madrid 1980.

——: «La voluntad de leyenda de Miguel de Luna», en *NRFH* XXX (1981), págs. 358-395.

——: «Las lecturas del Deán de Cádiz en una cantiga de mal dizer», en I. J. Kotz y J. E. Keller (eds.), *Studies in the Cantigas de Santa María: Art, Music and Poetry,* Actas del Seminario Internacional sobre las Cantigas de Santa María, Hispanic Seminary of Medieval Studies, Madison, Wisconsin 1987, págs. 329-354.

——: «Las lecturas del Deán de Cádiz», en *Cuadernos Hispanoamericanos* CXXXV (1983), págs. 331-345.

——: «Pan *pudendum muliebris* y Los españoles en Flandes», en *Hispanic Studies in Honor of Joseph H. Silverman,* Juan de la Cuesta, Newark, Delaware 1988, págs. 247-269.

——: *Personajes y temas del Quijote,* Taurus, Madrid 1975.

MÁRQUEZ VILLANUEVA, Francisco, y LÓPEZ-BARALT, Luce (eds.): *Erotismo en las letras hispánicas. De la Edad Media a nuestros días.* Número especial de la *NRFH* (en prensa).

MARTÍNEZ RUIZ, Juan: «Un nuevo texto aljamiado: el recetario de sahumerios en uno de los mss. árabes de Ocaña», en *Revista de Dialectología y Tradiciones Populares* XXX (1974), págs. 3-9.

MARTÍNEZ RUIZ, Juan, y ALBARRACÍN, Joaquina: «Libros árabes, aljamiados, mudéjares y bilingües descubiertos en Ocaña», en *Revista de Filología Española* LV (1972), págs. 63-64.

——: *Medicina, farmacopea y magia en el Misceláneo de Salomón,* Universidad de Granada, 1987.

MATTER, E. A.: *The Voice of My Beloved-The Song of Songs in Western Medieval Christianity,* University of Pennsylvania Press, Philadelphia 1990.

MATULKA, B.: «An Anti-Feminist Treatise of Fifteenth-Century Spain: Lucena's Repetición de amores», en *Romanic Review* XIII (1931), págs. 96-116.

MAUGER, Michel: *Rosa angelica,* Michel Mauger, Augsburg 1595.

MAURER, Christopher: «Soñé que te... ¿dirélo? El soneto del sueño erótico en los siglos XVI y XVII», en *Edad de Oro* IX, págs. 149-167.

MAZAHERI, Aly: *La vie quotidienne des musulmans au Moyen Age. X^e au XIIIe siècle,* Hachette, París 1964.

MCNEILL, John T., y GRAMER, Helena M.: *Medieval Handbooks of Penance,* Nueva York 1965.

MÉCHOULAN, Henry: *Le sang de l'autre ou l'honneur de Dieu. Indiens, juifs et morisques au siècle d'or,* Fayard, París 1979.

MENÉNDEZ PELAYO, Marcelino: «De las influencias semíticas en la literatura española», en *Estudios de crítica literaria,* Madrid 1895.

——: *Estudios y discursos de crítica histórica y literaria*, Santander 1941.

——: «La Doncella Teodor. Un cuento de Las mil y una noches, un libro de cordel y una comedia de Lope de Vega», en *Estudios y discursos de crítica histórica y literaria*, Santander 1941, págs. 219-254.

——: *Orígenes de la novela*, vol. I, Santander 1943.

MENÉNDEZ PIDAL, Ramón: *Caracteres de la literatura española*, en *España y su historia*, vol. II, Madrid 1957.

——: *Orígenes del español*, Madrid 1929.

MENOCAL, María Rosa: «And how Western was the Rest of Medieval Europe?», en Ronald E. Surtz, Jaime Ferrán y Daniel P. Teste (eds.), *Américo Castro. The Impact of his Thought. Essays to Mark the Centenary of his Birth*, The Hispanic Seminary of Medieval Studies, Madison, Wisconsin 1988.

——: *The Arabic Role in Medieval Literary History*, University of Pennsylvania Press, Philadelphia 1987.

MERNISI, Fatima: *Sexe-Idéologie-Islam* (2 vols.), Les Éditions Maghrebines, Rabat 1985.

METLITSKI, Dorothee: *The Matter of Araby in Medieval England.* Yale University Press, New Haven 1977.

METTMAN, Walter (ed.): *La historia de la Doncella Teodor Ein Spanisches Volksbuck arabischen Ursprungs*, Verlag Der-Wiesbaden 1962.

MIGNE, J. P.: *Patrologiae. Cursus Completus. Omnium. SS. Patrum, Doctorum, Scriprorumque ecclesiasticorum sive latinorum, sive graecorum*, Bibliotecae Cleri Universale, Brepols-Turnhout, Typographi Brepols Editores Pontifici, Turnholti, Bélgica s. f.

——: *Patrologiae. Cursus Completus. Series Grecae*, Bibliotecae Cleri Universale, S. Clemens Romanus, 1857.

MOLHO, Maurice: «A propos de Celoso extremeño», en *Le texte familial (Textes Hispaniques)*, University Toulouse-le-Mirail, 1984, págs. 59-70.

——: «Doña Sancha» (*Quijote* II, 60), en *Homenaje a J. M. Blecua*, Gredos, Madrid 1983, págs. 443-448.

——: *Introducción al pensamiento picaresco*, Anaya, Barcelona 1970.

——: «Una cosmogonía antisemita: Érase un hombre a una nariz pegado», en *Quevedo in Perspective*, Boston Quevedo Symposium, 1980, págs. 57-79.

MONROE, James T.: «Hispano-Arabic Poetry During the Caliphate of Córdoba», en G. von Grünebaum y Otto Harrassowitz (eds.), *Arabic Poetry. Theory and Development*, Wiesbaden 1973, págs. 125-154.

——: *Hispano-Arabic Poetry. A Student Anthology*, University of California Press, Berkeley/Los Ángeles/Londres 1974.

——: *Islam and the Arabs in Spanish Scholarship*, Brill, Leiden 1970.

MOREL D'ARLEUX, Antonia: «Obscenidad y desengaño en la poesía de Quevedo», en *Edad de Oro* IX, págs. 181-194.

Muḥibbī: *Hulāsat al-āṭār fī aʿayān al qarn al-ḥādī ʿašar*, El Cairo 1284 H./1868 d. C.

MUSTACCHI, Mariane, y ARCHAMBOULT, Paul (eds.): *A Renaissance Woman. Helisenne's personal and Invective Letters*, Syracuse University Press, 1986.

Nafzāwī, ʿUmar ibn Muḥammad al: *The Glory of the Perfumed Garden. The Missing Flowers*, Neville Spearman, Londres 1975.

NARVÁEZ, María Teresa: «El Mancebo de Arévalo, lector morisco de la Celestina», Conferencia inédita, Dpto. de Estudios Hispánicos, Universidad de Puerto Rico 1989.

——: «Preceptos de la vida cotidiana: ética, moral y buenas costumbres en un capítulo de la Tafsira del Mancebo de Arévalo», en *Homenaje a Álvaro Galmés de Fuentes,* Gredos, Madrid/Universidad de Alicante, 1985, vol. I, págs. 621-630.

——: *La Tafsira del Mancebo de Arévalo. Transcripción y estudio del texto,* tesis doctoral inédita, Universidad de Puerto Rico 1988.

NAU, F. (ed.): *Anonymous Apophthegmata: MS Coislin 126,* «Histoire des solitaires égyptiens (ms. Coislin 126, fol. 158f)», en *Revue de l'Orient Chrétien* XIII (1908); págs. 47-57; 266-286; XVIII (1913), págs. 137-140.

NAZAHERY, Ali: *La vie quotidienne des musulmans au Moyen Age. X^e au XIIIe siècles,* Hachette, París 1964.

Nefzawi, Jeque: *Le jardin perfumé,* en *Le livre d'amour de l'Orient,* deuxième partie, Bibliothèque des Curieux, París 1922.

——: *El jardín perfumado. La más completa guía del amor físico producida por la cultura árabe,* Manuel Jiménez (trad.), Libros Río Nuevo, Barcelona 1987.

——: *The Perfumed Garden of the Shaykh Nefzawi,* sir Richard Burton (trad.), con una introducción de Alan Hull Walton, Neville Spearman Ltd., Londres 1963.

——: *The Perfumed Garden. Arabian Manual of Love,* sir Richard Burton (trad.), Castle Books, Nueva York 1964.

NELLI, René: *L'érotique des troubadours,* Privat, Toulouse 1963.

NEWBERRY, Wilma: *The Pirandellian Mode in Spanish Literature,* State University of New York Press, Albany 1973.

NIETO, José C.: *Místico, poeta, rebelde, santo: en torno a san Juan de la Cruz,* Fondo de Cultura Económica, México/Madrid/Buenos Aires 1982.

——: *San Juan de la Cruz, poeta del amor profano,* El Escorial 1988.

NOONAN, J.: *Contraception. A History of its Treatment by the Catholic Canonists,* Harvard University Press, Cambridge 1966.

NORMAN, Daniel: *Islam and the West. The Making of an Image,* Edimburgo 1960.

NÚÑEZ DE CORIA, Francisco: *Regimiento de sanidad de todos los géneros de alimentos y el regimiento de ello,* Pierre Cushin, Madrid 1572.

NYKL, A. R.: *Hispanic-Arabic Poetry and its Relations with the Old Provençal Troubadours,* Baltimore 1946.

——: «Aljamiado Literature: El Rrekontamiento del RreyAlišandere», en *RH* LXXVII (1929), págs. 409-611.

OLIVER ASÍN, A.: «Le Quichotte de 1604», en Epalza/Petit, págs. 240-247.

OLIVER ASÍN, Jaime: «El Quijote de 1604», en *Boletín de la Real Academia Española* XXVIII (1948), págs. 89-126.

——: «Un morisco de Túnez, admirador de Lope. Estudio del ms. S-2 de la Colección Gayangos», en *AA* I (1933), págs. 409-456.

OOSTENDORP, T.: *El conflicto entre el honor y el amor en la literatura española hasta el siglo XVII,* Instituto de Estudios Hispánicos de Utrech, La Haya 1962.

ORDÓÑEZ, Elizabeth: «Woman and her Text in the Works of María de Zayas and Ana Caro», en *Revista de Estudios Hispánicos* XIX (1985), págs. 3-15.

Orígenes: *De principiis,* traducción francesa: *Traité des principes,* Éditions du Cerf, París 1978-1984; traducción inglesa: *On First Principles,* Harper And Row, Nueva York 1966.

ORSTEIN, Jacob: «La misoginia y el profeminismo en la literatura castellana», en *Revista de Filología Española* III (1941), págs. 219-232.

OTAZO, F. R.: *El Penitencial silense,* Madrid 1928.
OUESLATI, Hedi: «Argel, según el diario inédito de Francisco Ximénez», en *Sharq al-Andalus* III (1986), págs. 169-181.
——: «Texto de un exiliado morisco en Túnez (siglo XVII)», en *Sharq al-Andalus* IV (1987), págs. 257-261.
Ovid: *The Erotic Poems,* Penguin Books, Middlesex 1982.
PAGELS, Elaine: *Adam, Eve, and the Serpent,* Random House, Nueva York 1958.
——: *The Gnostic Gospels,* Random House, Nueva York 1979.
PALMER, Barbara D.: «To speke of wo that is in mariage: the Marital Arts in Medieval Europe», en Radcliff-Umstead, págs. 3-14.
PAPINI, G.: *Saint Augustin,* Plon, París 1930.
PARENTE, P.: *The Regimen of Health by the Medical School of Salerno,* Vantage Press, Nueva York 1967.
PARKER, Alexander A.: *The Philosophy of Love in Spanish Literature 1480-1690,* Edinburgh University Press, 1985. [Existe edición en castellano: *La filosofía del amor en la literatura española. 1480-1680,* Cátedra, Madrid 1986, traducción de Javier Franco.]
PATAI, Raphael: *The Arab Mind,* Charles Scribner's Sons, Nueva York 1973.
PAYER, Pierre J.: *Sex and the Penitentials. The Development of a Sexual Code. 550-1150,* University of Toronto Press, Toronto/Buffalo/Londres 1984.
PAZ, Octavio: *Conjunciones y disyunciones,* Joaquín Mortiz, México 1969.
——: *El mono gramático,* Seix Barral, Barcelona 1964.
——: *Los hijos del limo,* Seix Barral, Barcelona 1974.
——: *Sor Juana Inés de la Cruz o las trampas de la fe,* Fondo de Cultura Económica, México 1983.
PELLAT, Charles: «Les esclaves-chanteuses de Ǧāḥiẓ», en *Arabica* X (1963), págs. 121-143.
PENELLA ROMA, Juan: «El sentimiento religioso de los moriscos españoles emigrados. Notas para una literatura morisca en Túnez», en *Actas CLEAM,* págs. 447-473.
——: «Introduction au manuscrit D. 565 de la Bibliothèque Universitaire de Bologne», en Epalza/Petit, págs. 258-263.
——: «La transfert des moriscos espagnols en Afrique du Nord», en Epalza/Petit, págs. 77-88.
——: «Litérature morisque en espagnol en Tunisien», en Epalza/Petit, páginas 187-198.
——: *Los moriscos españoles emigrados al Norte de África después de la expulsión de 1609,* tesis doctoral inédita para la Universidad de Barcelona 1971.
PERCEVAL, José María: «Algarabía: ¿lengua o alboroto callejero?», en *Manuscritos. Revista de la Universidad Autónoma de Bellaterra,* Barcelona 1988, págs. 118-121.
——: «L'os de Mahomet», en *Les Temps Modernes* 507 (1988), págs. 1-21.
——: «Asco y moriscos. Asco y asquerosidad del morisco», *La Torre (N.E.)* XII (1990), págs. 21-47.
PÉRÈS, Henri: *Esplendor de Al-Andalus,* Mercedes García Arenal (trad.), Hiperión, Madrid 1983.
PÉREZ DE HITA, Ginés: *Guerras civiles de Granada* (2 vols.), Imprenta de E. Bailly-Baillière, Madrid 1913.
PERRY, Anthony: *Erotic Spirituality. The Integrative tradition from Leone Hebreo to John Donne,* The University of Alamaba Press, Alabama s. f.

PEYSONNEL, J. A.: *Relation d'un voyage sur les côtes de Barbarie fait par ordre du Roi en 1724 et 1725,* París 1885.

PICKTHALL, Mohammed M.: *The Meaning of the Glorious Koran,* Nueva York 1954.

PIERI, Henri: «L'accueil par les Tunisiens aux morisques expulsés d'Espagne: un témoignage morisque», en Epalza/Petit, págs. 128-134.

PIGNON, J.: «Un document inédit sur la Tunisie au début de XVIIe siècle», en *Cahiers de Tunisie* XXXIII (1961), págs. 108-219.

PINTO, Virgilio: «La censura: sistema de control e instrumento de acción», en A. Alcalá *et al., Inquisición española...,* págs. 271 y ss.

Plutarco: *Praecepta conjugalia,* en F. C. Babbit (ed.), *Plutarch's Moralia,* Lock Classical Library, Harvard University Press, Cambridge 1971.

PHOIER, J. M.: «Recherches sur les fondements e la morale sexuelle chrétienne», en *Revue des Sciences Philosophiques et Théologiques* LIV (1970), núm. 1, págs. 3-23; y, núm. II, págs. 201-226.

POPE, Marvin H. (ed.): *The Song of Songs. A New translation with and Introduction and Commentary,* The Anchor Biblie, Doubleday, Nueva York 1977.

PROFETI, Maria Grazia: «Il corpo attraente-il corpo repellente», en *Codici della transgressività in area ispanica,* Università degli Studi di Padova, Verona 1980, págs. 95-115.

RABADAN, Mahomet: *Mahometism Fully Explained* (2 vols.), J. Morgan (trad.), Londres 1723.

RADCLIFF-UMSTEAD, Douglas: «Erotic Sin in the Divine Comedy», en Radcliff-Umstead, Douglas, *Human...,* págs. 41-96.

RADCLIFF-UMSTEAD, Douglas (ed.): *Human Sexuality in the Middle Ages and Renaissance,* University of Pittsburgh Publications, 1978.

RAMOS, Ana: «Dos versiones sobre el problema de la mujer árabe: Al-Du'āŷī y Al-Rahib», en *Sharq al-Andalus* II (1985), págs. 233-245.

RAVILLARD, Martine: «Los moriscos en Berbería», en *NRFH* XXX (1981), págs. 617-629.

RAZI, Abū Bakr Muḥammad b. Zakarīyya', al: *At-Tibb ar-Rūḥanī. The Spiritual Physik of Rhazes,* A. R. Nicholson (trad.), Wisdom of the East Series, John Murray, Londres 1950.

REDONDO, Agustín: «Las dos caras del erotismo en la primera parte del Quijote», en *Edad de Oro* IX, págs. 251-269.

——: *Les problèmes d'exclusion en Espagne (XIVe-XVIIe siècles),* Publications de la Sorbonne, París 1983.

——: *Amours légitimes-amours ilégitimes en Espagne (XIVe-XVIIe siècles),* Publications de la Sorbonne, París 1985.

REDONDO, Agustín (ed.): *Le corps dans la societé espagnole du XVIe et XVIIe siècle,* Publications de la Sorbonne, París 1990.

REGLA, Joan: *Estudios sobre los moriscos,* Ariel, Barcelona 1974.

REY, Antonio: «El erotismo en la novela cortesana», en *Edad de oro* IX, páginas 271-288.

REYNAL, Vicente: *El lenguaje erótico medieval a través del Arcipreste de Hita,* Nova Scholar, Playor, Madrid 1988.

RIANDRE LA ROCHE, Josette: «Du discours d'exclusion des Juifs; antijudaïsme ou antisemitisme?», en Agustín Redondo (ed.), *Les problèmes d'exclusion en Espagne (XVIe-XVIIe siècles),* Publications de la Sorbonne, París 1983, págs. 51-75.

RIBERA, Julián, y ASÍN PALACIOS, Miguel: *Manuscritos árabes y aljamiados de la Biblioteca de la Junta,* Madrid 1912.
RICK GREER, M.: «Teoría psicoanalítica y estructura narrativa en María de Zayas», ponencia ofrecida en el II Congreso Internacional del Siglo de Oro, Salamanca-Valladolid 1990 (inédito).
ROCHER, Ludo: «The Kāmasūtra: Vātsyāyana's Attitude Towards Dharma and Dharmasāstra», en *JAOS* CV (1985), págs. 521-530.
RODRÍGUEZ, Antonio Vespertino: *Leyendas aljamiado-moriscas sobre personajes bíblicos,* CLEAM, Gredos, Madrid 1983.
ROJAS, Fernando de: *La Celestina,* Stephen Gilman y D. Severin (eds.), Alianza Editorial, Madrid 1983.
ROSNER, Fred: *Ethics on the Writings of Moses Maimonides,* Bloch, Nueva York 1974.
ROSSI, Rosa: *Ascoltare Cervantes,* Ed. Riuniti, Roma 1987.
ROUGEMONT, Denis de: *L'amour et l'Occident,* París 1939. [Existe edición en castellano: *El amor y occidente,* Kairós, Barcelona 1978, traducción de Antoni Vicéns.]
ROUSSELLE, Aline: *Porneia: de la maîtrise du corps à la privations sensorielle,* Presses Universitaires de France, París 1983.
ROUSSELOT, Pierre: «Pour l'histoire du problème de l'amour au Moyen Age», en *Beiträge zur Geschichte ser Philosophie des Mittelalters,* Münster 1908.
RUIZ DE CONDE, J.: *El amor y el matrimonio secreto en los libros de caballería,* Madrid 1948.
RUIZ, Juan: *El libro de buen amor,* J. Joset (ed.), Espasa-Calpe, Madrid 1981.
SAAVEDRA FAJARDO, Diego: «Empresas políticas o ideas de un príncipe político cristiano», en *Antología de escritores políticos del Siglo de Oro,* Taurus, Madrid 1966, págs. 247-278.
SAAVEDRA, Eduardo: *Discurso de inauguración. Memorias de la Real Academia Española* VI (1889), págs. 140-328.
SAGNARD, F. M. M.: «La gnose valentinienne et le témoignage de Saint Irené», en *Études de Philosophie médiévale* XXVI, J. Vren, París 1947.
SAID, Edward: *Orientalism,* Vintage Books, Nueva York 1979.
SALGADO, E.: *Erotismo y sociedad de consumo,* Ediciones 29, Barcelona 1975.
SÁNCHEZ ÁLVAREZ, Mercedes: *El manuscrito misceláneo 774 de la Biblioteca Nacional de París,* CLEAM, Gredos, Madrid 1982.
SARNELLI, Clelia: «L'écrivain hispano-marocain Al Ḥağari et son *Kitāb Nāṣir al-Dīn*», en Epalza/Petit, págs. 248-257.
SELKE, Ángela: *El Santo Oficio de la Inquisición,* Ed. Guadarrama, Madrid 1968.
SELLS, Michael A.: *Desert Tracings. Six Classic Arabic Odes by ʻAlqama, Shánfara, Labíd, ʻAntara, Al-Aʻsha, and Dhu al-Rúmma,* Wesleyan University Press, Middletown, Connecticut 1989.
——: «Ibn ʻArabī's Garden Among the Flames: A Reevaluation», en *History of Religions* XXIII (1984), págs. 287-315.
——: «Ibn ʻArabī's Polished Mirror: Perspective Shift and Meaning Event», en *Studia Islamica* LXVI (1988), págs. 121-149.
SHIPLEY, George A.: «La obra literaria como monumento histórico: el caso del Abencerraje», en *Journal of Hispanic Philology* II (1978), págs. 102-120.
——: «Clandestine Judaism in the Hieronymite Convent of Nuestra Señora de

Guadalupe», en *Studies in Honor of M. J. Bernadette,* Las Americas Publishing Co., Nueva York 1965, págs. 89-115.
SICROFF, Albert: *Les controverses des statuts de «pureté de sang» en Espagne du XVe au XVIIe siècles.* Didier, París 1960. [Traducción española: Taurus, 1979.]
SIMÓN PALMER, María del Carmen: «El erotismo en los libros científicos», en *Edad de Oro* IX, págs. 289-295.
SKHIRI, F.: «Les traditions culinaires andalouses à Testour», en Epalza/Petit, págs. 349-348.
SLIMANE-MOSTAFA, Zbiss *et al.: Études sur les morisques andalous,* Institut National d'Archeologie et d'Art, Túnez 1983.
SMITH, Paul Julian: *The Body Hispanic. Gender and Sexuality in Spanish and Spanish American Literature,* Clarendon Press, Oxford 1989.
——: «Writing Women in Golden Age Spain: St. Teresa and María de Zayas», en *MLN* CII (1987), págs. 220-240.
SNOW, Joseph T.: «La Celestina. Estado de la cuestión», en *Ínsula* 497 (1988), págs. 17-18.
SOLOMON, Michael: «Calisto's Ailment: Bitextual Diagnostics and Parody in Celestina», en *Revista de Estudios Hispánicos,* Vassar, XXII (1989), págs. 41-64.
SPISAK, James William: «Medieval Marriage Concepts and Chaucer's Good Old Lovers», en Radcliff-Umstead, págs. 15-26.
STANLEY, H. E. J.: «The Poetry of Mahomed Rabadan», en *Journal of the Royal Asiatic Society of Great Britain and Ireland* VI (1868-1872).
STERN, S. M.: «Les vers finaux en espagnol dans les *muwaššaḥs* hispanohebraïques: une contribution à l'histoire du *muwaššaḥ* et à l'étude du vieux dialecte espagnol mozárabe», en *AA* XIII (1948), págs. 299-348.
SUGIER, C.: «Les coiffes fémenines en Tunisie», en Epalza/Petit, págs. 335-340.
Tatiano: *Tatian. Oration to the Greeks,* traducción inglesa de J. E. Ryland, *The Ante Nicene Fathers,* vol. 2, Eerdmans, Grand Rapids, Michigan 1977.
TAYLOR, Jeremy: *Rules and Excercises of Holy Living,* en *Works,* vol. III, Londres 1847-1856.
TELLE, E. V.: *Erasme de Rotterdam et le septième sacrament,* Génova 1954.
TEMIMI, Abdeljelil: *Le gouvernement Ottoman et le problème morisque,* C.E.R.O.M.D.I., Zaghouan, Túnez 1989.
TEMIMI, Abdeljelil (ed.): *Les actes de la première Table Ronde du CIEM sur La littérature aljamiado-morisque: hybridisme linguistique et univers discursif,* Publication du Centre de Recherches et Bibliothéconomie et Sciences de l'Information, Túnez 1986.
——: *Religion, identité et sources documentaires sur les morisques andalous* (2 vols.), Publication de l'Institut Supérieur de Documentation, núm. 4, Túnez 1984.
Teresa de Jesús, santa: *Obras completas,* Silverio de Santa Teresa (ed.), El Monte Carmelo, Burgos 1954.
Tertuliano: *Ad uxorem,* en *Tertuliani opera,* E. Dekkers (ed.), *Corpus Christianorum,* Series Latina II, Brepols, Turnhout 1954.
——: *De exhortatione castitatis. Tertulliani opera,* E. Kroymann (ed.), *Corpus Christianorum,* Series Latina II, Brepols, Turnhout 1954.
——: *De monogamia,* E. Dekkers (ed.), *Corpus Christianorum,* Series Latina II, Brepols, Turnhout 1954.
——: *De virginis velandis,* E. Kroymann (ed.), *Corpus Christianorum,* Series Latina II, Brepols, Turnhout 1954.

TEYSSIER, P.: «Le vocabulaire d'origine espagnole dans l'industrie tunisienne de la chéchia», en Epalza/Petit, págs. 308-316.
THOMAS, P. (ed.): *Kama Kalpa or the Hindu Ritual of Love,* D. B. Taraporevala Soma & Co., Bombay 1959.
THOMPSON, Colin Peter: *The Strife for Tongues. Fray Luis de León and the Golden Age of Spain,* Cambridge Iberian and Latin American Studies, Cambridge University Press, Cambridge 1988.
THOMPSON, Stith: *Motif-index of Folk-literature: A Classification of Narrative Elements in Folk-Tales, Myths, Fables, Ballads, Romances, Exemples, Fabliaux, Jestbooks and Local Legends* (6 vols.), Indiana University Press, 1966.
THORNDIKE, Lynn: *History of Magic and Experimental Science,* Nueva York 1929.
THORSSEN, Marilyn J.: «Varieties of Amorous Experience: Homosexual Relationships in Marlowe and Shakespeare», en Radcliffe-Umstead, págs. 135-151.
TICKNOR, George: *Historia de la literatura española,* Rivadeneyra, Madrid 1881-1885.
Tomás de Aquino, santo: *Tratado de los hábitos y virtudes; Tratado de los vicios y pecados,* en *Suma teológica,* vol. V, BAC, Madrid 1954.
——: *Tratado del matrimonio,* en *Suma teológica,* vol. XV, BAC, Madrid 1956.
TORRES, Milagros: «Algunos aspectos del erotismo en el primer teatro de Lope», en *Edad de Oro* IX, págs. 323-333.
Trótula: *Liber de passionibus mulierum,* J. Schott (ed.), Strasburgo 1564.
TURKI, Abdelmajid: «Documents sur le dernier exode des andalous en Tunisie», en Epalza/Petit, págs. 114-127.
ULLMAN, M.: *Die Medizin im Islam,* Brill, Leyde-Cologne 1970.
UNDERHILL, Evelyn: *Mysticism,* Dutton & Co., Nueva York 1961.
URBEL PÉREZ, J. DE, y PARGA VÁZQUEZ, L.: «El Penitencial de Córdoba», en *Anuario de Historia del Derecho Español* XIV (1942-1943), págs. 5-32.
——: «Un nuevo penitencial español», en *Anuario de Historia del Derecho Español* XIV (1942), págs. 5-32.
VADET, Jean-Claude: *L'esprit courtois en Orient dans le cinq premières siècles de l'Hégire,* Éd. G. P. Maisonneuve et Larose, París 1968.
VAN BOLEN, Carl: *Erotik des Orients. Die erste umfassende moderne Darstellung des Liebeslebens in den arabischen Ländern, ußerdem in Persien, Indien, China und Japan,* Wilhelm Heyne Verlag, Múnich 1967.
VAN DER MEER, F.: *Augustine the Bishop. Church and Society at the Dawn of the Middles Ages,* Harper Torchbooks, Harper and Row, Evanston, Illinois 1961.
Vātsyāyana: *Kama Sutra. The Classic Hindu Treatise on Love and Social Conduct,* traducción de sir Richard Burton, prólogo de Santha Rama Rare, e introducción de John W. Spellman, Dutton, Nueva York 1962.
——: *Kama Sutra. The Hindu Ritual of Love. Complete and Unexpurgated,* Castle Books, Nueva York 1963.
——: *The Kama Sutra of Vatsyayana. A Complete and Unexpurgated Edition of this Celebrated Hindu Treatise on Love,* Éd. de la Fontaine, París 1960.
Vatsyayana, Kalyana Malla, Nefzawi: *Kama Sutra, Ananga Ranga, El jardín perfumado,* edición española basada en la versión inglesa de sir Richard Burton y F. F. Arbuthnot, Plaza y Janés, Barcelona 1988.
VÁZQUEZ DE BENITO, María de la Concepción: *K. al-Wuṣūl li-ḥifẓ al-siḥḥa fī-l-fuṣūl. Libro*

de la higiene de Muḥammad b. 'Abdallah b. al-Jaṭīb, Universidad de Salamanca, 1984.
VÁZQUEZ RUIZ, José (ed.): *La historia de la Donzella Teodor. Ein Spanische Volksbusch Arabischen Ursprungs*, Akademie der Wissenchaften und der Literatur, Mainz 1962.
VÁZQUEZ RUIZ, José: «Una nueva versión árabe del cuento de la Donzella Teodor», en *Miscelánea de Estudios Árabes y Hebraicos* I (1952), págs. 149-153.
VEGA, Lope de: *Las mudanzas de Fortuna, y sucesos de don Beltrán de Aragón*, en *Obras de Lope de Vega*, vol. VIII, Madrid 1930, págs. 600-638.
——: *El arte nuevo de hacer comedias y La discreta enamorada*, Austral, Buenos Aires/México 1943.
——: *Novelas a Marcia Leonarda*, Francisco Rico (ed.), Alianza Editorial, Madrid 1968.
——: *Rimas*, edición y prólogo de Gerardo Diego, Palabra y Tiempo, XIV, Madrid 1963.
VERNET, Juan: *La cultura hispanoárabe en Oriente y Occidente*, Ariel Historia, Barcelona 1978.
VEYNE, Paul: «Homosexuality in Ancient Rome», en P. Ariès y A. Béjin (eds.), *Western Sexuality...*, págs. 26-35.
VICARY, T.: *A Profitable Treatise of the Anatomie of Man's Body*, y P. Furnivall (eds.), Early English Text Society, Londres 1888.
VICTORIO, Juan (ed.): *El amor y el erotismo en la literatura medieval*, Editora Nacional, Madrid 1983.
VIDAL, Jeanne: *Quand on brûlait les morisques (1544-1621)*, Nîmes 1986.
VIGUERA, María José (ed.): *La mujer en Al-Andalus*, Ediciones de la Universidad Autónoma de Madrid/Editoriales Andaluzas Unidas, Sevilla 1989.
VILANOVA, Arnaldo de: *Arnaldi de Vilanova. Opera medica omnia*, vol. III: *Tractatus de amore heroico. Epistola de Dosi Tyriacalium medicinarum*, Michael R. McVaugh (ed.), Barcelona 1985.
——: *Escritos condenados por la Inquisición*, Elena Cánovas y Félix Piñero (eds.), Editora Nacional, Madrid 1976.
——: *Opera omnia*, Basilea 1585.
——: *Obres catalanes*, vol. II: *Escrits mèdics. (Regiment de sanitat)*, edición de Miquel Batllori, y prólogo Joaquim Carreras i Artau, Ed. Barcino, Barcelona 1947.
——: *De coitu* y *De regimine sanitatis*, en *Hoc sunt opera... recognite ac emendata*, Lyon 1509.
VILLENA, Luis Antonio de: *Dados, amor y clérigos*, Cupsa, Madrid 1978.
VINCENT, Bernard: «¿Qué aspecto físico tenían los moriscos?», en *Actas del primer congreso de historia moderna y contemporánea de Andalucía*, Publicaciones del Monte de Piedad y Caja de Ahorros de Córdoba, 1983, págs. 335-340.
VERMES, Geza: *Jesus the Jew*, Fortress Press, Philadelphia 1981.
WARDROPPER, Bruce: *Historia de la poesía lírica popular a lo divino en la cristiandad occidental*, Revista de Occidente, Madrid 1958.
WARNOCK FERNEA, Elizabeth: *An Ethnology of an Iraqui Village*, Doubleday, Nueva York 1965.
WEBER DE KURLAT, Frida: «La expresión de la erótica en el teatro de Lope de Vega. El caso de Fuenteovejuna», en *Homenaje a José Manuel Blecua*, Gredos, Madrid 1983, págs. 373-387.
WIEGERS, G. A.: *A Learned Muslim Acquaintance of Erpenius and Golius: Aḥmad b. Ḳāsim al-Andalusí, and Arabic Studies in the Netherlands*, Vitgave van het Dokumentatiebureau Islam-Christendom, Faculteit der Godgeleerdheid Rijksuniversiteit, Leiden 1988.

XIMÉNEZ, F.: *Colonia trinitaria de Túnez*, I. Bauer (ed.), Tetuán 1932.
YARABE, Juan: *Problemas o preguntas problemáticas ansí de amor como naturales o acerca del vino*, Lovaina/Rutgero Recio 1544. (Biblioteca Nacional de Madrid R 7062.)
ZARRŪQ, Aḥmad: *Naṣīḥa al-kāfiyya* [fotocomposición], El Cairo s. f.
——: *Qawā'idu al-taṣawwuf 'alā waŷhin yaŷma'u bayna al-šari'ati wa al-ḥaqīqati*, Ed. Al-Maṭba'atu al-'ilmiyatu, El Cairo 1310 H.
ZAVALA, Iris: «Inquisición, erotismo, pornografía y normas literarias en el siglo XVIII», en *Anales de Literatura Española*, Universidad de Alicante (1983), págs. 509-529.

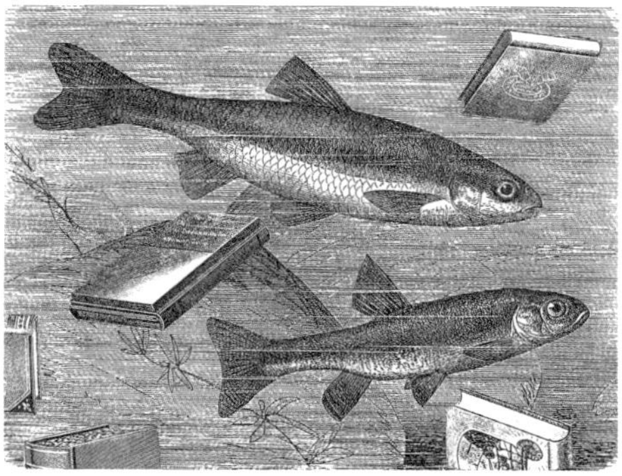

ESTE LIBRO SE ACABÓ DE IMPRIMIR
EN EL MES DE NOVIEMBRE DE 1992
MADRID

ISBN: 84-7844-133-6
Depósito Legal: M. 35034-1992

Imprime: Gráficas URPE, S. A.